W. Birk
12.09.03

EDUARD SPRANGER UND KÄTHE HADLICH
EINE AUSWAHL AUS DEN BRIEFEN
DER JAHRE 1903–1960

herausgegeben von
Sylvia Martinsen und Werner Sacher
unter Mitarbeit von Klaus Himmelstein, Andreas Grün
und Luzia Scherr

Albert Reble
(20.8.1910–29.9.2000)
in Dankbarkeit gewidmet

2002

VERLAG JULIUS KLINKHARDT • BAD HEILBRUNN / OBB.

Gedruckt mit Unterstützung der Deutschen Forschungsgemeinschaft.

Die Deutsche Bibliothek – Cip-Einheitsaufnahme

Ein Titelsatz für diese Publikation ist bei
der Deutschen Bibliothek
erhältlich.

2002.4.n. © by Julius Klinkhardt.
Das Werk ist einschließlich aller seiner Teile urheberrechtlich geschützt.
Jede Verwertung außerhalb der engen Grenzen des Urheberrechtsgesetzes ist ohne Zustimmung des Verlages unzulässig und strafbar. Das gilt insbesondere für Vervielfältigungen, Übersetzungen, Mikroverfilmungen und die Einspeicherung und Verarbeitung in elektronischen Systemen.
Druck und Bindung:
WB-Druck, Rieden
Printed in Germany 2002
Gedruckt auf chlorfrei gebleichtem alterungsbeständigem Papier
ISBN 3-7815-1116-2

Inhalt

Hinweise zur Textgestaltung 6

Auswahl aus den Briefen der Jahre 1903–1960 7

Zur Vorgeschichte und zum Konzept der Edition 383
Eduard Spranger und Käthe Hadlich: Erste Interpretationsversuche 388
1. Biographische Daten Käthe Hadlichs 389
2. Biographische Daten Eduard Sprangers 389
3. Die Freundschaft Eduard Sprangers mit Käthe Hadlich 393
4. Zum gedanklichen Gehalt der Briefe 400
5. Politische Einstellungen und Einschätzungen 405

Personenregister 432
Häufig zitierte und verwendete Literatur 470

Hinweise zur Textgestaltung

Bis auf wenige Ausnahmen wurden aus Gründen der Platzersparnis die Anreden und die Grußformen weggelassen. Grundsätzliches über ihren Wechsel im Laufe der Jahre findet man in den Interpretationsversuchen der Herausgeber im Anhang dieses Bandes.

Um offenzulegen, wie vollständig oder auch wie selektiv Korrespondenzteile abgedruckt wurden, ist hinter dem Datum außer der Art des Dokuments (Br. = Brief, PK = Postkarte) jeweils angegeben, welcher Bruchteil abgedruckt wurde.

Die Orthographie der abgedruckten Briefe und Passagen wurde moderat modernisiert (Kalfaktor statt Calfaktor, Tür statt Thür etc.), jedoch nicht auf die neue Rechtschreibung umgestellt.

Hervorhebungen im Text sind – wenn nicht anders gekennzeichnet – original.

Anmerkungen der Herausgeber im Brieftext sind durch eckige Klammern gekennzeichnet.

Im Personenregister enthaltene Namen sind in Kapitälchen gedruckt.

Auswahl aus den Briefen der Jahre 1903–1960

EDUARD SPRANGER
[OHNE ORTSANGABE] 22. 06. 1903

Stufenweis schafft die Natur das bunte Gewimmel der Wesen,
Aber in allem treibt stets sie das nämliche Spiel.
Was da herrscht, ist die Laune des unerschöpflichen Gebers,
der sich regt, und es schäumt flüchtig die Woge empor.

Das erkannte der Mensch schon längst als das Wesen der Dinge;
Wer so bekennt, er ist leider nicht einmal modern.
Aber bisweilen geschieht's, da greift ihm das lustige Treiben
Tief ins Werk; und es bricht manchmal ein Herz wohl davon.

Welch ein Rätsel! Doch gibt des Dichters Wort Dir die Lösung;
denn das Inn're der Welt: ihm gestaltet es sich.
Was von außen erscheint, mag vielfachen Namen sich fügen:
Sinn empfängt es und Wert, erst wo das Leben erglüht.

Wo eine Seele ringt, erschließt sich des Seienden Brennpunkt;
Wo der Begriff versiegt, tut sich das Wirkliche auf.
Glücklich das Volk, das hier mit seinem Edelsten wurzelt,
dem eine Sprache ward auch für die Fahrt in dies Land!

EDUARD SPRANGER AN KÄTHE HADLICH
Charlottenburg, 18. 10. 1903 / Br., ca. 4/5

[...] Der Punkt nämlich, an dem wir angelangt waren, war der, daß Sie aus Ihrem Reiche der Kunst einen durchgängigen Realismus predigten, ich aber, der ich auf der dürren Heide der Theorie, wenn schon nicht Spekulation, umhergrase, der weltentrückte Idealist sein sollte. Das wäre doch wohl eine zu merkwürdige Kombination!

Aber aus Ihren interessanten Ausführungen, die mit dem Rüstzeug einer reichen philosophischen Terminologie gewappnet waren, las ich sogar den Verdacht heraus, daß ich die objektive Existenz dieses soeben durch meine Handschrift verunzierten Briefpapieres leugne. Sie halten mir entgegen, daß der einfache Satz der Kausalität die Existenz der Außenwelt verbürge. Das ist ein Punkt, an dem man außerordentlich scharfsinnig und langweilig werden kann. Es ist genug, wenn dieses Kreuz mir allein beschieden ist. Darum möchte ich Sie nur auf folgendes aufmerksam machen: Ihre Naturwissenschaft lehrt seit Jahrhunderten, daß die spezifischen Sinnesqualitäten subjektiver Natur sind, d. h. abhängig von der Natur der empfindenden Organe. Aber diese selbst sind etwas ganz anderes, wenn ich sie physisch betrachte, als wenn ich die ihnen zugeordnete psychische Seite berücksichtige. So sagt z. B. BONNET (1756) „Was hat der Schmerz für eine Ähnlichkeit mit einer Nadelspitze?" Ebenso ist die Netzhaut etwas ganz anderes, als das von unendlich vielen und feinen Fäden des Intellekts und Gefühls durchzogene Bild der Welt, das sie uns angeblich abspiegelt. Alles dies muß uns stutzig machen. Die Materie wird uns so immer unbekannter. Nun sagen Sie: Das „Ding an sich und unsere Eindrucksfähigkeit machen zusammen die Vorstellung aus", ganz HEMSTERHUIS, JACOBI, KANT, HELMHOLTZ etc. Aber dieses Ding an sich eben ist das Rätsel. Schon seine Existenz ist eines logisch *stringenten* Beweises nicht fähig. Eine Willenserfahrung: Der durch Kraftaufwand allein zu überwindende Widerstand ist die Ursache, daß das populäre Weltbild von äußeren Gegenständen etwas weiß. Aber dieses Weltbild hat selbst seine Geschichte. Früher war es von Willenskräften belebt, Baum und Tier und Stein schienen dem Menschen verwandt, weil er nur eine Art der Auffassung kannte: die Interpretation aus der eigenen, vielfach verschlungenen Innerlichkeit. Unsere Kinder machen es noch heute so, und die haben hierin eine so fein differenzierte Gabe, daß keine Dichterphantasie ihnen gleichkommt. Die fortschreitende Erfahrung zeigte, daß diese Auffassung vom Ding an sich mit dem tatsächlichen Verlauf der Erscheinungen nicht stimmte. So vertrieb die eigentl. [eigentliche] Naturwissenschaft jene mythologischen Willensmächte aus der Natur; aber es ist ein Irrtum, daß Sie die *Materie* an ihre Stelle gesetzt haben. Vielmehr ersetzte sie die Götter und Geister durch lauter einzelne Kräfte; jede von ihnen wurde auf einen bestimmten Charakter verpflichtet (daher das Naturgesetz, das immer nur unter Annahme einer bestimmten, elementaren Kraft möglich ist), und wo heute die Schwerkraft oder die einfache dynamische Kraft auftritt, da ist sie mir ein lieber alter Bekannter und wird ebenso sicher ihre Rolle spielen, wie ich von meinen Bekannten im allgemeinen nichts Neues erhoffe. Aber Mythologie bleiben diese Kräfte eben deshalb, weil sie durch Abstraktion aus dem Innern des Menschen genommen sind und das Tun der Natur aus dem eigenen Tun interpretieren. Daß dies möglich ist, ist ein Hinweis auf etwas Objektives? Mit voller Sicherheit nicht. KANT schwankte selbst in dieser Frage. Ganz gewiß ist nämlich, daß eine Vollendung unserer Erkenntnis auf diesem Gebiet noch unendlich weit vom Ziele der Abgeschlossenheit [scil. „entfernt"] ist.

Wenn trotzdem unwillkürlich alle einzelnen Erfahrungen, die uns Leben und Wissenschaft darbieten, sich zu einem einheitlichen Weltbilde zusammenschließen, und diese Systeme, so vielgestaltig und wissenschaftlich unzulänglich sie sind, dieselben typischen Formen wiederkehren lassen, so verfolge ich als Schüler moderner Philosophie in diesen Gebäuden nicht mehr die Tätigkeit des Verstandes, auch nicht ausschließlich die des Willens, sondern ich sehe hinter diesen systematischen

Formen das ganze Leben brodeln, ich sehe, wie in einem Akt künstlerischer Intuition die Werke des Lebens wie ein Gewand über die ins Bewußtsein kommende Außenwelt gebreitet werden. Da sieht der eine nur ästhetischen Schimmer, der andere nur Kampf ums Dasein, dieser ewige Ruhe, jener ein immer vollendeteres Werden. Und wenn ich diesem Schauspiel lange Zeit nachempfindend zugesehen habe, so bin ich auf dem besten Wege, mich selbst, Persönlichkeit und Charakter, in diesem Getriebe zu verlieren. Damit dies nicht geschehe, sage ich mir: Du willst *bewußt* auch so ein Künstler werden; denn „Ins Ganze der Natur dringt kein erschaff'ner Geist."[1]

Daß dies möglich ist, ist das einzige positive Resultat der negativen Erkenntnistheorie, darum aber auch das Rüstzeug, das ich jeden Augenblick parat haben muß.

Wenn ich nun die Geschichte befrage: Was soll ich tun oder wollen, so wiederholt sich dasselbe Spiel. Meine Dissertation wird den erkenntnistheor. [erkenntnistheoretischen] Nachweis führen, daß die geschichtliche Erkenntnis als ganzes, d.h. d. [das] Problem der Werte mit eingeschlossen, eine unlösbare Aufgabe ist. Sie sagt mir keineswegs, ob NIETZSCHE oder die Sozialdemokratie [unvollständiger Satz i. Orig.]. So lasse ich denn meine volle Subjektivität hervorleuchten und sage: Allein in der Lebensfähigkeit liegt die Probe dafür, ob *meine* Werte allgemeingültige Werte sein können. Das ist aber in meinen Augen identisch mit der Frage, ob ich Erzieher im höchsten Sinne sein kann. So fällt für die gegenwärtige Philosophie – ganz analog ihrer Geschichte im Altertum – die Aufgabe d. [der] Philosophie geradezu mit Ethik und Pädagogik zu sammen. Sie sehen, daß NIETZSCHE weder Erkenntnistheorie noch eine *demonstrierte* Metaphysik hat. Im Hintergrunde liegt natürlich beides. Ich für meine Person gehe ein gut Teil mit NIETZSCHE, um von ihm aus zu FICHTE zurückzukehren und zu sagen: Ich sehe allerdings in Geschichte und Gegenwart, daß Wirtschaft, Erwerb und die Beherrschung der Natur Lebensbedingungen für den Menschen sind. Aber für mich laufen alle diese Fäden zusammen im Zentrum des ethischen Lebens. Werdet sittlich, und ihr werdet das Leben leichter finden. Das ist im Grunde ganz und gar TOLSTOI, nur daß ich die Mittel und Wege ganz wo anders suche. Zwar stehe ich durchaus auf dem Boden des Christentums und gehe ganz und gar mit der RITSCHLschen Theologie: Aber neue Lebensrealitäten sind gekommen, die mit aufgenommen werden müssen. Dazu bedarf es keiner Neuschöpfung, sondern nur des Rückgangs zu den Begründern des modernen Lebensideals, vor allem also GOETHE, der auch in die Schulen soll, dann FICHTE, KANT, HERDER, SCHILLER, auch LESSING. Doch das sind alles nur Skizzen. Reden ließe sich darüber viel. [...]

---

[1] Zitat aus GOETHE: „Allerdings – Dem Physiker". Dort lautet die Stelle jedoch: „»Ins Innre der Natur« – O du Philister! – »Dringt kein erschaffner Geist.«" (Sophien-Ausgabe, 1. Abt., 3. Bd, 1890, 105) GOETHE-Zitate werden anhand der von EDUARD SPRANGER benutzten Sophienausgabe nachgewiesen.

EDUARD SPRANGER AN KÄTHE HADLICH
Charlottenburg, 7./ 8. 11. 1903 / Br., ca. 4/5
[...] Daß Ihnen die Natur nichts Materialistisches ist, sehe ich längst. Aber eben damit verlassen Sie den Boden der Naturwissenschaft (denn deren Ideal ist ein durchgeführter Materialismus, folglich auch meines, so oft ich naturwissenschaftlich denke), um in ein Reich überzugehen, dessen ganzes Wesen Dichtung ist und dessen einzelne Eigenschaften ich Ihnen gern aus Ihrem Innenleben heraus analysieren will, wie ich es aus Briefen, Memoiren, Dichtungen berufsmäßig oft genug getan habe. Das ist ja eben der lebendige Hauch, der durch die moderne Geschichtsschreibung der Philosophie weht, daß sie nirgends an die Arbeit eines trokkenen, nachbildenden Verstandes glaubt – es sei denn in den Einzelwissenschaften – sondern hinter all diesen Weltanschauungen und Lebensgefühlen immer die ganze ringende, hoffende, fürchtende oder – zur kontemplativen, scheinbar objektiven Ruhe in sich gelangten Menschenseele sieht. Sie haben sehr recht – und ich werde es nie bestreiten, daß unter den Lebensrealitäten positiv-wissenschaftliche Resultate stets mit in erster Linie stehen. Sie enthalten aber immer nur *Tatsachen*, während die Wertphänomene nirgends der wissenschaftlichen Erkenntnis unterworfen sind. Daß es eine Regelmäßigkeit in der Natur gibt, ist im ganzen wie im einzelnen unbestreitbar, weil es uns die tägliche Erfahrung zeigt. Aber die ungeheure Wertbeziehung dieser Tatsache auf unser Leben, die eine viel, viel greifbarere Realität darstellt als ihre rechnungsmäßige Formulierung etwa durch Astronomen, für die gibt es keinen wissenschaftlichen Ausdruck, sondern nur ein unmittelbares Erleben und eine künstlerische Intuition. Durch KANT ist die Welt der Werte von der Welt des Wissens geschieden worden. Die Naturwissenschaft hat durch lange Arbeit (!) [i. Orig.] derartige Grundlagen empfangen, daß sie alle Werte ignorieren kann. Nun gibt es aber Geister, die diesen positivistischen Weg nie gänzlich erreichen können, und zu denen – verzeihen Sie, gehören auch Sie, gnädiges Fräulein! „Lebensmaterie", „Anbeginn", „Wandlung der Form", „Wesensverwandtschaft", „unendliche Kausalität und Notwendigkeit" etc. etc. Das hat keine Naturwissenschaft Ihnen eingegeben, sondern die große Dichtergabe des Metaphysikers, die in uns allen lebt.

Aber was nützen meine Predigten, wenn ich nicht endlich mit Beweisen komme. So will ich denn durch ein Handorakel den Beweis antreten und ihren Metaphysiker ans Licht holen.

Sie haben Ruhe gesucht. In der wilden Flucht vor Menschen, Bildern, Werten, Hoffnungen suchten Sie den festen Boden, der *Ihrem* Willen, wie er nun einmal war, denn alles Lebendige ist individuell, ein Fundament werden könnte. Das Christentum, wie es Ihnen bekannt war, schematisierte den inneren Menschen, riß ihn los von allem, an dem er hätte haften können. So auch von der Erkenntnis; denn das Christentum sagt, daß der Friede Gottes höher ist als alle Vernunft. Nun ist es ein seltsames Spiel, daß dieser Friede bei manchen Naturen nur in *einer Form* erscheint: in der Form einer befriedigenden Erkenntnis. Als Sie diesen Schritt taten, kamen Sie vom Christentum im engeren Sinne zur Philosophie. Die Philosophie, meine geliebte Philosophie, beruht nämlich auf dieser einen seltsamen Tatsache, daß sie den Willen nicht mit Erfüllung, auch nicht mit Hoffnung, sondern mit Erkenntnis beschenkt.[x)] Diese Gabe aber ist eine der wunderbarsten auf der Welt; sie beruht nämlich keineswegs auf der absoluten Zugänglichkeit unseres Wissens, sondern darauf, daß der Wille die einzelnen Elemente des Erkannten so zusammenzuschließen weiß, daß er selbst mit dieser von ihm geschaffenen Ordnung der Dinge in Harmonie zu leben vermag. Das gelingt durchaus nicht allen Menschen. Mir nicht. Auch SCHOPENHAUER gelangte zu diesem seinem Ideal nicht. Übrigens ist dies Ideal das der *antiken* Stoa[1], die, wie ich schon längst einmal nachweisen wollte, zu denjenigen Typen ethischer Lebensgestaltung gehört, die in der modernen Weltanschauung notwendig scheitern müssen. Wie die *moderne* Stoa aussieht, sehen Sie in NIETZSCHE. Aber weiter. Ihnen gelang es, aus Ihrem Willen herauszuspinnen eine große, einheitliche Welt, die das Individuum mit ungemilderter Notwendigkeit umfaßt. In diesem Bilde finden Sie Ruhe. Sie reden von Wesensverwandtschaft. In der Tat, diese Welt ist nichts als Ihr geruhiges [sic] Selbst im Großen, der Makrokosmos, diese feinste und doch so durchsichtige Personifikation. Aus ihr interpretieren Sie sich selbst. Eigentlich ein großer methodischer Fehler, aber eine durch und durch beseelte Dichtung. Sie haben „Ihre Seele stiller gemacht" (mein Aufsatz in d. [der] Dtschld. [Deutschland][2] handelt davon). Aber ich garantiere Ihnen nicht, daß sie für alle Zeiten still bleiben wird. Denn *Sie haben sich für gewisse Realitäten bewußt blind gemacht*, z. B. für die völlige Inkommensurabilität[3] des Individuums, und die kommt wieder in anderen Dichtungen zum Ausdruck. Aber Ihre Dichtung hat einen Vorzug: Sie ist zeitgemäß, sie liegt in der großen Strömung, die noch immer nicht in NIETZSCHE gemündet ist und vielleicht auch selbständig ins Meer der Ewigkeit fließt: SPINOZA, GOETHE, mein Lehrer PAULSEN, der mich von ihr nicht überzeugen konnte, und der Kopist HAECKEL. Bitte berufen doch auch Sie sich künftig auf jene originalen Köpfe, z. B. GOETHEs Faust[4] u. [und] s. [seinen] Aufsatz über die Natur[5]. Sie haben zwar von Pantheismus nicht gesprochen; aber ich versichere Ihnen, er ist da, wo man von Wesensverwandtschaft etc. etc. spricht.

Sie werden mir diesen Versuch, Sie zu verstehen, verzeihen, auch wenn er bei meiner unzulänglichen Kenntnis fehlgegangen sein sollte. Auch ich will mit einem Selbstbekenntnis nicht zurückhalten.

Seit meiner Krankheit[6] verläuft meine Existenz in einem seltsamen Gegensatz: Eine krankhafte Nervenreizbarkeit steigert jedes Gefühl in mir zu einer Stärke, die mir die Besinnung raubt. Bei allen meinen Idealen einer tätigen Ethik bin ich ein

Mensch ohne Energie. Ich kann meine Leidenschaften nicht nach außen wenden, und doch rauben sie mir ganze Perioden lang alle Herrschaft über mich selbst. Darum ist es für mich eine Zeit des tiefsten Glücks, wenn es mir endlich gelingt, eine solche Leidenschaft zu rationalisieren, sie zu durchschauen, vielleicht in eine bleibende Form zu bringen, mich selbst zu denken und mich selbst aufzuschreiben. Kommt diese Stunde, so bin ich fertig mit der Sache. Diese rein *psychologische Erkenntnis* leistet mir das, was Ihnen die naturwissenschaftliche gewährt. Gelingt sie mir nicht, oder dringt sie nicht so tief, daß sie die Lebendigkeit der Empfindung erschöpft, gelingt mir die angemessene künstlerische Form nicht, so bin ich machtlos und haltlos. Ich muß ihr folgen, bis ich sie ausgekernt [sic] habe. Der Aufsatz, der in H. [Heidelberg] nicht zustande kam[7], war der Grund, daß ich psychisch und physisch von dem Aufenthalt nichts hatte, sondern ruheloser zurückkehrte. Jetzt lösen sich die ersten Kristalle los, für jeden anderen geringfügig, für mich die Ausbeute meiner Existenz. Ist dieses Suchen nach Erkenntnis nicht dem Ihren sehr verwandt? Sie gelangen sicherer zum Ziele; ich aber glaube, psychologischer, und – (!) – bei aller Subjektivität objektiver zu sein, weil ich nicht das Ganze umfassen will, sondern mit dem einzelnen ringe. [...]

x) [Anmerkung SPRANGERS:] Was ich hier über d. [das] Verhältnis v. [von] Wille und Erkenntnis sage, ist nicht ein plötzlicher Einfall, sondern ein aus d. [der] Gesch. [Geschichte] und d. [der] Psychologie d. [des] Erkennens gewonnenes, ganz sicheres wissensch. [wissenschaftliches] Resultat, das ich leider hier nicht näher begründen kann.

---

[1] Die Stoa (auch „Stoizismus") war eine sich vor allem mit Fragen der Ethik beschäftigende antike Schule der Philosophie, die um ca. 300 v. Chr. entstand und sich zur einflußreichsten Philosophie des Römischen Reiches entwickelte, bevor das Christentum Staatsreligion wurde. Die Stoa vertrat die Ansicht, daß das Wohl des Menschen nicht in den äußeren Objekten, sondern in seinem Seelenzustand liegt und lehrte die vier Kardinaltugenden der Weisheit, des Mutes, der Gerechtigkeit und der Mäßigung.
[2] EDUARD SPRANGER: Zur ästhetischen Weltanschauung. In: Deutschland. Monatsschrift für die gesamte Kultur 6 (1905), 35-44.
[3] Unvergleichbarkeit, eigentlich von Stoffen mit Meßwerten.
[4] GOETHE: Faust. Sophien-Ausgabe, 1. Abt., 14. u. 15. Bd., 1888.
[5] GOETHE: Die Natur. Sophien-Ausgabe, 2. Abt., 11. Bd., 1893, 5-9.
[6] Im Brief vom 18. 09. 1903 berichtet EDUARD SPRANGER von einer nervösen Überreizung mit depressiven Symptomen, die ihm in diesen frühen Jahren öfter zu schaffen machte.
[7] Die „Reden über Erziehung" (vgl. Anm. 1 zu EDUARD SPRANGER 15. 05. 1906).

EDUARD SPRANGER AN KÄTHE HADLICH
[ohne Ortsangabe] November 1903
In den Stunden der Fledermäuse[1] / Br., ca. 6/7
[...] Wir haben hier einen großen, stillen Festtag gehabt. Nur wenige Schüler [scil. „DILTHEYS"] haben seine Weihe und Bedeutung empfunden, z. T., wie ich, im Exil. Aber gerade weil ich persönlich mit DILTHEY gebrochen habe und brechen mußte, um frei und selbst zu bleiben, erscheint mir das, was ich von ihm empfangen habe, wie ein großes Vermächtnis, dem geholfen werden muß, daß es ans Licht komme. Ich habe das Gefühl, in reichen Schätzen zu wühlen, aus denen sich eine ganze, goldene Welt auferbauen läßt. Darum fehlt es mir auch nicht an dem „realen Untergrund". Denn einmal habe ich DILTHEYS Lehre vom Lebenszusammenhang, in dem alle Realitäten gegeben sind, und andererseits liegt vor meinem Blick das Reich der Geschichte, so von innen und in seinen metaphysischen Beziehungen gesehen, wie vor Ihnen das Reich der Natur.

In dem Artikel[2], den ich Ihnen schickte, hat ein Mensch von Genie (meine bescheidene Rezeptivität überschätzen Sie!), mein einstiger Freund[3], mit feurigen Worten aus intimster, persönlicher Kenntnis die neue Philosophie vor Ihnen entrollt. Die Sache ist besser empfunden als gedacht; DILTHEY selbst ist besonnener, logisch geschulter. Aber das Wichtige steht da, vor allem die 3 Systeme[4], von denen Sie sich unzweifelhaft die Verbindung von 1 und 3 angeeignet haben, während meine vorwiegend pädagogische Subjektivität auf 2 geht. Sie haben also GOETHE, SPINOZA, GIORDANO BRUNO u.a., ich FICHTE, KANT, SCHILLER etc. Und wir alle zusammen sind doch wohl im Grunde, wie es sein soll, Schüler GOETHES, dessen Bekenntnis ich Ihnen hier mitteile (1813):

„Ich für mich kann, bei den mannigfaltigen Richtungen meines Wesens, nicht an einer Denkweise genug haben; als Dichter und Künstler bin ich Polytheist, Pantheist hingegen als Naturforscher, und eins so entschieden als das andere. Bedarf ich eines Gottes für meine Persönlichkeit, als sittlicher Mensch, so ist auch dafür schon gesorgt. *Die himmlischen und irdischen Dinge sind ein so weites Reich, daß die Organe aller Wesen zusammen es nur erfassen mögen.*"[5]

Die moderne Philosophie entwickelt die Gemütsverfassungen, aus denen heraus diese Anschauungen (vorstellungsmäßigen Symbole) erwachsen, und zeigt doch zugleich die ungeheuren, logischen Widersprüche, die jede von ihnen enthält. Wenn Sie mir sagen könnten, wie die Einheit des Bewußtseins, in dem sich Ihr Naturzusammenhang spiegelt, aus diesem Wirken elementarer Kräfte zustandekommt, so wollte ich Ihr Weltbild als abschließendes anerkennen. Das Protoplasma, der Wille zum Leben in Vererbung, Anpassung und Selektion sind für mich logisch lauter Rätsel. Auch für Sie. Sie „tun aber das Versöhnende hinzu"[6], indem Sie von sich aus dies Leben und Treiben deuten. Das ändert nichts an der Wahrheit, daß Sie der Brennpunkt für dies alles sind, und daß Sie in der lebendigen Erfahrung Ihres Lebens das Zentrum der Welt haben, von dem aus Sie alles andere Leben deuten. Wenn Sie ahnten, auf wie schwachen wissenschaftlichen Füßen die Entwicklungslehre steht! Nehmen Sie aus uns den eignen Lebensdrang, und es bleibt nichts vom Leben all dieser Generationen von Wesen übrig, als deren letztes Produkt Sie wie ich den Menschen betrachten.

Und brauchen wir diese große Linie, um uns über das eigne Woher und Wohin? [Fragezeichen i. Orig.] klar zu werden, über die Bestimmung unseres Glückes und unseres Soll [sic] ? Liegt das nicht alles tief eingesenkt in den Erfahrungen, die das menschliche Geschlecht auf seinem bisherigen *geschichtlichen* Wege gemacht hat? Darum sagt DILTHEY: „Was der Mensch sei, erfährt er nur durch die Geschichte."[7] Das möchte ich dahin korrigieren: Er erfährt es eigentlich nur durch das Leben. Diese lodernde Flamme schmiedet und glüht das Eisen des individuellen Daseins; denn von Eisen muß es sein, um all diesen Mächten das entgegenzusetzen, was stillschweigend jeder tut: den eignen Wert. Jammervoll wäre es zu existieren, wenn diese Existenz[8] uns wirklich täglich sagte: Du bist einer von den Milliarden, die kommen und gehen, wie die Gäste eines Schauspiels. Sicher sind wir alles dies auch; aber damit ist die Frage nach dem Wert des Ganzen nur zurückgeschoben, nicht beantwortet. Worin liegt denn nun Wert und Bedeutung der Natur? Warum existiert nicht lieber nichts? Warum muß dies Spiel sich ins Endlose wiederholen? Natürlich ist dies alles Anthropomorphismus; aber was können wir anderes sein als Menschen? „Könnt' ich Magie von meinem Pfad entfernen, dann wär's der Mühe wert, ein Mensch zu sein!"[9] Diese weitere, höchst metaphysische Frage beantworte ich nicht, weil in meinem Wertleben schon eine, jenseits vom Begriff liegende Antwort gegeben ist. Mein Agnostizismus[10] ist die Gewähr meines Optimismus. Wenn ich nach unten schreibe, so deutet meine Graphologie dies als Energielosigkeit. Was mein Optimismus bejaht, ist (nach PAULSEN) Lebensinhalt, aber für mich Nichtpolitiker der stille, tiefe, den NIETZSCHE entdeckt hat. „Die stillsten Worte sind es, welche den Sturm bringen; Gedanken, die mit Taubenfüßen kommen, lenken die Welt."[11] (Bitte! lesen Sie Zarathustra, von tausend und Einem Ziele!!)[12] „Die größten Ereignisse, – das sind nicht unsere lautesten, sondern unsre stillsten Stunden. Nicht um die Erfinder von neuem Lärm: um die Erfinder von neuen Werten dreht sich die Welt; unhörbar dreht sie sich."[13] „Schließlich erlebt jeder nur noch sich selbst."[14] Und da ich einmal bei NIETZSCHE bin, warum nicht auch dieses subjektivste Bekenntnis: „Die Liebe ist die Gefahr des Einsamsten, die Liebe zu allem, wenn es nur lebt! Zum Lachen ist wahrlich meine Narrheit und meine Bescheidenheit in der Liebe"[15].

Jeder, der sich selbst entdeckt hat, muß überfließen von dem Staunen über diese ungeahnte Welt. Darum gibt es für mich keinen größeren ästhetischen Genuß als den, Menschen zu beobachten, die von sich selbst noch nichts wissen und darum von der Welt nichts verstehen als ein flüchtiges Außen. Dieser herrliche naive Egoismus, dieses selbstgewisse, stürmisch begehrende Wesen, das doch in die engsten Schranken gebannt ist, nach BACO die „Höhle" der Subjektivität[16], reizt mich immer wieder, die hoffnungsreichste Zeit des Lebens noch einmal anschauend und leitend mitzuerleben. In der Selbstgestaltung des Willens gestaltet sich auch die Welt; das ist der große Kern der FICHTEschen Lehre. Von allen metaphysischen Geheimnissen zieht mich darum keines so an wie das pädagogische des Charakter-werdens. Was glauben Sie aber, daß der Erfolg wäre, wenn ich meinen jungen Freunden Naturalismus predigte? Ein etwas gemilderter Materialismus, weiter nichts. Denn das Selbstverstehen aus der Natur wird eine Erklärung ab inferiore, wenn nicht der große Gedanke einer den Willen bändigenden Gesetzmäßigkeit sich dazu gesellt. Das ist eine Lehre für fertige Charaktere, nichts für werdende. Die große Aktivität herauszuholen, Selbstvertrauen, Ideale, Kraft zu erwecken, ist die Aufgabe des Erziehers. Der Quietismus[17] kommt früh genug, wenn die Realitäten ihr Recht im Bewußtsein geltend machen. Nur bleibt auch dem Leben in den Idealen seine Realität, und weil es einer großen Kraft bedarf, ihnen zum Bestehen und Durchdringen zu verhelfen, so muß man wohl manchmal die Augen schließen, um die Niedrigkeit und den Schmutz des menschlichen Durchschnittsvolkes nicht zu sehen, sondern an die Dichtung und den Blick des inneren Auges zu glauben. Das war es, was ich sagen wollte und immer wieder beteure. Unsere Zeit ist dem nicht günstig, weil sie keine großen gemeinsamen Ziele hat. Aber es gab solche Zeiten, und selbst GOETHE endete doch in dieser Lebensphilosophie: Faust, II. Teil, letzte Szene, oder die Wanderjahre[18], wo ist da der Naturalismus geblieben? Sicher sah er immer mehr, daß im Menschen das Problem steckt, nicht in Wald und Höhle und Erdgeist etc. Warum soll nun einem solchen Standpunkte der reale Untergrund fehlen? Auch mein Studium führt auf Realitäten, oder halten Sie Wirtschaft, Recht, Staat und ihre Geschichte für Ideen? Nur sagen Sie bitte nicht, es seien Naturphänomene; denn daß der bei solchen Diskussionen vermeidliche Ameisen- und Bienenstaat für unsere Lebensprobleme nichts bietet, ist doch jedem Denken klar, das sich nicht allzusehr an dichterische Introprojektion gewöhnt hat. Wer mir sagt, alle Erscheinungen sind wirtschaftlicher Natur, spricht für mich immer noch verständlicher, als der, der sie für physiologische erklärt; denn mit der Physiologie endet für uns wenigstens die Naturwissenschaft; was Sie und HAECKEL versuchen, hat mit naturw. [naturwissenschaftlicher] Methode nichts mehr gemein, sondern ist Naturphilosophie, die deshalb nur einen Stimmungswert hat, weil es ihr an erkenntnistheoretischer Kritik als Grundlage fehlt. Streng wissenschaftlich ist daher eine solche Anschauung nicht haltbar, m. a. W., sie muß bei dem, der auch andere als naturwissenschaftliche Resultate berücksichtigt, scheitern, weil sie nichts hat als die absolut gesetzte, zum durchgängigen Prinzip erhobene Naturwissenschaft. Wer neben der Erkenntnistheorie auch noch die geschichtliche Entwicklung der naturwissenschaftlichen Methoden kennt, der sieht die unglaublich widerspruchsvollen Voraussetzungen und Hypothesen, die dieser „best-fundierten" Wissenschaft zugrundeliegen. Sie haben sich für einige wenige Naturphänomene als brauchbar erwiesen. Aber bei der Elektrizität und dem Magnetismus hört es schon auf, und in der Entwicklungslehre kommt dann eine so völlige Mythologie hinein, daß W und ihre Methoden mit zur Psychologie (!) rechnet. Von allem diesen würde ich Sie mit Unfehlbarkeit überzeugen, wenn ich Ihnen diese Entwicklung des naturw. [naturwissenschaftlichen] Denkens darstellen könnte. Aber das würde ein Buch werden. Dilthey hat es getan, so daß ich mich in diesem Falle vielleicht einmal auf Autoritäten berufen darf? Resultat: „Daß wir nichts wissen können"[19]. Diese Wahrheit ist m. E. das höchste Gut der modernen Menschheit, daß sie an die indischen Kindheitsträume der Philosophie anknüpft und sie über das Danaergeschenk des griechischen Intellektualismus erhebt. Wir sind Wille, und alles, was wir an Glück und Gaben erhoffen, haben wir von dem „guten Willen unseres Willens" zu erwarten. Macht er sich ein Weltbild zurecht, das ihn befriedigt, so gelingt ihm in dieser selbstgeschaffenen Welt vielleicht ein Stoizismus. Ich kann das nicht, weil immer wieder die Unzulänglichkeit des Wissens vor mir auftaucht. Bei diesem Agnostizismus[20] gedeiht die antike Stoa[21] nicht mehr; es tritt die moderne Stoa des Sichabfindens ein. Pessimismus und Optimismus fallen in eins, wie bei Nietzsche. Denn hier tut sich das große Wunder der menschlichen Seele auf: die Wonne des Leidens. Ein Beweis mehr für meine Ansicht, daß wir in den Werten und nicht im Wissen die Wirklichkeit erfassen.

Mit diesen 4 W[22] endet der philosophische Teil. Neulich las ich bei Treitschke, dem Unerreichten, Gewaltigen: „Das epheuumrankte, in den Blüten der Bäume wie verschneite Schloß, die Türme der alten Dome drunten in der sonnigen Ebene, die geborstenen Ritterburgen, die wie Schwalbennester an den Felsen hängen, alles erinnerte hier an eine hochgemute Vorzeit, die der Sehnsucht so viel tröstlicher scheint als die nüchterne Gegenwart."[23] Alles wurde in mir lebendig bei diesen Worten. Solche Verbindung von Geschichte und Natur hat für mich den höchsten ästhetischen Reiz; darum gefiel mir auch Heidelberg so gut. Freilich fehlte meinem Enthusiasmus die Kraft; aber das ist Schicksal eines jeden Enthusiasmus, der nicht von tätigen Idealen getragen ist. Da haben Sie nun völlig recht, daß eine gleichmäßig ernste vita activa allein das innere Gleichgewicht erhält. Seit 4 Jahren arbeite ich so still für mich hin, und wenn ich aufblicke, so finde ich, daß ich den großen Kreis einstiger Weggenossen und Freunde immer weiter aus den Augen verliere. Die Manuskripte für die eigene Belehrung häufen sich, aber gestalten will sich noch nichts.

Dieser Zustand lastet nicht nur auf mir, sondern, wie ich mit Sicherheit weiß, auch auf Ihrem Bruder²⁴, ja ich fürchte fast, daß er darunter leidet, wie man eben nur unter einem seelischen Druck leiden kann. Zu helfen ist uns eigentlich nicht; das ist eine Krisenzeit unseres Lebens, die überwunden sein will und deren Besiegung eigentlich erst den Mann in uns gestalten wird. Also rufen wir mit GOETHE: Einschränkung! „Von der Gewalt, die alle Wesen bindet, befreit der Mensch sich, der sich überwindet!"²⁵

Als ich nach Heidelberg kam, war ich mit der völligen Resignation zustandegekommen [sic]. An den Abenden las ich NIETZSCHE, am Tage ging mir zuweilen noch meine große Lieblingsidee einer philosophischen Pädagogik durch den Kopf. Sie war fertig; aber ich fand die Gestaltungskraft nicht, sie zu objektivieren. Der Ausdruck war zu matt gegenüber der Leidenschaft, mit der die Sache mich gerade damals durchbrauste. Sie haben, vielleicht ohne es zu wissen, mir geholfen, mich wiederzufinden. [...]

---

¹ Bähr setzt diesen im Original nicht mehr erhaltenen und von EDUARD SPRANGER nicht genauer datierten Brief nach dem 10. 11. 1903 an (GS VII, 5 u. 407). Seine Gründe dafür sind uns nicht bekannt. Wenn man davon ausgeht, daß der eingangs erwähnte „Festtag" der 70. Geburtstag DILTHEYs am 19. 11. 1903 war, kann er frühestens am Abend dieses Tages geschrieben worden sein.

² HERMAN NOHL: WILHELM DILTHEY zum 70. Geburtstag. In: Unterhaltungsbeilage zur „Täglichen Rundschau", Nr. 271, Donnerstag, den 19. November 1903. Wiederabgedruckt in: Die Sammlung. Beiheft zum 9. Jg., Heft 10, Oktober 1954, 3 – 10, wahrscheinlich die erste literarische Arbeit HERMAN NOHLS.

³ HERMAN NOHL.

⁴ DILTHEYs drei Systeme der Weltanschauung: Naturalismus, Idealismus der Freiheit, objektiver Idealismus (DILTHEY: GS VIII).

⁵ J. W. v. GOETHE an F. H. JACOBI, Brief v. 06. 01. 1813. (Sophienausgabe, IV. Abt., Bd.23, 1900, 226-228, hier 226).

⁶ Offenbar ein Zitat aus einem nicht erhaltenen Brief KÄTHE HADLICHs.

⁷ „Was der Mensch sei, das erfährt er ja doch nicht durch Grübelei über sich, auch nicht durch psychologische Experimente, sondern durch die Geschichte." (DILTHEY: GS Bd.V, 180)

⁸ Zum folgenden Brieftext ist nur noch eine Abschrift im SPRANGER-Archiv in Braunschweig erhalten.

⁹ Zitat aus GOETHES Faust I:
   „Könnt' ich Magie von meinem Pfad entfernen,
   Die Zaubersprüche ganz und gar verlernen,
   Stünd' ich, Natur, vor dir ein Mann allein,
   Da wär's der Mühe wert, ein Mensch zu sein."
   (Sophien-Ausgabe, 1. Abt., Bd. 15, 1888, 307)

¹⁰ Leugnung der Möglichkeit, Übersinnliches zu erkennen.

¹¹ Zitat aus NIETZSCHE: Also sprach Zarathustra. II. Teil, Die stillste Stunde. Krit. Studienausgabe, 189.

¹² NIETZSCHE: Also sprach Zarathustra. I. Teil, Von tausend u. einem Ziele. Krit. Studienausgabe, 74-76.

¹³ Zitat aus NIETZSCHE: Also sprach Zarathustra. II. Teil, Von großen Ereignissen. Krit. Studienausgabe, 169.

¹⁴ Zitat so nicht bei NIETZSCHE. Vielleicht Anspielung auf DILTHEY: „ So übertragen wir unsere Kenntnis von Sitten, Gewohnheiten, politischen Zusammenhängen, religiösen Prozessen, und die letzte Vor-

aussetzung der Übertragung bilden immer die Zusammenhänge, die der Historiker in sich selbst erlebt hat." (DILTHEY: GS VII, 161) Daß diese Abhandlung erst 1910 erschien, muß nicht ausschließen, daß EDUARD SPRANGER ihre Grundgedanken in DILTHEYS Lehrveranstaltungen schon kennengelernt hatte.

[15] Zitat aus NIETZSCHE: Also sprach Zarathustra, III. Teil, Der Wanderer. Krit. Studienausgabe, 196.

[16] EDUARD SPRANGER bezieht sich hier auf FRANCIS BACONS Idolenlehre (Vorurteilslehre) in dessen „Novum Organon", insbesondere auf die „Idolen der Höhle", die auf der besonderen geistigen oder körperlichen Konstitution des Individuums beruhen sowie auf Erziehung, Gewöhnung und Zufall (Spedding, Bd.IV, 37-69).

[17] Passive Geisteshaltung, die besonders durch das Streben nach einer gottergebenen Frömmigkeit und Ruhe des Gemüts gekennzeichnet ist.

[18] J. W. GOETHE: Wilhelm Meisters Wanderjahre (Roman, 1829), Fortsetzung von: Wilhelm Meisters Lehrjahre (1795/ 1796).

[19] GOETHE, Faust I:
"Heiße Magister, heiße Doktor gar,
Und ziehe schon an die zehen Jahr,
Herauf, herab und quer und krumm,
Meine Schüler an der Nase herum -
Und sehe, daß wir nichts wissen können!"
(Sophien-Ausgabe, 1. Abt., 14. Bd., 1888, 20, 360f)

[20] Leugnung der Möglichkeit, Übersinnliches zu erkennen.

[21] Vgl. oben Anm. 1 zu ES 7./ 8.11.1903.

[22] Es bleibt etwas unklar, welche vier W EDUARD SPRANGER hier meint. Vorangehende Begriffe, die mit W beginnen, sind: „Wille", „Weltbild", „Welt", „Wissen", „Wunder", „Wonne"(des Leidens), „Werte", „Wissen", „Wirklichkeit". Wahrscheinlich sind die vier letztgenannten gemeint, die alle im unmittelbar vorangehenden Satz vorkommen.

[23] Zitat nicht erschlossen.

[24] HERMANN HADLICH.

[25] GOETHE: Die Geheimnisse. Sophien-Ausgabe, 1. Abt., 16. Bd., 1894, 178.

EDUARD SPRANGER AN KÄTHE HADLICH
Charlottenburg, 15. 12. 1903 / Br., ca. 9/10

[...] Es war meine Absicht nicht, Sie zu bekehren. Nun muß es aber doch geschehen, weil Sie eine Ketzerin sind. Denken Sie also bei jedem Gedankenstrich ein „Potz Tausend" oder Ähnliches. Denn ich bin sehr grimmig und habe schon mehr als zwei Gesetzestafeln zertrümmert, als ich am letzten Sonntag das goldene Kalb sah, das ich anbeten soll.[1] Denn wenn Sie wirklich so im Besitze der vollendeten Wissenschaft sind, so ist Ihnen das Interesse für meine Zwecke etc. doch höchstens ein Interesse an der Psychologie der Ignoranz, resp. der idealistischen Verblendung. Sie fragen, was Sie sehen sollen. Hier steht der Wegweiser[2]:

Zum Orakel. Eintritt frei. „Erkenne Dich selbst."

Wahrspruch:

„Einem gelang es, er hob den Schleier der Göttin zu Sais;

Aber was sah er? Er sah, Wunder des Wunders – sich selbst!"
Novalis.[3]

Thesis: Die Naturwissenschaft hat eine Berechtigung als Erklärung der uns gegebenen äußeren Welt als *Erscheinung*; aber sie ist einseitig, weil sie nicht hinzusetzt: Alles dies ist nur so *für uns*, für unsere Denkformen. Denn: Was ist die Natur, sobald sie nicht mehr gedacht wird? Was denken Sie sich unter einer Natur, die Sie nicht denken? Das Denken ist also das Erste, wie das Licht erst da ist mit dem Auge. Daraus aber schließe ich nicht: Diese ganze Welt ist nur Schein, sondern (indem ich naturwissenschaftlich genug das große Dogma mache: Mein Denken ist fähig, eine objektive Realität zu erfassen, wenn schon nicht *abzubilden*, so doch ihre wesentlichen Daseinsformen, die Art ihres Wirkens zu umschreiben, – das ist *streng genommen* schon lauter Unsinn, ein unglaublicher Zirkel!):

1. Mein Denken ist dasjenige, was zuerst betrachtet wird. Dieses Denken ist aber nicht ein logischer Apparat mit 12 Schubkasten[4], sondern meine ganze Innerlichkeit: z. B. Wirken ist mir verständlich nur aus der Wirksamkeit *meines* Willens. Kraft ist eine grobe Personifikation (DUBOIS-REYMOND), eine Psychologisierung, ein Mythos, eine Introprojektion, eine Hypothese!
2. Mein Denken findet die Natur gesetzmäßig. Dies ist das größte Rätsel der Philosophie. Diese Gesetzmäßigkeit erfährt mein *Wille*. Dies ist die sicherste Realität. Aber nur deshalb, weil er in sich selbst Spuren einer konstanten Reaktionsweise entdeckt. Physik und Chemie enthalten eine weit vollkommenere Konstatierung gleichmäßiger Reaktion. Aber die Entwicklungslehre hat ein sehr kompliziertes Gesetz: das Gesetz der Selbsterhaltung und Anpassung, dies ist eine komplexe seelische Tatsache. Bitte, erfahren Sie diese Selbsterhaltung erst in sich oder erst in der ganzen Ahnenreihe und dann auch in sich?
3. Sie können die naturwissensch. [naturwissenschaftlichen] Resultate als Ausdruck metaphysischer Realitäten Ihrem ganzen Lebensbilde zugrundelegen. Das würde auch ich tun, wenn ich sie verfolgte, und wenn sie mir Antwort gäben auf das, was ich frage. Das tun sie aber nicht; darum sage ich: hübsche Sachen, aber für mich wertlos. Denn das *Lebens*prinzip, das sich in Ethik, Staat, Religion etc. offenbart, kann ich doch wahrhaftig am Ameisenhaufen nicht studieren.

Nun sagen Sie: Ja, aber ich sehe hier eine kontinuierliche Stufenreihe; ich sehe die Sache werden vom Einfachsten an.

Nein! – – – sage ich; ich sehe hier nur überall dasselbe Rätsel. Ich frage gar nicht, warum lebt die Natur als Ganzes, sondern vorsichtiger: Warum lebe ich? Welche Lebenswerte sind wirksam in *mir*? Wenn ich die alle ansehe, habe ich weder ein Plus noch ein Minus. *Mehr* gibt es auch nicht als in mir und der historischen Welt. Ich wiederhole: Sie schieben das Rätsel zurück und glauben es gelöst zu haben. Ich lasse es stehen und finde: Es ist in begrifflicher Erkenntnis nicht zu lösen.

Wie denken eigentlich die Quallen über Sittlichkeit? Erziehung? Instinktiv haben sie das wohl auch. Ein merkwürdiger Instinkt, daß sie ihre Gattung erhalten wollen. Im Menschen sehe ich viel mehr als das, was ich den Quallen introprojiziere. Ich sehe, daß dieser Lebenswert viel, viel reicher ist, als daß der allgemeine Begriff Mensch erhalten werden soll. Wenn mit dieser Ethik Ernst gemacht wird, geht es uns beiden sehr schlecht. Erklärung ab inferiore! Auslöschen des Lebens dem blassen Begriff zuliebe! Wohin und woher das Leben geht, weiß ich auch nicht; aber ich fühle es mächtig in mir rauschen und habe Lust, davon abzugeben. Ich fühle den Drang, es zu steigern, wie es bereits weit über das Tierische gesteigert ist. Sonst kommen wir auf eine Pädagogik der Utilität. Um die rühr' ich keinen Finger. Seine Börsengeschäfte kann jeder machen, wie er will.

Dies ist meine Anschauung; sie ruht auf der Geschichte. Die Naturwissenschaft reicht nicht bis an die Geschichte. Sie reicht als solche auch nicht bis an mich: Aber als Naturphilosophie kann sie es.[5]

Und dieser Ausdruck [Naturphilosophie] ist mehr als eine Terminologie. Er sagt nämlich, es ist zu scheiden das in positiver, wissenschaftlicher Einzelarbeit bisher Erreichte von dem, was wir vorschnell an Zusammenhängen, letzten Beziehungen und Resultaten hinzufügen. Und warum tun wir dies? Weil der Zusammenhang unseres Innern, die durchgängige Verknüpfung unserer Erfahrungen zu einer Lebenseinheit danach strebt, sich auch die Natur als ein Einheitliches gegenüberzustellen. Darum übersehen wir alles, was an der vollendeten Erkenntnis noch fehlt, z. B. daß der Begriff des Atoms ein Denkprodukt sehr zweifelhafter Güte ist, das man daher jetzt auch aufzugeben beginnt; daß eine klaffende Lücke zwischen Chemie und Biologie ist (deshalb nämlich, weil die an der Chemie ausgebildeten Begriffe für die andersartige Wirklichkeit der Organismen natürlich nicht passen, und weil ein weiter Schritt ist zwischen dem Konstatieren einer Tatsache und ihrer Unterordnung unter das Denken). Denn das Denken ist ein Teil unserer Wesensart, dem Äußeren gegenüber vielfach heterogenen; aber der Wille zur Harmonie (der Philosoph, des Naturforschers Urfeind) ist damit bald fertig. –

Dann aber der letzte Schritt: Der Übergang von der räumlich-zeitlichen Natur in die Einheit des Bewußtseins ist logisch überhaupt nicht zu vollziehen (nach Art des Fotografierens dürfen Sie sich das doch nicht denken). Darum etabliert sich an dieser Grenze eine neue „Naturwissenschaft", die Erkenntnistheorie, die nun mit Staunen bemerkt, daß die Isolierung der Natur von den Tatsachen des Willens und des Bewußtseins eine mühselige Abstraktion zu technischem Zweck ist, eine Abstraktion, die das Leben zerstört und bei Menschen, die nichts erlebt haben und erleben können, den Materialismus erzeugt.

Etwas ganz anderes aber ist es, wenn der Wille, unter der Fülle seiner Realitäten wählend, die Entscheidung trifft: Mir ist das wertvoll, was gleichförmig in bleibenden Gestalten mir gegenübertritt. Diesem Walten ordne ich mich unter; ihm zuliebe mache ich mein eigenes Begehren stiller, darin finde ich Glück. Wie verehre ich Sie darum, daß Sie ganz auf eignem Wege diese ewige, erhabene Philosophie in sich ausgebildet haben. Aber daß Sie das Naturwissenschaft nennen und HAECKEL zitieren, das finde ich schade; denn damit sagen Sie: Ich halte dies für allgemeingültig, objektiv, allein wahr. Das ist es aber nicht. Es ist ein Glücksfall, wenn man mit dieser Anschauung allein die geistige Existenz behaupten kann. GOETHE ist damit nicht zustandegekommen [sic], SCHLEIERMACHER nicht, HEGEL nicht, überhaupt kein Mensch, der, statt sofort zu objektivieren, immer sorgfältig auf die subjektiven Wurzeln seiner Anschauungen achtet. Tun Sie das bitte künftig auch; denn das allein ist Wissenschaftlichkeit, weil Unbefangenheit. „Dichten" können Sie daneben auch noch, wie ich es tue (in Ethik und Pädagogik); aber vergessen Sie bitte nicht, daß Sie sich gegen die Freiheit, die Individualität und vieles andere dabei „bewußt oder unbewußt blind gemacht haben"[6].

Ehe ich das Glück hatte, Sie kennenzulernen, kannte ich ernstzunehmende Naturalisten nur aus Büchern, führte also keine Kämpfe mit ihnen. Die Lektüre von WILDENBRUCHS „Vicemama"[7] veranlaßte mich damals schon zu den beifolgenden Zeilen[8], deren schwache Form Sie verzeihen werden, um der warmen Überzeugung willen.

Was Sie über die 3 Systeme[9] sagen, ist glänzend, echt philosophisch, wie Sie überhaupt von Natur zum philosophischen Denken, nicht dem trennenden, sondern dem intuitiv-verbindenden, prädestiniert sind. Darum sind Sie auch zum Naturwissenschaftler genauso gründlich verdorben wie ich. Einen ganz kläglichen Kompromiß schließt aber in dieser Hinsicht HAECKEL, weil er die positiv-naturwissenschaftlichen Begriffe verfälscht, ohne doch das philosophische Leben damit zu bereichern. Denn das ist das Wesen aller Philosophie, daß sie ihr Leben hat in einer Sphäre, die in Allgemeinbegriffen nicht aufgeht, sondern der Form des intellektuellen Fixierens widerstrebt. Daher auch die Widersprüche in ihren Formeln, die die innere Wahrheit ihres erlebten Untergrundes nicht aufhebt. Was man aber überhaupt erlebt, das hängt von der Natur unseres Willens ab. Er setzt die Akzente auf die eintönige Melodie all der zahllosen Einzelwissenschaften. So z. B.: Ich habe nicht das Gefühl, daß alle die Gesetze, die uns die Naturwissenschaft zeigt oder ahnen läßt, heranreichen an die Lebendigkeit, die mein eigenes Innere mir zeigt. Ich empfinde hier ein Mehr, ein Phänomen, das durch die Einordnung in die Natur noch nicht restlos erklärt ist. Daher ein latenter Supranaturalismus bei mir. Aber ich kann verstehen, und es ist mir ein ästhetischer Genuß, wie dieses Verwandtschaftsgefühl mit der Natur sich ganz und gar ausbreiten kann über ein inneres Leben. Ein Quietismus[10] bleibt es; denn das ist sein Wesen. Vielleicht steht er auch mir noch bevor; aber das wäre für mich *keinesfalls* eine Garantie seiner objektiven Allgemeingültigkeit. Auch mich zieht es, wie Sie wissen, zur Natur. Aber nicht, weil sie ewig gleich und gesetzmäßig ist; sondern weil sie still [scil. „ist"] zu den Melodien, die ich auf mir selbst und emporknospenden Seelen spielen möchte, weil sie mir meine *wechselnden, unendlich vielfältigen* Stimmungen spiegelt. Also gerade das Gegenteil!

Darum nun ist jener Kampfruf zu Beginn[11] doch nur ein Scherz; denn ich sehe eben uns beide auf demselben Boden der Subjektivität, und am Subjektiven hat meine Streitsucht von je her ihre Grenzen gefunden. Je kräftiger es ausgebildet war, ja, je einseitiger, umso lieber ließ ich es gelten. Darum liebe ich Theologen und Kinder, ja eigentlich alle aufrichtigen Menschen. [...]

P. S. „Absolute Werte" dürfen Sie mir nicht imputieren. Die macht WINDELBAND bei Ihnen u.a. In Berlin ist das eigentlich ein Grund zum Duell. [...]

---

[1] Anspielung auf 2. Buch Mose, Kp.32.
[2] An dieser Stelle ist eine Freihandzeichnung eines Wegweisers eingefügt.
[3] Zitat aus NOVALIS: Lehrlinge zu Sais, Paralipomena. In: NOVALIS Schriften. Erster Band, 110.
[4] Anspielung auf die zwölf reinen Verstandesbegriffe (Kategorien) KANTS.
[5] Zum folgenden Text ist nur noch eine Abschrift im Spranger-Archiv in Braunschweig erhalten.
[6] Offensichtlich ein Zitat aus einem nicht mehr erhaltenen Brief KÄTHE HADLICHS.
[7] ERNST VON WILDENBRUCH: Vicemama. In: ERNST VON WILDENBRUCH: Ausgewählte Werke. Vierter Band. Grote'sche Verlagsbuchhandlung. Berlin 1919, 183 – 330. – ERNST VON WILDENBRUCH (1845-1909) gehörte zu den Schriftstellern, die EDUARD SPRANGER um die Jahrhundertwende besonders gerne las.
[8] Ein dem Brief ursprünglich beigelegtes Gedicht EDUARD SPRANGERS, das entweder verlorenging oder – vielleicht, weil es früher datiert ist - anders eingeordnet wurde. Falls die letztere Vermutung richtig ist, kommt von den beiden Gedichten des Jahres 1903 (22. 06. 1903 und 30. 11. 1903) am ehesten das erstgenannte und oben abgedruckte in Frage, welches von der All-Einheit des organischen und seelischen Lebens handelt.
[9] EDUARD SPRANGER meint hier die drei Systeme der Weltanschauung nach DILTHEY: Naturalismus, Idealismus der Freiheit, objektiver Idealismus. (DILTHEY: GS VIII)
[10] Passive Geisteshaltung, die besonders durch das Streben nach einer gottergebenen Frömmigkeit und Ruhe des Gemüts gekennzeichnet ist.
[11] Gemeint sind die einleitenden Sätze des Briefes: „Es war meine Absicht nicht, Sie zu bekehren. Nun muß es aber doch geschehen, weil Sie eine Ketzerin sind."

EDUARD SPRANGER AN KÄTHE HADLICH
Charlottenburg, 22. 01. 1904 / Br., ca. 1/7

[...] Ich bin jung; aber ich habe in den letzten Jahren Erfahrungen durchgemacht, die unsagbar an mir gezehrt haben. Ich bin Ihnen dankbar, weil meine Philosophie erst jetzt einen Inhalt hat. Meine Natur ist wie die HERDERS eine pädagogische. Man kann an dieser Lebensbestimmung unglaublich leiden. Wenn man wie SOKRATES aus jungen Seelen das Göttliche, was in ihnen drinsteckt, herausholen möchte, so empfindet man jede Hemmung, jede Paarung des Edlen mit unüberwindlich Unedlem wie eine Zerstörung des eignen Lebensglücks. Wie das jahrelang an mir genagt hat, kann ich Ihnen nicht sagen. Sie haben hierin den Hintergrund des Humanitätsaufsatzes[1] und werden eine Stelle darin nunmehr persönlich deuten. [...]

---

[1] EDUARD SPRANGER: Humanität. In: Ethische Kultur 12 (1904), 1-3. – EDUARD SPRANGER urteilte auch rückblickend, daß diese frühe Abhandlung „in nuce" seine „innere Lebensgeschichte und meine Lebensresultate bis dahin" enthalten habe. (Meine Studienjahre, 49)

EDUARD SPRANGER AN KÄTHE HADLICH
Charlottenburg, 08. 02. 1904 / Br., ca. 3/5

[...] Übrigens habe ich Ihnen noch zu danken für die schöne Herrichtung des DILTHEY-Aufsatzes.[1] Das Werk meines einst befreundeten Kollegen und einzigen Rivalen[2] in dieser Form zu sehen, wird mir sagen, was ich *nicht* kann und mich an die unvergeßlichen Stunden erinnern, wo DILTHEY mit freundlichem Lächeln auch mir entgegenkam, bis „Verfasser dieses" uns, vielleicht zu beiderseitigem Bedauern, trennte.

Daß ich dafür PAULSENS Lieblingsschüler bin, entschädigt mich reichlich.

[...] Die neue Logik hat wohl SIGWART geschaffen, die neue Psychologie DILTHEY – nicht ohne uns viel übrigzulassen. Ich wünschte, Ihnen nur einmal die pädagogische Psychologie, die mir fertig im Kopf sitzt, entwickeln zu können. Nach der Geschichtstheorie kommt die an die Reihe. Praktische Erfahrungen habe ich genug, wenn WINDELBAND Recht hat, daß man aus *einem* richtig beobachteten Fall generalisieren kann. SIMMEL, wie immer tief, macht einen Unterschied zwischen psychologischer Begabung und Menschenkenntnis. Junge Menschen getraue ich mir auf das erste Zusammensein hin zu durchschauen. Wenn nur auch hier Wissen sogleich Macht bedeutete! Aber auch hier hilft die Zeit. Wo ich anfangs verzweifeln wollte[3], habe ich zu meiner unbeschreiblichen Erhebung jetzt auch gesiegt. Denn ich verlange eigentlich nur das, daß man mich in einer *Krisis* sucht, und das habe ich bisher immer erreicht. Nur so kann ja der schwere Weg, den man sich selbst gebahnt hat, anderen nutzbringend werden. Ich weiß nicht, ob ich Ihnen den Ausdruck NIETZSCHES für das pädagogische Gefühl schon einmal mitgeteilt habe: „Die Natur hat es schlecht mit dir gemacht; du willst ihr helfen, daß es ihr künftig besser gelinge."[4] Es wird sie wenig interessieren, aber ich möchte Ihnen doch den Fall mitteilen, der mich seit Jahren unglaublich beschäftigt hat. Es handelt sich um einen kleinen Juden[5], der in seinem Äußeren alles das darstellt, was meinen Idealen vom deutschen Wesen entspricht. Aber nun diese eigentümliche psychologische Konstellation! Schon das ist eigentlich ein metaphysisches Problem, ob die Bildung der Natur ein Recht zu geistiger Deutung gibt. HERDER hat die Frage einseitig gelöst.

Hier fand ich nun zunächst doch manchen Kontrast. Die eigentümliche Frühfertigkeit, Unbildsamkeit des jüdischen Wesens, dabei eine leichte, etwas oberflächliche Auffassungsgabe, Interesse für alles, aber mit souveräner Nonchalance und Selbstverständlichkeit. Und – ich muß es zu meiner Schande gestehen – persönlich lasse ich mich gerade von jüngeren Menschen so ungern selbstverständlich behandeln. Von dieser Seite also mein Stolz, das gab eine sehr klägliche Kombination. Jahrelang herrschte der Stolz, bis meine Neigung einzugreifen siegte. Aber damit mußte ich das Beste von vorneherein aus der Hand geben. Meine Freunde nahmen mir den Entschluß ab, und heute genieße ich die reinste Freude an den ersten Zeichen des Erfolgs.

Denn das ist ja gerade die *Dichtung* in der Philosophie, daß sie das persönliche Leben über alles schätzt, daß es [sinngemäß eigentlich besser „sie"] ihm den Lauf freimachen möchte über alle Hemmungen dessen, was uns alle bändigt, aber ihm auch zeigen müßte, wo die Grenzen und die pflichtgemäßen Schranken seines Daseins liegen. Das scheint bisweilen so traumhaft idealistisch, als hätte es zum realen Leben der Erde keine Beziehung. Wir wissen auch nicht, von wo es kommt und wohin es geht, aber das wissen wir: „Es muß sein und soll sein"; wir fragen „um seiner selbst willen", weil der Zweck zu tief im Metaphysischen liegt, als daß wir ihn aussprechen können. Wie ich nun über das Verhältnis des Nationalen hierzu denke, haben Sie gelesen. Es muß einmal deutsch sein, weil ich nichts andres schaffen und denken kann. Dazu paßt die Realität eines jüdischen Umgangskreises so grauenhaft, wie Sie es sich vielleicht gar nicht ausmalen können. Dazu paßt auch schlecht die naturgemäße Enge des halb kindlichen Bewußtseins. Das gilt aber nur teilweise. Denn im Kindlichen liegen ja gerade die unbegrenzten Möglichkeiten, die den produktiven Sinn anziehen. Und dieses Bewußtsein, aus dem Wollen zu schaffen, durch bloßen Umgang in dieser Richtung zu wirken, ist das Größte, was ich kenne. Hier liegt das Ästhetische, Ethische und Physische so eng beieinander, daß man auf alle Theorie verzichtet und nur den künstlerischen Eindruck wirken läßt.

Diese Seite der verborgenen Quellen des Lebens ist in der Geschichte so selten empfunden worden, daß ich, abgesehen von PLATO, GOETHE, HERDER und allenfalls JEAN PAUL, natürlich auch von FICHTE, dem Übergroßen, auf eigenem Boden stehe. Die Reflexion hierüber greift in die tiefsten Zusammenhänge der Philosophie. DILTHEY natürlich hat auch dies geahnt. Aber die Sprache dafür hat ihm ganz gefehlt. Sein Freund WILDENBRUCH hat die Sprache, aber nicht die methodische Reflexion. Hoffentlich habe ich beides. [...]

[1] Der DILTHEY-Aufsatz HERMAN NOHLS. (Vgl. oben Anm. 2 zu ES Nov. 1903.)
[2] HERMAN NOHL.
[3] Bei den Erziehungsversuchen an ERNST LÖWENTHAL.

⁴ Zitat so nicht wörtlich bei Nietzsche; sinngemäß aber in: Unzeitgemäße Betrachtungen: „Und gerade diese Gesinnung sollte in einem jungen Menschen gepflanzt und angebaut werden, daß er sich selbst gleichsam als ein mißlungenes Werk der Natur versteht, aber zugleich als ein Zeugnis der größten und wunderbarsten Absichten dieser Künstlerin: es geriet ihr schlecht, soll er sich sagen; aber ich will ihre große Absicht dadurch ehren, daß ich ihr zu Diensten bin, damit es ihr einmal besser gelinge." (Nietzsches Werke, in drei Bänden, Bd.1, S.328)
⁵ Ernst Löwenthal.

Eduard Spranger an Käthe Hadlich
Charlottenburg, 29. 02. 1904 / Br., ca. 1/3

[...] Sie sind aber im Prinzip mit mir einig, das weiß ich. Nur müssen Sie sich daran gewöhnen, das *ganze* Denken, bis auf die Tatsache eines von uns Unabhängigen, uns Bestimmenden (diese ausgenommen) für eine subjektive, objektiv nicht erweisliche Form zu halten. Heute ist überhaupt nur die Frage: Ausgehen vom gesamten psychischen Zsg [Zusammenhang] oder von den Formen des logischen Denkens? Ich entscheide mich für das erstere – weil nur so eine *Biologie* des Erkennens möglich sein wird. Das zweite aber führt notwendig zur Transzendenz, die ich weder behaupte noch bestreite, weil ich davon nichts weiß, wissen kann. Wissenschaftliche Vorsicht bringt mich für die letzten Fragen zum Agnostizismus¹. Der Drang des Lebens aber äußert sich im metaphysischen *Dichten* und Bauen. – Ihr Bruder hat auch meine letzte Arbeit² ungünstig kritisiert. Warum? Weil in ihm Fichte lebt: der Drang zum allgemein Verpflichtenden, über aller Relativität Stehenden, der Drang zur Idee. Ach, er lebt auch in mir. Aber etwas anders ist es, ob ich ihn *wissenschaftlich* begründen kann, und das muß ich als ehrlicher Forscher, ungern, für die Gegenwart bestreiten. Es geht nicht, es geht nicht, ohne daß die Fülle des Lebens verliert. Eine Wissenschaft aber, die das Leben meistern will, wird sich zuletzt immer lächerlich machen. [...] Paulsen schreibt mir in s. [seinem] Brief u.a.: „Ich habe den Eindruck, daß Ihre Arbeit, auf ernsthaftem und gründlichem Durchdenken der Probleme aufgebaut, eine wirkliche Förderung der Sache zu werden verspricht; auf jeden Fall bin ich überzeugt, daß Sie ein Arbeitsgebiet in Angriff genommen haben, das Ihren Kräften angemessen ist und Ihnen Gelegenheit gibt, zu zeigen, daß Sie die Dinge selbstständig zu erfassen imstande sind."

Dabei wird er gewußt haben, daß meine Ansichten von seinen vielfach etwas abweichen. Es gibt eben nichts allgemein Verpflichtendes; noch nicht einmal eine Logik, über die sich alle einig wären.

Das Christentum ist noch nicht ausgeschöpft. Das ist seine Bestimmung auf Erden, daß es Lebensmöglichkeit erst da gibt, wo so manches stolze Ideal gescheitert ist. Ich wiederhole: Wir sind Renaissancemenschen, aber wir werden im Christentum enden. Wenn die Kraft des *Denkens*, Wollens, Fühlens erlahmt: Die Kraft der universellen Liebe schleicht [sic] in uns hinein, wir mögen wollen oder nicht. Oh der Geheimnisse sind so viele, und wenn einst alles für uns Vergangenheit ist, so wird die ewig weiterspinnende Liebe uns nicht verlassen. Wenn neue Geschlechter kommen, an der Kraft der Lebenden sich emporranken, wenn wir zurückdenken an unsere eigene Kindheit, dann möchte ich wissen, wer da nicht die Ewigkeit fühlte. „Wer liebt, fürchtet den Tod nicht, denn er fühlt die Unsterblichkeit", sagt WILDENBRUCH[3]. Ist das ein Dogma? Ich meine nicht. Wenn aller Stolz sich auflöst in Liebe, dann schlägt die Stunde der Erlösung, nämlich der Erlösung von einem wilden Lebenstriebe, der unglücklich macht und nie sein Ziel erreicht. Dieses Schicksal prophezeie ich meinem Ehrgeiz, Ihrem Aufgehen in der Ruhe des Wissens. [...]

[1] Leugnung der Möglichkeit, Übersinnliches zu erkennen.
[2] 1904 publizierte SPRANGER nur drei Aufsätze:
- FRIEDRICH HÖLDERLIN. Ein Beitrag zur Psychologie. In: Die Gegenwart, Bd.65, 1904, 340-344
- Humanität. In: Ethische Kultur, Jg.12, 1904, 1-3
- Die Phantasie. In: Die Propyläen, Jg.1, 1904, 697-699

Auf welchen er sich hier bezieht, ist aus dem Kontext des Briefes nicht zu erschließen. Unwahrscheinlich ist, daß SPRANGERS Edition der Briefe HUTTENS gemeint ist, die bereits 1903 erschienen war. (HUTTEN. Briefe an LUTHER. Nach dem Originaldruck neu hrsg. von EDUARD SPRANGER. Leipzig, WÖPKE, 1903)
[3] Zitat nicht erschlossen.

EDUARD SPRANGER AN KÄTHE HADLICH
Charlottenburg, 18. 03. 1904 / Br., ca. 3/5

[...] Einiges an H. [HÖLDERLIN] ist mir, abgesehen vom Grade, verwandt. Dieses Leben nach Innen, dieser rein lyrische Daseinsfaden und damit seltsam kontrastierend der sorgsam verborgene, immer brennende Ehrgeiz, der langsam verzehrt, weil er die nach innen brennende Flamme doch nicht nach außen lenken kann. [...] Nun aber war mir auffällig an H. [HÖLDERLIN] seine Hinneigung zu FICHTE, sein Glaube (in früherer Zeit) an die erziehende, versittlichende Macht des Schicksals und die vorwiegend ethische Richtung des Lebensideals. Kann das echt sein, oder ist es nur ein Teil des ästhetischen Enthusiasmus? Die Frage ist mir um so wichtiger, als sie mir selbst gilt. Was ist ethischer Enthusiasmus ohne Praxis? Ich kenne viele solcher Menschen und gehöre selbst – leider noch immer – zu ihnen. Hier liegt die schlimmste Gefahr, nämlich die einer völlig irreführenden, entnervenden Selbsttäuschung. H. [HÖLDERLIN] war Pädagoge und nahm es ernst damit. Ich kann nicht sagen, wie ernst es mir unter Umständen damit werden könnte; aber das ist das Unheil des modernen Menschen, der um H's [HÖLDERLINS] Zeit beginnt, daß er von der ästhetischen Scheinwelt nicht loskommt. Wie anders dachte sich SCHILLER die ästh. [ästhetische] Erziehung. Sie sollte nicht Selbstzweck sein, und doch scheint es, als bliebe sie immer dabei stehen. M. E. gibt es hier nur eine Hilfe, die aber unserer Zeit versagt ist: große Aufgaben und große Ziele. Es scheint jedoch nicht, als sollten die gebildeten Stände eine nennenswerte Rolle in der sozialen Reform der Gegenwart spielen. Der jammervolle Liberalismus, dem Gott oder BISMARCK ein 1870 in den Schoß warf[1], hat das Erbe der Väter, d. h. das FICHTEsche Vermächtnis, gründlich und dauernd verspielt.

Wie schön aber ist es – und damit zurück in den blühenden Rosengarten des Ästhetischen – Briefe aus einer Zeit zu lesen, die man kennt, versteht und wohl auch zurückwünscht. Wenn dann die großen Kerle so faustdick auf einem Zweige sitzen und noch größer werden, indem sie sich drängeln und schieben. Wenigstens von weitem hätte ich das auch gern einmal verspürt. Aber die Universität ist heute, wie es scheint, nicht der Boden dafür. Immer wieder heißt es, Literatur lesen, und in den gelehrten Anmerkungen steckt der ganze Kerl. Eins dachte ich wenigstens fertig zu bekommen: die Naturwissenschaft wie einen Viehknecht zu behandeln. Aber wie könnte man so einseitig sein; dann interessiert einen auch wieder, wann ihr von fern ein großer Zug gelang, und schließlich liegt sie jedem so in den Gliedern, daß mir z. B. unter den Fingern eine Biologie des Erkennens gewachsen ist, an die ich prinzipiell nicht glauben wollte.

Aber jetzt macht sie mir Freude, weil sie einmal wieder tief drinsitzt: Radium oder Gesetz v. [von] d. [der] Erhaltung der Kraft? Ja, ja, es gibt mehr Dinge zwischen usw.[2], und die Herren sehen, wie es stets war, einmal wieder, was der Philosophie seit langen Zeiten bekannt ist, als gänzliche Novität auftauchen. Selbst die Natur ist reicher als die Naturwissenschaft, und der Mensch, der sie ausgedacht hat, sollte nicht noch reicher sein? [...]

So beschäftigt mich jetzt ein neues Mysterium: Wie entsteht unser Ichbewußtsein? Im höheren Sinne, als persönliche Einheit, ist es durchaus ein Kunstprodukt, ja es gibt hochstehende Menschen, denen es nicht gelingt aus Mangel an ethischem Kunstsinn. Auch ist das Schicksal unser Feind; es will dem Menschen keine Selbstheit, keine Einheit in s. [seinem] Existenzfaden gestatten. Interessant ist es zu sehen, wie der Mensch in seiner vulkanistischen Epoche[3] mit allen Kräften danach strebt. Doch glaube ich kaum, daß ihm in *dieser* Zeit häufig ein selbstständ. [selbstständiges] Wachstum beschieden ist. Als Schlingpflanze allenfalls mag er gedeihen. Wie glücklich ist er, wenn er hier einen entscheidenden, tiefwirkenden Halt findet. Ich kann von mir das nicht sagen. Gute Menschen sind es alle gewesen, aber keine Charaktere; keine Seelen von selbstständiger Lebensauffassung und dem pädagog. [pädagogischen] Drange zu helfen. Erst in jüngster Zeit fand ich echte Vorbilder; vor allem in PAULSEN den praktischen Ethiker, den schöpferischen, durch und durch Halt besitzenden Mann. Jede Erziehung besteht schließlich darin, den Weg zu sich

selbst zu zeigen. Kein vollendeter Erzieher wird eine Kopie seiner selbst wünschen. Aber das Material, das er vorfindet, ist wirr und wild wie ein Trümmerfeld; in ihm muß er den künftigen *Menschen* ahnen und den Bau beginnen, ehe der eigene Wille daran denkt. Er muß die geistige Heimat gründen; denn ohne sie keine Einheit. Darum auch keine Erziehung ohne gemeinschaftliche Lebenssphäre. Aber welch ein Verzicht liegt für den Erwachsenen in diesem Hinabsteigen! Für mich ist es ebenso sehr Qual wie Genuß: Das sind eben die „zwei Welten", von denen nur die meine als die reale erscheinen kann. Wie sehr mich dann ein Mißverstehen dieser Selbstentäußerung verstimmt, kann ich Ihnen nicht beschreiben. Und leider ist der Anlaß dazu so häufig, daß eine Art Angst nie von mir weicht. Denn leider ist es nicht immer wahr, was HÖLDERLIN sagt:
> O der Menschenkenner!
> Er stellt sich kindisch mit Kindern,
> Aber der Baum und das Kind
> suchet, was über ihm ist.[4]

Ideal und Natur stehen sich, noch wie zu SCHILLERS Zeiten, schroff gegenüber. Mögen sie, wie KANT in d. [der] Kritik der Urteilskraft[5] spekuliert, in einem höheren gemeinsamen Prinzip zusammenstoßen, so liegt doch eben in ihm das Rätsel. Wer an die Natur glaubt (im üblichen Sinne), hat nicht das Ideal; wer im Ideal lebt, entfernt sich von der Natur. Wir Epigonen GOETHES wissen nun, daß eine Synthese beider möglich ist. Aber wir haben verschiedene Namen dafür: Sie nennen es wiederum Natur, ich nenne es Geist; wir meinen dasselbe. Sie kämpfen gegen das Irreale am Geist, ich gegen das Irreale an der Natur, d. h. das, was „bloße" Natur ist. Wie weit es dem Menschen damit gelingt, ist teils Gabe, teils Schöpferkraft. Sie betonen die erste, ich die zweite, weil ich gern an eine unbegrenzte Herrschaft über uns selbst glauben *möchte*, wenn schon dieser Glaube der Wirklichkeit nicht adäquat ist. Aber wenn dies auch nur wieder ein ästhetischer Rausch wäre? Wenn man sich ewig im Kreise drehte im Selbstgenuß, ohne Kraft und Leben von sich zu strahlen? Das wäre mit das Furchtbarste unter den vielen Bedrückungen, die der Décadence anhaften, und zu einem frischen, freudigen Aufleben wird es in mir *realiter* wohl nicht kommen. [...]

---

[1] Gemeint ist vermutlich der entscheidende preußische Erfolg im deutsch-französischen Krieg 1870/1871 am 1. Sept. 1870 in der Schlacht bei Sedan.
[2] Zitat aus Shakespeare: The tragedy of Hamlet, Prince of Denmark, Act I, Scene 5: „There are more things in heaven and earth, Horatio. Than are dreamt in your philosophy". In: Shakespeare, William: The tragedy of Hamlet, Prince of Denmark. Act I Scene V. In: The London Shakespeare V, 417.
[3] D.h. während der Pubertät, in der Jugendzeit.
[4] FRIEDRICH HÖLERLIN: Falsche Popularität (Stuttgarter Ausgabe, Bd.1, 229).
[5] IMMANUEL KANT: Kritik der Urteilskraft (1790).

EDUARD SPRANGER AN KÄTHE HADLICH
[ohne Ortsangabe, November 1903 bis März 1904[1]] / Br., ca. 3/4

[...] Jedesmal, wenn ich bei STUMPF zu referieren habe und mir von seinen komplizierten Fragen redlich heiß werden sollte, passiert mir das Malheur, daß sich mir ganz andere psychologische Probleme mit der unvergleichlichen Macht des Lebens aufdrängen, als sie dieser amtlich verpflichtete Psychologe Berlins zu stellen pflegt. Ehe ich Ihren Brief rite[2] zu beantworten Zeit habe, rufe ich Sie zur Hilfe an diesen Reflexionen auf.

Ich habe einmal einen Aufsatz angefangen, in dem ich die Macht der Phantasie mit dem Zauberlehrling vergleichen wollte[3]. Sie gaukelt uns ein Bild von einem Menschen vor, dem er in der Wirklichkeit nicht gleicht, ja nie nahekommen kann. Eigentlich machen wir aus jedem uns wertvolleren Menschen ein solches Inventarstück unseres Inneren und sind sehr ungehalten, wenn sie einmal das sein wollen, was sie wirklich sind. Dann gewinnt die Phantasie geradezu Macht über uns, und wir werden die Geister, die wir riefen, nicht mehr los.[4] Die ethische Gefährlichkeit solcher Dichtungen habe ich einmal sehr real erfahren. Trotzdem ist es schwer, den Fehler zu meiden. Und das deshalb, weil immer etwas Wahres darin zu sein pflegt, nur daß das Wahre nicht immer voll entwickelt in die Erscheinung tritt. So geht es dem Pädagogen. Er vergißt leicht, daß Anlagen noch keine Eigenschaften sind, und ist oft schmerzlich berührt, wenn das Idealbild, das ihm vorschwebt, noch nicht in der Erscheinung vollendet vor ihm steht. Zwar liebt er eigentlich den knospenhaften, noch gestaltlosen Zustand; aber manchmal ist er Quietist[5] und meint, es könnte alles schon da sein. Das letztere aber erreicht er eigentlich nie. Wie ich schon einmal schrieb, kann er froh sein, wenn es im entscheidenden Augenblick auftritt und wirkt. Er vergißt, daß auch die Kunst der Erziehung eine Kunst der Verstellung ist. Denn der Erzieher darf *nie* sagen, was er als Ganzes ist, er kann nur einzelne angemessene Artikel ins Schaufenster legen. So sagt NIETZSCHE: „Für deinen Freund sollst du dich am schönsten putzen"[6], und in einem Roman von JACOBSEN[7] heißt es ungefähr: „Sie waren sich umso mehr, als sie einander nur die Prunk- und Wohnzimmer, nicht aber die Badestuben ihrer Seele gezeigt hatten." Der erwähnte Aufsatz ist liegengeblieben, weil ich einsah, daß die Phantasie nie ganz täuscht. Das ist *die Wahrheit der Dichtung.* Aber trotzdem übertreibt sie. Mein Zögling[8], wenn ich so sagen darf, wird mir vielleicht eine Zuchtrute auf den Realismus, wie es schon andere vor ihm gewesen sind. Leider bin ich für das Ideale geradezu übersichtig, und so sehe ich auch nur, wie er mir nahe kommt und unbewußt, und was wichtiger [scil. „ist"], ohne Zwang der Verhältnisse, sich mir beugt. [...]

---

[1] Undatiertes Fragment eines Briefes von SPRANGER an KÄTHE HADLICH, das nur noch in Abschrift vorhanden ist; jedenfalls vor der Promotion verfaßt. Da der „Zögling" SPRANGERS (ERNST LÖWENTHAL) erwähnt

wird, der in seinen Briefen erstmals im November 1903 auftaucht (vgl. den oben abgedruckten undatierten Brief SPRANGERS vom November 1903), und SPRANGER nach den Eintragungen in seinem Studienbuch im Wintersemester 1903/ 1904 (das vom Oktober bis März dauerte) bei STUMPF „Übungen im psychologischen Institut" belegt hatte, muß der Brief zwischen November 1903 und März 1904 verfaßt worden sein.

² Ordnungsgemäß.

³ Möglicherweise SPRANGERS später doch vollendete und publizierte Abhandlung: Die Phantasie. In: Die Propyläen 1 (1904), 697-699.

⁴ Anspielung auf GOETHES „Zauberlehrling": "Die ich rief, die Geister, werd' ich nun nicht los." (Sophien-Ausgabe, 1. Abt., 1. Band, 1888, 218, Vs. 91f)

⁵ Ein Mensch mit einer passiven Geisteshaltung, die besonders durch das Streben nach einer gottergebenen Frömmigkeit und Ruhe des Gemüts gekennzeichnet ist.

⁶ Zitat aus NIETZSCHE: Also sprach Zarathustra (Krit. Studienausgabe, 72). - Das Zitat, welches im Brief ohne Anführungszeichen angeführt wird, lautet genau: „Du kannst dich für deinen Freund nicht schön genug putzen..."

⁷ SPRANGER zitiert hier aus dem Roman „Nils Lyhne" des dän. Dichters Jens Peter Jacobsen (1847 - 1885). Dieser 1880 erschienene Roman übte um die Jahrhundertwende auf Künstler und Intellektuelle in Deutschland, u. a. auf Rainer Maria Rilke, großen Einfluß aus. Das Zitat lautet genau: „... in dem Festsaal ihrer Seelen waren sie begeistert füreinander gewesen, sie hatten vertraulich und gemütlich im Wohnzimmer zusammen gesprochen, aber sie waren nicht in den gegenseitigen Schlafstuben, Baderäumen und anderen solchen in dem Hause der Seele abseits gelegenen Lokalitäten aus und ein gegangen." (Jens Peter Jacobsen: Niels Lyhe. Frankfurt a. M. 1973, 114)

⁸ ERNST LÖWENTHAL.

EDUARD SPRANGER AN KÄTHE HADLICH
[ohne Ortsangabe] 03. 04. 1904 / Br., ca. 1/2

[...] Wir leben nicht in uns, sondern weit mächtiger, tiefer in andern. Auch meine Existenz hängt ganz von solchen Gewißheiten über geliebte Personen ab, und ich schrieb Ihnen schon einmal, daß mir nichts so schmerzlich ist als derartige Enttäuschungen, die ich metaphysisch nannte, weil sie in die verborgenen Quellen des Lebens zurückreichen, die wir nur ahnen. Weil wir beide mit solcher Intensität gerade in diesen metaphysischen Erfahrungen leben, wirft uns die leiseste Erschütterung ganz aus der Bahn unserer Existenz, ja ich könnte mir vorstellen, daß mein ganzer Charakter an solchen Erfahrungen zugrundegehen könnte. Aber betreffs der Phantasie schreiben Sie mir eine Ansicht zu, die ich nicht habe. Das wäre ja ein jammervoller Pädagoge, dessen Phantasie nur Abdrücke seiner selbst zu erzeugen wüßte. Gerade weil ich in diesem oder jenem Jungen ein Ideal sehe, das mir nie gelänge, das ich aber ahne, während seine Seele noch schlummert, möchte ich ihm helfen, daß er es herausbringt. Und darum hat er mir genau so viel zu sagen, wie ich ihm. Ich laure auf das Material, das er beibringt, und zeige ihm: So und so kannst Du das kombinieren und zusammenbauen. Wenn ich aber sehe, daß gar kein Ideal potentiell vorhanden ist, dann habe ich auch nichts zu tun. Wenn mir nun die

Natur durch die physische Bildung sagt: „Hier bin ich dabei, ein Kunstwerk, etwas Edles zu schaffen", und sie hat nur ein zufälliges Spiel getrieben, so betrügt sie mich, weil sie meine Phantasie anregt und nachher bloß Laterna magica gespielt hat.

Die Schuld kann aber auch auf des Menschen Seite liegen, wenn er seine Phantasie arbeiten läßt, auch wo ihm längst gesagt ist: Hier ist nichts. Der eigentliche Konflikt aber beginnt, wo die Zweiseitigkeit der Äußerungen vorläufig keine definitive Entscheidung zuläßt, weil man dann jeden Augenblick die tragische Katastrophe zu erwarten hat.

[...] Sie fragen nach meinem Zögling[1].

[...] Meine langsamen Minierungsarbeiten sind am Ziel. Neulich haben wir zuerst den Boden ethischer Fragen berührt. Ich weiß, daß ich gewirkt habe, wenn die eigentümliche Stille eintritt, in der der andere sich mit sich selbst allein wünscht. Ich entwickelte ihm einfach, aber eindringlich die sozialethische Arbeiterfrage und die Verpflichtungen, die der Gebildete hat, aber so selten kennt. Schließlich wurde er ganz still. Endlich aber sagte er: „Das ist nichts für mich. Mancher hat viel gelernt, mancher weniger; ich kann daran nicht mitarbeiten". Für den Anfang genügt mir dies. Ein Stück jüdischer Ethik mag dahinter stecken. Diese scheint mir auch theoretisch ganz jammervoll schlecht und zurückgeblieben zu sein; ihn zum Christentum zu bereden, hielte ich nicht für fair. Aber dies ist ein Ausnahmefall, wo ich einen absichtlich auf Philosophie hinführe. Denn was ich zerstöre, scheint mir diesmal so grundschlecht zu sein, daß es fort *muß*. Übrigens scheint mir bei ihm eine erstaunliche Begabung latent zu sein. Den Charakter eines Bekannten, der ein ziemlich hochdifferenzierter, moderner Mensch ist, gab er mir bei einmaligem flüchtigem Sehen bis in die Einzelheiten sicher an.

Was Sie über Naturwissenschaften sagen, scheint mir diesmal sehr akzeptabel. Sie gehen vom Wissen zurück auf den bereichernden Wert des Nichtwissens – mehr kann ich nicht verlangen; denn davon ging ich aus. Harmonie von Verstand und Gefühl ist die phil. [philosophische] Aufgabe, die auch mir vorschwebt; nur ist sie nicht zu lösen, ohne daß hier und dort ein wenig verschoben und ausgeglichen wird. Der Verstand ist an sich ein ganz reizloser Diener; bloß was er an objektiven Resultaten feststellt, erhält einen Gefühlswert. Dieser ist für manche bei der Naturwissenschaft so groß, weil sie so metaphysisch ist, d. h. Tatsachen auffaßt, deren Warum und Wie uns immer dunkel bleibt. Dahin gehört auch die Regelmäßigkeit der Natur, die ein nicht genug zu bewunderndes, weil ganz unerklärliches Faktum ist. Aber deren finde ich in meinem Selbstbewußtsein noch mehr, weil hier *Werte* auftauchen, die für die Naturwissenschaft gar nicht existieren. Ob diese Werte eine *objektive* Bedeutung haben, ist die große Frage. Sie gehören gewiß zur Konstruktion des Weltalls, aber nicht *ganz* so wie sie sind, weil sie ja eben durch die *individuelle*

Lebensbedingung, nicht durch die Lebensbedingung des großen All hervorgerufen sind. Das ist einmal eine schöne, dicke Metaphysik, wie ich sie nur in ganz unbewachten Augenblicken mache; bitte verraten Sie mich nicht. Übrigens ist das Bedürfnis nach Metaphysik eine Degenerationserscheinung, wie ich neulich mit einem Freunde festgestellt habe. Die eigentliche Welle des Lebens läßt so etwas nicht aufkommen. Nur wo die Gefühlsreaktionen ungewöhnlich stark nach innen gehen, tritt diese Ablenkung der Lebenskraft auf.

Die naturwissenschaftl. [naturwissenschaftliche] Psychologie kommt immer mehr dahin, das Bewußtsein als ein unerhebliches Akzidens[2] zu betrachten. [...]

Ließe man mich doch mit der Wissenschaft in Ruhe. Als Junge habe ich mir immer gesagt: „Du kannst nie Gelehrter werden, aber ein Künstler". Dieses Bewußtsein habe ich inzwischen verloren, leider! Aber das Gewirr der gelehrten Meinungen quält mich. Käme doch einer, der etwas ganz Falsches sagte und es wäre nur etwas Großes dahinter. Solange ich philologisch genau arbeiten muß, werde ich nie Befriedigung finden. [...]

[1] ERNST LÖWENTHAL.
[2] Etwas Zufälliges, nicht notwendig Zukommendes.

EDUARD SPRANGER AN KÄTHE HADLICH
Charlottenburg, 23./ 24. 04. 1904 / Br., ca. 1/2

[...] Freilich ist von der lebendigen Wirklichkeit bis zum Ideal ein weiter Weg, der nur durch stündliche Selbsterziehung und -überwachung vollendet wird. Es gehört wohl auch etwas mehr dazu als der gute Wille: nämlich der Beruf des Handelnden und Lehrenden statt des Lernenden. Ich kann nicht dankbar genug dafür sein, daß mir eine eigentümliche Veranlagung und gewisse Erfahrungen einen innerlicheren Entwicklungsprozeß ermöglicht haben, als ihn der bloße Schüler der Wissenschaft, auch bei den besten Absichten und Spekulationen, erfährt. Oft wird mir diese doppelte Aufgabe zu schwer; denn beide Interessen, Wissenschaft und Leben, kreuzen sich feindlich, und man wird es meinen Arbeiten immer ansehen, daß sie mit einigen Tropfen Herzblut außer der Gehirnsubstanz erkämpft sind. [...]

Meine Arbeit ist gut fortgeschritten. Das Durcheinander der Ansichten über den wissenschaftlichen Wert der Geschichte ist unglaublich. Man möchte eben gar zu gern auch den letzten Menschenseufzer noch in ein System von Wissenschaftsobjekten einordnen. Meine Lösung betont den Punkt, an dem eine Art künstlerischen Verfahrens die strenge Wissenschaft ablösen muß. „Psychologie" ist dabei mein beständiges Feldgeschrei, aber schon dieses Verstehen bis ins Letzte kann nur von Menschen erreicht werden, die über das adäquate Material an Innerlichkeit verfügen. Von diesem Verstehen aus zum Abwägen der Werte zu gelangen, ist das Fundamentalproblem der Geisteswissenschaften, das bisher ohne Gewaltsamkeiten nicht gelöst worden ist. Man bleibt entweder beim historischen Relativismus oder stellt dogmatische Normen auf, die dem Leben widersprechen. Nun aber bedienen wir uns der Ausdrücke „Entwicklung und Fortschritt in der Geschichte", als wenn wir wüßten, was das ist. [...]

Der Ausweg, um das unleugbare psychologische Faktum zu erklären, scheint mir nun darin zu liegen, daß im vollen Lebensbewußtsein zugleich das Wertkriterium für den Wert der einzelnen psychischen Funktionen gegeben ist. Diese Weisheit wäre nicht groß, wenn sie nicht im einzelnen durchgeführt würde. Neuere Philosophen wie EUCKEN und MÜNSTERBERG, auch TROELTSCH, haben nun nicht mit Unrecht betont, daß dies nicht mehr im Rahmen bloßer Psychologie liegt. Sie wollen eine Metaphysik des Geistes zu Hilfe rufen, d. h. den Geist HEGELs beschwören. Richtiger wäre es, auf den Lebenswert der Geschichte hinzuweisen. In ihr werden alle die Standpunkte entwickelt, die den gegebenen Realitäten gegenüber lebensfähig sind. Diese Art von Produktivität ist künstlerisch und kann von der Wissenschaft nie ersetzt werden. Aber sie kann von der Wissenschaft studiert werden, weil jeder Mensch potentiell alle Standpunkte in sich enthält, die historisch notwendig geworden waren, sie also auch durch Phantasie nacherzeugen kann. Dann handelt es sich darum – das ist Bedingung! – *zu einer gegebenen Größe*, der Lebensrealität, die Unbekannte x, nämlich die lebensfähige Disposition des Subjekts zu suchen. An dieser Aufgabe arbeitet synthetisch die Kunst, analytisch die Wissenschaft. Erst wo sich beide Standpunkte vermählen, entsteht eine fruchtbare Mischung. Darum ist die unethische Literatur unserer Tage wie die dogmatische Philosophie gleich ungenügend. Die erstere ist psychologisch tief, ohne normativ zu sein, die zweite umgekehrt. Klassisch heißt eine Periode, wo beides zu einem verschmilzt. An sie muß angeknüpft werden. Dies wäre meine Antwort auf die Frage nach dem Wert der Geschichte. Für die Pädagogik (Bildungsideal) liegt das auf der Hand. Für die Religion der Gegenwart ist es deshalb so schwer, weil der betreffende produktive Akt *noch* nicht geleistet worden ist und daher vorläufig wissenschaftlich nichts auszumachen ist. Die Wissenschaft aber arbeitet beständig Zusammenhänge von Lebenslage und *Anpassungsformen* heraus, die als Vorarbeiten gelten können. [...] Das Ganze positiver Gestaltung aber wird kein Gelehrter erzeugen, sondern z. B. ein TOLSTOI und viele andere, die da kommen sollen, nach GOETHE, der die Wege eigentlich überall gewiesen hat. Sie sehen zugleich, daß die ganze Biologie nur eine abstrakte und verkürzte Übertragung dieses psychologischen Verfahrens auf Naturvorgänge ist. Anderseits ist die eigentliche Zentralwissenschaft der Methode nach, nunmehr abhängig v. [von] d. [dem] Vorbild der Ästhetik: Auch diese erzeugt ihren Gegenstand nicht, sondern analysiert und versteht ihn.

[...] Neulich habe ich mit ERNST L. [LÖWENTHAL] auf dem Schlachtensee gerudert, dabei mich kräftig gefreut, wie solche heilige Abendstille auch junge Seelen, die den Mund sonst nicht halten können, in ihren Bann zwingt. Ein so erstaunliches Gedächtnis für jedes Wort und jede Anregung ist mir selten vorgekommen. Nur habe ich beständig zu tun, um eine gewisse Nonchalance im Verkehr zu verhüten. Übrigens komme ich mir immer mehr wie LESSING vor; der beste Gewinn dieser seltenen Zusammenkünfte ist wohl der, daß ich auch das Judentum verstehen lerne und sehe, daß diese Menschen nicht anders können; strebt doch jeder danach, sein Selbst und s. [seine] Vergangenheit zu bewahren. Warum nicht auch sie? Nur diese gänzliche Vergeblichkeit des Bemühens wirkt eigentlich tragisch; und umso tragischer, als ihnen schöpferische Geister der Gegenwart dazu nie die Hand reichen können. [...]

EDUARD SPRANGER AN KÄTHE HADLICH
Charlottenburg, 16. 05. 1904 / Br., ca. 1/2

[...] Es drängt mich, Ihren Brief umgehend zu beantworten; denn ungern sehe ich Sie in einer Depression, die bisher auf meiner Seite war. Wie sehr ich diesen lastenden Zustand mit Ihnen fühlen kann, werden Sie wissen. Immer wieder habe ich seit nun 1½ Jahren das qualvolle Gefühl durchgemacht, nach Opfern aller Art und scheinbarer Besserung wieder am Anfang zu sein. Und tausendfach habe ich mich vergeblich gegen das Gefühl gewehrt, daß auch die Zukunft keine wesentliche Änderung darin bringen würde. Aber nicht diese leider unverscheuchbaren periodischen Verzweiflungszustände möchte ich mit Ihnen kollationieren[1], sondern ich würde Ihnen so gern, wenn es möglich wäre, aus meiner Erfahrung heraus zur Überwindung dieser langwierigen Besserungszeit helfen.

Ich glaube nicht, daß diese Krankheit ohne ein langes psychisches Leiden entsteht. Oft schleichen sich Mächte in unser Dasein ein, deren Kommen und Walten wir nicht bemerken, die uns fast zur lieben Gewohnheit werden, bis wir sie plötzlich als Herren empfinden, die unbeachtet an unserm Lebensmark zehren. Daß etwas Derartiges auch auf Ihnen gelastet hat, schrieben Sie mir selbst um Ostern herum. Gleichviel, ob dies das einzige war: In diesem Falle hilft nur eins: das Steuer des Lebens herumzuwerfen, sich durch eine noch so schwere Entscheidung das Bewußtsein innerer Freiheit und Aktivität wiederzugeben. Das ist der Wert der gescholtenen Selbstanalyse, daß sie den gefährdeten Zeitpunkt sorgsam beobachtet und durch das Bestreben, jederzeit sich selbst im Tiefsten zu verstehen, das Dasein in die ihm individuell angemessenen Bahnen lenkte – und wer kann sagen, wie verletzlich und zart gerade die Existenz der höchstentfalteten Menschen ist.

Erst durch dieses Freiwerden von allem Seelendruck wurde mir eine Besserung möglich; kein Mensch kann mir nachfühlen, wie unendlich schwer mir der Bruch mit DILTHEY geworden ist und noch immer ist; aber er war nicht das einzige: Schwerer ist die Überwindung des eignen Stolzes und der Verzicht auf das Macht- und Lebensgefühl, das ich für meine eigentliche Natur gehalten hatte, zugunsten einer – nun *auch* Naturbestimmung. [...] Aber das Bewußtsein, wirken zu können, ist das, was man in solchen Zuständen braucht. Wie sehr hat mich s. Z. die Teilnahme aufgerichtet, die Sie für mich hatten. Freilich wurde es mir leichter, weil mein intellektuelles Leben längst den Glauben an die Macht der *niederen* Natur über uns aufgegeben hatte. Deshalb durfte ich *Ihnen* glauben, als Sie mir sagten, daß dieses Leben nicht zwecklos wäre. Ich gebe Ihnen heut das Gleiche zurück: Wenn ich davon erfüllt bin, daß das Leben in seinem unverstandenen Drange einen Sinn hat, der herausgeboren werden muß, so ruht dieser Glaube zwar in den tiefsten „Quellen meines Lebens". Aber seine *Gewißheit* ruht auf anderen: auf Ihnen, auf PAULSEN, auf der pädagogischen Macht des Höheren, an die kein Beweis, keine Formel, keine bildliche Weltanschauung (wie z. B. die Ihre) heranreicht. Und diese Fülle und Kraft des lebenweckenden Lebens kann Ihnen auch heute noch nicht fehlen, wie sie auch nur im 1. Teil Ihres Briefs fehlt, dem der 2. Teil widerspricht, was mich unendlich erfreut, ohne übrigens der Lösung der Fragen näherzubringen. Sie glauben erst nicht an Fortschritt, dann aber an die wogende Macht des Lebens. Ich auch; und die Wissenschaft ist für mich nur Registrator, der aber auch geschickt angelegt werden muß. [...]

[1] Auf seine Richtigkeit und Vollständigkeit prüfen, eine Abschrift mit der Urschrift vergleichen.

EDUARD SPRANGER AN KÄTHE HADLICH
[ohne Ortsangabe] 09. 06. 1904 / Br., ca. 2/5

[...] Wenn Tage kommen, wo mich das Metaphysische in seiner Fülle geradezu quält und die Reflexion vergeblich gegen die Leidenschaft kämpft – denn eben an die Leidenschaften heftet sich das Metaphysische, und es wird da so erdnah, so wild und manchmal wesensfremd, daß ich es Ihrem etwas zu einem kleinen Philistertum neigenden Bruder nie sagen würde – dann habe ich das Gefühl, daß das Leben unendlich pulsiert, und was ist höher! Manchmal scheint es mir, als sollte das Leben überhaupt nur so sich verzehren, bald so, bald so, hin und her geworfen, ohne Bewußtsein des Ziels und ohne Einheit der Richtung. Das kann nicht sein. Aber verachten möchte ich auch den, der aus Armut nie die Größe des Werks erfuhr, sich zur Einheit zu machen. Nur wenn die letzten Tiefen sich aufregen, kann die Mischung gut werden. Wozu sonst das lange Suchen? Der kategorische Imperativ tut's

freilich nicht. Sondern der Kunstsinn des universalen Menschen, der die Zügel in der Hand behält, und doch keine Kraft als absolut wertlos unterdrückt. Dies ist der Neuhumanismus, die einzige Philosophie außer der PLATOS, an der ich nicht auszulernen gedenke.
Es gibt Menschen, denen das Metaphysische nie bewußt wird. Verstandesmenschen lernen es nie aus erster Quelle kennen. DEUSSEN sagt einmal, wenn es Begriff und Worte gefunden habe, sei es eigentlich schon weg. Wo das Lebens so recht ungebändigt sich regt, ist es da, und doch eigentlich nur für den, der es nun nicht zu leben vermag, sondern sich an die Stirn schlägt und fragt: Woher und wohin? Der Maler kann die Natur in ihrer offenbarungsvollen Schönheit festhalten und in sich gestalten. Ich bekomme sie nicht in mich hinein; sofort taucht die Frage in mir auf: Was will sie? Dann arbeitet die Reflexion weiter, bis der erste Eindruck zu nichts verflüchtigt ist und Ruhe eintritt – bis zur neuen Erregung. [...] Nur den einen habe ich, meine Pädagogik: zu *geben*, was mir geworden ist, an Jüngere und Ältere, der Natur helfen, daß es ihr besser gelingt. Da sitzt man dann am Markt und lauert auf Nachfrage, wie SOKRATES, der nichts hatte und doch geben mußte aus innerer Überfülle. Religiöse Naturen wirken ähnlich. Sie haben ein Gefühl für den Mangel, der ihrem Besitz entgegenkommt. Der Pädagoge hat selten die Freude, daß er einem bewußten Bedürfnis dient; er muß sich aufdringen, sich in mannigfacher Verkleidung einschleichen und von seinem Selbst opfern, auch wo er auf keine Ernte hoffen darf. Dies Wirken ins Unbestimmte, in die nie entschleierte und verstandene Zukunft ist sein Glück und sein Leid. [...]

EDUARD SPRANGER AN KÄTHE HADLICH
Charlottenburg, 01. 07. 1904 / Br., ca. 1/3

[...] Aber neulich hat gar ein alter, sehr gelehrter Lehrer von mir daraus entnommen, daß ich die Philosophie nun dick bekommen hätte und zur Historie umsatteln wollte. Diese Unterhaltung hat mich nicht nur sehr amüsiert, sondern ich habe einen alten Gedankengang neu verfolgt und in 2. Potenz gefunden, daß Philosophie Dichtung ist. Ich habe in letzter Zeit viel mit alten Leuten über solche Fragen gesprochen; immer wieder den typischen Quietismus[1], den Glauben an universelle Notwendigkeit und den Zweifel an jeder erziehlichen Wirkung persönlichen Lebens gefunden. Dies hat an seiner Stelle *seine* Wahrheit. Denn wer da glaubt, daß die Wahrheit nur eine sei, ist rückständig. Mit dieser Anschauung aber kann die Jugend nicht leben. Sie muß sich blind machen gegen das zu frühe Auftreten dieser Überzeugung. In den Idealen schafft man sich die Welt, wie man sie zum Leben braucht, das ist die dichterische Mauer, mit der man sich vor zu großer Klugheit schützt. Und auch dies hat seine teleologische Notwendigkeit und Wahrheit. Wenn

Erziehung nicht möglich ist, wozu sollte ich leben? Sie *muß* möglich sein, d. h. ich muß leben, sub specie[2] ihrer Möglichkeit, wie jeder Mensch unbewußt sub specie aeternitatis[3] lebt, wie HÖLDERLIN sub specie des Schönen lebte. [...] Besondere Freude machte es mir, immer wieder herauszuarbeiten, daß die Geschichte ein zweites, weiteres Leben ist, das die Menschheit über dem engen Jetzt erbaut. Dann die eigenartige Mischung des immer gleichen Menschen mit dem Fluß der Verhältnisse, dies Aufblitzen der Ewigkeit im scheinbar so zufälligen Individuellen. Dann wieder das rein Logische: das Typisieren der verwickeltsten psychischen Beziehungen, das Herausarbeiten der Individualität, das künstlerische Zusammensehen des Einzelnen und Zerrissenen. Vor allem aber DROYSENS flüchtiger Satz, daß der Mensch erst im Verstehen anderer und im Verstandenwerden von andern Totalität wird[4], wodurch ich auf ganz neue Gedankenreihen geführt bin, und endlich das Vergnügen, in der historischen Arbeit überall das Interesse der Gegenwart, das unbewußt treibende, herauszulösen; eigentlich wäre es mir jetzt egal, wenn die Gelehrten die Sache[5] nicht „genügend" fänden. [...]

[1] Passive Geisteshaltung, die besonders durch das Streben nach einer gottergebenen Frömmigkeit und Ruhe des Gemüts gekennzeichnet ist.
[2] Unter dem Gesichtspunkt.
[3] Unter dem Gesichtspunkt der Ewigkeit, im Angesicht der Ewigkeit.
[4] SPRANGER bezieht sich hier auf DROYSEN, JOHANN GUSTAV: Grundriß der Historik (3. Aufl. 1881). In: Ders.: Historik. Hrsg. von Rudolf Hübner. Nachdruck der 4., unveränderten Aufl. 1937, München 1960, 329 (§ 12): „Der Mensch wird, was er seiner Anlage nach ist, Totalität in sich, erst in dem Verstehen anderer, in dem Verstandenwerden von anderen, in den sittlichen Gemeinsamkeiten (Familie, Volk, Staat, Religion usw.)."
[5] SPRANGERS Dissertation.

EDUARD SPRANGER AN KÄTHE HADLICH
Charlottenburg, 29. 07. 1904 / Br., ca. 1/4

[...] die Arbeit[1] liegt fertig da, und sie erfüllt die höchste Bedingung der Produktion über die wir sprechen müssen: Sie wirkt objektiv auf mich selbst zurück. Sie erscheint mir nicht wie *meine* Arbeit, sondern wie die Darstellung der *Sache*. Was noch zu tun ist, besteht nicht mehr in der subjektiven Selbstbelehrung, sondern liegt im Objekt vorgebildet. So ist es mir z. B. gelungen, die starke antiwissenschaftliche Tendenz, die meiner zufälligen, subjektiven Natur angehört, fast ganz zu überwinden und überall das dem Wissen Erreichbare zu betonen. Dies habe ich dadurch bewerkstelligt, daß ich mich von DILTHEY möglichst losmachte und so heterogene Naturen wie MILL, PAULSEN, selbst LAMPRECHT möglichst tief auf mich wirken ließ. Stundenlang könnte ich Sie mit der Fülle des Neuen belästigen, was mir dabei aufgegangen ist und vielleicht überhaupt wissenschaftlich neu ist. So hat sich mir das teleologische Prinzip ganz in den Vordergrund gedrängt, und ich bin erstaunt, was es mir allenthalben geleistet hat.

Dabei nun hat mir das glänzendste Dokument objektiver Produktivität, das wir Deutschen besitzen, halb unbewußt großartige Dienste getan: GOETHES und SCHILLERS Briefe [...] Vielleicht aber bedeutet das vorläufig meinen Abschied von der Literaturgeschichte und die längst dringend notwendige Rückkehr zur Sozial-, Wirtschafts- und Verfassungsgeschichte. Die soziale Funktion der Philosophie muß geklärt werden; sonst kommen wir zur Herrenmoral und dergleichen Unwirklichkeiten.

[...] PAULSEN hat meine Resultate akzeptiert; auch sind einige vorsichtige Andeutungen über Habilitation gefallen. Doch habe ich das Gefühl einer großen sachlichen Differenz, und die persönlichen Schwierigkeiten würden für mich in Berlin so groß sein, daß P. [PAULSEN] allein mich wohl nicht durchbringen könnte. Daß ich mit DILTHEY nicht in Verbindung geblieben bin, ist aber wohl für meine selbständige Entwicklung von großem Vorteil.

ERNST [LÖWENTHAL] ist verreist; seine Anhänglichkeit, die sich in auffallend häufigem Schreiben äußerte, überraschte mich. [...]

[1] SPRANGERS Dissertation.

Ausgewählte Stücke aus EDUARD SPRANGERS Tagebuch der Sommerreise 1904; niedergeschrieben in der Weihnachtszeit 1905

Aufzeichnungen über die Sommerreise, welche EDUARD SPRANGER vom 4. August bis 5. September 1904 unternahm, nachdem er den Entwurf der Dissertation fertiggestellt hatte (vgl. oben EDUARD SPRANGER 29. 07. 1904). Das Original ist nicht mehr vollständig erhalten. Die Reise führte von Berlin über mehrere Städte, u. a. Erfurt und Heidelberg, in den Schwarzwald. Von dort unternahm EDUARD SPRANGER Ausflüge ins Neckartal, so auch nach Tübingen. Mit einem Bekannten reiste er weiter an den Bodensee, von dort über Baden-Baden und Heidelberg zurück nach Berlin. In Heidelberg und im Schwarzwald (Griesbach) traf EDUARD SPRANGER jeweils für einen bzw. zwei Tage KÄTHE HADLICH.

Das Tagebuch ist dem im folgenden auszugsweise abgedruckten Brief beigegeben:

EDUARD SPRANGER AN KÄTHE HADLICH
[ohne Ortsangabe] Weihnachten 1905; Br., ca. 19/20

In diesen Blättern, meine hochverehrte Freundin, die nur für Ihre Augen bestimmt sind, gebe ich Ihnen ein Stück von meiner Seele. Sie sind in wenigen kurzen Abendstunden, oft unter dem Drang der Gegenwart, hingeworfen. Keine anderen Aufzeichnungen als das, was jeden Augenblick greifbar vor mir stand, hatte ich dafür zu Gebote. Sie wissen wie ich, daß sich unendlich viel mehr über das alles hätte sagen lassen, hätte eine freundlichere Ruhe über der Abfassung gewaltet. Möge Ihnen dennoch das Stück der Kniebisstraße[1] mit ihren ahnungsvollen Ausblicken, das ich vor einem Jahr empfing, dabei vor die Seele treten! Es waren Stunden, die nicht wiederkehren und die doch unverlierbar sind. Sie werden in mir leben, auch wenn die Form, die ich ihnen hier in schneller Niederschrift gegeben habe, mir längst entschwunden ist. Indem ich mich von diesen

Blättern trenne und den festen Blick wieder in die ungewisse Zukunft sende, bitte ich Sie, darüber als über Ihr unbeschränktes Eigentum zu verfügen und sie zu bewahren, wie ich die Erinnerung bewahre.
[...]

[1] Straße beim Berg Kniebis in der Nähe von Griesbach/ Südbayern.

[Tagebucheintrag vom] 04.08.1904; ca. 1/10
[...] Der Erfurter Bahnhof, seit langen Jahren mir bekannt und lieb, war wieder erreicht. Die Uniform erleichterte mir das Suchen: NIESCHLING[1] stand vor mir. [...] Durch die glutwarmen Straßen ging es auch diesmal wieder hinauf zur Petersfeste. In mittäglicher Müdigkeit lag der Dom, und über den sandigen Domplatz herüber erschien das niedrige Dach, unter dem NAPOLEON gewohnt hatte. Am Gitter des Kasernenhofes wartete der Bursche mit der Dienstuniform. Verwandelt trat mein Freund aus der Wachstube heraus, verwandelt war er, als er die Wache aufzog und mit einer Energie Kommandorufe erschallen ließ, von der ich genau wußte, daß er sie nicht hatte. Dies, dachte ich, ist das Werk des preußischen Staates: Seine moralische Gewalt umklammert den einzelnen wider Willen und weiß Erze aus dem Sandboden zu ziehen. [...]

[1] SPRANGERS Studienfreund ALEXANDER NIESCHLING, der auf der Petersfeste in Erfurt stationiert war.

[Tagebucheintrag vom] 05.08.1904; ca. 2/5
[...] Ich hätte dort[1] bleiben müssen und können. Mir aber bedeutete der Gedanke, daß *ich* nach *Heidelberg* führe, das Zentrum der Welt. Keine Geschichtsschreibung kann ein solches zentrales Erleben wieder ins Dasein rufen: Aller Heroismus weicht auch solchen Gefühlen. Ich war nicht HÖLDERLIN mehr.[2] Ich war nicht mehr Sklave meiner Phantasie, die ich vor wenigen Wochen, Abschied nehmend von alten Träumen, von mir geschüttelt hatte. Aber noch war ich nichts nach außen: Alles stand innerlich auf mir selbst. Umso glücklicher das Gefühl innerer Gewißheit, das mir in dem Moment gekommen war, als ich zum ersten Mal dahin gelangte, einen Stoff durch seine Objektivitäten auf mich wirken zu lassen. Diener des Objekts zu sein, darauf beruhte mein Heroismus. Ein Selbst ohne Kultus, allmählich frei sich läuternd aus dem Kampf, der zwischen Subjekt und Objekt zur entscheidenden Stunde stattfindet, das begann ich damals zu sein, dies Gefühl gab mir die Flügel. Wie anders, als ich vor einem Jahr die Hauptstraße Heidelbergs bei Tag und Nacht durchwanderte! Ein Herr auf eignem Grund, kehrte ich zurück, und doch waren die Erinnerungen lebendig genug, daß mir die Namen HÖLDERLIN und SHAFTESBURY und Werther[3] noch etwas bedeuteten. [...]

[1] In Erfurt.
[2] Gemeint ist, wie SPRANGER rückblickend in den Anfang 1945 niedergeschriebenen Erinnerungen an seine Studienjahre (S.48) formuliert: „Meine Adoleszenz kam damals endgültig zum Abschluß...".
[3] Hauptfigur in GOETHES berühmtem Briefroman „Die Leiden des jungen Werthers" (1774, Neufassung 1787).

[Tagebucheintrag vom] 07.08.1904; ca. 1/2
[...] Die fernen Höhenzüge des Schwarzwaldes, nach dem sich seit Jahren alles in mir sehnte, waren mir gleichgültig. Ich begann zu merken, daß der Gewinn und das Schwergewicht dieser Reise für mich auf anderem Gebiet liegen werde. Keinem Menschen werde ich eine Vorstellung davon geben können, was sie mir wurde und bedeutete. Wer aber ein Gefühl dafür hat, daß ich seitdem nie wieder in den Ton meiner 4 frühesten Aufsätze[1] habe zurückkehren können, wird verstehen, daß mich die tiefen und echten Gefühlseindrücke dieser Zeit zum eigentlichen Manne erst geläutert haben. Ich halte diese Aufsätze als Ausdruck einer tief innerlich erlebten Wahrheit noch heute sehr hoch. Meine eigentlich wissenschaftlichen Arbeiten haben doch nicht diesen unmittelbaren Lebenswert. Ich vertraue darauf, daß auch die späteren Epochen meines Lebens noch solche unmittelbaren Produkte fördern werden. Aber damals schloß ich die erste, etwa in meinem 15. Jahre beginnende innerlich ab. An HÖLDERLINS Grab in Tübingen nahm ich Abschied von ihr. Seitdem erfüllt mich der Glaube, daß im Bewußtsein unseres Wirkens höchste, objektive Lebenswerte liegen, ein Glaube, der sich mir in Verbindung mit dem Christentum als der wahrhaft lebensfähige Weg erwiesen hat. [...]

[1] Diese „4 frühesten Aufsätze" sind:
EDUARD SPRANGER: Zur ästhetischen Weltanschauung. In: Deutschland. Monatsschrift für die gesamte Kultur 6, 1905, 35-44 (SPRANGER schrieb diesen Aufsatz in Heidelberg, während seines ersten Besuches bei KÄTHE HADLICH Ende August/ Anfang September 1903.)
EDUARD SPRANGER: Humanität. In: Ethische Kultur 12 (1904), S.1-3
EDUARD SPRANGER: Friedrich Hölderlin. Ein Beitrag zur Psychologie. In: Die Gegenwart. Wochenschrift für Literatur, Kunst und öffentliches Leben. Berlin, Bd.65 (1904), 340-344
EDUARD SPRANGER: Die Phantasie. In: Die Propyläen. Literarisch-belletristische Halbwochenschrift. München, Jg. 1 (1904), 697-699 (erschienen am 16. 08. 1904).

[Tagebucheintrag vom] 11.08.1904; ca. 1/4
[...] Von der Einsamkeit, in der ich lebte, kann man sich schwer einen Begriff machen. Ich kannte keinen Menschen, verkehrte mit niemandem und machte meine stundenlangen Waldwanderungen stets allein. Diesen absichtlichen Durst nach

Einsamkeit erkläre ich teils aus der krankhaften Schwäche meines Nervensystems, teils aus dem Drang, erst den inneren Reichtum meines Lebens in mir selbst zu verarbeiten. Gesellschaftlich hätte man mich vielleicht für voll genommen; aber nicht in dem Sinne, wie ich für voll genommen sein wollte. Dies ist seitdem anders geworden: Sobald ich das unweigerliche Plus in mir fühlte, wurde mein Auftreten sicherer, aber ich muß es zur Schande der Gesellschaft sagen, daß sie mir diesen Schritt erst erleichterte, als ich die Achselklappe des Titels[1] mit mir herumtrug. – Es waren jedoch nicht fachphilosophische Probleme, die mich beschäftigten; es ist mir noch heute rätselhaft, daß ich mit keinem Gedanken während dieser Zeit zu dem Rohbau meiner geliebten Arbeit zurückkehrte. Sie war mir wert, aber ich dachte nicht an sie. Vielmehr waren es rein menschlich-psychologische Fragen, die mir durch den Kopf gingen, und da es sich um meine Selbstbildung handelte, so waren sie unmittelbar auf mein Individuum und die mit ihm verbundenen Menschen bezogen. Ich glaube noch heute, daß diese intensive „Selbstverständigung" der einzige Weg ist, um zu Resultaten zu kommen, die für *alle* Menschen gelten. [...]

[1] SPRANGER meint hier den Anfang Februar 1905 erworbenen Doktor-Titel (sofern man den Zeitpunkt des am 02. 02. 1905 absolvierten Rigorosums zugrundelegt). Hier fließt also eine aktuelle Anmerkung in das Weihnachten 1905 aus dem Gedächtnis niedergeschriebene Tagebuch der Sommerreise 1904 ein.

[Tagebucheintrag vom] 13.08.1904; ca. 3/4
[...] So nähere ich mich dem Mittwoch, für den meine zweitägige Fahrt nach Griesbach[1] verabredet war. Zwei Tage waren angesetzt, schon weil die Verbindung es nicht anders gestattete. Dadurch wurde es mir zugleich möglich, die unangenehme Postfahrt zu vermeiden. Aber ich muß mich doch in die Lage hineinversetzen, was der Weg von über 20 km für mich bedeutete. Mein damaliger Gesundheitszustand war so, daß das allein für mich eine moralische Anforderung bedeutete. Heute würde mich das gleiche wenig Entschluß kosten. So aber mußte ich mir Zeit und Leistung von vornherein einteilen. Und der Vorgenuß der Freude erleichterte mir den Weg. Um 7 Uhr bei herrlichstem Sonnenschein [scil. „im"] August 1904 aufbrechend, legte ich den Kilometer in wenig mehr als 10 Minuten zurück, nach meiner Gewohnheit mein ganzes Lieblingsrepertoir singend (ich habe nie singen können!) und pfeifend. Hinter der Alexanderschanze begann der Abstieg in zahllosen Windungen, deren letzte der Ort des Zusammentreffens mit KÄTHE HADLICH sein sollte. Diese Windungen mit ihren ahnungsvollen Durchblicken in ein tiefeingeschnittenes, ungekanntes Tal waren unendlich vielsagend. Ich konnte nicht wissen, wann die letzte Biegung erscheinen würde; schon an der dritten kam ich von dem Thema: „Winterstürme weichen dem Wonnemond" nicht mehr los. Aber die

Biegungen waren endlos, der Staub lag fußhoch; ein ganz anderer Landschaftscharakter begann: immerhin etwas Einengendes, Kesselartiges, Geschlossenes. Endlich sah ich meine Freundin und den als umgänglich signalisierten Vetter. Ich war sehr glücklich. Aber das alte Elend des Zeremoniells ergriff wieder ganz von mir Besitz. Von da an bis zum Hotel, zur table d'hote, zu den ersten Gesprächen habe ich kein natürlich empfundenes Wort herausgebracht. Die ganze Umgebung war mir beengend; zur Selbstkontrolle gesellte sich die von außen, und ich war froh, als der Nachmittag für einen Waldspaziergang freigegeben wurde. Da erst fand ich mich wieder. Wir sprachen viel von HEGEL und KANT; immerhin blieb diese Begegnung ein wenig Schulphilosophie. Die genossene Ordnung dieses Badelebens stand wie eine Gesetzestafel vor meinen Augen. Heute vielleicht würde ich die gesellschaftliche Routine oder Gleichgültigkeit besitzen, darüber hinwegzukommen. Damals konnte ich es nicht. Die weiteren Spaziergänge durch den Wald zum Wasserfall teilten sich zwischen einer zweifelhaften Faustinterpretation und dem konventionellen Gespött über den Griesbacher Despotismus. Ich darf sagen, daß ich für das Verständnis gesellschaftlicher Erscheinungen dort viel gelernt habe; sie erschienen mir als die Schutzwehr und der Herdeninstinkt des traurigsten Mittelmaßes, als ein Beispiel, wie wenig der durchschnittliche Mensch, sich selbst ganz frei überlassen, sein Dasein schön und glücklich zu gestalten vermag. Durch diese Tyrannei der Menge, der bloßen Zahl, der allzuvielen geriet ich in einen halb lachenden Ärger hinein, den ich schon damals vielleicht zu wenig verschwiegen habe.
[...]

[1] Kurort in Südbaden (im Reuchtal/ Schwarzwald).

[Tagebucheintrag vom] 18.08.1904; ca. 1/5
[...] Nach dem Kaffee gingen wir beide allein empor zu der Kapelle. Dort saßen wir nebeneinander in der Morgenkühle auf einer Bank, und die tiefhängenden, dichten Wolken zogen über unser Haupt hinweg nach Freudenstadt[1]. Da ich weiß, für wen ich dies schreibe, brauche ich nicht zu erwähnen, wovon wir sprachen. Tiefe Unmittelbarkeit, Leben und Wärme kehrten wieder zurück. Es waren ja Fragen, auf die ich keine Lösung wußte, als die, mein inneres Vertrauen, meine im Grunde daseinsbejahende Weltauffassung auszusprechen. Ein Wort WILDES, das mich später unendlich gerührt hat: „Es ist unbedingt nötig, daß ich es irgendwie finde"[2], das war wohl auch der Inhalt meines Glaubens. Dieses teleologische Vertrauen auf die Unversieglichkeit des Lebensdranges und der Glücksfähigkeit, auf die Möglichkeit einer befriedigenden, inhaltvollen Gestaltung des Daseins war es ja, was mir seit den Heidelberger Tagen als dringendes Bekenntnis auf den Lippen schwebte. Nicht, daß ich es selbst so intensiv an mir selber jederzeit empfunden hätte; aber die

Notwendigkeit, daß der Mensch es irgendwie fände, die war mein Postulat und Lebenselement, und ich glaube, daß der Inhalt dieser Stunde für uns beide nicht verrauscht ist. Indem ich über alle diese Beziehungen nachdenke, wird mir heute deutlich, auf welche unmittelbaren Einflüsse es zurückging, daß ich nach der Rückkehr in mein Buch erst die ganze teleologische Auffassung hineinkorrigierte, die sich heute darin findet. Wie tief reichen doch die Wurzeln dessen, was wir mit bloß wissenschaftlichem Verstande formulieren und als kritische Einsicht hinzustellen meinen! Von da an war mir Griesbach[3] nicht mehr zur Last. Ich dachte nicht mehr an die Menschen, die hier lebten; und wie weit sie hinter uns blieben, hätte ich auch an der opferwilligen Begleitung empfinden müssen, die den schlimmsten Regen und den ansteigenden Weg auf durchweichter Chaussee nicht scheute. Wir sprachen noch von dem Segen der Leidenschaft, ich sprach gegen die einseitige Philosophie, die ihr wesentlichstes Ziel in der Unterdrückung aller grundgeborenen Leidenschaftlichkeit und Wärme erblickt. Die Opposition, die ich fand, werde ich dereinst noch durch meine Darstellung des modernen Humanitätsgedankens und seines Gegensatzes gegen die Stoa, der in dem gefühlswarmen Stoiker ROUSSEAU seine Wurzeln hat, ausführlich belegen. Es war der symbolische Abschluß dieses denkwürdigen Tages, als wir kameradschaftlich auf einem regenfeuchten Baumstumpf saßen und die Vorräte miteinander teilten. Dann ging es noch ein Stück auf schmalen Waldpfaden abwärts, und ich weiß nicht, wie oft ich mich, wieder aufsteigend, nach den unscheinbaren Birken umsah, bei denen wir uns, zum zweiten Mal in diesem Sommer, trennten. [...]

[1] Ca. 70 km nord-nordöstlich von Freiburg i. Br. gelegen.
[2] Zitat nicht erschlossen.
[3] Kurort in Südbaden (im Reuchtal/ Schwarzwald).

[Tagebucheintrag vom] 20.08.1904; ca. 1/3
[...] Ich darf von mir sagen, daß ich der magnetischen Gewalt des Zieles und der Tiefe des Moments immer in gleicher Weise gedient habe. Das ist das Geheimnis der Lebenskunst, daß man keinem von beiden ausschließlich gehört. Ob aber andere Menschen gleich viel genossen haben wie ich? – Angelockt durch diese Eindrücke, redete ich mir beim zweiten Regentage ein, es wäre in Freudenstadt[1] nicht mehr auszuhalten, ich müßte entfliehen, nach Stuttgart oder Tübingen, wäre es auch nur auf einen Tag.[2] Meine Wahl fiel auf Tübingen. Mußte ich dorthin doch weit durchs Neckarthal fahren, um dann außer der Universität HÖLDERLINS langjähriges Heim und sein Grab zu finden. Der Blick vom hohen Schloß fesselte mich dann auch wenig. Nur die Architektur der Stiftskirche interessierte mich, und daneben die stille Weinstube „Zum Zaren", wo ich Tiroler Wein trank und mit dem Wirt von

der Universität plauderte. Dann ging ich hinunter zum Stift, von dem das jugendmutige Dreigestirn SCHELLING, HEGEL, HÖLDERLIN seinen Ausgang nahm; der letztere, um ihm gegenüber, in einem kleinen, am Neckar verborgenen Häuschen sein Ende in fast vierzigjähriger Geistesnacht zu finden. Es war seine einzige Freude, daran zu denken, daß er in guten Tagen schöne Bücher geschrieben habe. Wie zerstörbar, wie verletzlich ist doch das Leben! Wie rauh verfährt es mit seinen Lieblingen, wenn dieser Geist, der alle Tiefen des Inneren durchmaß, dem alle Harmonie gestaltender Sprache ward, zuletzt nicht einmal dieses ärmliche Zimmer beherrschte. Außer NIETZSCHES Los hat es nichts Tragischeres gegeben. – An der Universität vorüber erreichte ich den Kirchhof; dort lag ein anderer Denker, den seit wenigen Tagen die kühle Erde deckte: CHRISTOPH V. SIGWART. In dankbarer Ehrfurcht nahte ich dem kränzebedeckten Hügel. Wie klar spiegelte sich in diesem durchdringenden Geiste die Welt und die Wissenschaft, wie wußte er die Kraft des schärfsten Denkens mit dem tiefen Bewußtsein der Irrationalität dieses Daseins zu verbinden. Dort ruhte er nun neben der Gattin, und gewiß war ich nicht der einzige seiner Schüler in deutschen Landen, die ihm damals eine dankbare, tief empfundene Träne weihten. Er war einer von den Anspruchslos-Großen, von den preußischen Naturen, die am Kleinen wie am Umfassenden dasselbe üben: die Pflicht! – Verborgen, und lange vergeblich von mir gesucht, lag dort auch unter dichten Büschen HÖLDERLIN selbst. Schöne Verse von ihm selbst zierten das Eisenkreuz, das den Ernst des Todes versinnbildlichte, während der ideale Genius, der ihm im botanischen Garten als Denkmal gesetzt ist, mit griechischer Anmut an die beflügelte Macht des Geistes erinnerte, die sein eigenstes Evangelium war neben dem anderen: dem Evangelium der Natur. [...]

[1] Ca. 70 km nord-nordöstlich von Freiburg i. Br. gelegen.
[2] SPRANGER war am 24. 08. 1904 erstmals Tübingen . Vgl. dazu EDUARD SPRANGER: Wallfahrer, Flüchtling und Bürger. In: Merian. Jg. 7 (1954), H. 8: Tübingen, 34-35, hier S. 34.

[Tagebucheintrag vom] 30.08.1904; ca. 1/2
[...] Dann fuhren wir in den Überlinger See hinein nach der Insel Mainau[1]. Die Fahnen des Dampfers und des Schlosses kündeten uns an, daß der greise Großherzog [von Baden] in diesem seinem Tuskulum[2] weilte. Während wir den schönen Park und das Schloß neugierig umstreiften, kamen wir in den Hof, der beide Flügel des Gebäudes trennte. Da trat uns in grauem Hut und Anzug ein alter Herr mit einer kleinen, schwarzgekleideten Dame entgegen. Ich hatte den Großherzog nie gesehen. Aber ich wußte im Augenblick, daß er es war. Front machend, empfing ich den Gruß dieses von mir schwärmerisch verehrten Paares. Ein kleiner Hund, der

ihnen folgte, sprang umtreibend und eifrig zurück, um die Diener, die die Stühle nachtrugen, zu größerer Eile zu ermuntern. Dies Bild paßte so zu meinen ganzen Vorstellungen. Ich bin monarchisch gesinnt; nicht aus Gefühl, sondern gegen mein natürliches Gefühl, aus *Gründen*, die ich allein meinem Nachdenken verdanke. Die Ansicht, daß Baden ein Musterland sei, habe ich nie geteilt. Aber daß es ein begnadetes, ein echt deutsches und deutsch-gesundes Land sei, nicht so herb und erhaben wie Preußen, aber tätig, glücklich und kulturfreudig, das wußte ich. Und von seinem Herrscher wußte ich nur eins: daß er *ein Mensch* sei auf dem Throne, ein Sonnenschein im deutschen Land. Deshalb freut es mich bis heut, einen von seinen Strahlen erhascht zu haben. Denn die Begeisterung für das Gute geht über alle Stände hinweg, und wenn er mich auch nicht kannte und kennen wird, so wird sein Geist vielleicht auch in der Art meiner Staatsauffassung zum bescheidenen Teile fortleben. [...]

[1] 44 ha große Insel im Überlinger See, dem nordwestl. Teil des Bodensees.
[2] Nach der altröm. Stadt Tusculum: ruhiger u. behaglicher Landsitz, Lieblingsaufenthalt.

[Tagebucheintrag vom] 02.09.1904; ca. 1/2
[...] Der Luxus ist für mich ein eignes Phänomen; ich gehöre nicht zu seinen blinden Bewunderern, aber auch nicht zu seinen Verächtern. Es gibt eine behagliche Lässigkeit des Lebens, nach der ich mich sehne, wenn sie nämlich die Kehrseite eines gehaltvollen Daseins von diesem geltenden Wert ist. Herrschen war ja von jeher mein geheimster Traum. Darum möchte ich leben, darum immer wieder über dies Leben nachdenken, um zuletzt auf beiden Gebieten ein Herrscher zu sein, ein virtuoso, dem nichts Menschliches fremd ist. Der Haß, mit dem ich dieses Treiben etwas ansah, war der Neid der besitzlosen Klasse. Denn schon damals glaubte ich, die seelische Not und das menschliche Leiden, das hinter all dem Glanze steckt, tiefer zu beherrschen als die stolzen Erscheinungen, die vielleicht das Geheimnis ihrer Knechtschaft schmerzvoll-ratlos in sich verbergen. [...]

[Tagebucheintrag vom] 03.09.1904; ca. 1/7
[...] So fand ich mich dann wieder in der Bahn nach Heidelberg; wieviel reicher als vor wenigen Wochen! Ohne diese Gewißheit wäre mir die Aussicht, daß uns nur der kurze Rest des Tages bleiben sollte, vielleicht unendlich bedrückend erschienen. Aber freier und frischer betrat ich jetzt das Haus in der Rohrbacher Straße[1]. Heidelberg war mir jetzt so bekannt und vertraut, wie ich es in meinen am folgenden Tage in der Bahn hingeworfenen Zeilen aussprach. Wir verabredeten eine Wiederholung

des Weges nach dem Schriesheimer² Hof. [...] Während der Mahlzeit lasen wir Briefe, und wechselweise lasen wir sie uns vor. Unter den meinigen war auch einer von ERNST [LÖWENTHAL], ein Thema, das mich im vergangenen Jahre viel, und ich darf sagen: leidenschaftlich, beschäftigt hatte. Auch dies gehört zu den Ereignissen, die in meinem Leben nicht wiederkehren werden. Ich hätte viel über diesen Gegenstand zu sagen. Genug aber ist wohl das eine, daß die Enttäuschung, die ich hier etwa erlebt habe, zu meiner Selbstbildung gehörte. Gerade dies eigenartige Phänomen: Jude, äußerlich vollendet, innerlich rein, begabt, aber nicht ohne nationale und standesmäßige Eigenschaften, war geeignet, mir das Problem der Pädagogik klar zu machen: Ich hoffte, aus dieser Seele zu machen, was ich wollte, und – in und mit diesem Wahn hatte ich die Freude, aus ihr das Höchste zu machen, was sie werden konnte. Ich werde nie daran zweifeln, daß ich diesem Menschen den Blick für den Idealismus auf alle Zeiten geöffnet habe. [...]

[1] KÄTHE HADLICH wohnte in der Rohrbacher Straße 24.
[2] Ort ca. 9 km nördlich von Heidelberg.

[Tagebucheintrag vom] 04.09.1904[1]; ca. 1/5
[...] Noch einmal in der Morgenfrühe suchte ich die alte Neckarbrücke auf. Ich ahnte nicht, daß ich diesmal Heidelberg nicht ohne Geleit verlassen sollte. Als der Zug aus der Halle fuhr, wußte ich eines. Ich hatte in schweren Tagen zu mir gesagt: „Diese Krisis ist die schlimmste deines Lebens; überstehst du sie, so hast du gesiegt; [unleserliche Fortsetzung][2], so wirst du nie wieder siegen." Wie die Entscheidung ausgefallen war, das war mir jetzt klar. Die Worte EMERSONS waren das, was ich mir in dieser Stunde selbst sagte. Und ohne auf die Landschaft zu achten, warf ich bis Marburg hin in wenigen Worten aufs Papier, was hier in vielen Worten steht. Ich bin eitel. Auf meine Verse werde ich es nie sein. Sie sind der innerste Ausdruck meines Lebensbedürfnisses. Ich muß mich in den erhobenen Momenten meines Daseins befreien. Was in solchen Augenblicken entsteht, ist objektiv minderwertig: Aber es hat den Vorzug einer durch nichts zu ersetzenden Wahrheit. Deshalb hat man, außer in Heidelberg, noch nie etwas von den Erzeugnissen solcher Stunden gesehen. Mit froher Begeisterung aber habe ich den objektiv gestalteten Gehalt dieser Tage in meiner Arbeit in die Öffentlichkeit hingeworfen, und werde es künftig tun. Welches Leben dahinter wogte, haben die feineren Geister wohl erkannt. Gern denke ich daran, daß dieses Reiseerzeugnis ein andrer Mann auf Reisen zum dritten Male gesehen hat: FRANZ VON LISZT, als er im Sommer 1905 nach Wien fuhr! Und nun Kassel. Es erschien mir unter dem Gesichtspunkt Heidelbergs; nicht mehr und nicht weniger. Mit HERMANN [HADLICH] disputierte ich auf dem Wege nach Wilhelmshöhe mit Anspannung aller Kraft: Ich wollte und mußte ihn gewinnen, sollte

ich auf ein ganz geklärtes Resultat meiner Reise zurückblicken. Unterwegs trafen wir seine verehrungswürdige Mutter. Auch die einsame Höhe auf dem Plateau des Herkules, der gemeinsame Genuß des einzigen Sonnenunterganges brachte uns nicht zur Einigung. Ich gestehe aber hier frei, daß ich aus HERMANNs Standpunkt damals gelernt habe, daß das dritte Kapitel meiner Schrift davon beeinflußt ist, und daß ich heute, nachdem ich einen Aufsatz von BRUNSTÄDT[3], HERMANNs Freunde, gelesen habe, sehe, daß auch der HEGELsche Standpunkt zu denen gehört, die ich als möglich anerkennen kann. [...]

[1] Original nicht erhalten.
[2] Sinngemäß etwa: „überstehst du sie nicht".
[3] Es könnte sich handeln um: BRUNSTÄDT, FRIEDRICH: Über die Absolutheit des Christentums. Leipzig 1905. (Dies ist jedenfalls die erste Veröffentlichung von BRUNSTÄDT.)

[Tagebucheintrag vom] 05.09.1904[1]; ca. 6/7
[...] So endete meine Reise. Habe ich viel erlebt? Nein! Habe ich gelebt? Mehr, als es je wiederkehren wird. Hieran knüpfen sich meine Schlußgedanken. Der wesenhafte Inhalt dieser Tage beruhte für uns beide auf folgendem: Wir sind beide Naturen, die zu selbständiger Reflexion gegenüber dem Leben gelangt sind, vielleicht mehr getrieben als gedrängt. Es gibt eine Stufe menschlicher Entwicklung, auf der sich zum Kampf ums Dasein der Kampf um die geistige Existenz gesellt. Das gewaltige Gefühl des Alleinseins in sich, des schweigenden Zwiegespräches mit dem Geheimnis der Welt, alle diese Realitäten von Natur und Gesellschaft, Pflicht, Neigung, Leidenschaft und Hoffnung, das alles ist eine zentnerschwere Last. Aber während es Menschen gibt, die nur in flüchtigen Momenten solches Fragen empfinden und dann in den Schoß einer geheiligten Überlieferung fliehen, d. h. zu Menschen, die vorbildliche geistige Schöpfungen produzierten, finden andere nur in der selbsttätigen Auseinandersetzung mit ihrer Welt Frieden. Diese Aufgabe ist unendlich; der Genuß der selbstgeschaffenen Welt wird nur durch schwere Kämpfe und Zweifel erkauft, und selten entsteht auf diesem Wege etwas anderes, als einseitig-subjektive Stellungen zur Realität. Die Religionsstifter allein dringen zu breiter Wirksamkeit hindurch. Die Philosophie aber hat unter einer Tatsache immer zu leiden gehabt, die erst heute zur Klärung gelangt: Sie hat sich unter die Knechtschaft der Wissenschaft begeben, statt über sie wie über einen Teil des unermeßlichen Ganzen zu reflektieren. Wenn sie nicht ganz Wissenschaftslehre wurde, so hat sie das nur gewissen großen Persönlichkeiten zu verdanken, die wie SPINOZA unter den Formeln der gerade herrschenden Wissenschaft ihre tiefe Innerlichkeit aussprachen. Unter der Führung DILTHEYS hatte ich diesen tief unter den Systemen rauschenden Quell früh verspürt. Es war mein Bestreben, die Philosophie zurückzuführen zu dem,

wovon sie ausging, zur religiösen Gemütsverfassung. Wodurch unterscheidet sich neue Philosophie und Religion? Vor allem dadurch, daß die Besinnung über das Leben, die der Philosoph anstrebt, immer geleitet ist durch das, was auch vor der Wissenschaft haltbar ist; nicht aber glaubt er deshalb, daß auch das ganze Leben in der Wissenschaftlichkeit auflösbar sei. Behält doch die Religion ihre Wahrheit, obwohl sie in ihrem Ursprunge nach der Wissenschaft überhaupt nicht fragt. Erst als Religionsphilosophie entsteht ihr dieses Problem. Man sieht, daß die Scheidung eine Begriffsbestimmung davon voraussetzt, was „Wissenschaft" sei. KANT hat diesen Ausschnitt zuerst zu umgrenzen versucht. Auch meine Arbeit will ein kleiner Beitrag zu dem sein, was man auf historischem Gebiet als Wissenschaft bezeichnen kann. Statt der Kantischen Frage: „Wie ist Wissenschaft möglich", würde ich lieber die Formel wählen: „In welchen Grundoperationen bestehen die als »wissenschaftlich« zu bezeichnenden Stellungnahmen gegenüber der Welt?" Aber das ist nur ein unendlich kleiner Ausschnitt aus der gewaltigen Sphäre unseres Lebensbewußtseins. Worin besteht das Ganze? Es besteht in dem bewußten Leben dieses Lebens selbst, in der glutwarmen Hingabe an das Maß von Intensität und Inhaltlichkeit, was sich im fortschreitenden Prozeß des Daseins offenbart. Deshalb kann ein Mensch dem anderen Helfer werden – nur auf eine Weise: im gemeinschaftlichen Leben. Alles andre ist kalt und starr. An die Menschen mit denen wir leben, heften sich unsre vitalen Worte. Dabei kommt es freilich, daß man den Sinn dieses Lebens herausstellt in Symbolen und Formeln, schon, um es mitteilbar zu machen; aber dadurch wird es zugleich mittelbar. Was ich in dem Umgang dieser Tage empfangen habe, war nicht die wissenschaftliche Diskussion und Aussprache; die Zeiten sind vorbei, in denen die Unterhaltung und die Korrespondenz eine wirkliche Förderung der *Wissenschaftlichkeit* werden konnte. Aber der Stoff des Wissens, die Tiefe und [scil. „der"] Eigenwert des Erlebens, die Gemeinsamkeit des Fühlens, Suchens und Strebens, die hinter diesen Symbolen ruht, wurde das Befruchtende. Den Frauen ist es eigen, still sinnend an den Momenten des Lebens zu haften; sie nehmen sie reiner und tiefer auf. Beim Mann wird der Wille zum Gestalten durch eine Verwischung und Verflachung des Eindrucks erkauft. Hier also muß eine Ergänzung stattfinden. Welch unendlicher Gewinn nun, wenn man auf solchem Wege gemeinsam lernt zu leben. Denn das Leben ist nicht nur rätselhaft, sondern grausam und hart, wie es auch lustvoll emporragt. Die Qual der Einsamkeit, die vernichtet, wird nur in Zeiten gegenseitigen Erschließens überwunden; man ist dem anderen dankbar, weil man selbst an ihm wächst und stärker wird. Dieses Kraftgewinnen kann auch zur wissenschaftlichen Form führen; aber das ist zufällig; es ist die Übertragung der Arbeit auf ein besonderes Kulturgebiet; warum könnte es nicht auch ein anderes sein? Wenn ich also den Gehalt der Gespräche an den Sommertagen 1904 zu meinem Erstaunen oft vergessen habe, so sehe ich nunmehr den Grund. Wir leben in einer Täuschung, wenn wir meinen, gemeinsam philosophiert zu haben. Wir haben zusammen gelebt, und das war mehr. Was an objektiven Schöpfungen daraus hervorging, ist eine sekundäre Frage. Wir werden es niemals ergründen, welche Unausweichlichkeiten in unsren Tiefen vorgingen. Es ist da, es lebt, es wirkt; wer wüßte mehr? Aber die Inhaltlichkeit dieses Wirkens hat dadurch eine Gewißheit empfangen, die triumphiert über den Lauf der Welt. Wer könnte uns die Wichtigkeit und die Sprache solcher Stunden streitig machen? Wer aber auch wollte sie deuten? An uns nun ist es, hinauszutreten und zu sagen: Das ist das Leben, denn so sprach es zu uns! Kann uns der Widerspruch kümmern? Wird unsre Welt unwahr dadurch, daß andre eine andre haben? Wer sie nachfühlen könnte, diese Welt, der müßte mit uns am Neckar, im Schwarzwald, im Odenwald gewandert sein; durch Zeiten und Räume; sie gehören dazu. Denn wir sind Menschen, keine reinen Geister. Deshalb haben wir eine Geschichte. Möge uns die Erinnerung an sie durch helle und dunkle Tage strahlen; es ist eine Stimme in meiner Seele, daß wir auf unsrer Wanderung nichts Köstlicheres finden werden. [...]

[1] Original nicht erhalten.

EDUARD SPRANGER AN KÄTHE HADLICH
Charlottenburg, 09. 09. 1904 / Br., ca. 1/3

[...] Die beiden Referenten werden das Opus gewiß sehr seltsam und vielleicht degoutable finden[1]. Es ist doch eben ganz DILTHEY; dieser aber ist für mich nicht zugänglich; und wenn er es für mich wäre, so doch nicht für PAULSEN.

Diese persönlichen Verhältnisse nehmen mir definitiv die Hoffnung auf eine Privatdozentur. Es war vielleicht falsch von mir, mit einer Arbeit zu beginnen, die so ziemlich alle lebenden Philosophen vor den Kopf stößt. Daß die Zukunft mir recht geben wird, bezweifle ich nicht. Wo ich aber meinen Wirkungskreis finden soll, ist mir ganz schleierhaft. Dazu kommt nun noch, daß DILTHEY neuerdings die Arbeit, die ich vollendet habe, selbst in Angriff genommen hat. Sollte er unerwartet diesmal schnell arbeiten, so bin ich depassiert[2]. Endlich ist der erste Teil (Kap. I) meinem intimsten Freunde[3], der alle Schritte mit mir gemeinsam gemacht hat, als Examensarbeit gegeben worden. Er kann also eigentlich bloß umformulieren, was bei mir bereits steht. Dies alles veranlaßt mich zu der größtmöglichen Beschleunigung, die unter Umständen ein Malheur beim Mündlichen zur Folge hat.

Gleich nach dem Examen soll ich dann ein Gutachten des Ministers v. ALTENSTEIN, Mitarbeiter v. HARDENBERG, auf dem Archiv auf seine phil. [philosophischen] Grundlagen hin untersuchen. Es ist mir dies eine sehr willkommene, wenn schon mühsame Aufgabe. Denn ich muß mit der Möglichkeit rechnen, daß ich mich künftig ausschließlich der politischen Philosophie widme. Ich hätte dann in ganz Deutschland nur 2 Konkurrenten (STAMMLER, JELLINEK) und könnte ev. [eventuell] durch die Regierung eine Förderung erwarten, die mich von der Lotterie der Philosophen unabhängig macht. Noch niemals habe ich mich den Schwierigkeiten nach allen Richtungen hin so wenig gewachsen gefühlt, wie jetzt. Ein Mensch wie H. [HERMAN] NOHL drückt mich durch seine Genialität einfach nieder; ich zweifle manchmal, ob dies auf redlichem Wege überhaupt möglich ist. Er hat *alles* gelesen, und meine Rezeptivität ist so überaus gering. [...]

Der Brief von HERMANN [HADLICH] enthält rein sachliche Auseinandersetzungen. Ich nehme seine Erlaubnis zur Mitteilung derselben an Sie stillschweigend an. Ich schätze HERMANN und sein ideales Streben so hoch; würde so gern an seinem festen Charakter eine Stütze für meine leichte Sensibilität finden. Aber seine Philosophie verstehe ich garnicht, d. h. wohl das Bedürfnis und ihren philosophischen Ursprung, aber nicht, wie ein Mensch sich durch dergleichen unbeweisbare Mythologien logisch überzeugt fühlen kann. Es ist schade, daß Hermann sich nicht *doch* ein wenig in dieser Hinsicht beieinflussen läßt. Was ist das für eine Logik, für ein unrettbares Versunkensein in HEGEL, das mich denn doch eigentlich überrascht; daß die lichten Geister unserer Philosophie für ihn hinter diesem Dunkelmann zurückstehen sollen, ist traurig, wirklich traurig, und ich bin ratlos, frage Sie, ob es Freundschaft heißen kann, einen Freund auf diesem sinnlosen Wege zu bestärken. Was ich Sie vor meiner Reise bat, bitte ich Sie von neuem: Raten Sie mir, wie ich HERMANN von dieser merkwürdigen Weltflucht abbringen kann. Denn daß er mir gleichgültig werden sollte, ist mir aus vielen Gründen ein schrecklicher Gedanke. Aber vielleicht verstehen Sie seine Meinung besser und können mir den Zugang zu seinem Denken eröffnen. Ich kann ihn nicht finden. HERMANN mag Dogmatiker sein, soviel er will, Antipsychologist und alles, aber er müßte diesen Standpunkt mit der demselben eigenen logischen Stärke vertreten. So ist alles ein unverstandenes Gemenge. [...]

[1] Die Referenten der Dissertation, PAULSEN und STUMPF. Degoutable = abstoßend.
[2] Überholt.
[3] Wahrscheinlich TRAUGOTT KONSTANTIN OESTERREICH.

EDUARD SPRANGER AN KÄTHE HADLICH
Charlottenburg, am letzten Sommertage 1904 [22. 09. 1904] / Br., ca. 1/2
[...] ich erfreue mich jetzt einer maßvoll ausgenützten, einigermaßen befriedigenden Arbeitskraft. Meine Ideen gehen mir über alles; ihnen zuliebe diszipliniere ich

meine alte Neigung zum Epikureertum. Auch meine Stellung zu ERNST [LÖWENTHAL] hat sich dadurch verändert. Die tiefe, hoffnungsvolle Liebe, die ich ihm widmete und die mich manchmal zu nachgiebig machte, war an eine noch sehr unreife Natur verschwendet. Das Zusammensein mit meinem Freunde[1] zeigte mir erst, wie wenig Höflichkeit des Herzens bei ihm vorhanden war, und ich habe keine Lust, meine Zeit an jemanden zu verschwenden, den ich erst darum ersuchen muß, daß er mich auf der Straße grüßt. Die Abschiedsworte, die ich unserem näheren Verhältnis in der „Phantasie"[2] gewidmet habe, sollten Sie nicht auf die Goldwaage legen. *Ich* habe von der Phantasie die trügerische Seite erfahren; damit sie real wird, muß noch etwas anderes hinzukommen; wenn ich darüber auch Erfahrungen gemacht habe, werde ich *darüber* schreiben. Das ist dann aber nicht mehr Sache der Phantasie. [...] Jetzt weiß ich, daß die Seele ein teleologisches System ist und wie man dieses Faktum auf logische Prinzipien bringen kann. Dadurch bin ich in einen neuen Teil DILTHEYscher Philosophie, ohne es zu ahnen, hineingewachsen. Was bei ihm, ja bei PAULSEN, als intuitive Anschauung vorhanden ist, habe ich auf Formeln zu bringen versucht, die erkenntnistheoretisch streng sind. Nun bin ich mit einem Schlage mitten in d. [der] phil. [philosophischen] Entwicklung und kann 3/4 der leidigen Literatur einfach ignorieren. Wollen Sie sich über den *sachlichen* Gedanken orientieren, so versuchen Sie es einmal mit DILTHEYS poetischer, aber überaus schwerer Abhandlung in den Sitzungsberichten d. [der] Berl. [Berliner] Ak. [Akademie] der Wiss. [Wissenschaft] 1894. 2. Bd. Ideen zu einer beschreibenden und zergliedernden Psychologie. Bes. [Besonders] Kap. [Kapitel] 7.[3] Eine unerschöpfliche Fundgrube der tiefsten Psychologie und Philosophie, charakteristisch für seinen Leichtsinn wie seinen Tiefsinn, der ganze Mensch und Philosoph. Ich betrachte es geradezu als meine Aufgabe, ihn durch scharfe Systematisierung zu vollenden. Ich befleißige mich daher der äußersten logischen Strenge, umso mehr als das Buch meines Freundes und Gegners, H. [HERMAN] NOHL, von dem ich mir unendlich viel versprach, als ich es neulich von ihm erhielt, den ganzen flüchtigen, phantastischen Leichtsinn charakterisierte, mit dem die so geistvollen DILTHEYaner arbeiten. Ich kann es Ihnen nicht schicken, ohne unsre „Schule" etwas zu kompromittieren. Unter dem Titel „SOKRATES und die Ethik"[4] wird die ganze griechische Geschichte eigentlich apriori umkonstruiert. Ich bin glücklich, durch einen rechtzeitigen entscheidenden Schritt[5] meine wissenschaftliche Integrität gerettet zu haben.

Das Prinzip, von dem ich ausgehe, ist *kurz* folgendes: Teleologische Beurteilung im Gegsatz zur kausalen findet da statt, wo die Beurteilung vom Ganzen auf die Teile, oder – bei einem Prozeß – vom Erfolg auf d. [den] Anfangszustand und d. [die] beeinflussenden Bedingungen zurückgeht. So verfährt die Biologie: Die Lebenserhaltung (das Resultat) liefert erst das Verständnis der Einzelvorgänge. In der Psychologie aber ist das *Urbild* dieser Betrachtungsweise. Es gibt keine isolierten Kausalrelationen in dem psychischen Strukturzusammenhang, sondern diese können nur unter beständiger Rücksicht auf das Ganze ausgesondert und verstanden werden. Weil der Beurteiler in sich dieses *Ganze* erlebt, werden ihm die unvollständig gegebenen Prozesse in dem zu Interpretierenden verständlich. Die wissensch. [wissenschaftliche] Formulierung dieser Psychologie kann also nur in teleologischen Systemen, nie in Kausalgesetzen erfolgen. Diese Teleologie ist *nicht* durchgängig bewußt, sondern nur an einzelnen Punkten. Das System der Wirtschaft ist rationalisierbar. Das System d. [der] Ethik nur zum kleinsten Teil. Die im Erleben gegebene Teleologie der Ethik, wenn sie produktiv wird, ist also nur z. T. Wissenschaft, zum größeren Teile Kunst und Religion. Was HERMANN forderte, das *wissenschaftliche* Auswahlprinzip psychologischer Typen, ist somit gegeben; sie müssen auf kulminierende Werte bezogen werden (z. B. d. [der] HÖLDERLINtypus auf den ästhetischen) etc. etc. [...]

[1] ALEXANDER NIESCHLING, der zu dieser Zeit in Erfurt als Fähnrich stationiert war. Vgl. Tagebuch der Sommerreise 1904, Eintragung vom 04. 08. 1904.
[2] EDUARD SPRANGER: Die Phantasie. In: Die Propyläen 1 (1904), 697-699.
[3] WILHELM DILTHEY: Ideen über eine beschreibende und zergliedernde Psychologie. 1894. GS V/ 1, 139-240. Kp. 7: Die Struktur des Seelenlebens, 200ff.
[4] HERMAN NOHL: Sokrates und die Ethik. Tübingen 1904 (NOHLS Dissertation).
[5] Durch den 1903 vollzogenen Bruch mit DILTHEY. Vgl. unten „Erste Interpretationsversuche".

EDUARD SPRANGER AN KÄTHE HADLICH
[ohne Ortsangabe] 26. 09.1904 / Br., ca. 9/10
[...] Soeben erhalte ich Ihren Brief[1], der mich überrascht und erschreckt. Ich weiß nicht, ob die Unzulänglichkeit des Geschriebenen auf mich einen irrigen Eindruck hervorruft. Der Gedanke, zwischen Sie und Ihren Bruder mich zu drängen oder auch nur zu treten, vielmehr die Vorstellung, daß man auf diesen Gedanken kommen könnte, ist mir so völlig neu und so ganz gegen das, worin ich mich mit HERMANN [HADLICH] auf Wilhelmshöhe so innig einig fühlte, daß ich damit vorläufig noch nicht fertig werden kann. Da Sie mir zu bedenken geben, was ich nie vergessen zu haben glaubte, so muß ich unbewußt dagegen gefehlt haben; ich erbitte aufrichtig Ihre Verzeihung dafür. Da Sie selbst von „beleidigend" sprechen, muß ich fürchten, nicht Unrecht zu haben, wenn schon mir dieses Wort in unserer Korrespondenz unglaublich fremd vorkam. Nach dem Inhalt Ihres Briefes wundert es mich übrigens, daß Sie im Antonio die Beziehung auf mich nicht herausgefunden haben.

Ich muß mir das alles noch lange durch den Kopf gehen lassen. Nur wollte ich meine Bitte um Verzeihung nicht länger anstehen lassen. Mir geht soviel sinnlose

Musik und Trostkonzepte durch den Kopf, daß ich Ihnen jetzt beim besten Willen nicht mehr schreiben kann.
Leben Sie wohl und erfreuen Sie sich einer guten Gesundheit.
[...]

[1] Hier bezieht SPRANGER sich auf seine während der frühen Jahre latent immer schwelende, aber seit dem Sommer 1904 ziemlich offen ausgetragene Kontroverse mit KÄTHE HADLICHS älterem Stiefbruder HERMANN hinsichtlich der philosophischen Anschauungen. KÄTHE HADLICH ergriff in einem nicht mehr erhaltenen Brief schließlich Partei für ihn und machte SPRANGER mit Bezug auf dessen Brief vom 09. 09. 1904 Vorhaltungen, er wolle sich zwischen sie und Hermann drängen, was SPRANGER zu einer ausdrücklichen Entschuldigung in diesem Brief veranlaßte.

EDUARD SPRANGER AN KÄTHE HADLICH
Charlottenburg, 05. 10. 1904 / Br., ca. 2/3

[...] Ich schrieb Ihnen schon einmal von diesem Abgrenzen der Machtsphären, von dem Kampf, den ich mit *jedem* meiner Freunde geführt habe, weil ich jeden nach mir zu gestalten strebte und erst allmählich das Recht einer fremden Subjektivität verstehen lernte. Vorher mußte allerdings das Bewußtsein da sein, daß man den andern von Natur wegen als sein Eigentum beanspruchen konnte. Es ist eigen, wie schonend man später um die alten Schlachtfelder herumzugehen lernt. Es gibt aber, wie in einem erwähnten Briefe stand, eine Ausnahme hiervon: Die Logik kennt keine Toleranz; sie ist nur *eine*, und ich möchte nicht Arbeiter in dem Weinberge der Wissenschaft sein, wenn auch hier die Subjektivität ihr Recht haben sollte. Welche Logik ist nun realer, die nur *einen* Standpunkt allgemeingültiger Art anerkennt, oder diejenige, die für viele Wertrichtungen Raum läßt? Ich könnte mich hierüber noch näher erklären. Aber Sie verstehen mich: Eine ganze Jugend habe ich dem Suchen nach diesem Standpunkte gewidmet. Ich *kann* hiervon nicht ablassen, ohne meinen besten Besitz für ein Nichts zu verleugnen. Was man für einen Bruder empfinden kann[1], glaube ich zu verstehen. Aber verstehen auch Sie, was man für ein Lebensinteresse empfinden kann? Was man dafür opfern kann und was ich dafür geopfert habe? Als ich anfing zu studieren, stand mir der Weg zur Gesellschaft und zum Leben offen, man schätzte mich als einen der lebendigsten und lustigsten Genossen. Heute fühle ich mich wie der Fisch, den Kinder vom Strande in einen ausgegrabenen Teich gesetzt haben. Wenn eine Woge herüberspült, dann kommt ihm die Sehnsucht, noch einmal zu schwimmen in der großen Flut.
[...] Wenn ich Ihnen nun erzählen sollte, was ich in der Zwischenzeit für innere Fortschritte gemacht habe, würde ich wohl sehr breit werden müssen. Als *eine* klare Anschauung steht nun vor mir, was ich lange ahnend und tastend gesucht habe. Ein Gedanke von unendlicher Tragweite, ob ich ihn nun durchsetzen kann oder nicht.

Die ganze Geistesgeschichte bis heute erscheint mir als ein Prozeß der Aufhellung des Bewußtseins über sich selbst. Denken Sie sich einen dunklen Untergrund, aus dem der Mensch emporwächst, unkundig seiner und unkundig der Welt. Mit beidem ringt er; aber ganz spät erst erhellt sich ihm in der Selbstbesinnung ein Streifen seines Selbst. Er lernt die psychologischen Vorgänge in sich kennen, er ringt mit der Terminologie, er erfaßt sich in spekulativen, naturwissenschaftlichen Symbolen. (Kap. III.)[2] Das innere Universum erscheint ihm allmählich in schärferen Umrissen. Im fremden Leben spiegelt er sich selbst; und immer verschiedenartiger wird die Fülle dieser Lebensformen. Er *muß* verstehen lernen, wenn er leben will. So sondert sich ein Bezirk psychologischen Wissens aus dem metaphysischen Urgrund. Heute ist die Zeit reif, um mit der Fixierung dieser Resultate zu beginnen. Und so nähert man sich wie GOETHE oder RANKE durch die Kenntnis der Einzeldinge ahnend dem allumfassenden Zusammenhange. Wie SPENCERS Agnostizismus[3] die Natur im Entwicklungsgesetz erfaßt, so erfolgt die Selbsterkenntnis in Psychologie und Geschichte. Wir brauchen Psychologie zum Verständnis unserer Religiosität, Ethik, aber auch unserer Metaphysik. Dies weise ich (leider kurz) im 3. Kapitel an der Loslösung der Psychologie v. [von] der Metaphysik nach.[4]

Und nun – Ihr Naturalismus! Verstehen Sie ihn von hier aus, verstehen Sie ihn von sich selbst aus, oder besser: Verstehen Sie sich selbst. Beobachten Sie die verborgene Produktivität, mit der Sie die Welt gestalten; denn sie ist mir ein Spiegel Ihres Selbst. Lesen Sie Ihren Charakter ab aus dem, was Sie von der Welt gesagt: Messen Sie das Quantum Wissenschaft, Gefühl, Phantasie, das Sie für sich brauchen, daran gegeneinander ab. Oder nehmen Sie jemanden, der von der Welt sagt, sie sei ein Begriff. Was hat er erlebt? Manches, aber zur Selbstkritik hat er sich nicht gebildet, sonst würde er sich besser analysieren und sagen, das ist *Dein* Drang nach Gegengewicht. – Dies alles ist nichts anderes als der wissenschaftliche Ausdruck für GOETHES Weltanschauung. Wir müssen noch viel GOETHEscher werden, als wir sind, und wenn Sie und HERMANN nicht wie ich täglich 50 Seiten von GOETHE lesen, so werde ich das sehr beleidigend finden. Das liegt nun da wie lauteres Gold für die Menschen; aber man liest das Moderne und staunt, daß man so wenig Fortschritte macht. [...]

---

[1] Vgl. Anm. 1 zu EDUARD SPRANGER 26.09.1904.
[2] Das 3. Kapitel von SPRANGERS Dissertation: Die Grundlagen der Geschichtswissenschaft. Berlin 1905. Dieses Kapitel trägt den Titel „Das Verhältnis der metaphysischen Geschichtsauffassung zur psychologischen. Ihr Trennungsprozeß im 19. Jahrhundert".
[3] Leugnung der Möglichkeit, Übersinnliches zu erkennen.
[4] Im 3. Kapitel der Dissertation. Vgl. oben Anm. 2.

EDUARD SPRANGER AN KÄTHE HADLICH
Charlottenburg, 07. 10. 1904 / Br., ca. 1/3

[...] Bei der Ausarbeitung von Kap.3[1] kam mir der Gedanke, wie die phil. [philosophische] Entwicklung seit KANT durch die spekulative Philosophie hindurch ein immer tieferes Erfassen der geistigen Welt darstellt, und zwar in der Form, daß aus dem *dunklen* metaphysischen Hintergrunde, auf dem das Leben sich abspielt, ein hellerer Bezirk psychologischen Selbstverständnisses sich abhebt. Diese Aufhellung des Bewußtseins ist ein Ringen mit dem Ausdruck, aber auch ein Ringen mit der vielverschlungenen, erst dunkel triebhaften Innerlichkeit, die sich in Teilbeziehungen erfassen will. Die unzulänglichen Symbole der spekulativen Philosophie weichen dem künsterlisch-nachfühlenden psychologischen Ausdruck. Wie GOETHE im Studium der Einzeldinge sich ahnend dem metaphysischen Zusammenhange näherte, so offenbart sich hier in der gekräuselten Oberfläche die wogende Tiefe. Dieser Fortschritt hat sozial-wirtschaftliche Ursachen. Er spiegelt sich in der Literatur: TOLSTOI, die Russen, die Nordländer, Neubelebung der Romantik und Renaissance etc. So stehen philosophisch NIETZSCHE, DILTHEY, WUNDT gegen KANT, SCHELLING, HEGEL. HUMBOLDT, dieser unvergleichlich geistvolle Mann und der tiefinnerlich religiöse RANKE bilden den Übergang. Das ist das Gebilde von Fleisch und Blut, das hinter dem Gespenst „Subjektivismus" steckt und hinter der wachsenden psychischen Intensität, der fortschreitenden Differenzierung etc. Wenn man Jahre ernstester, vielfach entsagungsvoller Arbeit auf die Gewinnung einer ehrlichen wissenschaftlichen Überzeugung verwandt hat, so gehört es zum Charakter, daß man sie verteidigt. HEGEL – und der Naturalismus liegen nicht auf diesem Wege. Aber wenn beide „sich selbst verstehen", so sagen sie eben tat twam asi[2] und erkennen in dem Weltbilde, das sie sich entworfen haben, die psychologisch analysierbare Produktivität ihres Selbst. Dies ist nicht mehr Frage des guten Willens und der Subjektivität, sondern Frage der Logik, und ich möchte nicht Arbeiter in diesem Weinberge des Herrn sein, wenn man auch bei ihr noch das Recht der Persönlichkeit anerkennen soll. Ich will Ihnen gestehen, daß meine neueste Gedankenreihe dafür spricht, daß man die Resultate der biologischen Naturwissenschaft vortrefflich dieser psychologischen Anschauung einreihen kann und daß sich dann eine Art Monismus in der Weltauffassung denken läßt. Nur so, daß die Linie: Geschichte, Biologie, Physik eine absteigende Linie immer weiterer *Abstraktion* v. [von] psychologischen Bedingungen bedeutet, wie unser vortrefflicher WUNDT das klar und plan auseinandergesetzt hat. *Anerkennung* der positiven Wissenschaft soweit wie möglich, ist mein phil. [philosophisches] Feldgeschrei, und ich danke Ihnen, daß Sie mich von der naturw. [naturwissenschaftlichen] Seite so freundlich ergänzen und vor Einseitigkeiten bewahren. [...]

[1] Des 3. Kapitels der Dissertation: Die Grundlagen der Geschichtswissenschaft. Berlin 1905.
[2] SPRANGER zitiert hier eine Sutra, einen Lehrsatz des indischen Philosophen Schankara (um 800 n. Chr.): „tat twam asi, das bist du". PAUL DEUSSEN, der herausragende Indologe des 19. Jahrhunderts, hat Texte der frühen indischen Philosophie aus dem Sanskrit ins Deutsche übersetzt. Es ist anzunehmen, daß SPRANGER eine Übersetzung DEUSSENS benutzte. (Vgl. dazu Störig, 78.)

EDUARD SPRANGER AN KÄTHE HADLICH
Charlottenburg, 30. 11. 1904 / Br., ca. 1/10

[...] Heute vormittag habe ich meine Arbeit mit 222 Folioseiten eingereicht, schwere Gebühren bezahlt und HUTTEN und HÖLDERLIN beigefügt[1]. Über den ersteren hat die Christliche Welt vom 10. November eine sehr beifällige Rezension. Heute flogen mir als Weihnachtsgeschenk HERDER und ein MELANCHTHONstich zu. Letzteren verabscheue ich sehr. Der erste ist nun glücklich in 4 Exemplaren da.

Ich muß doch noch ein neues Blatt nehmen, um auf H. [HERMAN] NOHL zu kommen. Mein Verhältnis zu ihm ist ein unerträglich gespanntes und gegenseitig lauerndes. Nicht aus Bosheit, aber aus Phantasie [sic] und Herrenmoral tritt er mir überall in den Weg, während wir früher bei PAULSEN als unzertrennlich galten. Als wir beide dann anfingen, Karriere zu machen, kam das Rivalitätsgefühl und endlose Reibereien, die mich veranlaßt haben, aus dem DILTHEYschen Kreise gutwillig auszuscheiden, weil ich Ruhe haben mußte. Hoffentlich stört er mein jetziges Vorhaben[2] nicht. Die Notwendigkeit, STUMPF als 2. Referenten zu wählen, ist allerdings für mich sehr ungünstig. [...]

[1] HUTTEN. Briefe an LUTHER. Nach dem Originaldruck neu hrsg. von EDUARD SPRANGER. Leipzig, Wöpke, 1903. – FRIEDRICH HÖLDERLIN. Ein Beitrag zur Psychologie. In: Die Gegenwart, Bd.65, 1904, 340-344.
[2] Die Promotion.

EDUARD SPRANGER AN KÄTHE HADLICH
[ohne Ortsangabe, undatiert; Ende 1904/ Anfang 1905[1]] / Br., ca. 19/20

[...] Daß ich die Sprache des Briefes gelernt habe und das Geheimnis der Kunst, die dieser Art der Mitteilung eigen ist, verdanke ich Ihnen. Wie ein Wunder war es mir, daß ich immer Neues und Unerschöpfliches aus meiner Seele Ihnen erschließen durfte, und daß gerade in der Gefühlsgemeinschaft mit Ihnen dieser Quell nie versiegte, mit dem ich bei andren schon in einer halben Stunde zu Ende war.

War es vielleicht der seltsame Hintergrund, der unser erstes Kennenlernen umsäumte? Das sehnsüchtige Gedenken an die freundliche Landschaft und „Ihre" einsamen Kiefern auf der freien Höhe der Berge? Aber Sie wissen, daß ich von dort einen verlangenden Blick auf die schimmernde Linie des Flusses drunten im Tale warf und daß ich lieber „bei den Menschen" geblieben wäre, meiner alten historischen Neigung gemäß. Genug, ich schrieb Ihnen; zuerst um jene leicht fließenden Unterhaltungen fortzusetzen, in denen ich mich verstanden fühlte, schon während und indem ich noch sprach. Dann mußte ich Ihnen schreiben, und ich merkte es an mir selbst, wenn es wieder so weit war, um mich durch das Medium des Briefes Ihnen zu nähern und diese Gemeinsamkeit des geistigen Lebens, die da war, wie hervorgezaubert, fortzusetzen.

Und wenn Sie nun diese Briefe überblicken: Wieviel Leidenschaft und plötzliche Aufwallung, wieviel Unüberlegtes und Augenblicksstimmung! Gehörten Sie zu denen, die nur die Wahrheit suchen, gewiß, Sie hätten an diesen Blättern eine geringe Ausbeute. Aber wir verstanden uns tiefer. Wir erkannten stillschweigend und gegenseitig die unendliche Bedeutung des Moments an, dieses Aufflackern eines plötzlichen Lichtes, das mit der Fackel der Reflexion das Dasein erleuchtete. Wir wußten das Glück der Befreiung zu schätzen, wenn wir sagen durften, was wir fühlten und die Brücke des Wortes wie eine Brücke von goldenen Fäden weit über die Trennung des Raumes hin uns vereinigte. Alle Stadien und Gestalten unsres Lebens teilten wir uns mit, und doch immer nur in der geläuterten Form, wie sie aus der philosophischen Stimmung des Geistes entspringt. Und so geschah es einmal, vielleicht in der schwersten Zeit für uns beide, daß das Wort „Humanität" unter uns fiel und daß wir im Gedenken teils eigner Kämpfe, teils des Weisen, der sie den Deutschen zuerst gepredigt[2], von dieser „Humanität" träumten, wie der Nordländer sich nach dem italienischen Himmel sehnt. Wir kannten sie beide nicht; wir verehrten in ihr ein nebelhaftes Ideal, unsren Begriffen fern, aber dunkel im Gefühl geahnt.

Wäre es nicht die Probe auf den inneren Wert unsres Briefwechsels, wenn wir diesem Zauberbilde nähergekommen wären, wenn „das Menschliche", das wir uns so manches Mal mitgeteilt haben, uns wahrhaft gefördert hätte in der Erkenntnis „reiner Menschlichkeit"? Was Ihnen die Natur als glückliche Gabe in den Schoß gab, mußte ich auf dem Wege schwerfälliger Reflexion zu erringen suchen.

Lassen Sie uns nun sehen, wie weit ich an Ihnen gewachsen bin; lassen Sie mich auch hierüber, wie bisher, mit Ihnen reden. Wie bisher: Denn wie könnte ich glauben, am Ziele zu sein. Aber eben dies erbitte ich auch fürder als Gabe von Ihnen, daß ich meinen Zustand so rein aussprechen darf, wie er vor meinem Bewußtsein liegt. Welche Klärung bedeutete es für die Mehrzahl der Menschen, wenn sie diesen Blick in sich selbst zu tun vermöchten und die geheime Werkstatt ihres geistigen Lebens tiefer durchschauten! Wer nur da Vollendetes geben will, zeigt, daß er im Tiefsten sich und den Menschen doch nicht verstanden hat. Denn vollendet ist für den Menschen entweder nichts oder derjenige Zustand, in dem er am kräftigsten um die Bedingungen seiner Existenz ringt: der Zustand des Kampfes. Lassen Sie uns ängstlich besorgt sein, daß uns diese Epoche nicht unergründet entflieht, sondern daß wir sie mit derjenigen Stärke erleben, die keine Reife des Verstandes und keine Willenskraft des Verzichtens in ihrem eigentümlichen Werte zu ersetzen vermag. Nur einmal empfindet der Mensch mit ganzer Macht, was er soll, nämlich dann, wenn er die schicksalschaffende Entscheidung über sich noch nicht getroffen hat. Dieser Augenblick ist da. Tauchen Sie mit mir hinein in seine Weihe und teilen Sie mit mir den Kampf, den so viele mit Bewußtsein schon vor mir begonnen haben, und der doch über jeden einzelnen hereinbricht, wie die Gewalt und Herrlichkeit des ersten Schöpfungstages, sofern er dem Schöpfer gleich zu werden strebt in jenen beiden ersten Wundergaben des Allmächtigen: der Kraft des Gedankens, der Reinheit des Willens. Lassen Sie mich von dieser Reinheit ein weiteres sagen. Ich rede mit Ihnen in menschlicher Sprache. Es hat Männer in Deutschland gegeben, die eine eigene Sprache und jedem Ding einen eignen Namen schaffen wollten. Ich weiß nichts davon, daß der Wille eine praktische Vernunft und der reine Wille ein Vernunftgesetz sei.[3] Ich vertraue dem, was ich in mir finde, und weiß, daß es Realität hat, so wie ich es erlebe, oder gar keine Realität. Und so vertraue ich auch, daß das Wort „Reinheit des Willens" einen Nachhall in Ihnen wecke, der lebendiger ist als ein metaphysischer Begriff, daß Sie an nichts dabei denken, als an die Erfahrungen Ihres eigenen Herzens. Und dieses Herz wird Ihnen dasselbe gesagt haben wie mir: daß es eine Reinheit des Willens, eine Fleckenlosigkeit des Innersten in uns nicht gibt. Aber Sie deuten mit mir die größte und heiligste Lehre, die den Menschen ward, dahin, daß kein Bewußtsein der Sündhaftigkeit und Verworfenheit uns die beglückende Gewißheit nehmen könne, daß das Edle und Reine in uns eine unversiegbare Macht habe, die von keiner Einstellung berührt und vertilgt werden kann. Wer dieses Reine noch sieht, für den ist es nicht tot. Ja, es tritt umso viel glänzender heraus, als die Dunkelheit dem Lichte zu als Rahmen dient und als der Friede nur für den Kämpfenden etwas bedeutet. Dies also ist mir gewiß. Die Kraft des Gedankens aber ist nichts anderes, als das Leben voll tiefen Bewußtseins, keine Gabe der logischen Rechenkunst und des Gebäudebauens, sondern ein offener Blick für das Leben; in dem alles Gesetz ist und Kraft und Zusammenhang, und wer es liebt, der empfindet auch dieses Gesetz, diese Kraft, diesen Zusammenhang, an welchen Platz ihn immer das Schicksal gestellt haben mag. Trotzdem sage ich Ihnen: Ein Schöpfungstag ist es; und dies ist der Punkt, an dem wir beginnen müssen. Könnte ich Sie mit gleicher Klarheit zu diesem Bewußtsein hinführen, wie es mir seit geraumer Zeit aufgegangen ist. Das ergründeten wir längst, daß das Wissen von dem, was der Mensch soll, uns nur erwachsen kann aus der Kenntnis dessen, was der Mensch ist. Es ist die glückliche Gabe unsrer Zeit, daß sie an allen Enden in dieses Geheimnis der menschlichen Natur tiefer einzudringen strebt. Ein unendlich verwickeltes Dasein umfängt uns vom ersten Moment. Zahllose Gebiete der Tätigkeit ziehen den Menschen in ihren Bann. Er ist keine Einheit, sondern ein

Gliederwesen, in eine Unendlichkeit von Zusammenhängen verwebt. Und unter ihnen wieder ist keiner umfassender als der, der seine Wurzeln gleichsam in sich verborgen hält: der geschichtliche Untergrund. Die Geschichte hat es geschaffen, was das System der Wirtschaft, des Staates, der Religion, der Bildung heute von uns fordert. Sie ist das feste Gestein, das ehemals eine glühende Lava von Zwecken und Trieben war. Da gibt es kein Ummodeln, sondern nur ein Mitarbeiten, ein im kleinen gestaltendes Eingreifen und einen dienstwilligen Gehorsam. Nehmen Sie den Staat: Der hat über uns entschieden, ehe wir mit Bewußtsein seine Macht empfinden. Er bestimmt uns Macht, Rang und Stellung. Er kettet ein sorgendes Elternpaar fester an uns, als die bloße Gewalt der schon so wirksamen Natur es vermöchte. Darum erscheint er uns als etwas Übermenschliches, während er der schärferen Einsicht sich doch als so durch und durch menschlich erweist. Die Verteilung des Einkommens, die Abmessung unserer Rechtssphäre, der Gang unserer rein geistigen Ausbildung, das alles hängt zuletzt von ihm ab. Wir wären nichts ohne ihn, und doch bedarf es einer tiefen Bildung, um ihn in seinem geschichtlichen Wesen, seiner Funktion und seinen Grenzen zu verstehen. Denn immer bleibt er in der engsten Verkettung mit uns selbst und vermag ohne unsere tätige Mitarbeit ebensowenig zu existieren, als wir ohne ihn. Dieser Bund muß darum zuerst geschlossen werden, und er kann es nicht ohne das, wovon ich ausging, ohne Menschenkenntnis. Deshalb, ich wiederhole, weil er durch und durch etwas Menschliches ist. Aber, auch dies sagte ich schon, wir nehmen ihn hin als etwas Gegebenes, und darin sind wir glücklicher als die Zeit, die uns sonst als das leuchtendste Vorbild erscheint. Schwingen Sie sich nun mit mir auf den Standpunkt, daß wir alle diese Systeme: wie den Staat, so auch die Wirtschaft, die Religion, die Geselligkeit, das Recht und die Sitte in ihrem eigentümlichen Wesen und ihrer Funktion durchschauen: Ein Standpunkt, der immer nur allgemeinhin und nicht in völliger Durchdringung zu erreichen ist. Zugänglich jedoch ist uns die Einsicht, daß alle diese Bildungen aus einer vorurteilsfrei gefaßten Menschennatur hervorgehen, daß sie keine Irrtümer und keine Blendwerke einer geschichtlichen Entartung sind, sondern Niederschläge des menschlichen Zwecklebens, so bleibt doch der Kern dieser gesamten Produktivität, die dies alles schafft, der [scil. sich?] über das bloß mechanische Treiben weit erhebende triebhafte Zweckcharakter des menschlichen Wesens. Dieser Zweckcharakter, der in uns selbst lebt und webt, ist das Zentrum unsres Problems. Wir sprechen nicht von dem ethischen Leben als von etwas, das ist, sondern von der ethischen Produktivität, die unablässig schafft und gestaltet. Wir können kein Phänomen des sittlichen Lebens erfassen, ohne zugleich diese Triebkraft des Zweckgestaltens mit zu belauschen. Sittlichkeit ist kein System von Naturgesetzen, sondern ein empfundenes Ganzes von Werten. Sprechen wir von dem ethischen Leben einer Zeit, so müssen wir zu gleicher Zeit fragen: Welches waren ihre Lebensbedingungen, welches ihre empfundenen Werte, und wie gestaltete sie sich den Zusammenhang zwischen ihren Bedingungen, Trieben, Werten und Zwecken. [...]

[1] Verfasser, Adressat und Datum dieses nur noch als Abschrift erhaltenen Briefes sind nicht überliefert, auch keine Anrede und keine Grußformel. Als Datierung wird auf der Abschrift das Jahr 1903 angegeben. Es kann mit ziemlicher Sicherheit angenommen werden, daß es sich um einen Brief EDUARD SPRANGERS an KÄTHE HADLICH handelt. So entspricht z.b. die einleitend beschriebene Landschaft, in der das erste Kennenlernen stattfand, derjenigen des Spaziergangs am 31. 08. 1903, bei welchem EDUARD SPRANGER und KÄTHE HADLICH einander näherkamen (vgl. unten KÄTHE HADLICH 10. 03. 1946).

Da in dem Brief bereits auf eine länger andauernde Korrespondenz zurückgeblickt wird, ist allerdings zu bezweifeln, ob die von fremder Hand nachgetragene frühe Datierung auf 1903 richtig ist. Daß EDUARD SPRANGER hier noch das respektvolle „Sie" der Anrede wählt, engt den für eine Datierung in Frage kommenden Zeitraum nicht sehr stark ein: Erst nach dem gemeinsamen Urlaub auf der Reichenau (einer ca. 25km südöstlich von Singen im Nordwesten des Bodensees gelegenen Insel) im Frühjahr 1914 ging man allmählich zum vertrauteren „Du" über. (Vgl. EDUARD SPRANGER 19. 12. 1917: „Ich habe gestern in älteren Briefen von Dir aus dem Sommer 1914 gelesen, als wir uns noch »Sie« nannten".)

Die Herausgeber neigen in Abwägung all dieser Umstände zu einer Datierung Ende 1904/ Anfang 1905: Die „schicksalschaffende Entscheidung" könnte die Entscheidung SPRANGERS gewesen sein, nach der Promotion die Arbeit an der Habilitationsschrift zu beginnen und eine wissenschaftliche Karriere anzustreben. Mit den „eigenen Kämpfen" könnten die Krisen gemeint sein, die SPRANGER in der Abschlußphase seiner Disseration durchmachte, und die depressiven Verstimmungen, unter welchen KÄTHE HADLICH im Jahre 1904 litt (Vgl. z. B. EDUARD SPRANGER 14. 01. 1904; EDUARD SPRANGER 22. 01. 1904; EDUARD SPRANGER 16. 05. 1904). Dazu kommen gedankliche Nähen: Von der „Reinheit des Willens" handelt auch ein Aphorismus im Notizbuch des Jahres 1905 (EDUARD SPRANGER 21. 06. 1905), wozu sich die entsprechende Passage dieses Briefes wie eine Erläuterung und Explikation liest. Auch über „Humanität" finden sich zwei Aphorismen im „Notizbuch". Im übrigen erschien 1904 SPRANGERS Aufsatz „Humanität" (Ethische Kultur 12, 1904, 1-3). Grundgedanken der späteren „Lebensformen" sind in der Dissertation verschiedentlich enthalten und wurden auch in anderen Briefen dieser Zeit thematisiert (z. B. EDUARD SPRANGER 24. 10. 1904).

[2] JOHANN GOTTFRIED HERDER.

[3] Anspielung auf KANTS Moralphilosophie.

EDUARD SPRANGER AN KÄTHE HADLICH
Charlottenburg, 18. 01. 1905[1] / Br., ca. 2/5

[...] Unser Briefwechsel gestaltet sich mehr und mehr zu einer Gemeinschaft des geistigen Lebens, in der mich jede Lücke und fehlende Mitteilung beunruhigen würde. Ihr heute erhaltener Brief spinnt so viele Fäden an, daß ich – nach langer Zeit – wieder einmal in größerem Gesichtskreise lebe. [...]

Meine Stellung zu der Sache[2] ist die, daß die rein geistige Frauenfrage seit der Romantik, die auf GOETHES Schultern stand, gelöst ist. Das Neue der heutigen Bewegung ist mehr sozialer und wirtschaftlicher Natur, kann aber nur von der Frau, die damals geschaffen worden ist, gelöst werden, sofern dabei ethisch-pädagogische Kräfte mitspielen. Das Ideal der Frau kann nur von der Frau geschaffen werden. Intellekt und Aktivität, die männliche Aufgabe, wäre ein endloser Kriegszustand ohne die produktive Anschauung der Frau, die das geistige Band besitzt, durch das jene beiden Kräfte erst verständlich werden und Harmonie empfangen.

Dies nun ist die Grundidee meiner Philosophie: nicht in mir und meinem Weltbilde die gesamte Realität zu vermuten, sondern lernend und verehrend zu anderen Lebensformen aufzuschauen und erst in dem All des so Erfahrbaren die höchste Form der Besinnung über Menschenleben überhaupt zu erwarten.

[...] HEGELS Phil. [Philosophie] verhält sich zur Geschichte wie Zahlenmystik zur Mathematik. Dann werden Religion, Gefühl, wirtschaftliche Existenz, Bürger, Bauer, Edelmann und König nichts [scil. „vermögen"] gegen den alleinbesitzenden Philosophen. Sollte es nicht vielmehr umgekehrt so sein, daß *er* der Arme ist, während die anderen Wissenschaft, Leben, Glück besitzen? Dies ist für mich keine Streitfrage, überhaupt kein wissenschaftliches Problem, sondern eine Frage persönlicher Erfahrung und Erziehung. [...] Dies ist der entschiedene Grund, weswegen ich das Aufblühen HEGELS allenthalben mit – nur jetzt noch untätigem – Ärger sehe, so auch die Habilitation des Herrn EMIL LASK in Heidelberg, der nicht bloß Jude, RICKERTianer[3] und gänzlich unfähiger Historiker (obwohl geistvoller Gelehrter), sondern auch ein völlig unproduktiver Mensch ist, während in seinem Protektor WINDELBAND unter der üblen Theorie ein großer Historiker und ein persönlicher Ethiker schlummert. Also ist es Kampf, was mich erwartet, und meine Aussichten auf Habilitation sinken, wenn ich mir meine Starrköpfigkeit in diesen Dingen vorstelle. [...]

[1] Nur als Abschrift im Spranger-Archiv in Braunschweig erhaltener Brief.
[2] SPRANGER bezieht sich hier auf einen Aufsatz von TRAUGOTT KONSTANTIN OESTERREICH: KANT und die Frauen (in: Ehtische Kultur. 12. Jg. 1904, 185 - 187), den er KÄTHE HADLICH geschickt und zu dem er ihre Stellungnahme erbeten hatte (EDUARD SPRANGER 24. 12. 1904 u. EDUARD SPRANGER 31. 12. 1904).
[3] D.h. ein Schüler von HEINRICH RICKERT.

EDUARD SPRANGER AN KÄTHE HADLICH
Charlottenburg, 15. 04. 1905 / Br., ca. 2/5

[...] Von geistiger Abspannung merke ich noch gar nichts bei Ihnen, und solange Sie WINDELBANDS Präludien[1] mit Verständnis lesen können, dürfen Sie mir auf mein Wort glauben, daß es damit nichts zu sagen hat. Da ich diesen charaktervollen Denker nun schon erwähnt habe, muß ich Ihnen auch gestehen, daß ich es allerdings für möglich halte, daß Sie ihn Ihren bisherigen Anschauungen *assimiliert* haben, nicht aber so, wie er seiner eignen Absicht nach genommen sein will, und wie er sich z. B. in dem Aufsatz „KANT"[2] und dem [scil. „Aufsatz"?]: „Kritische und genetische Methode?"[3] darstellt. Bloß um den teleologischen Gesichtspunkt in ihre Anschauungen aufzunehmen, brauchen Sie sich nicht dem System einer so transzendenten Weltanschauung, wie WINDELBAND sie will, auszuliefern. Ebenso wenig liegt (in dem kommenden Todestag SCHILLERS[4] etwa?) eine Notwendigkeit vor, diesen „ungeheuren Bruch von Natur und Ideal" anzunehmen. Das ist die alte Zweiweltentheorie platonisch-mittelalterlichen Angedenkens, die in den Tagen der Renaissance und GOETHES eigentlich überwunden sein sollte, und die – wie Sie sich vielleicht aus m. [meinem] HÖLDERLIN erinnern, in KANTS Kritik der Urteilskraft ebenfalls überbrückt worden ist[5]. Sie werden nun in m. [meiner] Arbeit[6] den Versuch ausgeführt finden, der bei DILTHEY künstlerische Analyse bleibt, die völlig undenkbare Kluft zwischen Normen und Naturgesetzen zu beseitigen. Gibt es etwa in uns irgendeinen seelischen Vorgang, den Sie als bloßen Kausalzushg [Kausalzusammenhang] bezeichnen könnten? Nein: Sondern diese Zusammenhänge sind allemal Zusammenhänge von erlebten *Werten* (beispielsweise die in m. [meinem] letzten Aufsatz[7] entwickelten). Es gibt in uns keine mit mechanischer Kraft wirkenden Ursachen, sondern nur Verbindungen, in denen eine *triebhafte*, zielstrebige Wirksamkeit sich offenbart. So also vollzieht sich der Übergang vom Wert, der im Enthusiasmus erlebt wird, zu dem sog. Stoischen mit einer unbewußten, aber zweckmäßig, d. h. für das Leben wertvoll wirkenden Notwendigkeit. Wollen Sie dies ein *Naturgesetz* nennen – eh bien. Nun aber tritt in der *Norm* gar nichts prinzipiell Neues hinzu, sondern, was anfänglich triebhaft wirkte, ist in ein Urteil zusammengefaßt, das diesen Zshg [Zusammenhang] als eine psychologische Gesetzlichkeit ausdrückt, und dieses abgeleitete Urteil *wird nunmehr bewußtes Motiv*, diesen Prozeß mit bewußter Einsicht zu vollziehen. M.a.W., der eigentlich vitale Charakter der Norm liegt in der unwillkürlich erlebten Zweckmäßigkeit; erst eine spätere Zutat ist es, wenn ich dieses *naturgesetzmäßige* Erlebnis jetzt so formuliere: Wenn Du den Endzustand wertvoll findest (was unableitbar ist), so *mußt* Du auf Grund der Erkenntnis dieses naturgesetzmäßigen Zusammenhanges die letztere als Motiv in Dein Innensystem aufnehmen. Die *Motivierbarkeit* selbst aber ist wieder ein Naturgesetz, das nur von solchen *über* den ursprünglichen Zusammenhang gestellt wird, die intellektualistisch denken und deshalb das *Urteil* von seiner lebendigpsychologischen Grundlage loslösen und verselbständigen. Ist das klar? Ich weiß nicht, ob es Ihnen so prinzipiell wichtig erscheint als mir; aber im Zshg [Zusammenhang] der gegenwärtigen Wissenschaft ist es von außerordentlicher Tragweite. Man kann uns dann keine Werte und Normen mehr zumuten, die gänzlich außerhalb unseres Erlebens fallen, und damit wird Individualität, also Realität gerettet, die sonst verloren geht. [...]

[1] WILHELM WINDELBAND: Präludien. Aufsätze und Reden zur Einleitung in die Philosophie. Leipzig 1883 (von der 2. Auflage 1903 an: Aufsätze und Reden zur Philosophie und ihrer Geschichte).
[2] In den „Präludien" (vgl. Anmerkung 1), 119 – 154.
[3] In den Präludien (vgl. Anmerkung 1), 287 - 321.
[4] Dem 100. Todestag SCHILLERS am 09. 05. 1805.
[5] EDUARD SPRANGER: Friedrich Hölderlin. Ein Beitrag zur Psychologie. In: Die Gegenwart, Bd.65 (1904), 340-344. – IMMANUEL KANT: Kritik der Urteilskraft (1790).
[6] In SPRANGERS Dissertation.
[7] Vermutlich SPRANGERS Abhandlung: Zur ästhetischen Weltanschauung. In: Deutschland. Monatsschrift für die gesamte Kultur 6 (1905), 35-44.

EDUARD SPRANGER AN KÄTHE HADLICH
Charlottenburg, 23. 05. 1904 / Br., ca. 3/10

[...]
Ich wünschte, ich könnte Ihnen die Briefe zeigen, die mir bisher auf die Zusendung der Diss. oder der vollständigen Schrift geschrieben worden sind. Als ein Zeichen davon, wie sich meine Gedanken und Person in andern spiegeln, wie jeder, der sich damit befaßt, auf eine bestimmte, ihm angemessene individuelle Seite den Ton legt, sind sie für mich die erste und köstlichste Belohnung für meine Mühe. PAULSEN steht natürlich an Herzlichkeit oben an. (Und KÜGELGEN, der seit 10 Jahren kein philosophisches Buch genießen konnte, hat sich ganz hineinversenkt und versichert, seine eigne historische Praxis wiedergefunden zu haben. Prof. BORCHARDT drückt seine Zufriedenheit in kräftigen Flüchen aus. SCHMOLLER, der für uns in Berlin an persönlicher amtlicher Stellung und wissenschaftlich ein Abgott ist, schrieb mir ganz beglückt und hob den Kontrast hervor gegen einen jungen „strebsamen, zartfühlenden Journalisten", der ihm ein Zeitungsblatt zugesandt habe, in dem zu lesen stand, daß er seine Vorlesungen nur bis zur 6. Stunde ausgehalten habe: Er hätte ja gar keine entschiedenen Ansichten. Zugleich sandte er mir einen Separatabzug einer eignen Besprechung von BREYSIGS neuestem Werk.

Dieser Erfolg ist für mich um so größer, als ich SCHMOLLER, der keineswegs zugänglich ist, bisher gar nicht kannte. HANS GEORG MEYER, MÜNCH, D. Dr. KIND äußerten sich gleichfalls anerkennend, am glänzendsten aber FRANZ V. LISZT, der bereits nach 2 Tagen die Sache durchgesehen hatte und hervorhob, mit welcher Sicherheit ich meinen Weg suche und zu finden weiß. Prof. HINTZE bedankte sich persönlich und sprach längere Zeit im Seminar, natürlich ohne Namensnennung und daher nur mir verständlich, über den Gegenstand. Verzeihen Sie, wenn ich Sie mit diesem Bericht langweile: aber diese „sichtbaren Zeichen" sind natürlich für mich von großer Wichtigkeit; denn daraus allein kann man entnehmen, ob man etwas angestrebt hat, das auch für andre so oder so wertvoll zu werden vermag. War es doch von vornherein nicht meine Meinung, sondern nur STUMPFS Meinung, daß es sich hier

um eine Dissertation für die Visitenkarte handeln sollte. DILTHEY, TROELTSCH, EDUARD MEYER, die auch noch die unvollständige Arbeit erhalten haben, stehen bisher aus. DILTHEY wird wahrscheinlich – aus sehr verständlichen Gründen – schweigen. Ich sah ihn bei der SCHILLERfeier; er ist ein innerlich und äußerlich gebrochener Mann; mag er sich auch über manches in meinem Brief gefreut haben, so sieht er doch, daß die Zeit über ihn *persönlich* hingeht, und über das Fortleben seiner Gedanken mag er selbst skeptischer denken als seine Schüler.
[...]

Notizbuch
Für Frl. KÄTHE HADLICH aus dem Zeitstrom abgeschöpft.
Einfälle eines Grunewalddenkers
am 21. Juni 1905 mit einem Heidelberger Bleistift im Sande geschrieben
ca. 19/20

Jedes Menschen eigne Natur und Lebensbedingungen sind individuell; daher ist jede persönlich-sittliche Lebensgestaltung nicht ein Produkt des Denkens, das immer nur mit dem Allgemeinen arbeitet, sondern ein Produkt der Kunst.

Es gibt Menschen, in denen die Kunst der „ethischen Produktivität" besonders entwickelt ist. Ihre Ausdrucksform ist nicht ein System, sondern ein Kunstwerk von typischer Bedeutung. (Wilhelm Meister, Faust[1])

Die philosophische Ethik ist, wenn sie hoch steht, eine Kunstlehre des sittlichen Schaffens. Daß es Menschen gibt, die ein solches Bedürfnis nie empfinden, beweist ihren sekundären Charakter. Aber jede Produktivität bildet sich höher durch Reflexion.

Humanität ist ein Ausdruck für ein vollendet gestaltetes Leben. Sie ist immer zugleich national und individuell, intellektuell und moralisch bestimmt. Sie ist der höchste Punkt des Wertbewußtseins, zu dem das Leben, dessen Natur durch und durch Zweckmäßigkeit ist, zu gelangen vermag.

Humanität entwickelt sich nur in der Liebe und durch die Liebe. Sie ist – nach PLATO und FICHTE – der durchgehende Affekt aller Lebenskräfte. Ohne Aneignung und Betrachtung fremder Standpunkte entsteht keine Humanität.

Die Liebe besteht aus 3 Grundtrieben: Sie ist vorwiegend physisch, ästhetisch oder rein geistig. Im zweiten vermählen sich die beiden anderen. Daher ist die metaphysische Bedeutung der ästhetischen Neigung am rätselhaftesten und tiefsten.

Jede Natur hat etwas Pädagogisches; das ist nichts andres als der Bildungstrieb, der in ihr selber lebt.

Wer in einer selbstgeschaffenen Welt lebt, begreift nicht, daß andre in der ihnen aufgenötigten das Dasein ertragen.

Ideale machen unglücklich, wenn sie nicht aus einer nüchternen Kenntnis der Welt entspringen. Käthe Hadlich[2]
Es ist der Wert der Geschichte, daß sie zugleich ernüchtert und begeistert.

Produktive Menschen können nur wenig lesen; und das ist ein Beweis für den individuellen Charakter der Produktion. Die literarischen Niederschläge vergangenen Lebens reichen nie an die Intensität ihres eigenen heran.

Klassische Produktivität umfaßt das ganze Leben und gibt daher allen etwas. Die heutige literarische Arbeit führt nur zur Sektenbildung. Auf jede klassische Periode folgt eine Vorbereitung und Zersplitterung der Kultur, die fortan umfassende Leistungen unmöglich macht.

Jede geistige Ausbildung ist einseitig; aber sie muß Raum haben für die Aneignung immer neuen Stoffes. Dann ist sie der Anlage nach allseitig.

Es gibt keine unbedingte Reinheit des Willens. Das ist der Sinn des Christentums, daß das Bewußtsein der Sündhaftigkeit den Glauben an das Höhere in unsrer Natur nicht zu ersticken vermag.

Geistreich über das Leben reflektiert haben viele, es gestaltet nur wenige, es in systematischer Verkürzung gezeigt zu viele.

Systeme sind kurzlebig, weil sie von dem Wandel der Begriffe abhängen. Lebensanschauungen aber sind ewig, weil ihnen der Begriff nur Symbol eines Tieferen ist.

Aus dem gleichen Grunde ist Musik über alle Zeiten erhaben. Nur sind nicht immer alle Gefühlsseiten in uns gleich herrschend.

Aus der Musik schöpfen wir historische Belehrung, so wie sie selbst nur historisch verständlich ist.

Auch das Genie vermag an dem, was es in begeisterten Stunden unbewußt produziert hat, in nüchternen Momenten buchstabierend zu lernen. Deshalb behalten Genies mehr Naivität als die eigentlichen Arbeiter.

Jeder Mensch enthält in sich keimhaft alles Menschliche, also auch Tausende von Menschentypen. Auf dem plötzlichen Übergang von einem zum andern beruht ein großer Teil des Komischen.

---

[1] J. W. Goethe: Wilhelm Meisters Lehrjahre (1795/ 1796) und die Fortsetzung: Wilhelm Meisters Wanderjahre (1829) sowie J. W. Goethe: Faust. (Teil I 1808, Teil II 1832).

[2] Der originale Zusatz „Käthe Hadlich" kennzeichnet hier offensichtlich eine Äußerung Käthe Hadlichs.

EDUARD SPRANGER AN KÄTHE HADLICH
Charlottenburg, 28. 06. 1905 / Br., 1/6
[...]
Sie fragen nach weiteren Antworten: TROELTSCH hat nicht geschrieben. Es ist ebensowenig ausgeschlossen, daß etwas kommt, wie daß nichts kommt. Hingegen STUMPF. Sehr merkwürdig ist es mir, daß ihm seine Zeit nicht zu schade war, mein Elaborat doch noch einmal zu lesen. Der Ausfall war, besonders weil STUMPF (als Naturwissenschaftler) strenger Determinist ist, ein negativer. Ich teile ihn Ihnen deshalb wörtlich mit[1]:

Berlin 5/6 05.

Verehrter Herr Doktor,
Ich danke Ihnen bestens für die Übersendung Ihrer vollständigen Schrift. Die wissenschaftliche Gesinnung, der Sie in Ihrem Briefe vom 8. V. Ausdruck geben, erkenne ich auch aus der Schrift selbst und freue mich Ihres redlichen Ringens mit diesen schweren Problemen, wiewohl sie für eine Dissertation eben zu schwer sind. Die sachlichen Bedenken, die ich in der Prüfung mit Ihnen besprach, sind mir auch jetzt gelegentlich aufgestoßen, so S. 115 – 116. Die Wertfrage hat mit der Kausalfrage nichts zu schaffen und die Einführung des Wertbegriffes S. 116 verwirrt nur, (ego: wie leider viele Realitäten des Lebens.) Ich meine, hierüber hätte LOTZE (dessen Ignorierung Ihrerseits mir überhaupt bedauerlich erscheint) Abschließendes gesagt. (glücklicher Philosoph!) Dagegen tun Sie WUNDTS durch und durch konfusem Relativitätsgesetz wieder zu viel Ehre an. (WUNDT, der Geisteswissenschaftler ist, hat wohl seine Gründe zu seiner Formulierung gehabt.) Indessen wird Sie Ihr eigenes lebhaftes Bedürfnis unbefangener Prüfung besser als solche kurzen Bemerkungen zu immer klareren Einsichten führen. Mit den besten Wünschen für Ihre Zukunft
Ihr ergebener gez. C. STUMPF.

LOTZE, der mir unausstehlich ist, werde ich natürlich lesen. Sie erinnern sich, ich schrieb Ihnen einmal etwas über den Zusammenhang, nicht Gegensatz von Normen und Naturgesetzen, den ich für eine meiner besten Einsichten halte. Dagegen richtet sich dies. [...]

[1] Zusätze in Klammern sind Anmerkungen SPRANGERS.

EDUARD SPRANGER AN KÄTHE HADLICH
Charlottenburg, 11. 07. 1905
Abschrift eines im Orginal nicht erhaltenen Briefes, ca. 2/5
[...]
Meine Sachen florieren hier gegenwärtig in unerhoffter Weise. Meine ALTENSTEINarbeit[1] hat bei Prof. HINTZE, der mir persönlich in keiner Weise wohl will, einen

großen Erfolg gehabt. Er hat sich sehr dafür interessiert und ordentlich in die Sache hineingearbeitet, vieles sehr fein, anderes natürlich stark verkehrt gefaßt. Er bot mir sogar an, das Ganze in seiner eigenen Zeitschrift „Forschungen zur brandenburgisch-preußischen Geschichte", dem angesehensten Fachblatt, zu drucken. Dort würde es also, wenn auch vielleicht erst zu Ostern 1906, erscheinen. (Die Zeitschrift erscheint nur zweimal jährlich). Um Raum zu sparen, habe ich so lange gekürzt, daß ich hoffen darf, ein Muster präzisester Fassung geliefert zu haben, eine Arbeit, die mir freilich eine sehr unerquickliche Woche bereitet hat. Trotz der geradezu künstlichen Kühle, die sich der Herr Redakteur mir gegenüber bewahrt, hat er doch mit PAULSEN eingehend darüber gesprochen. Die andere Sache ist mir noch wichtiger. Prof. SIMMEL, mit dem ich persönlich in gar keiner Verbindung stehe und der im allgemeinen gar keine Literatur erwähnt, hat meine Dissertation in seiner Vorlesung empfohlen. Wie weiß ich nicht; aber ich erfuhr es durch einen befreundeten Bibliothekar, der auf die häufige Bestellung der Schrift hin Nachforschungen anstellte. Da SIMMEL im Gegensatz zu STUMPF ein Kenner der Sache ist, freut mich diese Anerkennung ungemein.
[...]

[1] EDUARD SPRANGER: Altensteins Denkschrift von 1807 und ihre Beziehungen zur Philosophie. In: Forschungen zur brandenburgischen und preußischen Geschichte, Bd. 18 (1905), 471-571.

EDUARD SPRANGER AN KÄTHE HADLICH
Charlottenburg, 14. 07. 1905[1] / Br., ca. 9/10
[...] Ferner schrieb mir mein Freund und Gegner Dr. NOHL, der inzwischen sehr reich geheiratet[2] und eine Villa in Grunewald bezogen hat, daß er sich meine Schrift[3] angeschaut habe und daß der Eindruck der „einer ungewöhnlich bedeutenden Arbeit" sei. Er ist in den Hauptpunkten mit mir einig und freut sich des Hiebes gegen die KANTianer. Bei dieser Gelegenheit erwähnte er übrigens, daß eine Zeitlang Aussicht war, WINDELBAND nach Berlin zu bekommen. So sehr ich diesen Mann unparteiisch schätze, wäre dies wohl kaum ein Glück für den Fortschritt der Philosophie in Berlin gewesen. Die inhaltliche Produktivität ist bei ihm nicht entfernt so groß wie die historische und rein logische. In dieser Beziehung kenne ich nur EUCKEN, der aber als Dozent unausstehlich langweilig sein soll.
[...] Folgende Wahrheit, die die HEGELianer und KANTianer, freilich nicht allein, vertreten, müssen Sie sich bitte mal so ca. 8 Tage lang unter der Kastanie am Gaisberg klar machen: daß nämlich alles, was überhaupt ins Bewußtsein tritt (dieser Ausdruck ist falsch, wie Sie sehen werden) nur in der Form des Subjekt-Objekt-Seins auftreten kann. Dies ist es, was wir mit „Bewußtsein" sagen wollen; es gibt nichts jenseits des Bewußtseins, es gibt kein Objekt, das nicht zugleich durch die

Unmöglichkeit, jenseits des Bewußtseins zu existieren, Subjekt wäre oder in sich enthielte. Wie es auch kein Subjekt gibt, das nicht unmittelbar in Beziehungen zu Objekten stünde, ja das nicht unter Umständen z.T. sich selbst die Form des Objektseins gäbe. Das nennen nun die KANTianer „das Bewußtsein überhaupt". FICHTE nannte es das absolute Ich, HEGEL den absoluten Geist. Wenn Sie darüber 8 Tage nachgedacht und sich diese neue Wahrheit eingeprägt haben, so bitte ich Sie, sich in den nächsten 8 Tagen davon zu überzeugen[4], daß das eigentlich nichts Neues ist. Dieses Subjekt-Objekt nämlich ist gar nichts anderes als das, was Sie bisher vielleicht als Wirklichkeit, oder als Natur im weitesten Sinne bezeichnet haben. Nur das lernen Sie daraus, daß die Existenz einer vom Bewußtsein unabhängigen Natur, die etwa das Bewußtsein erst aus sich erzeugte, Unsinn, resp. nicht nachweisbar ist.

Die weitere Frage ist nun die: In welcher Form ist „das Bewußtsein überhaupt" zugänglich. Antwort: nur in, mit, durch das individuelle psychologische Bewußtsein. In diesem selbst hat alles auch wieder die Form des Subjekt-Objektseins. Aber, wenn Sie in der Phantasie einmal den absoluten Standpunkt damit vergleichen, so finden Sie, daß das psychologische Bewußtsein nur einen Ausschnitt dessen enthält, was einem hypothetischen absoluten Bewußtsein etwa zugeschrieben werden müßte.

Wie kommt man nun auf diese Hypothese eines absoluten Bewußtseins? Dies ist der Angelpunkt. Gegeben ist es nirgends, sondern es ist „*aufgegeben*". Das heißt: Das psychologische Bewußtsein enthält eine potentiell unbegrenzte Aufnahmefähigkeit. Der vorhandene Besitz der Zeit an Lebenserfahrung und wissenschaftlicher Erkenntnis ist nie in ihm vollständig gegenwärtig. Die erste Erweiterung wäre also die vom Individualbewußtsein zum Volksbewußtsein oder Zeitbewußtsein. Können Sie nun von dem etwas Inhaltliches aussagen? Nein, nur soviel, als Sie zum Gegenstande Ihres Individualbewußtseins gemacht haben. Geht nun die Erweiterung noch weiter: zum Bewußtsein *überhaupt* oder vom Volksgeist zum Weltgeist, so schwindet *aller* Inhalt; Sie behalten nur noch das Postulat oder das Ideal einer unendlich ausgedehnten Erkenntnis, das als regulative Idee seinen Sinn hat, aber natürlich keine irgendwie verwertbare Einsicht erhält. Wer wird seine Schulden mit Wechseln bezahlen, die erst in der Unendlichkeit fällig sind. Das wäre nun noch nicht schlimm. Das Schlimme kommt erst:

Die Philosophen stellen sich so, wenn sie das Bewußtsein überhaupt proklamiert haben, als hätten sie damit bewiesen, daß die Welt nun durch und durch Geist oder Vernunft sei. Dies ist aber nicht wahr. Sondern: Bewiesen ist nichts, als daß alles immer die *Form* des Bewußtseins haben wird oder muß. Der entfernteste Fixstern existiert nicht an sich, sondern nur gebunden an das Bewußtsein. (Nicht des Bewußtseins überhaupt, sondern des Bewußtseins wirklicher Menschen, z. B. der

Astronomen oder anderer Völker etc.) Der wichtigste Fall ist *die materielle Außenwelt*. Jetzt beachten Sie den Unterschied des Bewußtseins überhaupt und des empirischen, psychologischen Bewußtseins.
1) Die Vertreter des ersteren geben sich den Anschein, als wenn für dieses: Bewußtsein und Materie eine völlige Identität wären. Das ist nicht der Fall; sondern auch hier bliebe die Form des Bewußtseins: „Subjekt-Objekt" bestehen. Aber von diesem Standpunkt können wir uns kein Bild noch irgendein Gleichnis machen. Wir können die besonderen Inhalte dieses allgemeinsten Bewußtseins nicht beschreiben.
2) Das psychologische Bewußtsein abstrahiert natürlich ebenfalls nie von sich selber, gelangt auch nie zu einer von sich unabhängigen Wirklichkeit. Aber was in ihm gesetzt ist, kann nun genauer untersucht und unterschieden werden. Die wichtigste Frage ist die: Ist die materielle Außenwelt und mein Bewußtsein gegeben in der Form einer völligen Identität? (Jetzt wird es schwierig.) Antwort: allerdings gegeben in der Form einer unbeseitigbaren Zusammengehörigkeit, aber doch nicht als Identität. Nehme ich dieses Bewußtsein nur in dem klaren Bezirk seiner *rein intellektuellen* Funktionen, so komme ich allerdings nicht zu einer genauen Würdigung des Gegebenen: Denn dann muß ich so argumentieren: Satz des Widerspruchs: Die materielle Außenwelt ist entweder etwas anderes als mein Bewußtsein oder mit diesem identisch. Das erste ist unmöglich, also ist das zweite wahr. Gewiß, sagen die Psychologen, das wissen wir auch. Damit werden wir aber nie über das Wortgeklingel Bewußtsein hinauskommen. Untersuchen wir die inhaltlichen Phänomene dieses Bewußtseins einmal näher, so finden wir: *Innerhalb* dieses Bewußtseins ist es ein Fundamentalerlebnis, das die Außenwelt von mir trennt. Innerhalb dieses Bewußtseins scheidet sich also das Ich und das Nicht-Ich. Das ist zunächst Erlebnis. Aber durch die kritische Reflexion des Verstandes werden nun die näheren Grenzlinien bestimmt, die Ich und Nichtich trennen. Mein Leib wird Nicht-Ich. Meine Gefühle, mein Wille, die Sinnesqualitäten werden Ich. Diese Grenzregulierung ist noch lange nicht beendet. Was ist z. B. der Raum: Nicht-Ich, Ich oder beides? Hierbei beachten Sie: Wenn ich von einem X behaupte, es sei *nur* Ich, z. B. die rote Farbe, so kann ihm immer noch etwas im Nicht-Ich entsprechen, zwar nicht mehr ein „Rot", wohl aber irgend etwas anderes; dieses irgend etwas andere liegt nun keineswegs jenseits des Bewußtseins, sonst wäre es Null. Wie aber soll ich es bezeichnen? Das kann ich nicht anders als daß ich sage: *Es ist Erlebnis*. Von diesem Erlebnis hat die Psychologie allerdings das Rot schon als rein subjektiven Faktor abgesondert. Was übrig bleibt, nennt die neuere Psychologie „Objektivitätsbewußtsein". Also zwar Bewußtsein, aber ohne die Qualität des Ich oder der Subjektivität. Das Verdienst der Psychologie ist, beide Sphären immer schärfer voneinander zu scheiden. Sie sehen aber, daß das Bewußtsein als Ganzes nun ein überflüssiger, weil selbstverständlicher Ballast wird, und vielmehr die scharfe Bestimmung

dessen in den Vordergrund tritt: Was ist an diesem „Subjekt – Objekt" Subjekt, was Objekt?
Eine *ganz* andere Frage aber ist die: Was ist an dem Subjekt individuelles, was ist überindividuelles Subjekt? Ich meine, es gehört gar kein Überlegen dazu, um zu sagen, daß diese Frage einfach nur durch Vergleichung vieler Subjekte beantwortet werden kann. Was Sie materielle Außenwelt nannten, zerfällt nun in einen objektiven und einen subjektiven Teil. Die Frage der Wissenschaftsgeschichte ist, wieviel von beiden überindividuell ist. Hierher gehört die Frage der Halluzinationen (individuell) [scil. „und"] Sinnestäuschungen (überindividuell). [...]

[1] Original nur teilweise vorhanden.
[2] Herman Nohl heiratete am 12. Mai 1905 die Professorentochter Berta Oser aus Wien.
[3] SPRANGERS Dissertation.
[4] Zum folgenden Brieftext ist nur noch eine Abschrift erhalten.

EDUARD SPRANGER AN KÄTHE HADLICH
Charlottenburg, 06. 08. 1905 / Br., ca. 1/3

[...] Beim Abschluß des dreiteiligen Briefwechsels[1] empfinde ich nicht ohne Betrübnis, daß wir in der hoffnungslosesten Konfusion enden. Sie scheinen andrer Meinung zu sein. Ich habe das Gefühl, daß wir nicht einen Schritt weitergekommen sind. „Ein großer Aufwand schmählich ist vertan."[2] Nicht einmal das stolze Bewußtsein, da zu stehen, wo wir vor zwei Jahren anfingen, vermag ich zu fassen. Wir sind weiter zurück als je. Sie z. B. – von HERMANNS Begriffsmystizismus zu schweigen – injizieren mir anscheinend nach wie vor, daß ich nicht an die Realität der sog. Außenwelt glaube und bekennen Ihren Standpunkt als „Glauben", „Gefühl". An dieser Ecke stehe ich nun seit Jahren, rufe Streichhölzer, Streichhölzer! und gehe mit meinem Standpunkt, der für Ihren Raum bietet, hausieren, indem ich gerade zur Reflexion über diesen Glauben einlade, eine Stufe der Besinnung, die nicht mehr zu überschreiten ist. Wie gut ist es, daß Sie diese Reise unter der Obhut der Theologie vornehmen, wennschon es Theologien gibt, die sich diesen unreflektierten Glauben auch nicht gefallen lassen (Ferner: es gibt auch sogar „Reflexionen von zweifelhaftem Wert". Dergleichen enthält nach einer neuesten Rezension m. [meine] Einl. [Einleitung] zum HUTTEN[3], wenn schon sie sachlicher und besser sein sollen als die von v. [von] K.[4] Letztere sollen ganz unter dem Hund sein.) Halten Sie es denn für möglich, physische Optik zu treiben ohne Physiologie des Auges? Philosophie aber treibt man, ohne sich selbst zu kennen, fängt das Haus vom Dache an, redet vom Begriff und seinem Leben, ehe man einen Begriff vom Leben hat, und läßt sich von Naturgesetzen beherrschen, die die Energie des forschenden Willens mühsam formuliert hat. Kaum hat der Mensch 2 mathematische Bewegungsformeln gefunden, so wird der ganze Mensch Bewegung und Formel.

[...] Ich dachte, Sie hätten aus den zahllosen Punkten, die ich Ihnen hier und dort gezeigt habe, Verständnis und Überzeugung gewonnen, daß diese Dinge, von denen ich rede, da sind, lebendig, irrational, ohne begriffliche Verkrüppelung. Gehen Sie doch mit den HEGELschen Begriffen einmal über die Gletscherwelt des Menschendaseins; nirgends werden Sie sich mit diesem stumpfen Stab festbohren können. Von diesem verdünnten Saft einer Irgendwo-Vernunft kann sich kein Wesen nähren. [...]

---

[1] In den vorangegangenen Briefen waren erkenntnistheoretische Fragen erörtert worden. SPRANGER versuchte KÄTHE HADLICH von ihrem naturalistisch-positivistischen Standpunkt abzubringen und ihr eine transzendentalphilosophische Position nahezubringen. (Vgl. dazu auch den vorstehend abgedruckten Brief SPRANGERS vom 14. 07. 1905.) Vom „dreiteiligen" Briefwechsel ist hier deshalb die Rede, weil dabei zugleich immer auch Ansichten HERMANN HADLICHS, des älteren der beiden Stiefbrüder KÄTHE HADLICHS (vgl. z. B. KÄTHE HADLICH 24. 12. 1907), erörtert, z. T. sogar Briefe von diesem ausgetauscht wurden, so daß man eigentlich zu dritt korrespondierte.

[2] Zitat aus GOETHES Faust II:
„Ein großer Aufwand, schmählich! ist vertan;
Gemein Gelüst, absurde Liebschaft wandelt
Den ausgepichten Teufel an."
(Sophien-Ausgabe, 1. Abt., 15. Bd., 1888, 326)

[3] Das erwähnte Werk SPRANGERS ist: HUTTEN. Briefe an LUTHER. Nach dem Originaldruck neu hrsg. von EDUARD SPRANGER. Leipzig, Wöpke, 1903. – Dabei handelt es sich um Heft 3 der von CONSTANTIN VON KÜGELGEN herausgegebenen Reihe „Zeitgemäße Traktate aus der Reformationszeit", die ab 1902 im Verlag Wöpke in Leipzig erschien.

[4] Hier könnte CONSTANTIN VON KÜGELGEN gemeint sein. SPRANGER bezieht sich hier wohl auf die Vorworte von Heft 1 „Die Gefangenschaftsbriefe des Johann Hus" und Heft 2 „Bugenhagens Christliche Vermahnung an die Böhmen" der genannten Reihe.

EDUARD SPRANGER AN KÄTHE HADLICH
Charlottenburg, 05. 09. 1905 / Br., ca. 1/3

[...] was ich nun in Prosa sagen will: daß zwar der Glaube an Vorsehung und Gott ganz und gar nicht bewiesen und wissenschaftlich ist, daß es mir aber doch ein lieber und notwendiger Gedanke ist, den ich weniger missen möchte als irgendein Theorem. Diese wunderbare „Fügung", die uns vor zwei Jahren – eigentlich unvermittelt – zusammengeführt hat, womit für mich eine neue Epoche begann, das ist mehr als Kausalität. Den *Wert* dieses Ereignisses vermag ich nur auszudrücken, wenn ich mir ein Wesen denke, das uns zwar nicht immer mit glücklichen, wohl aber mit edlen, hohen Empfindungen umgibt. Es ist weder Person noch menschlich-anthropomorph, aber das stille Individuell-Menschliche ist es gerade, mit dem ich mich an sein Herz flüchten möchte; und deshalb kann dies für ein solches symbolisches Wesen nicht unwesentlich sein. Unser Werturteil gibt ihm dieses Prädikat. Dies Bedürfnis erfüllt mich schon beim flüchtigeren Umgang mit Menschen. Wenn ich, wie ich viel das Glück hatte, gute Seelen finde, die an mir vorübereilen und vielleicht still das Tiefste in sich verbergen, habe ich das Verlangen nach einem Bindeglied zwischen ihnen und mir; ich kann mich des alten Wunsches nicht enthalten, daß Gott sie segnen möge. Dies ist bei mir ein Grundgefühl. Und das Gefühl baut sich ebenso seine Welt wie Verstand und Wille. [...]

EDUARD SPRANGER AN KÄTHE HADLICH
Charlottenburg, 21. 09. 1905 / Br., ca. 1/10

[...] Sie sehen zugleich, daß ROUSSEAU, dieser unvergleichliche Geist, der zugleich so durch und durch Mensch war, mir allmählich näherrückt. Noch aber schwankt mein Interesse zwischen ihm und der, freilich abgeklärteren, Humanitätsperiode, deren Haupttheros W. v. HUMBOLDT allerdings von HAYM so unübertrefflich geschildert ist[1], daß man tief schürfen muß, um Goldadern zu finden. Ich ahne hier etwas ganz Tiefes, das mir selbst noch halb von Nebel verhüllt erscheint. Ein Gespräch mit Professor BORCHARDT hat mich erst die richtige Formel finden lassen. Die Aufgabe ist, die – philosophisch-technische Formulierung, die die Humanitätsidee bei SCHILLER und HUMBOLDT gefunden hat, als identisch nachzuweisen mit dem Leben der Zeit, z. B. mit seiner Projektion in Wilhelm Meister[2], aber auch mit der Wirtschaft, dem Bildungswesen, etc. Zugleich zu zeigen, daß dieses Problem in einer gewissen Kulturlage mit innerster Notwendigkeit auftritt und daß es also für uns fortbesteht. [...]

[1] RUDOLF HAYM: WILHELM VON HUMBOLDT. Lebensbild und Charakteristik. Berlin 1856.
[2] Roman GOETHES: Wilhelm Meisters Lehrjahre (1795/ 1796) und Fortsetzung: Wilhelm Meisters Wanderjahre (1829).

EDUARD SPRANGER AN KÄTHE HADLICH
Charlottenburg, 12. 10. 1905 / Br., ca. 1/10

[...] *Metaphysik, als Gesamterkenntnis der Welt*, ist entweder überhaupt unmöglich oder erst am Ende des wissenschaftlichen Lebens möglich. Denn da sie sich allein von den positiven Wissenschaften nähren kann und über kein eigenes wissenschaftliches Verfahren verfügt, so ist sie bestenfalls eine Vereinigung der bestehenden Wissenschaftsresultate zu einer geschlossenen, einheitlichen und zugleich die Bedürfnisse des Gemüts befriedigenden Weltansicht. So z. B. die relativ verdienstliche Metaphysik WUNDTS, PAULSENS und EUCKENS. Solange aber die Einzelwissenschaften unvollendet sind, bleibt auch die Gesamterkenntnis unvollendet. Dazu kommt ferner, daß mit der Ausbildung der Einzelwissenschaften ihre Widersprüche und Unvereinbarkeiten immer deutlicher werden. Bleibt trotzdem ein Einheitsstreben, so ist dies eben ein Gemütsbedürfnis, nicht mehr reine Wissenschaft. Deshalb sind metaphysische Systeme (RIEHL) „Opiate des Verstandes", sie antizipieren die Erkenntnis da, wo sie noch nicht ist, sind daher im besten Falle Antizipationen einer einmal zu leistenden Erkenntnis, andererseits aber Religionssysteme und Kunstwerke. Sie sollen leben helfen. Sie bedeuten deshalb Kompromisse, relative Überbrückungen der Widersprüche. Und ich persönlich gehöre zu denen, die an eine absolute Überbrückung der Widersprüche mit intellektuellen Mitteln nicht glauben. Dies lehrt die Geschichte der Philosophie. Und mich kümmert nur die Lebensaufgabe der Jetztzeit, nicht, was etwa im Jahre 4440 einmal sein könnte. „Weg und Ziel verloren"[1], ist also nur ein Ausdruck für die unendlich vervielfachten Schwierigkeiten unsrer Zeit in ihrem dringenden Harmoniestreben. Diese schnell hingeworfenen Gründe unterliegen für mich eigentlich kaum einem Zweifel. Die Insuffizienz der Metaphysik für alle und jeden ist der beste Beweis. Sie leistet eben nirgends, was sie zu leisten vorgibt. Das ist alles ganz klar.

Um nun auf etwas andres zu kommen – denn es ist viel aufgelaufen inzwischen: Als ich die blutige Abschlachtung von Herrn RUGES „FICHTE" in der Deutschen Litteratur-Zeitung durch THEOBALD ZIEGLER las, wurde mir für meine zu erwartenden Rezensionen etwas ängstlich zumute. Inzwischen ist die erste nennenswerte erschienen (denn HEHMOLTS lustige Revue im Hamburger Correspondenten, die meiner Geschichtstheorie „von vorneherein eine längere Lebensdauer prophezeit" als diese nutzlosen Dinge verdienen, ist nicht zu zählen; sie fügt dann auch gleich hinzu: „Bis der nächste kommt.") Ein ernster, einsichtiger und sorgfältiger Kritiker hat mir in der englischen Vierteljahresschrift „Mind", die NIETZSCHE für die beste phil. [philosophische] Zeitschrift der Welt erklärte, große Ehre erwiesen.[2] An bevorzugter Stelle, nicht unter den Rezensionen, sondern unter den „Critical notes", die eine Auswahl aus den symptomatisch bedeutsamen Erscheinungen gibt, werde ich mit SIMMEL und GROTENFELT eingehend behandelt. Natürlich hat SIMMEL den Vorrang. Aber der Inhalt meiner Schrift ist mit *glänzendem Geschick* sehr ausführlich wiedergegeben. Meine Ergebnisse werden als prinzipiell identisch mit denen SIMMELS charakterisiert. Das einzige, was ich gegen SIMMEL einwende, erscheint dem Referenten „full of force". „The real weakness" meines Standpunktes findet er in dem individualpsychologischen Ausgangspunkt. Zum Schluß verweist er den Leser auf Abschnitt I. u. II., where there is much interesting discussion. Der Verleger hat sich riesig gefreut. Auch die Kölnische Volkszeitung hat den Inhalt ihrer Gepflogenheit entsprechend wiedergegeben. Nach Abwägung aller Faktoren finde ich in der Würdigung der „Mind" eine aufsehenerregende Kundgebung, wie ich sie im Stillen gehofft habe. Sehen Sie durch die Löcher des Philosophenmantels die Eitelkeit. [...]

¹ Zitat nicht erschlossen.
² Morrision, David: Rezension: Die Probleme der Geschichtsphilosophie: Eine erkenntnistheoretische Studie. Von GEORG SIMMEL, 2. veränderte Aufl. Leipzig 1905; Die Grundlagen der Geschichtswissenschaft: Eine erkenntnistheoretisch-psychologische Untersuchung. Von EDUARD SPRANGER. Berlin 1905; Geschichtliche Wertmaßstäbe in der Geschichtsphilosophie bei Historikern und im Volksbewußtsein. Von Arvid Grotenfelt. Leipzig 1905. In: Mind. A Quarterly Review of Philosophy. Oxford. Vol. XVI (1905), 539-547.

EDUARD SPRANGER AN KÄTHE HADLICH
Charlottenburg, 27. 10. 1905 / Br., ca. 3/10

[...] Der poetische Mensch der Freiheit stirbt allmählich unter der besinnungslosen Vielgeschäftigkeit eines wissenschaftlichen Winters. Sehr früh zu einer breit geachteten Position angelangt – und leider auch durch betrübende Dokumente des Neides davon überzeugt – bin ich bei schwacher Konstitution oft den vielseitigen Anforderungen nicht gewachsen. Absichtlich halte ich mich daher von vielem zurück, was mir offen stünde. Aber da mich das *psychische* Bedürfnis nach Einsamkeit in erheblichem Maße verlassen hat, entbehre ich bisweilen ihre *physischen* Wohltaten. Dabei soll nun die Arbeit und Selbstbildung immer fortgehen; denn nichts ist gefährlicher und erregender, als nicht assimilierte, resp. verdaute Stoffe. Ist doch alle Wissenschaft schließlich nichts als persönliche Aneignung, kein Abbild, sondern eine persönliche Formung, wie dies besonders SIMMEL in s. [seinem] glänzenden Buch über „Probleme d. [der] Geschichtsphilosophie"¹, das meines halb überflüssig macht, nachgewiesen hat. Nur eines allerdings hat er nicht hervorgehoben: den (bei mir Kap. X.²) betonten zweckmäßigen, normativen Wert dieser subjektiven Formgebung, die wir an den Realitäten vollziehen, für unser gegenwärtiges Dasein. Dies ist und bleibt seine Grenze.

[...] W. v. HUMBOLDT ergreift mich wie ein Lebender; nur fürchte ich, daß der unbeschreibliche Genuß, den die historische Versenkung mit sich führt, zumal in eine mir jetzt schon so intim bekannte Zeit, mich zu sehr absorbiert. Die Absicht dabei ist folgende: Praktisch mitwirken auf irgendeinem Kulturgebiet kann nur der Kenner seiner *Geschichte*. Will ich also einmal über das Bildungsideal und s. [seine] Organisationsformen mitreden, so muß ich tief in diese Materie hineinsteigen. Denn nur so ist Einsicht in die Kräfte und Ziele der betreffenden Lebenserscheinungen zu gewinnen. Ich kann mir nicht denken, daß jemand ohne kunsthistorische Bildung ein großer Künstler sein kann.

Was Sie vom „Begriff" sagen, ist ganz mein Standpunkt. Bloße Begriffsbestimmung führt nicht weiter. Dieser fundamentale Gegensatz: induktiv-historische und deduktiv-begriffliche Methode beherrscht z. B. auch die Nationalökonomie. Meine

Liebe zu SCHMOLLER, über den jetzt jeder dumme Junge zur Tagesordnung übergeht, beruht darauf, daß er beschreibt und nachlebt, statt zu deduzieren aus unzulänglichen Begriffen.

Majestät hat mich gestern im Vorgarten der Universität durchdringend betrachtet; er hat jeden einzeln angesehen und gegrüßt. Wie Sie wissen, bin ich nicht der Meinung von Frl. THÖNES, die der Modestimme folgt, sondern halte den Kaiser für einen großen ehrlichen Kämpfer, und das deutsche Volk wird es bedauern, daß es ihn nicht geliebt hat, als es Zeit war. [...]

---

[1] GEORG SIMMEL: Die Probleme der Geschichtsphilosophie. Eine erkenntnistheoretische Studie. Berlin, Duncker und Humblot, 1892. - EDUARD SPRANGER kannte damals wohl noch kaum die 1905 bei Duncker & Humblot erschienene 2., völlig veränderte Auflage.

[2] Kapitel 10 (Die teleologische Funktion der Geschichtsphilosophie) der erweiterten Fassung von SPRANGERS Dissertation (Die Grundlagen der Geschichtswissenschaft. Berlin 1905). Als Dissertation war der 1. Abschnitt (Erkenntnistheorie und Geschichte) angenommen worden, publiziert unter dem Titel: Die erkenntnistheoretischen und psychologischen Grundlagen der Geschichtswissenschaft. Göttingen 1905.

EDUARD SPRANGER AN KÄTHE HADLICH
Charlottenburg, 15. 11. 1905 / Br., ca. 1/7

[...] Hier muß ich nun einschalten, daß mir Ihr Pessimismus zu denken gibt. Sie wissen und fühlen ja, daß ich im Grunde nicht umhinkann, die von Ihnen selbst geschaffene naturalistische Welt für stark pessimistisch zu halten und an ihren gegenteiligen Versicherungen zu zweifeln. Wenn Sie an eine optimistische Zweckmäßigkeit glauben, so frage ich Sie: Wie bringen Sie die Sätze miteinander in Einklang: „Es geschieht jederzeit das Beste" und „Es geschieht jederzeit das, was nach Gesetzen notwendig ist"? Natürlich sagen Sie: Das fällt zusammen. So sagte LEIBNIZ auch schon. Das ist aber, wie jede Identitätsphilosophie, mehr frommer Wunsch als Wirklichkeit. Ist das Christentum nicht eine viel höhere Anschauung, das da sagt: Es geschieht vielleicht nicht immer das, was unsrer *Einsicht* als das für *dieses* Individuum Beste erscheint; aber wir betrachten die Welt und das ganze handelnde Leben prinzipiell unter dem Gesichtspunkte, daß es so sein muß? Es ist nicht meine Absicht, Sie in Kollisionen mit sich selbst zu bringen, aber nicht ganz ungern würde ich etwas „von der revisionistischen Bewegung" in Ihrer Weltanschauung hören. Sie haben Elemente drin, deren Lebenswert *mir* zweifelhaft erscheint. Warner zu sein, ist das bescheidene Recht, das ich für mich in Anspruch nehme. Was Sie über „Wahrheit" sagen, ist in der Tat *ganz* das, was ich meine. Es ist sehr fein ausgedrückt. Warum halten Sie diesen (subjektivierten) Ausgangspunkt nicht auch im übrigen fest? Aber davon sprach ich ja schon in Hausach[1] sehr ausführlich. Wenn

ich wüßte, daß Sie durch meine so häufigen Bitten um Rücksendung nicht zu sehr belästigt werden, würde ich Ihnen ein dahin gehöriges Ms [Manuskript] einmal zusenden. Sie leiden noch immer unter der intellektualistischen Übergewalt der Naturwissenschaft.
[...]
Denken Sie sich, wie freudig es mich heute überraschte, daß Prof. HINTZE meine Dissertation in dem Jahrbuch für Gesetzgebung und Verwaltung (Herausgeber VON SCHMOLLER) selbst ausführlich besprochen hat.[2] Mit unerwartetem persönlichem Wohlwollen stellt er mich zunächst vor als „einen begabten jungen Philosophen, der sich vorzüglich an PAULSEN angeschlossen, übrigens auch tüchtige geschichtliche und staatswissenschaftliche Studien getrieben hat"[3]. In der sorgfältigen Inhaltsangabe fällt manch anerkennendes Wort. Zum Schluß heißt es „Die kurze Inhaltsangabe (2 große Seiten) wird den Charakter der Schrift genügend gekennzeichnet haben; zu kritischer Stellungnahme zu den vorwiegend erkenntnistheoretischen Ausführungen fühlt Referent keinen Beruf; in der allgemeinen Auffassung steht er dem Verfasser zu nahe, um erhebliche Einwendungen zu machen. Es sei nur noch bemerkt, daß das Büchlein ebenso von Geist und Bildung wie von schriftstellerischer Gewandtheit zeugt; nur hat man zuweilen den Eindruck, daß das geschickte Hin- u. [und] Herwenden der Probleme etwas zu umständlich ist im Verhältnis zu den erzielten Resultaten."[4] Ein Bild, das alle Referenten mit Begeisterung aufgreifen, scheine ich in dem „Kristall" geschaffen zu haben, der wieder „in den fließenden Zustand psychischen Geschehens" zurückgebracht werden muß.[5] [...]

---

[1] Ort ca. 50 km nordöstlich von Freiburg i. Br.
[2] HINTZE, OTTO: Rezension. SPRANGER, EDUARD: Die Grundlagen der Geschichtswissenschaft. Eine erkenntnistheoretisch-psychologische Untersuchung. Berlin 1905. Reuther & Reichard. In: Jahrbuch für Gesetzgebung, Verwaltung und Volkswirtschaft im Deutschen Reich. Leipzig, 29. Jg. (1905), 408-410.
[3] HINTZE, a.a.O., 408.
[4] HINTZE, a.a.O., 409f.
[5] EDUARD SPRANGER: Die Grundlagen der Geschichtswissenschaft. Berlin 1905, 76.

EDUARD SPRANGER AN KÄTHE HADLICH
Charlottenburg, 15. 02. 1906 / Br., ca. 1/5

[...] Dieser Brief[1] mit seiner klassischen Formulierung der entscheidenden Punkte bietet mir eine greifbare Gelegenheit, meinen prinzipiellen Gegensatz zu HEGEL zu erläutern. Es sind zwei Punkte:
Erstens glaube ich nicht an die *Zufälligkeit* der Leidenschaften und Triebe im Menschen. Sie sind mir nicht minder real und notwendig als alle höheren Funktio-

nen, ja ich halte sie für sicherer gegeben als die „Logik der Tatsachen", die wir erst suchen, nicht haben. Ich kann den Menschen nicht so zerreißen, in eine noble und in eine ordinäre Hälfte; er ist für mich Einheit, und damit spreche ich nichts aus, als das allgemeine moderne Lebensbewußtsein.

Der zweite Punkt hängt damit zusammen: Das erste ist für mich nicht das *Denken*, sondern das Leben, richtiger das Lebensbewußtsein, wie wir es vorfinden, wenn wir zur Selbstbesinnung gelangen. Die HEGELianer machen einen Schnitt zwischen der Vernunftnatur und der Triebnatur. Dieses *Werturteil* mag berechtigt sein; es hat den großen Vorzug, in der Anwendung auf die Geschichte nicht bloß eine *beschreibende* Psychologie, sondern einen *Wertmaßstab* zu bieten. Dieser Maßstab aber ist mir zu grob. Er rationalisiert den Menschen, statt ihn zunächst zu belauschen und zu analysieren. Auch da werden sich Werturteile bilden, aber fundiertere, mehr mit der Wirklichkeit des gegebenen Menschen im Zusammenhang bleibende. Allerdings, wenn wir durch das Denken uns eindeutig verstünden, dann hätte LASSON recht. Aber wie verzwickt ist der Weg zu diesem Ziel! Das allgemeingültige Denken ist Produkt, nicht Anfang. Und eine endlose Arbeit ist zu leisten, ehe wir uns diesem wahrhaft hohen Ziele nähern. Wer wollte es in Formeln fassen! [...]

[1] Ein Brief von KÄTHE HADLICHS Stiefbruder HERMANN, den sie SPRANGER zugänglich machte.

EDUARD SPRANGER AN KÄTHE HADLICH
Charlottenburg, 24. 02. 1906 / Br., ca. 1/7

[...] Überraschen kann Sie auch der DILTHEY[1] (der hoffentlich in Ihre Hände gelangt ist?) nicht. Denn Sie müssen nun endlich einmal diesen sublimen Geist aus eigener Anschauung kennenlernen, und ich bitte Sie, atmen Sie ihn langsam, in bedächtigen Zügen ein. Es weht hier eine Luft, von der die Heidelberger Philosophie und alle Welt nichts weiß, ein feines südliches Klima von schmiegender Weichheit und ahnungsreichem Gefühl, das Gedenken eines Greises an Frühlingstage, ein Stück modernster Mystik. Die Grenzen sehe ich leider heute tiefer als je; aber welcher Geist hätte sie nicht und welcher wäre weiter als dieser? [...]

[1] DILTHEYS Aufsatzsammlung „Das Erlebnis und die Dichtung" (1906), welche KÄTHE HADLICH von SPRANGER 1905 als Weihnachtsgeschenk erhalten hatte. Vgl. EDUARD SPRANGER 22. 12. 1905: Danach war die Aufsatzsammlung erst kurz vor Weihnachten 1905, vermutlich schon mit dem Erscheinungsjahr 1906, herausgebracht worden.

EDUARD SPRANGER AN KÄTHE HADLICH
Charlottenburg, 13. 03. 1906 / Br., ca. 2/5

[...] Als ich im Jahre 1903 nach Heidelberg fuhr, hatte ich ein paar lose Blätter der „Christlichen Welt"[1] in der Tasche, auf denen mir der Name TROELTSCH zum ersten Male entgegentrat. Seitdem sind mir Heidelberg und TROELTSCH immer „bedeutsamer" geworden, und vielleicht wird dieser TROELTSCH mein Verhängnis. Weil ich sah, daß Sie sich für ihn interessierten, daß Sie mit seiner Schülerin Frl. THÖNES befreundet waren, daß die beiden SCHOLZ, deren Bekanntschaft mir durch Sie wertvoll wurde, der eine so, der andere so zu ihm standen, endlich auch das Bedürfnis, einmal öffentlich für KÜGELGEN einzutreten, trieben mich förmlich wider alle bewußte Besinnung zur Aussprache über seine Religionsphilosophie. Wenn ich inzwischen recht lange geschwiegen habe, so müssen Sie sich denken, daß ich vom Morgen bis zum Abend und nachts, wenn ich aufwache, *nur* darüber nachgedacht habe, ohne einen Menschen zu haben, mit dem ich darüber sprechen konnte. Dazu nun die jedem ernsten Denker unvermeidliche Erschütterung durch jeden neuen Standpunkt, der einem in festgeschlossener Begründung entgegentritt, die Qual im Kampf um Aufrechterhaltung und Bewährung der einmal statuierten Ausgangspunkte und Wege – dies alles habe ich nie mit so elementarer Gewalt erfahren, wie in den letzten Wochen. [...]

Das Resultat ist etwa dies, daß ich die *erkenntnistheoretische Position* TROELTSCHS für jeden Urteilsfähigen widerlegt und durch die Skizze eines Besseren ersetzt zu haben glaube, daß aber mein Verhältnis zur Metaphysik mir mindestens neuen Nachdenkens bedürftig erschienen ist, und diesen Punkt mußte ich in dem 2 große Bogen umfassenden Aufsatz über TROELTSCH[2] offenlassen. Ob es in der Kraft *aller* Menschen liegt, was ich z. Z. kann, sich aller Vorstellungen über den Zusammenhang der Welt im großen zu enthalten, ein Agnostizismus[3], der bei mir auf der Überzeugung von der Inadäquatheit unsres ganzen *Erkennens* gegenüber dem Weltzusammenhange beruht, ist mir zweifelhaft geworden. Wenn ich auf die Stützen der rationalen Metaphysik verzichte, so ersetze ich diese durch die innere Gewißheit, die im Leben und Erleben selbst gegeben ist. Diese Gewißheit aber bedarf irgendeines Regulativs, eines erprobten Maßstabes, den ich ja z. T. aus Psychologie und Geschichte (als erweiterter Lebenserfahrung) entnehme, der aber dabei doch immer bedingt bleibt durch den eben lebenden Menschen mit seiner ganzen Subjektivität. Dies ist eine *Resignation des Wissens*, die vielleicht den Tatsachen sehr entspricht, die man dem Künstler, dem Handelnden, dem Genießenden und auch dem Theologen zumuten darf, aber anscheinend eben nicht der *Philosophie*. Und doch ist hier alles so bodenlos, so gänzlich aussichtslos in den ersten Anfängen steckend, so belastet mit historischem Begriffswerk ohne Selbstdurchdenken, daß man nicht gut zu einem anderen Resultat kommen kann. Ich habe TROELTSCH auf diesen

Boden hin deduziert, aber wenn ich ganz offen sein sollte, so müßte ich sagen, daß auch der von mir vertretene Standpunkt noch viel zu dogmatisch-zuversichtlich ist, wenn er auch zunächst den einmal (dogmatisch) gewählten Ausgangspunkt zu richtigeren Konsequenzen fortentwickelt. Wenn man nun sieht, wie EUCKEN, PAULSEN, selbst TROELTSCH im Genuß einer Gewißheit schwelgen, die sie nur ihrer Person, nicht aber der Wissenschaft entnehmen, so wird man neidisch und kommt auf die Idee, die Funktion der Philosophie überhaupt anders zu bestimmen. Vielleicht liegt jene Akribie gar nicht in ihrer Aufgabe, sondern mehr die produktiv-zusammenfassende Tat eines EUCKEN oder PAULSEN. Dann aber hat RIEHL wieder recht: Das ist mehr Kunst, als Methode.

[...] Soviel sehe ich jetzt freilich auch, daß es eine böse systematische Erbschaft ist, die DILTHEY uns hinterläßt, und daß da irgendwo etwas völlig umgeändert werden muß. Ich Unglückswurm bin der einzige aller DILTHEYschüler, der öffentlich systematisch weiterarbeitet. Zum Teil mit äußerem Loberfolg, jedoch ohne Verständnis und z. T. mit größter Anfeindung, die ebenso weit vom Kern bleibt. Ich sollte bei guter wissenschaftlicher Sitte meinen Aufsatz über TROELTSCH nicht drucken lassen. Aber ich will es tun, nur um das meinige beizutragen, die Diskussion einmal ins Rollen zu bringen. [...]

[1] Ernst TROELTSCH: Was heißt „Wesen des Christentums"? In: Die Christliche Welt. Evangelisches Gemeindeblatt für Gebildete aller Stände. 17. Jahrgang. Marburg i. H. 1903, Nr. 19 v. 7. Mai 1903, Sp. 443 – 446; Die Voraussetzungen des Wesensbegriffs, ebd., Nr. 21 v. 21. Mai 1903, Sp. 483 – 488; Das Wesen als Kritik, ebd., Nr. 23 v. 5. Juni 1903, Sp. 532 – 536; Das Wesen als Entwicklungsbegriff, ebd., Nr. 25 v. 18. Juni 1903, Sp. 578 – 584; Der Wesensbegriff als Idealbegriff, ebd., Nr. 28 v. 9. Juli 1903, Sp. 650 – 654; Subjektivität und Objektivität in der Wesensbestimmung, ebd., Nr. 29 v. 16. Juli 1903, Sp. 678 – 683.
[2] EDUARD SPRANGER: ERNST TROELTSCH als Religionsphilosoph. Darstellung und Kritik. In: Philosophische Wochenschrift 2 (1906), 42-57, 69-80, 97-110.
[3] Leugnung der Möglichkeit, Übersinnliches zu erkennen.

EDUARD SPRANGER AN KÄTHE HADLICH
Charlottenburg, 16. 04. 1906 / Br., ca. 1/6
[...] Es arbeitet in uns unablässig wie ein Vulkan: Unablässig bilden sich neue Werte und Wünsche, und dieser Krieg, hinter dem immer ein vermeintlicher Friede steht, ist in Wahrheit das Leben selbst. Unglaublich dürftig ist, was Wissenschaft und Reflexion uns über diese Ziele zu sagen haben. Das sind die Zinsen; wir *leben* aber vom Kapital. Das Bewußtsein, daß wir uns im Tiefsten niemals genug zu tun vermögen, breitet über den Grund unsrer Seele eine unsägliche Traurigkeit, und die Stunden, in denen sie an die Oberfläche steigt, sind unerträglich. Dazu kommt,

daß wir nur durch Betäubungsmittel diese metaphysische Qual bannen. Wer weiß, ob nicht die recht haben, die behaupten, daß man sie frei emporsteigen lassen soll und das Leben unter ihrer Beleuchtung sehen? Oder – dasselbe anders ausgedrückt – ob wir nicht mehr Religion brauchen, als wir haben? Denn sicher haben nur die wirklich religiösen Naturen wirklichen Frieden.

Dieses in mir jetzt allzu häufig wiederkehrende Gefühl läßt mich an der wissenschaftlichen Arbeit, die doch nur sehr wenigen direkt [scil. „etwas"] gibt, gegenwärtig weniger Freude als sonst empfinden. Zweifel bis zum absoluten Skeptizismus gegen das Wissen kämpfen noch immer in mir [...]

EDUARD SPRANGER AN KÄTHE HADLICH
Charlottenburg, 01. 05. 1906 / Br., ca. 1/2

[...] Nach einer Einführung, die durch die geniale Rede unseres Direktors auf mich wirklich erhebend wirkte, habe ich am Mittwoch 8 Uhr meinen Unterricht eröffnet.[1] Ich habe nur Deutsch in der 2. Klasse, Mi. [Mittwoch] und So. [Sonnabend][2] von 8 – 10, 26 Schülerinnen, lauter gute Geschöpfe. Der Direktor wünschte die Anrede „Du". Ich entschied mich für „Sie", und ich glaube mit richtigem Gefühl. So gelang es mir, den Verkehr vom ersten Augenblick an auf einen frischen, heiteren und vornehmen Ton zu stimmen. Ihnen gestehe ich frei, wie nervös und unsicher ich mich in den ersten Minuten innerlich fühlte. Aber zu meinem eigenen Erstaunen war ich von Anfang an absolut Herr der Situation. Von Disziplinhalten ist nicht die Rede: Denn ein bloßer Blick bringt jede gewünschte Wirkung hervor. Dabei sind wir eigentlich die ganze Stunde vergnügt und wären es noch mehr, wenn der Sinn für Humor bei diesen jungen Menschen weiter entwickelt wäre. Viele sind herzlich dumm; Antworten bekommt man, Antworten! – Aber dann überraschen sie auch wieder durch ein schnelles Erfassen, durch unerwartetes Wissen, und alle erfreuen bis jetzt durch rührenden Fleiß und freundliche Sanftmut. Unvergeßlich wird mir der Anblick der Klasse sein, als ich zur Probe den Anfang der Odyssee griechisch rezitierte. Diese glänzenden Augen und lauschenden Gesichter sind wohltuender als gute Rezensionen. Da ist eine, die Tochter eines Künstlers und die einzige Adlige, die den ganzen Götterhimmel im Kopf hat, riesig begabt, flüchtig und formlos – Heckenrose. Eine andere weilt immer fern bei den Äthiopen [sic]. Wenn ich sie aufrufe, wird sie von ihrer Umgebung in die Höhe gepufft, tut den Mund auf und verstummt. Die älteste, ein Judenmädchen von mehr als 16 Jahren, übt Blickgymnastik, und wenn ich die Klasse verlasse, ist sie da, der Himmel weiß wie, und macht sich Dinge zu schaffen, die sie gar nichts angehen. Die kleineren aber sind erst recht fleißig wie die Bienen; kurz man sieht mir alles von den Augen ab, und es wird meine Sache sein, den guten Zustand zu erhalten. Die erste Bedingung scheint mir dafür die absolute Bewahrung der Distanz; denn daß mein lieber Kollege Bolte es nicht ganz so macht, wie er sollte, merke ich auf dem Treppenhause, wo bei seinem Erscheinen der Ruf „Herr Bolte" von oben und unten nicht verhallt. Dieser Herr ist *zu* beliebt. Ich gebe nirgends nach (z. B. bei den Aufgaben, die immer zu viel gefunden werden) und hülle mich in lächelnde Vornehmheit.

Dabei lerne ich sehr viel. Man täuscht sich anfangs sehr in der Wirkung dessen, was man bringt. So wurde z. B. der komplizierte Bau des Hexameters sehr leicht verstanden, während UHLANDS „Frühlingsglaube"[3] zu schwer war. Ich las das Gedicht vor, klappte das Buch zu, wartete einen Augenblick – denn zu erklären ist da nichts – und fand wohl, daß das Gedicht intellektuell verstanden war, aber ohne jede Gemütswirkung.

Sie werden es vielleicht für einen sehr bedenklichen Zustand halten, wenn ich Ihnen erkläre, daß ich alle meine 26 Schülerinnen bereits liebe. [...] Was ich als Lehrer zu geben habe, ist weder Weltanschauung noch Reflex einer Weltanschauung, sondern eine Art zu leben. Durch den lebendigen Umgang mit mir sollen – wenn das Ideal erreicht wird – in den Schülerinnen Kräfte geweckt werden, die an sich nicht hervortreten. Gewiß, auch eine bestimmte Art zu sehen; aber doch nicht dies allein. Sondern eine bestimmte Art zu sein, zu handeln, zu arbeiten, zu wollen und zu werten. Wenn mich einer fragte, worin denn diese Art bestünde, so könnte ich nichts erwidern oder nur: „Höre zu." (NB [nota bene[4]], erst nachdem ich auch in der Technik weiter vorgeschritten bin!) Lehrsätze oder Symbole würden hier gar nichts wirken; sondern Pädagogik ist Tat.

[...] Weltanschauung ist nichts, wenn sie ein System von bloßen Einsichten ist; sie ist alles, wenn sie zugleich Pädagogik ist. [...] Ich wiederhole, daß ich in Verlegenheit wäre, wenn man mich fragte, was denn meine letzte Überzeugung wäre. Lebensüberzeugungen in einem Satz? Unmöglich! Darum auch kein Naturalismus (= einordnende Hingabe), sondern Personalismus (= Gestaltungskraft). Und dieses Grundgefühl läßt mich leicht darüber hinwegkommen, Sie über der zerstörten Blüte Ihres Naturalismus trauern zu sehen. Denn der Mensch braucht keinen anderen Halt und hat keinen als seine innere Selbstgewißheit. [...]

---

[1] SPRANGER unterrichtete vom 25. 04. 1906 bis zum 28. 09. 1908 jeweils einige Stunden pro Woche in der von RUDOLF KNAUER geleiteten Georgen-Schule für Höhere Töchter in der neuen Königstraße 43 (zur Hausnummer vgl. EDUARD SPRANGER 21.01.1907) zu Berlin, nachdem er KNAUER zunächst bei der Abfassung einer philosophischen Dissertation beraten hatte, die 1907 in Gießen angenommen wurde. In dem im Februar 1945 niedergeschriebenen Manuskript „Meine Studienjahre" (S. 65), datiert SPRANGER rückblickend den Beginn der Unterrichtstätigkeit auf Ostern 1906 (das auf den 15./ 16. April fiel). Die von Bähr in GS VII, 410, angegebene Dauer dieser Tätigkeit vom 01. 05. 1906 bis zum 30. 09. 1908 stimmt nur ungefähr: SPRANGER berichtet in dem hier abgedruckten, an einem Dienstag verfaßten Brief, er habe mit der Unterrichtstätigkeit am vergangenen Mittwoch (somit am 25. 04.) begonnen. Und in einem Brief vom 04. 10. 1908 (einem Sonntag) erwähnt er seinen Ab-

schied am vergangenen Montag. Dies war der 28. 09. 1908.
² Sonnabend = Samstag.
³ In: LUDWIG UHLAND. Vollständige kritische Ausgabe aufgrund des handschriftlichen Nachlasses, besorgt von Erich Schmidt und Julius Hartmann, 1. Band. Cotta, Stuttgart 1898, 29.
⁴ Nota bene: wohlgemerkt.

EDUARD SPRANGER AN KÄTHE HADLICH
Charlottenburg, 09. 05. 1906 / Br., ca. 1/4

[...] Sehen Sie, das war von jeher die eigentümliche Seite meines Wesens, daß mich nichts so tief ergriff, wie die pädagogische Sehnsucht, und ich war nur ruhig, als dies alles wegen mangelnder Gelegenheit und äußerer Ablenkung in mir begraben lag. Nun wacht das alles wieder auf und erschüttert die kaum gewonnene Festigkeit. Ich habe schon so schwere Enttäuschungen erlebt und muß auch jetzt über meinen Idealismus lachen. Denn meine Schülerinnen sind mediokre Wesen, wie Kinder sind, liebenswürdig und gut, aber gänzlich unerweckt; meine Aufgabe ist begrenzt, 4 Stunden lumpigen Unterrichts; das Verhältnis bleibt kühl und äußerlich. Und doch kann ich von dem Zwang nicht loskommen, immer wieder über diese jungen Menschenkinder nachzudenken, mir ihre Zukunft und Bestimmung, ihr Glück und ihr Leiden auszumalen. Es ist etwas unendlich Geheimnisvolles, daß der Mensch so am Menschen arbeiten kann, um ein Leben zu wecken, dessen kurze Spanne vielleicht von Schuld, Irrtümern und verfehltem Tun ausgefüllt werden wird. Wie viele von ihnen sind vielleicht schon in ihrer Blüte innerlich gebrochene, halbe, abgestorbene Menschen, und wie wenig kann man ihnen mitgeben – umso weniger, als man selbst an innerer Reinheit eben nicht über dem Kinde steht. Dieses äußerliche Wesen, das man im Unterricht zur Schau tragen soll, diese nie eröffnete warme pädagogische Liebe, sind schmerzliche Gegensätze. Seit langer Zeit fühle ich wieder die Tiefen meiner Natur, ohne mich doch wesentlich fortgeschritten zu fühlen. Jeder methodische Mangel meines Anfängerunterrichts kommt mir wie ein verfehltes Jahr vor, und so lebhaft ich arbeite, so wenig bin ich noch dem Ideal nahe, das *mir* vorschwebt: d. h. der absoluten Klarheit, verbunden mit der lebensprühenden Wärme. [...]

EDUARD SPRANGER AN KÄTHE HADLICH
Charlottenburg, 15. 05. 1906 / Br., ca. 2/5

[...] Ich weiß nicht, woher ich diese brennende Liebe zur Jugend habe. Früher war dies bis zum Pathologischen stark in mir entwickelt; es beruhigt mich, daß ich jetzt in der neuen Form die alte Leidenschaft, wenn schon geklärter, in mir wiederfinde, daß ich imstande bin, dasselbe pädagogische Gefühl auf Mädchen zu übertragen.

Hier liegt ein überschwänglicher Idealismus in mir, der sich in der Arbeit an der konkreten Wirklichkeit wohl nie erschöpfen wird. Ich muß ihn auf einem mehr künstlerischen Wege loswerden. Ich fühle eine Richtung in mir, die vielleicht nur in PLATO und PESTALOZZI ein literarisches Vorbild hat. Ich fühle eine Grundtatsache des Weltzusammenhanges, die einmal heraus muß, wie SCHLEIERMACHER der religiösen Tiefe zum Licht verhalf. Deshalb kommt mir jetzt wieder der alte Gedanke, „Reden über die Erziehung"[1] zu schreiben. Sie merken die Analogie.

Die Erziehung ist ein Etwas, das in allen Lebensverhältnissen atmet und wirkt; es ist etwas, was die Welt des Geistes macht und erhält, ein Schöpfen und Fortzeugen, ein Künstlertum ganz für sich, eine Art des Triebes zur Plastik, die ihresgleichen nicht hat. Sie ist absolut ästhetisch, vielleicht mehr noch als ethisch, sicher mehr als didaktisch. Sie ruht auf dem Grunde des Wohlgefallens, der Liebe, die der Mensch zu den jugendlichen, werdenden Wesen seiner Gattung hat. Sie hat ihren Magneten in der Schönheit des Geistes und des Körpers, mit dem die Natur ihre sich entfaltenden Geschöpfe umkleidet. Davon ist seit PLATO nicht in angemessenen Worten geredet worden. [...] Diese „Reden" wollte ich 1903 in Heidelberg schreiben; es war zu früh, und ich war damals zu krank. Aber es wäre ein falscher Gedanke, wollte ich die intensivere Berührung mit der Praxis abwarten. Diese kann zu jener Grundbestimmtheit meiner Natur nichts hinzufügen. Finde ich nicht jetzt diese Gestaltungskraft, so bin ich überhaupt nicht berufen, diese innere Stimme in die äußere zu verwandeln. Zeit, Kraft und Sammlung liegen freilich auch heute nicht günstig. Aber ich glaube, daß dieser Unterricht, wenn er mich nicht zu sehr in die Realität hinabführt, mich einmal unwiderstehlich zu dem Versuch drängen wird.

Wie SCHLEIERMACHER die Religion als eine besondere Provinz des Gemütes entdeckte, so will ich die Erziehung als ein eigenartiges, neues, absolut selbstständiges Lebensverhältnis entwickeln. Dies reicht in die feinsten Tiefen, in die letzten Verzweigungen des Lebens herab. [...] *Dieser* Vorgang ist es, der alle jene abstrakten Phänomene erst schafft, und er ist ein Band, das die Welt erst zusammenhält. [...]

Sie empfinden ja, was ich mit alledem meine: einen Blick in die jugendliche Seele, ihr Emporringen, ihr Ahnen von der Welt. Dann die helfende Hand, die sich im Kampf mit der Welt hart und müde gearbeitet hat. Die absolute Individualität des Erziehens, die doch ihre Allgemeingültigkeit nicht hindert, sondern begründet. Die Welt der Werte und Ideale, hart und nüchtern, aber lebensfähig und lebensfreudig. Das deutsche Volkstum, die christliche Gewißheit, die heimische Geisteswelt mit ihren Schätzen, die heimische Natur, der deutsche Staat, seine Schule. Die Frau als Bildnerin des Mannes, der Mann als Führer der Frau. Die pädagogische Lebensgemeinschaft, die Ziele der geschichtlichen Entwicklung, der pädagogische Genius, der Sinn der Persönlichkeit, und so ins Endlose. [...]

[1] Im Nachlaß ist eine Disposition zu fünf „Reden über Erziehung" erhalten, welche SPRANGER im Stile von SCHLEIERMACHERS berühmten Abhandlungen „Über die Religion, Reden an die Gebildeten unter ihren Verächtern" (1799) schreiben wollte (GS I, 450-454; vgl. dazu auch Studienjahre, 66). In der Disposition zu diesen Reden entwickelt SPRANGER die Position, daß in der Erziehung „ein absolut primäres und selbständiges Lebensphänomen vorliegt." (GS I, 451). Leider wurde nur die erste Rede ausgearbeitet (GS I, 420-429).

EDUARD SPRANGER AN KÄTHE HADLICH
Charlottenburg, 16. 06. 1906 / Br., ca. 1/7

[...] Es gibt einen Lebensdrang, der bis zur Verzehrung des Lebens geht. Ist es nun nur eine Laune, daß ich aller Realität zum Trotz diesen feurigen Aufwand von Kräften dem Unterricht widme? Es ist etwas in mir, das – lange verhalten und nun frei geworden – mich drängt und treibt, meine besten Energien für diese Sache hinströmen zu lassen. Aber dies Etwas ist nicht eigentlich mein *Ich*, jedenfalls etwas weit Dämonischeres, als was mich an die abstrakte Philosophie und Wissenschaft bindet. Die Gedanken, die mich dabei leiten, sind mir selbst nicht klar. Denn was weiß ich von der weiblichen Seele und ihrer Erziehung? Aber es ist auch nicht das, was im Anfang wohl mitspielte, die Freude, sich selbst zur Schau zu stellen; denn meine Hauptklasse, die zweite, besitzt durchaus nicht mehr meine ungetrübte Hochachtung, sie ist durch jene Vorfälle[1] bedeutend im Niveau gesunken. Trotzdem entfalte ich ein Feuer, als hinge die ganze Zukunft der Mädchen davon ab, wie ich eine Stunde Deutsch gebe. Ich fühle, daß diese Krisis wiederum meine Lebensauffassung und meine Lebensideale tief aufwühlen wird. Ganz im Geheimen gestehe ich Ihnen, daß mir ein akademisches Katheder gegenwärtig nicht mehr so absolut verlockend scheint wie bisher. [...]

[1] Im Juni hatte SPRANGER eine Auseinandersetzung mit der Klasse, weil die meisten Schülerinnen eine als Hausaufgabe gestellte Aufsatzverbesserung nicht anfertigten (vgl. EDUARD SPRANGER 05. 06. 1906).

EDUARD SPRANGER AN KÄTHE HADLICH
Charlottenburg, 20. 09. 1906[1] / Br., ca. 2/5

[...] Es kommt jetzt manchmal das Gefühl über mich, ob nicht ein Zeitpunkt da ist, wo Sie nur ungern mit mir gehen, nur halb, nicht ohne Rückblicke und schmerzliche Resignation. Und das macht mich ängstlich; es würde mich niederdrücken, wenn ich nicht in dem festen Glauben lebte, daß unser Weg nach oben führt. Wenn ich unsicher bin zu Zeiten, wenn ich imstande bin, für einen Moment absolut und an allem zu zweifeln, so müssen Sie die völlige Einsamkeit bedenken, in der ich innerlich lebe, und dieses Gefängnis öffnet seine Pforten nur da, wo ich mich mit

Ihnen aussprechen kann. Dieses Blatt[2] stammt vom Marienkirchhof; ich habe es an einem Tage, als das Scheiden des Sommers mich mit Übergewalt ergriff, geholt. Dort ist die Heimat meiner Familie. Manche Kindheitserinnerung knüpft sich an das Zentrum Berlins; wie manchmal bin ich in diesen Tagen auf wenige Minuten in den Park von Pankow geflüchtet. Und in dieser Gegend auch liegt das Schwergewicht meiner jetzigen Tätigkeit. Lassen Sie uns an diesem Orte ein wenig verweilen und die alte Frage: „Was ist das Leben?" wieder in uns laut werden. Es gibt Tage, wo ich unter dieser Frage zusammenbrechen möchte, aber nicht gebrochen [scil. „bin"], sondern weil ich die Erhabenheit dieses Erlebens nicht in Worte fassen, nicht in Taten ausschöpfen, nicht in Kunstwerken gestalten kann. Und glauben Sie wirklich, daß die Sprache des Friedhofs eine andre ist? Glauben Sie, daß da allein die naturwissenschaftlichen Anschauungen ausreichten, um den Gehalt des Daseins zu fassen? Glauben Sie, daß irgendjemand ernstlich in und von diesen Gedanken gelebt haben könnte? Mir kommt das so vor, als sollten wir ein Gemälde nicht perspektivisch sehen, und doch – *beweisen* Sie mir, daß es mehr ist als Fläche! Ich kann diese flächenhaften Anschauungen vom Leben nicht leiden; und wenn ich mich heute prüfe, so hat die flächenhafte Skizze, die Sie mir in der Wolfsschlucht vorlasen, einen Mißton in mich hineingebracht, gegen den ich mich nachträglich vergebens wehrte. Sie müssen mich nicht falsch verstehen. *Sie* sahen den lebendigen Mann dahinter, den lebendigen Christen, den vollen, großen Charakter. Ich sah nichts als den einseitigen Denker und den *sich selbst nicht verstehenden Intellektualismus*. Ich bin nicht intolerant; ich verstehe jede Richtung; aber es schmerzt mich (wie es mich auch bei HERMANN schmerzt), wenn man das Leben flächenhaft sieht. Und deshalb komme ich immer wieder auf den und auf die zurück, die vor allen andern diesen Gesichtspunkt überwunden haben: auf die Welt christlichen Lebens und Tuns, nicht im orthodoxen, aber im zeitgemäßen, bleibenden Sinne. Keine naturwissenschaftliche Einsicht kann mir ein beruhigendes Wort darüber sagen, weshalb ich in der Vergangenheit wurzle, weshalb die Toten für mich nicht tot sind; weshalb ich das Leben liebe, das ich in der Jugendwelt sich entfalten sehe; weshalb ich über Leid und Schmerzen hinweghelfen möchte, dies eine zu erhalten und zu erhöhen: das irdische Leben mit all seinen Tiefen und Werten, seiner dunklen Rätselhaftigkeit, seiner Grausamkeit, seinen Enttäuschungen und seinem unversieglichen idealen Gehalt. Die Gewalt dieses Eindrucks, der mich an allen Orten und immer wieder von neuem packt, verlangt nicht *nur* nach einem verstandesmäßigen Ausdruck (nach einer Flächenproduktion) sondern nach Plastik, nach Gestalt. Das Leben als Schöpfung, als Geburt ist unendlich höher als jedes System, und nur diejenigen Menschen, die nach dieser Seite hin ruhig geworden sind, lassen den Verstand in sich wuchern; er zeichnet dann eifrig die Linien des Gebäudes nach, das vorher fertig dastand. Leider kommt er damit nicht zu Ende, und es ist rätselhaft, daß das so viele nicht merken. Diese Stütze also muß ich Ihnen nehmen, weil sie unwahr ist, weil sie durch jeden Moment des Lebens widerlegt werden kann und für den ersten Menschen, der Ihnen begegnet, schon nicht mehr gilt. Meine Anschauung aber gilt für alle; sagt sie doch nicht mehr, als daß Leben unendlich viel früher, unendlich viel mehr ist als alle Wissenschaft und Reflexion. Darum nun kein Obskurieren, sondern Fortarbeit an der Reflexion, Durchleuchten des Daseins, Klärung, Besonnenheit. Aber es darf nicht dahin kommen, wie bei HEGEL, daß der Begriff nachher als das erscheint, was das Leben macht. [...]

Ich für meine Person entwickle mein Denken an meinem Erleben. So erwächst mir im Unterricht selbst eine philos. [philosophische] Pädagogik, wie SCHILLER und GOETHE vom dichterischen Schaffen aus mit Notwendigkeit zur Reflexion über ihr Tun, über die Gesetze ihrer Produktion gedrängt wurden. In dieser Berührung von Produktion und Reflexion entstand die klassische Ästhetik. Daß ich lebe, atme und bin in meinem Unterricht und seit seinem Beginn um das Zehnfache innerlich bereichert bin, wissen Sie ja. [...]

[1] Original nicht erhalten.
[2] Dem Brief ist ein getrocknetes Efeublatt angeheftet.

EDUARD SPRANGER AN KÄTHE HADLICH
Charlottenburg, 26. 09. 1906 / Br., ca. 2/3

[...] Aller Streit der Menschen ließe sich vielleicht im Handumdrehen beilegen, wenn man sich gewöhnte, alle Theorien, Dogmen, Weltanschauungen nur als Bilder anzusehen, denen als Original ein unfaßbares, unsagbares Erleben entspricht. Darin liegt freilich ein Herabdrücken unsrer verstandesmäßigen Wesensseite; aber ich glaube, wir müssen diesen Schritt immer energischer tun; denn es zeigt sich, daß die Gefühle ewig sind, während die Begriffswelt ewig wechselt. Ich bin überzeugt, daß dieser Wechsel im ganzen ein Fortschritt ist; aber eben deshalb müssen wir dahin streben, unsre Begriffe dem wirklichen Erleben immer adäquater zu machen, sie psychologisch zu verfeinern.

Aber noch ein zweites Zugeständnis ist notwendig: Das Erleben ist nicht gleichartig, sondern individuell verschieden und subjektiv bedingt. Deshalb erheben wir uns zum Überindividuellen, gleichsam zum allgemeinen Lebensgrunde nur im *Verstehen,* und deshalb wieder streben wir nach Humanität, weil nur der Mensch von vielseitigem Verständnis das Leben ganz auskostet. In der Humanität liegt eine große Portion Toleranz; tout comprendre, c'est tout pardonner[1]. Aber keine absolute; denn es wird nun das Bestreben sein, andre von ihrer Einseitigkeit abzubringen. Endlich liegt nicht in der Vielseitgkeit allein der Gipfel des Menschentums, sondern es handelt sich um Kraft und Tiefe des Erlebens und eine richtige Stellung zu den Werten dieser Welt, deren Bemessung ich mir heute noch nicht entfernt als eine wissenschaftliche Einsicht, sondern nur als Genialität oder Gnade denken kann. M.a.W.: Ich glaube nicht daran, daß man auf dem bloßen Wege der Philosophie Werte und Ziele in uns hineinbringen kann, die vorher nicht im System unsres Erlebens angelegt waren. Dies ist die Achillesferse meiner Anschauung. Gibt man mir einen Menschen von genialer Größe des Lebensverständnisses wie Christus, GOETHE, PLATO, so will ich alles andre daraus deduzieren. Das ist der archimedische Punkt. Aber solche Menschen müssen *wachsen*; eben deshalb sind sie unentbehrlich; man kann nicht durch Argumentationen eine neue Lebensauffassung erzeugen. Sind Sie in diesem Punkte, den ich EUCKEN so unendlich hoch anrechne, mit mir einig, so befällt mich kein Zweifel mehr. Der Zweifel ist – abgesehen von Augenblicken vorübergehender Schwäche – immer nur Wirkung einer intellektuellen Lebensauffassung; aber im Intellekt wurzelt eben das Werthafte unsrer Natur nicht. Ich bin nicht Gegner der intellektuellen Arbeit; eher ein Fanatiker derselben. Denn mein philosophisches Ziel ist ja gerade herauszubekommen, *wie* solche schöpferischen Menschen sich das Leben gestalten, *wie* dieser Prozeß in ihnen vorgeht, welche Einzelgesetze sich dabei etwa feststellen lassen. Deshalb untersuche ich die Humanitätsideen. Das wird gleichsam eine theoretische Ästhetik der ethischen Lebensführung.

Aber zurück zum Ausgang. Ich sagte, daß das innere Erleben unveränderlicher ist als die Welt der Begriffe. So sind z. B. Pantheisten[2] und Theisten[3] nur durch einen minimalen Zug geschieden. Beide erleben die Werte, die sich für sie aus dem realen Zusammenhang dieser Welt ergeben. Aber zugleich lebt in ihnen ein Drang, ein Werten, dem in diesem Zusammenhange keine Realität entspricht, ein unendlicher Trieb, wie FICHTE sagt. Der Theist entwertet nun entschlossen die Welt; er ordnet ihr eine zweite über, in der jene gehemmten Werte frei werden. Der Pantheist bejaht entschlossen *diese* irdische Welt; aber dabei denkt er sie selbst unmerklich um; er vergöttlicht sie. Ist nicht die *Realität*, von der beide ausgingen, dieselbe? Ist es nicht ein ungeheuer zweckmäßiger Kunstgriff, überall *hinter* die Dogmen auf dieses unsagbare Werten zurückzugehen und so das Ursprüngliche statt des Sekundären zu studieren? Die Sehnsucht des Menschen bleibt dieselbe, ob er Pantheist sei oder Theist. Deshalb ist auch nichts unausrottbarer als der Unsterblichkeitsglaube, der als Dogma ja eine unerhörte Utopie ist, aber als Wertverfassung doch einfach nicht fortzuleugnen. Der *Wert* der Einzelseele, der *Wert* der moralischen Seite des Lebens, der *Wert* unsrer ungestillten Ideale, das alles ist da, und es projiziert sich mangelhaft genug im Unsterblichkeitsdogma. Nur 2 Forderungen sind hierfür freilich Vorbedingung: 1) die Abkehr vom Intellektualismus, 2) der Ausgang vom Subjekt. Das letztere nun ist an sich ganz unvermeidlich. All unser Denken basiert ja doch auf unserm *Erleben*, und mag die Naturwissenschaft noch so heliozentrisch sein: Ihre philosophische Verwertung ist immer anthropozentrisch. Nichts ist überhaupt lächerlicher, als die Weltanschauung auf die Maße von Metern zu begründen. Wer einmal durch ein Fernrohr oder ein Mikroskop gesehen hat, weiß, wie sekundär dies Räumliche im Welthaushalt ist.

Metaphysischer Spekulationen enthalte ich mich im ganzen; auch die jetzt folgende ist falsch.

Aber ich will sie einmal spaßeshalber machen: Die Abhängigkeit zwischen dem Physischen und Psychischen ist Erfahrungstatsache. Nun sagten Sie bisher: Der Geist ist vom Körper abhängig; ganz gewiß ist das richtig, aber das Umgekehrte ist auch Erfahrungstatsache. Hier kann man also nur von einer gradweisen gegenseitigen Abhängigkeit sprechen. Man hat also das Recht zu sagen: Der Körper ist imstande, den Geist zu hemmen, d. h. wiederum dasjenige, was im Geist wertvoll ist. Störungen im Körper stören allerdings den Geist. Diejenigen, die ihn eine hemmende Fessel genannt haben, haben nicht unrecht. Aber wenn wir ehrlich sind: *Gewißheit* der Zerstörung haben wir *nur* vom Körper; das haben wir tausendfach gesehen und erlebt. Hingegen ob ein Geist zerstört werden kann, hat keiner von uns erlebt; diesen Augenblick, den HÖLDERLIN den heiligsten der Stürme nennt, werden wir alle *einmal* erleben. Vorher wissen wir hierüber *absolut nichts*. Nun werden Sie sagen: Wir erleben doch ein allmähliches Abnehmen und Verglimmen des Geistes. Das ist nicht wahr; denn gerade das Sträuben, die Trauer, das Festhaltenmüssen an dem Geistig-Wertvollen bleibt bis zum letzten Augenblick. Die Widerstände sind also größer geworden; aber die geistige Tendenz ist unverändert geblieben. Und wenn man uns fragt: „*Wo* bleibt denn der Geist?" so beweist man dadurch nur, daß man an den Körper selbst gebunden geblieben ist. Hat dieses „Wo", diese räumliche Bestimmung für die Werte überhaupt einen Sinn? Warum sollte nicht ein Abstoßen dieser Anschauungsweise möglich sein? (LEIBNIZ, LESSING, FICHTE, HEMSTERHUIS, GOETHE, KANT etc.!)

Diese Träumereien werden Ihnen müßig scheinen. Aber ich will nur dies damit erreichen, daß Sie zugeben: Sie sind nicht unmöglicher als die materialistische Behauptung. Was die letztere stützt, ist einmal die große Bedeutung der Naturwissenschaften für die körperlich bedingte Lebensgestaltung (die übrigens nur im Rahmen dieser Bedingungen vorliegt). Aber es ist noch ein tieferer Grund. Sie kennen das unendliche Staunen, das durch die Seele geht, wenn man sich einmal die Frage vorlegt: „Wie kommt es, daß überhaupt etwas ist?" Das absolute Nichts ist dem Menschen in seiner Dunkelheit viel wahrscheinlicher, viel naturgemäßer, als die Existenz. Daher der Buddhismus. Daher aber auch das Bestreben, die ursprüngliche Existenz auf ein Minimum zurückzuführen. Dies ist der Fall, wenn anfangs das Unbewußte war, ob man es nun im Sinne des Materialismus oder ED. [EDUARD] V. [VON] HARTMANNS faßt. Aber Sie müssen einräumen, daß das Umgekehrte, wie es die

Gnostik[4] lehrt, nämlich die fortschreitende Entgeistigung und Materialisierung eines ursprünglich rein Geistigen, mindestens ebenso wahrscheinlich oder unwahrscheinlich wäre. Das alles aber sind bloße Dichtungen, die ganz ohne Belang wären, wenn nicht der *erlebte* Wert des Daseins eben nach einer intellektuellen Deutung drängte. Hat man erkannt, daß dies das eigentliche Zentrum ist, so bleibt man am besten auch bei der unmittelbaren Deutung dieses Wertes stehen!

Das ist Sommerlogik. Streng genomen läßt sich dieser Beweis viel besser führen, wenn man mit der Frage beginnt: Wie ist unser Begriff des *Materiellen* überhaupt entstanden? Da findet man dann, daß er wissenschaftliches Abstraktionsprodukt ist, und daß die ursprüngliche Anschauung überhaupt nichts anderes kannte als *Leben*. In ihm liegt unser Reichtum und unsre Armut. Nur soll ein Produkt dieses Lebens, ein Begriff, nicht Gewalt gewinnen über seinen Erzeuger, das Ganze des Lebens. Und dies, glaube ich, ist unbestreitbar und keine bloße Sommerlogik. Wir kennen Materie nur *durch* unser Bewußtsein und in den Formen unsres Bewußtseins; folglich kann die Materie nicht umgekehrt als Erzeuger des Bewußtseins betrachtet werden. Deshalb scheitert alle Naturwissenschaft an diesem Problem, weil sie in ihm über ihre abstrakten Voraussetzungen hinausgeht. [...]

[1] Frz.: Alles verstehen, heißt alles verzeihen.
[2] Anhänger der Alleinheitslehre, d.h. der Lehre, nach der Gott in allen Dingen der Welt existiert.
[3] Anhänger des Glaubens an einen persönlich wirkenden überweltlichen Gott.
[4] Altertümlich für „Gnosis": hellenistisch-jüdisch-christliche Lehre der Spätantike, die im Glauben verborgenen Geheimnisse durch philosophische Spekulation zu erkennen und so zur Erlösung vorzudringen.

EDUARD SPRANGER AN KÄTHE HADLICH
Charlottenburg, 21./ 24. 01. 1907 / Br., ca. 4/5

[...] Aber wenn ich nur denke, daß ich jetzt von meinen Kindern[1] scheiden sollte, so weiß ich nicht, ob ich's ertrüge. So schwer trennt sich der Mensch von dem einzelnen Lebendigen. Ich kann Ihnen garnicht wiedergeben, was jedes einzelne dieser Wesen für mich bedeutet, wie wenig meine Papiere, die zu Hause liegen, mich kümmern, wenn ich irgend etwas für sie tun kann. Ist dieses Leben so viel wert, daß es so viel Erziehung lohnt? Es muß wohl. [...] Mein Unterricht mag schlecht sein, eines ist er immer: absolut aufrichtig, absolut erlebt. Mir kommt nie der Gedanke: Du könntest Deine Fähigkeiten ökonomischer verwerten, glänzendere Aufträge annehmen; sondern mir ist, als ob ich allein in der Neuen Königstraße[2] gebraucht würde und nicht abkommen könnte, selbst wenn ich einen Ruf nach Posen erhielte.

Das ist so meine wunderliche Konstitution, ganz begreiflich nur dem geborenen Pädagogen; aber nur dem schaffenden, nicht dem tradierenden. So klein mein Bezirk ist: Ich schaffe Neues aus eigner Kraft, und es ist nicht SCHILLER, was ich lehre, sondern *mein* Erlebnis, *meine* Persönlichkeit. Vielleicht ist es der Vorzug meines Idealismus, daß er prinzipiell real ist, nicht an seinen Endzielen haftet, sondern sich um Kenntnis und Beherrschung der realen Mittel bemüht, wären es auch nur die gängigen des Schulbetriebs. Nie werde ich Anarchist oder Utopist auf diesem Gebiete werden, nicht einmal in dem Sinn, daß ich allein für die Begabten sorge. Ich bin nicht genug bloßer Philosoph, um nicht die Forderungen des wirklichen Lebens zu kennen und zu schätzen.

Diese Gemütsverfassung hat für mich eine eigenartige und bedenkliche Konsequenz. Sie führt mich dahin, von der bloß denkenden Vertiefung des Lebens wenig zu erwarten. Es kann auf diesem Wege nur methodisch Neues, kein neuer Gehalt ergründet werden. Aber auch fremdes Leben ist mir in seinen Hauptgestalten bekannt, sofern die Berührung durch Umgang oder Geschichte einen Einblick gestattet. Selten eröffnet sich ein absolut neuer Blick, und dann auch ist er neu nur durch die Eigenart der Kombination und des persönlichen Schicksals, nicht durch die Elemente der Zusammensetzung. Selbst die pathologische Richtung der modernen Literatur gibt mir nichts, was ich nicht nachfühlend in mir erzeugen könnte, wenn ich sie sichte. Gehöre ich doch auch zu denen, die wie HAMANN durch die „Krankheit ihrer Leidenschaften" eine seltene Stärke der Denkkraft erlangt haben. Deshalb nun, glaube ich, bin ich Pädagoge; denn jedes Sein, das ich vorfinde, erweckt in mir sofort eine Vorstellung davon, wie es behandelt sein will, um gefördert zu werden. Und diese Aufgabe ist unendlich, während die der Philosophie nach meinem gegenwärtigen Gefühl endlich, d. h. absolut unlösbar [sic] ist.

[...] Ich fühle es ganz deutlich, daß ich mehr zum Lehrer im philosophischen Sinne als zum Philosophen berufen bin. Deshalb wird weder die Schule alleine, noch die Wissenschaft alleine mich jemals befriedigen. Ich brauche lebendige Menschen, auf die ich wirke, und zwar – wie Sie mir vielleicht nicht sogleich nachfühlen werden – Kinder. Aber es liegt in meiner Natur, daß sich alles Ästhetische, Religiöse und Pädagogische für mich unlösbar verbindet mit der Liebe zu demjenigen Lebensalter, in dem der Mensch sich entscheidet, also 14 – 20. Alles Übrige betrachte ich als Gabe, die mir gewährt wird, nicht als Beruf. Wenn es erlaubt ist, in allem Ästhetischen einen Hinweis auf das Metaphysische zu sehen, so gibt es hierin für mich gar keinen Zweifel. Denn das Psychische dieser Lebensjahre (erst in zweiter Linie auch das Physische), ist es, was mich anzieht und meine Erfindungskraft befruchtet. Natürlich fasse ich diese Aufgabe in einem höheren Sinne, und so wenig ich Grammatik oder Orthographie unterschätze, so sehr ist doch das Humanistische mein einziges Ziel. Dieses Humanistische gewinnt und bewahrt man nur aus eignem Reichtum, eigner Fülle, unablässigem Studium des Menschlichen. In diesem Werterlebnis konzentriert sich dann für mich das Leben: Es gibt keinen wissenschaftlichen Trieb, der mich darüber hinaus ins Metaphysische zwänge, sondern was ich darüber hinaus brauche, nimmt für mich religiöse Gestalt an (leider niemals konkret-künstlerische, was mir sicher eine ungeahnte Befreiung bedeuten würde). Bei dieser Veranlagung kann ich eine Bereicherung meines Lebens also nur erwarten aus der Fülle des Materials, das sich meinem Bildungsbetriebe darbietet und mich in neue Meditationen, Ideen, Anschauungen hineinlockt. Die bloße Wissenschaft ist mir demgegenüber nur Mittel zur Befriedung des Ehrgeizes; und wenn ich sehe, daß SCHILLER wie HUMBOLDT später mit Verachtung auf ihre philosophische Periode zurückblickten, so kommt mir manchmal der Gedanke, als wenn auch für mich die Philosophie nur ein Durchgangsstadium meiner Bildung gewesen wäre. Denn ich habe weit weniger das Bedürfnis, die Wirklichkeit mit Begriffen zu durchdringen, als sie erlebend zu gestalten.

[...] Denn wie auch die verhängnisvolle Zukunft sich gestalten mag, so zweifle ich nicht, daß ich einmal sagen werde: Die Zeit in der Höheren Töchterschule 1906/ 07 war die glücklichste Deines Lebens. [...]

[1] Von den Schülerinnen der Knauerschen Schule für Höhere Töchter, in der SPRANGER vom 25. 04. 1906 bis zum 28. 09. 1908 einige Stunden pro Woche unterrichtete (vgl. Anm. 1 zu EDUARD SPRANGER 01.05.1906).
[2] In der Neuen Königstraße zu Berlin befand sich die Knauersche Schule für Höhere Töchter.

KÄTHE HADLICH AN EDUARD SPRANGER
Heidelberg, 03. 03. 1907 / Br., ca. 1/4

[...] So würde ich z. Z. auch herzlich gern auf Ihre inquisitorischen Fragen antworten: „Was ist Ihnen die Geschichte und was nicht –", aber ich fürchte, ich werde es nicht können. Es kommt mir vor, als wollte ich Sie fragen: Was sehen Sie für Farben und was nicht?!

Ich habe früher in der Schule kein Interesse für Geschichte gehabt, Jahreszahlen, Kriege, all die fernen Tatsachen waren mir nie menschlich lebendig geworden. Mag sein, es lag am Unterricht, aber es war wohl auch kein günstiger Boden da. Erst als ich selber Anschauungen und Meinungen bekam, wuchs das Interesse für das, was man zu andern Zeiten gedacht hatte, wie man das Leben auffaßte. So ist es wohl eigentlich die kulturgeschichtliche Seite der Menschheit, die für mich Wert hat, Politik, Wirtschaft, Technik nur als Basis. In Kunst, Religion und Wissenschaft sehe ich die geistige Physiognomie verschiedener Epochen ausgeprägt und suche ich die Gegenwart in Beziehung zum allgemeinen Strom des Lebens zu verstehen. Irgendein einheitlicher Fortschritt scheint mir da nicht zu bestehen, sondern Ebbe und Flut, wie überall. Unwillkürlich legt man wohl an die Resultate den Maßstab irgendeines Zieles oder Ideals, um zu finden, daß in der Wirklichkeit etwas derartiges nie erreichbar ist, weil alle Vorzüge sofort ihre Schatten mit sich bringen. Trotzdem erscheint das Ganze als ein Einheitliches, von Gesetz und Notwendigkeit beherrscht, die sinnvolle Gestaltung einer unerschöpflichen Kraft.

Einfacher, mir näher und verständlicher sind diese Lebensvorgänge im Reich der Natur, wo ich auch von je für Einzeltatsachen nur vages Interesse hatte, weil sie leichter als Glied eines großen Zusammenhanges erscheinen.

„Wie in den Lüften des Sturmwindes saust man, weiß nicht von wannen es kommt und braust[1]", so geheimnisvoll und übermächtig ist mir das geschichtliche Leben. Kann das Erkennen einzelner Strömungen, Strebungen, Tatsachen uns für das Ganze eine Klärung und Förderung bringen? TROELTSCH scheint der Gegenbeweis. Dann trotz der „meisterhaften Klarheit", die Sie loben, hatte ich ganz wie Sie das Gefühl einer Resultatarmut, die im Vergleich zur aufgewandten Mühe in gar keinem Verhältnis steht. Und doch, wodurch wollen wir unserem Willen ein Ziel geben, wenn nicht durch Einsicht?

Und wie wenig vermag doch alle Einsicht über unsre Natur! [...]

[1] Anspielung auf Apostelgeschichte 2, 2 oder Joh. 3, 8.

KÄTHE HADLICH AN EDUARD SPRANGER
Heidelberg, 04. 05. 1907 / Br., ca. 1/3

[...] Aber die Natur kann auch predigen. Wie wunderbar schön ist es jetzt, überall dies blühende junge Leben! Es mag wohl sehr schwer sein, von alledem Abschied zu nehmen, und doch meine ich, löst sich [sic!] der Mensch im Laufe des Lebens mehr und mehr von allem Äußeren und wächst hinein in unvergänglichen Besitz. Braucht man zu diesem Dasein im Angesicht der Ewigkeit notwendig den Glauben an persönliche Fortdauer? Ist nicht gerade das Persönliche notwendig ein begrenztes Endliches? Und ist nicht diese Erkenntnis erst recht eine Mahnung, „so zu leben, daß man sterben kann", d. h. so, daß mein Leben teilhatte am Unvergänglichen, an göttlicher Wirklichkeit? Das bleibt ein Streben, eine Sehnsucht – aber was ist „leben" anderes! Alles Erreichte, Vollendete ist Stillstand – Verfall. Nur die vollkommenen Ideen leben ewig, weil sie ewig unerreicht sind, und sie leben *in* der Wirklichkeit. – Ja, das alles ist geheimnisvoll und unergründlich, aber nicht unheimlich, sondern herrlich und beglückend, denn es ist uns ja gegeben im „Gleichnis"; und es ganz und unverkürzt darin zu fühlen und zu erkennen, das ist Offenbarung.

Für mich ist dies bewußte Erleben des höchsten Lebensgehaltes die reinste und unmittelbarste Beziehung zum Ewigen. Die Führung eines genialen, schöpferischen Triebes ist mir nicht gegeben – aber ich sehe dies Wunder des Gestaltens aus dem unbewußten Dunkel zur bewußten Klarheit in Ihnen. Ich sehe die Sicherheit der Kraft, die aus Ihnen wirkt, und ich glaube daran in unbedingtem Vertrauen. Darum verstehe ich auch Ihre Warnung vor der „Bewußtheit des Lebens", obgleich meine Natur vor allem im Bewußten lebt. Die dunkle Tiefe ist nur der Hintergund, in den die Perspektive hinüberleitet, in den großen unendlichen Zusammenhang, – leben muß ich im Licht. – Das ist Ihnen ein Armutszeugnis, ich weiß. Aber kann ich aus meiner Natur? [...]

EDUARD SPRANGER AN KÄTHE HADLICH
[ohne Ortsangabe] 31. 05. 1907 / Br., ca. 1/10

[...] Ich gehe meinen sehr eignen Weg, aus dessen Bahn mich die Mehrzahl der mir begegnenden Menschen nicht werfen wird. NIETZSCHE aber wird mir insofern bedeutend, als ich mich ernstlich prüfe, wieviel von dem, was ich für wertvoll halte, nur auf Rechnung meines stark entwickelten historischen Sinnes kommt. N. [NIETZSCHE] ist für mich ein Revolutionär, kein Führer; aber doch einer, auf den ich höre, keineswegs ein *nur* geisteskranker Tor. Nur scheint mir, daß das, was er will: Mächtigmachen der Menschenseele, schon seit undenklichen Zeiten gelehrt wird, ja ich verstehe auch das Christentum, nicht nur Alt- und Neuhumanismus, in diesem Sinne. Uneinigkeit ist nur über das Wie und den Weg.

Ich habe so von NIETZSCHE gesagt: „Seine Lehre ist ein Ziel, kein Weg, ein Lebensferment, keine Lebensform."[1] Auch GOETHE hatte doch schließlich faustischen Drang in sich und lehrte doch „den Menschen, der sich überwindet"[2]. Wie viel Überwindung gehört zur Entfaltung der höchsten Lebensmacht, das ist die Frage. Das ursprüngliche Christentum verlangt ein Zuviel an Überwindung, NIETZSCHE zu wenig. Er redet nirgends von der Realität und dem Möglichen, sondern nur von dem Seinsollenden. Dichten läßt sich Unendliches. Aber wie schwer bildsam ist der Mensch, wie unendlich verwachsen in seine Lebensumgebung, wie unselbstständig trotz seines kühnen Fluges! Auflösen ist leicht, Freiheit bringen schön; aber wozu bedienen wir uns der Freiheit (siehe Französische Revolution), und können wir sie ertragen? [...]

---

[1] Ein Zitat aus EDUARD SPRANGER: Rezension: Allgemeine Didaktik des 18./ 19. Jahrhunderts. In: Jahresberichte für Neuere Deutsche Literaturgeschichte, 15. Bd. (1904), Berlin 1907/ 1908, 417-429, hier S.425: „NIETZSCHE ist ein Lebensferment, keine Lebensform, möglicherweise ein Ziel, sicherlich kein Weg."

[2] Wahrscheinlich Anspielung auf die auch an anderer Stelle (EDUARD SPRANGER November 1903/ In den Stunden der Fledermäuse) zitierte Passage aus GOETHES Gedicht „Die Geheimnisse" (Schluß der 24. Strophe). In: J. W. v. GOETHE: Sophien-Ausgabe, 1. Abt., 16. Band, 1894, 178, Vs. 191f: „Von der Gewalt, die alle Wesen bindet, befreit der Mensch sich, der sich überwindet!"

EDUARD SPRANGER AN KÄTHE HADLICH
Churwalden, 19. 07. 1907 / Br., ca. 19/20
[...] Sie werden sich vielleicht über die starke Wucherung zum Religiösen, die ich seit Ostern ohne allen äußeren Anlaß genommen habe, gewundert haben. Auch mir ist sie nur erklärlich, wenn ich sie als Ausdruck einer inneren Notwendigkeit ansehe. Und deren Wurzel ist mir hier völlig aufgegangen: das Erlebnis von dem völlig Ungenügenden dieser Welt, ihrem durchgängigen Widerspruch gegen alles uns wahrhaft Wertvolle, ihr brutales Gegenwirken gegen alle Flügel, die uns wachsen wollen, ihre seelenlose Beschlossenheit in Zeit und Raum. Dem aber steht ein anderes gegenüber: das tief erlebte Wertvolle, das uns keimhaft in und an dieser Welt entgegenstrahlt, das Nicht-von-ihr-lassen-Können, An-ihr-arbeiten-Müssen. Diese Antinomie zwischen Transzendenz und Diesseitigkeit ist die irrationale Wurzel, aus der das Religiöse emporwächst, aber als hoffnungs- und blütenlose Pflanze, wenn man das Problem auf dem Boden der Vorstellung, statt auf dem der Werte zu lösen hofft. Werte *am* Zeitlich-Räumlichen erwachsend, aber darüber hinaus wachsend und in ihrem erlebten Gehalt die Garantie ihrer selbst in sich tragend, schaffen das spezifisch-religiöse System, und darin liegt zugleich die Direktive für seine wissenschaftliche Behandlung: Zuordnung von Realitätserlebnis und Wertforderung. Schon nach reinem rohen psychischen Gesetz ist es klar, daß keine Werte in uns kommen könnten, die nicht durch den Realitätszusammenhang zuletzt gerechtfertigt würden. Eine Deutung der Welt von diesen Werten aus also ist Religion, und es hat keine gegeben, die in ihrem Kern anders entstanden wäre, auch der immanenteste Pantheismus und der weltverneinendste Supranaturalismus nicht. Ich glaube ferner, daß diese fundamentale Tatsache aus einer universellen Philosophie nicht ausgeschlossen werden darf, soll nicht Religion und Philosophie unser Leben in 2 Hälften reißen. Nur eine Akzentverschiebung, nicht eine Antinomie ihres Realitätsgehaltes kann zwischen beiden bestehen. Und dieser Grundauffassung ordnen sich dann Ethik, Ästhetik, Pädagogik nicht im Sinne ruhender, sondern schöpferischer Systeme ein. [...]

KÄTHE HADLICH AN EDUARD SPRANGER
Heidelberg, 30. 07. 1907 / Br., ca. 2/5
[...] Wenn Sie sagen: „Die Wurzel, aus der das Religiöse emporwächst, aber als hoffnungs- und blütenlose Pflanze, wenn man das Problem auf dem Boden der Vorstellung, statt auf dem der Werte zu lösen hofft"[1], so kann ich damit nur völlig übereinstimmen. Die Vorstellung, das Symbol unter dem wir diese Erfahrungen zum Ausdruck bringen, bleibt ein Unzulängliches, und diese äußere Form ist niemals fähig, den Inhalt zu übermitteln, den eben jeder selbst hineintun muß. Die

Kirche aber gründet sich auf das Symbol, das Dogma.

Der Glaube der „individuellen Religiosität"[2] aber ist es, daß dieser Inhalt und diese Werte in jedem Leben offenbar werden können, daß sie allein fähig sind, das Leben zu tragen und daß sie auch in dem hemmenden Kampfe des Realitätszusammenhanges stets ihren Ewigkeitsgehalt bewähren. Ob für mich in dieser Gewißheit der Wille eines persönlichen Gottes oder das immanent Göttliche zum Ausdruck kommt, ist meinem Gefühl nach äußerlich und hat mit der Tiefe des religiösen Empfindens nichts zu tun. Der Dogmengläubige wird leicht am Worte haften, der aber, dessen Seele teilhat an der unsichtbaren Welt ewigen Lebens, wird es in jeder Form erkennen. Dieses persönliche Verhältnis zur schaffenden Kraft des Lebens ist, meine ich, Religion, nicht irgendein überlieferter Glaubensartikel, und ihr Gehalt besteht in der Weite und Gewißheit, mit der sich dem Gefühl der höchste Sinn des Lebens kundtut. [...]

[1] So SPRANGER im vorstehend abgedruckten Brief vom 19. 07. 1907.
[2] Hier nimmt KÄTHE HADLICH Bezug auf eine Formulierung SPRANGERS im (hier nicht abgedruckten) Brief vom 13./ 14. 07. 1907.

EDUARD SPRANGER AN KÄTHE HADLICH
Charlottenburg, 26. 08. 1907[1] / Br., ca. 2/5

[...] Der Begriff des Wertes wird immer mehr für mich der Beherrschende. Es wird lange dauern, ehe ich nach der DILTHEYschen Schule zu einem festen Wertebewußtsein komme. Umso kritischer wird es dastehen. [...] Die Realität dieser Welt ist für mich um die Hälfte herabgemindert. Ich weiß, Sie fühlen mir das nicht ganz nach; aber alles, auch HUMBOLDT, weist auf die Transzendenz: Es gibt hier nichts wahrhaft Wertvolles, sondern nur Symbole davon, die auf einen anderen Zusammenhang hinweisen. Die ganze Sinnlosigkeit des Zeitlichen steht nackt vor mir. Ist dies die ganze Realität, so ist sie das Anspeien nicht wert. Sie wissen, daß ich nicht blasiert bin; aber meine Weltanschauung hat sich entschieden. Sie ist nicht weltverneinend, aber sehr kritisch gegen die Welt. Der wahre Mensch kann nicht an ihr hängen, wenn er sich richtig deutet. Er lebt in einer Welt der Werte, die er zwar hier verficht, deren Heimat aber anderwärts ist. Deshalb liegt alles für mich an und in diesen Werten; wenig an dieser Welt der Hemmungen. Befreien kann ich den Menschen nur, wenn ich ihn über dies jammervoll Beschränkende hinaushebe. Jede immanente Denkweise ist mir fortan verschlossen. [...]

[1] Nach GS VII, 36f (Original nicht erhalten).

KÄTHE HADLICH AN EDUARD SPRANGER
Heidelberg, 01. 10. 1907 / Br., ca. 3/5

[...] Sehnsucht – das ist wohl überhaupt der Grundton des Lebens. Ein Streben und Suchen, das nur selten in stiller, gedeihlicher Arbeit ausklingt – das nur in seltenen Weihestunden sich in Harmonie löst.

Ob dieses unendliche Sehnen eine endliche Erfüllung findet, diese Endlichkeit der Weg zur Unendlichkeit ist – wer weiß es? Sie weisen jede immanente Denkweise ab, und ich kann an ein „Jenseits" nicht glauben! Und doch glauben wir beide ein Höchstes – wie man es auch nennen mag – zu kennen, uns ihm durch die unermüdliche Ausgestaltung unseres Wesens zu nähern. In diesem unwandelbaren Grund ruht der einzige, bleibende Halt dieses flüchtigen, aus dem Dunkel emportauchenden Menschenlebens. Dieses Verhältnis des Einzelnen zum Geist des Alls ist Religion, Quelle des Lebens, die nie versiegt. Sie sagten einmal: „Philosophie ist die Ahnung von den verborgenen Quellen des Lebens."[1] In der Religion strömt diese Quelle unmittelbar durch unser Empfinden, ob wir auch nicht wissen, woher, und vergebens nach einem Ausdruck dafür suchen. Die theistische Form hat immer etwas Trennendes, Individualisierendes, mit dem ich mich nicht befreunden kann. Es bleibt für mich eine anthropomorphe Vorstellung dessen, was wir nicht vorstellen, nur fühlen können. Muß ein Glaube sich immer an dogmatische Begriffe knüpfen? [...]

[1] Eine ähnliche Formulierung hatte SPRANGER im Brief vom 12. 10. 1905 gebraucht. (Die entsprechende Passage ist in dem oben abgedruckten Auszug nicht enthalten.)

EDUARD SPRANGER AN KÄTHE HADLICH
Charlottenburg, 04. 11. 1907 / Br., ca. 9/10

[...] Weit höher als alles Wissen, alle Disziplin, allen Fleiß stelle ich die Gesundheit und Normalität des Verhältnisses, das zwischen mir und meinen Schülerinnen besteht. Bei aller Distanz besitze ich Freundschaft und Verehrung, bei aller Lustigkeit vollen Gehorsam und Vertrauen. Das Lachen, Pardon! Tintenfaß mit Glaskugeln! und der Ernst stehen gleichmäßig in meiner Gewalt. Das Geheimnis dieser Wirkung ist die große Hingabe und das eindringend persönliche Interesse, das ich für jede habe. Und dies in der Tat könnte ich nicht besitzen, wenn ich nicht eine dementsprechende Weltanschauung hätte. Ich bin der Meinung, daß sich der Sinn der Welt nirgend anders und in keiner andern Form einem Bewußtsein erschließt, als in der des individuellen Erlebens. Ich sage nicht: des persönlichen Erlebens, denn dies ist nicht der Anfang. Zunächst halte ich es für das Höchste, Erstrebenswerte und Erreichbare, die Organe zu schärfen für die Auffassung der Welt. Insofern ist mein Unterricht nichts als potenzierter Anschauungsunterricht. Eben deshalb aber ist jede Stunde Philosophie. Ich appelliere immer an den Menschen, wie er ist. „Können Sie sich da hineinversetzen?" ist meine ausgesprochene oder unausgesprochene Frage. So taste ich nach verwandten Tönen, und ich bin glücklich, wenn ich sie finde. Ist nun dies geschehen: Ist der Sinn geöffnet für die Arten, mit dem Auge, dem Ohr, dem Denken zu suchen, habe ich gezeigt, wie man fragen soll, so ist die Individualität geweckt; noch nicht die Persönlichkeit. Diese muß sich selbst bilden, wie ja auch die Individualität nur aus dem Zustande der Latenz geweckt wird. Aber Persönlichkeit kann man gar nicht geben, sondern nur dankbar empfangen, wo sie sich regt. Sie kommt bei der Frau sehr schwer, weil sie allzu suggestibel ist. Wo sie sich aber andeutet, wirkt sie umso mehr als ein Wunder der Schöpfung. Sie werden es verstehen, wenn ich Ihnen erkläre, daß ich für Käthe Ihlefeldt geradezu eine Verehrung empfinde, obwohl ich Lehrer, Kritiker und Spötter zugleich bin. Aber ich habe das deutliche Gefühl, daß sie die Kräfte besitzt, einmal einem Manne das große Gestirn seines Lebens zu werden. Ich glaube fest, daß sie nicht heiraten wird, dazu gibt es zu wenig Männer. Überhaupt ist dieses tiefste Verhältnis ja ganz andrer Art. Es ist eine Offenbarung der Grundkonstitution der Welt, die weit über das Sagbare hinausreicht. Sie begreifen, daß ich nur in dieser Überzeugung Töchterschullehrer sein kann. Die Tändelei müßte mir über werden, ich müßte mich nach wehrenden[1] Männern sehnen. So aber habe ich meinen metaphysischen Punkt, an den ich mich halte. Denn ich vertraue fest, daß keine Deutung der Welt, kein System über die persönliche hinausgreift. Sie schelten dies „anthropomorph". Ich würde Ihnen lebhafte Opposition machen, wenn ich Ihre Lebensauffassung nicht besser deutete als Sie selbst. „Anthropomorph" ist keine Negation, sondern – wie das Christentum genial erkennt – die Quelle und der Inbegriff des Weltverständnisses überhaupt. Nur von uns aus deuten wir alles Seiende, und was in uns das Höchste ist, ist es auch in der Welt. Wie wollen Sie das beweisen? Antwort: sic volo, sic jubeo, d. h. ich will es, ich befehle es! Nur in der Bejahung dieser Erlebnisse liegt ihr Recht: Es ist kein logisches, kein mechanisch-mathematisches, sondern es ist das Leben selbst, oder, wenn Sie dies annehmen wollen: der konkrete Inhalt des „Willens zur Macht". Nun fragen Sie mit Recht nach den einzelnen Bestimmungen dieses Lebensverständnisses. Auch hier sage ich: Ich strebe zwar danach, mir von den Einzelheiten intellektuell Rechenschaft zu geben; aber die Kraft und der Boden ist wieder nichts anderes als ich selbst. Diesen Kern meines Wesens kann ich metaphysisch mannigfach umschreiben; klarer wird er dadurch um nichts! Wohl aber erkenne ich dies eine, daß eine Bereicherung und Läuterung meiner selbst nur möglich ist durch die reichste und tiefste Berührung mit der Wirklichkeit, durch Ausbildung eines Denkens, Fühlens, Wollens. Dies ist die Humanitätsidee. Nennen Sie mich einen Mystiker. Der Umgang mit einer Menschennatur, die tief und ursprünglich ist, kann mir zur grösseren Offenbarung werden als ein Buch. Gerade Jugendliche haben diese Tiefe und Ursprünglichkeit; selten jedoch eigentliche Kinder. Die Bildungsarbeit beginnt erst in den Jahren des Reifens. Solange ich selbstständig denke, zieht mich deshalb alles zu dieser Lebensperiode hin, und selbst meine Freunde werden mir sekundär, sofern ich an ihnen nichts sehe, als das glatte Geleise. Wer zum ersten Mal die Welt ahnt, ist von einer tiefen Andacht erfaßt. Diese Andacht zu packen und zu leiten, heiter, kräftig, ohne Obskurantismus, ist meine innigste Freude. Qualvoll ist mir der Mensch, der mit roten Backen bloß ißt und lebt, mag er auch noch so brav sein. Wenn mir das Schicksal solche Menschen sendet, die immer Zeit haben und nie etwas bei mir suchen, faßt mich die gräßlichste Ungeduld. Dies in ein Denksystem zu fassen, ist z.Z. [zur Zeit] weder in meiner Kraft noch in meiner Absicht. [...]

[1] Vielleicht auch „werdenden"? Nicht aufzuklären, da Orginal nicht erhalten.

KÄTHE HADLICH AN EDUARD SPRANGER
Heidelberg, 13. / 14. 11. 1907 / Br., ca. 19/20
[...] Niemand kann als eine Wahrheit des allgemeinen Lebenszusammenhanges erkennen, was nicht in seinem eignen Inneren lebendig wiederklang. Diese Einheit, zu der das Denken die Erscheinungen knüpft, ist natürlich eine persönliche, aber bei jener erstrebten, allseitigen Berührung mit der Außenwelt eben doch keine willkürliche, sondern eine objekiv bedingte. Je offener ein Sinn für den Reichtum der Welt und für alles, was das Dasein zu sagen hat, je umfassender und wahrer ist das Bild des Lebens, das ihm daraus erwächst. Nur im persönlichen Bewußtsein schließt sich die Ewigkeit des klaren, geistigen Zusammenhanges. In dieser großen, unerschöpflichen Wechselbeziehung liegt für uns der Wert des Lebens, in diesem Streben zum Ganzen der Sinn des Persönlichen.
Wie beneidenswert ist es, Menschen zu solchem „Leben" zu wecken. – [...]

14. Nov. [Fortsetzung]
Mein lieber Schulmeister wünscht, daß ich „meine Fragen über FECHNER[1] möglichst klar formuliere"! Das wird schwer halten [sic]. Aber versuchen will ich es gern. Die Idee, jeder Form von Materie ein geistiges Moment zuzuschreiben, ist wohl berechtigt und sagt [scil. „mir"] durchaus zu. – Aber mit dem Begriff „Seele" verbindet sich für mich notwendig die Vorstellung von Selbstbewußtsein, Denken und Wollen. Er sagt auch „das Wesen, das sich selbst erscheint"[2]. Aber ist das notwendige Beigabe jeder Empfindung? Nein, denn es gibt unbewußte Empfindungen, Reflexe. Oder eines gesetzmäßigen Handelns? Es gibt mechanische Bewegungen. – Wie wir aus der anorganischen Natur organische Zentren auftreten sehen, so kennen wir

eine „Schwelle" des Bewußtseins, an der die Empfindung zu bewußter Einigkeit übergeht. Wie aus der einfachsten, einzelligen Lebensform sich ein komplizierter, zentralisierter Organismus entwickeln kann, so ist die Entfaltungsmöglichkeit der Seele in der organischen Materie gegeben (dies klingt materialistischer als es gemeint ist; ich will sagen: innerhalb, nicht kausal), aber die Seele selbst ist doch nur jener differenzierte geistige Organismus, der sich um die persönliche bewußte Einheit zusammenschließt.

Wenn uns das Bild der organisierten Materie Schlüsse auf die geistige Gestaltung gestattet, so scheint nur gerade die Pflanze durch ihre räumliche Dezentralisierung gegen ein bewußtes Seelenleben zu zeugen. Es bliebe also für den FECHNERschen Seelenbegriff nur jenes unsichtbare Zentrum organischen Lebens, das nach unsrer Erfahrung durchaus unbewußt sein kann. [...]

[1] Hier bezieht KÄTHE HADLICH sich auf SPRANGERs Brief vom 28. 10. 1907, wo dieser schrieb: „Formulieren Sie mir doch Ihre Fragen über FECHNER recht scharf; ich schreibe dann die Antworten ebenso dazwischen." - 1907 gab SPRANGER auf Wunsch PAULSENS FECHNERS Schrift über die „Seelenfrage" neu heraus (GUSTAV THEODOR FECHNER: Über die Seelenfrage. Ein Gang durch die sichtbare Welt, um die unsichtbare zu finden. 2. Aufl., hrsg. von EDUARD SPRANGER, Hamburg u. Leipzig, Voß 1907; mit einem Geleitwort von FRIEDRICH PAULSEN). Er führte dazu eigens Studien am FECHNER-Archiv in Leipzig durch. An FECHNER interessierte SPRANGER vor allem dessen Allbeseelungslehre, KÄTHE HADLICH offensichtlich mehr dessen naturwissenschaftliches Weltbild. (Vgl. dazu EDUARD SPRANGER 11. 03. 1907; EDUARD SPRANGER 15. 03. 1907; EDUARD SPRANGER 26. 03. 1907; EDUARD SPRANGER 24. 06. 1907; EDUARD SPRANGER 03. 12. 1907; EDUARD SPRANGER 13. 07. 1907; KÄTHE HADLICH 08. 09. 1907; KÄTHE HADLICH 13. 11. 1907.)
[2] Zitat nicht erschlossen.

KÄTHE HADLICH AN EDUARD SPRANGER
Heidelberg, 14. 12. 1907 / Br., ca. 5/6

[...] Was ist das Leben mehr als ein ewig vergebliches Sehnen! Aber diese Sehnsucht ist eben sein tiefster Inhalt. Mag es Erfüllung oder nur Erhöhung im Tode finden, es trägt nur dies Sehnen von Stunde zu Stunde, von Tag zu Tag, vorwärts, aufwärts – – – einem Ziele zu? In immer wachsenden Gestalten erscheint uns dieses Ziel, aber immer mehr treten diese äußeren Bilder zurück vor der Erkenntnis der tiefsten Zusammenhänge unsres Wollens. Es ist eine göttliche Stimme in uns, die uns leiten und zum Frieden führen kann, zur Selbstüberwindung. Nur in der Erhöhung vom Individuellen haben wir Teil am Ewigen, Göttlichen – darum kann ich an die Ewigkeit des einzelnen, individuellen Lebens nicht glauben; aber seinen ewigen Gehalt fühle ich. Ist es nicht bezeichnend, daß alles, was uns über die Schranken des Individuellen hebt, als göttlich empfunden wird: Andacht, – Erkenntnis, vor allem die Liebe? Es kommt mir manchmal vor, als hielten Sie mich für atheistisch, weil ich für dies Höchste, Heiligste keine individuell begrenzte Vorstellung finde – oder suche. Einen individuellen Zug hat sie dennoch in der notwendig vorgestellten Tendenz und Willensrichtung dieser Kraft. Aber weil ich dies schaffende Wirken so gut in jeder noch so kleinen „Kunstform der Natur" bewundere wie im menschlichen Geist, muß ich es darum etwa weniger anerkennen? Gerade an mir selbst habe ich so tief diese von innen heraus gestaltende Kraft erfahren, die über meinen Willen und meine Einsicht hinweg mein Leben bestimmte. Ich weiß aus Erfahrung, daß „Pflicht" nicht ein kaltes, von äußerem Zwange diktiertes Gesetz ist, sondern daß wir darin nur unserem eigensten Wesen gemäß handeln. Kann man das alles erleben, ohne an eine höhere Bestimmung des Daseins zu glauben? Nur in der Form einer eigentlichen Vollendung kann ich diese nicht denken, sondern in der einer immer klareren Zielsetzung. Aber Leben ist keine Vollendung, Erfüllung ist Stillstand – oder Tod. Wenn wir in der Naturwissenschaft die Erscheinungen in ihrem mechanischen Zusammenhange als kausale Kette aufrollten und vor dem letzten, unerklärlichen Rätsel stehen, – wenn wir in dem Gewirr persönlicher Wünsche und Ansichten die bestimmende Kraft des „Gesetzes" in uns fühlen, so berühren wir das Göttliche und haben Teil daran. Aber ich habe weder das Bedürfnis, es mit Begriffen umschreiben noch im Gefühl ergründen zu wollen, noch kann ich seine Existenz als eine von der Realität gesonderte, persönliche denken. Mir scheint, daß ein der Welt immanentes Wirken, das sich über die körperlichen Dinge hinweg zu einer Welt des Geistes steigert und formt, das sich in allem Gestalten des Lebens als unerschöpfliche Kraft und unerbittliche Gesetzmäßigkeit dokumentiert, zu seinem Bilde werden kann für jeden, der es sehen will. Ist es wirklich der einzige Weg zur Befreiung des Menschen, auf eine jenseitige Welt der Vollendung zu weisen, und hebt es ihn nicht über das Beschränkende der irdischen Existenz, wenn er sie als Glied des göttlichen Weltzusammenhanges sieht? Der Wert des Zieles besteht doch nicht in der Möglichkeit eines endlichen Erreichens, sondern in der des Richtungnehmens, die es dem Leben gibt. [...]

KÄTHE HADLICH AN EDUARD SPRANGER
Heidelberg, 13. 01. 1908 / Br., ca. 1/5
[...] Die GOETHEschen Worte Ihres Aufsatzthemas[1] summten mir in Kassel oft im Kopf herum. Im Grunde reizen sie immer meine Opposition. Gewiß bin ich sehr dafür, daß die Frau, wie jeder rechte Mensch, voll und ganz ihre Kraft für einen Zweck einsetzen soll. Dieses Sichaufgeben für die Erfüllung einer Aufgabe, wie sie das Leben stellen mag, aber als spezifisch weibliche Bestimmung zum „Dienen" hinzustellen, ist mir sehr entgegen. Daß die Frau in ihrem natürlichen Beruf als Gattin und Mutter größerer Selbstlosigkeit bedarf als der Mann, ist ja sicher. –

KÄTHE HADLICH: Selbstbildnis vom März 1899

Vielleicht ist es nur das Wort, an dem ich mich stoße, jedenfalls mag ich es nicht. – Ich würde mich sehr dafür interessieren, wie Sie mit Ihren Kindern die Aufgabe lösen. Ist Ihnen bei den Mädchen nicht auch Widerspruch gegen GOETHES diktatorische Verordnung begegnet? Es scheint mir gar nicht sehr würdig, die Frau durch Ermahnung zur Unterwürfigkeit zu möglichster Abhängigkeit zu erziehen. Wie ich glaube, ist das eine Eigenschaft, die sie nur zu leicht von Natur hat, und man sollte sie anleiten, als freier und verantwortlicher Mensch selbständig für sich einzustehen. [...]

[1] Wie SPRANGER im Brief vom 10. 01. 1908 mitteilte, stellte er seiner Mädchenklasse in der KNAUERschen Schule für Höhere Töchter, in der er vom 25. 04. 1906 bis zum 28. 09. 1908 einige Stunden pro Woche unterrichtete, das Aufsatzthema „Dienen lerne bei Zeiten das Weib nach ihrer Bestimmung" (Zitat aus: GOETHE, Hermann und Dorothea. In: Sophien-Ausgabe, 1. Abt., 50. Band, 1900, 248, Vs. 114.) in der Absicht, daß darin „die Berufsarten der Frau geprüft werden sollen, wie weit sie Raum für die spezifisch weibliche Stärke (selbstlose Hingabe) bieten." Als Reaktion der Mädchen berichtet SPRANGER: „Anfangs waren sie ganz stumm, teils weil sie nichts von modernen Berufen wußten, teils weil sie sich scheußlich genierten. Durch einen kalten Ernst aber brachte ich ihnen schon jetzt näher, was die Frage für sie bedeutet. Ich halte sie für durchaus brennend. Zum Schluß werde ich sie auf den Gedanken hinausführen, daß nur diejenigen Berufe für sie geeignet sind, die ganz oder doch teilweise eine Ausweitung ihres ursprünglichen Berufes in der Familie bedeuten."

KÄTHE HADLICH AN EDUARD SPRANGER
Heidelberg, 23. 07. 1908 / Br., ca. 1/10

[...] Sie sprachen von einer notwendigen religiösen Ergänzung, ohne die das Leben nichtig sei. Auch ich kann nicht leben ohne den Glauben an jene „jenseitige Welt", die ich freilich nicht in einem räumlich und zeitlos fernen Jenseits suche, sondern tief im Herzen, jene Kraft der Weltüberwindung, die durch alle Hüllen und Widersprüche der Wirklichkeit einen unvergänglichen, göttlichen Lebenskern schimmern sieht, vor dem aller andre Lebensinhalt nur Mittel zum Zweck werden kann. Es gibt keine Humanität, keine vollendete Menschlichkeit, die nicht über die Grenzen des Realen hinauslangt in eine unsichtbare Welt der Ergänzung. Mögen wir diesen Ausgleich für das große Minus des wirklichen Lebens als göttliche Kraft und Gnade in uns, als Hoffnung oder wie immer empfinden, wenn es nur ein lebendig Wirkendes bleibt und wir seine Macht durch unser Wesen zum Ausdruck bringen, dann soll die Form, die wir ihm in der Sprache geben, keine Trennung sein, nicht wahr? [...]

EDUARD SPRANGER AN KÄTHE HADLICH
Charlottenburg, 04. 10. 1908 / Br., ca. 2/3

[...] Der Abschied von der Schule[1] brachte mir so viele innere und äußere Zeichen der Liebe und Verehrung, daß mir der an sich schmerzliche Augenblick dadurch zu einer erhebenden und versöhnenden Stunde wurde. Ich schloß am Montag meinen Unterricht mit kurzen Worten des Abschiedes, die ein tiefes Echo fanden. Die Mädchen weinten; ich selbst war meiner Bewegung nicht ganz Herr. Während ich in das Konferenzzimmer ging, war der Direktor[2] in der Klasse. Er sagte mir nachher, daß mich die Mädchen noch einmal sprechen wollten. Als ich wieder in das Zimmer kam, fand ich Gertrud Uhl aufgelöst in Tränen, eine andere mit einem Glas Wasser vor ihr. Dabei war sie 3 Monate im Sommer beurlaubt, erhielt kein Zeugnis, war in den Leistungen sehr schwach und hatte kaum etwas besonders Freundliches erfahren. Nun kam Erna Ewert vor, mit einem seltsamen Gegenstand in der Hand; sie wollte eine Ansprache halten, kam aber vor Tränen nur zu einem abgerissenen Stammeln und überreichte mir einen sehr geschmackvoll in Holzpappe gebrannten Papierkorb. Wie ich hörte, hatten sie, HELENE SCHULZE, Lucia Fischer und Charlotte Togotzes daran in der Schule manchmal bis abends 9 Uhr gearbeitet. Das alles rührte mich sehr; denn es war so herzlich und natürlich.

Am Nachmittag war der Abschiedskaffee. Eine reizende blühende Mädchenschar, lauter junge Hausmütterchen. Ich saß fern von den Honoratioren mitten unter meinen besten Schülerinnen. Nach dem Kaffee war Tanz, bei dem ich spielte. Zum Abendbrot gab es Bowle, zu deren Bereitung ich hinzugezogen wurde. Der Direktor sprach sehr hübsch auf die Kinder; ich hielt eine begeisterte Rede auf ihn als den modernen Ritter Georg im Gewande des Idealisten. Die Sache verlief sehr lustig und harmonisch. Man steckte mir den Überzieher meuchlings voll Kuchen, bepackte mich mit Blumen etc.

Am nächsten Vormittag besuchte die Schule die Schiffbauausstellung, woran ich nicht teilnahm. Ich bekam aber eine Karte mit dem Ersuchen, nachmittags zum letzten Spielen im Friedrichshain zu erscheinen. Der Empfang war befangen. Die Ursache zeigte sich bald: Ich wurde um Rat wegen eines zu gründenden Lesekränzchens gefragt. Dumm, wie immer, merkte ich nichts, sondern gab einen objektiven Rat. Wir spielten sehr nett zusammen; denn auch im Arrangieren solcher Sachen habe ich mich geübt. Während die anderen Klassen in einer Polonäse abzogen, kamen meine Freundinnen damit heraus, ob wir nicht noch eine Tragödie (Meeres und d. [der] Liebe Wellen[3] oder Hamlet[4]) zusammen lesen könnten. Ich versprach „wohlwollende Prüfung" und Antwort am nächsten Tage.

Am Mittwoch war Schlußfeier. 8 sollten das volle Zeugnis erhalten. Charlotte Bock, eine graziöse, kindliche Seele, und Lisbeth Krause hatte ich aus objektiven Gründen nicht retten können. Die acht schwarzgekleideten Gestalten nahmen vorn

Platz; mich selbst nötigte man auf den Ehrenplatz neben Frau Direktor[5]. Zahlreiche Eltern hatten sich eingefunden. Die erste Rede galt den abgehenden Schülerinnen, die sämtlich vollkommen fassungslos waren. Hedwig Wolter sang zum Harmonium „So nimm denn meine Hände"[6], mußte aber vor innerer Bewegung in der letzten Zeile abbrechen. Während diese Rede des Direktors zu einseitig auf das Gefühl hinarbeitete, hielt er dann mir eine schöne, ehrenvolle und warme Rede, die in die Worte ausklang: „Edel sei der Mensch etc."[7] Nach einigen Gesängen war Schluß. Ich drückte den Abgehenden einzeln die Hand und suchte sie zu trösten. Rührend war mir die Dankbarkeit der Familie SCHULZE. Immer wieder kehrten Vater und Mutter zurück und sagten mir unter Tränen die herzlichsten Worte. Die „Leni"[8] sagte schluchzend, sie hätte mir noch eine Handarbeit gemacht; ob sie mir die geben könnte. Sie brachte mir dann eine mit Birkenmoos sehr hübsch umklebte Ansichtskarte v. [von] d. [der] Schule.

Im Konferenzzimmer wurde mir vom Kollegium und Direktor noch ein besonderer Abschied bereitet. Sie überreichten mir mit Widmung 3 wertvolle Bücher. MEUMANN, Vorlesungen über experimentelle Pädagogik, und [ERNST] BARTH, Erziehungslehre.[9] Ich antwortete bewegt mit einigen aufrichtig empfundenen Worten, die wohl nicht ohne Eindruck geblieben sind; denn ich sah in den Augen auch der fernestehenden Damen Tränen. Es gehört zu den Schmerzen dieses Tages, daß eine dieser Seelen ihre Tränen so bald nicht überwinden wird.[10] – Ich hatte vergessen zu erwähnen, daß mir das gute alte Fräulein Ströhmann, die leider seit einiger Zeit krank ist, am Morgen des Tages einen sehr warmen, herzlichen Abschiedsbrief gesandt hatte. -

Unten wartete die 2. Abteilung auf mich. Wie wunderbar spielt oft die Macht der Gemüter: Die arme Gertrud Uhl war immer noch völlig fassungslos; ich glaubte am Druck ihrer Hand zu fühlen, daß sie sich nur mühsam noch aufrecht hielt. Sie hat wohl diese drei Tage fast ununterbrochen geweint, so daß es den andren schon auffiel. Der Abschied v. Frida Herrmann und Käthe Müller war mir nicht leicht; auch den Wildfang Gertrud Winter habe ich sehr gern gehabt. Herda Lesser ließ am Nachmittag ihr Bild unverpackt in Briefmarkenformat bei mir abgeben. [...]

---

[1] SPRANGER unterrichtete vom 25. 04. 1906 bis zum 28. 09. 1908 einige Stunden pro Woche an der KNAUERschen Schule für Höhere Töchter in Berlin. (Vgl. Anm. 1 zu EDUARD SPRANGER 01.05.1906.)
[2] KNAUER.
[3] Des Meeres und der Liebe Wellen, Drama von Grillparzer (1840).
[4] Hamlet, Drama von Shakespeare (um 1601).
[5] Frau KNAUER.
[6] Choral nach einem Text von Julie von Hausmann (1862).
[7] Zitat aus GOETHES Gedicht „Das Göttliche":
„Edel sei der Mensch,
Hülfreich und gut!

Denn das allein
Unterscheidet ihn
Von allen Wesen,
Die wir kennen."
(Sophien-Ausgabe, 1. Abteilung, 2. Band, 1888, 83, Vs. 1-6.)

[8] HELENE SCHULZE.

[9] ERNST MEUMANN: Vorlesungen zur Einführung in die experimentelle Pädagogik und ihre psychologischen Grundlagen. 2 Bde., Leipzig 1907. ERNST EMIL PAUL BARTH: Die Elemente der Erziehungs- und Unterrichtslehre, aufgrund der Psychologie der Gegenwart. Leipzig 1906. Da MEUMANNS Werk 2-bändig war, spricht SPRANGER hier von drei Büchern.

[10] Möglicherweise ist hier DORA THÜMMEL gemeint, die SPRANGER bis an ihr Lebensende verbunden blieb.

EDUARD SPRANGER AN KÄTHE HADLICH
Historisches Seminar [an der Universität Berlin], 29. 10. 1908 / Br., ca. 1/4

[...] Mein Buch[1] ist ein Denkmal *meiner* Jugend, und es gehört den Jugendlichen überhaupt, mögen sie äußerlich Greise, mögen sie nur für Stunden jugendlich sein. Denn ich schildere hier die ganze positive Seite des Lebens. Die ganze Renaissancestimmung, in der wir uns die Welt mit heroischer Begeisterung aneignen, findet hier ihren Widerhall. Ich glaube an diese Weltanschauung, ich habe sie praktisch geübt und tue es noch, und ich habe den unendlichen Zauber erprobt, den ihr Reflex auf junge empfängliche Seelen übt. Aber ich sagte Ihnen schon: Ich bin über diesen Standpunkt lange hinaus. Ich halte ihn für einseitig. Denn ich sehe zu deutlich die Negativität des Lebens, das absolut Unzulängliche, das durch und durch Wertlose. Denn was aufhören kann, was also nicht *ewig* ist, ist dadurch in sich selbst gerichtet. Alles in uns strebt nach dem Ewigen; dieses unüberwindliche Streben *garantiert* uns die (in Symbolen) gedichtete Welt, in der die hier gehemmten Werte verwirklicht werden. Mein heutiger Standpunkt also fordert zweierlei: 1) die *Kraft* zum Glauben an diese unserm Innersten entquellenden Werte. 2) die Aneinanderknüpfung beider Tendenzen: der diesseitigen und der jenseitigen. D. h. aber: Alle die Seiten unsres Lebens müssen wir bewerten und pflegen, die eine irgendwie erlebte Beziehung zur Ewigkeit, also einen Ewigkeitsgehalt haben. Je mehr von unsrem wirklichen Leben wir auf diese Stufe zu setzen wagen, um so humanistischer sind wir gesinnt. Der protestantische Geist kennt ja eigentlich keine Seite des Daseins, die religiös schlechthin wertlos wäre. Denn als Religiosität bezeichne ich dies Suchen des Ewigen im Zeitlichen, ein Suchen, das nicht dem Verstande gehört, sondern der ganzen inneren Kraft. Und damit sage ich nur in anderen Worten, was EUCKEN einseitig, aber energisch zum Prinzip erhoben hat.

Dies alles hätte ich an HUMBOLDT vielleicht noch mehr hervorheben sollen; denn auch er hat diese Entwicklung durchgemacht; aber es ist wenigstens angedeutet. [...]

[1] Die Habilitationsschrift SPRANGERS: Wilhelm von Humboldt und die Humanitätsidee. Berlin 1909.

KÄTHE HADLICH AN EDUARD SPRANGER
Heidelberg, 09. 11. 1908 / Br., ca. 1/5

[...] Daß ich in Bezug auf die Negativität des Lebens anders denke, wissen Sie ja. Wohl sehe ich auch das Unzulängliche, empfinde es an mir selbst am meisten, aber ich glaube an das Leben des Ewigen *in* dieser sich wandelnden Wirklichkeit, nicht in einer vollkommen Jenseitigkeit. Darum bin ich auch mit ganzer Seele einverstanden mit Ihrer Forderung eines Suchens des Ewigen im Zeitlichen – des Glaubens an den unvergänglichen Wert dieses höchsten Lebensinhalts. Wem die Augen offen sind für diese innere, ewige Welt, dem verschiebt sich der Maßstab für die Werte des äußeren Lebens, und ein Abglanz der ewigen Vollendung und Ruhe erfüllt seine Seele. In der *Gesinnung* liegt die Kraft ewigen Lebens, nicht zu einer unbegrenzt zeitlichen Fortdauer, sondern im Bewußtwerden und der Betätigung einer Macht, die als Wille über allen Willen empfunden wird. Wo im Bewußtsein diese Ewigkeit sich auftut, da lebt sie voll, auch wenn ihr Ausdruck ein begrenzter bleibt. Was aufhören kann, ist die Form. Ich kann die Ewigkeit nicht hinter der Zeit, nur in ihr sehen und Gott nicht hinter der Welt, sondern in ihr lebendig fühlen, denn „in ihm leben, weben und sind wir".[1]

Im Innern des Menschen suche ich die jenseitige Welt, hier wurzelt sie, und hier vollendet sie sich. Die Vorstellung einer zeitlichen Fortsetzung ist mir nicht wahrscheinlicher als die einer körperlichen Auferstehung. Nicht ein Streben nach außen ist mir die Ewigkeitssehnsucht des Menschen, sondern ein Entfalten seines eigensten, angebornen Wesens. [...]

[1] Apostelgeschichte 17, 28.

EDUARD SPRANGER AN KÄTHE HADLICH
Charlottenburg, 20. 12. 1908 / Br., ca. 1/3

[...] Vom Erfolg des Buches[1] läßt sich Definitives noch nichts sagen. *Bis jetzt* habe ich den Eindruck, daß es niemand liest, viele schätzen und wenige kaufen. Von einer eigentlichen Kritik war bisher nur bei BORCHARDT die Rede, und die erschien meinem Gefühl, – offen gesagt – , lau. Es gehört aber zu seinen guten pädagogischen Eigenschaften, daß er das Negative andauernd betont, das Gute selbstverständlich findet. Doch habe ich mindestens einen großen, mich innig beglückenden Erfolg zu verzeichnen: Die Versöhnung mit DILTHEY. Er erhielt Buch und Brief von mir an seinem 75. Geburtstag. Wenige Tage darauf erhielt ich mit liebenswürdigen Worten eine Einladung zum Tee in seine Wohnung im Grunewald. Es war mir ein eignes Gefühl, ihm nach 6 Jahren wieder persönlich gegenüberzustehen. Er war ganz der Alte, eher frischer! Wie damals, bestritt er alles, zum Schluß sogar den Titel [der Habilitationsschrift][2]. Aber ich kenne ja jetzt diese Art, und verstohlen klang ein persönliches Interesse hindurch. Er hatte natürlich das Buch noch nicht gelesen; sagte aber, er würde im Zusammenhang seiner eignen Arbeiten hineinsehen und hätte auch meine „Grundlagen"[3] s. Z. gelesen. Frau Geheimrat, Tochter und Sohn zeigten sich in unvergleichlicher Liebenswürdigkeit, als Meister freien geselligen Tones, und so verbrachte ich im engsten Kreise mit diesen 4 geistvollen Menschen einen mir denkwürdigen Abend. Es hat etwas für mich tief Ergreifendes, am Ende seines Lebens diesem Mann, der so tief auf mich gewirkt hat, noch einmal gegenüberzustehen. Sein Tiefsinn wirkte mit alter Kraft auf mich. Am nächsten Morgen war ich schon wieder bei einem Inhaber des Ordens pour le mérite, bei WILAMOWITZ, der mir die erbetene Unterredung herzlich bewilligte und mir gleichzeitig seine als Manuskript gedruckte Denkschrift von der Schulkonferenz 1900 übersandte. Er empfing mich mit offener, jugendlicher Liebenswürdigkeit. Leider kann ich Ihnen den Inhalt all dieser Gespräche ja nicht mitteilen. Nur soviel erwähne ich, daß seine Schlußworte mir Mut zur Habilitation machten, und daß er mich mit den Worten verabschiedete: „Lassen Sie uns die freundschaftlichen Beziehungen aufrechterhalten." RIEHL schrieb mir einen freundlichen Brief [...]

Persönliche Gespräche führte ich mit ERICH SCHMIDT und LENZ. Beide hatten natürlich noch nichts gelesen; aber der letztere entwickelte mir sehr interessante Ansichten über HUMBOLDT und die Art, wie er die Universitätsgeschichte schreiben will. Die Jubiläumsfeier[4] soll nach ihm Oktober 1910 stattfinden. Sonst aber ist noch nichts erfolgt, und meine Lage ist schwankend, ja eigentlich unbefriedigender als zuvor, wo ich wenigstens bestimmte Ziele hatte. Die beiden Ministerialdirektoren[5] haben auf mein Buch und die Eingabe, in der ich um „Berücksichtigung bei Lehraufträgen, akademischen Berufungen und Arbeiten auf dem Gebiet der wissensch. [wissenschaftlichen] Pädagogik" ersuchte, noch mit keiner Zeile geantwortet. Zur Habilitation fehlt mir das Geld. Jetzt noch das Oberlehrerexamen[6] zu machen, kann mich auch die dringendste Notwendigkeit nicht veranlassen. Es würde jetzt meinen ganzen Lebensmut brechen (wie es s.z. ihn wohl gestützt hätte) und meinen Stolz vernichten. [...] Könnten Sie in meine Seele sehen, so würden Sie dort die große Leere noch unausgefüllt finden, die der Abschied[7] in mir gelassen hat; ja der Zustand hat sich eher verschlimmert; denn es fehlt mir jetzt jede *bestimmte* Tätigkeit und jede *bestimmte* Wirkung. Ich warte passiv auf eine Wendung des Schicksals, das mich so kurz vor dem Ziel aufs neue in Ungewißheit und Sorgen zurückschleuderte. Auch fehlt mir hier jeder Freund. Die Beziehungen zu LUDWIG[8] liegen infolge seiner fortgesetzten Gleichgültigkeit im Sterben. OESTERREICH ist zu sehr Konkurrent, um mir innerlich wohlgesinnt zu sein. Ich habe jetzt nur noch die Familie SCHOLZ. [...]

[1] Das offenbar schon Ende 1908 (mit Erscheinungsjahr 1909) erschienene Buch SPRANGERS: WILHELM VON HUMBOLDT und die Humanitätsidee. Berlin 1909, das er 1909 als Habilitationsschrift einreichte.
[2] Gemeint ist: den Titel der Habilitationsschrift SPRANGERS.
[3] EDUARD SPRANGER: Die Grundlagen der Geschichtswissenschaft. Eine erkenntnistheoretisch-psychologische Untersuchung. Berlin 1905.
[4] Die Feier zum 100-jährigen Bestehen der Berliner Friedrich-Wilhelms-Universität.
[5] Vermutlich NAUMANN und FRIEDRICH SCHMIDT, der sich ab 1917 als preußischer Kultusminister SCHMIDT-OTT nannte und den SPRANGER bei PAULSENS kennengelernt hatte. (Vgl. EDUARD SPRANGER 25.09.1909.)
[6] D.h. das Examen, das für das Lehramt an Gymnasien befähigte.
[7] Von der KNAUERschen Schule für Höhere Töchter, in der SPRANGER vom 25. 04. 1906 bis zum 28. 09. 1908 einige Stunden pro Woche unterrichtete. (Vgl. Anm. 1 zu EDUARD SPRANGER 01.05.1906.)
[8] SPRANGER begann schon in den Monaten zuvor etwas unter der Unbekümmertheit und Oberflächlichkeit seines Jugendfreundes FRIEDRICH LUDWIG zu leiden (vgl. seinen Brief vom 19. 07. 1908: „Hinter mir sitzt hungernd und dürstend, schimpfend und rauchend LUDWIG und hindert mich an dem geplanten Brief ..." und den Brief vom 02. 08. 1908: „Ich bin hier andauernd sehr zufrieden und danke dies in erster Linie meinem Freunde LUDWIG, der in der Tat ein ausgezeichneter Reisekumpan ist. Seine schöne Erscheinung und sein reizender Humor gewinnen ihm die Herzen, wo er hinkommt, und ich habe teil daran. Freilich kann ich seine lustigen Kneipexkursionen nicht mitmachen.")

EDUARD SPRANGER AN KÄTHE HADLICH
Charlottenburg, 11. 01. 1909 / Br., ca. 1/3

[...] Wir beherrschen den Lebenstrieb nicht, der in uns wogt. Er ist wie ein geliehenes Geschenk, macht uns glücklich und wehmütig, schuldig und gut. O du wunderbare Welt Gottes, wie bist du unendlich und herrlich! Sollte man dich nicht immer wieder packen und von sich weisen alles, was tot ist und gemein und mechanisch? Darf der Mensch, der Leben in sich fühlt, in Akten wühlen? Was sind Bücher gegen ein einziges Werk der Liebe? Warum lassen wir uns an ein Räderwerk fesseln, das uns abtötet? Ich weiß nur eine Antwort: weil wir das Leben lieben um jeden Preis und ihm nachjagen durch alle Nöte und Qualen. So hat es Gott gewollt, und wir müssen ihn preisen für jeden Brosamen, den er uns hinwirft. Oft habe ich das Gefühl, als könnte mir gar nichts Neues mehr begegnen, als hätte ich alles in mir vorweggenommen. Aber wenn es kommt, durchzittert es den Busen doch immer wieder mit neuer Gewalt, und niemand mag davon lassen. Ist doch selbst der Genuß der Askese noch eine Wollust, ein Leben im Sterbenwollen. [...]

Fast ist es, als wäre die Episode PAULSEN nun vorbei und die alte Verbindung mit DILTHEY setzte sich nach 6 Jahren fort. Gestern hatte er mich wieder eingeladen. Es war das erste Mal seit der Krankheit meiner Mutter, daß ich des Abends fortging. Er war sehr freundschaftlich, entwickelte mir den Stand seiner Arbeiten, zeigte mir die

Manuskripte und äußerte den Plan, die Fortsetzung des SCHLEIERMACHER[1] mit meiner Hilfe zu bearbeiten. Im Mai soll es beginnen. Von meinem HUMBOLDT[2] sprach er sehr günstig und wohlwollend. [...]

[1] WILHELM DILTHEY: Leben SCHLEIERMACHERS, Bd.1. GS XIII. - Der mit SPRANGERS Hilfe geplante 2. Band ist - soweit er ausgearbeitet wurde - unter dem Titel „Leben SCHLEIERMACHERS. SCHLEIERMACHERS System als Philosophie und Theologie" veröffentlicht in WILHELM DILTHEY: GS XIV.
[2] Von SPRANGERS Habilitationsschrift (WILHELM VON HUMBOLDT und die Humanitätsidee. Berlin 1909).

EDUARD SPRANGER AN KÄTHE HADLICH
Charlottenburg, 02. 03. 1909 / Br., ca. 4/9

[...] Vor 14 Tagen richtete ich an den Kultusminister das Gesuch, auf dem Archiv des Ministeriums meine Arbeit für die Akademie[1] fortsetzen zu können. Gleichzeitig wurde der Plan der Technischen Hochschule[2] soweit zum Entschluß, daß ich den Abteilungsvorsteher Prof. Scheffers, einen sympathischen Mann, aufsuchte und ihm meine Bewerbung, der keinerlei Schwierigkeiten entgegenstanden, ankündigte. Am Mittwochmorgen erhielt ich vom Kultusministerium folgenden Brief: „Ich würde mich sehr freuen, wenn Sie mir Mittwoch, den 24. d. [des] M. [Monats] nachm. [nachmittags] zwischen 4 und 5 Uhr auf meinem Amtszimmer die Ehre Ihres Besuches schenken wollten. In ausgezeichneter Hochschätzung ergebenst ELSTER, Geh. Oberregierungsrat." Ich bezog dies auf die Archivangelegenheit, schrieb noch verschiedene Briefe in Sachen der Technischen Hochschule, vorsichtigerweise, ohne sie abzusenden, und fand mich zur Zeit ein. (Hier läuft mein Freund Kügelchen[3] großspurig über Schreibmappe und Brief.) Ein Geheimrat wurde abgewiesen, ich selbst nach einigem Warten vorgelassen. Geheimrat ELSTER, der Personalreferent für Universitäten, ist ein Mann im besten Alter, ruhig, offen und entschieden. Er sagte: „Sie sehen, dort liegt Ihr Buch; wir wollten Sie doch einmal persönlich kennenlernen. Was haben Sie eigentlich vor?" Hierauf Erklärung meinerseits. Wegen Überfüllung Berlins an TH gedacht. Er stellte mir „rein freundschaftlich" vor, daß diese Laufbahn keine Zukunft habe, daß in Berlin ein Privatdozent mehr noch immer durchkomme, und daß RIEHL sich sehr günstig über mein Buch geäußert habe. Alles war von dem wohlwollendsten und objektivsten Interesse diktiert. Ich glaubte, mit diesem Rat entlassen zu sein, als er mir sagte: „Ich werde Sie jetzt zu Herrn Ministerialdirektor NAUMANN (ALTHOFFS Nachfolger) führen; der möchte Sie auch gern kennenlernen. Auf dem langen Weg durch den Korridor wurde er noch herzlicher und freundschaftlicher; so kamen wir zu dem Zimmer des als grob bekannten N. [NAUMANN] Eine grobgeschnitzte Figur empfing uns, redete mich mit derber Freundlichkeit an, und es entwickelte sich ein Gespräch zu dreien, daß ich beinahe das Gefühl hatte, es würde bald eine Flasche Wein aufgemacht werden. „TH Sackgasse". Die Quintessenz war wieder RIEHLS Urteil; ich sollte zu ihm gehen und mich in Berlin habilitieren etc. Dann sehr freundschaftliche Verabschiedung.

Im ganzen also ein ungeheurer Erfolg, wenn man bedenkt, daß ich in Preußen noch keine Beamtenqualität habe, sondern sie nur erstrebe.

Heute nachmittag bin ich nun, etwas apathisch gestimmt, zu RIEHL [scil. „gegangen"]. Ich liebe ihn nicht; er ist nach meinem Gefühl eines eigentlich persönlichen Interesses kaum fähig. Umso bedeutsamer vielleicht sein Urteil, dessen Hauptwendungen ich Ihnen hier wörtlich wiedergebe: „Ich habe Ihr Buch wirklich mit großer Freude gelesen. Es ist meinem Standpunkt durchaus verwandt. Als (größeres) Erstlingswerk eine respektable Arbeit, aber es ist mehr: Es ist eine *literarische Leistung.* – *Auf diese Arbeit hin kann Ihnen niemand die Habilitation verwehren.* Meine Stimme haben Sie; ich habe freilich nur *eine* Stimme; ich werde mit DILTHEY darüber reden. – Der Minister hat mein Gutachten eingefordert (also offenbar schriftlich abgegeben! N.B. [Ministerialdirektor] NAUMANN und ELSTER sagten mir, ich dürfte ihm nicht wieder sagen, wie günstig er über mich geurteilt hätte). Schluß: Ich hatte nicht gedacht, Herr Doktor, daß Sie ein noch so *sehr* junger Mann wären; aber umso besser." – Natürlich wies er auf die Überfüllung und einige andere Schwierigkeiten hin; aber prinzipiell steht der Habilitation im Sommer nichts entgegen.

Sie sehen also, ein Sieg auf allen Linien, und doch – wie meine häuslichen Verhältnisse liegen – ein Pyrrhussieg.[4] [...]

---

[1] Nach der Promotion 1905 hatte SPRANGER einen Auftrag der Preußischen Akademie der Wissenschaften übernommen, ein Gutachten des Ministers VON ALTENSTEIN anhand archivarischer Materialien auf seine philosophischen Grundlagen hin zu untersuchen. (Vgl. EDUARD SPRANGER 09. 09. 1904.) Daraus ging SPRANGERS Abhandlung hervor: ALTENSTEINS Denkschrift von 1807 und ihre Beziehungen zur Philosophie. In: Forschungen zur brandenburgischen und preußischen Geschichte, Bd.18 (1905), 471-571. 1907 machte ihm die HUMBOLDTkommission der Akademie das Angebot, an der Humboldtausgabe, speziell bei Archivarbeiten, mitzuwirken. SPRANGER wollte den Auftrag zunächst nur dann übernehmen, wenn ihm zugleich die Habilitation zugesagt würde. Anfang 1908 zeichnete sich die Möglichkeit einer Anstellung bei der Akademie für diese Arbeiten ab. (Vgl. EDUARD SPRANGER 28. 10. 1907; EDUARD SPRANGER 07. 02. 1908; EDUARD SPRANGER 29. 02. 1908; EDUARD SPRANGER 12. 03. 1908; EDUARD SPRANGER 09. 05. 1908.)

[2] SPRANGER plante 1909 zunächst, sich an der Technischen Hochschule zu habilitieren, ließ dann aber von diesem Vorhaben ab, als ihm deutlich wurde, daß dort kaum Bedarf an Pädagogik war und sicherlich ein Gutachten von der Universität beigezogen werden würde, was er - wegen des befürchteten ungünstigen Einflusses von DILTHEY – möglichst umgehen wollte. (Vgl. auch Studienjahre, 76f; EDUARD SPRANGER 20. 02. 1909; EDUARD SPRANGER 23. 02. 1909; EDUARD SPRANGER 02. 03. 1909.)

[3] Anspielung auf SPRANGERS Freund CONSTANTIN VON KÜGELGEN.

[4] Ein Pyrrhussieg deswegen, weil mit der Habilitation Kosten in Höhe von etwa 200 Mark (vgl. EDUARD SPRANGER 18. 01. 1909) verbunden waren, die SPRANGER in dieser Zeit nur schwerlich aufbringen konn-

te. Vgl. z. B. seinen oben abgedruckten Brief vom 20. 12. 1908 und den vom 12. 04. 1909: „Ich habe lange gekämpft, ob es bei dieser gefährdeten Situation einen Sinn hat, im Sommer die Habilitation zu betreiben. Sie würde mir wieder auf Monate die Erwerbsquellen verschließen. ... Kommt es aber zur Habilitation im Sommer, so rechne ich darauf, daß meine Freunde mich im Notfall finanziell unterstützen." Am 20. 12. 1908 stellte SPRANGER noch fest: „Zur Habilitation fehlt mir das Geld. Jetzt noch das Oberlehrerexamen zu machen, kann mich auch die dringendste Notwendigkeit nicht veranlassen." Im Brief vom 07. 05. 1909 erbat er sich von KÄTHE HADLICH 100 Mark zur Linderung dieser Probleme. Am 16. 06. 1909 nahm er ihr finanzielles Hilfsangebot in Anspruch, um sich einen Frack anfertigen lassen zu können.

EDUARD SPRANGER AN KÄTHE HADLICH
Charlottenburg, 27. 04. 1909 / Br., ca. 1/4

[...] DILTHEYS umgehende Antwort[1] schreibe ich Ihnen ab, damit Sie orientiert sind:
„21. April. Neuenahr, Rheinprovinz, Hotel Kaiser Wilhelm.
Lieber Herr Doktor!
Ihr Brief ist nun später angelangt, da ich inzwischen nach Neuenahr zunächst (Rheinprovinz, Hotel Kaiser Wilhelm) abgereist bin, von wo ich dann nach etwa 14 Tagen weitergehe.
Gewiß bin ich mit Ihrer Habilitation einverstanden. Auch scheint mir Ihr HUMBOLDT[2] eine ausreichende Grundlage dafür zu sein. Ich rate aber, bis nach Pfingsten zu warten, da ich nicht viel vor dieser Zeit zurück sein werde und ich meine Anwesenheit in manchem Betracht wünschenswert finde. Halten Sie nur alles bereit dazu, ich melde gleich meine Rückkunft.
Ich weiß nicht, wieviel an sonstigen Arbeiten noch vorliegt? Heut nur eiligst diese Zeilen.
Mit besten Grüßen
Ihr W. DILTHEY."

Lassen Sie doch vernehmen, ob Sie Gründe gegen das Warten haben? Nichts könnte mir in jeder Beziehung angenehmer sein als diese Antwort und ihre Terminbestimmung. Es gibt jetzt gar nichts andres, als diesen Plan konsequent durchzuführen. Ich verspreche Ihnen, ja ich bitte Sie, daß Sie im Notfall an dieser Aktion teilnehmen. Eine Habilitation in B. [Berlin] ist eine so bedeutende Errungenschaft, daß man die sich bietende Gelegenheit festhalten muß. DILTHEYS warme Teilnahme rührt mich tief. Ich will also im Sommer an nichts andres denken und, wenn es nicht anders gehen sollte, mich ganz auf das verlassen, was Sie mir anbieten.[3] Denn ich fühle meine Seele frei von Egoismus; fühlte ich mich ebenso voll von Gesundheit und Arbeitskraft, so könnte ich auf Ihre Vorschläge mit leichterem Herzen eingehen. [...]

¹ Hier bezieht SPRANGER sich offensichtlich auf seine im Brief vom 12. 04. 1909 angekündigte Anfrage, ob DILTHEY sein Habilitationsprojekt oder das von Dr. ABRAHAM HOFFMANN unterstüzten wolle.
² SPRANGERS Habilitationsschrift: Wilhelm von Humboldt und die Humanitätsidee. Berlin 1909.
³ Die finanzielle Hilfe, welche KÄTHE HADLICH ihm angeboten hatte (KÄTHE HADLICH 13. 01. 1909; KÄTHE HADLICH 04. 03. 1909; EDUARD SPRANGER 20. 12. 1909; EDUARD SPRANGER 16. 06. 1909).

EDUARD SPRANGER AN KÄTHE HADLICH
[ohne Ortsangabe] 24. 05. 1909 / Br., ca. 1/2

[...] Ich suche fieberhaft danach, meinem Leben einen neuen Inhalt zu geben, der mich ausfüllt. Aber er findet sich nicht; leer und nutzlos gehen die Tage dahin. Es ist hier niemand, der mich seelisch stützt: die einen tot, KNAUER krank, die andren zu jung, innerlich zu arm; dazu die gänzliche Unmöglichkeit, hier ein tieferes oder auch nur ungetrübtes Zusammenleben im Hause herbeizuführen.¹ – Oft, wenn ich allein bin, packt mich diese trostlose Öde mit übermächtiger Gewalt.

Ich habe viel nachdenken müssen über HEGELs „unglückliches Bewußtsein". Er versteht darunter denjenigen menschlichen Zustand, worin er sich vom Unendlichen getrennt fühlt und dies als eine fremde (jenseitige) Welt seiner eignen beschränkten Existenz gegenübersetzt. Dieser HEGEL muß also fest daran geglaubt haben, daß der Mensch das Göttliche und Unendliche in sich erfassen (oder produzieren) könne bis zur völligen Verschmelzung. Wie oft hat auch mich die Ahnung des Göttlichen durchglüht! Aber anders als in der Form der *Sehn*sucht [Unterstreichung sic] oder begeisterter Erhebung über den Moment habe ich es doch nie besessen. Ich finde diese Trennung im diesseitigen Leben unaufhebbar, und da doch dieser Drang nach der ungemessenen Lebensfülle in uns wogt, so sehe ich in ihm die Fittiche keimen, die sich einmal entfalten *müssen*. Aber an die Verwirklichung dieser harmonischen Befriedigung im *Hier* kann ich nicht glauben. Es gibt also nur 2 Wege: Resignation, Aufgabe der höheren ideellen Forderungen; oder einen Idealismus, der sich über der gegebenen Welt eine höhere, reinere schafft, zunächst als Phantasiebild, aber doch eben wurzelnd in den allermächtigsten Lebensinteressen. Diese Liebe, dieser Hunger und Durst nach dem Brot des Lebens ist in Gefahr, in mir zu ersterben, wenn ihm kein neues Feld zugewiesen wird, an dem er sich auswirken kann.

[...] Das Schlimme aber ist, daß auf rein seelischem Gebiet die Begriffe des Raumes, der Meßbarkeit etc. uns im Stich lassen. *Konstatieren* können wir immer nur materielle Begleiterscheinungen. Durch das Experiment kommt *Absichtlichkeit* in den seelischen Vorgang; seine Energie – wenn man dies physische Bild anwenden darf, wird dadurch verstärkt; der Fall ist also schon verändert. Jene Wirkungen lassen sich nur erleben; erklären läßt sich daran nichts. Aber es gibt interessante Weltanschauungsdichtungen, die im Besitze einer Lösung zu sein glauben. So z. B. SCHO-

PENHAUER, den Sie doch einmal lesen sollten: Die räumlich-zeitliche Welt ist nur eine trügliche [sic] Hülle; dahinter lebt eine Wesenseinheit: der Weltwille, der in allen der gleiche ist. Fällt jene Hülle ab, so verschwindet auch die Individuation. Daher gelten auch für die tieferen Erlebnisse keine räumlichen Schranken: In diesen metaphysischen Reichen ist unmittelbare Berührung, Lebensidentität, gegenseitige Durchdringung, wie sie aus der *Liebe* mit so elementarer Macht hervorstrahlt. Ist doch die Liebe in jeder Form überhaupt das Grundproblem jeder echten Philosophie von PLATO bis SPINOZA, SCHLEIERMACHER, HEGEL, SCHOPENHAUER. Aber auch das, was Sie mir von ARNOLD RUGES Kindheit erzählen, begreife ich ganz. Auch ich kenne in mir solchen abgründigen Haß, eine Unfähigkeit zu lieben, wo ich sollte und könnte. Wieder gibt SCHOPENHAUER dafür einen Aufschluß in seinem Sinne: Der Wille haßt sich ebenso, wie er sich liebt. Das Leben ist kein Gut, weshalb sollte man dafür dankbar sein: eine fortlaufende Kette von Qual und Selbstzerstörung. So wird der Wille zur Vernichtung der höchste Lebensaffekt.

Können Sie das begreifen, liebe Freundin? Mir ist es zu manchen Stunden unheimlich klar. Ich mußte Ihnen diese Stelle in mir zeigen. Sie werden dann auch verstehen, was ich von der Unmöglichkeit sagte, über sein moralisches Ich sicher zu sein. –

Der Kern meiner Philosophie ist der Kampf gegen SCHOPENHAUER. Aber ich habe ihn ganz in mir und verstehe ihn so tief, daß alles, was ich will, erst von da aus Beleuchtung empfängt. SCHOPENHAUER hat Recht für die Schwachen. Es gehört nicht Logik, sondern Lebenskraft, geistiges Schöpfertum dazu, um über ihn hinauszukommen. Dies sah auch NIETZSCHE; aber ihm fehlte nun wieder das eine, was not tut: *Die Liebe*. Meine Philosophie soll ein Zarathustra der Liebe werden, ein PLATO, aber nicht im *Abbilden* der Ideen, sondern im *Schaffen*! Wenn nur nicht das Feuer verglimmt unter dem Druck der Außenwelt, ehe es zur Flamme herausschlug. [...]

---

[1] Anspielung auf den Konflikt EDUARD SPRANGERs mit dem Vater Franz Spranger (nach EDUARD SPRANGER 17. 07. 1914 geb. am 15. 07. 1839), der die Jahre von 1909 bis zu dessen Tod am 04. 06. 1922 (GS VII, 425) überschattet. Nach dem Tode der Mutter SPRANGERS am 19. 03. 1909 (vgl. das Telegramm SPRANGERS von diesem Tage und seinen ergreifenden Brief vom 21. 03. 1909, in dem er die letzten Stunden der Mutter schildert) wurde die prekäre finanzielle Lage der Eltern sichtbar, die vor allem von der Spielleidenschaft des Vaters (EDUARD SPRANGER 25. 09. 1909, 09. 12. 1909, 19. 04. 1910) und seinem Unvermögen zu einer ökonomischen Haushaltsführung herrührte, vermutlich aber auch daher, daß die Eltern die akademische Karriere des Sohnes über ihre Kräfte hinaus unterstützt hatten (EDUARD SPRANGER 21. 08. 1908 und EDUARD SPRANGER 25. 09. 1909), weswegen SPRANGER zeitweise mit dem Gefühl zu kämpfen hatte, durch seine Karriere das Elternhaus „zerstört" zu haben (EDUARD SPRANGER 25. 09. 1909). In einem Brief vom 04. 09. 1908 berichtete SPRANGER, daß die Eltern ihm den Stand ihrer wirtschaftlichen Verhältnisse „aus herzensguter Absicht" verbargen. Er sollte erst sein „Buch noch in Ruhe vollenden können." SPRANGER war hier noch überzeugt davon, daß „alles dies nur aus seiner [des Vaters] großen Liebe und Opferwilligkeit für mich folgt", und er war „nach den

schweren Gewittern der letzen Zeit entschlossen, treu und fest zu ihm [dem Vater] zu halten, wie er selbst es zu mir tun wird." Etwa ein Jahr später allerdings beschrieb SPRANGER in einem Brief vom 11. 05. 1909 das Verhältnis zum Vater recht zwiespältig als „gegenseitige Liebe ohne gegenseitiges Verstehen", weitere 8 Jahre später noch viel negativer als „ein gänzliches Aneinandervorbeileben und Nichtverstehen ... unter dem Etikett Liebe" (EDUARD SPRANGER 28. 06. 1917). Nach dem Tod der Mutter mußte SPRANGER, bis zur Berufung nach Leipzig 1911 selbst noch ohne gesichertes Einkommen, beständig reglementierend in den väterlichen Haushalt eingreifen, sich um Dienstmädchen bemühen, für deren Auswahl und angemessene Behandlung dem Vater das Geschick fehlte, und für zwischenzeitlich heimlich doch wieder gemachte Schulden aufkommen usw. (EDUARD SPRANGER 24. 03. 1915 u. 24. 06. 1915; vgl. auch SPRANGERS Briefe vom 07. 05. 1909, 20. 07. 1909, 10. 08. 1909, 25. 09. 1909, 01. 10. 1909, 10. 04. 1910, 19. 04. 1910, 24. 04. 1910, 05. 09. 1910, 04. 10. 1910, 11. 11. 1910, 06. 12. 1910, 25. 11. 1910, 01. 03. 1911, 07. 03. 1911, 09. 03. 1911, 16. 03. 1911, 21. 04. 1911, 01. 06. 1911, 08. 09. 1915). Zur anhaltenden Verstimmung mochte auch beigetragen haben, daß der Vater eine außereheliche Tochter gezeugt hatte (Dr. Franziska Selle; vgl. EDUARD SPRANGER 08. 09. 1923), mit welcher SPRANGER jedoch keinen Kontakt wünschte. Auch nach dem Tode des Vaters stieß SPRANGER noch auf Hinweise, die auf ein fortgeführtes sexuelles „Doppelleben" des Vaters deuten konnten (vgl. vor allem den Brief SPRANGERS vom 05. 01. 1923).

Die Beziehung zum Vater war jedoch vor 1909 durchaus auch positiv gewesen: Häufiger rühmte SPRANGER den Humor des Vaters und die fröhliche Art des Verkehrs mit ihm (z. B. EDUARD SPRANGER 03. 05. 1905). Er erwähnte in einem Brief vom 15. 04. 1905, daß sein Vater „das feinste Verständnis für das Ganze" eines Aufsatzes habe (vermutlich EDUARD SPRANGER: Zur ästhetischen Weltanschauung. In: Deutschland. Monatsschrift für die gesamte Kultur 6, 1905, 35-44). In einem undatierten Brief desselben Jahres allerdings vermerkt er enttäuscht, der Vater habe „kein Wort der Gratulation" zur positiven Begutachtung der Dissertation über die Lippen gebracht. Erst kurz vor dem Tode des Vaters im Juni 1922 scheinen beide wieder zueinander gefunden zu haben. So schrieb SPRANGER im Brief vom 12. 05. 1922: „Wir sind immer sehr lieb miteinander. Alle feineren Seiten in ihm kommen hervor, und mit seinem noch heut unvergleichlichen Gedächtnis zitiert er immer ein paar schöne Verse von SCHILLER oder GOETHE, die ihm Eindruck gemacht haben. [...] Mein Vater – wie jeder Mensch – besteht aus vielen Wesen. In der Tiefe ist eines, das ganz mein Vater ist. Seit jenem Tage, von dem ich Dir sprach, ist dieses Wesen zum Durchbruch gekommen, und alles Tragische und Trennende ist nun nur noch schmerzliche Erinnerung. Auch ich bin ein anderer und kann ein anderer sein, seit wir so miteinander leben."

EDUARD SPRANGER AN KÄTHE HADLICH
Charlottenburg, 16. 06. 1909 / Br., ca. 1/4

[...] Frl. DILTHEY schrieb gestern in der Bahn an mich: Der Zug saust nach Berlin, ihr Vater wünschte mich heute 11 Uhr zu sprechen. Ich war zur Stelle, und wir gingen über 1 Stunde spazieren, wobei alle Fragen[1] eingehend erwogen wurden. Sein persönliches Interesse ist um so rührender, als sachliche Differenzen noch fortbestehen. Ich schildere Ihnen statt des einzelnen nur die tatsächliche Situation, die sich jetzt ergeben hat.

Laut *gedruckter* Einladung wird morgen meine Sache in der Fakultät verhandelt. DILTHEY wird erklären, daß er das Buch kennt und für möglichste Beschleunigung der Antrittsvorlesung sorgen.

Über die Themata haben wir eingehend gesprochen. Hier war sogar prinzipielle Einigkeit. Die Wahl fiel erst auf Nr. 1 (Die Selbständigkeit der Pädagogik). Es stellte sich dann aber (zu meiner stillen Freude) heraus, daß er auch vor STUMPF Angst hat. Er könnte in der Diskussion mit seinen scharfen Definitionen eingreifen. Dies muß vermieden werden. Deshalb soll 2. gewählt werden (Einfluß des geschichtlichen Bewußtseins auf die Pädagogik). Nicht frei sprechen. Das Gebiet möglicher Diskussion möglichst beschränken. Ebenso die Zeit hierfür nach Möglichkeit einengen. (Das ist doch nett, nicht wahr?) Mit dem HUMBOLDT[2] ist er im Hauptpunkte (Bedeutung der Humanitätsidee) nicht einverstanden. Darüber lange, schwere Unterredung. Ich folgere, daß dies auch in s. [seinem] Gutachten hervortreten wird. Dies ein ungünstiges Moment. Den ROUSSEAU[3] will er haben. Die Grundauffassung aber teilt er auch hier nicht!! Es wundert mich, daß er bei alledem für mich so warm bleibt.

Also: Am 8., 15. oder 22. Juli wird die Sache zur Entscheidung kommen. Sie haben mir versprochen, liebe Freundin, mir dabei zu helfen. [...]

[1] Alle mit dem Habilitationsverfahren SPRANGERS zusammenhängenden Fragen.
[2] SPRANGERS Habilitationsschrift: Wilhelm von Humboldt und die Humanitätsidee. Berlin 1909.
[3] JEAN JACQUES ROUSSEAU: Kulturideale. Eine Zusammenstellung aus seinen Werken mit einer Einführung von EDUARD SPRANGER. Übersetzt von Hedwig Jahn. Jena, Diederichs, 1908.

EDUARD SPRANGER AN KÄTHE HADLICH
Charlottenburg, 22. 06. 1909 / Br., ca. 3/5

[...] Am Sonntag kam eine Einladung von DILTHEY zum Abend. Ich fand ihn ganz allein in seiner Wohnung auf dem Balkon. Über die grünen Gipfel der Bäume drang gedämpfte Musik von Hubertus. Wir aßen allein; die Tochter kam erst später. Er sprach ununterbrochen von HUMBOLDT[1], immer kritisch, voll Bedenken, scharf, und doch drang dann wieder der Ton einer väterlichen Güte hindurch. Dies war es, was mich ergriff. So energisch er mich bekämpfte, so tief empfand ich die Poesie des Zusammenseins mit dem alten Mann, dem tiefen, klugen und guten. Hätte ich ihn doch früher so gekannt! Hätte mir NOHLS Subjektivität niemals dieses schöne Bild entstellt! Ganz hingegeben der Forschung, dem kritischen Willen zur Wahrheit, kennt er keine Schonung, nicht für sich und nicht für andre. (Am Rande: „Sie dürfen meine Kritik nur so auffassen: Wir sind alle sehr dumm, auch ich bin sehr dumm.") – Er, die Tochter und ich suchten meinen HUMBOLDT[2] zusammen, den er sich in 5 Teile zerlegt hatte, um ihn mit in den Grunewald zu nehmen. Leni: „Du liest ja das ganze Buch; das ist seit Jahren nicht dagewesen." Er: „Das ist doch meine Pflicht; ich muß doch Herrn SPRANGER verteidigen können, wenn er angegriffen wird." Statt dessen aber griff er mich an. Die Grundidee hatte er mir schon längst wegdisputiert; SCHELLING und F. SCHLEGEL ließ er mir damals noch gelten. Jetzte bedrohte er auch den SCHELLING. Beweis für Beweis wurde mir gestrichen. Er: „Denken Sie mal, wenn Ihnen das nun im Kolloquium vorgehalten würde." Leni: „Du mußt das Herrn Spr. [SPRANGER] doch nicht alles vorher sagen. In Wahrheit ist er ja längst durch." Ganz wie vor 7 Jahren brachte ich ihm dann ein Argument, das nicht zu bestreiten war. Er betrachtete die Stelle lange schweigend. Endlich disputierte er auch sie weg. Ich versprach, aus meiner Zettelsammlung Neues beizubringen. Wirklich schrieb ich ihm einen Brief, der objektiv unumstößlich war. Er *muß* ihn überzeugt haben. Von seiner Grundauffassung, die wesentlich politisch war, sagte mir heute LENZ, der dies sonst betont, wo er kann, aber HUMBOLDT gut kennt: „Ist ja Unsinn." So kämpften wir hin und her, daß die Tochter neulich zum Schluß sagte: „Wenn man nicht wüßte, daß Du Herrn S. [SPRANGER] sonst so wohlgesinnt bist, müßte man ihn für verloren halten." Er selbst aber hatte mir gleich zu Anfang gesagt, daß alles glatt gegangen wäre, auch kein Einspruch zu erwarten wäre. Und RIEHL bestätigte mir gestern: „DILTHEY und ich sind völlig einig. Ich schätze Ihr *bedeutendes* Werk sehr und habe auch dem Minister in diesem Sinn berichtet. Sie leisten der Fakultät einen *Dienst*, wenn Sie sich der Pädagogik annehmen, eines Gebiets, das jetzt tatsächlich verwaist ist."

Und der Konkurrent?[3] DILTHEY und kein Mensch konnte mir sagen, wo er geblieben ist. [...]

---

[1] Der Habilitationsschrift SPRANGERS: WILHELM VON HUMBOLDT und die Humanitätsidee. Berlin 1909.
[2] Die Habilitationsschrift.
[3] Im Brief vom 12. 04. 1909 erwähnte SPRANGER, „daß mein alter Bekannter Dr. ABRAHAM HOFFMANN sich gleichzeitig [zur Habilitation] meldet und seinerseits alle Zusagen zu haben behauptet. In 8 Tagen werde ich DILTHEY die glatte Frage stellen, ob er sich für ihn oder für mich entscheidet. Diese Frage ist ein Ultimatum; was dann geschieht, wird außerhalb aller Kontinuität liegen."

EDUARD SPRANGER AN KÄTHE HADLICH
Charlottenburg, 12. 07. 1909 / Br., ca. 3/5

[...] Ich war heut bei DILTHEY, wie meine Pflicht war. Ich fand ihn in sehr schlechter Stimmung. Er empfing mich in der unliebenswürdigsten Weise, in einer Weise, die mich als Menschen und Gelehrten in gleichem Maße verletzte. Ich bin zu alt und zu selbständig, um dergleichen Launen auch wichtiger Zwecke willen mit Schweigen zu ertragen. Mühsam nötige ich mich zur Ignorierung bis zum Entscheidungstage.

Ich sollte ihm die Grundzüge der Antrittsvorlesung sagen. Abgesehen davon, daß ich bei einem Privatbesuch keine auswendiggelernten Definitionen des historischen Bewußtseins in der Tasche trage, hatte er selbst keine Sammlung zum Anhören (er erwartete Besuch). Was ich ihm sagte, hatte das Fundament eines Nachdenkens, dem ich seit Jahren hingegeben bin. In der Formulierung war es eben Gesprächssache. Alles war mindestens diskutierbar. Er lehnte alles ab, unmittelbar, nachdem es ausgesprochen war, mit sichtlicher Schadenfreude. Dann wiederholte er mehrmals: „Sie müssen noch eine ganz ungeheure Anstrengung aufwenden. Sie müssen das noch viel schärfer durchdenken etc." Definitionen, in denen er seit Jahrzehnten der Schwächste der Lebenden ist, waren nun sein Trumpf. Und da ich ihm fast nichts brachte, als das, was in seinen eignen Schriften liegt, so fand er alles unzulänglich. Fragen, die unlösbar sind, deren ganze Konsequenzen er noch nicht einmal so übersieht, wie ich sie bei der Kenntnis der modernsten Literatur übersehe, wollte er nun gelöst und definiert haben.

Eine Eiseskälte ist über mich gekommen. Ich werde, wie 1905, um meine Überzeugungen kämpfen mit aller Macht. Wenn ich ein so trostloser Kopf bin, warum hat man mich zugelassen? Was für eine Konsequenz, wenn schon das Buch unhaltbar war, für mich bei der Fakultät einzutreten, um dann in 10 Minuten jede geäußerte Anschauung undiskutabel zu finden? Ich stehe jetzt als Mann und nicht als Examinand für meine Anschauungen. Komme, was da wolle, über mein Vermögen kann ich so wenig wie Dilthey.

Sie sehen, die Götter werfen mir nichts leicht in den Schoß. Auch jetzt noch, abgearbeitet, vom Schicksal zerrieben, soll ich eine „ungeheure Anstrengung" aufwenden. Es liegt etwas in meiner Lebensauffassung und -erfahrung, was mich darauf nur mit einem Lächeln antworten läßt. Ist *dies* die Wissenschaft, so war meine Liebe zu ihr eine Posse, über die ich hohnlache. Philosophie ist doch keine Chemie und Experimentalwissenschaft. [...]

Eduard Spranger an Käthe Hadlich
Charlottenburg, 20. 07. 1909[1] / Br., ca. 2/3

[...] Der Tag verlief ungetrübt, ja schön – so viel sei dem Einzelnen vorangeschickt. Allerdings die Nerven, die sehr standhaft geblieben waren, wurden gestern im Laufe des Tages immer rebellischer. Es ist furchtbar, wenn man mit allem fertig ist und tatenlos auf die entscheidende Stunde warten muß. Mein Vater, innerlich noch viel aufgeregter, redet dann immer sehr wortreich zu und behauptet zuletzt aufbrausend, *ich* bauschte die Sache auf.

Punkt ¾ 6 befand ich mich in Gesellschaft eines Kleiderständers in der großen leeren Aula. Rapport der Subalternen: bisher nur 5 Herren anwesend. – Endlich öffnet sich die Tür: Herein treten Dilthey und Riehl, um nach dem Senatssaal durchzugehen. Dilthey blühend, über das ganze Gesicht lächelnd, schüttelt mir die Hand: „Wie geht es Ihnen." Riehl ebenso, sehr verbindlich: „Es ist nicht sehr feier-

Eduard Spranger im Frühsommer 1909

lich bei unsern Antrittsvorlesungen, weil immer nur wenige Herren kommen. Aber wir interessieren uns sehr." Ab in den Sitzungssaal. – Dann erscheint der Dekan und erklärt mir unter Händedruck, ich werde anfangs vor sehr wenigen Herren lesen müssen; die andern kämen erst allmählich. (In der Tat war es wie bei LÖHER und WOLFF.)

Nach wenigen Minuten ruft mich der Dekan herein. Ich verneige mich an der Tür. Mein Blick fällt zuerst auf ERICH SCHMIDTS ernst-freundliches, schönes Gesicht – ein Freund. Ich setze mich. Der Dekan fordert mich auf zu beginnen, und ersucht mich, als ich im Stehen sprechen will, Platz zu behalten. Ich beginne: „Erlauchte Fakultät", – und laut, prononciert und ruhig lese ich meine 33 Quartseiten Text. TOBLER, dessen Interesse mir unbekannte Gründe hat, sitzt immer hinter mir, ja der 75jährige will mir sogar ein herunterfallendes Blatt aufheben. Der Anblick des alten FOERSTER, der ebenso wie SCHWENDENER mit sichtlichem Interesse zuhört, erfreut mich innerlich. Um 6 Uhr 20 geht ERICH SCHMIDT und raunt mir zu: „Ich muß in die Vorlesung." Um dieselbe Zeit (es krabbelte immerzu um mich rum) erscheint WILAMOWITZ, an den ich von jetzt an meine Rede ausdrücklich wende. DILTHEYS Gesicht legt sich in 500000 Falten; RIEHL schreibt, als wollte er's in die Zeitung setzen. Plötzlich, gegen Mitte, sitzt STUMPF hinter dem Dekan. Gegen Schluß belebt sich das Geschäft. Ich lese reichlich 40 Minuten; als ich zum Schluß sage: „Die wissenschaftlichen Aussichten der Pädagogik sind gering", lächelt WILAMOWITZ. Nachdem ich geendet habe, fordert der Dekan DILTHEY auf, das Kolloquium zu beginnen. Er knüpft an den Schluß an und wünscht, mühsam mit dem Ausdruck ringend, eine Erklärung, weshalb ich das Schaffen eines Bildungsideals einen künstlerischen Vorgang nenne. Ich expliziere mich, wie ich glaube, scharf und glücklich näher darüber. In dem Augenblick, wo das Wort „Analogie" fällt, fährt ein glückliches Lächeln über DILTHEYS Gesicht, und er sagt, was ich von ihm noch nie gehört habe: „Dann sind wir einig." Eine zweite Frage, nach der pragmatischen Geschichtschreibung des 18. Jahrhunderts, bemüht er sich vergeblich, so zu formulieren, daß mir klar wird, worauf ich zu antworten habe. Er verspricht sich bei jedem 2. Wort. WILAMOWITZ schüttelt den Kopf. Ich, nicht faul, halte eine längere Rede über das Naturrecht. DILTHEY antwortet. WILAMOWITZ nickt während *meiner* Rede lebhaft Beifall. Ich rede dann – ad libitum, über GUICCIARDINI, MACHIAVELLI, HUME. DILTHEY lächelt glücklich: „Ja, dann verstehen wir uns" und tritt das Wort an RIEHL ab. Dieser greift einige Einzelheiten heraus, erwartet aber von mir keine Antwort, stellt dann seine Auffassung der ganzen historischen entgegen, wobei er kaum einen Partner gefunden haben mag, läßt es aber im ganzen weder zu Frage noch Antwort kommen, und betont den künstlerischen Aufbau meines Vortrages. Jeden Satz beginnt er mit der Bemerkung, daß ihm die Zeit eigentlich nicht gestatte, ihn zu Ende zu führen. – Der Dekan fragt: „Wünscht noch jemand mit dem Herren Habilitanden zu diskutieren?" – Hier erwartete ich STUMPFS Eingreifen, dessen Anschauungen ich verschiedentlich berührt hatte. Alle schweigen. Ich werde ersucht, mich zurückzuziehen. In der Aula sitzt das nächste Opfer, das ich gerade begrüßen kann; dann werde ich hereingerufen. Der Dekan erklärt: „Die Fakultät erteilt Ihnen die venia legendi für Philosophie, ich spreche Ihnen die Glückwünsche der Fakultät aus. Darauf eilt die ganze Rotte auf mich zu: Der *erste*, der mir gratuliert – ist STUMPF. ERICH SCHMIDT: „Ich habe leider der Vorlesung wegen gehen müssen." WILAMOWITZ: „Es hat mir viel Spaß gemacht." Dann RIEHL, dann der Dekan, hinter dem sich der kleine Geheimrat[2] verbirgt. Ich danke ihm mit besonderen Worten: Er strahlt über das ganze Gesicht: „Sie haben es sehr nett gemacht."

LENZ hatte sich vorher bei mir wegen seines Ausbleibens entschuldigt. Gewundert hat mich nur SCHMOLLER, der sich am letzten Tisch mit fremden Dingen beschäftigte. Gefreut hat mich ERICH SCHMIDTS Fahnenwacht, der gleich von der Vorlesung wieder hereinstürmte. Ich glaube, er hätte mich aus dem ganzen Haufen herausgehauen.

Draußen warteten auf mich LUDWIG, OESTERREICH und HAVENSTEIN. Der erste sah, daß DILTHEY in bester Stimmung herauskam. Mein erster Weg zur Post; dann nach Hause. Mein Onkel Ernst kam auch. Darauf bekam ich meinen Hungeranfall, der bis jetzt noch anhält.

Diese Klippe also ist überwunden. Sie ist es *durch Sie*. Der Gedanke an eine Tote[3] und eine Lebende[4] hat mich während dieser Stunden erfüllt. Die sehr trockene Vorlesung werde ich Ihnen später zur Lektüre schicken.

Mein Blick wendet sich in die Zukunft. Es ist für den Winter *jedes* Fach mehrmals angezeigt. Für Pädagogik sind schwache Aussichten. Am besten wäre noch Religionsphilosophie. – Am 14. VIII. jedenfalls ist zunächst die öffentliche Vorlesung über: „Philosophie und Pädagogik der Stein-HARDENBERGischen Reform."[5] [...]

---

[1] Schilderung der Probevorlesung am 19. 07. 1909 über das Thema „Die Bedeutung des historischen Bewußtseins für die Pädagogik" zum Abschluß des Habilitationsverfahrens (zum Datum vgl. unten EDUARD SPRANGER 06. 08. 1909). In seinen Erinnerungen, wie er sie in dem Manuskript „Meine Studienjahre" festhielt, gibt SPRANGER fälschlich den 23. Juli 1909 als Datum des Probevortrags an - allerdings, ohne sich ganz sicher zu sein, wie das hinter dem Datum notierte Fragezeichen zum Ausdruck bringt. (Studienjahre, 82f; EDUARD SPRANGER 09. 07. 1909).

[2] WILHELM DILTHEY.

[3] SPRANGERS Mutter, die am 19. 03. 1909 verstorben war (EDUARD SPRANGER 19. 03. 1909).

[4] KÄTHE HADLICH.

[5] Zur öffentlichen Antrittsvorlesung vgl. den nachstehend abgedruckten Brief SPRANGERS vom 06. 08. 1909.

EDUARD SPRANGER AN KÄTHE HADLICH
Charlottenburg, 06. 08. 1909[1] / Br., ca. 1/2

[...] Um 3/4 12 war ich im Senatssaal. Schon vorher hatte ich MÜNCH getroffen, der mich mit seiner Anwesenheit beehrte und sehr liebenswürdig war. Durch die Familien RUNGE und HELENE SCHULZE wand ich mich in den hehren Raum, wo ich am 19. sprach.[2] Bald nach 12 kam der Dekan; mit ihm RIEHL, der seinen schönen Landaufenthalt in Babelsberg[3] opferte, während DILTHEY fernblieb. Der Dekan, ein reizender Herr, warf sich ins Ornat; es entstand nun unter uns ein edler Dissensus, wie wir in die Aula gehen wollten. Der Dekan wollte mich rechts nehmen, ich wollte links von ihm gehen, RIEHL wollte mich in der Mitte haben. Der Erfolg war, daß wir alle einzeln liefen. So kam ich an Frau Direktor[4] und dem treuen Teil des KNAUERschen Kollegiums vorüber, bestieg das *obere* Katheder und begann mit einer Stimme zu lesen, die den ganzen Raum beherrschte. Es ging alles glatt, bloß Adam Müller stellte mir eine Falle und kam mir in den Mund, als von GENTZ die Rede sein sollte. Im ganzen sprach ich 3/4 Stunden – 50 Minuten unter sichtlich steigender Teilnahme. Der Schluß handelte von der Universität Berlin, von der Philosophie als pädagogischer und politischer Macht. Dann stieg ich herunter; der Dekan, RIEHL, MÜNCH waren sehr entzückt. MÜNCH sprach sogleich vom Drucken. Frau Professor PAULSEN mit Tränen in den Augen (ich hatte auf P.s [PAULSENS] Werk verwiesen und hinzugefügt: dessen ich in dieser Stunde mit schmerzlicher Wehmut gedenke[5]). Darauf entspann sich ein Wetteifer der geladenen Freunde etc. (Es waren nur ca. 6-10 Fremde unter 50), mir die weißen Handschuhe zu verderben. Vor diesen Insulten rettete ich mich in den Senatssaal, wo Dekan und RIEHL sich *sehr* enthusiasmiert äußerten, besonders der Letztere: „Sie haben große historische Kenntnisse. Sie werden aus dem vollen schöpfen; ich stelle Ihrer jungen Kraft die glücklichste Prognose." Diesen Moment benutzte der Dekan, um sich in meinem Überzieher zu entfernen. Nachdem es mir gelungen war, mit Hilfe der Amtsgewalt des Pedells wieder in seinen Besitz zu gelangen, fanden wir uns bei Siechen[6] zusammen: mein Vater und einige ihm befreundete Herren. Onkel Paul (ein gemütlicher Zechbruder), LUDWIG, HAVENSTEIN. 9 Personen. Es gereicht mir zur Genugtuung, daß ich mit Onkel Paul und LUDWIG alle anderen „überdauerte"; die übrigen entfernten sich, als LUDWIG eine Rede begann, bei der sich LUTHERS Schicksale unklar mit meiner Habilitation vermengten, und als ich in das Nonnenkloster zu St. Georg[7] eintrat, weil ich meinen Freund Fridericus hatte unter dem Tisch liegen sehen.[8]

Heute schreibt mir der Kollege ROETHE einen rührenden, enthusiastischen Brief; Gratulationen in Fülle, auch von MISCH, DILTHEYS Schwiegersohn.

[...] Am Sonntag war ich bei Dr.! GERTRUD BÄUMER. Sie wünscht einen Mitarbeiter für ein pädagogisches Lehrbuch für Lehrerinnenseminare. Interessante Dame;

Empfehlung von MÜNCH. Selten habe ich so hohes Entree bezahlt. Eigentlich wollte ich bloß mal so eine „führende Frau" aus der Nähe sehen. Muß dafür pädagogisches Lehrbuch schreiben, eine tolle Idee. Es soll eine Fortsetzung ihres Buches „Von der Kindesseele"[9] sein, das LUDWIG als „Proben kindischer Seelenbetrachtung" bezeichnete. Wer weiß, ob je was daraus wird. [...]

[1] Schilderung der öffentlichen Antrittsvorlesung, die nach EDUARD SPRANGER 20. 07. 1909 (vgl. oben) am 14. 08. 1909 angesetzt war, offenbar aber dann doch früher stattfand, da SPRANGER bereits in diesem Brief über sie berichtet. In den „Studienjahren" (S.84) datiert er sie rückblickend auf den „Beginn der großen Ferien". Sie könnte um dem 04. 08. herum stattgefunden haben. Als Thema war von der Fakultät vorgegeben worden „Philosophie und Pädagogik der preußischen Reformzeit" (Studienjahre, 84). Sie wurde mit einer Widmung für MAX LENZ zum 60. Geburtstag gedruckt in der Historischen Zeitschrift, Bd.104 (1910), 278-321. Im Brief vom 20. 07. 1909 gibt SPRANGER als etwas abweichendes Thema an: „Philosophie und Pädagogik der Stein-Hardenbergischen Reform".
[2] Zum Habilitationsvortrag am 19. 07. 1909 vgl. EDUARD SPRANGER 20. 07. 1909.
[3] Babelsberg bzw. Neubabelsberg: eine der Villenvorstädte Potsdams; 1939 nach Potsdam eingemeindet. In Babelsberg errichtete 1907 der damals noch unbekannte Architekt Mies van der Rohe (1886 -1907) in der Spitzweggasse 3 eine Villa für Professor RIEHL, das sogen. „Klösterli". (Volk, 85)
[4] Frau KNAUER.
[5] FRIEDRICH PAULSEN war am 14. 08. 1908 gestorben (KÄTHE HADLICH 16. 08. 1908; KÄTHE HADLICH 21. 08. 1908; EDUARD SPRANGER 21. 08. 1908).
[6] Nach EDUARD SPRANGER 30. 10. 1911 offensichtlich ein Gasthaus.
[7] Anspielung auf SPRANGERS nebenamtliche Unterrichtstätigkeit vom 25.04.1906 bis zum 28.09.1908 an der Georgenschule, einer Berliner Höheren Töchterschule. (Vgl. Anm. 1 zu EDUARD SPRANGER 01.05.1906.)
[8] Satzkonstruktion so im Original.
[9] GERTRUD BÄUMER: Von der Kindesseele. Leipzig 1908.

EDUARD SPRANGER AN KÄTHE HADLICH
Charlottenburg, 22. 12. 1909[1] / Br., ca. 1/5

[...] Nun hatte sich seit einigen Tagen auf dem scheußlichen Klassenschrank ein schön gerahmtes Bild von HEINE eingefunden. Ich bemerkte es zuerst, als ich Seminar III in d. [der] Klasse unterrichtete und äußerte mich sofort sehr scharf: Poetisches Gemüt, mangelhafter Charakter, worüber Frl. ILSE MAAß in große Erregung geriet. Durch die (ausgezeichnete) Ordinaria der II. Kl. [Klasse], Frl. THÜMMEL erfuhr ich dann, daß diese Seminaristin auf die Klassen einen großen Einfluß übt und sie auch zu HEINE bekehrt habe. – Als ich dann in der nächsten *Schul*stunde das Bild wieder sah, machte ich bloß eine abwinkende Gebärde. Nun lief alles zu Frl. THÜMMEL, um Schutz zu suchen. Diese aber war ganz auf meiner Seite. Sie erzählte mir später, daß viele der jungen Dinger im Portemonnaie zwar kein Geld, aber zahlreiche Zettel mit bissigen und negativen Versen von HEINE trügen. Hierauf erhielt Frl. Th. [THÜMMEL], die sonst brieflich immer als „Geliebtes Frl. Th.

[Thümmel]" angeredet wird, ein Schreiben „Sehr geehrtes Frl. Th." und „Hochachtungsvoll."
Am letzten Tage war das Bild nicht an der gewohnten Stelle. Ich ließ die vorbereitete Rede ausfallen und war befriedigt. Nun aber kommt das Rätselraten und der Teufel plagt sie, mich gerade das an der Wand hängende Heinebild raten zu lassen. Wirklich hing der jüdische Journalist, mit Tannenzweigen geschmückt, an der Wand. Nun unterbrach ich den Scherz und hielt eine kl. [kleine] Ansprache: „*Ich, da ich Sie kenne, zweifle nicht, daß Sie das Bild aus sehr lebens- und liebenswürdigen Motiven angeschafft haben; aber Sie müssen berücksichtigen, daß vielleicht mal jemand von außen kommt, der Sie nicht kennt. Dieser müßte auf den Gedanken kommen, daß hier eine wirkliche Heineverehrung herrschte. Und dagegen muß ich als Lehrer des Deutschen entschieden Einspruch erheben. Sie kennen Heine nicht.* (Hulda Maurer opponiert wütend.) Sie haben ein paar hübsche lyrische Sachen von ihm gelesen. Ich muß Sie aber doch auf folgendes aufmerksam machen: H. [Heine] ist ein innerlich morscher Charakter gewesen. Wenn Sie wüßten, was er geschrieben hat, so versichere ich Ihnen, daß Sie sich als deutsche Mädchen schämen würden, gerade diesen Mann als Gegenstand Ihrer Verehrung zu erheben", etc. etc. „Es wäre mir also lieb, wenn das Bild vielleicht etwas weniger sichtbar aufgehängt würde."
Am Nachmittag war Heine weg. [...]

---

[1] Als das Habilitationsprojekt in die entscheidende Phase kam, hatte Spranger auf Drängen seiner Eltern schließlich am 28. 09. 1908 die seit dem 25. 04. 1906 ausgeübte Unterrichtstätigkeit an der Knauerschen Schule für Höhere Töchter aufgegeben. In den „Studienjahren" (S.72) datiert er ihr Ende auf das Frühjahr 1908. Er hatte danach allerdings gelegentlich noch einige Stunden gehalten. Nach dem Abschluß der Habilitation war er jedoch bald wieder genötigt - schon weil seine und des Vaters Vermögensverhältnisse „kurz vor der Katastrophe" standen (Studienjahre, 72), sich nach einem Broterwerb umzusehen. Er unterrichtete vertretungsweise noch einmal zwei Tage an der Knauerschen Schule und versuchte, dort wieder eine regelmäßige Tätigkeit aufzunehmen. Als Knauer ihn allzu lange hinhielt, suchte Spranger per Annonce eine entsprechende Stelle und entschloß sich schließlich am 03. 09. 1909, ein Angebot Dr. Willy Böhms anzunehmen, für ein Jahresgehalt von 1200 Mark 8 Stunden pro Woche an dessen in der Invalidenstraße 11 (Eduard Spranger 18. 08. 1909; Eduard Spranger 17. 02. 1911; Eduard Spranger 19. 11. 1911) gelegenen Töchterschule und Lehrerinnenseminar zu unterrichten. Damit Spranger diese Tätigkeit ausüben konnte, bedurfte es allerdings einer Ausnahmegenehmigung des Kultusministeriums, ohne das entsprechende Examen als akademische Lehrkraft am Lehrerinnenseminar zu unterrichten. Daß diese schließlich erteilt wurde, verdankte er vor allem auch Diltheys Unterstützung (Eduard Spranger 29. 09. 1910). Spranger übte die Nebentätigkeit an der Böhmschen Schule von Anfang Oktober bis Mitte September 1913 aus, am Ende allerdings nur noch eingeschränkt. (Zur Dauer der Tätigkeit vgl. Eduard Spranger 02. 09. 1909, Eduard Spranger 10. 10. 1909; Eduard Spranger 20. 03. 1913, 13. 09. 1913, zur Art der Böhmschen Schule Eduard Spranger 18. 08. 1909, Eduard Spranger 01. 11. 1909, 24. 05. 1910, Eduard Spranger 05. 09. 1910.)

Ilmenau, den 7. August 1910, nachts[1] / Gedicht EDUARD SPRANGERS, vollständig

Der letzte Abend; alles still ringsum
Und abschiedsschwer, die dunklen Wolken jagen,
Als wollten sie in schwarzen Mänteln stumm
Mein herbes Leid in ferne Fernen tragen. -
Ich weiß: Wo sich des Raumes Spur verliert
In dunkler Herzen ungestümes Schlagen,
Da lebt sie noch, und mütterlich gebiert
Sie mich wie einst zu froher Welten Tagen. -
Oh jauchze auf, mein Kind, du süßes Gold,
Und laß das lange, stürmisch – liebe Fragen:
Uns lacht das Leben überm Abgrund hold
Und will uns hoch ins Ungemeßne tragen.
So ringt sich aus den Qualen dumpfer Not
Mein Geist mit Dir. Wir kennen kein Entsagen;
Jauchz auf, ich will das Leben, will den Tod
Mit Dir, Du herrlichste der Seelen, wagen
Schon seh' ich fern die goldnen Ziele ragen
Was fürchtest Du? *In uns, in uns ist Gott!*

[1] Gedicht SPRANGERS vor der Rückreise nach dem mit KÄTHE HADLICH verbrachten Kuraufenthalt in Ilmenau (ca. 45km südlich von Erfurt), wo er versuchte, einen Bronchialkatarrh auszukurieren, der in Wahrheit wohl ein tuberkulöser Infekt war.

KÄTHE HADLICH AN EDUARD SPRANGER
in der Bahn Heidelberg – Bruchsal, 11. 08. 1910[1] / Br., ca. 1/2

Mein lieber, lieber Bruder!
[...] In Bruchsal erst werde ich den Brief an Sie zur Post geben – und schon beginne ich wieder zu schreiben. Ach, säßen Sie statt dessen noch neben mir, ein Blick, ein halbes Wort würden mehr sagen, als der längste Brief! Aber ich bin doch nicht undankbar. In tiefster Seele empfinde ich das wunderbare Glück, das mir in dem Leben dieser letzten 2 Monate gegeben ist, und diese Sonne erleuchtet mein Herz durch und durch. Darum sollen Sie auch niemals denken, ich hätte irgendwie ein Opfer gebracht. Es war nur ein erhöhtes, geheiligtes Leben, das mir zuteil geworden ist, und das ich Ihnen danke. Es ist etwas tief Geheimnisvolles um dies Füreinander-Bestimmtsein. Es durchglüht mein Leben als eine heilige Aufgabe, und wie Sie in mir an Ihre liebe Mutter gemahnt werden, so ist auch mir ihr Bild in allem gegenwärtig. Wie ganz durchwebt von diesen teuersten Erinnerungen sind uns Bei-

den alle Gedanken und Beziehungen zueinander. Kamen doch Sie, geliebter Freund, am Geburtstag meines Vaters recht eigentlich zum ersten Male zu mir.[2] So sind wir verbunden in allem, was unvergänglich und selig ist, und in diesem Bewußtsein ist Ruhe und Kraft und bleibendes Glück, das möchte ich, soll Ihr Herz erfüllen als stiller Besitz, der die Gegenwart erhöht und fähig macht, sie voll und kräftig zu gestalten. Wie groß ist die Welt, die Ihr Wille so umspannt!

Und wenn mir im kleinlichen Einerlei der Tage der Mut sinken will, dann sollen mich Ihre schönen, lebensfrohen Abschiedsworte[3] trösten. Wenn ich das Leben freudig trage, tue ich das nicht auch für *Sie*? Das Glück festhalten ist auch eine Pflicht. Denn es wird uns doch gegeben wie der Sonnenschein, um zu gesunden! [...]

Ihre treue Schwester.

---

[1] Postkarte, ohne Anrede kurz nach dem Ilmenau-Aufenthalt (ca. 45km südlich von Erfurt) auf einer Bahnfahrt zwischen Heidelberg und Bruchsal (ca. 35km südlich von Heidelberg) geschrieben.
[2] Hier spielt KÄTHE HADLICH wahrscheinlich auf den visionären Kindheitstraum an, den sie SPRANGER erst im Brief vom 04. 03. 1920 (vgl. unten) offenbarte.
[3] Das oben abgedruckte Gedicht SPRANGERS vom 07. 08. 1910, dem letzten Tage des Ilmenau-Aufenthaltes.

EDUARD SPRANGER AN KÄTHE HADLICH
Charlottenburg, 17. 10. 1910 / Br., ca. 5/9

[...] Noch bin ich faul und wenig produktiv. Ich weiß aber, daß das mit der Stunde des *Muß* kommt.

Die Religionsphilosophie macht mir am meisten Sorgen. Was sagen Sie zu folgender Definition: Religion – ist Auffassung und Gestaltung der Welt unter dem Gesichtspunkt der durch Konzentration auf die höchsten Werte erzeugten inneren „Befriedigung" dieser Werte? Die höchsten Werte sind diejenigen, die dem Individuum die Kraft geben, wodurch es im geistigen Sinne des Lebens als ein durch den Tod begrenztes zu leben vermag. Die Gottheit ist eine symbolische Projektion für diese unser niederes Dasein zwingenderen Werte? Es muß etwas geben, was es rechtfertigt, daß wir Negerreligion, Buddhismus und so [scil. „weiter"], Weltflucht, Christentum, ästhetischen Pantheismus[1] unter dem gemeinsamen Namen Religion zusammen begreifen. Ist dieses Ungreifbare gefaßt? Oder gehörte die objektiv verursachte Offenbarung in die Definition? RIEHL weiß es auch nicht. Es ist desparat[2].

Ich bin ganz aus diesen Gedankenreihen heraus und verfluche die äußere Berühmtheit, die mich um die Ruhe zu denken bringt. So erzeugen sich immer neue Widerstände.

Aber Gesichtskreis? Könnte wirklich der Drill durch einen Unteroffizier meinen Gesichtskreis bereichern? Ich wundere mich, daß diese Freunde, die zu schwach waren, meinen Gedankengang mit mir zu gehen, stark genug sind, mir solche selbstverständlichen Lücken vorzuhalten.[3] Wie gut wäre es, hätte ich Tischlern gelernt! Aber lieber dem inneren Rufe folgen, als alles ergreifen und nichts besitzen. Immer mehr sehe ich, daß ich das Tote abstoßen muß, wenn ich mich meines Lebens wehren soll. Entweder muß NIESCHLING zu mir empor, oder auch diese Freundschaft ad acta. Ich habe um meinen Weg genug gelitten, ohne die Teilnahme meiner Freunde zu erbitten. Daß sie sich jetzt noch reicher dünken, nennt man Philistertum, und Sie, die einzige, die mir im brandenden Sturm den Rettungsanker zugeworfen hat, sollten das nicht entschuldigen. Denn Sie allein wissen, *was* mich das gekostet hat, und Sie allein haben Anspruch, mit mir auf der Höhe zu stehen. Ich bin doch viel freier geworden; auch religiös. Ich war nie Skeptiker aus Frivolität, sondern war treu, bis ich das Tiefere erlebte. Aber das darf ich sagen: Gott war mir immer nahe, in Leid und Schuld, nicht war ich selbst, aber als die Qual der Zerrissenheit, über die ich hinauswuchs. [Satz so i. Orig.] Der Kasernenhof ist nicht die Stätte, wo der Kampf meines Lebens überboten wird. Und doch bekenne ich demütig, daß ich es nicht bin, der zum Siege geführt hat, sondern der Gott in meinem Busen, und seine Prophetin – das waren Sie. Gott ist ungreifbar, unaussprechbar, über jede Formel [scil. „erhaben"]. Aber wer ihn hat, der lebt durch ihn, und wodurch wir leben, das ist Gott. Er entschwindet uns immer wieder, aber in den Augenblicken, wo wir ihn am wenigsten *haben*, treibt er uns am mächtigsten. Gott ist das Komplement[4] zu der Nichtigkeit und dem Unfrieden dieses Lebens. Der Reichste ist der, der viel Leben hat und doch viel Gott; der Ärmste der, der kein Leben hat und keinen Gott. Beklagenswert die, die nur Gott haben, aber kein Leben, oder nur Leben, aber keinen Gott; denn sie haben nur ein halbes Leben und einen halben Gott. Die höchste Freude am Leben ist göttlich. Der absolute Glaube an jede edle Kraft ist religiös. Aber wer die Kraft sucht in der Verringerung, der ist ohnmächtig. *Das ist die religiöse Vollendung meiner Humanitätsidee*, aber gottlob – es ist kein Dogma und kein System, sondern rauschende Erfülltheit vom Atem des Daseins. Wo sind die Grenzen meiner Schwäche? Sie sind ein Zufall, und ich glaube ihnen nichts. Denn die wahre Demut ist der Glaube an den unerschöpflichen Reichtum des Lebens! [...]

---

[1] Alleinheitslehre, nach der Gott in allen Dingen der Welt existiert.
[2] Verzweifelt, zum Verzweifeln.
[3] Hier empört sich SPRANGER über seinen Freund ALEXANDER NIESCHLING, der die Offizierslaufbahn eingeschlagen hatte und ihm am 06. 10. 1910 den Rat gab, sich um eine Erweiterung seines Gesichtskreises über das bloße Gelehrtendasein hinaus zu bemühen (EDUARD SPRANGER 11. 10. 1910; ähnlich EDU-

ARD SPRANGER 01. 11. 1910). Der Konflikt wurde bald wieder beigelegt (EDUARD SPRANGER 05. 12. 1910).
⁴ Ergänzungsstück, Gegenstück.

KÄTHE HADLICH AN EDUARD SPRANGER
Heidelberg, 25./26. 10.1910 / Br., ca. 1/3

[...] Ihre Definition der Religion hat mich viel beschäftigt. Anfangs schien es mir gar zu subjektivistisch gefaßt und darum gerade die primitiven Religionen nicht einbegreifend. Aber es scheint mir doch, als wäre die religiöse Gesinnung oder Grundstimmung damit umschrieben, aus der heraus dann die Religion, als etwas objektiv Gegebenes, geschaffen wird. Diese Grundrichtung, die über die Wirklichkeit hinauswill, deutet in die Außenwelt hinaus, was das Individuum aus den Erfahrungen für seine Entwicklung gestaltet, und hält sein eigenes, unbewußtes Schaffen für gegebene Offenbarung. Aber in der Tat enthüllen sich hier Zusammenhänge, die nicht nur einen vom Einzelnen zum Ganzen strebenden, sondern einen alldurchwaltenden Geist zu verraten scheinen. Es läßt sich, meinem Gefühl nach wenigstens, die religiöse Erfahrung ebenso wenig restlos ins eigene Innere verlegen wie die Erfahrungen der Außenwelt überhaupt. Es drückt sich in der Religion die bleibende, innere Stellungnahme zum All aus und findet hier für die gläubige Überzeugung, wie Sie sehr mit Recht betonen, Befriedigung und den Ausgleich für alle Unzulänglichkeiten des Daseins. Welche Gestalt dieser Ausgleich für den Einzelnen annimmt, zeigt sich im Dogma. Verstanden muß er sein, so gut wie die „Harmonie der Sphären"; aber seine Form in der menschlichen Verflechtung wird eine anthropomorphe bleiben müssen. Je vergeistigter und vom Individuellen losgelöst, umso reiner erscheint sie mir. Darum empfinden wir das Losmachen von den Bildern der kirchlichen Überlieferung als ein Freiwerden, weil nun im eigenen Busen diese Tiefen des Lebens sich erschließen und für uns Gestalt gewinnen in unmittelbarer Lebendigkeit. Je näher diese abstrakte, geistige Welt dem gegebenen Dasein rückt, je tiefer sich Diesseits und Jenseits durchdringen, umso voller und ungebrochener das Lebensgefühl. Wie fühle ich dies heilige Leben in Ihnen glühen und seine Macht entfalten zu segensvoller Wirksamkeit. -

[...] Mir ist's so leid, lieber Freund, daß Sie mit Leutnant NIESCHLING noch nicht wieder in das rechte Fahrwasser kommen können[1]. Ich glaube nicht, daß er sich Ihnen gegenüber erhaben dünkt, er will vielleicht nur die Berechtigung seiner Lebenssphäre verteidigen. Werfen Sie nicht voreilig eine alte Freundschaft über Bord, versuchen Sie, entgegenzukommen und gerecht zu sein. Welcher Art Ihre Konflikte sind, kann ich mir nach Ihren Andeutungen nicht recht denken. Denn daß das Militärjahr Ihren Horizont erweitert hätte, kann er ja unmöglich meinen.

[...] Soviel ich auch über Ihre Religionsdefinition nachdachte, ich wüßte nicht, wie man sie anders fassen könnte, ohne sie weniger umfassend oder gar banal zu machen. Anfangs meinte ich, es sei vielleicht möglich, statt der „Konzentration" zu reden von einem *Glauben* an Werte, die über die Wirklichkeit hinausweisen, aber durch dies Leben erworben werden sollen. Aber das ist alles eine Verengung des Begriffs, die bei Ihnen vermieden ist. Eine objektiv gegebene Offenbarung gehört wohl kaum in den wissenschaftlichen Begriff, da sie doch nie als Objekt, sondern immer nur als Schöpfung der religiösen Persönlichkeit nachweisbar ist. [...]

[1] Bezug auf EDUARD SPRANGER 17.10.1910, wo von einer Verstimmung zwischen NIESCHLING und SPRANGER berichtet wird.

KÄTHE HADLICH AN EDUARD SPRANGER
Heidelberg, 02. 12. 1910 / Br., ca. 1/3

[...] Es ist für uns ein leeres Wort, daß Gottes Vatergüte auch das Schwere zu unserm Besten sendet, und doch wissen und fühlen wir, wie der Schmerz verborgene Kräfte auslöst und wie wir mit dem Überwinden wachsen. Ist es notwendig, dieses Walten in der Wirklichkeit einer göttlichen Persönlichkeit zuzuschreiben, die die Geschicke lenkt, ist dieses göttliche Wirken nicht vielmehr in uns und mit uns gegeben? Aber wenn wir dieses Wirkende nennen wollen, sagen wir Gott, und wenn wir es verstehen, so personifizieren wir es als Idee.

Ich las neulich von einer wissenschaftlichen Theorie, die die Zeit als vierte Dimension des Raumes auffaßt. In einer ähnlichen Verknüpfung unsrer Vorstellungen zur Einheit kann ich mir Gott denken, nicht als ein Getrenntes, für sich Bestehendes, sondern als das rein Geistige, das in allem Sichtbaren verborgen wirkt, das Zeit und Raum erfüllt und doch nicht darin aufgeht. Es ist da, allenthalben; aber nur, wo es sich selbst erkennt, reden wir von einer Offenbarung. Aber immer liegt in der Gestaltung der Erkenntnis zur Vorstellung zugleich eine Beschränkung, und darum kann kein Gottesbegriff seine Offenbarung in unserm Leben umfassend aussprechen. – Wenn wir am Begriff und der überlieferten Vorstellung haften und doch einen klaren Wirklichkeitssinn haben, so wird unsre Erfahrung uns in tiefe Konflikte bringen. Darum können wir nur aus dem eignen Leben Gewißheit erringen, umso reiner und sicherer, je weniger wir nach vorgefaßten und ererbten Vorstellungen suchen. Daß der Kampf um diese Wahrheit Ihnen gelinge, daran glaube ich. Warum klagen Sie um verlorene Illusionen? Sie können in die Dumpfheit kindlicher Vorstellung nicht zurück, aber es ist Irrtum, die Ungestörtheit derselben für Reinheit zu nehmen, die nun verloren sei. Nur was sich auch im Kampfe bewährt hat, ist echt, und es kann nicht verlorengehen, was ewigen Wert hat. [...]

EDUARD SPRANGER AN KÄTHE HADLICH
Charlottenburg, 24. 12. 1910 / Br., ca. 1/5
[...] Der schöne große Kasten[1] steht vor mir und erzählt mir von Ihnen und der vielen, vielen Arbeit, die Sie darauf verwandt haben. Er sieht so feierlich aus, als fühlte er seinen würdigen Zweck. Daß sie mir diesen Wunsch erfüllt haben, ist mir eine große Freude. Unsre Briefe sind nun einmal mein bester Daseinsinhalt, und wenn ich sie alle darin geordnet habe, werde ich von diesem Kasten sagen können, er umschließe meinen ganzen Lebensinhalt. Was ich „gelebt und erstrebt" habe (um mit KÜGELGENs Gedichten zu reden), spiegeln diese Blätter. Es ist also für mich von symbolischem Wert, sie alle beisammen und verschlossen zu wissen. Meinen innigsten Dank! [...]

[1] KÄTHE HADLICH hatte für SPRANGER als Weihnachtsgeschenk einen Kasten zur Aufbewahrung ihrer Briefe gebastelt (KÄTHE HADLICH 18. 12. 1910).

EDUARD SPRANGER AN KÄTHE HADLICH
[ohne Ortsangabe] 01. 03. 1911[1] / Br., ca. 4/9
[...] Ich habe geglaubt, die Wirtschaft auf einen ausreichenden Boden gestellt zu haben, indem ich für Wirtschaft, persönliche Bedürfnisse m. [meines] Vaters etc. täglich 10 M ansetzte. Das bedeutet im Jahr 3650. Dazu die Miete mit 1000 M und der Rest für mich: Bücher, Steuern, Marken, Fahrten, gesellige Verpflichtungen – macht 5000 M im Jahr. Dementsprechend habe ich m. [meinem] Vater in den 59 Tagen dieses Jahres 580 M gegeben. Es ergeben sich Extraausgaben: Steuern m. [meines] Vaters (fallen fort), 14 M für einen Verein, dessen Mitglied er seit 50 Jahren ist, 21 M Schneider usw. Aber durch Verkauf der Ohrringe meiner Mutter wurden außerdem 150 M erzielt, und m. [mein] Vater bot mir damals 50 M zur Reparatur meiner völlig defekten und schmerzenden Zähne an. Ich lehnte sie ab, schon weil ich während des Semesters zu dieser Prozedur keine Zeit hatte, nahm aber an, daß sie nun in Reserve bleiben. Da BÖHM vergaß, mir heute das Gehalt zu zahlen, und ich das Geld auf der Sparkasse gern so lange wie möglich lasse, so hatte ich selbst nur 8 M. Sie können sich meine Überraschung denken, als ich mittags erfahre, daß weder zur Bezahlung des abgehenden Mädchens noch als Wirtschaftsgeld für das neue etwas vorhanden sei: Es war gar keine Möglichkeit, [scil. „als"] nun das Geld von der Sparkasse zu beschaffen. Da dort 900 M liegen, ist ja im Moment kaum Not. Ich sah aber doch aus diesem Vorgang, daß für unsern Haushalt die Basis fehlt. Denn diese Summe werde ich noch nach Jahren nicht aufbringen können.
Ich hielt es für meine Pflicht, dies deutlich zu erklären und zugleich zu betonen, daß ich durch diese Unklarheit über die Lage in unerhörte Verlegenheiten kommen

mußte. Das bin ich denen schuldig, die ihr Geld opfern, um mir eine Existenz zu ermöglichen.[2] Wie immer kam es zu einer fürchterlichen Szene, diesmal aber, wie ich sie noch nicht erlebt habe. [...]

[1] Zu dem von 1909 bis 1922 permanent schwelenden Konflikt SPRANGERS mit dem Vater vgl. Anm. 1 zu EDUARD SPRANGER 24.05.1909.
[2] SPRANGER meint hier u. a. KÄTHE HADLICH, die ihm in diesen Jahren wiederholt mit Geldsummen aushalf (vgl. z.B. KÄTHE HADLICH 29. 08. 1908; KÄTHE HADLICH 04. 09. 1908; KÄTHE HADLICH 13. 01. 1909; KÄTHE HADLICH 01. 03. 1909; KÄTHE HADLICH 04. 03. 1909; EDUARD SPRANGER 07. 05. 1909; EDUARD SPRANGER 16. 06. 1909; EDUARD SPRANGER 17. 02. 1910; KÄTHE HADLICH 25. 03. 1911).

EDUARD SPRANGER AN KÄTHE HADLICH
Charlottenburg, 21. 04. 1911 / Br., ca. 2/3

[...] Ich verstehe mich selbst nicht mehr. Ich schien mir geboren zur schönsten Harmonie, und alle Verhältnisse, in denen ich sonst lebe, sind noch heute schön und konfliktlos. Weshalb setzen mich alle bösen Geister auf diesen unglücklichen Menschen, der nun einnmal mein Vater ist? Alles Bittere, was ich gegen das Leben habe, lege ich ihm zur Last. Ich weiß, daß das ungerecht ist. Aber oft scheint mir, als wären wir bestimmt, uns gegenseitig zugrundezurichten. Heute war aus geringem Anlaß wieder der blutigste Konflikt. Wir beide werden ganz krank darunter. Warum muß das sein? Ich wünsche mir oft, nicht mehr zu leben, ich halte es nicht mehr aus, und doch bin ich selbst daran schuld. Wie kommt dies plötzlich in meine Seele? Ich bin sonst so weich und dankbar für jede Liebe. Ist es nun hier wirklich der Geldpunkt allein? Es ist ja wahr, die Ausgaben gehen ins Ungeheure. Und da ich selbst davon so gar keinen Lebensgenuß habe, so frage ich mich, wer das veranlaßt haben kann? Warum kann ich nicht vergessen, was mehr aus Unwissenheit als aus böser Absicht geschah und geschieht? Ich habe darauf nur die eine Antwort: weil ich mich vor dem Unmöglichen sehe und weil dieser Kampf ein Kampf um mein Leben und meine höhere Bestimmung ist, die an diesen Konflikten scheitert. Ich kann nicht mehr arbeiten, nicht mehr denken. Aus jeder gedruckten Seite starrt mir die Frage entgegen: Was soll daraus werden?

Alles ist schon längst tot; in meiner Seele war es nie so wüst. Schwer krank sein ist dagegen Wonne. Ich habe kein Wollen mehr und keine Worte, und doch könnte ich darunter nicht so leiden, wenn ich nicht fühlte, daß es anders sein sollte.

Werfen Sie diese Briefe nicht fort. Wenn jemand mein künftiges Schicksal nicht begreifen sollte, *hier* liegt der Schlüssel. Ich habe ehrlich gerungen, aber es will nicht mehr.

Wenn ich nicht Haus hielte, würde man mir einen Vorwurf machen können. Aber wenn ich Haus halte, erreiche ich nichts und tue meinem Vater unrecht. [...]

Käthe Hadlich an Eduard Spranger
Heidelberg, 14. 06. 1911 / Br., ca. 1/4

[...] Wir sprachen vor Jahren einmal von der Rhythmik bei der Bildung von Kristallen. Aber so einfach kristallisiert das Lebendige nicht, und die Gesetzmäßigkeit des Seelischen würde ich mir viel eher unter dem Bilde von Naturformen denken können, etwa von Blättern, die auch einem ganz bestimmten Strukturgesetz gehorchen, und von denen doch nie eines genau ist wie das andre. Jedenfalls aber wird es mir so schwer, mich in diese Art der Lebensbetrachtung hineinzudenken, weil mir die Formeln gar nicht geläufig und schwer verständlich sind.

Anschaulicher ist mir das Verhältnis des Subjektiven und Objektiven in der Form der Pyramide. Dennoch ist das Ästhetische das Lebendigste, und die Logik gleich der starren Naturnotwendigkeit, die kausale Kette, die alles bindet und doch nichts schafft.

Wenn nun auch das Ziel der Erziehung nicht absolute Objektivität auf allen Gebieten sein kann und darf, muß nicht überall der Hinweis auf das Objektive und die Gesetzmäßigkeit ihr Inhalt sein? Bildet sich nicht das Individuelle allein höher durch solche Erkenntnis? Durch Erkenntnis frei werden, das ist's doch wohl in allem. Wir sprachen oft davon: von der Seele frei zu werden. Aber wird denn etwas Großes geschaffen, das nicht aus ganzer Seele käme? Nur befreit soll die Seele werden von selbstischen Zwecken zu Zielen, die sie hinausheben über die eigene Enge, die das Leben erhöhen durch den Anschluß an ein Höheres, an eine große Ordnung der Dinge. Darum ist eine Philosophie nicht notwendig ein umfassendes Weltbild, sondern ein Mensch der Tat braucht nur einzelne orientierende Linien, die ihn in Zusammenhang setzen mit der Welt, und in dieser Ordnung findet er das Gleichgewicht. Die religiöse Sprache nennt dies: in Gottes Hand stehen; der kritische Denker spricht von Notwendigkeit, Gesetz und Gründen. Immer ist es das Aufgehen des persönlichen Willens in einem höheren Ganzen. Und umso wertvoller erscheint mir die Form der Einfügung, je weniger der persönliche Wille dabei gebrochen wird. [...]

Eduard Spranger an Käthe Hadlich
Leipzig, 16. 10. 1911[1] / Br., ca. 4/9

[...] Ich komme hier in eine wundervolle Position: Die Fakultät scheint durchgängig für mich, weit mehr noch als das Ministerium, ja es scheint, daß diese mich auch als Ordinarius gewollt hätte. Mein Ansehen, mein Machtbereich, meine Wirkung können hier ganz ins Ungeheure gehen. Kurzum, ich bin, abgesehen von wenigen Titelzutaten[2], am Ende meiner äußeren Karriere scheinbar schon angelangt.

Ebenso gewiß aber ist das andere: Meine Professur ist die überlastetste, die hier existiert. In den wirklich höchst *sympathischen* Worten, mit denen Magnificus LAMPRECHT mich empfing, trat dies deutlich zutage: Ich solle die Amtsgeschäfte leicht nehmen und meine Kraft nach Möglichkeit der Wissenschaft erhalten. Und in anderen Tonarten klang überall dieselbe Melodie. Trotzdem *muß* ich Philosophie gleich im 1. Sem. [Semester] lesen. WUNDT und VOLKELT sind darin einig, einig aber um meinetwillen; denn sie wollen mich in der Fakultät als Gleichberechtigten, sie wollen mich entlasten durch die Philosophie und die schlimmen pädagogischen Prüfungen teilweise [ERNST] BARTH zuschieben. WUNDT ist ein so einfacher, lebhafter, frischer Mensch, daß er sicher keine Politik macht. Ich habe zu ihm wie zu VOLKELT ganzes Vertrauen und erwidere damit nur, was sie zu mir haben. Heute habe ich nun angekündigt. Sie finden umstehend die Stundenverteilung.

Sie müssen aber hinzunehmen: die Prüfungen 1) der Doktoranden der Pädagogik, 2) der Oberlehrer[3], 3) der Mittelschullehrer – alle 3 schriftlich und mündlich, die letzeren sogar mit Probelektion (1/2 Std.), mündlich 3/4 Std. Die Einkünfte daraus sind für meine Begriffe höchst bedeutend; ich werde also nichts umsonst tun und manche Erleichterung bezahlen können.

Sie sehen also nun, auf welcher Seite der Feind zu suchen ist, und es kommt mir darauf an, ihn zu bekämpfen. Dazu hat die Kommission der Fakultät heut eine Sitzung. Die Abtrennung der Experimentellen [scil. „Pädagogik"] ist die erste Erleichterung. Über anderes habe ich mit meinem Famulus, der doch ein tüchtiger Kerl ist, heute eingehend beraten. Ich habe mir MEUMANNS ganze Situation (er ist *deswegen* auf und davon gegangen) schildern lassen. Ich werde alle Maßregeln treffen, um mich vor wirklicher Gefahr zu schützen, und bin durchaus gerüstet.

[...] Die Vorlesung über Pädagogik heißt: Pädagogik I. Teil: Philosophische Grundlegung und Geschichte. Zuhörer sollen ca. 200 sein. Philosophie der Geschichte wird einen kleineren Kreis haben. Die Lage der Prüfungen wechselt und ist vorläufig willkürlich angenommen. Im ganzen sollen sie 3 Tage à 2 Std. kosten. Das Schlimme sind die schriftlichen Arbeiten. Die Fakultätsprüfungen werden seltener sein. Viel Geselligkeit wird man nicht mitmachen. Die Vorlesungen sind diesmal wenigstens nicht ganz neu zu machen. Dafür aber Einleben in viele neue Verhältnisse.

Es fragt sich nun, welche Maßregeln notwendig sind, um das alles in durchführbarer Form einzuleiten. Zunächst werde ich meine geschäftliche Korrespondenz wöchentlich einmal mit Sekretärin, die stenographiert, erledigen. Ferner muß ich die Arbeiten (nach Rezept VOLKELT) nicht ganz lesen. Endlich muß ich durch zurückhaltendes Wesen und Aufbietung von Famulus und Sekretär sowie durch strenge Anforderungen die große Masse fernhalten. [...]

[1] Bereits im Juni 1911 hatte RIEHL angedeutet, daß SPRANGER evtl. in Leipzig als Nachfolger ERNST MEUMANNS, der nach Hamburg gegangen war, in Betracht kommen könnte (EDUARD SPRANGER 15. 06. 1911). Im Juli gab es dann entsprechende Gerüchte und auch die Vermutung, daß ein weiterer Ruf nach Straßburg oder Tübingen zu erwarten sei (EDUARD SPRANGER 12. 07. 1911; EDUARD SPRANGER 20. 07. 1911). Daß die Leipziger Angelegenheit konkrete Formen annahm, zeichnete sich Anfang September ab. GEORG MISCH, der Schwiegersohn DILTHEYS, gratulierte sogar verfrüht (EDUARD SPRANGER 06. 09. 1911; EDUARD SPRANGER 07. 09. 1911; KÄTHE HADLICH 08. 09. 1911). Am 09. 09. 1911 kam der offizielle Ruf. Noch im September nahm SPRANGER ihn an, und bereits im Oktober vollzog er den Wechsel von Berlin nach Leipzig (EDUARD SPRANGER 09. 09. 1911; EDUARD SPRANGER 12. 09. 1911; 25. 09. 1911; EDUARD SPRANGER 11. 10. 1911).
[2] Wegen seiner Jugend - er war gerade 29! - mußte SPRANGER das Ordinariat zunächst als Extraordinarius beziehen, jedoch mit „Expektanz [Anwartschaft] auf ein Ordinariat". (EDUARD SPRANGER 12. 09. 1911)
[3] D. h. der Gymnasiallehrer.

EDUARD SPRANGER AN KÄTHE HADLICH
[ohne Ortsangabe] 08.06. 1912[1] / PK, ca. 19/20

G [Geliebtes]!
Der große Akt[2] hat von 12 – 1 stattgefunden unter ehrenvollster Beteiligung der Fakultät (etwa 20 Ordinarien, doppelt so viele ao [außerordentliche Professoren] und Privatdozenten, Verleger, Schulräte. Rednerisch vielleicht meine beste Leistung (nicht inhaltlich). Nach Schluß zerstob das Aud. [Auditorium] nicht, sondern blieb zu minutenlanger Fußarbeit sitzen. Aula vollbesetzt. Dann Vereidigung: WUNDT und VOLKELT als Zeugen. WUNDT etwas still. Wehmut des Alters oder Divergenz? Jedenfalls tiefer Gesamteindruck. Delinquent recht kaputt.
Zum Schluß beim Gedenken an PAULSEN und DILTHEY übermannte mich die Bewegung. Gedachte auch WUNDTs und VOLKELTs.
Das war eine schöne Woche.
Herzlichen Dank für die schönen Blumen.[3]

[1] Postkarte; Datum des Poststempels.
[2] SPRANGERS Antrittsvorlesung in Leipzig.
[3] Postkarte endet ohne Grußformel.

EDUARD SPRANGER AN KÄTHE HADLICH
Charlottenburg, 01. 10. 1912 / Br., ca. 1/2
[...] Wo man auch die Philosophie anfaßt, an jedem ihrer Punkte tut sich dasselbe Loch immer wieder auf. Es ist schließlich eben *das* Problem des geistigen Lebens. Und daß ich darüber nicht klar bin, obwohl ich diese Dinge *lehren* soll, das bedeutet mir einen inneren Stachel.

Daß in der Religion ein objektives Moment und ein subjektives Zusammenwirken [scil. „besteht"], unterliegt keinem Zweifel. Ebenso steht fest, daß auch das Objektive nur an seiner subjektiven Erscheinungsform erkannt werden kann. Aber nicht jede Erlebnisform des Objektiven ist religiös; nicht jede religiöse Haltung ferner das, was man früher „wahr" genannt hat: Ich würde sagen, nicht jede ist auf demselben Niveau. Diese Höhe der religiösen Standpunkte zu kritisieren, ist meine wissenschaftliche Aufgabe, und es handelt sich da um *Methoden*, um Kriterien, nicht um bloßes Aussprechen von Stimmungen.

Zahlreiche Schriften habe ich gelesen und in jeder ein Körnchen Wertvolles gefunden. Am besten ist wohl noch HÖFFDINGS Bestimmung, daß die Religion das Verhältnis von Wert und Wirklichkeit ausdrücke.

Die Wirklichkeit ist in ihren typischen Grundzügen für uns dieselbe – Geborenwerden, Leben, Leiden und Sichfreuen, Sterben. Aber unser Wertverhalten dazu ist mannigfacher Schattierungen fähig. *Wer hat den wahren Sinn und Wert dieses Lebens?* Ich kann mir denken, daß dieser Sinn den einzelnen in Teilerfahrungen aufgeht, gleichsam in gebrochenen Strahlen. Aber ich kann nicht annehmen, daß *alle* recht haben. Wo liegt nun das Kriterium?

Man tadelt die sog. Wunsch- und Postulatentheorie. Es scheint mir aber keine Form zu geben, die aus ihr befreite. Daher muß man aus der Not eine Tugend machen. Jede Sehnsucht, die in uns lebt, jede Wertforderung, die in uns erwacht, entspringt aus unsrer geistigen Organisation und kann deshalb nicht eliminiert werden. Das Kriterium liegt nun darin, ob es unter der Herrschaft solcher Wertforderungen möglich ist, zu jener inneren Harmonie, Befriedigung zu kommen, die man den Frieden Gottes nennt. Dies ist jetzt für mich das eigentliche Zentrum des Religiösen: Versöhnung von Wert und Wirklichkeit, *geistige* Selbsterhaltung, die sich als Kraft und Einheit im Gegensatz zur Ohnmacht und Zerrissenheit äußert. Damit folgt aber für mich zugleich die Forderung, daß der gegebene Zusammenhang, der allem Wert und allem Sinn, aller Gerechtigkeit und aller Menschlichkeit widerstreitet, mir phänomenal ist. *Diese Welt kann nicht das letzte Wort sein.*

Das ist der Satz, in dem ich mich von Ihnen unterscheide, und ich kann ihn nicht aufgeben. [...]

EDUARD SPRANGER AN KÄTHE HADLICH
Leipzig, 03. 11. 1912 / Br., ca. 1/7

[...] Sie wollen v. [von] den Vorlesungen etwas hören. Nun, Gottlob, sie sind im Gange, und besser als ich denke. Mit der Relphil. [Religionsphilosophie] fing ich an. Ca. 120 – 150 Hörer, auch Damen der Gesellschaft, ältere Herren etc. Es war in mir sehr viel Schwung und kam aus der Tiefe. Die Päd. [Pädagogik] habe ich mit über 300, also mehr als im Sommer, angefangen. Wenn auch noch einige abfallen, so läuft doch die Sache bis jetzt ganz gut. In den Übungen sind leider auch 100 und sehr heterogenes Volk, auch gräßliche Weiber. [...]

EDUARD SPRANGER AN KÄTHE HADLICH
Charlottenburg, 20. 03. 1913 / Br., ca. 1/3

[...] Was nennt man Ferien? Die Zeit, wo man sich doppelt so viel Pflichten selbst wählt, als man sonst hat; die Zeit, wo von unbegrenzten Möglichkeiten nicht eine realisiert wird; die Zeit, wo man für jeden Besuch vogelfrei ist; die Zeit, die mißmutig alles in Stockung und nichts in Ordnung bringt etc. [...]

Trotz allem befinde ich mich in einer gewissen inneren Bewegung. Wie stets, wird sie auch diesmal durch meine pädagogischen Beziehungen zur BÖHMschen Schule[1] ausgelöst, aber in einer ganz neuen Form: Ich sehe, daß hier die Brücken abgebrochen sind. Ich kann mich unter dem Ernst meiner verantwortungsvollen Lebensaufgaben nicht mehr in den kindischen Ton dieser Umgebung finden und sah, nicht mit Wehmut, mehr mit Abneigung, wie wenig die diesmaligen Abiturientinnen, meine *letzten* Schülerinnen, zu mir emporfinden würden. Ich habe sie *kaum* 1/2 Jahr gehabt, mir also ist dies weder zuzurechnen noch erstaunlich; für die neue Schulleitung (unter uns!) ist die herrschende Geschmacksrichtung und Tonart *keineswegs* ehrenvoll. Ich sehe, und das ist vielleicht meine *neue*, nicht mehr ästhetische enthusiastische Stellung zur Pädagogik, darin das *allgemeine* Problem. *Warum* waren 10 Jahre höherer Schule für die spontane Innerlichkeit dieser Mädchen wirkungslos? Warum bleibt das Haus mit seiner Tonart doch mächtiger? Ich weiß die Antwort auf diese Frage. Sie liegt in dem, was die ganze neue Pädagogik von der alten unterscheidet – Leben ist mächtiger als Lehren – und sie liegt leider in der Person von WILLY BÖHM, die genau so unpädagogisch ist, wie ich pädagogisch. Denn die früheren Generationen waren doch wesentlich anders, wenn jetzt die Nachwirkung ihr Ende hat und ich mich von diesem Kreise als *Schulgemeinschaft* löse.

Etwas verödet erscheint mir das Haus der akademischen Pädagogik, in das ich zurückkehre. Wenn *so wenig daran* lehrbar ist, was hilft alles Reden? Fast kommt jetzt die Aufgabe darauf hinaus zu zeigen, daß das Erziehertum nicht lehrbar ist. [...]

---

[1] Zu SPRANGERS Tätigkeit an Böhms Höherer Töchterschule und Lehrerinnenbildungsanstalt vgl. Anm. 1 zu EDUARD SPRANGER 22.12.1909.

EDUARD SPRANGER AN KÄTHE HADLICH
Charlottenburg, 31. 03. 1913 / Br., ca. 1/2

[...] Ich fühle immer deutlicher, und ich kann doch nichts dafür, daß die Loslösung von der Schule mich sehr unglücklich macht. Es ist, als müßte ich von einem ganz wesentlichen Stück meiner Seele scheiden. [...] Sie werden mich töricht nennen: Aber ich kann doch nicht dafür, daß die Berührung mit der Jugend für mich eine so metaphysische Bedeutung hat. Alle meine Werke wurzeln in diesem Grund. Wenn ich ihn ganz verliere, bleibt nur der unwahre, akademische Oberbau.

[...] Mein liebes Kind, ich habe Ungeheures leisten und arbeiten müssen und fühle mich oft so alt, als ob alles in der Welt schon fern hinter mir läge. Die Freude an Titel und Ehren sind genossen: Es bleibt die tägliche Pflicht, deren Schwere kaum einer mir nachfühlt, und die ich nur trage, weil ich weiß, daß es für einen großen Zweck ist und daß es heute in Deutschland kein anderer so kann wie ich. [...]

EDUARD SPRANGER AN KÄTHE HADLICH
Leipzig, 25. 04. 1913 / Br., ca. 1/5

[...] Wie anders der Anfang meiner Vorlesung heut. Ich schildere die Philosophie als Streben nach Gesamterkenntnis, Erkenntnis als etwas Allgemeingültiges und Ewiges, daher das philosophische Bewußtsein als Begründung einer neuen höheren Lebensstufe im zufälligen und begrenzten Ich. Das Material der Philosophie: Sinnenerfahrung und Innenerfahrung; die letztere geteilt in das religiöse Erlebnis, das sittliche, das ästhetische. Demgemäß findet die Phil. [Philosophie] vor: das naive Weltbild, das religiöse Weltbild, die überlieferte Moral und das Schema des Kunstwerkes. Philosophie will dies zur Wissenschaft erheben. Sie tut es zunächst als *Metaphysik*. Aber ihre volle Aufgabe erfaßt sie erst dann, wenn sie sich über dies ihr Spezifisches, nämlich die Tendenz zur Wissenschaft, klar wird, wenn sie das Denken selbst zum Gegenstand des Denkens, das Erkennen selbst zum Gegenstand des Erkennens macht. So wird sie *Wissenschaftslehre* in fruchtbarer Wechselwirkung mit allen Einzelwissenschaften. Nur gelingt es der wissenschaftlichen Kritik noch nicht, alle jene Materialien zu absorbieren: Es bleibt das Religiöse, das Sittliche, das Ästhetische als der tragende Untergrund des Denkens und muß aus jeder historischen Philosophie vom Geschichtsschreiber herausgelöst werden. [...]

EDUARD SPRANGER AN KÄTHE HADLICH
Auf d. [der] Aussichtsbank zw. [zwischen] Stutenhaus u. [und] Rennsteig[1], bei Gewitter, 17. 05. 1913 / Br., ca. 3/4

[...] I. Sie erinnern sich, was ich Ihnen a. [auf] Reichenau[2] sagte über die Aufgabe d. [des] Philos. [Philosophen], sich selbst auszusprechen. Dies ist gleichsam s. [seine] Zeitfunktion. Die Grundverfassung unsres Bewußtseins ist nicht etwas, was wir uns geben können, sondern ist vor aller Philosophie da als Produkt zahlloser teils geglückter, teils mißlungener Bemühungen. So ist auch m. [mein] Standpunkt modern, nicht zurückführbar auf einen früheren Typus, sondern zunächst Positivismus (d. h. immanente Einzelwiss. [Einzelwissenschaft] als Erkenntnisform).

II. Wenn ich in vielen Fragen skeptisch-negativ erschien, so liegt das an einem positiven Satz, nämlich daß die Mitte, resp. das Leben, nicht schlichtweg in wissenschaftl. [wissenschaftliche] Begriffe auflösbar ist. (Dies die Ergänzung zu jenem Positivism. [Positivismus] sub I.) Wissenschaft ist eine Funktion im und am Leben, nicht aber das Leben selbst (das wäre HEGELS Panlogismus[3]). Gewonnen ist diese Einsicht m. [mit] d. [der] Geisteswissensch. [Geisteswissenschaft] Hier ist der Begriff n. [nicht] stellvertretend für die Sache, sondern nur eine Anweisung, die Sache sich zu bezeugen, ein technischer Träger für das Verstehen. Ein Beispiel macht die Sache klar: Philosophen alten Stiles fragen: Ist der Mensch frei oder unfrei? Wir sagen: Keiner von beiden Begriffen deutet den Tatbestand; beide sind nur Abbreviatur[4]. Der Tatbestand ist eine Sache sui generis, d. h. mit Naturvorgängen nur entfernt vergleichbar. Es gibt Erlebenskomplexe, in denen wir uns frei fühlen, und solche, wo nicht. Die unverfälschte Sache haben wir nur im möglichst konkreten, anschaulichen Nacherleben. Wer aber v. [von] d. [dem] Angeklagten X sagt, er sei frei, der schematisiert in einer, auch wissenschaftlich betrachtet, groben Weise.

III. Die Folgerung daraus ist nun ganz einfach die: Eine Aufgabe ist die Geisteswissenschaft, die möglichst brauchbare Begriffe schaffen will. Die andere Aufgabe entgegengesetzt: Geistesführung. Man darf nicht glauben, im Begriff die Sache zu besitzen, sondern muß nach möglichst umfassender Anschauung des Lebens streben, nach Erweiterung des Verständnisses, nach Vielseitigkeit, im Gegensatz zur Einseitigkeit der -ismen. Dies meine Humanitätsidee: Erweiterung des Lebensbewußtseins. Geschichte, Kunst, Daseinserfahrung als Mittel. Dies ist natürlich für jeden einzelnen eine konkrete Aufgabe. Hier wird die Philosophie eben individuell, gerade weil sie universell werden will. (Mikrok. [Mikrokosmos], Makrok. [Makrokosmos]) Ich glaube, das ist jetzt in seiner Grundtendenz alles klar. Es ist Ablehnung des Rationalismus (Leben = Wissenschaft), aber auch kein Irrationalismus, weil eben Wissenschaft in d. [das] Lebensbewußtsein aufgenommen wird und werden muß. [...]

[1] Im Thüringerwald bei Schmiedefeld im Kreis Schlusingen, südlich von Suhl.
[2] SPRANGER verbrachte im April 1913 mit KÄTHE HADLICH einen Urlaubsaufenthalt auf der im Nordwesten des Bodensees gelegenen Insel Reichenau. (EDUARD SPRANGER 21. 03. 1913; EDUARD SPRANGER 21. 04. 1913). Beide suchten die Reichenau dann auch in späteren Jahren immer wieder einmal (zusammen und allein) auf, so im Frühjahr 1914, 1919, 1923, 1926, 1929, 1930, 1931, 1933, im Sommer 1918, 1929, 1938, 1939 und im Herbst 1919. Zumindest von ferne gesehen hatte SPRANGER die Reichenau schon während der Sommerreise des Jahres 1904 (Tagebuch der Sommerreise, Eintrag vom 29. 08. 1904). Besondere Bedeutung erlangten für beide die ersten gemeinsamen Aufenthalte auf der Reichenau im Frühjahr 1913 und 1914. Die Reichenau wurde für sie zum Symbol einer schöneren und heileren Welt, wie SPRANGER es u.a. in einem Gedicht vom 03. 12. 1915 ausdrückte (ähnlich in einem weiteren Reichenau-Gedicht vom 27. 08. 1922):

"Will des Lebens Sorge ihr düster Grau
Dir zeigen in späteren Jahren,
so denk an die Insel Reichenau
Und wie wir zum Festland gefahren!
Grün wogte die Welle, leicht tanzte das Boot,
Harmonisch erklangen die Lieder -
Ein Hauch von jenem Seeabendrot
Erlischt in der Seele nicht wieder."

[3] Lehre von der logischen Struktur des Universums, nach der das ganze Weltall als Verwirklichung der Vernunft aufzufassen ist.
[4] Abkürzung.

EDUARD SPRANGER AN KÄTHE HADLICH
Charlottenburg, 19. 09. 1913 /Br., ca. 1/5

[...] Sie haben Ihr Los nun einmal mit dem eines Philosophen verbunden; und zwar keines glücklichen. Denn meine Gedankenarbeit geht seit Jahren nicht voran. Sie quält sich, um dem Dunkel ein Stückchen geordneter Besinnung abzugewinnen. Das Ringen ist ernst, der Erfolg gering. Es liegt in meinem Beruf, daß dieses Suchen und seine Sorgen für mich nichts Gleichgültiges sind. Und so ist es mir denn auch immer ein Stich, wenn ich finde, daß Sie Ihre Lebensanschauung, die durch die Tat mit der meinen identisch ist, in so ganz andren Worten ausdrücken als ich. Es ist wie eine erhoffte Bestätigung, die ausbleibt. Mit meinem Leben haben Sie immer Schritt gehalten, mit meiner Gedankenbildung nicht. Ich halte das für nicht wesentlich, vor allem auch deshalb, weil eben diese Philosophie noch so ungreifbar und verworren ist. Aber wenn dann das Gespräch auf die Religion kommt, so merke ich, daß Sie aus einem ganz anderen Begriffszusammenhang denken als ich. Sie merken das nicht, weil es Ihnen noch viel unwesentlicher ist als mir. Aber ich habe den deutlichen Eindruck, daß Sie im Grunde meinen Standpunkt nicht viel näher kennen als den von WINDELBAND oder sonst einem. Seien Sie ehrlich: Wissen Sie, was ich *denke*?

Sie haben gehört, daß ich Ihnen meine Philosophie nicht zumute. Jene populären Expektorationen[1] ruhen aber bei mir nicht nur auf Erlebnis, sondern auch auf System und Begriffsentwicklung. Seit langem reden wir über diese Seite nicht mehr mit Glück. Früher hätte mich das vielleicht betrübt; jetzt ist es mir durch Tieferes ersetzt. Ich habe überhaupt noch niemanden gefunden, der meine Philosophie in ihren Motiven und Zusammenhängen verstanden hätte, aber ich vertrage da viel Einsamkeit, weil ja alles noch so im Ringen und Werden ist. [...]

[1] Expektoration: Sichaussprechen, Erklärung.

EDUARD SPRANGER AN KÄTHE HADLICH
[ohne Ortsangabe] 27. 09. 1913 / Br., ca. 1/3

[...] Ich bin ein ganz guter Historiker; ein brauchbarer Pädagog, ein erträglicher Kenner der Literatur; aber bin ich ein Philosoph? Ich bin es gar nicht, wenn die Sicherheit und Geschlossenheit der Weltansicht den Philosophen macht. Ich habe keinen Satz, keinen Standpunkt, keine Methode, an der ich nicht zweifle. Und doch bin ich einer der echtesten Philosophen, die gelebt haben, wenn das, was SOKRATES trieb, Philosophie ist. SOKRATES besaß kein Wissen, nur ein unendlich hoch entwickeltes Problembewußtsein. Er hatte gar kein System; alles wurde ihm zur Frage, und an jedem Satz konnte er noch zweifeln. Aber er hatte eine innere Gewißheit des Lebens, an der er nicht zweifelte. Deshalb hielt er die Tugend auch nicht für lehrbar; aber er glaubte, daß jeder durch innere Besinnung besser werde und daß man ihm zur Besinnung verhelfen könne.

Wenn ich mich rings umsehe – und mein Horizont in philosophischen *Meinungen* ist nicht klein, – so besticht mich jede und jede enttäuscht mich. Ich weiß es besser als jede und weiß doch nicht so viel als jede weiß. Dies ist – von gewissen *einzel*wissenschaftlichen Ansätzen abgesehen – mein betrübendes Ergebnis. Im Sinne der anderen also habe ich gar keine Philosophie; aber ich bin auch kein Skeptiker. Denn die Substanz des Lebens trägt in mir gewisse Hoffnungen und Glaubenssätze, die ich nicht begründen kann, die mir aber eindrucksvolle Realitäten in mir selbst sind. [...]

Und wenn Du nun fragst, zu welchen Ergebnissen ich gekommen bin, so ist es – *heute* mehr als je – dieses: Wir können die Probleme reiner und reiner formulieren, und in dieser Arbeit werden wir aufrichtiger und wahrer vor uns selbst. Aber die Lösung haben wir nicht. Sondern nur das innere Lebensbewußtsein leuchtet uns durch dieses Dunkel, und philosophisch leben, heißt im Bewußtsein dieser Probleme leben, nicht aber in ihrer Lösung ruhen.

Ich lese jetzt PLATO, von dem ich nicht viel verstehe. Wenn ich ihn aber verstehe, so ist es dies, daß er, von SOKRATES kommend, die höchste Hoffnung auf die Kraft der Philosophie hatte, und daß er, je klarer ihm die *Fragen* wurden, umso mehr an seiner eignen Lösung zweifelte. Im Mythos sprach er sein Letztes aus.

Deshalb ist, wenn Du so willst, die Forderung, die ich an Dich stelle, daß Du mit mir in Problemen lebst. Dann wird unser Zusammensein und unser Briefwechsel einen neuen Aufschwung nehmen. [...]

EDUARD SPRANGER AN KÄTHE HADLICH
Charlottenburg, 10. 10. 1913[1] / Br., ca. 3/4

[...] Ich leide vor allem an der Zeit. Es quält mich, daß die Bäume und die Häuser noch dieselben sind und liebgewordene Orte still dastehen, während in mir und in der Menschenwelt so vieles sich wandelt. Dies relative Beharren ist nur das Symbol des Kontrastes zwischen Zeit und Ewigkeit, auch jenes ist ja vergänglich wie wir. Gedenke ich denn des Wissens, der Vernunft, des – kurz gesagt Mathematischen -, was nicht vergeht, so ist dies eine Form der Ewigkeit, die mich kalt läßt. Gibt es ein Bleibendes auch in jenen Werten, die nur flüchtig am Dasein aufblitzen und derer wir dann gedenken wie einer schönen Vergangenheit? Hier liegt das Grundproblem. Die Entscheidung, in diesen Beziehungen zu leben, als ob sie ewig wären, wird mir jetzt nicht leicht, wie es dem vom Strudel Fortgerissenen ein schlechter Trost ist, daß die Ufer stille stehen. Dies ist mein ganzes Leid und meine Sehnsucht. [...]

[1] Dieser Brief, der auszugsweise von Bähr (GS VII, 57f) abgedruckt ist, liegt nicht mehr im Original vor.

EDUARD SPRANGER AN KÄTHE HADLICH
[ohne Ortsangabe] 07. 12. 1913 / Br., ca. 1/7

[...] Glauben Sie, daß ich glaube, man könnte die Schule abseits von der Politik halten? Sagen wollte ich doch nur, daß es eine nationale Gefahr ist, wenn ein *Beamten*stand wie die Lehrer sich gegen die Regierung stellten [sic]. Dann ist die Privatschule noch besser: Da kann man sich seine Gesinnung aussuchen, aber eine Schule als politisches Instrument in den Händen einer halbgebildeten Lehrerschaft – das geht nicht. Das ist gegen den Sinn der Staatsschule und gegen den Sinn der Nationalschule, wenn in den Kreisen der Lehrerschaft latente Sozialdemokratie herrscht. [...]

EDUARD SPRANGER AN KÄTHE HADLICH
Leipzig, 25. 07. 1914 / Br., ca. 4/9

[...] Politische Betrachtungen anzustellen, hat nicht viel Sinn. Ich glaube, es müßten Wunder geschehen, wenn jetzt der große Weltenbrand noch verhindert werden sollte. Und ebenso glaube ich – es *muß* so etwas kommen, und wir haben zu zeigen, ob wir des Schicksals wert waren, das wir bisher genossen. Es ist eine große Umwertung aller Dinge; aber wir wollen sie vollziehen, um nicht bloß von der Größe von 1813[1] geredet zu haben.

[...] Die große Frage, die ich an die Zukunft stelle, ist die, ob unsere Sozialdemokratie den Generalstreik durchführen wird. Ich glaube es nicht. Sondern jetzt werden sich die eigentlichen Faktoren des Lebens zeigen: Nichtigkeit der einzelnen, Geborgensein im Gesamtleben und Religiosität, Kraft der ursprünglichen Volksgefühle und Einsetzung des Lebens für Höheres. Wir werden nicht sentimental sein. Es kommt jetzt aber die Probe auf die Theorie. Das Schlimme für Deutschland wird nur sein, daß es aus dem Dreibundvertrag[2] eigentlich *nur ein* ideales Moment für den Krieg herauslösen kann: Schutz der deutschen Kultur in Österreich. Aber ein großes Ideal trägt dieser Krieg nicht in sich, wenn es ihm nicht noch durch die Wendung der Dinge gegeben wird.

Ich habe seit heute morgen keine neuen Nachrichten, rede also nur aus der sicheren Erwartung heraus, daß es zum Kriege kommen muß. [...]

[1] Anspielung auf den entscheidenden Erfolg der europäischen Völker gegen Napoleon in der Völkerschlacht bei Leipzig.
[2] Geschlossen 1882 zwischen dem Deutschen Reich, Österreich-Ungarn und Italien.

EDUARD SPRANGER AN KÄTHE HADLICH
Leipzig, 30. 07. 1914 / Br., ca. 1/2

[...] Wir müssen viel umlernen in diesen Tagen. Und doch war meine Seele selten so gefaßt. Nur das eine betrübt mich, daß ich mich von meinen lieben Studenten trennen muß, die mir so viel Wärme und Treue bezeugen. Es wäre das Natürliche, daß ich auch mit ihnen hinauszöge. Aber wie soll das sein? Ich habe eine flammende Rede gehalten über das sittliche Recht des Krieges. Warum soll ich keinen Anteil haben an diesem Recht? Auch diese Entwicklung muß man abwarten.

Überhaupt ist der Zeitpunkt noch völlig dunkel: Unsre sonnigen Tage sind dies Jahr von tiefen Wolken bedroht. Ich frage danach nicht. Nur mit Dir zusammensein und mit Dir leben möchte ich. Das wäre wohl kein Egoismus, es wäre nur die Vollendung unserer gegenseitigen Bestimmung. Doch dürfen wir daran zunächst nicht denken. Im Kriegsfall ist meine Bestimmung Leipzig. Ich muß hier wirken und organisieren, soviel ich kann. Und es wird auch für die Zurückbleibenden viel zu tun geben.

[...] Wenn ich vom Politischen nichts sage, so ist es nicht Gleichgültigkeit, sondern Überfülle. Ich bin mit mir noch nicht fertig, d. h. mit dem Umlernen. Aber auch diese Sache muß produktiv gemacht werden. [...] Wir können nur durch *schnelle* Erfolge aus der Gefahr des Erdrücktwerdens entkommen. Greift aber England ein – so sollten wir lieber kapitulieren; dann ist es mit uns wohl vorbei.

Alle Beamten sind vom Urlaub zurückgerufen. *Wir* haben nichts zu tun. Möglich, daß ich zum Landsturm eingezogen werde. Aber man wird mich kaum in die Uniform stecken.

Ich weiß nicht, ob ich Ihnen schrieb, daß RIEHLS am Sonntag bei mir waren. Es war ein schöner Tag, nur schon bedroht. Ich war damals an WUNDTS Tisch von uns dreien der einzige, der an Krieg glaubte. Leider habe ich recht behalten. Frau RIEHL gedachte Ihrer herzlich und dankbar. Ich soll Ihnen das sagen.

Wie anders erscheint das Leben unter solchen Aspekten! Es findet eine Regulierung der Wertanschauungen [sic!] statt. „Die militärische-politische Macht eines Volkes", so sagte ich in m. [meiner] Rede, ist Ausdruck seiner sittlichen Kräfte. Macht ist nicht ethisch indifferent, sondern kann und soll den Gipfel der Sittlichkeit bedeuten." In dieser Hinsicht brauche ich nicht umzulernen. Das Politische habe ich immer als die Basis unsrer nationalen Kultur angesehen.

Krieg ist Fatalismus. Ein Zurückgeben des Daseins in den Schoß der dunklen Mächte, denen es entstammt, weil keine rationale Entscheidung mehr möglich ist. Und ein Glaube, daß da der Sinn, nicht Willkür richten wird. Ein Krieg ist deshalb notwendig und immer religiös. Ob wir gewinnen oder verlieren: Er muß uns wieder religiös machen. [...]

EDUARD SPRANGER AN KÄTHE HADLICH
Leipzig, 08. 08. 1914 / Br., ca. 9/10

[...] Wenn Du darauf achtest, wie sich jetzt alle Lebensseiten schärfer herausarbeiten, teils das Wirtschaftliche, teils das Soziale, vor allem aber Politik und Religion, während Wissenschaft und Kunst verschwinden, so wirst Du auch finden, daß das Letzte immer religiös ist. Wenn wir siegen, werden wir es so fassen, und wenn wir untergehen, so wird es wiederum religiös wirken. Jeder aber legt – außer dem allgemeinen Leben – sein ganz Besonderes hinein. Was ihm der höchste Inhalt war, an dem hält er fest, für das kämpft er, und das Vaterland hat in dieser Zeit 1000 Gestalten und Namen.

Ich bin noch nicht zur eigentlichen Konsolidierung gekommen. Besonders die schlechte Fassung der ersten Lütticher Depesche[1] ließ mich an eine Niederlage glauben (die gerade in Belgien von furchtbaren auch ideellen Konsequenzen gewesen wäre). Jedenfalls sind die Verluste wohl sehr stark. BERGMANN, der einzige, der mir jetzt hier näher steht, ist zum Pessimismus geneigt und dabei tiefer, echter Patriot, sanguinisch nach seiner Art, hat mir die letzten Tage recht schwer gemacht.

Diese seltsame Konkordanz zwischen uns! Dasselbe, was Du hoffst, habe ich tags zuvor an meinen Vater geschrieben, nämlich, daß wir, wie es auch werde, froh und stolz sein müssen, eine solche Zeit der Würde und des heiligsten Ernstes miterlebt zu haben. Unser ganzes früheres Leben ist dagegen ein Nichts, die Maßstäbe verändern sich, die schlichte Größe des einfachen Mannes kommt zu ihrem Recht wie die organisatorische Kraft des Führers. In wenigen Tagen sind mir die Sachsen so lieb geworden, wie ich nicht geglaubt hatte: Die Bescheidenheit und Bedürfnislosigkeit dieser Menschen besteht jetzt die Probe. Sie sind, trotz ihrer sorbischen Abkunft, *echt deutsch*.

Meine Privatexistenz ist nicht nach meinem Sinn: Wegen der Notexamina muß ich jeden Tag jede Stunde parat sein; der Landsturm kann jeden Tag einberufen werden. Auf den Listen des Rektorats stehe ich an erster Stelle der freiwilligen Dienstmeldungen, und [scil. „als"] Jungmann habe ich mich für die Thomasschule angeboten. Daneben ringt natürlich auch das Philosophische in mir. Denn diese Erlebnisse wollen heraus, so wie man Kriegslieder nicht nach Friedensschluß dichtet.

Mit den Kollegen, besonders LAMPRECHT, wird viel politisiert. Sehr viel Sicheres weiß niemand.

Eine kleine Funktion habe ich seit gestern. KÖSTER, der designierte Rektor, hat in Schönefeld[2] für durchziehende Truppen eine Bahnhofsverpflegung organisiert. Am ersten Tag kam jede halbe Stunde ein Zug (alles nach Westen!). Selbst die Schlesier[3]. BERGMANN und ich marschierten um 5 Uhr früh von meiner Wohnung ab. Um 6 kam der 1. Zug. Das Bild, ebenso komisch wie rührend, werde ich nie vergessen, wie der Rector Magnificus in seiner tänzelnden Art ein großes Tablett Tassen an den Zug schleppte. Von den Tassen sind wir abgekommen. In mächtigen Eimern wird Kaffee und Limonade oft bis 1/2 km an die Züge gebracht; die Mannschaften schöpfen ihren mit Trinkgeschirren. Außerdem werden belegte Brötchen, Zigarren[*], Postkarten und v. [vieles] m. [mehr] gereicht. Die Offiziere schreien nach Zeitungen. – Welches Gefühl, wenn dann aus dem – Viehwagen mir ein jugendliches Gesicht zurief: Guten Tag, Herr Professor! – Und heute kam auch mein Lieblingsschüler WALTHER HOFMANN mit der sächs. [sächsischen] Artillerie als Vizefeldwebel durch. Ich habe ihm die Flasche mit dem Heidelberger Schloß mitgeben, weil ich gerade nichts anderes hatte: Statt Weißherbst war Cognac drin! – Meine „Gliedmaßen" tun mir entsetzlich weh. Es fehlt die Übung. Trotzdem wäre es mir das Liebste, wenn ich zum Landsturm genommen würde; man muß sich schämen, wenn man jetzt keine Waffen trägt. Aber ich beginne auch die Sache von einer *andren* Seite ertragen zu lernen. Ich weiß sehr wohl, daß wir beim Siegen, noch mehr – was Gott verhüte – beim Unterliegen, die Intellektuellen im Lande dringend brauchen werden. Deshalb möchte ich diese Ereignisse möglichst bewußt mitmachen. Es muß eine politische Weltanschauung da sein, wenn die Waffen schweigen. Ich will also versuchen, mir den Blick für diese Dinge mitten im Kriegslärm klar zu halten und mit den Ereignissen zu wachsen. „Mit den Ereignissen" – denn eine *Lebens*anschauung kann nicht apriori sein. Man muß sehen, woran es fehlt und woran es nicht fehlt. So habe ich immer produziert und gedacht. Ich glaube, es wird auch diesmal meine Rolle sein, selbst dann, wenn ich mit der Muskete die Brücke bei Commercy[4] bewache.

Meinen Vater scheint der Gang der Dinge anzugreifen. Es ist die Frage, ob sein Herz die Erregungen noch aushält. An eine Reise nach Berlin ist nicht zu denken. Ich gehöre hierher; es wird hier ebenso stramm gearbeitet wie in Preußen – auch diese Einsicht ist ein Fortschritt.

Bei ROHNs, deren Sohn bei der Artillerie ist, war ich lange. Überall nichts als Heroismus. Es ist eine Lust zu leben.

Und es ist ja ganz unmöglich, daß dieses Echte verlorengehen sollte. Selbst wenn wir unterliegen, muß diese Kampfbereitschaft für kommende Jahrtausende sein, wie der Tod der 300 in den Thermopylen[5]. Beklagenswert dann nur der, der nicht mitsterben kann!

„Wer sterben kann, wer will dann den zwingen?"[6] Mit diesen Worten FICHTES habe ich meine Kriegsrede geschlossen. Und ich bin bereit, die Probe zu machen, wenn der Ruf an mich kommt. [...]

* BIERMANN hat sie gestiftet; ich habe 50 M gegeben.

[1] Die Lütticher Depesche vom August 1914 signalisierte den belgischen Widerstand gegen den Durchmarsch der deutschen Truppen nach Frankreich.
[2] Hier ein Stadtteil von Leipzig!
[3] Gemeint ist wohl: Selbst die Schlesier wurden nach Westen transportiert.
[4] Commercy, Ort westlich von Nancy und südlich von Verdun.
[5] Eine etwa 7 km lange Engstrecke in Mittelgriechenland, zwischen dem Malischen Golf und dem Fuß des Kallidromon gelegen, welche durch den im Jahre 480 v.Chr. geleisteten hinhaltend tapferen, letztlich aber doch erfolglosen Widerstand eines Teils der griechischen Truppen unter dem spartanischen König Leonidas gegen das persische Heer Xerxes' I. berühmt wurde.
[6] Zitat nicht erschlossen.

EDUARD SPRANGER AN KÄTHE HADLICH
[ohne Ortsangabe] 11. 08. 1914 / Br., ca. 19/20
[...] Ich bin aufs tiefste ergriffen von dem Großen und Schönen, was ich sehe. Und ich sehe es nicht mit Rührung, sondern mit der Andacht, wie man ein ganz großes Weltwunder sieht, daß einem Gott zu sehen schenkt.
Könnte ich mitgehen! Du mußt es fühlen, wie es mir in allen Pulsen juckt, jetzt nichts vorauszuhaben. Soll ich mich melden? Da tritt dann wieder dies Schmerzliche ein: Ich, der ich so ausschließlich Kopf und Nerven schulen mußte, würde auf dem ersten Marsch liegen bleiben.

Meine eigentliche *Kraft*, das Intellektuelle, das ich vielleicht als höherer Offizier entfalten könnte, wenn ich diesen Weg beschritten hätte, bliebe außer Funktion; ich wäre nicht so viel wert, wie der bescheidenste Landwehrmann mit ausgebildeten Muskeln. Das ist ein herbes Geschick. Ich glaube nicht, daß man uns Intellektuelle ernstlich braucht. Denn ich glaube fest an einen Sieg. Ja selbst unsre Niederlage wäre vor dem Forum der Weltgeschichte ein Sieg. Denn es gibt ja nichts Höheres als *diesen* Opfermut. Ich kann Dir nicht sagen, wie glücklich ich bin über diesen Höhepunkt meines Lebens, daß ich mein Volk so sehen darf. Was ich andächtig aus alten Gründen zu beleben suchte, wie unwirklich wird es jetzt übertroffen!!

Ich habe wohl 5000 Soldaten zu trinken gereicht von den 100 000, die durchgekommen sein mögen, und habe mit hunderten gesprochen. Von allerhand, im Ernst und im Spaß. Aber kein Wort klingt mir so nach im Ohr wie das eines einfachen Landwehrmannes, der mir heute zurief: „Wir wollen auch gern kämpfen für die, die uns so gut verpflegt haben." Das ist die erste Größe: das Leben für einen kleinen, mehr symbolischen als oralen Liebesdienst!

„Wir sind überall gut aufgenommen worden, aber so wie in Sachsen hat man uns nirgends empfangen." Und das ist mehr! Ich habe die Sachsen lieben gelernt. Dies bescheidene, treue Volk, ich habe ihm viel abzubitten!

Heute ging die Arbeit fast über meine Kräfte. Ich sah daran, daß ich nicht eigentlich kriegstüchtig bin; ich müßte erst Wochen trainieren, wie wir alle. So wende ich mich *meinen* Pflichten zu und suche am Abend still zu verarbeiten, was mir das große Leben in den Schoß wirft. Du weißt ja, wie ich stets nur von diesem Quell lebte. Es ist ein philosophisches Werk jetzt, aber vielleicht muß auch dies getan werden. Für spätere Zeiten, nicht für uns. *Wir* brauchen keinen FICHTE. Jeder deutsche Baum steht heute auf der Höhe, auf die – FICHTE uns hob!! Meine Arbeit gilt der *Macht* als sittlichem Faktor. Aber meine Seele ist voll von Liebe, und ich muß Dir bekennen, daß sie *allem* gilt, was da vorbeifährt. Auch den Pferden! Diese herrlichen, treuen Geschöpfe mit den großen Augen! Und dies Verhältnis zwischen Mann und Roß schon im Wagen. „Solange's Pferd noch gesund ist, da geht's noch." Bisweilen sieht auch ein großer Hundekopf mit über die Brüstung. Es ist, als ob

alles Lebendige mitzöge, um Deutschland zu retten.
Heil dir, mein deutsches Vaterland, du bist noch gesund bis ins Mark. Du hast Deine Heldenzeiten nicht hinter Dir, sondern vor Dir, und das Schicksal hat Dich vor diesen Kampf und diese Schmerzen gestellt, damit Du der Welt *das* Beispiel werdest von dem, was ein Volk kann, mit Ernst und Zucht, mit Ordnung und Arbeit!
Und auch Deine Frauen liebe ich, von denen jede eine Heldin ist. [...]

EDUARD SPRANGER AN KÄTHE HADLICH
Charlottenburg, 30. 08. 1914 / Br., ca. 1/5

[...] Was wird nach dem Frieden? Ich suche mir allgemein politische Anschauungen (d. h. konkrete Bilder) zu verschaffen und lasse allmählich die neue Ethik[1] heranwachsen, die – wenn das Konzipierte gelingt – zum ersten Mal aus dem konkreten Leben ein sittliches Teilgebiet mit voller Bewußtheit herausarbeiten würde. Wie das mit dem Frieden zusammenhängt? Gewiß nicht so sichtbar. Aber was soll werden? Wird BETHMANN der Situation gewachsen sein? Und die Diplomaten? Um zu wissen, was wir in Zukunft *halten* können, müssen wir wissen, *wodurch* wir gesiegt haben. Dies aber ist nicht die Nationalitätsidee, sondern die im *Staats*gebäude konzentrierte Energie und Kulturarbeit. Wo wir mit der nicht hinkommen, haben wir auf die Dauer nichts zu suchen. [...]

[1] Die „Lebensformen" der 1. Auflage von 1914.

EDUARD SPRANGER AN KÄTHE HADLICH
Leipzig, 04./ 07. 10. 1914 / Br., ca. 3/4

[...] Ich war gestern noch einmal in Neubabelsberg.[1] Frau RIEHL hatte besonders darum gebeten, weil sie sah, daß ich eine Stütze brauchte. Niemals nun hat mir ein Mensch mit größerer Sicherheit meine innere Situation auf den Kopf zugesagt: Ich habe eine Anlage zur Negation und zur Schärfe, aber im Grunde sei ich zur Produktivität bestimmt und geneigt zu helfen, wo etwas werden wolle. Es wäre ihr leid, wenn das Negative emporwucherte und das Warme in mir erstickte. – Dies alles mit Worten, die so genau meinen Zustand trafen, daß sie ihn im selben Augenblick auch lösten. Ich war allein durch dies Verstehen wie befreit. Denn eine finstere, ablehnende Stimmung kam in mir empor und bedrohte alles, was bisher in mir feststand. – Fast noch merkwürdiger aber war das folgende: Sie glaube eigentlich, daß ich nicht immer akademischer Lehrer bleiben würde, sondern ins Unterrichtsministerium gehe, weil ich Talent zum Organisieren hätte und dort etwas Produktives leisten könnte. Daran habe ich nun zwar in der letzten Zeit nicht mehr gedacht, zweifelte auch längst, ob es für mich das Richtige wäre; aber es lag doch in meiner ursprünglichen Sendung (wie ich MÜNCH s.Z. *gesagt* hatte), und es hatte für mich etwas höchst Überraschendes, daß ein Mensch etwas so sicher fühlen konnte, worüber ich ihm nie Andeutungen gemacht hatte.

So ging ich höchst gestärkt und in wichtigen Überzeugungen fest von Klösterli[2] fort, in der Absicht, bei Frau [ANDREAS-]SALOMÉ diesen Standpunkt gleichsam unerbittlich zur Geltung zu bringen.[3]

Dort aber sollte sich nun das Wunderbare fortsetzen. Die Entwicklung unsrer Differenz begann mit den Kriegstagen. Ich betrachtete sie als Wirkung eines verschiedenen Nationalgefühls. Sie aber behauptete, sie „schmecke" diese Differenz der Weltanschauung, es sei da etwas fundamental Verschiedenes, nicht bloß durch den Krieg Hervorgerufenes. Die folgende Auseinandersetzung kann ich nun nicht wiedergeben, weil wir von der scheinbar ungeeignetsten Ecke herkamen: *dem Leben des Kindes*, weil sie sich an Gestalten ihrer Novellen anlehnte und weil wir bereits vor meiner Reise einzelnes angesponnen hatten, was ihr Gefühl der Verschiedenartigkeit bestärkte. Außerdem war ich sehr müde (geistig) während sie eine Ausdrucksfähigkeit hat, die ich bei keinem Menschen (am wenigsten Kollegen) so fand.

Warum ich Ihnen das schreibe? Weil im Ergebnis dieser Gegensatz derselbe ist (oder sich als derselbe erwies), über den wir Jahre hindurch diskutiert haben. Kurz gesagt also dies: Das Kind ist in *seiner* Welt im Recht, ja klüger als der Erwachsene, weil es sich noch mit allen Dingen eins fühlt, keine Entgegensetzung, kein Sonderleben in sich kennt. Der Erwachsene versteht das Kind nicht wegen seines geteilten Daseins; aber auch er sollte die kindliche Welt in sich bewahren, weil eben dies der letzte Sinn ist, in allem trotz seiner Vielspältigkeit [sic], im Leben trotz seiner Gerissenheit [sic] das Einssein mit allem Wirklichen dauernd als *gegenwärtig* zu fühlen.

Darin nun stimmten wir überein, daß man das Kind in sich erhalten müsse. Dies hat uns zusammengeführt. Aber es war eine scheinbare Identität der Weltanschauung. Denn bei mir wird daraus ein *Trotzdem*, ein rein innerlicher Besitz, der vielleicht erst in einer höheren Stufe der Vollendung sein Erfülltsein findet, – ich bin also Dualist bis zum Transzendenten im Sinne der Überlegenheit der inneren Kraft über alle Dualität -, während sie das alles als gegenwärtig fühlt, gar nicht als ein Gegenüberstehendes gegenüber einem Vereinzelten. Es ist der Gegensatz der Menschen. SPINOZA, SCHLEIERMACHER, GOETHE, HEGEL gegen JACOBI, KANT, FICHTE. Am deutlichsten wird es an diesem Punkt: Das Gefühl tiefster Einsamkeit ist für sie das des höchsten Nahseins zu allem draußen; für mich ein trotziger Abschluß, der durch die Flucht in die Erinnerung noch besonders charakterisiert ist.

Sie sehen, es sind unsre alten Gegenstände, die hier wiederkehren. Aber mir war dies Gespräch tief eindrucksvoll, nicht nur weil das alles so fertig vor mich trat, sondern weil ich die große Echtheit und Wahrheit dieser Lebensform in ihr fühlte –

es ist das alles nicht gedacht, sondern wirklich eine Art zu leben, voll großer Güte und Wärme, die man erst ganz spürt, wenn man den scharfen Geist vergißt, den sie in gleichem Maße besitzt.

Dies Gespräch hat mich seit langem wieder einmal bis ans Letzte geführt: Denn die Frage, die da auftaucht, ist naturgemäß die: „Warum habe ich das alles nicht? – Warum kann ich dem wohl mit dem Begreifen folgen, aber nicht mit meiner ganzen Natur?" Genaue Antworten sind denkbar: Die erste ist sicher z. T. wahr, daß nämlich die Frau all diesen Lebensquellen viel näher steht, zumal die hochgebildete und künstlerisch begabte. Aber GOETHE hat dies doch auch gehabt. Die zweite Antwort ist die, daß in mir irgend etwas nicht ganz zur Vollendung gekommen sein könnte, daß mein Lebensorgan wirklich nur partiell ist (wie das KANTs) und daß deshalb bei jeder Erschütterung der Lage der Friede so leicht ausbleibt.

Oder sind hier vielleicht zwei Menschentypen, zwei Arten des Erlebens? So sagte Frau [ANDREAS-]SALOMÉ selbst; aber es war doch etwas Ablehnendes darin. Ich berief mich auf das, was ich immer gegen DILTHEY gesagt habe: Wer den objektiven Idealismus und den Id. [Idealismus] der Freiheit[4] *versteht*, sei über beide hinaus. Sie aber meinte, wenn man etwas als etwas „anderes" als sich selbst verstehe, so sei man eben nicht drin und steht ihm noch gegenüber.

Trotzdem möchte ich sagen: Jetzt erst sehe ich mit Bewußtsein diese Grenze meiner Natur. Die zunehmende Kühlheit gegenüber dem Leben ist etwas, worunter ich selbst leide, ohne mir helfen zu können. Ob nicht vielleicht doch die Quellen, aus denen ich ganz lebendig werden könnte, irgendwie verstopft sind?

Seltsam, daß ich auf dem alten, lieben Wege von Tegel nach Hermsdorf[5], wo einst die „Kraft des Ringes"[6] entstand und wo ich auch diesmal wieder wie durch [scil. „einen"] Zauber des Ortes in die letzten Tiefen untertauchte, zu dem Lichtblick kam: Es geht nicht weiter ohne Metaphysik oder – der Name ist unerheblich – ohne Religion. Und umso seltsamer, als ich von methodischen Fragen der Geisteswissenschaft aus dazu kam. Ich bleibe dann immer vor dem Abschluß stehen, wie vor einem letzten freudigsten Genuß. Aber die Ahnung blitzte doch auf, daß das Leben zuletzt aus *einer* Quelle begriffen werden müsse und daß alle Spaltungen in ihrem letzten Sinne nur Ströme sind, die zusammenstreben. Das aber ist noch unfertig, und gerade das Motiv der Macht, das mir unter den Leitmotiven der Lebenssymphonie z. Z. das Wichtigste ist, meist nicht unmittelbar Dasein. [Satz so i. Orig.] Auch die Wissenschaft, wie ich sie verstehe, handelt eben von dem „anderen". Wirtschaft, Gesellung, Kunst, Religion sind „Länder", führen das Subjekt ins Gesamtleben jedes auf seine Art zurück. Die Macht aber ist exklusiv und weist auf ein neues Motiv hin, auf ein im Schoß des Allgemeinen sich Losringendes Individuelles.

Ist es meine Schuld, daß ich das Individuelle so stark empfinde? Meine Idee der Humanität, mit den Momenten der Universal. [Universalität] und Totalität, liegen dem Gedankengang der Frau S. [ANDREAS-SALOMÉ] m. E. nicht so fern. Aber die unaufhebbare Individualität und die Herabsetzung der Realität setzen ein Neues. Und beides wird in mir eher stärker als schwächer.

[...] Fortsetzung 7. X. 14
Schon am Tage, nach dem ich diese beiden Bogen geschrieben hatte, war ich mit dem Problem innerlich eigentlich fertig. Der Standpunkt der Frau [ANDREAS-] SALOMÉ ist im Grunde doch nichts, als *ästhetische* Weltauffassung, aus der kein aktives Verhalten zur Welt folgt (wie auch die Tatsachen zeigen). Das Sicheins-Fühlen ist ein liebenswürdiger Gemütszustand, der über die Dinge einen Schleier von Innerlichkeit verbreitet. Aber ich bleibe dabei, daß diese Gefühle dem Menschen nicht mehr geben, als was er eben aus sich entnimmt. Ich bin daher entschlossen, bei meiner Realistik zu bleiben, die die konkreten Gestalten des Lebens verfolgt.

Und es ist wohl so, daß ich diesen Weg allein gehen muß, schon weil er in seiner speziellen Ausgestaltung neu ist. Die Individualität geht niemals restlos im All auf, sondern fügt ihm etwas Neues hinzu, das eben deshalb unverlierbar ist. Ich vermag mich beim Gegebenen schlechterdings nicht zu beruhigen.

Über die Vorsehung habe ich ebenfalls meine eigenen Gedanken, obwohl ich sie nicht aus dem Regenbogen ablese.

Herr Sauborn scheint eigentlich auch nur Materialismus und Idealismus zu kennen, als ob dieser Weltkampf ein Kampf der Philosophieprofessoren wäre. Deutschland kämpft auch um Materielles. Das ist überhaupt nicht trennbar. Von hohen Gedanken allein kann eine Nation nicht leben. [...]

---

[1] Stadtteil im Osten von Potsdam.
[2] Wohnsitz der RIEHLS in Neubabelsberg. (Vgl. Anmerkung 3 zu EDUARD SPRANGER 06.08.1909.)
[3] Im Juni 1914 (21., 22. u. 25. 06.) war SPRANGER dreimal mit LOU ANDREAS-SALOMÉ zu einem Gedankenaustausch zusammengetroffen, dem die Zusendung eines Manuskriptes über Kind und Kunst durch Frau SALOMÉ vorangegangen war. (Vgl. EDUARD SPRANGER 08. 06. 1914 u. EDUARD SPRANGER 25. 06. 1914). Vielleicht hatte es weitere Treffen am 05. 09. und 27. 09. dieses Jahres gegeben (EDUARD SPRANGER 05. 09. 1914; EDUARD SPRANGER 20. 09. 1914; EDUARD SPRANGER 25. 09. 1914).
[4] Hier bezieht SPRANGER sich auf DILTHEYS drei Systeme der Weltanschauung: Naturalismus, Idealismus der Freiheit, objektiver Idealismus. (DILTHEY GS VIII)
[5] Stadtteile im Nordwesten von Berlin.
[6] EDUARD SPRANGER: Von der Kraft des Ringes. In: Die Christliche Welt. Jg.21 (1907), Sp. 607-610.

EDUARD SPRANGER AN KÄTHE HADLICH
Leipzig, 01. 11. 1914 / Br., ca. 3/5

[...] Über die *Idee* dieses Krieges arbeiten sich in mir allmählich schärfere Gedanken heraus. Aber unser Elend ist, daß man solche langen Sachen doch nicht schreiben kann, zumal jetzt, wo wirklich die Arbeit kaum geringer ist als sonst. Mit einem Wort, so paradox es klingt: Ich erwarte von ihm die Stärkung der internationalen Beziehungen, unter ganz allmählich, vielleicht erst in Jahrzehnten sich bildenden Garantien. Der Nationalstaat hat bei uns von 1789 – 1870 gebraucht[1], um fertig zu werden; der Weltstaat wird noch länger brauchen, um so viel länger, als ein Weltkrieg größer ist als ein Grenzkrieg.

[...] Die Intuition ist da; die Begriffe wollen sich noch nicht fügen. Immer wieder muß ich von der Kunst ausgehen, weil da eine gewisse Totalität steckt. Die Beziehung des lebendigen Subjekts zur gegenständlichen Welt ist hier eine andre als in der Wissenschaft. Das Subjekt gestaltet sich einmal dem gegenständlichen Stoff zum *Ausdruck* seiner Innerlichkeit. (Ausdruckskunst, auch subjektive Kunst). Zugleich aber hat das Objekt sein Gesetz; nicht das wissenschaftliche Gesetz, das ist nur ein eingehender Faktor; sondern das Objekt hat auch seinen Gehalt, seinen Sinn, sein Leben, den allein die Kunst gibt, nicht die Wissenschaft. Worin besteht er? Die wissenschaftlich infizierte Kunst ist der nackte Realismus. Erst wo das *Leben* des Subjekts zusammenschmilzt mit dem Leben des *Objekts* (Leben immer im Gegensatz zur theoretischen Analyse), ist jene Identität im Tiefsten erreicht, die ich ideale Kunst nenne. Die innere Form des Subjektes und die innere Form des Objektes sind dann so eins, daß beide in einem dritten, nämlich dem Sinn gerade dieses Lebensausschnittes, verschweben [sic]. Aber das alles ist doch noch ohne Schärfe der Begriffe, alles voll von Metaphysik nebelhaftester Art.

Ich komme von einem anderen Punkte her. Jedes Lebensgebiet hat *sein* Ethos, seine partielle Identität. Das Ethos der Kunst ist die Harmonie, die Form, die Lösung. Genauso vorhanden beim Ornament, wie bei der echten Tragödie oder der Symphonie. Und gar nicht zu verwechseln mit dem wissenschaftlichen Ethos: dem System oder der geschlossenen Theorie. Hierfür suchte ich nach gar keiner Formel: Denn eben die Form ist spezifisches Erlebnis und nur in ihr selbst zu treffen. Aber woher stammt sie? Doch wohl nur aus dem Subjekt selbst, das eben *seine* Geschlossenheit, Gleichgewichtslage *am* Objekt ausdrückt. Und doch spielt wieder auch das Objekt mit *seiner* Gesetzlichkeit eine Rolle. Es ist doch nicht nur der geschlossene Gefühlsverlauf (nimm BEETHOVEN) maßgebend.

Das Ethos der Wissenschaft ist die Theorie, die das Erfahrene und die Gesamtheit der rein objektiven Zusammenhänge in einer höheren Einheit aufhebt. Das Ethos der Wirtschaft ist die *Arbeit*, die zwischen dem subjektiven Bedürfnis und den objektiven Gütern eine neue Synthese erzeugt. Das Ethos der Gesellschaft ist die Liebe, die Anschlußbedürfnis und objektive Verbände idealisiert. Das Ethos der Macht ist die Selbstbeherrschung, die die Sphären des Herrschens und des (objektiven) Dienens vereint in einem Sinne, der den Rechtsgedanken mindestens vorbereitet. Endlich das Ethos der Religion ist der Friede, der subjektiven Anspruch und objektiven Weltlauf aussöhnt. Nur der Friede ist eigentlich *total*, alles übrige ist noch isolierte Abstraktion. Das Ethos der Selbstvollendung und Selbstlosigkeit, der Selbstbeherrschung und Arbeit (Selbsterhaltung) lösen sich erst *kombiniert* zu einem ganzen auf in diesem Überselbst, d. h. in Gott.

Was sind das alles für verworrene Anfänge! Und doch liegt in der Sache, die mich treibt, so eine geheimnisvolle Notwendigkeit. Betrachten Sie nur diese Liste der Bildungsideale – erschöpft sie nicht alle möglichen einseitigen Formen?

1) Wissenschaftliches Bildungsideal:
formales   materiales
(Funktionsbildung)
universales   partielles   enzyklopädisches   spezialistisches

2) Ökonomisch-technisches Bildungsideal.
Tauglichkeit zu praktischen Zwecken
wie oben! Beispiele zahllos:
                                        SPENCER, BAIN
                                        spezifisch englisch

3) Soziales Bildungsideal:
Ideal der Nächstenliebe und Selbstlosigkeit
menschlich   partiell-nationales

4) Politisches Ideal:
der Machtsinn:
kombiniert mit 3) ergibt das Gerechtigkeitsideal

5) Ästhetisches Ideal
die innere *Form*
a) als Ausdrucksideal   b) als Totalität und Harmonie

6) Das religiöse Ideal
faßt alle vorangehenden zusammen in der
Konformität mit dem Weltsinn und Weltgesetz:
das Leben als *ein* Takt im Weltrhythmus [...]

[1] Gemeint ist die Selbstkonstitution des Volkes als Nation in der Französischen Revolution 1789 und die nationale Empörung, mit welcher 1870 große Teile der deutschen Bevölkerung auf die Kriegserklärung Frankreichs im Juli 1870 reagierten.

EDUARD SPRANGER AN KÄTHE HADLICH
Leipzig, 22. 11. 1914 / Br., ca. 1/4

[...] In mir ist jetzt eine spartanische Entschlossenheit. Reden von Miesmachern und Leisetretern höre ich grundsätzlich nicht mehr mit an. Ein guter Ministerialrat aus Dresden und VOLKELT fielen mir zuerst zum Opfer: Als Sie in meiner Gegenwart die Friedensschalmei bliesen, warf ich ihnen einen Landesverrat an unsern Kämpfen [sic] draußen vor. Ich will alle Kraft zusammenhalten, um dabei zu bleiben. Denn ich habe am Bilde andrer deutlicher als an eigner Erfahrung gesehen, daß „Objektivität" jetzt eine Krankheit ist, jedenfalls eine Eigenschaft, die man nicht haben soll.
    Da sind WUNDT und RIEHL ganz anders.
[...] Wenn die Verluste nicht wären, wäre der Krieg für uns ein Gipfel nationalen Lebens. Aber denken Sie: Bomben in *unseren* Monpell!![1] [...]

[1] Schreibung „Monpell" unsicher.

EDUARD SPRANGER AN KÄTHE HADLICH
Leipzig, 11. 12. 1914 / Br., ca. 1/4

[...] Ich bin zur Infanterie A[1] ausgehoben. Aber ich habe nichts zurückzunehmen und nichts zu ändern. Denn ich weiß, daß ich auf soldatischem Gebiet dem Vaterland wenig oder nichts nützen werde. Ich gehe diesen Weg, dem ich mich leicht entziehen könnte, weil es sich von selbst versteht, daß nicht der eine Gedanken haben soll, und der andere sie draußen bewähren, sondern daß das zusammenfallen muß. Aber der eigentliche Weg, der mir innerlich bestimmt ist, der liegt nach wie vor anderwärts, und ich weiß, daß niemand auf ihm bis heute so weit gegangen ist, wie ich. Ich zweifle an dieser Kraft nicht mehr; aber ob ihr Vollendung beschieden ist?! [...]

[1] SPRANGER erläutert am Ende des Briefes: „ Infanterie A heißt Inf. für die Front."

KÄTHE HADLICH AN EDUARD SPRANGER
Kassel, 15. 12. 1914 / Br., ca. 2/9

[...] Über das, was Sie damals von der Kunst und dem Kunstwerk schrieben, habe ich viel und immer wieder nachgedacht. Aber doch lediglich in bestätigendem Sinne. Ich empfinde in dem Verhältnis von Kunst und Wissenschaft denselben Unterschied wie zwischen organischer und anorganischer Natur. Kunst ist ein Lebensvorgang, Wissenschaft ein mechanischer. So verstehe ich auch Ihr Wort: „Form ist spezifisches Erlebnis und nur in ihr selbst zu fassen."[1] – Aber wie mir „Ausdruck" nicht lediglich das Subjektive im Kunstwerk ist, so ist mir die Geschlossenheit und Gleichgewichtslage darin auch nicht nur Abbild und Übertragung vom Subjekt, sondern eben das Prinzip des Lebendigen überhaupt, ohne das es kein selbständiges Leben gibt! Indem „das *Leben* des Subjekts zusammenschmilzt mit dem *Leben* des Objekts", entsteht ein Neues, das nun eine abgesonderte Eigenexistenz hat. – – – Aber da ist gar nichts, was Sie nicht schon – und besser gesagt hätten. Überall die flutende Bewegung, Verschmelzung zwischen dem Einzelnen und dem Allgemeinen. [...]

[1] Zitat aus EDUARD SPRANGER 01. 11. 1914. Die Stelle lautet dort allerdings: „Denn eben die Form ist spezifisches Erlebnis und nur in ihr selbst zu treffen."

EDUARD SPRANGER AN KÄTHE HADLICH
Charlottenburg, 23. 12. 1914 / Br., ca. 1/6

[...] Ich schicke Ihnen als kleines sichtbares Zeichen ein Buch, das ich selbst in seinen Einzelheiten nicht kenne. Ich weiß nur dies, daß KAROLINE [MICHAELIS] und DOROTHEA [MENDELSSOHN] (mit KAROLINE WOLZOGEN zusammen) die drei bedeutendsten Frauen ihrer Zeit waren und daß in ihren Briefen vieles steht, wovon Sie mir vielleicht erzählen. „Die bedeutendsten Frauen", jedoch nach meinem Gefühl mit einem zu starken intellektuellen Übergewicht, als daß das Wunderbare der Frau, die Sicherheit ihres Gefühls, der starke und doch weiche Nachhall in ihrem Erleben, kurz die durchaus geschlossene innere Welt ganz rein zur Erscheinung kämen. Alle intellektuellen Einzelheiten sind immer unzulänglich; das uns bis zum Nichtaussprechenkönnen Überlegene aber ist das Heiligtum der inneren Ganzheit, die sich auch unter Schicksalsstürmen bewahren kann, an denen der Mann zugrundegeht.

Frau HOFMANN, die am Montag bei mir war und die ihrem Gatten *dies* bedeutet, sagte mir, sie habe an wenigen Seiten eines Kapitels im HUMBOLDT[1] gesehen, daß ich einen Sinn habe für diese Welt, daß ich weiß, was Liebe und Ehe sind. Den andern Teil des Gedankens, wo ich das nämlich erlebt habe, ergänze Dir selbst. Und so bitte ich, daß Du mir dies bleibst. [...]

[1] SPRANGERS Habilitationsschrift: WILHELM VON HUMBOLDT und die Humanitätsidee. Berlin 1909.

KÄTHE HADLICH AN EDUARD SPRANGER
Kassel, 26. 01. 1915 / Br., ca. 1/7
[...] Die Lage im Großen zeigt noch keinen Ansatz zu rascherer Entwicklung. Und in Polen wartet man noch vergeblich auf die Hilfe des Winters. Es sollen dort wieder größere Truppenverschiebungen sein. Daß diese Engländer nicht aufhören zu lügen! Der Untergang des Schiffes ist doch unzweifelhaft, aber leider sehr teuer erkauft. Worin liegt es wohl, daß man die Zeppelinangriffe jetzt doch nicht mehr so verwerflich findet? Man sieht eigentlich nur noch den Erfolg. Man bewundert die kühne Geschicklichkeit und Umsicht, und die Opfer? – sind ein Schritt näher zum Frieden. [...]

EDUARD SPRANGER AN KÄTHE HADLICH
[ohne Ortsangabe] 30. 01. 1915 / Br., ca. 3/10
[...] es bestätigt mich in dem Gefühl, daß in mir noch ganz unausgeschöpfte Kräfte zu geistiger Gestaltung liegen, und daß der Weg, den ich an mir sehe, ein Weg des Lichtes und der Geisteskraft ist. In solchen Augenblicken fühle ich, daß die Stelle meines Wertes doch nicht im Schützengraben ist, sondern daß nur mein innerstes Mitleben dort liegen kann. Es ist undenkbar, daß Sie mich in dieser Epoche innerer Gärung und Zeugung schon verstehen können. Ungeschehenes sichtbar zu machen, ist ja eben mein innerer Beruf, auch wenn er nicht zur äußeren Vollendung gelangen sollte. Aber das möchte ich verhüten, daß Sie mich mißverstehen. Es könnte so scheinen, als ob ich gegen Sie nur Unduldsamkeit hätte und Ihnen nichts Eigenes gönnte. Das ist nicht so. Es hieße, unser Zusammenleben von innen heraus zu zerstören. Was jetzt so kritisch scheint, hat seinen realen Sinn, wie ich schon früher sagte, im Gegenteil darin, daß ich Sie frei sehen möchte. Sie sollen nicht blind an mich glauben oder um meinetwillen jedes natürliche menschliche Gefühl aus Ihrem Herzen ausreißen. Sie sollen nur nicht abhängig werden oder sein von Mächten, die meinem innersten Wesen fremd sind. Das Urteil der Menge oder einzelner Personen ihrer Umgebung soll Sie nicht an dem Sinn meiner Arbeit beirren.
[...] Mein Lebenswerk fängt jetzt eigentlich erst an. Ob ich es vollende, d. h. das Werk eines zweiten HEGEL, das ist eine nicht zum kleinsten Teil an Dich gerichtete Frage. [...]

31. I. 15. ½ 3 Uhr [Fortsetzung]
An sich ist kein Ende. Ich bin wieder mal in allseitiger Bewegung. – Aber heut Vormittag war Frau HOFMANN 2 Std. [Stunden] bei mir [...]. Frau H. [HOFMANN], eine sehr tief veranlagte Natur, philosophischer Gang, ganz rein und ideal, aber etwas labyrinthisch, und ich bin vielleicht in einem Winkel meiner Seele zu sehr

Philister, um dabei nicht ängstlich zu sein, d. h. für sie zunächst aber freue ich mich, daß ich ihr innerlich helfen kann, und tue es mit offener Freundschaft. Dabei trat nun wieder einmal das zu tage, was Frau R. [RIEHL] vor Jahren betonte: Die Menschen finden mich zu höflich und halten sich, wie ich höre, darüber auf. 1910 war ich darüber empört. Jetzt kann ich nur lächelnd sagen: Ihr ärgert Euch nur darüber, daß Ihr nicht an mich herankönnt, und das ist ja aber die Absicht. Ich will mehr mit den *Echten* zu tun haben, und die finden schon Mut und Weg zu mir. Die andren verdienen eben Höflichkeit. [...]

KÄTHE HADLICH AN EDUARD SPRANGER
Kassel, 11. 02. 1915 / Br., ca. 5/6

[...] Mein Glaube an Dich! „Glaube ist vor allem Zutrauen" las ich bei DILTHEY[1]. Dieses unbedingte Zutrauen, das keine blinde Gefolgschaft ist, sondern jene „Gewißheit, die kein Wissen ist"[2]. Das ist jenes Ahnen Deiner Bedeutung von den ersten Zeiten unserer Bekanntschaft an, das immer neu und immer gewisser von Jahr zu Jahr Bestätigung fand. So *fühle* ich auch jetzt in dem, was der letzte Brief – jener Brief voll glühendem Schaffensdrang – mir sagte, daß die Erfüllung nahe ist und daß Dein Weg nun klar und unverlierbar vor Dir liegt. Laß ihn uns gemeinsan gehen, wenn Du Vertrauen in mein Verständnis haben kannst. Ich weiß, daß er einsam ist, aber ich fürchte mich nicht. Ich bin nicht so unfrei, wie Du denkst[3]. Ich habe das wohl auch schon oft genug bewiesen. Es wäre meine einzige Gefahr, zu abhängig von Deiner überragenden Größe zu sein. Sonst kann mich nichts berühren.

Es ist keine Taube mit einem Ölzweig. Aber es ist ein Bote aus jener besseren, inneren Welt der Kraft, der lebengestaltenden [sic] Mächte. Er redet nicht von einer stillen, friedvollen Vergangenheit, sondern von starker, zuversichtlicher Gegenwart. Die schöne Friedenswelt da unten ist auch unser, unverlierbar wirkt sie in uns weiter. Aber nicht mit Sehnsucht wollen wir zurückblicken, sondern mit Dankbarkeit – und dann vorwärts. Als ich im August von Leipzig abreiste[4], war mir diese Zukunft noch in unwahrscheinlicher Form, ich wagte nicht, an sie zu glauben. Jetzt fühle ich ihre starke Nähe – in Dir und schäme mich meines Kleinmutes. Weil der Wille zum Leben höher ist, als der Wille zum Tode, darum ist Dein Werk nicht der Krieg, sondern alles, was ihn überwindet. Elementare Kräfte wühlen das Leben um und bereiten eine neue Zeit vor. Du kannst ihr Richtung und Klarheit geben, bewußte Gestalt. Die Feder in Deiner Hand schafft Unvergängliches. Fühlst Du die Macht, die Dir gegeben ist? Ich fühle sie. [...]

---

[1] Zitat nicht erschlossen.

² Vielleicht Anspielung auf DILTHEYS in der sogen. Breslauer Ausarbeitung entfaltete Lehre vom Innewerden und schweigenden Denken (GS XIX, 1982, 58-295). Dieses Manuskript des frühen DILTHEY wurde erst posthum aus dem Nachlaß veröffentlicht. SPRANGER kann die Grundgedanken gleichwohl in den bei DILTHEY besuchten Lehrveranstaltungen kennengelernt und KÄTHE HADLICH mitgeteilt haben.
³ Bezug auf eine Äußerung SPRANGERS im vorstehend abgedruckten Brief vom 30. 01. 1915, wo er schrieb „daß ich Sie [von Meinungen anderer; W. S.] frei sehen möchte".
⁴ Im August 1914 hatte KÄTHE HADLICH SPRANGER in Leipzig besucht. Der Besuch war nicht sehr harmonisch verlaufen, da er Minderwertigkeitsgefühle gegenüber KÄTHE HADLICHS Kriegsdienst tuenden Brüdern hatte (EDUARD SPRANGER 05. 09. 1914).

EDUARD SPRANGER AN KÄTHE HADLICH
Leipzig, 23. 02. 1915 / Br., ca. 2/5

[...] Ich habe in den letzten Monaten geglaubt, daß mir eine neue Philosophie von unerhörtem Umfang – eine allseitige Gestaltung des Lebens in der Form des Gedankens – gelingen werde. Vielleicht ist dies meine Bestimmung, und dann müßte ich ein langes Stück allein gehen, denn Philosophie ist einmal Begriffswelt. Aber vielleicht ist es gar nicht so. Vielleicht wird dieser lange Weg der Selbstverständigung nur Vorbereitung sein zu dem, was mir doch am tiefsten im Blute liegt, zu der pädagogischen Wirkung auf Menschen, die ich das Leben sehen lehre. Wenn mir dies gelingt, – und das ist doch meine ungeahnte Kraft – dann stehst Du immer an meiner Seite. Denn was wüßte ich von mir ohne Dich und vom wahren Leben ohne Dich, und wenn Dir das alles auch nicht so klar umrissen vor Augen liegen kann wie mir, so hat es doch seine Wurzel in der einen unversiegbaren Kraft Deines Herzens, die mir die Kraft gab, auch unter Schmerzen meinen Weg zu gehen. Wenn so ein Menschenkind vor mir sitzt und ich fühle, wie ihm durch mich Flügel gewachsen sind – gerade in den letzten Tagen war dies wieder in manchem Fall so stark – dann fühle ich auch, daß ich immer von Deinem Wesen etwas mit abgebe, bis zu dem Grade, daß ich in den letzten Kollegs geradezu persönliche Apotheosen[1] auf Dich einflocht und daß die andern ahnten: Hier redet er von einem eignen tiefen Schicksal. Aber das ist das Neue: Ich betrachte dies Schicksal nicht mehr als eine bloß innere Welt, die uns beiden allein gehört, sondern als eine erobernde Kraft.
[...] Der Registrator[2] ist vor wenigen Tagen nun wirklich nach Brandenburg eingezogen worden. Ich sehe darin für ihn ein Gutes. Freilich, und deshalb ist es mir auch wieder nicht recht: Ich wünsche dieser lieben jungen Seele noch eine reiche Entfaltung (die durch den Krieg allein kommen kann); aber wenn sie mir genommen würde, so verlöre ich damit – dessen bin ich sicher – den einzigen ganz nahen Freund, den ich noch habe. So seltsam ist auch diese Entwicklung aus dem Jahre 1903: Meine tiefe, fast krankhafte Liebe zu dem damals so hübschen Knaben hat ihre reichen Früchte getragen: Wir sind Freunde, das fühle ich in dieser Stunde, er

ist mir das, was ich an der ganzen großen Un. [Universität] Leipzig mit ihren klugen Köpfen vergeblich gesucht habe. [...]

---

[1] Apotheose: Verherrlichung oder Vergöttlichung eines Menschen, besonders eines Herrschers.
[2] ERNST LÖWENTHAL, der als Registrator bei der Dresdner Bank arbeitete. (EDUARD SPRANGER 23. 06. 1909)

EDUARD SPRANGER AN KÄTHE HADLICH
[ohne Ortsangabe] 06. 03. 1915 / Br., ca. 7/10

[...] Du bedarfst des Trostes[1]. Und mein Herz teilt Dein Leiden um den jungen Helden und liebenswerten Menschen. Aber ich kenne auch Deine Kraft und Deine Güte, und vor allem Deine Güte für alles Lebende, das leidet. Deshalb bitte ich Dich: Verzeih, wenn ich in diesem Augenblick einem verzweifelnden Menschenkind helfen muß, das noch nicht so zu leiden und überwinden versteht wie wir. Ich weiß, daß Du es tust, zumal da Du weißt, wie hilflos und unerfahren ich bin in diesen Dingen, da ich ja keine Frauenseele tief kenne als Deine.

Unmittelbar nach Empfang m. [meines] Briefes[2] kam S. C. [SUSANNE CONRAD] in einer furchtbaren Verfassung zu mir. Ob ich den Brief wirklich wörtlich so gemeint hätte, wie er lautete? „Wissen Sie, daß Sie mich damit *töten*?"

Glauben Sie nicht, daß ich das Opfer einer aufgeregten Natur bin. Dann wäre das alles sehr leicht. S. C. [SUSANNE CONRAD] ist aber eine reine, klare Seele, deren Kinderglaube zum ersten Mal an der Härte des Lebens zerbricht, und die nun alles untergehen sieht. Es ist in mir etwas Väterliches für sie, und ich fühle nicht nur die Verantwortung, sondern ich habe auch das ganze grenzenlose menschliche Mitleid für sie, das sie verdient. Ich ahne jetzt, wie jemandem ist, der einen andern ohne Verschulden mit seiner Kugel tödlich getroffen hat.

S. [SUSANNE] C. [CONRAD] reist am Mittwoch ab. Aber ich habe ihr versprechen müssen, ihr bis dahin noch zu helfen. Ein schweres Los für mich. Der andre hört vor allem nur das Nein. Aber sie schreibt, daß sie entschlossen sei zum Verzicht. [...]

---

[1] KURT HADLICH, der jüngere der beiden Stiefbrüder KÄTHE HADLICHS, war vor wenigen Tagen gefallen.
[2] Einem Brief SPRANGERS an KÄTHE HADLICH vom Vortage (also vom 05. 03. 1915) ist ein Brief an SUSANNE CONRAD vom 04. 03. 1915 in Abschrift beigefügt, in dem er u.a. schrieb: „Liebes Fräulein ... Man hat sich am Vortag wohl gegenseitig zur Zuneigung bekannt ... Ich habe Ihnen gesagt, daß ich eine Neigung für Sie empfinde, die auf Freude am Reinen und Dankbarkeit für das Schöne beruht. Ich wußte, daß auch Sie Neigung zu mir haben; ob es Liebe ist, dies zu prüfen, war der Sinn des heutigen Tages. Sie haben die Frage bejaht [...]" Im folgenden versuchte SPRANGER SUSANNE CONRAD zu beweisen, daß das, was sie für ihn empfinde, gleichwohl keine wirkliche Liebe sei, und daß sie mit ihm nicht glücklich werden könne. Er riet ihr schließlich, auf das väterliche Gut in Ostpreußen abzureisen. – Gleichwohl war SPRANGER in dieser Beziehung stärker engagiert, als er KÄTHE HADLICH gegenüber zugab: Im Nachlaß findet sich ein am 12. 03. 1915 (also nach dem Abschiedsbrief!) verfaßtes Liebesge-

dicht an SUSANNE CONRAD, das allerdings vermutlich nicht mehr in ihre Hände kam. Ein weiteres Liebesgedicht folgte dann am 27. 01. 1924. Außerdem ist der Rest einer getrockneten Blume erhalten, die SPRANGER offensichtlich als Erinnerung an eine Begegnung mit SUSANNE CONRAD aufbewahrte. SPRANGERS Anrede für sie wandelt sich von „Sehr geehrtes gnädiges Fräulein" (vgl. die Briefe vom 02. 06. 1913 u. 13. 12. 1914) zu „Liebes Fräulein CONRAD" (03. 03. 1915). Schon 1913 ging man gemeinsam zum Essen, traf man sich an der „bekannten Ecke" und verabredete man sich zu Spaziergängen. Einiges deutet darauf hin, daß SPRANGER sich über seine Gefühle weitaus weniger klar war als SUSANNE CONRAD sich über die ihren. Sie scheint im übrigen von 1913 bis 1915 bei SPRANGER Vorlesungen gehört zu haben, wobei nicht ganz klar ist, ob dies an der Universität oder in der Frauenhochschule (vgl. Anm. 2 zu EDUARD SPRANGER 03./05.05.1915) geschah.

EDUARD SPRANGER AN KÄTHE HADLICH
Leipzig, 08. 03. 1915 / Br., ca. 7/10

[...] Es war ein Mann, der keine Liebe brauchte; denn er hatte sie schon. Da wollte es das Schicksal, daß innerhalb eines Mondwechsels zwei Herzen ihm bekannten, daß sie ihn glühend liebten.[1] Und beiden gab er zurück einen Einblick in die letzten Tiefen seiner Seele.

Erst war es die Gattin eines andern, die aus dieser Sehnsucht nach menschlichem Laute zu ihm floh. Und es war eine lange Dämmerstunde in seiner Wohnung zu zweien, und sie tat ihm die *letzten* Falten ihres Herzens und ihres schicksalsvollen Lebens auf. Er aber fürchtete sich, als ob er etwas hinnähme, was ihm nicht gehörte.

Und wieder war eine Dämmerstunde in seiner Wohnung; da warf sich ihm ein junges, kindliches Blut in die Arme und weinte an seiner Brust. In ihm aber war Mitleid und Vatergefühl und eine Sympathie mit ihrem Kindergesicht. Und dazu eine seltsame Verwirrung.

Das Stürmische war ihm fremd. Und er beschloß, zu warten und zu forschen, welche Gestalt im Lichte des Tages diese Gaben annehmen würden.

Und wie er so forschte, da wuchs aus dem gefürchteten Geschenk der ersten Liebenden lauter schweres Gold und herrlicher Adel und tiefste, echte Offenbarung. Und wenn sie das Wort „KÄTHE HADLICH" sagte, so war es wie Andacht und Anbetung, und wenn sie von ihrem Gatten sprach, da war alles reine Treue und tiefste, unlösliche Weibesliebe.

Und wie er die Kinderseele prüfte, da kam lauter lieber Schnack und Unbewußtsein des Abgrunds, an dem sie schwebte. Und allerhand sonst noch, was er bessern mußte.

Ein andrer hätte gesagt: Hier will ich verweilen und dort verstoßen. Er aber sagte: Hier will ich danken und dort geben – geben auch von dem, was ich dort empfange. Und so kam es, daß er Zeit hatte für die, die den Führer brauchte. Denn zum „Kindführer"[2] hatte ihn ja nicht nur der Staat bestellt, sondern tiefste innre Bestimmung.

Du aber, über beiden eine Göttin, vernimm die Deutung, die nicht bloß flüchtiger Eindruck, sondern echtes Urteil Deines echten klaren Freundes ist: Ich glaube daran, daß die Frau meines Lieblingsschülers HOFMANN[x)], der draußen im Felde ist, ADELHEID V. WINTERFELD, in der der Adel ihres alten Geschlechts nach langem Unadel seiner Glieder rein und groß hervorbrach, würdig ist, Dich kennenzulernen. Und fast meine ich, daß Du ihr ein Stück Deiner Freundschaft schenken kannst. Denn an keinen andern Platz würde ich Dich führen, als dahin, wo reiner, ganz großer Seelenadel ist. Dort ist er, und auch Du wirst ihn aus den Stürmen dieses noch suchenden, weil unendlich großen und weiten Gemütes, herausführen. Übrigens ist sie Malerin wie Du. Und ihr Organ für mich war ein sichrer, edler Sinn.

Ich glaube aber auch, daß SUSANNE CONRAD, die Du nicht sehen wirst, vor Deinem Ohr genannt werden darf, und daß Du es als ein Stück Deiner segensreichen Kräfte empfinden wirst, wenn ich ihr noch in die Ferne hinaus, wohin sie geht, Helfer und mitleidiger Führer sein will. [...]

x) [Anmerkung SPRANGERS] Was er ist, ist er durch sie.

[1] Anfang 1915 erhielt SPRANGER Liebeserklärungen von zwei Frauen: von ADELHEID HOFMANN, geb. v. WINTERFELD, der Ehefrau seines Lieblingsschülers Dr. WALTHER HOFMANN, und von SUSANNE CONRAD, seiner späteren Ehefrau. ADELHEID verkörperte offensichtlich in hohem Maße das Frauenideal SPRANGERS, das „Heiligtum der inneren Ganzheit" im Gegensatz zum Intellektualismus mancher Vertreterinnen der Frauenbewegung. (Vgl. dazu EDUARD SPRANGER 23. 12. 1914). Schon im oben abgedruckten Brief vom 30. 01. 1915 (im Zusatz vom 31. 01.) hatte SPRANGER von dem zweistündigen Gespräch mit Frau HOFMANN berichtet. Nachdem Frau HOFMANN in einem Brief an ihren Mann den Besuch bei SPRANGER - vielleicht etwas mißverständlich – erwähnt hatte, machte dieser ihm Vorhaltungen, über die wiederum SPRANGER empört war. (Vgl. den unten abgedruckten Brief SPRANGERS vom 28. 03 1915.) SPRANGER brach daraufhin den Kontakt zu den HOFMANNS ab und scheint sie lediglich 1916 noch einmal bei einem philosophischen Abend in Berlin (vielleicht bei den RIEHLS) getroffen zu haben (EDUARD SPRANGER 24. 05. 1916). Versuche Frau HOFMANNS, mit SPRANGER, der sie im Brief vom 03. 12. 1922 scherzhaft (?) „meine erste Liebe" nennt, wieder in Verbindung zu treten, ignorierte dieser konsequent (EDUARD SPRANGER 04. 12. 1919; EDUARD SPRANGER 08. 10. 1919; EDUARD SPRANGER 03. 12. 1919). Sofern er später ADELHEID HOFMANN erwähnte, geschah dies immer unterkühlt und stets mit Zusatz des Nachnamens (z.B. EDUARD SPRANGER 08. 10. 1919 u. EDUARD SPRANGER 04. 12. 1919).
[2] Wörtliche Übersetzung von (griech.) „paidagogos" = Pädagoge.

EDUARD SPRANGER AN KÄTHE HADLICH
Leipzig, 28. 03. 1915 / Br., ca. 1/2

[...] Lesen Sie diesen Brief, einen von der Art, die mir am empörendsten ist, weil sie von mir nicht rein und edel denkt. Das ist mein Lohn! Sie[1] schreibt zusammenhanglos eine Wendung ins Feld, die ich brauchte, um sie zu stärken und zu trösten, die ich auch vor ihm[2] wiederholen würde; denn es ist doch keine Schande, wenn der

eine in der Reife, die aus Kämpfen und Leiden entsteht, noch hinter dem andern zurück ist. Aber beachten Sie die Form des Briefes: die Adresse, den korrekten, meisternden Ton – man soll sich eben Studenten und Studentenfrauen als Professor nicht zu nah kommen lassen. Ich schicke sofort durch Eilboten die 22 Briefe, die den Buchstaben H bei mir füllen halfen, und das Soldatenbild zurück.[3] Bemerkt habe ich nur auf dem Umschlag des enthusiastischen Briefes mit der Liebeserklärung:
„Wenn Ihr Gemahl und Sie die Kraft dazu gehabt hätten,
so hätte das alles Wahrheit bleiben können.
28. März 1915
EDUARD SPRANGER"
Nun aber frage ich Sie und Ihr sicheres Gefühl nach folgendem: Soll ich auf den Brief von W. H. [WALTHER HOFMANN] schweigen, oder folgendes schreiben:
„Sehr geehrter Herr HOFMANN!
Wenn mir ein andrer so geschrieben hätte, wie Sie schreiben, hätte ich für immer geschwiegen, weil man auf Herabwürdigendes nicht antwortet. Weil ich Sie liebhabe und Mißverständnisse, die aus Briefen entstehen, Rechnung trage, frage ich Sie hier noch einmal: Wollen Sie den Glauben, den ich an Sie, d. h. an den Menschen HOFMANN, habe, zerstören? Unser äußerer Verkehr ist zu Ende. Aber es wäre mir lieb, ohne Enttäuschung an Sie denken zu können. Hochachtungsvoll
ganz ergebenst
E. Sp."
[...]

---

[1] ADELHEID HOFMANN, geb. VON WINTERFELD, (vgl. Anm. 1 zu EDUARD SPRANGER 08.03.1915).
[2] D. h. vor Frau HOFMANNS Ehemann.
[3] Offenbar die Briefe WALTER und ADELHEID HOFMANNS sowie eine Fotografie des ersteren.

EDUARD SPRANGER AN KÄTHE HADLICH
[ohne Ortsangabe] Ostersonnabend, 03./04. 04. 1915 / Br., ca. 2/5
[...] S. [SUSANNE CONRAD] ist in mein Leben getreten als ein Kind. Ich habe Dir alles so gesagt, wie es verlief. Ob Dein Bild davon ganz deutlich werden konnte, ist ja fraglich. Du kennst meine Liebe zu Kindern. Du hast selbst an der Neigung teilgenommen, die ich zu der Schar meiner Schülerinnen hatte. – Sie konnte aber, auch wenn andre Schicksale gekommen wären, in der geistigen Berührung mit mir nicht Kind bleiben. Sie wuchs in den ersten Tagen zu meiner tragischen Verwicklung bis zu einem Standpunkt, der sie erst für mich vorhanden macht. Es ist in ihr die *Kraft zu allem, was ich will.*

Von hier an beginnt meine Schuld. Als ich am 5. März nach jener schrecklich tragischen Szene[1] 2 Minuten aus dem Zimmer ging und dann wiederkam, fand ich sie trostlos weinend, wie ich nie einen Menschen sah, an meinem Fenster. Da faßte mich das Mitleid, das in mir so stark ist, und ich habe eine Woche lang Mitleid geübt. Sie konnte mir ja noch nichts geben, sie konnte nur empfangen. Und es ist in ihr alles so einfach. „Hier hast Du meine ganze Liebe, ich habe weiter nichts zu geben."

Von jetzt an muß ich von mir reden. Unterschätze nicht die Gefahr, die im Mitleid liegt! Die realen Schicksale haben gewollt, daß ich als fühlender Mensch nur immer mehr davon geben mußte. Und je mehr ich gab, um so mehr reifte sie. Jeder Brief sagt ihr von neuem: Hier ist die Grenze, an die darfst Du nicht heran. Und sie war zufrieden mit dieser Grenze. Aber wann hätten weibliche Seelen ohne Erfahrung schwerer Kämpfe je ein volles Bewußtsein von der Schwere dieser Grenze gehabt?

Ich stehe nicht zum ersten Mal vor solchen Erlebnissen. Du kennst sie ja alle. Gute, warme Freundschaften von bleibendem, echtem Gehalt sind daraus gefolgt. Nur eine habe ich im ersten Anlauf schroff von mir gestoßen[2].

Was ist das Besondere an diesem Fall? Der Krieg zunächst. Sodann die große Gefahr einer absoluten Folgsamkeit. Darf ich noch weiter frei sprechen? Es wird immer schwerer, ich finde das rechte Wort nicht mehr, sondern nur das herbe: So wie *heute* alles liegt, ist da – ich lege dieses Wort vertrauensvoll an Deinen Busen – die Gefahr von etwas Morganatischem[3].

[...] Meine Hauptarbeit[4] besteht also darin, das Gewebe der modernen Kultur aufzudröseln. Wenn sie gelingt, darf nichts übrigbleiben, was nicht auf eines der 6 Hauptmotive zurückzuführen wäre, die ich ganz einfach auch so darstellen kann:

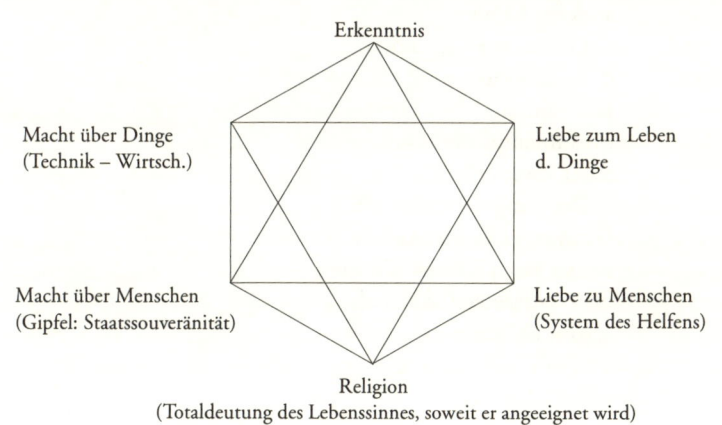

Erkenntnis

Macht über Dinge (Technik – Wirtsch.)

Liebe zum Leben d. Dinge

Macht über Menschen (Gipfel: Staatssouveränität)

Liebe zu Menschen (System des Helfens)

Religion (Totaldeutung des Lebenssinnes, soweit er angeeignet wird)

Überall wo Linien sind, bestehen auch Zwischenstufen.
Die herausschneidenden Figuren sind spezifische Kulturgebilde.

Vielleicht verfahre ich nun so:
1) Methodischer Grundgedanke: Philosophie ist keine Entwicklung aus *bloßen* Erkenntnis*formen*, sondern aus Lebensbegriffen.
Sie zerfallen in 6 Hauptgruppen s. o.
2) Jede dieser Lebensbeziehungen ist im Individuum präsent.
Nur dadurch wird das überlegene Ganze verständlich.
3) In begrifflicher Konstruktion ergeben sich 6 abstrakte Individuen mit einseitigen 6 Grundzielen:
reine Erkenntnis
höchste Herrschaft über Güter
höchste Macht
höchste Liebe
etc.
4) Sittlich sind, abstrakt genommen, alle,
d. h. kein Motiv darf fehlen.
5) Bei abnehmender Abstraktion besteht Sittlichkeit
in dem Koordinieren aller Motive
bis zur Totalität (Sittlichkeit = Religion.)

II. Analyse der heutigen Kulturgebilde.

A. Staat		(B. Gesellsch.)	(C. Wirtsch.)
1) sein Gipfel: das Machtmotiv der *sittliche* Macht- und Rechtsstaat	2) aber eingeschränkt durch Koordinative der anderen Motive: a) Geltenlassen d. andern, d. h. d. Staaten und Individuen b) Aufnahme ökonomischer Zwecke c) Regelung des Lebens in Form einer Gesetzlichkeit, die als Begriffskonstruktion die Naturgesetzlichkeit als „Normen" imitiert. a + b + c = Recht, oft religiös fundiert		

Ähnlich bei B und C.

III. Rückübertragung auf das Bewußtsein des Individuums:
Immanenz dieser Kulturgebilde *im* Individuum
als nationaler Machtwille, als Rechtswille,
als Selbstverzicht aus christl. ethischem Motiv etc.
So ungefähr. [...]

[1] Vgl. dazu oben EDUARD SPRANGER 06. 03. 1915.
[2] Frau HOFMANN (vgl. Anm. 1 zu Eduard Spranger 08.03.1915).
[3] D. h. einer unstandesgemäßen Beziehung, einer Beziehung unter Niveau.
[4] In den „Lebensformen" der 1. Auflage von 1914.

EDUARD SPRANGER AN KÄTHE HADLICH
Leipzig, 26. 04. 1915 / Br., ca. 2/3

[...] Gestern Abend habe ich 2 Stunden lang mit größter Anstrengung noch einmal das Grundschema[1] daraufhin durchdacht, ob es sich vielleicht auf einfachere Grundbedingungen zurückführen läßt. Aber schon unser Sechseck ist eine Gefahr. Ja, ich bin bei diesem *gänzlich resultatlosen Bemühen* zu der Einsicht gekommen, daß ich durch ein solches Rationalisieren alles verderben kann. Vielmehr ist die wichtigste Einsicht, daß es sich hier überhaupt nicht um logische Begriffspaare oder Dreiheiten handelt (nicht mal Subjekt, Ding, Menschen, oder Gestalten und Empfangen, oder Wille, Gefühl, Verstand oder sonst etwas von den 1000 Möglichkeiten, die mir durch den Kopf gegangen sind). Sondern die erstaunliche Fruchtbarkeit der 6 Hauptpunkte beruht gerade darauf, daß sie die nun einmal im Leben enthaltenen Grundrichtungen (wer will sagen: *warum* enthaltenen?) vollständig ausdrücken. Ich bin daher mit ganzer Energie auf den Weg zurückgekommen, auf dem ich die 6 Schemata tatkräftig gefunden habe. Dieser aber war, wie Du wohl noch weißt (Reichenau[2], l. Abend) folgender:

Der Mensch lernt sich aus sich selbst (Analyse des Subjekts) nicht genügend kennen. Wohl aber zeigt die heutige Kultur als Produkt einer langen Entwicklung alle *die* Seiten in vergrößertem Maßstabe, die im Leben des Subjekts angelegt sind und wirken, und zwar in der Form von Kulturgebilden, die zu einer relativen Selbständigkeit gegeneinander gelangt sind, ja z. T. Gegenstand getrennter wiss. [wissenschaftlicher] Untersuchungen sind. Die Erfahrung lehrt, daß den 6 Kreisen der Kultur: Wissenschaft, Kunst, Religion, Staat, Gesellschaft, Wirtschaft – im Menschen fundamentale Triebe oder Grundrichtungen oder Prinzipien oder Bänder entsprechen. Es ist *durchaus falsch*, dies aus Begriffen apriori ableiten zu wollen. Denn wie will man es etwa logisch deduktiv begründen, daß er nur durch Essen am

Leben bleiben kann oder sich nur durch Paarung fortpflanzt, daß er eine Phantasie hat, mit der er die Dinge umgestaltet, und daß er über der räumlich-zeitlichen Welt noch eine innere Welt der Gewißheit kennt, in die das Ethisch-Religiöse, aber auch die Theorie hineinfällt. Das ist eben nicht ableitbar, sonst wäre ja auch die ganze Historie unnötig, um zum Verständnis der Kultur zu gelangen. Dieser Standpunkt, über den ich Deine Ansicht erbitte, schließt aber nun nicht aus, daß man für jedes dieser Gebiete eine spezifische Grundcharakteristik sucht. Nur liegt deren Leistung wieder nicht darin, daß sie These und Antithese enthält, sondern in der Beschreibung eines spezifischen Zustandes oder einer spezifischen Funktion, die man nur aus dem Leben selber kennt. Das Leben wird hier zum Begriff geformt, der Begriff aber formt und bestimmt nicht das Leben. Im allgemeinen weiß der kritischere Mensch ganz gut, *wann* er religiös gestimmt ist und wann nur ästhetisch oder wann theoretisch. Diese Erlebnisse haben eine gewisse unmittelbar empfundene „Gestaltqualität" (ein Ausdruck, den die Psychologie schon zur Charakteristik viel einfacherer seelischer Inhalte zu Hilfe nehmen muß).

Jede dieser Erlebnisgestalten hat eine gewisse Breite oder Zone, hat vielleicht – wie das Ästhetische zum Religiösen oder das Religiöse zum Wissenschaftlichen – ganz unmerkliche Übergänge. So kann z. B. das Soziale sich bewegen zwischen dem grenzenlosen Altruismus und dem Gegenseitigkeitsstandpunkt, der schon nahe am Politischen liegt. Das Politische geht von dem rohen physischen Zwang bis zu der Macht über Seelen, die aus geistiger (ethischer) Überlegenheit folgt. Das Ästhetische hat auch seine Zone – von der subjektiven lyrisierenden Ausdruckskunst bis zum Objektivismus, der schon fast wissenschaftliche Analyse ist.

Das Problem verschiebt sich für mich nach einer andern Seite hin, die ich aus Papiermangel nur andeuten kann: Die einzelnen Geistes- und Kulturseiten haben offenbar nicht dasselbe Realitätsniveau. Wissenschaft handelt z. T. von der ausgedehnten und zeitlichen Welt, z. T. von Begriffen, die ewig sind. Kunst ist als Architektur offenbar „realer" wie als Dichtung oder Musik, wo das Wirkende ganz auf unendlicher Überzeugung beruht. Wirtschaft ist minder räumlich-zeitlich real. Religion hingegen hat einen Wirklichkeitsfonds, der seine Garantie ganz woanders hernimmt, als aus sinnlicher Wahrnehmung und logischer Deduktion. Und doch ist dies alles zusammen das eine große rätselhafte Leben. [...]

---

[1] Der „Lebensformen" der 1. Auflage von 1914.
[2] SPRANGER hatte im April 1913 mit KÄTHE HADLICH einen Urlaubsaufenthalt auf der im Nordwesten des Bodensees gelegenen Insel Reichenau (EDUARD SPRANGER 21. 03. 1913; EDUARD SPRANGER 21. 04. 1913). Auch in späteren Jahren verbrachten die beiden dort immer wieder einmal Urlaubstage (vgl. Anm. 1 zu EDUARD SPRANGER 17.05.1913).

EDUARD SPRANGER AN KÄTHE HADLICH
[ohne Ortsangabe] 03./05. 05. 1915 / Br., ca. 2/3
[...] Wenn, wie wir annehmen, Erkenntnis nur 1 von Sechsen ist, mag es auch alle übrigen noch so sehr durchziehen, so ist nur die Konsequenz, daß alle *nur* aus dem Erkenntnismotiv gemachten Grenzziehungen für meinen Zweck oft mehr hinderlich sind als „fördernd". Ich kann auch Dir das ganz [Wortstellung i. Orig.] nicht klarmachen, was der Grundsatz heißt: Das Leben sei über die Erkenntnis. Nur dies: Der scharfe Schnitt zwischen Physischem und Psychischem, Psychischem und logisch Geltendem wird dann sekundär. Man male sich auch nur einmal aus, zu welchem Unsinn man kommt, wenn man etwa in der Kunst das Physische und Psychische sondern will. Dann zerfällt Hermann und Dorothea[1] z. B. in a) Papier und Druckerschwärze, bestenfalls Tonfolge b) sinnerfüllte Phantasieanschauungen. Diese Art Formung ist aber in der Freitagssphäre [sic!] durchaus sekundär. Verfolgt man aber dies wieder zuende, so liegt darin eine neue Lebensbewertung. Denn alles, was war, schreckt – dies Gebundensein ans Materielle, sinkt dann zu einem bloßen Kunstgriff erkennender Bearbeitung herab, und das Leben kann viel reicher pulsieren, wie es auch bei allen der Fall ist, die nicht wissenschaftlich infiziert sind. Wem z. B. wäre die Natur, in der er lebt, ein System von quantitativ bestimmten, bewegten materiellen Elementen? Ja, meine kühne Phantasie sieht in der Form die Möglichkeit, den Tod des Lebendigen überhaupt nur als etwas in der Sphäre des Erkennenden Vorgehendes zu betrachten. Aber ich will nicht ausschweifen. Nur muß, wer die Lebensbeziehungen anerkennt, sagen, daß sie sich im Erkennen nicht erschöpfen, ja umgekehrt, daß das Erkennen sie im Dienste *seiner* bestimmten Leistung zerstört, und daß nur die Religion ihren ganzen Sinn in sich zu fassen vermag.
[...] Ich bin auch heute müde, da ich für die Vorlesungen intensiv denke und eben eine Sitzung mit VOLKELT, BIERMANN, BÖTTGER in Sachen der Frauenhochschule[2] gehabt habe, die durch rückhaltloses Aussprechen der Gegensätze klärend und deshalb fördernd gewirkt hat. Ich danke schon Gott, wenn ich nichts damit zu tun habe.
Eine andre kleine interne Schwierigkeit ist, daß ich meine Übungen dies Jahr nicht nach Wunsch in Gang bringe. Die Weiberleut haben nämlich vor mir eine so unüberwindliche Angst, daß sie sich an die Referate nicht herantrauen. Gottlob ist diese Angst nicht gegenseitig, ich werde sie einfach à la 1848 „oktroyieren"[3]. Aber der freie Zug akademischer Arbeit geht darunter verloren. Es ist überhaupt ein Jammer um diesen jetzigen akademisch-feministischen Stil. Wenn meine Erfahrungen weiter so bleiben, werde ich demnächst erklären: Da die Damen meinem Gruß durch Fortsehen ausweichen, werde ich künftig nur noch die Damen grüßen, die ich persönlich kenne. Ist es wirklich so schwer, die einfachen Formen des guten Tons zu finden, wenn man schon sein Abiturium gemacht hat?

Aber das alles ist Nebensache.

Jeder strebt schließlich nach der Erfüllung seiner höchsten Bestimmung. Die erfrischende Freude, die wir alle an den Taten HINDENBURGS[4] empfinden, beruht doch darauf, daß dieser Mann die reifen Früchte vom Baum seines Lebens pflücken kann. Niemand aber redet von dem, was er aus sich gemacht hat, wieviel unsägliche Arbeit er an sich geleistet, wie dankbar wir sein müssen, daß er nun eben an diese Stelle kam, wo der Ertrag seines Lebens zur Ernte reift.

Wenn mir je gelingt zu vollenden, was in dem Entwicklungsgesetz meiner Natur liegt, so ist es [sic] ein langer, langer Weg vor mir, ein Verzicht auf Tageserfolg und Modeleistung. Denn l'un ou l'autre[5]: Entweder bin ich auf dem Holzweg oder auf dem königlichen Weg. Gelingt mir die Durchführung meiner Ideen, so entsteht nicht eine Nuance alter Systeme, sondern ein neues, das vielleicht nur in einer produktiven Zeit wie der unsern erwachsen konnte. Und nicht nur ein Begriffsbau, sondern ein neues Verständnis des Lebens und damit neue Ziele des Lebens.

Das alles wagt sich unter dem Druck nationaler Sorgen kaum ans Licht. Und doch nehme ich an, daß ich demnächst vor einer prinzipiellen Lebensentscheidung stehen könnte. Ist innere Ideenentwicklung wirklich meine Kraft, so rückt Hamburg[6] in meinen Gesichtskreis. Ist Wirkung ins Weite meine Kraft, so konkurriert wenigstens Hamburg (falls es bei den Universitätsgründungsplänen[7] beharrt) mit Leipzig. Aber dann ist wieder die Frage, ob ohne den Hintergrund eines großen Staates kulturelle Gedankenarbeit fruchtbar werden kann.

Was meine Anschauungsweise leistet, ist mindestens dies, daß sie die schmerzlichen Grundkonflikte des Lebens erklärt. Sie erwachsen aus Grundtrieben unsrer Natur, die im Laufe historischer Entwicklung so auseinandergetreten sind, daß sie im Einzelleben unversöhnlich werden. Für einfache Zustände sind Machtstreben und Liebe noch auf denselben engen Daseinskreis bezogen. Heute ist der Staat wohl ein innerlich Gebilligtes, ja Geheiligtes, aber was der einzelne opfert und verliert, verklingt im großen Strom, als ob der Mensch nur Mittel zu diesem Gesamteffekt wäre, den später irgendwer genießt – ein unbekanntes, kommendes Geschlecht. Deshalb muß auch die Religiosität unsrer Zeit immer innerlicher, persönlicher, ungeselliger werden – denn jeder ist mit seinem individuellsten Schicksal ganz allein, in der Stadt weit mehr als auf dem Land. Überall aber klingt die Frage an: Der einzelne im großen Strom – und dieser Strom zuletzt wozu? [...]

---

[1] Versepos von JOHANN WOLFGANG VON GOETHE (1797).

[2] Während SPRANGERS Tätigkeit an der Universität Leipzig wurde versucht, dort unter Mitwirkung GETRUD BÄUMERS eine Frauenhochschule nach dem Modell der seit 1908 unter ALICE SALOMONS Leitung betriebenen Schule für Sozialarbeit in Berlin-Schöneberg aufzubauen (vgl. SALOMON 1983, 96ff). Es wurden Kurse für medizinische, sozial-pflegerische und pädagogische Berufe angeboten. In der letztgenannten Ausbildungsrichtung wirkte ab 1913 auch SPRANGER mit. Z. B. las er 1914 über „Die Ein-

heit alles Lebendigen bei Fröbel" (Eduard Spranger 28. 10. 1914). Im Januar 1913 wurde Spranger ins Kuratorium der Frauenhochschule gewählt. Möglicherweise hörte Susanne Conrad, seine spätere Ehefrau, von 1913 bis 1915 bei ihm in der Frauenhochschule (vielleicht aber auch an der Universität). Spranger sah in der Frauenhochschule allerdings nur eine Art „2. Auflage der Töchterschule", wie er sie bei Knauer und Böhm erlebt hatte (Eduard Spranger 22. 11. 1914). 1915 gab es im Leitungsgremium, dem Johannes Volkelt vorstand (Eduard Spranger 25. 09. 1914; Eduard Spranger 12. 06. 1915; Eduard Spranger 23. 07. 1915; Eduard Spranger 25. 07. 1915), tiefe Konflikte, in deren Gefolge Spranger im Juli 1915 seinen Kuratoriumssitz niederlegte und sich mit Volkelt entzweite (Eduard Spranger 25. 01. 1913; Eduard Spranger 06. 02. 1913; Eduard Spranger 07. 02. 1915; Eduard Spranger 05. 03. 1915; Eduard Spranger 08. 03. 1915; Eduard Spranger 09. 07. 1915; 23. 07. 1915; Eduard Spranger 17. 07. 1915; Eduard Spranger 25. 07. 1915; Eduard Spranger 30. 09. 1915; Eduard Spranger 15. 12. 1915; vgl. auch den undatierten Brief Eduard Sprangers vom Juli 1915). Spranger trat weiterhin für die Frauenhochschule ein, deren Vorsitzender ab 1916 Richard Schmidt war (Eduard Spranger 12. 04. 1916; Eduard Spranger 07. 12. 1917), so vor allem auf dem im September 1915 in Leipzig durchgeführten Frauenkongreß (Eduard Spranger 30. 09. 1915), lehnte aber den ihm im Oktober angebotenen Kuratoriumsvorsitz ab und schlug seinerseits Gertrud Bäumer dafür vor, die sich nach längerem Zögern im März 1916 entschloß, nicht in die Leitung einzutreten, woraufhin aufs neue Spranger der Kuratoriumsvorsitz angeboten wurde, der ihn nach einigem Zögern zunächst ablehnte, dann aber auf Zureden anderer schließlich doch übernahm, um nach wenigen Tagen wegen erneuter Streitigkeiten zusammen mit Eduard Biermann wieder aus dem Kuratorium auszuscheiden (Eduard Spranger 19. 09. 1915; Eduard Spranger 29. 10. 1915; Eduard Spranger 04. 03. 1916; Eduard Spranger 12. 03. 1916; Eduard Spranger 22. 03. 1916; Eduard Spranger 26. 03. 1916; Eduard Spranger 12. 04. 1916). Den Vorsitz übernahm dann der von Spranger wenig geliebte Kollege Walter Götz, und 1917 wurde anscheinend Gertrud Oster als Direktorin gewonnen (Eduard Spranger 20. 05. 1916). Spranger bemühte sich intensiv um die Versorgung jener sieben Studentinnen der Pädagogik, die sich auf dem Höhepunkt des Konfliktes aus Solidarität mit ihm und Biermann aus der Frauenhochschule hatten exmatrikulieren lassen, d.h. er hielt für sie gesonderte Vorträge und ließ sie zu seinen Übungen zu, damit sie ihre Ausbildung fortsetzen konnten (Eduard Spranger 04. 11. 1915, Eduard Spranger 25. 07. 1915; Eduard Spranger 23. 07. 1915; Eduard Spranger 30. 09. 1915; Eduard Spranger 04. 11. 1915; Eduard Spranger 12. 11. 1915, 15. 12. 1915; Eduard Spranger 22. 03. 1916; Eduard Spranger 04. 07. 1916; Eduard Spranger 15. 05. 1918). Anfang 1916 griff der Kultusminister die Frauenhochschulsache persönlich auf, jedoch offenbar erfolglos. (Eduard Spranger 02. 02. 1916; Eduard Spranger 05. 02. 1916).

Sprangers Vorstellungen über die Frauenhochschule sind in seiner damals stark beachteten und diskutierten Broschüre niedergelegt: Eduard Spranger Die Idee einer Hochschule für Frauen und die Frauenbewegung. Leipzig 1916, sowie in der Abhandlung: Noch einmal die Leipziger Frauenschule. In: Frauenbildung, Jg.16 (1917), 161-165, die eine Auseinandersetzung mit den Positionen seines Gegners Götz darstellt.

[3] Am Höhepunkt der Gegenrevolution in Preußen löste Friedrich Wilhelm IV. am 5. Dezember 1848 die Nationalversammlung auf und oktroyierte eine ständische Verfassung. Daraus leitet sich die Bedeutung von „oktroyieren" = „aufdrängen, aufzwingen" ab.

[4] Der bereits in Ruhestand getretene General Paul von Hindenburg schlug im Spätsommer 1914 die in Ostpreußen einmarschierten russischen Truppen zurück und wurde als Befehlshaber der Ostfront zum Kriegshelden.

[5] Frz.: das eine oder das andere, entweder – oder.

[6] Spranger rechnete 1915 mit einem Ruf nach Hamburg. Er wäre damit Ernst Meumann gefolgt, seinem Vorgänger in Leipzig (Eduard Spranger 10. 07. 1913; Eduard Spranger 04. 07. 1914), den er dort

bereits im Sommer 1913 bei den akademischen Ferienkursen vertreten sollte (EDUARD SPRANGER 28. 04. 1915). Ein solcher Ruf nach Hamburg scheint für SPRANGER zunächst durchaus attraktiv gewesen zu sein, vor allem wegen der Aussicht auf eine Zusammenarbeit mit seinem von ihm sehr geschätzten früheren Kollegen LENZ, der 1913 ebenfalls nach Hamburg gewechselt war (EDUARD SPRANGER 28. 05. 1913; EDUARD SPRANGER 16. 12. 1913; EDUARD SPRANGER 01. 06. 1914; EDUARD SPRANGER 12. 05. 1915). SPRANGER vereitelte diesen Ruf nach Hamburg dann allerdings bereits im Vorfeld, als er eine durch WILHELM PAULSEN an ihn gerichtet Anfrage der seine Bewerbung anscheinend zunächst favorisierenden Hamburger Lehrerschaft, ob er die Einheitsschule und das Universitätsstudium der Volksschullehrer befürworte, scharf zurückwies. (Vgl. dazu den im folgenden abgedruckten Brief vom 18. 05. 1915 und Meyer-Willner, 110.) Gleichwohl scheint es noch zu einem halboffiziellen Ruf gekommen zu sein, den er bei Interesse zu einem offiziellen hätte machen können. Er nutzte das Angebot nun aber nur noch zu Bleibeverhandlungen (EDUARD SPRANGER 09. 07. 1915). Inzwischen war er stärker an einem Ruf für die Nachfolge HEINRICH RICKERTS in Heidelberg interessiert (EDUARD SPRANGER 04. 11. 1915). Als SPRANGER 1919 nach Berlin wechselte, wurde ihm inoffiziell als Alternative wiederum eine Professur in Hamburg angeboten, die er jedoch ablehnte (EDUARD SPRANGER 24. 08. 1919).
[7] Die Hamburger Universität wurde 1919 gegründet.

EDUARD SPRANGER AN KÄTHE HADLICH
Leipzig, 18. 05. 1915 / Br., ca. 1/4

[...] Also, am Mittwoch früh kam der Brief von der Pädagogischen Reform, mit der ich schon im Sommer den Konflikt hatte. Anfrage, ob ich 1) die Einheitsschule 2) das *allgemeine* Universitätsstudium *aller* Volksschullehrer bekenne. Form höflich, jedoch klang das Bewußtsein heraus, *wir,* d.h. die Hamburger Lehrer, haben die Professur zu vergeben. Anfrage bei Lang ergab, daß die Kommission der Professoren (unter seinem Vorsitz) erst *nach* Pfingsten zum ersten Mal zusammentreten wird. Ich habe *ganz scharf* erklärt, daß das gegen das Recht der freien Wissenschaft ginge, und damit nicht nur Hamburg verspielt, ehe es mir angeboten wurde, sondern auch das Tischtuch zwischen mir und der *Lehrerschaft* zerschnitten. Gleichzeitig habe ich ganz freundschaftlich zum Juni die Verbindung mit der „deutschen Schule"[1] gekündigt, weil der Redakteur aus Rücksichten auf das *Vereinsprogramm* eine Anmerkung zu meinem wissenschaftl. [wissenschaftlichen] Aufsatz machen zu müssen glaubte. Das geht natürlich nicht. Ich bin politisch niemandem dienstbar.

Den Hamburger Briefwechsel habe ich an einen Dresdner Geheimrat privatim geschickt, damit man sieht, daß *ich* den Ruf von vornherein abgeschnitten habe. Außerdem habe ich im preuß. [preußischen] Min. [Ministerium] den Vorfall zur Sprache gebracht.

In der Bahn konnte ich über all diese Dinge mit dem Seminardirektor Bär aus Delitsch reden, der ebenfalls ins Ministerium [scil. „bestellt war"]. Es handelte sich bei mir um ein Gutachten über die Stellung der Pädagogik in der neuen preuß. [preußischen] Oberlehrerprüfung[2]. Ich behaupte, daß diese die Päd. [Pädagogik] von der Universität eliminiert, während man in Halle ein pädagogisches Seminar an der Universität ausbaut. Nun hatte ich eine lange Konferenz mit dem Generalreferenten für die höfischen Schulen, Geheimrat Reinhardt; ich habe tapfer meinen Mann gestanden und ihm nichts geschenkt. Natürlich war alles so weit fertig, daß ich nur einen Teilerfolg erzielte. (Näher nicht zu erläutern, weil §technik [Paragraphentechnik].

Dann kam ich zum Universitätsreferenten, ELSTER, der mich halb auf dem Flur abfertigte und eigentlich nur wiederholt versicherte, er hätte die Absicht, verrückt zu werden. Dabei wollte ich ihn nicht stören. So kam also nur dies heraus: Er *will*, daß ich das Gutachten für den Minister ausführlich mache und garantiert mir, daß Exzellenz es liest. Das ist also meine Pfingstarbeit. Hoffentlich rette ich die Pädagogik in Preußen vor der völligen Vernichtung.

[...] Ich bin über den Kriegsfuror mal wieder hinaus: Ich bin am Donnerstag angelangt, die schrecklichen Opfer, und wie in Ypern, beiderseits Tausende, ohne daß sich an der Sachlage etwas verschiebt[3]! [...]

[1] Die Deutsche Schule. Zeitschrift für Erziehungswissenschaft und Gestaltung der Schulwirklichkeit. Leipzig und Berlin, 1897ff.
[2] D. h. der Prüfung für das Lehramt an Gymnasien.
[3] Nachdem der 18. 05. 1915 ein Dienstag war, könnte der vorangehende Donnerstag, der 13. 05. 1915 gemeint sein, auf welchen 1915 Christi Himmelfahrt fiel. – Ypern: belgische Stadt in der Nähe von Gent, die im 1. Weltkrieg schwere Schäden durch die drei Ypern-Schlachten erlitt (Okt. 1914, April/ Mai 1915, Juni-Nov. 1917). Die Belagerung Yperns im Oktober und November 1914 und der erfolglose Vorstoß der deutschen Truppen gegen die Alliierten forderte allein auf deutscher Seite 100.000 Opfer.

EDUARD SPRANGER AN KÄTHE HADLICH
Leipzig, 05. 07. 1915 / Br., ca. 1/4

[...] Diese Beziehung[1] hat keine Zukunft; sie reicht nicht in meine Tiefen. Ich empfinde auch immer deutlicher, daß ich nun schon mindestens 5 Absagen geschrieben habe, und keine angenommen worden ist. Wenn ich ihr näher kam als anderen, so lag dem etwas zugrunde, das ich noch einmal aussprechen muß, obwohl ich selbst empfinde, daß es nicht ganz hoch gedacht ist. Eben *weil* sie an mein Tiefstes nicht heranreicht, nahm ich an, daß sie auf den Platz passen könnte, der noch frei ist: Verwalterin des äußeren Lebens und der täglichen Dinge. Sie selbst hat immer wieder gesagt, daß sie mir mehr nicht bieten könne. Für sie wäre es also keine Teilung. Aber für mich. Ihre scheinbare Neigung zur Reflexion ist tatsächlich nur dadurch veranlaßt, daß sie fühlt, wie weit mein Leben über ihre innere Kapazität hinausgeht. Tragisch für sie. [...]

[1] Die Beziehung EDUARD SPRANGERS zu Susanne Conrad.

EDUARD SPRANGER AN KÄTHE HADLICH
Leipzig, 26. 08. 1915 / Br., ca. 1/5

[...] *Entweder* habe ich eine Rolle in der pädagogischen Bewegung der Gegenwart zu spielen. Dann brauche ich viel Berührung mit dem realen Leben, mit Menschen, Institutionen, Strömungen. Aber sobald ich mich dem hingebe, erwacht in mir eine Unbefriedigtheit, daß das doch nur ein Teil des Daseins ist und daß *ich* das Ganze nur in der Stille philosophischer Besinnung besitzen könnte. *Oder* dieses philosophische Ausreifen ist meine Kraft. Lese ich nun aber die moderne Philosophie, so stößt mich das Unfruchtbare der erkenntnistheoretischen Kleinarbeit, die nicht zum Leben hinführt, so ab, daß mit der Abneigung auch meine Fähigkeit zu begreifen gering wird. Und manchmal bin ich ganz verzweifelt über dies Unwissenschaftliche in mir, das mich bei den Büchern unruhig werden und keinen Gedankengang ganz ausreifen läßt. Eine dritte Not ist das schlechte Gedächtnis für alles, was mir nicht ganz eigen ist. Der Teufel will, daß ich nur absolut Assimiliertes behalten kann. Fremde Lehrmeinungen selbst über Sachen, die mich fesseln, sind bald wieder fort.

Als ich 14 Jahre alt war, habe ich mir ganz ausdrücklich gestanden, daß ich nie Gelehrter werden könnte, sondern höchstens Künstler. Es war etwas Richtiges daran. Denn das Bild vom Leben, das für mich leitend werden kann, wird immer mehr eine künstlerische Gesamtintuition sein als eine ausgefeilte, exakte Einsicht.

So sind meine Lebensformen[1], von denen ich keine einzelne gelten lasse, in ihrer Gesamtheit eben eine Lebens"form", eine Lebens*formung*, die man hinstellen und aussprechen kann, die sich aber schlecht beweisen und ableiten läßt. [...]

---

[1] 1914 waren SPRANGERS „Lebensformen" in einer 1. Auflage als Beitrag in einer Festschrift für ALOIS RIEHL erschienen (Lebensformen. In: Festschrift für ALOIS RIEHL. Von Freunden und Schülern zu seinem siebzigsten Geburtstage dargebracht, Halle 1914, 413-522).

EDUARD SPRANGER AN KÄTHE HADLICH
Leipzig, 19. 09. 1915 / Br., ca. 1/6

[...] *Mußte* Deutschland verhindern, daß Konstantinopel russisch wird[1], oder hätte es nicht gerade dadurch den Druck von seiner Ostgrenze nach Süden abgelenkt? Ist Österreich erhaltungsfähig und erhaltungs*wert*? Ich weiß wohl, daß wir im mohammedanischen Orient kapitalistisch interessiert sind. Aber das ist wider den Strich gekämmt und hat einen großen Teil der Schuld an dieser ungeheuren politischen Verwicklung. Und Rußland wächst doch und kehrt eines Tages kräftiger wieder. Ich glaube fest, daß wir in diesem Kriege siegen (vorausgesetzt, daß er in *wenigen* Monaten zur Entscheidung kommt). Aber liegt dieser Sieg in der Linie der gegebenen politischen Kraftverteilung [sic]? Zeigt sich in Polen nicht schon jetzt der Rechenfehler[2]? [...]

---

[1] Am 2. August 1915 wurde der deutsch-türkische Bündnisvertrag geschlosen, Mitte August das deutsche Mittelmeergeschwader an die Meerengen verlegt und die osmanische Flotte dem deutschen Oberkommando unterstellt.
[2] Bis zum Dezember 1914 drangen die russischen Truppen in Polen nach Westen vor, etwa bis zur Linie Thorn - Krakau. Die darauf erfolgende Gegenoffensive der Mittelmächte blieb im September 1915 nach der Rückgewinnung polnischer Gebiete an der russischen Westgrenze (Ostgalizien) stecken.

EDUARD SPRANGER AN KÄTHE HADLICH
[ohne Ortsangabe] 30. 09. 1915 / Br., ca. 1/3

[...] die Zeit, wo der Krieg seinen heroischen Sinn hatte, ist vorüber. Die Pflicht ist jetzt, ein Ende zu finden. Davon bin ich tief durchdrungen. Wir dürfen das Ziel nicht zu fern stecken, wenn wir nicht die ganze Zukunft des Volkes gefährden wollen.
[...] Die Hochschule[1] hat mich wieder durch ihre verfahrene Lage viel beschäftigt. Auf dem [Frauen-]Kongreß, den ich täglich besucht habe, fiel ein in B. C.[2] und meinem Sinne recht schiefes Licht auf sie. Aber nun ein Zukunftsschimmer: Denke Dir: G. B. [GERTRUD BÄUMER] ist selbst *zur Hälfte* bereit, die Leitung[3] zu übernehmen. Das wäre doch ein Erfolg! Ich habe nun, um dies zu fördern, heute den schweren Gang zu Hinrichsen[4] gemacht. Ich kann nicht sagen, daß der Jude mich ganz vornehm behandelt hat, und BIERMANN hat hinterher immer die Kritik für mich bei der Hand. Dabei muß ich doch alles machen. Als die Diskussion auf die Hochschule kam, war SPRANGER, der Ausgestoßene, der einzige, der auf das Podium ging und für die Idee: „Hochschule als Sammelstelle für die Bestrebungen der Frauenbewegung" eintrat. Wenn GERTRUD BÄUMER käme, dann wäre all dieser Ärger, der an meiner Gesundheit zehrt, doch etwas nütze.
[...] am 12. ist Examen und am 11. beginnen schon meine Kurse mit den exmatrik. [exmatrikulierten] Damen[5] [...] „Daß der Staat auch der Frau ein Leben werde, an dem sie teilhat, das, meine ich, wäre Lehre dieses Krieges." Ganz so sprach gestern G. B. [GERTRUD BÄUMER] in ihrer glänzenden Rede vor 2000 Menschen. [...]

---

[1] Gemeint ist die Frauenhochschule. Vgl. oben Anm. 2 zu EDUARD SPRANGER 03./05.05.1915.
[2] Abkürzung nicht zu erschließen.
[3] Der Frauenhochschule.
[4] Bekannter Musik-Verleger (Auskunft Universitätsarchiv Leipzig).

[5] D. h. den Studentinnen der Frauenhochschule, die sich aus Solidarität mit SPRANGER und BIERMANN hatten exmatrikulieren lassen. (Vgl. EDUARD SPRANGER 23. 07. 1915 u. Anm.2 zu EDUARD SPRANGER 03./05.05.1915.)

EDUARD SPRANGER AN KÄTHE HADLICH
[ohne Ortsangabe] 12. 11. 1915 / Br., ca. 2/5

[...] Dieser Krieg ist nur noch tragisch; denn er führt zur Verbeißung und Erschöpfung. Wer so wie ich sieht, was die sächsischen Regimenter bei der letzten Offensive gelitten haben, wer überhaupt die Lage mit Bewußtsein erlebt, für den beginnt jetzt die Wende, an der es moralische Pflicht wird, *gegen* den Krieg zu sein. Meine politischen Anschauungen, die früher preußisch und rechts waren, verschieben sich immer erheblicher nach links. Cui bono[1]? Wird der kleine Mann etwas haben von den Opfern, die er jetzt bringt? Deutscher Landsturm nach Ägypten[2] – das ist eine gute politische Rechnung, aber eine lange und umständliche Psychologie. Die Worte, die wir vom englischen Oberhause hörten, waren würdig und wahr. Gott gebe, daß diese Stimmen auch bei uns allmählich Kraft erlangen.

[...] Die Zeit, die ich meinen 7 Damen[3] widme, ist besser angebracht, als ich zu hoffen wagte. Sie erinnert mich an die besten Tage meiner Schultätigkeit[4]. Hier habe ich mal 7 Menschen in eine Bewegung versetzt, die sie weit über ihr bisheriges Niveau hinaushebt, und dies mit anzusehen, ist eine tiefwirkende Freude. Und die Vorlesungen befriedigen bei zunehmendem Besuch; es kommen jetzt immer mehr Invaliden, mit denen ich interessante Gespräche habe, weniger über den Krieg, als über das Kriegserlebnis. Viel hatte ich mir von meiner Rede vor der Studentenschaft „Das Studium während des Krieges" versprochen[5]. Sie ist mir mißlungen, als wenn sie in Kassel gehalten worden wäre.[6] [...]

---

[1] Lat.: „Wem nützt es?"
[2] 1915 wurden zur Unterstützung des türkischen Verbündeten deutsche Truppen nach Ägypten entsandt, das seit Dezember 1914 britisches Protektorat war.
[3] Offenbar die exmatrikulierten Studentinnen der Frauenhochschule (Vgl. EDUARD SPRANGER vom 23. 07. 1915 u. Anm. 2 zu EDUARD SPRANGER 03./05.05.1915.)
[4] SPRANGER hatte von 1906 bis 1908 und von 1909 bis 1913 an den Höheren Töchterschulen KNAUERS und BÖHMS unterrichtet. (Vgl. Anm. 1 zu EDUARD SPRANGER 01.05.1906 und Anm. 1 zu EDUARD SPRANGER 22.12.1909.)
[5] Die Rede vor den Studenten ist anscheinend nicht veröffentlicht.
[6] SPRANGER spielt hier auf einen Vortrag an (wahrscheinlich über nationale und internationale Ideen; eine Publikation scheint nicht erfolgt zu sein), den er Ende Dezember 1914 in Kassel gehalten und der die Zuörer, vor allem die Bekannten und Verwandten KÄTHE HADLICHS, enttäuscht hatte. Über diesen ungünstigen Eindruck wiederum war SPRANGER verstimmt gewesen (EDUARD SPRANGER 22. 11. 1914; EDUARD SPRANGER 23. 12. 1914; EDUARD SPRANGER 16. 01. 1915; EDUARD SPRANGER 24. 01. 1915).

EDUARD SPRANGER AN KÄTHE HADLICH
[ohne Ortsangabe] Bußtag 1915 [17. 11. 1915] / Br., ca. 1/2
[...] Um nun gleich zu Deiner Hauptfrage zu kommen, so denke ich, daß wir uns darüber nicht mißverstehen können, in welchem Sinne man gegen den Krieg sein muß, zumal heute, wo man an den Ecken von der Musterung der 18jährigen liest. Schon heute habe ich die Überzeugung, daß von einem vollen Siege, wie wir ihn erhoffen, nicht die Rede sein kann. Die Volkskraft ist derartig mitgenommen, daß Gewinn und Einbuße völlig balancieren. In solcher Zeit den Bogen zu überspannen und um einer weiten Zukunft willen durchaus den Suezkanal erreichen zu wollen, führt die Gefahr mit sich, von der die Fabel erzählt: Beim Schnappen nach dem zweiten Stück Fleisch verliert der Hund das, das er hat, auch noch. Wenn also ein mittlerer Friede erreichbar ist, sollte man zugreifen. Schlimm genug, daß von den andern niemand daran denkt. Das ist ein Beweis, daß sie unsre Gefahr auch sehen. Diese Gefahr, darauf verlasse Dich, tritt im Frühjahr ein und damit die Entscheidungsstunde, wenn nicht vorher anderes geschehen ist. Vielleicht kannst Du die Verhältnisse nicht so beurteilen, wie ich im Spiegel der großen Stadt und der Universität. Von den Armen, die am 1. August 1914 auszogen, ist kaum noch ein Mann da. Die draußen sind oder zurückkehren – gestern waren allein 3 solche Studenten in meiner Sprechstunde – sind nervös gebrochen oder an Armen und Beinen invalide. Mein Famulus, der schon als untauglich entlassen war und ein Bild des Jammers für den Laien ist, hat wieder seine Einberufung erhalten. Eben gebe ich ein Gutachten ab, daß der Mensch doch nach 14 Tagen wieder entlassen werden muß. Das alles sind Einzelheiten. Daß aber alle so denken – auch wenn Generäle es nicht aussprechen – beweist die Tatsache, daß unsre Schützengräben voll von Sozialdemokraten sind. Da liegt das Symptom. Man kann einem Volk nicht Übermenschliches zumuten. *Wofür* kämpft es, wenn alle zugrundegehen?

Das würde ich öffentlich heut noch nicht sagen. Denn ich weiß wohl, daß wir einen Frieden nicht anbieten können. Wir sollen aber die (von vornherein bekannte) maßvolle Haltung der Regierung in den Friedensforderungen ehren und nicht Ungemessenes [sic] fordern. Hätten wir nicht so viel fremdes Land besetzt, wäre die Verständigung viel leichter. Lieber aber Land herausgeben, als das Volk aufreiben. Wer soll nachher im Lande wohnen?

[...] Bisher haben eine ganz starke Kraft nach außen nur diejenigen Staaten entfaltet, die immer auf der Grundlage von Kultur- und Spracheneinigkeit, mindestens Stammeseinigkeit ruhen. England nimmt eine Sonderstellung ein, vorwiegend weil es Seemacht ist und Küsten blockieren bzw. bombardieren kann. Wie es mit Österreich steht, lese ich ja aus Deinem Brief von neuem: Die Truppen gehen bataillonsweise über (eben weil der Pole sich für einen deutschen Gedanken nicht opfert). Heute steht tatsächlich noch alles unter dem Zeichen nationaler Kräfte (cf. Italien,

Balkan, Rußland). An wenigen Stellen ist das, was *ich* Staatsnation nannte, nämlich eine durch den Staat trotz nationaler Gegensätze geschaffene Einheit mit Zusammengehörigkeitsbewußtsein, bereits erzeugt. Aber *zwischen* den Staaten herrscht im Augenblick wieder der Wolfszustand[1]. Daß wir über den hinauswollen, ist sicher. Aber doch um Gottes willen nicht nur auf dem sentimentalen Wege der Hochschulen, Völkerseelsorge und ideellen Kultur. Das war Griechenland, als es ein Raub seiner Nachbarn geworden war und in Knechtschaft lag. Sondern wir wollen festere Rechtsgarantien für den Friedensstand, soweit es geht, und das kommt nur durch die weitere Demokratisierung der Staaten. Denn das Volk ist friedlich, wenn es nicht durch herrschende Schichten aufgehetzt wird. *Wie* ich mir diese fortschreitenden Garantien denke, hatte ich ja in dem Vortrag angedeutet. Die Sozialdemokratie wird schon dafür sorgen, daß es so kommt.

Aber wenn JERUSALEM in Wien in einem Buch, das er mir eben geschickt hat, alles von der Idee der „Staatenwürde" erhofft, so sehe ich darin wieder unklare Sentimentalität. Rein auf die Ethik der Persönlichkeit läßt sich ein Völkerleben nicht aufbauen, sondern nur auf realen Interessen und Verflechtungen, die im *allgemeinen* dafür wirken, den Krieg zu verhüten. [...]

[1] Anspielung auf die Lehre von THOMAS HOBBES: „Homo homini lupus" = „Der Mensch ist dem Menschen ein Wolf."

EDUARD SPRANGER AN KÄTHE HADLICH
Leipzig, 15. 12. 1915 / Br., ca. 3/5

[...] Ich fühle mich als [sic] verantwortlich für die deutsche Zukunft, nicht als Reichskanzler, auch nicht als Soldat oder Leutnant, sondern als ich, der ich um den geistigen Sinn der Zukunft ringe. Deshalb frage ich mich oft: Wenn nicht irgendwer einmal zur Umkehr mahnt – wo soll da der Frieden herkommen? Wer in Nachteil ist, kann es weniger als der Sieger. Wenn es uns schlecht geht, ist es für solche Gedanken zu spät. Wenn Besinnung herrschte, müßte nach unsrer Auffassung die italienische Kammer anders beschließen, als sie es getan hat[1]. Wir stehen eben in Europa vor dem Erschöpfungskrieg. Ist aber dieser Gedanke vereinbar mit der geistigen Mission, die Du mir zutraust? Hierüber bitte ich Dich um eine klare Antwort.

In mir ist alles noch ungeklärt. Ich habe nichts zu jeder Stunde als den Willen, ganz das zu sein und zu scheinen, was ich vor meinem Innersten verantworten kann. Seit dem 30. Juli 1914 habe ich keine kriegsbegeisternde Rede vor den Studenten mehr gehalten[2], obwohl es vielleicht pädagogisch wirken könnte. Eben weil ich zu tief unter der Kriegswirklichkeit leide. Vielleicht bedeutet dies ein Versagen meiner Kraft – gut – so habe ich es vor Dir bekannt. Aber ich kann die Herrlichkeiten dieses Krieges nicht mehr fühlen. Dazu glaube ich zu tief an den Sinn des aufzubauenden Diesseits. Dieser Glaube würde in mir brechen, sobald ich jetzt in den Krieg zöge: Es wäre für mich heut keine *innere* Notwendigkeit mehr.

Du kannst mich darum verachten. HERMANN HADLICH hat mir viel größere Worte im herrschenden Sinn geschrieben, und sein Einsatz ist doch viel größer. Aber ich habe nur die Wahl, unwahr zu sein, zu schweigen oder so zu sagen. Mein Kopf zermartert sich an der Frage, ob ich den Sinn des Lebens überhaupt richtig erfaßt habe, wenn – um gleich konkret zu sein – 400 Studenten von den besten unsrer Universität ihr Leben hingeben, damit die 800 Krüppel und die größtenteils oberflächlichen Frauenzimmer weiterstudieren können, damit die „Unabkömmlichen" und die 50jährigen Greise daheim bequem weiterleben können. Wir müssen verhüten, daß uns das Vaterland zu einem Abstraktum wird, das uns besitzt, statt daß wir es besitzen, statt daß es um des *Lebens* willen gewollt wird. Ich sinne unablässig nach, wie ich diese Gedanken so fassen kann, daß sie zu einer Kraft werden, nicht zu einer Schwäche. Aber ich finde keinen Ausweg und fühle mich in der Hand eines gänzlich Unverstandenen.

WEINEL[3] putzt Fenster und reinigt Abtritte. Ist da noch aufbauende Kultur? Der Mann, der „Jesus im 19. Jahrhundert"[4] geschrieben hat! Beginnt damit nicht die Zerstörung, wie die Lords im Oberhaus richtig gesagt haben?

TRAUB hat ausgesprochen, der Krieg sei ihm kein stärkerer Beweis gegen Gott als die Tuberkulose oder Prostitution. Ich verstehe das als Meinung. Aber es ist nicht mehr. Denn das unterscheidet die natürliche Welt von der sittlichen, daß wir der ersten unterworfen sind, während wir die zweite *gestalten*.

Ich habe schon in dem nicht abgesandten Brief über KURT HADLICHS Ende[5] geschrieben. Entweder ist das Leben ein Wert; dann war es ein schmerzlicher Niedergang für ihn, daß er mit solchen Eindrücken schied. Oder es ist kein Wert: Dann ist in der Stunde des Todes – vor Gott – gleichgültig, ob man einen Schützengraben erobert hat oder nicht.

Ich hänge am Leben, nicht weil es mir besondere Genüsse schenkt, sondern weil ich Göttliches in ihm finde und an ihm nicht genug haben kann. Ich könnte glücklich sein in meiner jetzigen Tätigkeit, wenn ich nicht immer über den Moment und über mich selbst hinaussähe.

Der Kreis meiner 7 Schülerinnen[6] ist für mich ein Quell reinster Freude. Wie in der Schule habe ich wieder das Glück, in ein Paar Menschenseelen Pforten zu öffnen, daß das Schönste und Reichste aus ihnen herausströmt. Ich sehe es, wie ein Gärtner an seinen Pflanzen, Tag für Tag, daß sie wachsen und daß sie mir dankbar sind – wofür? – dafür, daß ich ihnen zu ihnen selbst verhelfe.

Wenn Du sie gestern gesehen hättest, als wir die Weihnachtspakete fürs Seminar packten, so hättest Du mit mir gefühlt, daß hier ein schönes menschliches Leben aufgeblüht ist. Und nun stelle daneben das Bild eine Lazarettes – was haben da Menschen aus Menschen gemacht? Ich bin kein bloßer Liebes- und Friedensapostel. Das weißt Du. Aber kann ich dafür, daß all mein Glaube dem Erwachenden im Menschen gehört? Ich habe sie noch nicht gelernt, die große Sterbenskunst. Und ich muß daran denken, daß DILTHEY den Tod eine Gemeinheit der Natur nannte. Es sei denn, daß er uns erst zum vollen Leben verhülfe? [...]

[1] Am 24. Mai 1915 erklärte die italienische Regierung ohne Zustimmung des Parlaments den Kriegseintritt des bis dahin neutralen Italien gegen Österreich. In der daraufhin einsetzenden Debatte zwischen der Mehrheit der Kriegsgegner (Sozialisten, Katholiken) und dem Lager der Interventionisten (u. a. MUSSOLINI) konnten letztere die Volksmassen für einen Kriegseintritt Italiens begeistern.
[2] Wie die Rede über „Das Studium während des Krieges" im November 1915. (Vgl. EDUARD SPRANGER 12.11.1915.)
[3] Der Ehemann von Dr. ADA WEINEL, geb. THÖNES.
[4] WEINEL, HEINRICH: Jesus im neunzehnten Jahrhundert. Tübingen und Leipzig 1903 (Im Originaltext Buchtitel ohne Anführungszeichen).
[5] KURT HADLICH, geb. 1884, der jüngere und von ihr besonders geliebte der beiden Stiefbrüder KÄTHE HADLICHS, fiel 1915 im 1. Weltkrieg. (Vgl. auch EDUARD SPRANGER 14. 02. 1905, KÄTHE HADLICH 28. 06. 1905, KÄTHE HADLICH 26. 09. 1906, KÄTHE HADLICH 16. 03. 1909 ; KÄTHE HADLICH 28. 12. 1908; EDUARD SPRANGER 06. 03. 1915.)
[6] Jene sieben Studentinnen der Pädagogik, die sich 1916 aus Solidarität mit SPRANGER und BIERMANN aus der Leipziger Frauenhochschule hatten exmatrikulieren lassen. (Vgl. Anm. 2 zu EDUARD SPRANGER 03./05.05.1915.)

EDUARD SPRANGER AN KÄTHE HADLICH
[vermutlich am 05. 01. 1916[1]] / Zettel, vollständig
Widmung zu EUCKENS 70. Geburtstag:
Nicht das ist der schönste Ruhm der Philosophie, daß sie eine Wahrheit über den Menschen verkünde, sondern daß sie dem Menschen zu sich selbst und zu seiner Wahrheit verhilft.

[1] Die Datierung ergibt sich daraus, daß RUDOLPH EUCKEN am 05. 01. 1846 geboren ist. Der Brief, welchem der Zettel mit dieser „Widmumg" beigelegt war, ist nicht mehr zuzuordnen.

EDUARD SPRANGER AN KÄTHE HADLICH
Leipzig, 27. 03. 1916 / Br., ca. 2/5
[...] Die Auseinandersetzungen zwischen uns haben immer noch nicht die rechte Basis gefunden. Ich bin doch nicht so ein Stümper, daß ich trotz Deiner Schwierigkeiten mit dem sprachlichen Ausdruck nicht absolut sicher die Grundform des Er-

lebens fühlen sollte, die dahinterliegt. Und diese ist bei uns verschieden; wir haben nicht dieselbe Religion – anders gesagt. Darin liegt nichts, was uns trennen könnte, im Gegenteil, das kann bereichern und ergänzen, und Du bist mit Deiner geistigen Welt in keiner schlechten Gesellschaft, wenn ich allein an GOETHE denke. Aber das soll nicht verwischt werden, sondern ganz klar und offen gestanden, und zu dieser Klarheit müssen wir nach so viel Jahren endlich kommen.

Die Zeit spielt alle Trümpfe in meine Tasche. Das hoffnungslos Antinomische des Lebens, wenn es bisher verborgen gewesen sein sollte, liegt heute am Tage wie eine offene Wunde. Daß in unsrer Innenwelt ein Gegensatz dazu lebt und eine Überwindung [sic] – das weiß ich auch. Der Unterschied ist nur, daß Dir in dieser Sehnsucht oder in diesem inneren Frieden, den man sich allenfalls abringt, schon das Letzte liegt, während für mich da die Rätsel erst anfangen, woher dies Höhere in uns, wenn es nie zur vollen Realisierung gelangt? Darin ahne ich einen verborgenen Sinn. Aber mir genügt nicht die Ahnung, ich poche auf das Recht des anderen Besitzes. Dies ist die Wurzel meines Transszendenzglaubens. Nehmen wir doch die Sache gleich an ihrem für uns zentralsten Punkte: Diese Gegensätzlichkeit zwischen uns, die trotz innerster Ruhe bleibt – soll die nie eine Lösung finden? Sind wir nur dazu da, die Zwiespältigkeit zu erfahren und nicht auch die Einheit? Für mich ist das Leben zwischen Geburt und Tod ein Hinweis auf eine Herrlichkeit, die ich von Angesicht sehen will[1]. Für Dich ist es selbst schon Erfüllung, hat alles in sich, wenn man nur tief genug geht. Ich wiederhole: So sind nun einmal Frauen. Männer gehören zu dem Schlage „Alles oder nichts". Deshalb komme ich auch über die Problematik der Gegenwart nicht nur schwerer hinweg als Du, sondern ich komme überhaupt nicht drüber hinweg. Ich sehe die kahle Unlösbarkeit, die absolut *nicht* zu leistende Aufgabe. Dabei bleibt es. – Bei Dir wie bei allen Frauen liegt es daran, daß Ihr nicht imstande seid, die Aussage der kühlen Seinserkenntnis von Eurem Gefühlsleben zu trennen. Das wächst durcheinander. Bei mir bleibt Wissenschaft und Gemütsanspruch getrennt.

Und nun werden wir das künftig nicht mehr vertuschen, sondern ehrlich sagen: So bist Du, so bin ich. Denn das allein ist es, was mich immer in Harnisch bringt, wenn als identisch hingestellt wird, was sich ausschließt. Man kann sich trotzdem „verstehen", wenn auch der eine anders ist als der andere. Höre auf, Dich mit dieser Frage zu quälen. Es gehört dazu eine philosophische Kritik, die ich von Dir nicht fordern kann und nicht fordere. [...]

---

[1] Anspielung auf 2. Kor. 3, 7-18 – jene Passage, die der Prägung des Bildungsbegriffs bei Meister Eckehart (1260-1328) zugrundeliegt.

EDUARD SPRANGER AN KÄTHE HADLICH
Partenkirchen[1], 16. 11. 1916 / Br., ca. 2/9

[...] Ich kann nicht anders als Deutschlands nächste Zukunft sehr pessimistisch sehen. Ich halte (wie MAX WEBER, der ja auch keinen Ausweg sieht) die Sache für „verfahren." Es folgt daraus die Pflicht äußerster Sparsamkeit, bis wieder gesicherte Verhältnisse sind. [...] In dem Artikel von MAX WEBER[2] steht viel Kluges und Bedeutendes, wie er denn überhaupt einer unsrer hervorragendsten Köpfe ist. Aber die Quintessenz ist doch: Unsere Fehler sind schon so groß, daß nichts mehr zu ändern ist. Wir hätten mit Rußland nicht brechen dürfen *oder* nicht mit England[3]. Die Einführung der Zivildienstpflicht bedrückt mich geradezu, statt mich zu erheben. Sie ist ein Zeichen höchster Not. Auch die Anfangsfrage ist doch wirklich brennend; von Verweigerung ist wohl nicht mehr die Rede. Wir werden *alle* unterernährt, und die große Masse am meisten. Ich kann mich über die allgemeine Lage und meine Stellung zu ihr selbst Dir gegenüber nicht frei aussprechen. Es ist immer die Zweideutigkeit, als wollte man die persönlichen Opfer nicht tragen. Aber wenn dies fortfiele, bliebe doch die Frage: Sind wir auf dem richtigen Weg? Erinnerst Du Dich, wie wir mal von Stugerbach nach dem Kickhahn gegangen sind? Es war schließlich der richtige Weg, d. h. man kam oben an, – aber wie! So bohrt mir im Kopf, ob nicht *alle* Völker in eine Linie gekommen waren, die so nicht weitergeht und die mit der Katastrophe enden muß. Ich weiß zu wenig, um arbeiten zu können, und muß doch immer länger darüber grübeln. Die freie Konkurrenz und die Maschine haben erst die Völker von innen ruiniert wegen des rapiden Fortschritts. Nun zeigt sich dieselbe Wirkung nach außen: Sie ruinieren sich gegenseitig, um der Absatzgebiete willen. Muß da nicht ein Rückschlag eintreten? Jeder Staatsmann gibt zu, daß das Elend ungeheuer ist. Und doch kann niemand das Rad halten [sic]. Ja findest Du eigentlich, daß jemand die Wahrheit sagt? Ist nicht alles schablonenhafter Patriotismus? Gehört dazu noch Mut, wo doch alles nur Mitläufer mit der üblichen Ansicht ist? Ich komme aus dem Druck dieser meiner inneren Unwahrhaftigkeit nicht los. [...]

[1] Vom 05. 10. 1916 bis zum 09. 04. 1917 hielt SPRANGER sich in Partenkirchen auf, um eine TBC-Infektion auszukuren. (Vgl. seine Postkarten vom 05. 10. 1916 und 07. 04. 1917.)
[2] Vermutlich MAX WEBERS Münchner Vortrag vom 27. 10. 1916: Deutschland unter den europäischen Weltmächten. In: Die Hilfe, Wochenschrift für Politik, Literatur und Kunst. Hrsg. v. Fr. Naumann. 22. Jg., Nr. 45 vom 9.11.1916, 735 – 741.
[3] Nach BISMARCKS Sturz wurde 1890 der Rückversicherungsvertrag mit Rußland nicht erneuert: 1898 bis 1901 wurden britische Bündnisangebote abgelehnt, so daß es zur Bildung der Entente (England, Frankreich, Rußland) gegen Deutschland und Österreich kam.

EDUARD SPRANGER
[ohne Ortsangabe] 27. 02. 1917[1] / Gedicht, vollständig

An einem schmerzlichen Tage

Du suchtest Gott in Wäldern und in Fluren;
In jeder Pflanze, jedem stillen Laub
Empfandest Du das Leben, selbst in Staub
Noch gottenströmte, sel'ge Kreaturen.
Du aber folgtest gern der Menschen Spuren,
Und war Natur für Deine Sehnsucht taub,
So schienen sicher Dir vor jedem Raub
Die Augen, die Dir einmal Treue schwuren.
Ihr irrtet beide, denn Dein tiefster Drang
Bleibt ewig einsam, und Dein stilles Leid
Verhallt da draußen ohne Wiederklang.
Doch wenn Dein Herz von allem sich befreit,
Dein Ich zu fühlen Dir im Schmerz gelang:
Im Selbstverstehn liegt Gott und Ewigkeit.

[1] Dieses Gedicht Sprangers über Fremd- und Selbstverstehen könnte eine Anlage zu seinem Brief vom 15. 03. 1917 an Käthe Hadlich gewesen sein. Wieso der 27. 02. 1917 als „schmerzlicher Tag" bezeichnet wird, bleibt unklar.

EDUARD SPRANGER AN KÄTHE HADLICH
Partenkirchen, 01. 04. 1917 / Br., ca. 2/9

[...] Es scheint mein Schicksal zu sein, wider Willen Recht zu behalten. Denn die Vorboten eines Kriegsendes kommen jetzt tatsächlich vom internationalen Sozialismus. Aus der allgemeinen Unklarheit hebt sich diese Macht als überlebende heraus. Blühende Großmächte mit stolzen Expansionstendenzen haben den Krieg begonnen; der Hunger der Massen führt ihn zu Ende. Ich halte die Friedenstrompete, die BETHMANN und CZERNIN nach Osten blasen[1], nicht für sehr klug. Aber ich sehe darin die Furcht vor Ansteckungsgefahr und eine Art Selbstimpfung. Der russische *Liberalismus* kann sich nur halten, wenn er den Arbeiterwünschen nach Frieden nachgibt. Er steht vor der Frage der Vernunft und der Selbsterhaltung. Setzt er den Krieg fort, folgen die Sozialisten in Italien und dann – bei uns. Über gewisse Anzeichen zu schreiben verbietet sich. [...]

[1] Am 27. März 1917 kam es zu einer Einigung zwischen BETHMANN-HOLLWEG und CZERNIN (Österreich-

Ungarn) über deutsch-österreichische Kriegsziele im Osten. Am 29. März 1917 hielt BETHMANN-HOLLWEG unter dem Eindruck der Februarrevolution in Rußland vor dem Reichstag eine Rede mit dem Tenor, Deutschland wünsche Frieden mit dem russischen Volk, Nichteinmischungserklärung zugunsten der Revolutionäre bezüglich einer Wiederherstellung der Zarenherrschaft.

EDUARD SPRANGER AN KÄTHE HADLICH
Leipzig, 16. 06. 1917 / Br., ca. 1/9

[...] Die Preise steigen hier dauernd. Abends muß ich oft fortgehen, weil ich zu Hause nichts zu trinken habe. Das Wetter ist bezaubernd schön, ganz so, wie es *für mich* gesund ist. Aber man hat die tiefste Sorge. Überhaupt ist politisch noch nichts gelöst.

Butter habe ich seit 8 Tagen nicht mehr. Doch hat mir STRÜMPELL für 8 Wochen je ½ Pf. [Pfund] verschrieben, und die Eierlieferung etc. funktioniert.

[...] Nach guten, kritisch beurteilten Quellen, die auf 2 verschiedene Gespräche zurückgehen (HERZOG V. ALTENBERG und Prof. HARMS-Kiel), soll HINDENBURG mit Bestimmtheit geäußert haben, daß wir im September fertig sind. Man sieht eigentlich nicht wie. Ich bin übrigens erst dann *ganz* fertig, wenn WILSON baumelt. [...]

EDUARD SPRANGER AN KÄTHE HADLICH
[ohne Ortsangabe] 28. 07. 1917 / Br., ca. 1/4

[...] Innerer Zwist in Stunden äußerer Gefahr ist immer unklug. Von England herüber hört man nie eine Stimme des Verzichtes. Dabei haben sie militärisch nichts erreicht.

Billigen kann ich also diesen Rückzug[1] nicht. Ich sehe aber in ihm Symptome bedenklichster Art, nämlich Anfänge von einer Weltverwirrung, die vielleicht Jahrzehnte umfaßt. Solche Erschütterungen, wie sie jetzt zu unserm Unheil von Rußland ausgeht[2] [sic] und auch noch andre Völker anstecken wird [sic], sind in langer Arbeit nicht wiedergutzumachen. Ich rechne damit, daß wir im Winter völlige innere Auflösung oder aber eine ebenso schreckliche Militärdiktatur haben werden. Der Wille ist bei uns eben nicht *lang* genug, vielleicht, weil wir das Geschäft der Politik nicht verstehen, vielleicht weil uns der Hunger entnervt hat; denn das ist ja zu *sehen*, wie besonders die geistigen Leute langsam sterben.

Die U-Boot-Sache[3] scheint auf großen Rechenfehlern zu beruhen. Die Gegenseite hat 40 Mill. Tonnage zur Verfügung. 5 Millionen haben wir seit 1. II. versenkt. Heut in einem Jahr könnten wir vielleicht am Ziel sein, wenn nicht Amerika bis dahin uns ein Ziel gesetzt hat.

[...] Ideenlos ist doch unsre politische Welt. Was für ein Kartenhaus war dieses Mitteleuropa! Ich denke im stillen an einen Aufsatz, der aufrüttelnd wirken müßte:

„Der verschleierte Machtgedanke."[4] Für sich nämlich, als Parteimitglied, macht jeder von der Machtidee Gebrauch, die jetzt der Staat so edel von sich ablehnen soll. Das aber ist die eigentümliche Arithmetik der Macht, daß mit dem Wachstum der Einzelposten die Gesamtsumme abnimmt und umgekehrt. Die Macht der vielen erzeugt unzählige Reibungsflächen. Und England verfährt mit uns wie Brand[5] mit seiner Frau: Es zwingt uns, auch noch das letzte an nationalem Anspruch herzugeben. Haben wir die Demokratie, so wird es heißen: Jetzt gebt uns noch die Hohenzollern, und haben wir die gehorsam geopfert, dann heißt es: Gebt uns das Rheinufer. Und der Deutsche tut alles, weil er es den Nachbarn schuldig zu sein glaubt, damit sie ihn schützen. Ja, ist das noch politisch gedacht? Politik ist Klugheit; ich sehe nicht, daß das klug ist. [...]

[1] Vgl. Anm. 1 zu EDUARD SPRANGER 01. 04. 1917.
[2] Seit dem Ausbruch der Februarrevolution am 23. 02. 1917 und der Abdankung des Zaren im März 1917 kam es zu politischen Unruhen in Rußland mit der Forderung nach einer sozialistischen Revolution.
[3] Der uneingeschränkte U-Boot-Krieg, den Deutschland vom Januar 1915 an führte und im Herbst 1917 verloren geben mußte.
[4] Schreibung „verschleierte" nicht zweifelsfrei.
[5] Figur eines gleichnamigen Dramas (1867) von IBSEN.

EDUARD SPRANGER AN KÄTHE HADLICH
Partenkirchen, 18. 08. 1917 / Br., ca. 1/15

[...] Auch das Scheidemanna [sic][1] ist inzwischen angekommen, eine recht demagogische Rede, die wirklich nicht den Eindruck macht, daß hier eine neue Idee oder ein neues Ethos herauswill. Nicht einmal sozialer Gedanke! Klassen- und Parteiegoismus, mit etwas Landesverrat in der U-Boot-Sache. Weiter nichts! [...]

[1] Ironische Bezeichnung für eine Rede PHILIPP SCHEIDEMANNS, welche dieser am 26. 07. 1917 bei einer Parteiversammlung der Berliner Sozialdemokraten gehalten hatte.

EDUARD SPRANGER AN KÄTHE HADLICH
Partenkirchen, 29. 08. 1917 / Br., ca. 1/6

[...] Zu meiner eignen Überraschung habe ich in den politischen Dingen einen sicheren Kassandrablick[1]. Ich bin keinem vorzeitigen Optimismus verfallen, sehe auch jetzt noch die Lage als ernst und die Papstnote[2] ohne positive Hoffnung an. Aber daß Deutschland durchkommt, daß es im Endergebnis (vielleicht erst für kommende Jahrzehnte) an diesen Nöten wächst, daran zweifle ich gar nicht. Innenpolitisch müssen wir erst *reif werden*. Die Männer, die dieser Generation fehlen, im

Reichstag und in den Reichsämtern, sie werden geistig aus dieser Zeit geboren werden. Wir selbst stehen dem Chaos zu nah, um es selbst noch zur Höhe zu bringen, aber unsre Schüler werden aus *unsrem* Suchen die Früchte ernten.

Auch in meinem Urteil über den Kriegskanzler[3] habe ich leider recht gehabt, abgesehen davon, daß ich ihn nicht für so elementar ungeschickt gehalten hätte. Zwei Aussichten haben wir jetzt: den Sozialismus, wenn er sich läutert und seinen *Klassen*charakter abstreift, und den U-Boot-Krieg. Der Ausgang hängt davon ab, welcher von beiden Faktoren *früher* zum Ziel führt. Für den Fortschritt der Menschheit wäre das erste das Bessere, wenn es auch alles in allem länger dauern wird. Aber allein darin liegt eine Idee, nicht bloß eine Gewalt. Und so bleibt es bei dem, was mir schon vorschwebte, als ich den „inneren Frieden"[4] niederschrieb: der Sozialismus, bereichert durch die ethische Führeridee. [...]

[1] Kassandra: griech. Sagenfigur, welche die Gabe der Weissagung besaß.
[2] Bezug auf die erfolglose Friedensbemühung Papst Benedikts XV. im Sommer 1917.
[3] THEOBALD VON BETHMANN-HOLLWEG.
[4] EDUARD SPRANGER: Vom inneren Frieden des deutschen Volkes. In: Internationale Monatsschrift für Wissenschaft. Bd.11, 1916/1917, Sp. 129-156.

EDUARD SPRANGER AN KÄTHE HADLICH
Bavaria[1], 22. 10. 1917 / Br., ca. 5/6

[...] Soeben ohne Untersuchung auf weitere 6 Monate w. un. [wehruntauglich]. Beide Herren sehr liebenswürdig. Ich bin froh, die Krisis mal wieder überstanden zu haben. Meine Fahrt nach Berlin war in jeder Hinsicht schön. Habe im Habsburger Hof logiert. Um 10 hat m. [mir] Weber die Schlüssel gebracht. Um 11 Konferenz. Statt 10 Leuten – 35. Darunter WILAMOWITZ, HARNACK, TROELTSCH, HINTZE, DIELS, ED. MEYER, viele Provinzialschulräte, Gymnasialdirektoren. Bitte nehmen Sie Platz. Es fehlten aber 15 Stühle. Herr Prof. SPRANGER, ich freue mich, daß sie gekommen sind, kommen Sie doch hierher. Bleibe aber unten. Exz. [Exzellenz] entwickelt das Thema. Niemand meldet sich zu Wort. Der Minister[2] wendet sich wieder an mich, ersucht mich, in s. [seiner] Nähe Platz zu nehmen, und mit gewohnter Eleganz halte ich die nächtlich präparierte Rede. Nun kam die Sache in Gang. HARNACK, der mich wie einen alten Bekannten grüßte, sagte das Beste. WILAMOWITZ ging sehr auf mich ein. Zum Schluß wandte sich der M. [Minister] wieder an mich und bat mich, über das Thema eine Denkschrift zu schreiben (vertraulich). Dann sprach ich mit TROELTSCH, der so lieb und herzlich war wie nie, auch ganz anders aussah. Als der Minister herzukam, sagte T. [TROELTSCH], es sei schade, daß man mich immer erst holen müsse; ich sollte ganz da sein. Auch von Heidelberg war die Rede. Er hat mich immer vorgeschlagen, aber man hat nicht geglaubt, daß ich kommen würde. – Mittag aß ich bei Mitscher[3] mit einem alten Gymnasialdirektor. Um 4 war ich schon wieder bei Exzellenz. Im Vorzimmer sah ich BECKER und sprach mit ihm über SCHULZ. Bis 5 dauerte es. Dann habe ich mit Exz. [Exzellenz] solo Tee getrunken und mit ihm in der interessantesten Weise 2 Stunden über allerhand Dinge, z. T. internsten Charakters, gesprochen. Ich habe einen großen Einblick in die Person und das System getan, und glaube auch, in wichtigen Dingen Exz. [Exzellenz] gut orientiert zu haben. – Um 7 eilte ich noch zu SCHULZ, sprach erst von Weber, dann Heinrich und Elisabeth[4], hatte auch da gute Eindrücke. Um 3 zu Hause. [...]

---

[1] Die „Bavaria" war ein Leipziger Restaurant, das zwei Querstraßen vom Pädagogischen Institut entfernt war und in dem SPRANGER häufiger speiste, Essen für Freunde und Studenten gab, manchmal sogar seine Korrespondenz erledigte, und in dem offenbar auch andere Repräsentanten der gebildeten Kreise verkehrten.
[2] FRIEDRICH SCHMIDT-OTT, seit dem 05. 08. 1917 preußischer Kultusminister.
[3] Ein Berliner Lokal, wo SPRANGER in seiner Kindheit fast jeden Sonntag verlebte. (EDUARD SPRANGER 06. 02. 1916)
[4] Es könnte sich um SPRANGERS langjährigen Freund HEINRICH SCHOLZ und dessen 1924 verstorbene Ehefrau Elisabeth handeln.

EDUARD SPRANGER AN KÄTHE HADLICH
[Pädagogisches] Seminar [der Universität Leipzig], 22. 11. 1917 / Br., ca. 1/4
[...] Auch mir würde es unerträglich sein, in einer Zeit wie dieser nur zu „verstehen". Aber so liegt es auch nicht: Wir verstehen *nicht*, und deshalb haben wir keinen Standpunkt. Was nützt es, sich durchaus eine Auffassung anzueignen, wenn einem alle Unterlagen fehlen, auf die man sein Urteil stützen soll? Wie kann ich für die Kriegsverlängerung sein, wenn ich nicht weiß, ob das U-Boot-Unternehmen auf *richtigen* Voraussetzungen beruht? Übrigens ist mir meine allgemeine Stellungnahme ganz klar: Vaterlandspartei ohne Reaktion und Annexionen, SCHEIDEMANN-partei ohne Pöbelherrschaft und Friedensangebote. Ein „ehrenvoller" Friede wäre mir ein Friede, der *im wesentlichen* den status quo herstellt. Ich bin *gegen* Verflechtung mit Kurland, Litauen und Polen, gegen die ganze Orientpolitik und *gegen* Konfliktverhältnisse mit Rußland. Ist das standpunktlos? Ich glaube nicht. Zu Einzelheiten aber fehlt mir eben die Kenntnis der Einzelheiten.
[...] Cambrai[1] macht mir seit gestern Sorge. Italien lehrt die Konsequenzen einer einzigen Durchbruchstelle.[2] Das würde alle unsere Hoffnungen zerstören. Die Unruhen auf der Flotte[3] sollen nicht so unerheblich gewesen sein. Ob Thorbecke[4] auch ein Opfer des Mißmutes der Mannschaften über das Wohlleben der Offiziere geworden ist?

[...] Für das Licht danke ich noch besonders. Man freut sich schon, so etwas mal wieder zu *sehen*. Aber das Licht, das Du mir hinsichtlich der Staatsidee aufstecken wolltest, das hat bei mir schon gebrannt. Natürlich ist ein Staat wirksam nur als Kultur*hülle*, aufgebaut auf einer Lebenstotalität. Ich will doch mit meinen Abstraktionen nur sagen: Wer den Staat will, muß eben sein Spezifikum wollen: Macht, und *in* dieser Form alles andre; eben nicht eine Liebesgemeinschaft oder einen Handelsverein. Und wer Wissenschaft will, darf nicht Kunst verlangen oder Religion, sondern deren Gehalt eben in der *Form des Wissens*. Geschäftliche Ereignisse sind nie abstrakte Vorgänge, sondern immer totale. Die Abstraktionen sind wissenschaftlich, zum Zweck des Verstehens. Daß das *Ethische* erst in der Konkretisierung entsteht, habe ich Dir doch selbst in Berka[5] auf der Bank auseinandergesetzt. [...]

[1] Cambrai war an der sog. Siegfried-Stellung gelegen, auf die sich die deutsche Westfront im Frühjahr 1917 zurückzog. Dort erfolgte am 20. 11. 1917 ein englischer Durchbruchsversuch.
[2] Bezug auf die anhaltenden Kämpfe an der Isonzofront (Friaul) 1916/1917.
[3] Anfang August 1917 war es zur Meuterei von 600 Matrosen des Großkampfschiffes „Prinzregent Luitpold" nach dem Vorbild der Matrosen der russischen Revolution gekommen.
[4] Kapitän und Freund WILHELM BIERMANNS, der offensichtlich 1917 ums Leben kam, möglicherweise im Zusammenhang mit revolutionären Unruhen in der Flotte (EDUARD SPRANGER 28. 07. 1917; EDUARD SPRANGER 22. 11. 1917).
[5] Bad Berka: 6 km süd-südwestl. von Weimar, wo EDUARD SPRANGER und KÄTHE HADLICH vom 27. 05. bis 04. 06. 1917 einige Urlaubstage verbrachten.

EDUARD SPRANGER AN KÄTHE HADLICH
Leipzig, 12. 01. 1918 / Br., ca. 1/2

[...] Aber in alledem liegt nicht das Sonderbare. Vielmehr darin, daß ich um die gleiche Zeit wieder deutlich empfand, daß ich auch nicht eigentlich zum Philosophen bestimmt bin. Ich habe lesend und schreibend die Theorie des Verstehens weiterverfolgt[1]. Und durch die Konsequenz des Niederschreibens (schon deshalb soll man nicht diktieren!) kam ich auf Gesichtspunkte, die in meinen früheren Erwägungen keine Rolle gespielt haben. Sie sind aber grundstürzend. Sie würden meinen ganzen Standpunkt umkrempeln und gewisse Schwierigkeiten beseitigen, die mir immer wieder an allen Ecken begegnet sind, wie es eben bei prinzipiellen Fehlern zu sein pflegt. Um dieselbe Zeit fand ich nun in den Schriften von MAX SCHELER das, was ich suche, schon in gewissem Sinne durchgeführt. SCHELER geht von der Phänomenologie HUSSERLS aus, von der ich auch schon viel aufgenommen habe und zu der sich die neueste Philosophie immer deutlicher bekennt, obwohl ältere Leute wie WUNDT und RIEHL darin nur Scholastik sehen. Die Schreibart SCHELERS beweist, daß auch er mit den Sachen noch nicht systematisch fertig ist, sondern nur einen Reichtum fruktifiziert[2], der sich ihm auftat und eigentlich jedem auftun mußte, der mit dem HUSSERLschen Standpunkt Ernst macht. Ich deute hier nur den sachlichen Hauptpunkt an: Verstehen ist ganz etwas andres als seelische Deutung des Physischen. Es gibt eine Bewußtseinslage, in der uns fremdes Innenleben ebenso nahesteht wie das eigne. Die Differenzierung in Selbsterlebtes und Fremderlebnisse ist erst ein später Akt. Das Psychische in mir ist nicht Ausgangspunkt (so ist es ja auch!) sondern erst Produkt. Daraus erklärt es sich, daß wir fremdes Seelenleben verstehen, nicht nur eignes. Mag nun hieran auch viel einzuschränken und zu nuancieren sein, so ist die Sache jedenfalls im Kern richtig; denn bei scharfem Nachdenken kam ich auf Ähnliches und manches wird überhaupt nur unter solchen Annahmen begreiflich. „Worauf ich hinauswill, ist nun dieses" (VOLKELT). Ich habe keine Lust, mich philosophisch noch einmal völlig umzubauen. Dies ist ein Beweis, daß ich zu dem Handwerk auch nicht geboren bin. Die Frage ist gar nicht allein: Beamter oder Gelehrter, sondern Pädagog oder Philosoph? Es ist nicht möglich, nur „soweit" Philosoph zu sein, wie man es für die Pädagogik braucht. Ich bin auch kein schlechter Denker; denn, wie Du siehst, komme ich all den verborgenen Fehlern auch auf die Spur, wenn ich mir Mühe gebe. Aber die subtile phänomenologische Arbeit, wie sie HUSSERL und SCHELER leisten, die würde mich töten. Ich muß dem Leben näherbleiben, und das ist, philosophisch genommen, immer Ungründlichkeit. Am wenigsten ist es mir jetzt lieb, für einen Artikel zur VOLKELTfestschrift[3] eine neue Philosophie anzuziehen [sic?]. Aber was bleibt mir übrig? Meine Lebensformen[4] (die offenbar den Zeitgenossen auch so viel bedeuten und – selbstständig verbreitet – zahlreiche Auflagen erleben würden) werden im Ergebnis kaum gefährdet. Aber der Weg dahin muß ganz anders sein. Es geht, um im Bilde zu bleiben (und wie es längst in meiner Tendenz liegt) von der Pyramide zu den Kreisen, nicht von den Kreisen zur Pyramide, auch nicht von der Basis zu den Kreisen. (NB: Es ist ganz gleichgültig, wie viel Seiten die Pyramide hat: An sich müßten es zahllose sein, da es zahllose Individuen gibt. Richtig wäre es wohl, sich mit dreien zu begnügen, da dies zur Repräsentation der geistigen Wechselwirkung zwischen Individuen genügt.) In mein Nachdenken hierüber mischen sich nun immer wieder „Lebensfragen". Nachdenken über Menschen, über pädagogische Organisationen, über Aufsätze, die man eigentlich in die Zeit hineinwerfen sollte. Es ist auch kein Zweifel, daß ich trotz dieser philosophischen Ungründlichkeit stärker wirke als die Gründlichen, nicht nur extensiver, sondern auch intensiver; denn die besten Köpfe hier halten doch zu mir. Aber es ist da etwas, was mich nicht befriedigt, weil es, in unsrer Sprache ausgedrückt, eine Unklarheit oder eine Halbheit in meiner Lebensform bedeutet. [...]

---

[1] EDUARD SPRANGER: Zur Theorie des Verstehens und zur geisteswissenschaftlichen Psychologie. In: Festschrift. JOHANNES VOLKELT zum 70. Geburtstag dargebracht, München 1918, 357-403 (auch in: Gesammelte Schriften VI, 1-42).

² Nutzbar macht, verwertet.
³ Vgl. oben Anmerkung 1.
⁴ EDUARD SPRANGER: Lebensformen. Geisteswissenschaftliche Psychologie und Ethik der Persönlichkeit. 2. völlig neu bearbeitete und erweiterte Aufl., Halle 1921. (In 1. Aufl. als Beitrag zur RIEHL-Festschrift erschienen: Vgl. Anm. 1 zu EDUARD SPRANGER 26.08.1915.)

EDUARD SPRANGER AN KÄTHE HADLICH
Leipzig, 26. 01. 1918 / Br., ca. 1/3

[...] Ich glaube, daß wir in der Entwicklung unseres politischen Denkens weit zurück sind. Wenn die Staatsrechtler und Politiker noch nicht fühlen, daß wir in eine sozialistische Epoche eintreten, wenn sie den tiefen Unterschied des individualistischen Liberalismus und des organisierten Sozialismus nicht spüren, so weiß ich nicht, mit welchen Zeichen die Zeit reden soll. Diese Überbietung des Liberalismus (nicht die Beseitigung der Individualität) durch überindividuelle Bindung ist der Geist unsrer Tage. Daß die Vaterlandspartei das verkennt, ist ihre Schuld, denn in gefahrvollen Tagen darf man nicht nach dem bloßen Gefühlsimpuls handeln. Die Ideen von 1870 sind nicht die Ideen von 1917. Wir sind nahe daran, nachdem wir den äußeren Feind besiegt haben, an der Übermacht der inneren Opposition zu scheitern. Diese Offensive[1], das glaube mir, ist die letzte, die gemacht wird. Im Mai haben wir Waffenstillstand auf allen Fronten. Deshalb allerdings hängt von dieser Offensive nicht nur das Schicksal Deutschlands, sondern die künftige Gestalt der Welt ab. Ich habe auch dem Minister geschrieben, daß das Fehlen jeder bestimmten Parole von oben quälend empfunden wird. Aber man hat keine, man wagt sie nicht zu haben. Im sächsischen Landtag ist der Minister wegen der Berufung von POHLE angegriffen worden, hat sich verteidigt, aber dem indirekten Urheber, BÜCHER, noch einen Dank votiert. Am selben Tage verlangte ein konservativer Abgeordneter die Einrichtung eines Institutes für Jugendkunde an der Universität im Zusammenhang mit dem Institut des Leipziger Lehrervereins. Das ist ein Kenner. Was nun das Philosophische betrifft, so habe ich viel von HUSSERL gelernt und übernommen. Einen Zentralgedanken (bei mir) bildet die Lehre von der Existenz in drei Reihen zugleich: physisch, psychisch, ideell, aus jedem einen Ausschnitt herausschneidend. Das gilt von dem einzelnen Wort z. B., aber auch von der ganzen Kultur. [...]

Für das Verstehen komme ich immer mehr dahin, ein gemeinsames, objektives Geistiges über dem subjektiv Psychischen anzunehmen. Wir verstehen nicht nur aus dem physischen Symbol heraus (das meistens gar nicht gegeben ist; wer hat CAESARS Gesicht gesehen, als er den Rubikon überschritt[2]?) sondern aus der ganzen objektiven Situation heraus; von hier senken wir die Sonde in das Subjekt, wobei wir mutatis mutandis[3] unsre eignen Erlebnisformen unterlegen. [...]

[1] Eine der deutschen Frühjahrsoffensiven an der Westfront seit dem März 1918.
[2] Mit der Überschreitung des Rubikon, eines kleinen Grenzflusses zwischen Italien und Gallia cisalpina (vermutlich der heutige Rubicone, der nordwestlich von Rimini ins Adriatische Meer mündet), durch CAESAR begann 49 vor Chr. der Bürgerkrieg zwischen CAESAR und seinen Truppen einerseits und den Truppen des Senats unter Pompejus andererseits.
[3] Lat.: mit den nötigen Abänderungen.

EDUARD SPRANGER AN KÄTHE HADLICH
Leipzig, 26. 04. 1918 / Br., ca. 2/5

[...] Meine Wege sind schwer. Ich möchte mich einmal bis in die Tiefe aussprechen können. Aber das geht ja nicht in Briefen, vielleicht nicht in Worten. Eigentlich bin ich in einer großen inneren Verwirrung aus Weimar[1] gekommen. Es war echte Liebe, die mich umgab. Der immer gleiche Vater RIEHL – morgen wird er 74 – bei aller Frische der Teilnahme an mir und der Welt stark alternd: Ich konnte nicht eigentlich mit ihm „philosophieren". Mutter SOFIE RIEHL angegriffen durch Zahnschmerzen. Der Tag zerissen, unbestimmt. Gespräche von einer Intensität, die mich aufrieb – Analysen, denen gegenüber ich versage. Der Mensch ist ein großes Rätsel. Ich durchschaue ihn nur von Seiten, die mir „liegen". Wie ist es möglich: diese Überlegenheit und diese innere Labilität? Ich fand kein Ausruhen. Bisweilen ein Blick für das Reale, ein Blick in die Seele, der staunen macht. Dann ein Verschlossensein für nächste Wirklichkeiten, das alles irreal macht.

Wohin treibe ich, habe ich mich fragen müssen. Seit kurzem erscheint mir *die* Grundkraft meiner Seele, dieses Heranziehen von Menschen und Hingeben an Menschen, fast wie ein Verhängnis. Denn es ist kaum einer, der, nachdem man das Beste, Wahrste gegeben hat, nicht darüber hinaus das Unmögliche verlangte. Das macht müde und wirft in sich zurück. Ob Du mich verstehst? Ich rede in Andeutungen, ich muß es, weil eigentlich ja nichts in mir geschehen ist, als daß ein Auge in mir aufgegangen ist.

Die Möglichkeiten des Menschen sind zahllos. Was unsre Umwelt ist, was wir selbst sind – es mag das Resultat eines Weges sein, anstelle dessen auch jeder andre möglich gewesen wäre. Unser Denken, unsre Moral, unsre Werte – in ihnen allen steckt etwas von Zufall oder Konvention. Aber nachdem sie so sind, sind sie unentrinnbar so. Und nicht anders der Mensch selbst: Er ist, was er geworden ist. Aber es steht nicht in seinem Belieben, außerdem noch ein andrer zu sein. Man nimmt ihn zunächst freudig, wie er sich gibt. Und man ist dann enttäuscht, weil er nur er selbst („ich selbst") ist. Ich habe etwas das Gefühl, daß man auch an mir herumzerrt, von allen Seiten. Die freie Fülle meines Gebens wendet sich zum Geiz – denn ich brauche Stille und Ruhe, um nicht von dem Wege der stillen Reifung abzukommen.

Du darfst nicht denken, daß mir irgendein handgreiflicher Schmerz widerfahren ist: Ich zittere mehr vor der Zukunft, wo man mir sagen wird, daß auch ich zu denen gehöre, die „enttäuschen".

[...] Ich muß abbrechen. Ich bin ja mit *allen* Kollegs und Übungen noch völlig im Rückstande. Zu erzählen hätte ich noch viel, z. B. auch von der befremdenden Tatsache, daß sich in der Stille an den meisten deutschen Universitäten internationale Studentenvereine gebildet haben. Die Anregung soll – von der Westschweiz kommen? Ist das eine neue *Idee*, oder nur eine neue deutsche Dummheit? Jedenfalls eine Unzeitgemäßheit.
[...]

---

[1] Im April 1918 hielt SPRANGER sich für eine Woche in Weimar auf, wo er sich auch mit ALOIS und SOPHIE RIEHL traf, mit denen er aber anscheinend diesmal zu keinem tieferen Verständnis fand (EDUARD SPRANGER 14. 03. 1918; EDUARD SPRANGER 07. 04. 1918 und EDUARD SPRANGER 15. 04. 1918).

EDUARD SPRANGER AN KÄTHE HADLICH;
Leipzig, 30. 06. 1918 / Br., ca. 1/5

[...] Ich habe am letzten Sonnabend und Sonntag für das Wertkolleg[1] stundenlang nachgedacht über das immer noch fehlende *Prinzip*, aus dem die Lebensformen ableitbar wären (den deduktiven Weg im Gegensatz zum historisch-deskriptiven). Natürlich habe ich ihn nicht gefunden; aber ich bin ein Stück weitergekommen. *Daß* nämlich ein solches Prinzip nicht zu finden ist, liegt daran, daß die verschiedenen Wertgebiete in doppelter Hinsicht nicht auf *einer* Ebene liegen: Es gehören dazu verschiedene Sphären der Egoität und verschiedene Sphären der Distanz von der Realität. Das ist nur noch nicht ganz heraus, weist aber in weite Perspektiven.

Die Ichhaftigkeit des Ökonomen ist eine viel stärkere als die des Phantasiemenschen, und diese stärker als die des Gelehrten. Ferner: Nur der erste lebt in der nackten Sphäre der Realität, die andern umkleiden sie: Das Ästhetische fällt (auch beim Naturschema) nicht in die Schicht des Realen, sondern des Imaginativen (nicht Imaginären); die Wissenschaft (auch *vom* Realen)[2] fällt immer in die Schicht des Ideellen. Hier haben wir also verschiedene Gegenstandszonen; verschiedene Umkleidungen oder Unterbauungen der Realität (cf. „Phantasie und Weltanschauung"[3]). Mit dem Religiösen bin ich noch nicht im Reinen. Aber der Weg ist gefunden. Dadurch verschieben sich nun die Fassungen der Lebensformen, sie werden aber auch viel tiefer, und man kann jetzt viele Phänomene erklären, die bei der bisherigen einfachen Fassung nicht einmal bemerkt wurden. Es ist doch ein Faden ohne Ende, den ich 1914 angesponnen habe. [...]

[1] Im Sommersemester 1916 hielt SPRANGER in Leipzig eine Vorlesung über „Grundprobleme der Werttheorie" (Mair).
[2] Im Originaltext wird die Klammer nicht mehr geschlossen.
[3] EDUARD SPRANGER: Phantasie und Weltanschauung. Eine Skizze. In: Weltanschauung, Philosophie und Religion in Darstellungen von WILHELM DILTHEY. Berlin 1911, 141-169 (auch in GS IV, 163-189).

EDUARD SPRANGER AN KÄTHE HADLICH
Leipzig, 08. 10. 1918 / Br., ca. 4/9

[...] Es gibt ein wichtiges, entscheidendes Faktum, das wir nicht kennen. Dieses läßt eine entschlossene Kriegsführung weiter unmöglich erscheinen. Seien es Pferde und Benzin, seien es Munitionsstoffe, oder etwas andres: Nicht Bulgarien[1] ist der Anlaß, sondern dieses Unbekannte. Viele behaupten hier, es sei der völlige Zerfall der Disziplin an der Front; doch hört man auch das Gegenteil. Wäre es nicht so unmittelbar bedrohlich, so hätte das Hauptquartier den schwerwiegenden Schritt[2] nicht gebilligt, und Konservative wie Nationalliberale hätten den Widerstand organisiert, der bei 20 Stimmen mehr erfolgreich hätte sein können. Vaterlandspartei und alldeutsche Blätter, denen die entsprechende Information mangelt, setzen ihren leidenschaftlichen Feldzug fort. Ich begreife nicht, daß man sie dann in diesem Augenblick gewähren läßt, wofern man nämlich den Frieden wirklich braucht und dringend will.

So unklar alles steht: Die Schlechtigkeit unsrer Führung steht in hellem Lichte. Die Rede des PRINZEN MAX [VON BADEN][3] stempelt das, was wir seit 3 Jahren getan haben, zu einem Verbrechen. Ich verstehe diesen PRINZEN MAX [VON BADEN] noch nicht. Kann man so weit aus seinem Blut heraus? Aber das ist seine Sache. Diese Rede ist, wenn sie *ehrlich* gemeint ist, das dümmste Stück an politischer Psychologie, das wir uns geleistet haben; es ist der politische Selbstmord. Ist sie aber *politisch* gemeint, so kann sie eine große Klugheit sein. Nur fühle ich bis jetzt aus diesen Worten davon nichts heraus. Hoffen wir, daß er „seine Rolle gut spielt". Ein Ideolog an der Spitze oder gar ein „Ästhet", wie RICHARD SCHMIDT ihn nennt, das hat uns noch gefehlt. Und ich fürchte fast, daß er das ist. Bis heute habe ich auch keinen Glauben an den Erfolg dieses Schrittes[4], wenn man das einen Erfolg nennen darf, was wir am Beginn des Krieges als unerträglich abgewiesen hätten.

Ich schweige von dem empörenden Gedanken, daß wir einen WILSON anrufen; ich suche diese *Schmach* nicht auszudenken. Aber die Schmach ist nicht größer als die törichte Leichtgläubigkeit; was müssen *wir* in Berlin für ein schlechtes Gewissen haben, wenn wir diesem Mann einen ehrlichen ethischen Kern zutrauen!

Im Grunde kommt es ja nun, wie ich vorausgesagt habe: Die *Revolution* ist nun[5] so friedlich und unblutig verlaufen, daß sie über Nacht Siegerin war und wir es kaum merkten. Ja sogar die Ideen von internationalen Garantien, die ich im Dezember 1914 voraussagte, sind schon im Anmarsch; *mir* viel zu früh, denn so etwas wächst nicht aus dem Haß und der Verleumdung unmittelbar heraus. Es ist nur denkbar, daß über die ganze Welt eine unpolitische Ideologie käme, wie damals 1815 mit der Heiligen Allianz. Aber diesmal ist England dabei, und das schließt wohl solche romantischen Träumereien aus.

Hier an der Universität habe ich *niemanden* getroffen, der einen Hoffnungsschimmer hätte. Selbst der friedliche VOLKELT kann vor Schamgefühl die Nacht nicht schlafen.

Aber darin stimme ich ganz mit Dir überein: Ich glaube an ein gutes Ende; ich *glaube* daran in einem durchaus religiösen Sinne. Gewiß, in unsrem Volk mehren sich schlimme Symptome sittlichen Verfalls. Aber die Armee, die 4 Jahre heroisch gekämpft hat, die kann vom Schicksal nicht Lügen gestraft werden. Die Heerscharen der Gefallenen werden aufstehen und für uns zeugen. Deutschland geht *nicht* unter, darüber bin ich ganz ruhig. Und an seinen inneren Werte wollen wir dann schon bauen. [...]

[1] Nach erfolgreichem Durchbruch der Alliierten in Mazedonien im September 1918 löste sich die Armee Bulgariens auf, das mit Deutschland verbündet war.
[2] Am 3./4. 10. 1918 unterbreitete die deutsche Regierung dem amerikanischen Präsidenten WILSON ein Waffenstillstandsangebot.
[3] Gemeint ist vermutlich die Regierungserklärung des Prinzen MAX VON BADEN vom 05. 10. 1918, der seit dem 03. 10. 1918 Reichskanzler war.
[4] Des Waffenstillstandsangebotes.
[5] Das Wort ist von SPRANGER nachträglich eingefügt.

EDUARD SPRANGER AN KÄTHE HADLICH
Leipzig, 19. 10. 1918 / Br., ca. 5/9

[...] Die Ereignisse jagen sich so, daß es unmöglich ist, ihnen in brieflichem Austausch zu folgen. Wir alle fühlen, daß es die schwersten Zeiten sind, die wir je durchlebt *haben*; eben weil wir voraussehen, daß noch schlimmere kommen werden.

Mein Glaube an eine endliche Wendung zum Erträglichen – nur dies – steht immer noch fest. Aber die Sache hat moralisch ein ganz anderes Gesicht erhalten. Ohne sich auf die unfruchtbare Rolle des Anklägers zu legen, zeigen doch tausend Tatsachen und Veröffentlichungen der letzten Zeit, wie groß die Schuld unsrer Regierung ist. Ich fange an, die Ursachen unsres schlechten Rufes, das Mißtrauen, dem wir begegnen, die Isolierung in der Welt zu verstehen. Das Lied von der deutschen Treue ist schändlich Lügen gestraft. Es hat nicht nur bodenloser Dilettantismus, sondern frevelhafter Leichtsinn oben geherrscht. Als ich von den Mitteilungen hörte, die SCHULZE-GÄVERNITZ in der „Voß" [der Vossischen Zeitung][1] veröffentlicht[2], war meine Empörung grenzenlos: Ich fühlte uns als Volk in dem allen beschimpft. Die Wendung zum Parlamentarismus ist vielleicht noch keine Verbesserung, aber sie war eine Notwendigkeit, und ich würde sogar noch mehr (wenn es nicht auf Druck von außen geschieht) aus einem gerechten Zorn heraus begreiflich finden.

Und doch – der Wille des Volkes war rein; seine Wege mögen irregelenkt sein; das ändert nichts an seinem Opfermut, seiner Kraft, seiner Tüchtigkeit, seinem *Wert* für die Welt. Ich glaube – zumal das Sündenregister der anderen noch größer ist –, daß allein der Widerstand gegen die Hungerblockade[3] eine siegwürdige Leistung bedeutet.

Was wird nun geschehen? HERRE, mit dem ich gestern die gewohnte anregende Mittagsbegegnung hatte, war nicht hoffnungslos hinsichtlich eines Fortganges der Verhandlungen. Kommt es zu keiner Einigung, so steht Aufruf *aller* Parteien zu erwarten und die Erhöhung der Dienstaltersgrenze auf 60 Jahre. Gestern abend im Sprechzimmer herrschte die größte Entmutigung, die ich je gesehen. BRANDENBURG erhoffte nur noch von einem Akt militärischen Widerstandes eine Aufbesserung; WACH hielt mir eine Rede von 20 Min., daß wir auch ohne die Last der Kriegsentschädigungen dem sicheren wirtschaftlichen Ruin entgegengingen. Daß Sachsen z. B. eine Universität wie Leipzig erhielte – völlig ausgeschlossen. Deshalb bliebe nichts – so betonte er wiederholt – als Kampf bis zum letzten Blutstropfen. Lieber untergehen als diese Zukunft.

KERSCHENSTEINERS Auffassung sende ich Dir mit der Bitte um baldige Rückgabe zwecks Antwort.

Meine eigne Ansicht ist eine doppelte: Entweder fehlt uns ein kriegswichtiger Stoff völlig, so daß wir schon heut nichts mehr machen können. Dann bleibt natürlich nichts als eine diplomatische Aktion, die das relativ Mögliche aus der Konkursmasse rettet. Ist es nicht der Fall, so sehe ich nicht so schwarz. Die Kämpfe im Westen können vielleicht noch 3 Wochen andauern. Halten wir da eine erträgliche Linie, so stehen wir immer noch im Feindesland. Man wird sich überlegen, ob man den Tanz im Frühjahr noch einmal beginnt, auf beiden Seiten. Aber diese 3 Wochen müssen wir noch aushalten. Die (sog.) Erfolge im Osten sind natürlich alle verloren. Aber Du erinnerst Dich, daß ich ihnen nie ein erhebliches Gewicht beigelegt habe. Ich würde es – wie die Dinge liegen – als einen größeren Sieg feiern, wenn wir jetzt Deutsch-Österreich in einem losen Verhältnis uns angliedern könnten, ohne die Habsburger natürlich, aber *mit* Tirol und Salzburg und Deutsch-Böhmen. Die Entente wird das verhindern wollen. Deshalb genügt mir schon die Schaffung einer Situation, die die Vollziehung dieses Schrittes *nach* dem Frieden gestattet. Hinsichtlich Elsaß-Lothringen bin ich für Teilung, so daß die ausgesprochen deutschen Teile bei uns bleiben. Ein Stück von Posen würde ich geben, jedoch *nicht* westpreußisches und schlesisches Gebiet. Die Gefahr des polnischen Teiles wird durch Deutsch-Österreich als deutschen Teil gemindert. [...]

[1] Der „Vossischen Zeitung", einer traditionsreichen Berliner Tageszeitung, die von 1617 bis 1934 erschien und zu deren Mitarbeitern u. a. LESSING und FONTANE gehört hatten.
[2] In der „Voß" findet sich für die Zeit vom 01. 10. – 19. 10. 1918 kein Artikel von SCHULZE-GÄVERNITZ. SPRANGER könnte sich vielleicht auf „Mitteilungen" vom 19. 10. 1918 zur Parlamentarisierung beziehen, die möglicherweise von SCHULZE-GÄVERNITZ veranlaßt waren.
[3] England hatte am 02. 11. 1914 die Nordsee zum Sperrgebiet erklärt, um deutsche Überseeimporte zu blockieren.

EDUARD SPRANGER AN KÄTHE HADLICH
Leipzig, 29. 10. 1918 / Br., ca. 6/7

[...] Die Ereignisse jagen sich so, daß es unmöglich ist, ihnen mit der Feder zu folgen. Aber die Lage ist ja klarer als wünschenswert. Es ist alles verloren, und wir sind auf Gnade und Ungnade der Entente ausgeliefert.

Am vorigen Mittwoch wurde mit einer Plötzlichkeit, gegen die ich protestierte, eine Versammlung des Lehrkörpers einberufen, um eine vaterländische Kundgebung zu beschließen. Ich konnte nicht beiwohnen, weil ich gleichzeitig eine vom Stellv. [Stellvertretenden] Generalkommando in geheimer Sache anberaumte Sitzung hatte, von der ich auch auf telegraphische Bitte nicht losgelassen wurde. Es wurde, gegen Abmahnen von 2 Seiten, eine Kundgebung etwa so beschlossen: „Wir beugen uns nicht unter einen Gewaltfrieden. Wir sind bereit, das Letzte einzusetzen für Deutschlands Größe, Ehre und 'Unversehrtheit'". Die Bekanntmachung erschien im Stil einer Verlobungsanzeige in beiden Zeitungen. Die Studentenschaft, die schon am Vormittag eine arglos angesetzte Rede von KRUEGER über den „Deutschen Geist" mit teilweise lautem Widerspruch angehört hatte, verweigerte die Mitunterzeichnung der Erklärung. Am schwarzen Brett fand sich darunter ein anonymer Zettel: „Die Herren Professoren etc. werden aufgefordert, sich freiwillig an die Front zu melden." In den Kasernen und Bürgerkreisen lebhafte Mißbilligung des Schrittes, in einer sonst wohlgesinnten Zeitung und [scil. „in"] anonymen Schreiben direkte Anpöbelung. Gestern erfolgte eine Versammlung, deren Tagesordnung den Antrag bildete, die Reklamation aufheben zu lassen und freiwillig ins Heer zu treten. Dabei war wesentlich an die ehemaligen Offiziere und wohl kaum an die D. [Dozenten] und S. [Studenten] gedacht. Was beschlossen worden ist, weiß ich noch nicht. Ich hatte gleichzeitig Vorlesung. Im Hauptbahnhof soll gestern ein Zug 5 Stunden gestanden haben, der nicht abfahren konnte, weil scharf geschossen wurde. Ähnliche Nachrichten von überall her. Ein Regiment von „Treuen" soll konsigniert[1] sein. Ich sprach am Sonntag mit WUNDT, eben mit MUTHESIUS. Mit beiden (wie mit den meisten) bin ich einig, daß ein Aufruf zum Endkampf nutzlos ist. Ich bin entschlossen, dem sogar mit ausdrücklichen Worten *entgegenzutreten*. Die Folge einer solchen letzten Anstrengung wäre Revolution und Invasion. Die Intelligenz würde abgeschossen werden, Deutschland den Unabhängigen Sozialdemokraten bleiben. Über diese letzte Aussicht sprach mit ergreifendem Pessimismus auch der Vertreter des Stellv. [Stellvertretenden] Generalk. [Generalkommandos].

Täglich hört man Neues, täglich kommen neue Pläne. Die Sitzungen jagen sich nur so. Daneben soll man seinen Dienst tun. Denn die Studentenschaft sitzt dichtgeschart vor mir. Der Minister BECK ist gegangen. Ebenso die 2 Kollegen. Es tritt *zunächst* an s. [seine] Stelle v. NOSTIZ-WALLWITZ, bisher Gesandter in Wien, wo ich ihn eigentlich besuchen sollte, früher Nachbar von BIERMANNS, ein freigesinnter, besonders für Jugendpflege interessierter Mann. Doch soll später der Unterricht abgetrennt werden und voraussichtlich in die Hände eines Parlamentariers kommen. Der Schulrat SEYFERT hat freilich abgelehnt. An den Minister in Berlin[2] habe ich einen dringend beschwörenden, sehr offenen Brief geschrieben, den er mir vermutlich übelgenommen hat. Aber mir schien Wahrheit jetzt wichtiger als Form und Regel. Eine Antwort fehlt.

So unsäglich alles auf mir lastet, vor allem die Schmach, dann auch der Unmut über jahrelange Irreleitung des Volkes, die Besorgnis vor den noch tieferen Demütigungen, die kommen, so bin ich mir doch zum 1. Mal im ganzen Kriege *völlig klar*. Es muß ein Ende gemacht werden, um *jeden* Preis. Das Volk muß erhalten bleiben, darüber ist jede romantische Neigung sonst in den Hintergrund zu stellen. Und ebenso fest ist in mir der Wille zum Tragen. Es beginnt jetzt allmählich *meine* Zeit. Wir müssen dann arbeiten und aufbauen, zunächst von kleinen, engen akademischen Zirkeln aus, nicht mit Ministerien, Zeitungen, Kongressen, sondern in der Stille einer kleinen ethischen Gemeinschaft. Das allein wirkt weiter. Und eine Fülle neuer Gedanken wächst schon jetzt aus den Lehren dieser bittersten Tage heraus, die kein andres Volk so schonungslos erlebt hat. Politische Erziehung *oben*, nicht unten. Lehrerbildung! Jugendpflege, kurz: Mobilmachung der geistigen Kräfte. Wenn nur die qualvolle Ungewißheit erst vorbei wäre, wenn wir mit unsrem Schmerz und unsrem Unglück erst allein wären.

Gefangene Deutsch-Amerikaner sollen, als man sie bedauerte, gesagt haben: „Oh nein, wir sind *gern* mitgegangen, damit die Schweinerei bei Euch endlich einmal aufhört." *Diese* müssen belehrt werden, und *wir* müssen lernen. Es ist gut, daß meine maßvollen Aufsätze mich in nichts vorbelasten. Die 6 Nummern bei Quelle und MEYER (heut die ersten Korrekturen) enthalten nur *einen* Nebensatz, den ich streichen muß. Sonst ist alles auch für die neue Zeit haltbar und gewichtig.

Am Donnerstag ist Rektoratswechsel. Die Kollegen haben die Situation z. T. *immer noch nicht erfaßt.* Sie kommen mit falschen Analogien von 1813[3]. Selbst WUNDT lehnt sie ab. Morgen abend soll eine politische Beratung im engeren Kreise sein, in der ich meine Auffassung nicht verschweigen werde. Es hat doch wohl innere Gründe gehabt, daß ich so lange schweigen *mußte*: das reine, tiefe Ja war nicht möglich. Darin liegt selbstverständlich *kein* Widerruf. Das wäre Verrat an unsren Toten. Aber unsre Politik war es eben doch nicht, die in Mesopotamien und Finnland[4] gemacht wurde.

[...] Zu Deinem LUDENDORFF-Brief: *Er* hat zum Frieden geraten. Dann hat er wieder anders gedacht. Die Anregung zu unsrer Kundgebung soll angeblich (vertraulich!) aus dem Hauptquartier gekommen sein. Eine solche Schaukelregierung ist unmöglich. Wir sind ihm zu unauslöschlichem Dank verpflichtet. Falsch beurteilt hat er die Sachlage ebenso wie die andern. Wir können uns nicht nach jeder Wendung seines Urteils drehen. Deshalb halte ich die Schritte der Volksregierung für richtig und beginne jetzt, den PRINZEN MAX [VON BADEN] zu bewundern, der mit solcher Selbstentsagung den lecken Kahn bestiegen hat.

NAUMANNs alte Ideale (demokratisches Kaisertum) siegen jetzt über seine neuen (Mitteleuropa)[5]. Das letztere Buch will ich ersäufen; es ist keinen Dreier wert, und ich habe *nie* daran geglaubt. Unser Einmarsch in Belgien war der unheilvolle Anfang: eine rein militärische, fast fixe Idee, die sich politisch schwer gerächt hat. Nun können wir jeden Zoll Land, jede versenkte Tonne schwer bezahlen! 200 Milliarden Kriegsschuld. Das macht 10 Milliarden Zinsen im Jahr auf noch nicht 70 Millionen Köpfe. Jeder trägt durchschnittlich 140 M im Jahr Steuern allein hierfür!! [...]

[1] „Konsigniert": mit besonderer Bestimmung entsandt oder verlegt.
[2] FRIEDRICH SCHMIDT-OTT.
[3] Anspielung auf den entscheidenden Erfolg der europäischen Völker gegen NAPOLEON in der Völkerschlacht bei Leipzig vom 16. bis 19. 10. 1813.
[4] Im osmanischen Reich bzw. in Mesopotamien waren zur Unterstützung des türkischen Kriegspartners gegen englische Angriffe deutsche Truppen im Einsatz. In Finnland wurde von Deutschland die Unabhängigkeitsbewegung gegen Rußland unterstützt.
[5] FRIEDRICH NAUMANN: Demokratie und Kaisertum (1900) und FRIEDRICH NAUMANN: Mitteleuropa (1915).

EDUARD SPRANGER AN KÄTHE HADLICH
Leipzig, 15. 11. 1918 / Br., ca. 19/20

[...] 8 Tage ist heut die Revolution alt, und man muß wohl glauben, daß alles wahr ist. Das Urteil ist ja auch ziemlich klar: die gegenwärtigen Zustände unmöglich, aber unheilschwanger. Schlimmeres in jeder Form steht bevor, und wir sind machtlos. Das Ganze ist *keine* politische Bewegung, nicht der Ausbruch der längst zu erwartenden und begrüßenswerten Epoche des demokratischen Sozialismus, sondern eine Volkskrankheit, erklärbar aus dem Nervenzusammenbruch nach 4 Jahren der Kämpfe und Entbehrungen. Sieht man die Situation als Unbeteiligter, so ist sie die Köpenikade ins Große übersetzt, ein Witz der Weltgeschichte, den gerade wir zu machen bestimmt waren. Wäre es nur der Sieg der Masse! Aber das Schema lautet doch unverhohlen: Ich regiere, und Du gibst den Verstand. In der Stunde der äußersten Not, wo nur die höchste Organisation, Wissenschaft und Besinnung helfen könnte, setzt sich der Dilettantismus ans Ruder, und die Intelligenz sieht zu oder hilft im Vorbeigehen! Man wird später nicht glauben, daß so etwas möglich war. Denn das Muster Rußlands ist ja auf ein Land der Intelligenz eben *nicht* übertragbar. Daß man es doch übertragen *konnte*, daran trägt die Mattherzigkeit derselben höheren Offiziere schuld, die sonst vor Hochmut barsten.

Wie die Sache bei Euch liegt, hast Du mir noch nicht geschrieben. Doch sind vorläufig Briefe wohl sicher. *Hier* hat die Bewegung einen weit gefährlicheren Charakter als im übrigen Deutschland. Denn wir haben nicht nur die *reine* Herrschaft der Unabhängigen, sondern ausgesprochenen Bolschewismus. Das Regierungsprogramm ist heraus: Abschaffung *alles* Privateigentums, Beschlagnahme der Banken, Aufhebung jeder Form der Knechtschaft und – „absolute Herrschaft der Arbeiterklasse." So bestimmt eine kleine Minorität, gestützt auf Maschinengewehre, 5 Straßen von mir im Volkshause. Heute haben diese Papierhändler und Tabakarbeiter auch die Ministerien unter sich geteilt. Sie nennen sich „Volksbeauftragte". Kein Mensch hat sie beauftragt. Eine Räuberhorde, nicht mehr. Sie werden *nie* eine Nationalversammlung zugeben, sie werden, wenn sie die Karre nicht mehr steuern können, den Bürgerkrieg entfesseln, und bei der allgemeinen Desorganisation steht das nahe vor der Tür. Es werden Listen von Reaktionären geführt, offenbar um später „Geiseln" zu haben. Gewalttätigkeiten sind trotz aller Mahnungen vorgekommen und werden sich mehren.

Die Universität als „Hochburg der Reaktion" ist besonders gefährdet. Bis jetzt hat man uns 1000 Verwundete aufzunehmen genötigt. Das ist nur in der Ordnung. Aber unser Haus wird damit militärisch belegt! Die Studentenschaft hat eine revolutionäre Minorität, an deren Spitze – einer meiner Lieblinge von früher steht, ein Nürnberger, der öffentlich (allerdings unter großem Protest) behauptet hat, an der Universität gebe es nur Hofratswissenschaft. Die Majorität hält sich ausgezeichnet; besonders die Offiziere, die z. T. ihre Abzeichen bis gestern tragen konnten. Aber die ganze Versammlungsfreiheit ist doch nur gegeben, damit man die Geister kennen lerne: Studenten und Dozenten sind gleichmäßig verhaßt. Man wird sie schon in nächster Zeit zu fassen wissen.

In den ersten Tagen flüchtige Gedanken an Flucht, sobald es zu blutigen Unruhen und Verhaftungen käme (meine Stellung war ja *nie* extrem, ist aber doch als preußisch-national bekannt). Doch habe ich davon (bei näherer Überlegung) keine Verbesserung der Lage zu erwarten. Anders steht es bei längerer Dauer der Verhältnisse mit Amtsniederlegung, wenn die Lehrfreiheit bedroht ist. Denn lieber wäre ich Packer bei Teubner[1] und lebe nach 6 Uhr der Philosophie, als daß ich meine Überzeugung und meine freie wissenschaftliche Betätigung binden lasse.

Allmählich erwacht das Bürgertum und bietet sich an. Man rät (nach dem Muster HINDENBURGS) allgemein dazu. Es ist auch richtig 1) um auf dem Laufenden zu bleiben 2) damit ein nationales Unglück verhütet werde. Aber eine positive *Zustimmung*, wie NAUMANN, MEINECKE, TROELTSCH, GRAF BERNSTORFF, G. HAUPTMANN u.a. sie mir zur telegraph. [telegraphischen] Unterschrift vorlegten, muß ich auf Grund der *sächsischen* Verhältnisse verweigern. *Die* Verantwortung trage ich nicht. Ungeheure Massen organisieren sich langsam (Der 10 Gebote HOFFMANN[2] herrscht im Hause W. V. HUMBOLDTS! SCHMIDT [SCHMIDT-OTT] entband mich telegraphisch von [scil. „der"] Reise nach Berlin.)[3] gegen die Bolschewiki. Denn nicht einmal die mehrheitssozialistischen Gewerkschaften hat die jetzige Regierung zugelassen. Der ganze Buchhandel ist mit seinen Angestellten schon einig. Universität und andre Korporationen schließen sich an. Man „fordert" Zulassung von Vertretern und Einberufung einer Nationalversammlung. Ich glaube *nicht* an das freiwillige Nachgeben dieser Fanatiker.

Dabei soll nun alles laufen wie sonst und läuft auch so. Die Vorlesungen werden besucht. Die Sitzungen häufen sich. Mittwochnachmittag allein 4. Ich habe mich in den ersten Tagen zum Privatberater des Rektors aufgeworfen und die Begründung einer sozialen Kommission für die wirtschaftl. [wirtschaftliche] Lage der Studentenschaft bewirkt, die freilich 1 Tag zu spät kam; denn die 100 000 M für Demobilisierung der Akademiker, die wir fordern, gibt uns diese Regierung sicher nicht. Gestern war noch die alte. Man muß in 100 Einzelfällen raten. Offiziere, die ihren Beruf aufgeben, andre, die plötzlich das Studium wieder beginnen. Ich bin in angestrengtester Tätigkeit, von innerer Aufregung oft ganz erschöpft, und zugleich ganz zerrissen, daß plötzlich die Welt, in der ich *eigentlich* wirken könnte, nicht mehr besteht. Heute auch ein herzbrechender Brief von NIESCHLING. Der Ärmste! Er muß auch etwas andres ergreifen. Während MORGNER zu seiner Probelektion hierher fuhr, hat man in Dresden sein Gefängnis gestürmt. Auf der Elektrischen hier hatte er bereits ein Zusammentreffen mit einem mehrfach straffälligen befreiten Dieb.

BIERMANN ist seit Beginn des Semesters unerfreulich. In seinen Ansichten schwankt er mehr, als es immer seine Art war. Sein Ton aber hat etwas Hochfahrendes, Überlegen-Erziehliches. Ich werde ihm jetzt einige Zeit aus dem Wege gehen.

Der Feldmarschall BÜLOW war über meine Antwort[4] sehr glücklich. Es stand darin manches, was ganz wie die jetzige Entwicklung klingt. Die sozialistische Idee wird in der Tat als Gedanke der Zukunft gepriesen. Aber *nicht* die Straßenherrschaft, *nicht* die katastrophale Entwicklung. Wird es so, dann ziehe ich mich auf die Philosophie zurück.

In Berlin waren die Kämpfe länger. Mein Vater schreibt, er habe zunächst geglaubt zu träumen, sehe aber jetzt, daß es Wirklichkeit ist. Seine Versorgung wird von hier aus gewiß bald stocken. Warum ist er meinem ahnungsvollen Plane nicht gefolgt? Ich kann für Zwischenfälle jetzt keine Verantwortung tragen. RIEHLS sind gesund. Universität war geschlossen. Jetzt weht die rote Fahne auf ihr. Ich werfe alle Romantik von mir. Aber es bleibt wahr: Das alte Regime war tausendmal freier als dies. Außer MARIANNE GÖTZE, der krampfhaften Optimistin, habe ich hier nicht einen gesprochen, der es auch nur erträglich gefunden hätte. Ich rede mit zahllosen Leuten, rücke ihnen die Gedanken zurecht. Jetzt möchte ich die Studentinnen für das Wahlrecht mobilisieren. Was liegt alles auf mir! Freudlose Pflichten.

An auswärtige Politik denkt kaum jemand noch! Welche würdelose Zeit. Das Neue, was sie gebären will, ist vorläufig eine Scheinfrucht. *So* kommt nichts Gutes und Großes. Durch Gewalt und Eidbruch und treuloses Verjagen schuldloser Männer. Wir sind noch nicht am Ende der Umwälzungen. Vielleicht müssen Engländer und Amerikaner restituieren[5]. Aber das Gute will ich auch nicht verkennen: *Es kann* aus diesem Hexenkessel eine festere deutsche Einheit mit dem Anschluß Deutsch-Österreichs erfolgen. Und vielleicht auch eine Milderung der finanziellen Kriegslasten. Aber der *Mann* fehlt, der *Mann*. Zur Hälfte haben wir eine Judenherrschaft.

Schreibe mir, bis ich andeute, daß Du mit Deinen Briefen vorsichtig sein mußt. In den Vorlesungen sage ich *nichts* direkt zur Lage. Das politische Kolleg enthielt am Montag eine ungeheure Schwierigkeit: Ich mußte die englische Revolution schildern, die der heutigen aufs Haar ähnlich ist, und einen krassen Absolutisten – HOBBES. Die Offiziere vom Generalkommando sind bereits verhaftet. Trotz alledem beraten wir [scil. „die"] Schulreform weiter. Nur Abgeordnete und Stadtverordnetenkollegium gibt es nicht mehr. Das politische Schildbürg[6]. GÖTZ hat gesagt: „Es ist eine Lust zu leben." Die Kollegen nannten seine Rede schamlos. PARTSCH, dessen Urteil ich besonders ehre, meinte auch: Es muß erst noch *tiefer* sinken, ehe Besserung zu hoffen ist. Hoffentlich seid ihr persönlich sicher. Wie ist es im Notfall mit Übersiedlung von Euch beiden[7] nach Hofgeismar? [...]

---

[1] Ein Verlagshaus.
[2] Hier verwechselt SPRANGER den Kirchenhistoriker H. Hoffmann (1874-1951), der seit 1912 Ordinarius in Bern war, mit ADOLF HOFFMANN, der 1918 und 1919 das Ressort des preußischen Kultusministers innehatte.
[3] Im Original eckige Klammern.
[4] SPRANGER hatte dem Feldmarschall BÜLOW zuvor auf dessen Bitte hin „Gedanken über die geistige

Einheit der Zukunft" gesandt. Daraus ergab sich eine Art politischer Briefwechsel. Bülow fing an, sich für Spranger und seine Schriften zu interessieren. Spranger versuchte, ihn zu überzeugen, daß die Revolution des Jahres 1918 keine Weltwende sei. Im Dezember erschien sogar ein Artikel Sprangers im Leipziger Tageblatt (bei Neu nicht nachgewiesen!), der Bülow gewidmet war (Eduard Spranger 08. 11. 1918; Eduard Spranger 11. 12. 1918; Eduard Spranger 29. 11. 1918; Eduard Spranger 23. 12. 1918).

[5] Restituieren: wieder in den vorherigen Zustand eintreten, sich zurückziehen.

[6] Zustände wie in Schilda, der Stadt der Schildbürgerstreiche.

[7] Hier ist außer Käthe Hadlich vermutlich ihre Tante gemeint, bei der sie sich zu dieser Zeit in Kassel aufhielt. (Vgl. Eduard Spranger 09. 11. 1918 u. Eduard Spranger 26. 10. 1918. Von Käthe Hadlich sind für das Jahr 1918 keine Briefe erhalten.)

Eduard Spranger an Käthe Hadlich
Leipzig, 29./30. 11. 1918 / Br., ca. 2/3

[...] Ich will in kurzen Stichworten von den rasenden Ereignissen berichten.

Die Situation der Universität spitzt sich zu. Der Arbeiterrat ließ auf dem Hauptgebäude 2 rote Fahnen (kostbares Militärtuch, Meter 100 M) zwangsweise aufziehen, wobei ungeschicktes Verhalten des Rektors und des senilen Wach mit schuld war. In der Fakultätssitzung vom Mittwoch wurde vom Rektor verlangt, die Fahnen einziehen zu lassen, die Universitätsfahne aufzuziehen und Weisung von der Zentralinstanz Dresden abzuwarten. Noch ehe dies geschah, kletterten die Studenten nachts auf das Dach, holten die roten Lappen nieder und hißten die Universitätsfahne. In einem schönen Anschlage am schwarzen Brett gaben sie den Kommilitonen von dem Geschehenen Kenntnis. Als ich heut abend in die Handelshochschule kam, um meine Übungen abzuhalten – wir haben nämlich nicht 1 Kohle zum Heizen der Häuser und sind über die ganze Stadt verteilt –, war nur die Hälfte der Studenten da. Es hieß (gerüchtweise), bewaffnete Soldaten hätten die roten Fahnen wieder gehißt und hätten eine Versammlung einberufen wollen. Der stud. Landahl, rechtsarmig gelähmt, ein herrlicher junger Mann, verwehrte ihnen dies und wurde verhaftet. Die Studenten zogen mit zum Gefängnis, weitere Verhaftungen sollen erfolgt sein, dann aber [scil. „wurden"] alle freigelassen. Nun erfolgte eine Protestversammlung der Studierenden, nach der alle Fehlenden noch rührend in meine Kantübungen kamen. Abends standen sie dann zusammengerottet in der Grimmaischen Straße. Morgen abend findet endlich unsere Plenarversammlung statt. Ich fürchte, daß die Universität den Anstoß zu Unruhen in der Stadt geben wird, finde aber die Haltung von Studenten und Dozenten ausgezeichnet. Die Volkszeitung hat schon einen stehenden Artikel über die Universität.

Zugleich kam heut Abend Frl. Wezel aus Berlin. Sie hat das kranke Frl. Pelargus hergebracht. Die Behörde übernimmt wegen Kohlennot, Nahrungsnot und Unruhen keine Gewähr für die Schülerinnen des Pestalozzi-Fröbelhauses.[1] Ich bin mir ganz klar: Es muß anders werden. Dieses „Regierungssystem" treibt uns innerhalb eines Monats in den Abgrund.

Die Nachricht von BRAUN war ein ungelegtes Ei. Es kam aber am selben Tage noch ein vertraulicher Brief von BECKER, worin er erzählt, er hoffe noch im Winter mit mir in Verhandlungen eintreten zu können.² Der Finanzminister habe die Ersatzprofessur für RIEHL bewilligt. Der neue Unterstaatssekretär BAEGE, unabhängiger Sozialdemokrat!, interessiere sich mit ihm für meine Berufung, die neuen Männer seien mir wohlgeneigt!

Für meinen Teil vermute ich die schwersten Explosionen in nächster Zeit. Dem Seminardirektor Bär in Delitzsch, der heut hier war, habe ich mein Kommen zu Fuß, falls eine Flucht notwendig werde, schon angekündigt.

[...] Überall herrschen die Juden. Der Galizier EISNER treibt ungestraft Landesverrat. Es ist zum Weinen, zum Verzweifeln. Der Leipziger Lehrerverein [scil. „ist"] eine einzige rasende Meute. Ekelhaft. Ich habe BECKER geschrieben, ich ginge *gern* fort. – Mit dem Generalfeldmarschall BÜLOW stehe ich jetzt in einer Art politischen Briefwechsels³. Ich habe ihm ausgeredet, diese Revolution für eine Weltwende zu halten. *So* beginnt keine neue Epoche.

[...] Aus dem Bürgerausschuß – Ägide GÖTZ – ist bisher nichts geworden. *Alles* im unklaren. Die heutige Zeitung berichtet über die Vorfälle in der Universität und fügt hinzu: Allgemein rechne man mit einer Sistierung⁴ der Vorlesungen. [...]

---

[1] Das PESTALOZZI-FRÖBEL-Haus war 1874 von Henriette Schrader-Breymann und ihrem Ehemann Karl Schrader in Schöneberg als Träger von Kindertagesstätten gegründet worden und übernahm später auch die Trägerschaft für Ausbildungsstätten für Erzieherinnen und Haushälterinnen (SALOMON 1983, 100).

[2] BECKER signalisierte den Ruf nach Berlin, welchen SPRANGER dann im August 1919 auch erhielt. OTTO BRAUN, damals sozialdemokratisches Mitglied des preußischen Abgeordnetenhauses, hatte offenbar schon zuvor eine entsprechende Andeutung gemacht. Vgl. auch Anm. 1 zu EDUARD SPRANGER 28.09.1919.

[3] Vgl. oben Anm. 4 zu EDUARD SPRANGER 15.11.1918.

[4] Unterbrechung, vorläufige Einstellung.

EDUARD SPRANGER AN KÄTHE HADLICH
[ohne Ortsangabe] 29./30. 12. 1918 / Br., ca. 1/4

[...] Vor mir liegt das Deckblatt Deines Kalenders.¹ Ich denke an den stillen Abend im Neckartal und an den nachfolgenden Sturm. So war es im großen ja auch: Auf unsre stille Zeit folgte die deutsche Katastrophe. Sie ist noch nicht vollendet. Vielmehr ist nun nach dem Ausscheiden der Unabhängigen aus der Regierung die eigentliche Krisis zu erwarten. Bleibt die Regierung fest, so befestigt sie sich für lange Zeit im Sattel. Bleibt sie es nicht, so kommt eine lange Anarchie, Einmarsch der

Entente, und zuletzt, vielleicht nach 2 – 3 Jahren, Reaktion, die natürlich die Scheidemänner am schwersten trifft. Das ist die Prognose für 1919.

Ich für meinen Teil sehe in keiner Wendung etwas Beglückendes. Meine Neigungen waren immer antidemokratisch. Eher noch sozialistisch. Deshalb arbeite ich jetzt dafür, aus der ethisierten Idee des Sozialismus eine neue staatsbildende Kraft herauszuholen, die die alten deutschen Elemente bewahrt und doch der Zeit voranläuft, insofern sie sozialisiert und eine neue feste Organisation schafft.

[...] Kassel wird nun vielleicht Sitz der Nationalversammlung. Das wäre mir um Euretwillen nicht lieb. Denn zu Unruhen würde es auch dort kommen. Hoffentlich entschließt man sich für Erfurt. Es wird eine Judenversammlung werden. Ich fürchte fast, daß es der lieben Tante nicht gut geht, weil ich noch nichts von Dir hörte. Wie habt ihr die Tage verbracht? „Gesund" ist jetzt schließlich das Maximum.

Die Zeit zu betrachten, ist doch höchst interessant, und Silvester regt doppelt dazu an. Aber die Pflicht gegen das Volk und Pflicht gegen sich selbst sind nicht identisch. Soll man für den Tag arbeiten oder nach ausgereiften und ausdauernden Werken wissenschaftlicher Art streben? Viel Achtung vorm Volk kann man im Augenblick nicht haben. Ich verstehe die Leute, die die Arbeit an ihm für hoffnungslos gehalten haben. Aber ich kann nicht handeln wie sie. Pädagogik und Philosophie liegen wieder einmal im Streite. Ruhiger lebt und gesünder bleibt jedenfalls der Philosoph ohne pädagogische Tendenzen. [...]

[1] KÄTHE HADLICH hatte SPRANGER einen selbstgemalten Kalender geschenkt (vgl. EDUARD SPRANGER 04. 11. 1918).

EDUARD SPRANGER AN KÄTHE HADLICH
Leipzig, 12. 01. 1919 / Br., ca. 5/9

[...] Also meine verehrten politischen Klienten: Merkt Euch für immer und besonders für jetzt: Parteien beurteilt man weniger nach ihrem Programm als nach ihrer Vergangenheit und ihren bereits aktiv bekannten Persönlichkeiten. Die Programme sind natürlich auf Stimmenfang nach links und rechts berechnet.

Demokratie ist keine Parteiname. Denn da wir jetzt eine demokratische Regierungsform *haben*, d. h. allgemeines gleiches direktes geheimes Wahlrecht mit parlamentarischer Mehrheitsregierung, so ist eigentlich jede nicht reaktionäre (=gegenrevolutionäre) Partei und jede nicht umstürzlerische demokratisch. Das brauchte also eigentlich nicht gesagt zu werden. Wenn nun die „demokratische Volkspartei" Sozialisierung in ihr Programm schreibt, so heißt dies, daß man die Sache als unentrinnbar ansieht, sie deshalb *maßvoll* begünstigen und einige sozialdemokratische Stimmen (Mehrheitssozialdemokraten) abfangen will. Im Grunde aber sind ihre

Mitglieder die alten Fortschrittsleute, d. h. Liberale, die immer nur neue Freiheiten im Staat suchen, eigentlich keine Außenpolitik treiben, vielfach Kapitalisten und überwiegend Juden sind. Deshalb fehlt ja die Bezeichnung *national*. Wer ausdrücklich *national* wählen will, muß sich schon an die ehemaligen Nationalliberalen halten (jetzt Deutsche Volkspartei) oder an die ehemals Konservativen (jetzt Deutsch-Nationale Volkspartei). Bei den letzteren nimmt er allerdings die Verbindung von Staat und Kirche in den [sic] Kauf.

Du siehst schon aus dieser Gliederung, daß *bis jetzt* bei den Bürgerlichen noch gar keine klare Gedankenbildung für den neuen Staat eingesetzt hat. Deshalb muß ein vernünftiger Wähler dafür sorgen, daß überhaupt Leute mit einem *Staats*gedanken und mit nationaler Treue in die Nationalversammlung kommen. Ich würde also „Deutsche Volkspartei" wählen. Die gibt es aber in Leipzig nicht. Deshalb bleibt mir nichts anderes als Deutsch-National. Denn die demokratische Volkspartei ist eben die Färbung GÖTZ, die ich nicht mag.

Ob es nun zu den Wahlen kommt, ist doch sehr zweifelhaft. Ich fürchte ganz wie Du, daß man in Berlin zu früh nachgibt. Die Sache ist keine Durchgangskrisis, sondern eine Weltkrankheit. Eigentlich müßte man eine Völkerpsychiatrie haben, um sie zu bekämpfen. POHLE spricht von Kulturfäulnis und Völkerselbstmord. Die ungeheure Kraft, die in diesem Desperadotum steckt, sieht man ja in Berlin.

Hier *herrscht* nun diese Richtung ohne jede Verhüllung. Regierungstruppen, die nach Berlin sollten, sind bei Leutsch[1] von Matrosen mit Maschinengewehren beschossen und entwaffnet worden. Einen neuen Zwischenfall in der Universität, die eigentlich gestern „gestürmt" werden sollte, berichtet Dir das beiliegende Zeitungsblatt. Ich war natürlich auch in der Vorlesung. Hätten sie sie mit angehört, wären die Demonstranten von selbst hinausgelaufen. Abends tagte die von mir angeregte Verfassungskommission, in der mir die Ausarbeitung der grundlegenden Denkschrift für die Beratungen übertragen wurde. WACH ist auch drin. Ich begleitete den Rektor nach Hause und sprach lange mit ihm über die Lage. Er meinte nicht mit Unrecht: Es bestehe Gefahr, daß LIEBKNECHT, wenn er in Berlin Boden verliere, nach Leipzig flüchten könne und daß ihm hier ein Königreich begründet würde. Jedenfalls müßten wir auf irgendeine Art „erobert" werden. Bisher aber soll (vertraulich!) die Regierung EBERT hier um freiwilligen Eintritt der Studenten in das Regierungsheer ersucht haben. – Ein hiesiger A.- und S.-Befehl[2] verbietet den Eintritt in den Heimatschutz-Ost (obwohl wir unsere Kartoffeln aus Posen beziehen). [...]

---

[1] Ort westlich von Leipzig.

[2] A. und S. Befehl = Anordnung des lokalen Arbeiter- und Soldatenrates. - Am 7. Januar 1919 erließ die Reichsregierung einen Freiwilligenaufruf zum Schutz der deutschen Ostgebiete gegen polnische Einfälle. Da die Freikorps aber von reaktionären Offizieren geführt waren, verboten die Arbeiter- und Soldatenräte den Eintritt in den Heimatschutz-Ost.

EDUARD SPRANGER AN KÄTHE HADLICH
Leipzig, 15. 02. 1919 / Br., ca. 1/5

[...] *Wenn* es uns gelingt, uns innerlich zu konsolidieren, ehe bei den anderen die unvermeidliche Weltrevolution kommt, so haben wir den Vorsprung der inneren Verfassung und haben zuletzt *doch* gesiegt. Dazu gehören aber andere Kräfte und andere Köpfe als heute herrschen. Mein Widerstreben gegen die neue Ordnung beruht auch darauf, daß schließlich doch nur eine Regierung der Intelligenz, eine Aristokratie des Geistes für den Regierten nichts Entwürdigendes hat.

Deine Begegnung mit HINDENBURG hat etwas Ergreifendes. Die Liebe zu diesem Mann ist in mir so stark, daß mich vor der Mehrzahl des deutschen Volkes und seiner Undankbarkeit eben deshalb ekelt.

[...] Der Deutsche Lehrerverein[1] ist verrückt geworden. Er macht Programme, die die dtsche [deutsche] Universität vernichten müßten. Natürlich müßte ich eilige Schritte dagegen tun, da ja gerade das Verrückte Aussicht hat, morgen Gesetz zu werden. Überhaupt wird es mit der ganzen Lehrerschaft immer unerfreulicher. Den Professor KÜHNEL mußte ich neulich beinahe aus m. [meiner] Wohnung herausschmeißen, da er in der unverschämtesten Weise eine Universitätsprofessur von mir forderte. Darauf beziehen sich auch meine „merkwürdigen Pläne"[2]. Ich bin entschlossen, wenn die Freiheit der Universität aufhört, die Professur niederzulegen und mich mit der bescheidensten Stellung zu begnügen, wenn sie mir nur meine philosophische Unabhängigkeit läßt.

Der Ruf nach Berlin scheint mir problematisch geworden zu sein. Wenigstens – im Vertrauen – soll NELSON wohl an RIEHLS Stelle kommen, weil er Verdienste um den Internationalismus hat.

[...] Der Umgang mit den Studenten – gottlob *rein* männliche Hörsäle habe ich jetzt – ist allein angenehm und erhebend. Es sind Männer, alle voll Eifer, und trotz ihrer Reife zum Lernen sehr bereit. [...]

[1] Der Deutsche Lehrerverein war 1870/1871 gegründet worden und stellte bis 1933 die größte Berufsorganisation von Lehrern in Deutschland dar.
[2] Offenbar Zitat aus einem nicht erhaltenen Brief KÄTHE HADLICHS.

EDUARD SPRANGER AN KÄTHE HADLICH
Leipzig, 22. 03. 1919 / Br., ca. 7/10

[...] Ich habe heut die größte Rede meines Lebens hinter mir, wenn Hörerzahl und die *gewünschte* politische Tragweite dafür entscheidend sind[1]. Die Drucksachen geben Dir nähere Auskunft. Die Resolution stammt auch von mir. 3 Tage hat ein künstlerisches Plakat mit meinem Namen an den Säulen geprangt. Wohl 2000 Personen hatten sich eingefunden, obwohl draußen wenig über 0 [scil. „Grad"] und die Wandelhalle ungeheizt war. Ich habe mich ausgestopft und Deinen Pelzkragen oben, Deine Gummischuhe unten angehabt, beides aber und sogar den Überzieher bei Beginn der Rede von mir geworfen. Stimmlich war ich ausgezeichnet disponiert, nicht die mindeste Mühe bei guter Akustik. Die Rede war formell fein durchgearbeitet, 3 mal.

3 Teile, außerdem Einleitung und Schluß. Die Freiheit der rednerischen Entfaltung wurde dadurch beeinträchtigt, daß die Bogenlampe mein Pult nicht beleuchtete. Ich mußte bisweilen das Blatt mit den Notizen in die Hand nehmen, um nicht zu redselig zu werden (was beim Freisprechen unvermeidlich) und konnte daher die Hände nicht zum Reden (!) benutzen. Auch fürchtete ich, zu lang zu werden und verzichtete daher auf feinere Stimmodulationen, die Zeit kosten. Alles in allem führte ich in 3/4 Stunden ohne störende Fehler meinen Vortrag bei gleichbleibender Aufmerksamkeit durch, und er hatte einen günstigen Erfolg (nicht 1, aber 2a nach meinem Urteil, wenn schon auch ohne Schwung – dies liegt in Hunger und Zeit). Es wird versichert, daß morgen die ganze Welt von diesem Vorgang weiß, und daß WILSON vor Freude vom Stuhl fallen wird. BROCKDORFF-RANTZAU soll die ganze Maschinerie zur Verfügung gestellt haben. Die Versammlung beschloß, daß ich gebeten werden solle, meine Rede in Druck zu geben.[2]

Viele Kollegen mit Frauen waren da. Es kam aber von irgendwo eine Dämpfung. Wenn alle so denken wie ich, so sagen sie sich: Diese Anknüpfung nach dem Westen kommt zu spät. Wir verfallen trotz aller Gegenwehr dem Bolschewismus. Auf wie lange, ist dunkel. Aber es kommt.

Neulich – in einer Reformkommissionssitzung, in der ich ein kleines Echauffement[3] mit dem Rektor hatte – waren ernste Beratungen mit den Studenten. Von Berlin aus war der Aufruf an die Studenten gekommen, sich freiwillig zum Heer zu melden. Begreiflicherweise tun das die Studenten diesmal nicht, ohne sich durch einen regelrechten Kontrakt zu sichern. Sie verlangen für die Zeit ihres Dienstes *völlige* Schließung der Universitäten. Dies würde heißen, den Anfang des Sommersemesters bis zum August hinauszuschieben. Nun entstand ein circulus vitiosus. Wenn die Studenten sich dann nicht zahlreich melden, wozu dann die Schließung? In Frankfurt sollen sich 36, in Halle 60 gemeldet haben. Man sagt aber – wäre die Schließung *sicher* gewesen, hätten sich mehr gemeldet. Der Rektor fuhr mit dem Vorsitzenden der Studentenschaft zu NOSKE, um Genaues über die Dringlichkeit der Sache zu erfahren und Gewähr zu erhalten, daß die Studenten nicht schon beim Abmarsch in Leipzig niedergeknallt werden. Wie die Sache ablief, hat mir die sonst so redselige Magnifizenz, die trotz aller Verdienste doch ein übler Pfaffe bleibt, nicht erzählt. Ich vermute, daß die Schließung *nicht* erfolgt. Aber nicht, weil man die Studenten nicht bräuchte, sondern weil man schon nicht mehr den Mut hat, sie einzuberufen. Es wäre eine „weiße Garde"[4].

Lehrer in der Bavaria⁵ schimpfen heute wütend über NOSKE. Armes Deutschland, wie tief mußt Du noch sinken, um Dich wiederzufinden. Vom Weltkrieg zur Weltrevolution, und das heißt zunächst zur Kulturvernichtung.
Nur die Arbeit reißt nicht ab. Morgen muß ich gleich mit einem Gutachten für den Senat über Volkshochschulkurse anfangen. 3 Dissertationen liegen da. Am 7. April einen Vortrag im neuen Akademikerbund. Das ist aber das Traurige, daß alles nur dem Über-Wasser-halten dient, daß diese vielgerühmte Revolution im Kern so unproduktiv ist, wie der Haß immer unproduktiv ist. Der Mehrheitssozialismus ist in seinem Kern eine ethische Lehre. Aber er hat die Massen nicht mehr. [...]

[1] Es handelt sich vermutlich um die „große Rede über den Völkerbund mit anschließender Resolution". SPRANGERS Angabe über den Zeitpunkt der Rede in dem Separatdruck (Völkerbund und Rechtsgedanke. Rede, gehalten in einer allgemeinen Akademikerversammlung am 22. Mai 1919 in der Wandelhalle der Universität Leipzig. Leipzig: Meiner 1919) ist entweder falsch, oder er hielt diese Rede im Mai noch ein zweites Mal, evtl. in geänderter Form, vor einem anderen Auditorium.
[2] Vgl. die vorstehende Anmerkung.
[3] Echauffement: frz. Aufregung, Auseinandersetzung.
[4] D. h. eine konterrrevolutionäre, antisozialistische Truppe.
[5] Ein Leipziger Restaurant. (Vgl. Anm. 1 zu EDUARD SPRANGER 22.10.1917.)

EDUARD SPRANGER AN KÄTHE HADLICH
Leipzig, 22. 05. 1919 / Br., ca. 1/3

[...] Montag war Fakultätssitzung. Dienstag um 6 Uhr Sitzung der von mir zusammengestellten gemischten Volkshochschulkommission (7 Dozenten, 6 Arbeitervertreter). Bei den Beratungen trat der Redakteur der Volkszeitung („HERRE!") besonders hervor, ein Fanatiker von Aussehen und Charakter. Ich könnte Bände über die USP schreiben, nachdem ich diesen Mann habe 10 Minuten reden hören. Er wünschte Aufklärung über die „Tendenz" und lehnte jeden Gegenstand ab, bei dem nicht Gewißheit gegeben sei, daß der Dozent nicht den Anschauungen seiner Partei entgegengesetzt lehre. Verschiedene Kollegen hielten die darauf folgende Streichung aller nationalökonomischen und historischen Themen für unwürdig der Universität. Besonders KRUEGER, der sich nie mäßigen kann, spuckte schon in der Sitzung Gift und Galle. Ich habe aber am Mittwoch in der Senatssitzung als Gast den einstimmigen Beschluß durchgesetzt, daß wir den Weg *weiter*gehen 1) aus Pflicht zur Idee, 2) aus Politik; denn scheußlich unangenehm ist der USP dies Entgegenkommen. Sie ist eine 2. katholische Kirche mit Bekenntniszwang und *fürchtet* die Wissenschaft, auf deren Boden sie angeblich steht. Es wird *sehr* schwer werden, aber E. S. [EDUARD SPRANGER] fürchtet sich auf *pädagogischem* Boden vor nichts. Übrigens interessant: Am Montag war der Minister BUCK hier. Er besuchte laut Programm auch mein Seminar (von 1/2 10 – 1/2 1 mußte ich warten), und da dort für ihn außer einer untapezierten Stelle der Wand und dem neuen Zimmer eigentlich nichts zu sehen war, brachte ich das Gespräch auf die Volkshochschulkurse. Er betonte, daß Finanzwissenschaft, Geld-, Bank- und Börsenwesen besonders erwünscht sei. Eine gleichsinnige Verordnung kam vom Wirtschaftsministerium. Du siehst: Die USP geht auch darin die Wege des Terrors und der Volksverfinsterung. [...]

EDUARD SPRANGER AN KÄTHE HADLICH
Charlottenburg, 28. 09. 1919 / Br., ca. 1/3

[...] Die Verhandlungen[1] am Donnerstag im Ministerium haben mich befriedigt. Der Unterstaatssekretär BECKER (in Wahrheit Minister) braucht mich als ein Stück seines Reorganisationsplanes und deckte mir alle Karten auf, schilderte auch alle neuen Persönlichkeiten, mit denen ich zu tun habe. Sein Freund, der Personalreferent WENDE, machte einen guten, ehrlichen Eindruck. Wir waren über die Grundzüge des Äußeren bald einig. 25000 M *Fixum* werden mir garantiert. Mit BECKER aß ich zu Mittag. Dabei fielen dann die entscheidenden Worte: „Sie sollen uns helfen gegen den Ansturm der Volksschullehrer; es handelt sich um den Kampf der höheren Bildung". Entscheidend für mich, weil ja der offizielle Zug des Ministeriums entgegengesetzt geht und ich an dieser Vernichtung der Universitäten nicht hätte mitarbeiten mögen.

Was aber zu kämpfen sein wird, sah ich Freitag und Sonnabend in 3 Sitzungen des Zentralinstituts[2], die zur Vorbereitung der Reichsschulkonferenz[3] dienen sollen. Hier begann bereits der Konflikt mit dem „Geheimen Regierungsrat" Rektor KARSTÄDT aus Nordhausen, der der Lehrervertreter im Ministerium ist. Gegenseitige Antipathie lag im ersten Blick. In der Tat kam es zu keiner rechten Einigung. Den Vorsitz hatte Minister a.D. SCHMIDT [SCHMIDT-OTT]. Außerdem waren viele alte und gute Bekannte aus dem Ministerium und der Lehrerschaft dabei, auch MUTHESIUS und der Regierungsrat ZIERTMANN vom Landesgewerbeamt. [...]

---

[1] Berufungsverhandlungen im Zusammenhang mit SPRANGERS Ruf an die Universität Berlin: Nachdem er schon 1912 bis 1914 – vergeblich – mit einem Ruf an die Universität Berlin gerechnet hatte (EDUARD SPRANGER 08. 06. 1914), zeichnete sich Anfang 1919 ab, daß er einen Ruf dorthin als Nachfolger RIEHLS erhalten würde (EDUARD SPRANGER 12. 01. 1919; EDUARD SPRANGER 08. 02. 1912). Zwischendurch sah es allerdings so aus, als würde NELSON berufen werden (EDUARD SPRANGER 15. 02. 1919). Mitte Juli 1917 beschloß die Berufungskommission eine Liste, die SPRANGER auf dem ersten Platz vorschlug, und am 31. 07. stimmte die Philosophische Fakultät dieser Liste zu. Anfang August war der Vorschlag bereits im Ministerium (EDUARD SPRANGER 18. 07. 1919; EDUARD SPRANGER 04. 08. 1919). Der Ruf erging dann noch im August 1919 (EDUARD SPRANGER 31. 08. 1919). SPRANGER kam ihm schließlich zum 01. 04. 1920 nach (EDUARD SPRANGER 24. 08. 1919). Zuvor hatten sich Möglichkeiten eines Wechsels nach Göttingen (EDUARD SPRANGER 14. 06. 1918), Hamburg oder Heidelberg (vgl. Anm. 4 zu EDUARD

SPRANGER 03./ 05. 05. 1915) und Wien (EDUARD SPRANGER 24. 06. 1917; EDUARD SPRANGER 28. 06. 1917; EDUARD SPRANGER 10. 08. 1917) angedeutet, die im Falle Wiens nach einer Voranfrage des Dekans der Philosophischen Fakultät im Juni 1917 (EDUARD SPRANGER 20. 06. 1917) am 09. 08. 1917 auch zu einem formellen Ruf führten (Telegramm EDUARD SPRANGERS vom 09. 08. 1917). Die Verhandlungen zogen sich dann allerdings sehr in die Länge (EDUARD SPRANGER 29. 08. 1917; EDUARD SPRANGER 05. 09. 1917; EDUARD SPRANGER 11. 09. 1917; EDUARD SPRANGER 14. 10. 1917; 10. 1917; EDUARD SPRANGER 17. 04. 1918). Als SPRANGER zunächst wohl eher geringe Bereitschaft zum Wechsel nach Wien signalisierte, war zwischendurch ein Ruf an RICKERT ergangen, der aber ablehnte (EDUARD SPRANGER 22. 11. 1917). Zeitgleich mit der Nachricht von seiner Erstplazierung in Berlin erhielt SPRANGER nochmals die Einladung, an die Universität Wien zu wechseln (EDUARD SPRANGER 18. 07. 1919). Am 24. 08. 1919 erteilte er Wien eine definitive Absage und beschied auch eine nochmalige Anfrage aus Hamburg negativ (EDUARD SPRANGER 24. 08. 1919).

[2] Das Berliner „Zentralinstitut für Erziehung und Unterricht" ging 1915 aus der 1914 errichteten „Jubliäumsstiftung für Erziehung und Unterricht" hervor. Es war eine vom Reich, von Ländern und Städten getragene allgemeine pädagogische Sammel-, Auskunfts- und Arbeitsstätte, führte Tagungen und Lehrgänge durch und gab das „Pädagogische Zentralblatt" heraus.

[3] Die Reichsregierung berief 1920 zunächst die Reichsschulkonferenz ein, bevor sie daran ging, die ihr von der Weimarer Reichsverfassung übertragene gesetzgeberische Initiative umzusetzen. Die 723 Teilnehmer der Reichsschulkonferenz waren Sachverständige, die teils im Plenum, teils in den 17 Ausschüssen über die Gesamtheit der pädagogischen, rechtlichen und organisatorischen Fragen des Schulwesens beratend und gutachterlich tätig werden sollten. SPRANGER war neben Realschuldirektor Dr. Louis, Schulrat MUTHESIUS, Oberlehrerin Pfennings und Schulrat PRETZEL einer der Berichterstatter über Fragen der Lehrerbildung (Kittel, Die Entwicklung der Pädagogischen Hochschulen, 50ff). SPRANGERS Beiträge sind publiziert in: Lehrer (Lehrerinnen): 5. Berichterstatter: SPRANGER. a. Leitsätze: Lehrerbildung. - Schulleitung und Schulverwaltung. / b. Bericht: Lehrerbildung. - Schulleitung und Schulverwaltung. In: Die Reichsschulkonferenz 1920. Amtlicher Bericht. Leipzig, Quelle & Meyer, 1921, 261-274, 632-636, 683.

EDUARD SPRANGER AN KÄTHE HADLICH
Leipzig, 06. 01. 1920 / Br., ca. 2/3

[...] Aber die Päd. [Pädagogische] Akademie wird wohl an den finanziellen Realitäten scheitern, die die Volksschullehrer nicht sehen und ahnen.

[...] Am 5. IV. beginnt nämlich die Reichsschulkonferenz[1], also ziemlich in meiner Umzugszeit.[2]

Mein Auslandsbesuch bei BECKER[3] führte zu sehr wichtigen Auseinandersetzungen, von denen ich Dir berichten muß.

Die kl. [kleine] Schrift[4], die noch gar nicht ausgegeben ist, erregt ein *fabelhaftes* Aufsehen. Man kann nicht an ihr vorbei. Das trat schon bei den Beratungen[5] am Sonnabend zutage, die ganz unter ihrem Einfluß standen, obwohl einige Teilnehmer sie leider noch nicht hatten. Die Kommission bestand aus Ex [Exzellenz] SCHMIDT [SCHMIDT-OTT], G. OR. [Geheimem Oberregierungsrat] PALLAT, Magnif. [Magnifizenz] BRANDI (Göttingen), MUTHESIUS, GÖTZ, FRISCHEISEN-KÖHLER (Halle), BAEGE (Unterstaatssekretär a.D., U.S.P.), Gymnasialdirektor GOLDBECK, Stadtschulrat BUCHENAU und 2 (nichts sagenden) Damen. Eigentlich stehe ich mit allen ganz gut. – Die Formulierung der Denkschrift⁶ wurde sehr zu m. [meinem] Ärger wieder mir aufgehalst.

Voraussichtlich aber werde ich von den Lehrern sehr pöbelhaft angegriffen werden. Und dazu kommt ein fataler Umstand: Die von der Universität herkommenden sehen schon in der Schrift eine Geringwertung der Leistungen der Universität. Sie verstehen eben weder die isolierende Methode noch die Tatsache, daß ich hier überhaupt nicht von der Universität reden will. Mir wurde schon angedeutet, daß mir BECKER gerade in diesem Sinne nach Leipzig geschrieben habe. BECKER will bekanntlich die Universität mehr ins praktische Leben hinausführen. *Sein Reformprogramm geht auf Einverleibung der Technik in die Universität*. Und *Bildungsaufgaben* will er ihr natürlich auch stärker zuweisen.

In dem (übrigens sehr freundschaftlichen) Gespräch kam mir dies erst klar zum Bewußtsein, und ich sah plötzlich eine große Gefahr. Da habe ich ihm nun zum ersten Mal eine energische Standrede gehalten, die anscheinend stark auf ihn gewirkt hat. Zweierlei habe ich ihm mit erhobener Stimme gesagt: 1) Wenn Sie glauben, das Problem der Volksschule und der Volksschullehrerbildung als einen Anhang zur Universitätsreform mit abmachen zu können, dann unterschätzen Sie die Bedeutung und die Eigenart des Gebietes. 2) Ich habe in die verfahrene Bewegung eine neue Devise hineingeworfen. Sie haben in den 2 nächsten Monaten die Möglichkeit, die Bewegung umzustellen. Wenn Sie davon keinen Gebrauch machen, so kommt sie *nie* wieder. Die Folge wird sein: Verfall der Universität *und* der Volksschule. Die gleichen Gedanken habe ich ihm heut noch einmal in einem 8 Seiten langen Brief auseinandergesetzt. Darin habe ich zugleich angedeutet, daß ich im Fall der Einrichtung einer Pädagogischen Fakultät mein akademisches Amt niederlegen würde. – Er erzählte mir ganz offen, der radikale Geheimrat KARSTÄDT, in dieser Sache mein Hauptgegner, habe ihn schon zu einem *offenen Brief* gegen mich bewegen wollen.

Du siehst also: Der *Kampf* fängt an. Ich bin nicht sehr optimistisch. Die Oberlehrer und die deutschen Seminarlehrer habe ich auf meiner Seite; *die Universitäten leider nur zum Teil*. Den sächsischen Minister soll ich bereits umgestimmt haben.⁷ Du kannst Dir denken, wie angenehm die Schulkonferenz⁸ (400 Teilnehmer) für mich werden wird! Die abscheuliche Tendenz, die höhere Bildung zu vernichten, wird immer deutlicher. Und die Universitäten schlummern weiter. [...]

---

[1] Vgl. oben Anm. 3 zu EDUARD SPRANGER 28. 09. 1919.

[2] Gemeint ist: in der Zeit des Umzugs von Leipzig nach Berlin, wohin SPRANGER im August 1919 einen Ruf erhalten hatte, dem er zum 01. 04. 1920 nachkam. (Vgl. Anm. 1 zu EDUARD SPRANGER 28.09.1919.)

³ Da SPRANGER erst zum 01. 04. 1920 dem Ruf nach Berlin folgte, spricht er hier ironisch von einem „Auslandsbesuch" eines sächsischen Ordinarius beim preußischen Kultusstaatssekretär BECKER.
⁴ SPRANGERS Schrift: Gedanken über Lehrerbildung. Leipzig 1920, die am 12. 11. 1919 abgeschlossen wurde und deren Konzeption er mündlich bereits im Herbst 1919 und im Januar 1920 bei Beratungen des Zentralinstituts (vgl. Anm. 2 zu EDUARD SPRANGER 28.09.1919.) vorgetragen hatte (Kittel, Die Entwicklung der Päd. Hochschulen, 43).
⁵ Beratungen bei einer Sitzung im Zentralinstitut am 03. 01. 1920 (Meyer-Willner, 255f).
⁶ SPRANGER sollte eine Kurzfassung seiner „Gedanken über Lehrerbildung" (Leipzig 1920) erstellen. (Meyer-Willner, 255)
⁷ Vor dem sächsischen Landesschulausschuß hatte SPRANGER Meyer-Willner (265) zufolge Leitsätze zur Lehrerbildung vorgetragen (publiziert in: Pädagogisches Jahrbuch 1920-1924, Bd.43, hrsg. v. d. Wiener Pädagog. Gesellschaft, geleitet von E. Kunzfeld, Wien 1924, 129f).
⁸ Die Reichsschulkonferenz vom 11. bis 19. Juni 1920.

EDUARD SPRANGER AN KÄTHE HADLICH
Leipzig, 24. 01. 1920/ Br., ca. 1/4

[...] Die Opposition gegen meine Schrift¹ sammelt ihre Kräfte. KÜHNEL soll schon mit einer Gegenschrift² beschäftigt sein, ebenso der Unterstaatssekretär BAEGE. Auf meiner Seite steht bis jetzt niemand so, daß ich auf einen Erfolg in *meinem* Sinne hoffen könnte; d. h. fast niemand stimmt mir zu *um der Volksschule willen.*

KERSCHENSTEINER äußerte sich nur kurz und matt. Es scheint, daß er *so* weit nicht einmal gehen wollte. Übrigens ist man in Dresden hocherfreut über den Vorschlag³, hat ihn aber noch nicht berufen. TROELTSCH, der einflußreichste, schweigt „kläglich".

Zu alledem bin ich nun vom Unterstaatssekretär SCHULZ (Reichsamt des Innern, sozialdem. [sozialdemokratischer] Lehrer) als Referent über das Lehrerbildungswesen für [scil. „die"] Reichsschulkonferenz 5. IV ff. und die Beteiligung der Lehrer an der Schulverwaltung bestellt. Bis zum 31. I. soll ich die Thesen, bis zum 24. II. das Referat einreichen. Außerdem habe ich das einleitende Referat für die sächsische Landesschulkonferenz Ende Februar. Dort hat die Lehrerbildungssache Prof. GÜNTHER von hier, ein vornehmer, angenehmer Mensch, mit dem ich noch heut 3 Stunden konferieren muß. – Wir harmonieren im Grunde. Übrigens werde ich diesen oder nächsten Montag mit dem Rektor und einigen Kollegen nach Dresden zum Minister fahren müssen.

Die feinere Intelligenz ist auf meiner Seite, also eine entschiedene Minorität. Der Ansturm auf die Universität ist wie der unabhängige Sozialismus in der Politik: eine gewaltige Welle, gegen die die Vernunft nichts nützt.

[...] Außerdem bekomme ich langsam Fühlung mit der Jugendbewegung, die nach m. [meinem] Eindruck ganz ohne Führung ist. Trotz allem ist mein Optimismus eher gesunken als gewachsen. Ich sehe *Welt*verwicklungen. Vielleicht ist, nach einem Bürgerkrieg, das Ende, daß wir mit Frankreich und England *gemeinsam* gegen den Bolschwismus marschieren. Vorher gehen wir natürlich wirtschaftlich und finanziell ganz kaputt. ERZBERGER ist unser Totengräber. Kann man glauben, daß schulpolitische Parallelbewegungen zu einer solchen Epoche *gesund* sind? [...]

[1] EDUARD SPRANGER: Gedanken über Lehrerbildung. Leipzig 1920.
[2] JOHANNES KÜHNEL: Gedanken über Lehrerbildung. Eine Gegenschrift. Leipzig, Julius Klinkhardt, 1920.
[3] EDUARD SPRANGER hatte vorgeschlagen, KERSCHENSTEINER als seinen Nachfolger auf das Ordinariat in Leipzig zu berufen. Der Ruf erging dann 1920 tatsächlich an KERSCHENSTEINER, der ihn nach einigem Zögern aber schließlich ablehnte, so daß der zweitplazierte THEODOR LITT zum Zuge kam. Auf Platz 3 des Berufungsvorschlages hatte ALOYS FISCHER gestanden, den der Kultusminister SEYFERT eigentlich favorisierte. (Vgl. EDUARD SPRANGER 22. 12. 1919; EDUARD SPRANGER 06. 01. 1920; EDUARD SPRANGER 04. 02. 1920; EDUARD SPRANGER 13. 02. 1920.)

EDUARD SPRANGER AN KÄTHE HADLICH
Leipzig, 04. 02. 1920 / Br., ca. 1/7

[...] Krank geworden bin ich (heut vor 8 Tagen) am Ekel, innerlich am Ekel über die gemeine Art, wie die LLZ [Leipziger Lehrerzeitung] die „Gedanken über Lehrerbildung" entstellend herabzog[1] und die (mir immer noch unbekannte) KÜHNELsche Gegenschrift[2] lobte. [...] Und das Referat für die Reichsschulkonferenz habe ich auch zurückgegeben. Ich mag mit der Volksschullehrerschaft nichts mehr zu tun haben. Hingegen habe ich ED. MEYER, den Rektor v. [von] Berlin, mobil gemacht. Der Feldzug scheint mir heut schon verloren. [...]

[1] Vgl. BARTH, E.: Pädagogische Akademie oder Universität. SPRANGER - KÜHNEL, eine Buchbesprechung. In: Leipziger Lehrerzeitung 27 (1920), 62-64.
[2] JOHANNES KÜHNEL: Gedanken über Lehrerbildung. Eine Gegenschrift. Julius Klinkhardt, Leipzig 1920.

KÄTHE HADLICH AN EDUARD SPRANGER
Heidelberg, 04. 03. 1920 / Br., ca. 7/10

[...] Heut will ich wenigstens im Geiste mit Dir sein und Dir von Dingen erzählen, traumhaft und doch klar lichtvoll und doch wie in Nebelschleiern, Dinge, die mir gerade am 25.[1] so sonderbar lebhaft vor der Seele standen.

Im Jahre 1882[2] war ich zum ersten Mal auf einer Sommerreise mit Großmutter und Tante. Wir waren in Lauterberg am Harz. An die Eindrücke jener Landschaft, wenn auch verändert, knüpft der Traum an, den ich nicht lange danach hatte. Der Hausberg, steiler als in Wirklichkeit, stand vor mir, und an seinem Abhang direkt über mir war ein kanzelartiger Aussichtspunkt, den man von unten genau übersehen konnte. Dort stand, der Sonne entgegen ins Weite blickend, ein Mann, dessen

Züge mir gar nicht erinnerlich sind, dessen Wesen ich aber fühlte als einen menschenbezwingenden Enthusiasten. Ein Idealbild erschien er mir, und ich stieg den gewundenen Waldweg hinauf, um an den Aussichtspunkt zu kommen. Dort war er nicht mehr, und ich ging weiter, bis ich an ein Gasthaus kam, wo viele Menschen waren. Da war auch Tante bei mir, und sie fragte nach dem Manne, den wir gesehen hatten. Der Wirt wußte sofort Bescheid und sagte uns, ja, er sei dagewesen, aber nun hätte er weiter wandern müssen, fort in ein entlegenes Tal, wo sein Vater Müller sei. Den müsse er nun unterstützen. – Dann verwirrten sich die Bilder, und ich war ohne Schuhe und versuchte, aus einem Rechenbuch, das ich von meinem Lehrer für jene Ferien mitbekommen hatte, mir Schuhe zu machen. – Aber als ich aufwachte, hatte ich das erdrückende Gefühl eines unersetzlichen Verlustes, und ich weinte den ganzen Morgen, so daß das Mädchen, das mir beim Anziehen half, mich fragte, was mir denn wäre.

Bist Du es, der mir da im Traum erschien und dessen Schicksal schon in seinem Beginn mir in die Seele gelegt wurde? Niemals vorher oder nachher habe ich etwas Ähnliches erlebt, und niemals sind Träume mit so greifbarer Deutlichkeit mir in der Erinnerung geblieben. Dieser aber ist mit voller Realitätswirkung mir wie ein Erlebnis haften geblieben. Mit meinem Leben und meinem Wesen damals hatte er nicht den geringsten Zusammenhang. Nie habe ich gegen jemand davon gesprochen, denn es ist für mich darin ein Zug des Wunderbaren, das die Worte scheut. [...] Es muß ein Wunderbares sein, das Neue, das aus dieser Katastrophe aufsteigt. Was ist dieser Bolschewist, der die Welt von Grund aus umgestalten will? Ist es nur der Sklave, der die Kette bricht, oder ist er wirklich ein neuer Mensch? Wenn die Menschennatur sich gleichbleibt in alle Ewigkeit, dann kann auch dies Toben nicht andauern, und es kommt nach dem Hexensabbat die Besinnung, und die Grundlagen des Lebens sind dann so verschoben, daß notwendig auch die Menschen sich ändern müssen, oder dieses ganze Treiben ist sinnlos. Wenn nur dies Hasten nach Geld und Genuß von vorn beginnen sollte, dann wäre es besser, Deutschland wäre ausgelöscht für immer. Wenn der Zeitpunkt kommt, daß all die ertrotzten Rechte und sinnlosen Löhne nicht befriedigen, dann – so hoffe ich zuversichtlich – wird eine Erneuerung von innen her einsetzen. Denn Glücksucher sind sie doch alle, und es muß doch ein furchtbares Mißverhältnis gewesen sein, daß eine so ungeheure Masse geistig Besitzloser heranwachsen konnte. – Da sind mir Deine Worte in der Spenglerkritik[3] so bedeutungsvoll, die den Sinn nicht zurück, sondern vorwärts richten wollen. Die Welt ist gewandelt, aber nur die Machtrollen sind anders vergeben; soll daraus ein Neues kommen, so muß der Sinn des Lebens neu entdeckt werden. [...][4]

[1] Am 25. 02., dem Geburtstag KÄTHE HADLICHS.

[2] Dem Geburtsjahr SPRANGERS, der am 27. 06. 1982 geboren war.
[3] EDUARD SPRANGER: Preußentum und Sozialismus. Rezension von Oswald Spengler: Preußentum und Sozialismus. München 1920. In: Dresdner Anzeiger, Jg.1920, Nr.83, vom 15. Febr., Morgenausgabe, 1-2; Nr. 84 vom 16. Febr., Morgenausgabe, 1, u. Nr. 85 vom 16. Febr., Abendausgabe, 1-2.
[4] Der Schluß des Briefes ist nicht erhalten.

KÄTHE HADLICH AN EDUARD SPRANGER
Heidelberg, 20. 04. 1920 / Br., ca. 4/9

[...] Du haderst mit der Ungunst der Verhältnisse, die Dich nicht den Ertrag des reichen Einsatzes sehen ließen, den Du in diese Leipziger Jahre legtest. Ich aber empfinde vor allem, was Du dort geschaffen hast, was aus dem vernachlässigten Lehramt in Deiner Hand geworden ist. Das alles ist Dir selbstverständlich geworden, und doch ist es ein Ungewöhnliches. Es sind ja auch nicht eigentlich die Enttäuschungen, die Leipzig selbst verschuldete, was Dich jetzt so verstimmt, es sind die geistigen Umwälzungen, die unser ganzes Leben erschüttern und die uns heimatlos machen, wo wir auch sind. Denn auch die Aussicht auf die Wirksamkeit in Berlin weckt in Dir zunächst keine freudige Erwartung. Es liegt nicht an den Einzeldingen, es ist das große Zeitenschicksal, das jede freie, glückliche Entfaltung hemmt, sorge nur, daß Du, ein verantwortlicher Hüter deutschen Geistes und deutscher Kultur, nicht Deine Kraft in fruchtlosem Tagesstreit ausgeben mußt. Du weißt, auf welche Stunde Du Dein Bestes zu bewahren hast. Es kommt noch ein Sturm von links, aber dann wird Deutschland sich wiederfinden, das glaube ich sicher. Habe Geduld, vielleicht noch ein Jahr, vielleicht nur ein halbes, bis all die fieberhafte Neuerungssucht verrauscht ist und man sich wieder auf das Echte, das Bewährte besinnt. Ich weiß, daß Du nicht Altes erneuern wirst, aber geschichtlich anknüpfen, das Lebensfähige erkennend, das Ganze überschauend, wirst Du nicht Tagesströmungen, sondern eine deutsche Entwicklungsepoche leiten.
[...] Mir aber ist, als gingest Du in diese zentrale Wirksamkeit als Berufener des Weltgeistes, der Dir edelste Kräfte der Erneuerung für unser armes, gebrochenes Volk in die Seele gab. „Warum sucht' ich den Weg so sehnsuchtsvoll, wenn ich ihn nicht den anderen zeigen soll"[1], schriebst Du mir schon vor vielen Jahren. Nichts ist verloren, was Du tust, denn echtes Gold ist unzerstörbar. – Und wenn Du im Kampfe eine Stätte der Ruhe suchst, dann laß, wie sonst, in meinem Herzen Deine Heimat sein, wo Du Deine Klagen ausschüttest und wo Du, geborgen in verstehender Liebe, Linderung findest. – Im Glauben an den Gott, der in Dir lebt und über allem waltet. [...]

[1] Ein GOETHE-Zitat aus dem Gedicht „Zueignung", das wörtlich lautet:
"Warum sucht ich den Weg so sehnsuchtsvoll, Wenn ich ihn nicht den Brüdern zeigen soll?"
(Sophien-Ausgabe, I. Abteilung, 1. Band. 1888, 6, Vs. 71f)

KÄTHE HADLICH AN EDUARD SPRANGER
Heidelberg, 03. 06. 1920 / Br., ca. 1/7

[...] Am Mittwoch besuchten AENNE und ich dann eine deutschnationale Wahlversammlung, wo ihr Vetter Adelbert Düringer[1] redete. Das ist ein sehr gemäßigter Mann, der wohl geeignet wäre zum Zusammenarbeiten mit anderen Parteien, scharf wurde er nur bei der Kritik ERZBERGERS. Aber er ist doch kaum der eigentliche Ausdruck des Parteigeistes, und was man hört von den Krawallen, die in Berlin von den n. [nationalen?] Studenten veranlaßt werden, das ist recht widerwärtig. Das kann ja nur schaden und ist einer guten Sache unwürdig. Solchen Radau sollten sie den Proletariern als Ausdruck ihrer Meinung überlassen. – Je länger, je mehr befallen mich immer wieder Zweifel, ob es ein Segen ist, wenn die Spaltung zwischen rechts und links immer tiefer und feindlicher wird? Muß es notwendig nur durch Katastrophen hindurchgehen? Wäre nicht ein stilles Rechtsrücken der Mittelparteien unausbleibliche Folge und gesündere Entwicklung, wenn die Rechte sich nicht so feindselig und aufreizend gebärdete? Aber was hilft da alles Sorgen und Denken, die Kräfte entladen sich mit Naturgewalt. Und wir haben keinen, der sie mit starker Hand zu lenken vermöchte.

– Du glaubst nicht, wie glücklich es mich macht, wenn ich so deutlich fühle, wie Du in Deinem Kreise mit der Macht des Geistes herrschst. Dein Kampf ist nicht vergeblich, das spüre ich mit Sicherheit, und Du wirst immer mehr Helfer finden, gerade weil Du nicht Partei bist, sondern im Sinne des Ganzen lebst. [...]

[1] Möglicherweise ein Verwandter des Juristen und Politikers Adelbert Düringer (1855 - 1924).

KÄTHE HADLICH AN EDUARD SPRANGER
Heidelberg, 16. 10. 1920 / Br., ca. 1/5

[...] Immerfort grüble ich – ganz besonders über die herrliche Art, wie in dem neuen Aufbau der Typen und Werte[1] die Einheitlichkeit des Lebens zum Ausdruck kommt. Wie über den persönlichen Trieben die gesellschaftlichen Forderungen stehen und über allem das Menschlich-Göttliche emporwächst, nicht das Produkt der Majorität und nicht mit dem Maße des momentanen Erfolgs gemessen, sondern aus der teleologischen Struktur des Geistes selber geboren zu ewigem Leben. In jedem einzelnen kann dieser überpersönliche Vorgang sich vollziehen, und aus dem Gefühl heraus, daß damit nicht mein Wille, sondern ein höherer Wille geschieht, spricht die Religion von göttlicher Gnadenwirkung. Alles Leben strebt zur Ewigkeit, zur Vollendung, zur Form – aber mag es vorübergehend in der Erscheinung ruhen, das Ziel bleibt immer unerreicht, und ewig ist nur die Forderung des Geistes. Nicht ein Gesetz von außen, nicht ein Jenseits brauchen wir, alles ist in uns, und Sittlichkeit ist kein Lebensgebiet, sondern höchste Lebenskraft. [...]

[1] In SPRANGERS „Lebensformen", die 1921 bei Max Niemeyer in Halle in 2. Auflage und erstmals als Monographie mit dem Titel: Lebensformen. Geisteswissenschaftliche Psychologie und Ethik der Persönlichkeit erschienen. (Die erste Fassung war als Beitrag in der Festschrift für ALOYS RIEHL publiziert worden: Lebensformen. In: Festschrift für ALOIS RIEHL. Von Freunden und Schülern zu seinem siebzigsten Geburtstage dargebracht, Halle 1914, 413-522.)

KÄTHE HADLICH AN EDUARD SPRANGER
Heidelberg, 22. 11. 1920 / Br., ca. 1/15

[...] Abends lesen wir jetzt die „Französische Revolution" von CARLYLE[1]. [...] Es liest sich wie eine Schilderung des Geistes unserer Tage. War das „alte Regime" bei uns denn auch so verrottet? Ich kann es nicht glauben. Aber heute sind all der krasse Eigennutz, die Pflichtvergessenheit und der zügellose Freiheitsdrang entfesselt. Heute ist die Regierung so hilflos, die öffentliche Ordnung so untergraben, daß es nur sehr geringen Anlasses bedürfen wird, um sie zu stürzen. Joseph[2] will wissen, daß S. M. [Seine Majestät] EBERT im Februar sein Amt niederzulegen denkt. Ob das wahr ist? Und wer sollte dann kommen?? [...]

[1] THOMAS CARLYLE: Die französische Revolution. Leipzig 1906. (Titel im Original ohne Anführungszeichen)
[2] Höchstwahrscheinlich Dr. JOSEPH BAENBACH, oft auch genannt „Dr. B.", „unser Dr." oder „Joseph", der zeitweilige Hausgenosse von KÄTHE HADLICH und AENNE KNAPS in der Rohrbacher Str. 24, dessen Ansichten und Gesellschaft die beiden Damen allerdings nicht sehr schätzten.

KÄTHE HADLICH AN EDUARD SPRANGER
Heidelberg, 13. 02. 1921 / Br., ca. 1/5

[...] Ich bin erschreckt, daß Du gerade jetzt an eine Unterbrechung des Druckes[1] denkst, denn bei der Unsicherheit der Lage wäre es doch doppelt wichtig, die Arbeit ganz unter Dach zu bringen. Wie notwendig ihr Erscheinen gerade ist, habe ich gerade gestern beim Lesen einer kleinen Schrift von DRIESCH über die „Freiheit"[2] gelesen. Das ist eine zugleich populäre und doch wissenschaftlich scharfe Auseinandersetzung, aber ohne jedes produktive Resultat. „Die Psychologie fordert für alles Kausalität, die Ethik fordert Willensfreiheit – beides sind Postulate, und eine wissenschaftliche Entscheidung der Frage ist unmöglich". – Es fehlt die Fortsetzung, daß das ganze Weltbild eine Schöpfung des Menschengeistes ist, daß nicht nur der Intellekt, sondern die verschiedenen Formen der Gestaltung ihr Recht haben und daß keine die Rechte der anderen aufhebt, sondern daß die höheren Formen die niederen auch in sich schließen, daß also Freiheit nicht Willkür, sondern schöpferische Kausalität ist. Das ist natürlich schlecht ausgedrückt; aber Du wirst mich verstehen. Es fehlt eben der Mut, die Kraft des Wertens als das schaffende Prinzip der Seele zu achten, und die Untersuchung bleibt intellektuell bestimmt. Im Biologischen erkennt er den Vitalismus als notwendig an, im Geistigen versagt er. Da fehlt Deine Rangordnung der Typen. Ich fühle so deutlich, wie das seine ganze Betrachtung umgestalten müßte. Du mußt sorgen, daß Dein Buch, sobald es geht, erscheint. Meinst Du nicht? Das ist nicht eine Tagesfrage, das greift tiefer.

Freilich – Tagesfragen sind es auch nicht, was uns jetzt bis ins Tiefste aufregt. Unser armes, mißhandeltes Vaterland! Wären nur die Deutsch-Nationalen nicht so fanatisch – wenn hier ein Redner öffentlich sagt, für uns hat die Monarchie überhaupt nicht aufgehört zu bestehen, das scheidet uns von der Volkspartei, die sich ja auch zum monarchischen Gedanken bekennt – dann kann man das doch nur hirnverbrannt nennen. – Müssen sie denn immer um jeden Preis sich isolieren, anstatt mit den anderen das Gemeinsame zu suchen und durchzuführen! [...]

[1] Des Druckes der 2. Auflage der „Lebensformen". (Vgl. oben Anm. 1 zu EDUARD SPRANGER 16. 10. 1920.)
[2] Hans Driesch: Das Problem der Freiheit. Berlin 1917.

KÄTHE HADLICH AN EDUARD SPRANGER
Heidelberg, 20. 02. 1921 / Br., ca. 1/5

[...] Dieser Tage bekam ich einen Gruß von GEORG WEISE durch eine Frau Schick-Abeler[1], die mich besuchte und die sich hier niederlassen will, um Kurse für „vertiefte Frauenbildung" zu eröffnen, und zwar mit Internat. Sie ist der Typus der studierten Frau, nicht „unser" Geschmack, weißt Du.
[...] Wie unheimlich ist die Welt gerade jetzt wieder. Aber wir wollen doch unsere Pläne[2] nur im äußersten Notfall aufgeben; wir werden hier nicht gefährdeter sein wie anderswo. Du stehst ja Gott sei Dank nicht auf der Auslieferungsliste[3], und ich hoffe, Du läßt Dich auch in Berlin nicht zu vertrauend auf die Beziehung mit TROELTSCH ein, der es ja ehrlich meinen mag, aber doch gar zu ungeschickt und, wie ich glaube, unpolitisch ist. Laut Zeitungsnotiz hat er einen hörbaren Ruck nach rechts getan, aber ich fürchte, seine flotte Zunge ist ein gefährlicher Bundesgenosse. Mit dem HÄUSSER[4] sind wir jetzt fertig. Die Art, wie er das Kaiserreich über die Unfähigkeit der Gironde herauswachsen läßt, gibt mir sehr zu denken. Ist ein solches Chaos immer nur durch die gewaltsame Herrschaft eines einzelnen zu bannen? Woher sollte sie bei uns kommen, da eine Militärdiktatur bei uns unmöglich geworden ist? Und doch kann ich mir auch nicht denken, daß auf einem Wege ruhiger Entwicklung sich wieder dauerhafte Zustände herausbilden können. Es ist zuviel Übergewicht und Macht auf die niederen Volksklassen gehäuft, die damit nicht produktiv zu wirtschaften wissen und die sich doch nichts gutwillig nehmen lassen werden. – Im Augenblick freilich ist die Londoner Konferenz[5] der einzige Gedanke. [...]

[1] Identität nicht aufzuklären.
[2] Eine gemeinsame Urlaubsreise im März betreffend. (Vgl. EDUARD SPRANGER 06. 03. 1921; KÄTHE HADLICH 09. 03. 1921.)
[3] Die aufgrund der Bestimmungen des Versailler Vertrags erstellte Liste der Alliierten, welche die auszuliefernden Kriegsverbrecher enthielt.
[4] LUDWIG HÄUSSER und WILHELM ONCKEN: Geschichte der Französischen Revolution. Berlin 1867.
[5] Auf der Londoner Konferenz vom 21. Feb. bis 14. März 1921 wurde ein neuer deutscher Reparationsvorschlag von den alliierten Regierungen als ungenügend abgelehnt, da dieser die Verpflichtungen aus dem Versailler Vertrag unter Berücksichtigung der Zugeständnisse in den Pariser Beschlüssen vom 24./29. Jan. 1921 nicht erfüllte. Als Sanktion besetzten die Alliierten am 8. März Duisburg, Düsseldorf und Ruhrort.

KÄTHE HADLICH AN EDUARD SPRANGER
Kurfürstenstraße, 20. 05. 1921 / Br., ca. 1/3

[...] Es beschäftigt mich schon lange und immer wieder, daß Du stets so Partei nimmst für den Katholizismus. Ich verstehe das von der politischen Seite aus, aber daß Du gestern sagtest: Das ist wahre Religion – das hat mich verblüfft. Und in Bezug auf diesen katholischen Glauben hat GOLDBECK gesprochen von einer „kristallenen Glocke"? Eine Kirche ist es gewiß, aber Religion ist doch davon unabhängig. Es ist so herrlich frei und tief, was Du in Deinen Lebensformen über das Religiöse sagst, daß Dir dagegen doch die erstarrten Formen kirchlich-dogmatischen Zwanges nichts bedeuten können. Du hättest Dein Buch nie schreiben können, wenn Du katholisch wärst, und ich empfinde so tief den Unterschied des Geistes in dem Grundwesen der beiden Konfessionen, daß mir das Katholische gerade so wesensfremd erscheint wie etwa die Art einer anderen Nation. Ich würde das so gern alles einmal bis ins Letzte mit Dir besprechen, von Dir hören, was ich nicht richtig beurteile nach Deiner Meinung – und überhaupt!! Dein freies, werterfülltes Menschentum steht so unendlich höher als jene gebundene „Frömmigkeit" wie der Himmelsdom gegen eine Glaskuppel, wie der Geist über dem Buchstaben. [...]

KÄTHE HADLICH AN EDUARD SPRANGER
Heidelberg, 05./08. 02. 1922 / Br., ca. 1/15

[...] Die Entrüstung über das frevelhafte Vorgehen der Eisenbahner[1] ist allgemein. Enttäuscht hat es mich, daß Baden schließlich doch mitmachte mit *einer* Stimme Mehrheit, und zwar taten es die Herdentiere nur, weil es hieß, in Württemberg streike man auch. Heute sei in der Hauptsache der Ausstand beendet. – Aber ein Bodensatz bleibt zurück. Und doch kann man nicht umhin, immer von neuem zu hoffen, daß das Schlimmste, das uns noch droht, ein Hungeraufstand, vermieden werden könne. Es sind ja nicht die eigentlich Bedrängten und Elenden, die sich auflehnen, kräftige, große, junge Kerle sind es, die auf der Straße herumlungern, statt zu arbeiten. Es sei Arbeitsmangel, und doch fehlt es allenthalben an Kräften. Dienstboten sind überhaupt nicht mehr zu bekommen. [...]

[1] Die Rede ist von einem Streik der württembergischen Verkehrsbetriebe.

EDUARD SPRANGER AN KÄTHE HADLICH
Berlin, 06. 07. 1922 / Br., ca. 1/6

[...] Meiner Karte von neulich ist nur nachzutragen, daß der Dienstag wider allgemeines Erwarten hier ruhig verlaufen ist. Aber die Stimmung hat sich doch geändert, dank der ungeschickten Taktik der Sozialdemokratie. Der Bruch ging vor 14 Tagen zwischen einigen Ultras von rechts und der Masse anständiger, friedlicher Bürger. Heute geht er zwischen Arbeiterschaft und Bürgertum. Man behauptet auch, die lange vorausgesagte Wirtschaftskrise sei da, die Banken hätten für 3 Wochen den Kredit gesperrt, die Weltmarktpreise seien erreicht usw. Wie es aus diesem Zustande – Dollar 450 – für Deutschland ein Emportauchen geben soll, ist mir unerfindlich, es sei denn, daß einmal die feste Hand komme, die auch gegen die Masse etwas durchsetzen kann. [...]

KÄTHE HADLICH AN EDUARD SPRANGER
Heidelberg, 03. 11. 1922 / Br., ca. 1/4

[...] Ich habe viel gesonnen, was ich mir denn für Dich wohl wünschen möchte, und ich komme immer wieder zu dem Resultat, daß das Schwergewicht Deiner Stärke auf der Seite derer liegt, die von innen bauen. Die Revolution will keine maßvollen Menschen, und ich habe nur die eine Sorge, daß Du zu tief in die politische Seite verstrickt werden könntest, ehe Du Deine aufbauende Kraft mit vollem Erfolge einsetzen kannst. Denn das ist ja doch das Problem Deines Lebens, daß beide Seiten in Dir sich einigen wollen. Ich denke an die Theorien über die Universität, von denen Du mir sprachest, und wie nur die erlesenen Geister nach allen Seiten hin dem Forschen, Lehren und der Synthese gewachsen sind. Nichts soll verkümmern in Dir, aber erwarte Deine Zeit. Die Wirkung nach innen, die von Deiner Persönlichkeit ausgeht, ist tiefer, wesentlicher, bleibender als eine Maßnahme dieser schwachen, vergänglichen Regierung. Der geistige Mittelpunkt für die Neugestaltung, der liegt doch in Dir. [...]

KÄTHE HADLICH AN EDUARD SPRANGER
Heidelberg, 20. 12. 1922 / Br., ca. 1/9

[...] In unendlicher Mannigfaltigkeit breitet sich das Leben aus, aber nur in einzelnen gottbegnadeten Geistern quillt höchste Formkraft, und sie geben von ihrem Sein den andern, daß das Leben sich entfalte zu vollem, reichem Menschentum. Solch eine Quelle ewigen Lebens strömt auch in Dir, und darum ist es nicht richtig, wenn Du meinst: „Nur wenn Deutschland wieder aufblüht, hätten Deine Briefe später Wert auch für andre."[1] Diese geistige Welt, die durch Dich „hindurchrauscht" und aus Dir machtvoll flutet, ist von bleibendem Wert, was auch geschehe. Und darum hoffe ich, sollen die Briefe auch bewahrt bleiben. Was ich dazu tun kann, geschieht gewiß. – Überhaupt möchte ich dies „wenn Deutschland wieder aufblüht", nicht auffassen als eine zweifelnde Frage, sondern nur als eine Frage der Zeit. Ob wir es erleben oder nicht, *Du* wirst immer dabei sein! [...]

[1] Zitat aus EDUARD SPRANGER 03. 12. 1922.

EDUARD SPRANGER AN KÄTHE HADLICH
Charlottenburg, 23. 12. 1922 / Br., ca. 1/5

[...] Soeben kommt das neue Buch von LITT „Erkenntnis und Leben"[1]. Ein flüchtiger Blick hinein verstimmt mich. Er wird sich doch erinnern, daß seine Gedanken im wesentlichen auf geschickter Assimilation von SIMMEL, SCHELER, TROELTSCH und mir beruhen. Jetzt hackt er mit kleinen Stürmen auf uns herum. Außerdem bleibe ich der ewige DILTHEY"schüler". Ich bin es ungefähr so, wie SPINOZA Cartesianer und FICHTE Kantianer war. Man sollte doch mit solchen Einreihungen etwas sparsamer sein. Mein ganzes Ethos ist anders als das von DILTHEY, und meine Psychologie ist im Verhältnis zu dem Herumreden von DILTHEY ungefähr das, was die Lösung zum Rätsel ist. [...]

[1] THEODOR LITT: Erkenntnis und Leben. Untersuchungen über Gliederung, Methoden und Beruf der Wissenschaft. Leipzig und Berlin 1923.

KÄTHE HADLICH AN EDUARD SPRANGER
[ohne Ortsangabe] Januar 1923[1] / Br., ca. 3/4

[...] Du hast es wohl ein wenig gespürt, welch furchtbare Kämpfe in diesen Tagen mein ganzes Wesen bis auf den Grund durchwühlten. Tag um Tag erwachte ich mit dem ersten Dämmerlicht und meinte, an der Qual ersticken zu müssen. Aus welcher Tiefe das plötzlich kam – ich weiß es nicht. Es stand nur vor mir, wie Du immer ausdrückst: Das Leben ist durch und durch zweideutig. – Das aber ertrage ich nicht. Niemals ist in meinem Leben etwas bedingungslos gewesen, und jetzt verstand ich auch nicht mehr. Als nämlich der Zug des Todes an mir vorüberging, da schrie es in mir: Du atmest noch, aber bist du nicht lebendig tot? – Und ich wußte, daß ich es bin, seit jenem Augenblick, als Dein lieber Ring über meinen Finger glitt, und nur in Deiner Nähe lebte ich scheinbar wieder auf. Warum erstarrte ich in dumpfer Scheu im genau heiligen Augenblick? Ich trug eine Kette aus der Vergangenheit mit mir, ohne es zu wissen. Wohl hatte ich Verzeihen dafür gesucht an Deinem Herzen, aber ich selbst, ich konnte nicht vergeben, daß man mir unter dem Schein des Höchsten meine ahnungslose vertrauende Jugend vergiftet hatte. Da hätte kein Abschütteln genutzt – ich hatte nicht verwunden. Nur was unsere Hand zum Segen gewandelt, hat lebendige Kraft. Nur so schließt sich der Ring des Lebens zu sinnvoller Klarheit. Und seltsam, jetzt wo es mich des Lebens Seligkeit gekostet hat, jetzt, wo es schwerer scheint denn je – jetzt fand ich diese Kraft, ja zu sagen und zu verstehen. Jetzt weiß ich, daß nicht ein blöder Zufall, sondern ein ehernes Gesetz der Seele mich verstummen ließ – ich war nicht reif. Nicht zweideutig ist das Leben, sondern durch und durch sinnvoll, mit tausend geheimnisvollen Stimmen redet es zu mir, und alles fügt sich einem tiefen Verstehen. Der dumpfe Druck ist fortgenommen, meine Seele ist frei, und ich habe neue Kraft, das Schicksal zu bezwingen. Denn in mir ist es klar geworden, und nur von innen gestaltet sich das Leben, kommt es aus mir allein? Ich weiß es nicht. Das aber weiß ich, daß nichts mich von Dir trennen kann, denn ich bin Deine – Deine Wanderseele[2], „doch wenn dein Herz von allem sich befreit, dein Ich zu fühlen dir im Schmerz gelang: Im Selbstverstehen liegt Gott und Ewigkeit".[3] [...]

---

[1] Der Brief ist undatiert. Am Ende des Briefes beauftragt KÄTHE HADLICH SPRANGER, ein Gläschen Gelee bei ihrer Tante Grete in der Kurfürstenstraße vorbeizubringen. Im Brief vom 05. 01. 1923 meldet SPRANGER die Ausführung dieses Auftrags, so daß der vorliegende Brief auf Anfang Januar 1923 zu datieren sein dürfte. Zur Erwähnung einer vorangehenden Depression und der damit verbundenen Schuldgefühle KÄTHE HADLICHS vgl. EDUARD SPRANGER 04. 11. 1922. Anläßlich eines Ringetausches im Frühjahr 1922 (vgl. dazu KÄTHE HADLICH 23. 04. 1922) mit SPRANGER (eine Art Verlobung?) erwachten in KÄTHE HADLICH wieder schwere Kindheitserinnerungen, die es ihr offenbar unmöglich machten, eine Beziehung bzw. eine Ehe einzugehen.
[2] Die „Wanderseele" war anscheinend eine schriftstellernde gemeinsame Bekannte SPRANGERS und KÄTHE HADLICHS. Der Begriff „Wanderseele" kommt an fünf weiteren Briefstellen vor (EDUARD SPRANGER 12.05.22; KÄTHE HADLICH 08.10.22; KÄTHE HADLICH 16.10.22; KÄTHE HADLICH 24.10.22 u. EDUARD SPRANGER 16.01.29).
[3] Hier zitiert SPRANGER aus dem oben abgedruckten Gedicht vom 27. 02. 1917.

EDUARD SPRANGER AN KÄTHE HADLICH
Charlottenburg, 23. 01. 1923 / Br., ca. 1/5

[...] Du wirfst von neuem die Frage auf, ob es richtig sei, in solcher Zeit fern von einander zu leben und Deine Wohnung in H. [Heidelberg] beizubehalten. Abgesehen von der Unmöglichkeit, jetzt etwas zu ändern – Du müßtest dann Deinen ganzen Hausstand aufgeben – glaube ich nach wie vor, daß es so, wie es ist, für uns das Richtige ist. Die Zeiten, in denen ich *lebe*, kann ich mit Dir teilen; die anderen, in denen ich arbeite, sind Ausstrahlungen der bei Dir gewonnenen Kraft. Wenn Heidelberg jetzt für mich versänke, so entschwände damit das letzte durch seine Dauer geheiligte Fundament meines Lebens, und ich fürchte, daß ich das nur mit einer inneren Kursänderung ermöglichen könnte. Solange es ohne Schädigung für Dich möglich ist – und ich muß gewiß sein, daß Du nichts entbehrst! – wollen wir es so lassen. Der *Zwang* zur Änderung, der ja leicht eintreten kann, wird uns auch bereit finden.

Ebenso ist es mit den Briefen. Ich mag sie nicht haben; denn sie gehören Dir und sind der persönlichste Ausdruck dessen, was ich Dir geben konnte. Gehen sie bei Dir verloren, so haben sie ihre Bestimmung erfüllt. Nach meinem Tode wirst Du, geeignete Verhältnisse vorausgesetzt, der Öffentlichkeit davon zugänglich machen, was Dir recht scheint. Nur habe ich den Wunsch, daß kein idealisiertes, sondern ein historisches Bild entsteht. In der Technik des Auswählens und Herausgebens wird Dir derjenige meiner Schüler helfen, der mir persönlich am nächsten gestanden hat. Im Augenblick ist diese „Stelle" allerdings unbesetzt; doch wachsen manche hoffnungsvoll heran. Inzwischen kommen HEINRICH SCHOLZ und JAEGER in Frage.

Glaube nicht, wenn ich nicht viel über die politische Lage rede, daß sie mich nicht bis ins Tiefste, oft bis zur Arbeitsunfähigkeit beschäftigte. Aber ich weiß dazu nichts anderes, als was wir in der Zeitung täglich mit Empörung lesen. Die Stimmung ist hier sehr gut, d. h. zuversichtlich, voll Kraftgefühl, und auch ich bin überzeugt, daß wir nun in die Linie aufwärts einzutreten begonnen haben. Seltsame Gerüchte sind Ausdruck für eine fast kriegerische Stimmung. Der Hader tritt zurück und die Arbeiterschaft besinnt sich auf gesundere Gefühle. 2 Juden auf der Bank meinten gestern: Die Franzosen würden noch Hannover, Hamburg, Bremen etc. besetzen. Täten sie es, so grüßen sie nur an ihrem Grabe weiter. [...]

KÄTHE HADLICH AN EDUARD SPRANGER
Heidelberg, 06. 02. 1923 / Br., ca. 2/5

[...] Wie freute ich mich, so bald schon die Rede[1] kennenzulernen, denn ich hatte befürchtet, mich bis zum 25. gedulden zu müssen. Habe Dank. Es ist ein wundervolles Bild unsres geistigen Volkstums – am tiefsten aber hat mich berührt, wie Du an diese Kräfte der Vergangenheit den unerschütterlichen Zukunftsglauben knüpfst, das Vertrauen auf das noch ungelebte Leben des deutschen Volkes. Nein, das kann nicht untergehen, denn es ist in Wahrheit „ewig". – Es ist ganz sicher ein erstes Dämmern eines neuen Tages, was wir jetzt erleben. Leicht wird der Weg nicht sein, aber wenn er nur aufwärts führt, so ist es gut. Jetzt ist es doch wieder möglich, von einer „Regierung" zu sprechen, es ist ein Wille, ein Ziel, eine vorgezeichnete Richtung. Ich will die Periode vorher nicht schwächen. Vielleicht war es notwendig, so weit im Nachgeben zu gehen, um den guten Willen der Arbeiter zum Widerstand zu gewinnen. Denn der Sozialismus mit seiner fixen Idee von der „Schuld" des alten Regimes am Kriege läßt ja nicht von unserer Pflicht des Wiedergutmachens. Und warum auch nicht, wenn es eine Tat freier Sittlichkeit ist! Aber zu Sklaven lassen sie sich nicht machen, und das ist der Segen, der aus der rechtlosen Machtpolitik Frankreichs für uns wächst.

Hier ist große Aufregung, daß die Franzosen kommen könnten. Jeder denkt nur an sich und seine Sicherheit. Als ob es jetzt nicht ums Ganze ginge und jeder auf seinem Posten stehen müßte! Wieviele Deutsche tragen das Joch der Fremden schon jahrelang! Aber den Badensern geht es zu gut. Sie sind nicht geneigt zu entbehren.

– Ganz besonders nahe ist mir der Tod von TROELTSCH[2] gegangen. Auf Deine Meldung der überwundenen Gefahr hin hatte ich mich so beruhigt, daß mir das Ende ganz unvermutet kam. Mir persönlich war er von den hiesigen Hochschullehrern derjenige, dem ich das meiste verdanke. Und ich weiß auch, wieviel Du an ihm verlierst. Heidelberg und Berlin – beides ist mit ihm verknüpft, und seit *unserm* ersten Sehen ist seine Persönlichkeit in Beziehung zu uns gewesen. – Daß Du nun vielfach auch noch für ihn wirst eintreten müssen, war gleich mein Gedanke. Ein Trost ist mir dabei, daß eben doch alles jetzt unter dem Zeichen gesammelter Kraft und festen Willens steht, daß man wieder von einem ernsten Volksbewußtsein getragen wird. Man kann wieder mit Vertrauen an öffentlichen Aufgaben arbeiten.

[...] Ich bin gar nicht sehr optimistisch, aber davon bin ich doch überzeugt, daß Frankreich, wie auch früher, wieder überwunden wird. Diese Politik ist doch wahrhaftig nur gemeiner Straßenraub wie in der Zeit des Faustrechts. Wird es denn nie einen Fortschritt in der politischen Moral geben? Meine größte Sorge ist mir nur, daß der Elan des passiven Widerstandes erliegen könnte und wir doch so lange in Sklaverei verfallen, bis Waffengewalt und Bolschewismus uns „erlösen"? – Das Verbot in der Pfalz, das die Gerichte hindern soll, Vaterlandsverräter zur Rechenschaft zu ziehen, ist maßlos empörend. [...]

---

[1] SPRANGERS Rede am 18. 01. 1923 anläßlich der Reichsgründungsfeier der Universität Berlin über das Thema „Der Anteil des Neuhumanismus an der Entstehung des deutschen Nationalbewußtseins"

(veröffentlicht in: Reichsgründungsfeier der Friedrich-Wilhelms-Universität zu Berlin. Berlin 1923, Norddeutsche Buchdruckerei und Verlagsanstalt, 3-12). Vgl. auch EDUARD SPRANGER 12. 05. 1922, KÄTHE HADLICH 08. 10. 1922; EDUARD SPRANGER 16. 10. 1922; KÄTHE HADLICH 24. 10. 1922.
[2] TROELTSCH war am 01. 02. 1923 gestorben.

KÄTHE HADLICH AN EDUARD SPRANGER
Heidelberg, 14. 08. 1923 / Br., ca. 1/10

[...] Gestern traf ich Vater SEITZ[1] auf der Straße, der erzählte, daß es Paula jetzt ernstlich besser geht. Ich glaube, sie hatte auch eine Sepsis, wie ich damals. Er war sehr redselig und setzte viel Hoffnung auf die Korpsstudenten als Erneuerer des Volkes, mit der üblichen Betonung des Erziehlichen beim Korpsleben, vor allem zum Führer. Da muß ich nun sagen: Es ist doch nur Erziehung zur Standesdisziplin. Die Ideale der Zukunft liegen anderswo. Niemand wird in Zukunft die Masse der Jugend hinter sich haben, der nicht sozial empfindet. – Von einer Tagung des Bundes Deutscher Jugend (B.D.J.)[2] erzählte Frl. Dr. HERBIG sehr begeistert. Pfarrer MAAß ist da an der Spitze und versteht es offenbar sehr. – Auch die Resonanz in der Bevölkerung scheint stark zu sein. – Alle haben sie ihre Wimpel – ein Wald von Fahnen ist jetzt in Deutschland, wie zu lauter Festen. Werden diese Wimpel auch zu ernster Tat sammeln? Auch davon war die Rede bei der Versammlung, ein Aufruf zu sozialer Arbeit. – Denn als AENNE nach Würzburg reiste, fuhren ganze Wagen voller Jungmannschaft mit roten Wimpeln mit. Was bindet die? Unter den Klängen der Internationale rollte der Zug hinaus, und ich mußte denken, wie doch wohl das Ideal aussieht, das sich in diesen Köpfen und Herzen bildete? Es ist gewiß nicht aus Klassenhaß geboren, sondern greift in die Welt nach eignem Glück. Und doch werden sie vielleicht eines Tages zu blinder Leidenschaft aufgehetzt werden. [...]

[1] Den KÄTHE HADLICH persönlich bekannten Vater von PAULA SEITZ.
[2] Bund Deutscher Jugendvereine: Zusammenschluß evangelischer Jugendgruppen 1909 bis nach 1933, seit 1921 unter W. Stählin.

EDUARD SPRANGER AN KÄTHE HADLICH
Wilmersdorf, 15. 08. 1923 / Br., ca. 3/10

[...] Wir hatten hier ein paar nervöse Tage. Es ist nicht nur Disziplin, sondern z. T. Müdigkeit, wenn sich alles noch einmal beruhigt hat. Am Sonnabend war ich im Reichstag zur Verfassungsfeier[1]. Die polizeilichen Absperrungen waren wie im kaiserlichen Rußland. Auf der Regierungsbank saß die alte Regierung schon mit rechten Armsündermienen. CUNO an der Spitze, fein, sehr sympathisch, keine Willensnatur, mit angespannten Zügen. Sonst mittendrin irgendein Militär, großer Orden zum Hals heraus, Monokel, fabelhaft energische Züge – die einzige Figur. Im Publikum sah ich als einzigen Bekannten MEINECKES weiße Weste. Euer ANSCHÜTZ hielt eine Rede, die selbst für diesen mäßigen Zweck in Form und Inhalt zu mäßig war, während Oberbürgermeister JARRES aus Duisburg packend und gut sprach. Zum Schluß Ovation für den Reichspräsidenten mit Gegenovation „hinter dem Rücken BISMARCKS". Die Masse aber folgte dem abziehenden Militär, das preußische Märsche spielte. Sonntag bis Dienstag Generalstreikeinigung. Keine Zeitung, keine Hochbahn, keine Elektrische, wenig Gas. Überall aufgeregte Gruppen. Aber schon gestern früh war das meiste wieder in Ordnung. Der Streik hätte auch nur die ernsthaft fühlbaren Lebensmittelnöte vermehrt. – Von STRESEMANN und s. [seiner] Kloakisation[2] erwarte ich nicht mehr als von der ganzen Methode, die darauf hinausläuft, im entscheidenden Moment nie eine aktionsfähige Regierung zu haben. [...]

[1] Der vorangehende Samstag war der 11. 08. An diesem Tag wurde der Weimarer Reichsverfassung vom 11. 08. 1919 gedacht.
[2] Ironisierung von „Koalition".

EDUARD SPRANGER AN KÄTHE HADLICH
Wilmersdorf, 24. 08. 1923 / Br., ca. 2/5

[...] Gleichviel, ob es ein gutes oder ein schlechtes Buch[1] wird: Es wird ein Buch, wie es (abgesehen von STANLEY HALLS formloser Adolescence[2]) in der Weltliteratur nicht existiert: Gemälde eines Lebensalters, die Lebensform der Jugendzeit. Manches macht mir noch Kopfschmerzen, vieles könnte viel gründlicher behandelt werden. Aber im ganzen ist die Frucht auf, und sie soll noch dies Jahr in Druck, obwohl viele Verleger das Drucken einstellen. Zur Not hätte ich den KEYSERLING-Verleger, der um mich wirbt. Nun die Frage, es gibt jemanden in Dtschland [Deutschland], der das Jugendalter noch besser kennt, der das beste Buch über die geheimen Seelengründe der Jugend schreiben könnte, der es aber nie schreiben wird, weil er die Zusammenhänge im Ganzen nicht geben kann, weil ihn das Normale zu wenig interessiert und weil er die wissensch. [wissenschaftlichen] Kategorien nicht hat: GOLDBECK. Ich gehe damit um, ihm das Buch zu widmen mit einem Sendschreiben als Vorwort, das mein Wagnis vor ihm und den Lehrern motiviert. Wir sind uns persönlich viel näher gekommen. Er ist der interessanteste Mensch meines Umganges. Auch er scheint auf das Zusammensein Wert zu legen. Denn obwohl wir erst vor kurzem zusammenwaren (3. August), hat er für Dienstag schon wieder einen Nachmittag angeregt (GOETHES Geburtstag in der von SCHINKEL erbauten Villa Charlottenhof). Er wird die Widmung gewiß gern annehmen. Denn ein ganz starker Grundzug seiner Natur ist – Eitelkeit. Und da liegt die Frage. Ich weiß nicht ganz, wie weit ich der Substanz seines Wesens trauen kann. Er wäre nicht so guter Psycholog, wenn er nicht selbst an allen möglichen Abgründen gewandelt wäre. In der Revolution hat er mit allen Linksstehenden fleißig geliebäugelt, und im Ministerium war sein Ehrgeiz manchmal voltairisch. Sagen wir ganz kurz: Ist es für Friedrich den Großen gefährlich, seinem Freunde Voltaire, der (wie immer) der einzige Mann in Berlin ist, mit dem er reden kann, ein Buch zu widmen? Mir gegenüber wird er nicht unzuverlässig sein. Dazu ist er doch auch wieder ein zu hochstehender Mensch und unsre Sympathie zu sehr im Wesentlichen verankert. [...]

[1] EDUARD SPRANGER: Psychologie des Jugendalters. Leipzig 1924.
[2] STANLEY HALL: Adolescence: Its psychology and its relations to physiology, anthropology, sociology, sex, crime, religion, and education (1904).

KÄTHE HADLICH AN EDUARD SPRANGER
Heidelberg, 28. 08. 1923 / Br., ca. 1/3

[...] Zum 31. August[1] möchte ich Dich grüßen! Es war von je ein Feiertag für mich, wenn ich mit roten Astern oder Nelken meinem Vater zum Geburtstag Glück wünschte. Vor 33 Jahren war das zum letztenmal, – und dann hat er Dich zu mir geschickt. Welch lange Spanne diese zwei Dezennien – und doch, wie gegenwärtig ist mir jede Einzelheit unsrer ersten Begegnung. Ich erkannte Dich gleich, und schon bei jenem ersten Wandern über die Berge fiel der zündende Funke in mein Herz, und beim Abschied, wenige Tage danach, fühlte ich das tief Bedeutungsvolle dieser kurzen Stunden. Und eine Stimme sagte mir: Dieser Mensch geht einen gefahrvollen Weg. Ich möchte ihm helfen, daß er sicher am Abgrund hinschreitet. Sein Geist möchte den Himmel stürmen, ich will die Erdenschwere sein, die ihn am „Heimatboden" dieser Erde festhält. – Naturphilosophie nannte ich, was ich dazu mitbrachte. Es hat sich unendlich erweitert, vertieft – ich möchte sagen „vermenschlicht" durch Dich, in der Wurzel ist es dasselbe geblieben.

Zwanzig Jahre Du und immer nur Du! – Wenn jetzt in diesen sturmbewegten Zeiten der Gedanke zuweilen näherrückt, daß dieses Dasein mal ein plötzliches Ende nehmen könnte, dann steht mir nur das Eine vor der Seele, wie reich es war!

Jetzt hast Du Deine Kräfte erprobt und gestählt, jetzt bist Du Herr über das Leben, Gefahren in jenem früheren Sinne gibt es nicht mehr. Bin ich nun überflüssig? Oder brauchst Du noch das Herz, das mit Dir fühlt in jeder Regung, das Dir Gewißheit gibt in Deinem Wollen, in Deinem Schaffen – das ein Spiegel ist Deinem „Königsich"[2]? [...]

¹ Dem Tag, an dem EDUARD SPRANGER und KÄTHE HADLICH einander kennenlernten bzw. näherkamen. (Vgl. KÄTHE HADLICH 10. 03. 1946.)
² SPRANGERS Begriff für das religiös-ethische Ich, in seinem Verständnis die höchste Einheit des Ich. (Vgl. EDUARD SPRANGER: Lebensformen. Geisteswissenschaftliche Psychologie und Ethik der Persönlichkeit. Halle 1921, 343. Dort verweist SPRANGER in einer Fußnote auf einen Bezug zu Gustav Meyrinks Roman „Der Golem"). SPRANGER verwendet den Begriff des „Königs-Ich" auch in: Psychologie des Jugendalters, Leipzig 1924, 45, um die Aufgabe des Jugendlichen zu beschreiben, „unter den vielen möglichen Ichs, die man noch in sich hat, das Königs-Ich herauszuheben".

EDUARD SPRANGER AN KÄTHE HADLICH
Wilmersdorf, 30. 08. 1923 / Br., ca. 1/5

[...] Ich leide unendlich am Zerbrechen des Staates. Ich leide selbst daran, daß ich jetzt ein Buch schreiben muß, statt als sachkundig Handelnder da zu stehen, wo heute lauter Dilettanten und z. T. nicht reine Geister das Steuer führen. Nicht genug habe ich seit 1903 die ästhetische Weltansch. [Weltanschauung]¹ von mir geworfen. Ich hätte das Erbe Friedrich des Großen stärker als mein Erbe fühlen sollen. Ist es eine neue Epoche, was Deine Sendung andeutet? Ich erhielt Deinen lieben Brief ganz rechtzeitig und habe am Nachmittag in bedeutenden Gesprächen mit GOLDBECK auch diesen Plan² enthüllt. Am Abend war ich in dem (deutschnationalen) Kreise von MARTIN SPAHN. Er hielt ein gut orientierendes Referat über die Lage: Die Ruhraktion ist verloren, gescheitert an der Schwäche und Verträumtheit in den Zentralgebieten, vor allem aber an der Finanzpolitik, dem einzigen Punkte, den BISMARCK in der Verfassung offen ließ, den ERZBERGER mit richtigem Instinkt faßte, aber nicht regeln konnte. Nachher machte ich SPAHNS persönliche Bekanntschaft und sprach über vieles mit ihm. Man erwartet hier für bald oder später neue Unruhen. Mit Recht. Alles wird unhaltbar. Die Staatsverwaltung ist bereits zerbrochen. Eine andre, eine feste Hand muß kommen! Aber wer? [...]

¹ Vgl. dazu EDUARD SPRANGER: Zur ästhetischen Weltanschauung. In: Deutschland. Monatsschrift für die gesamte Kultur 6 (1905), 35-44
² Den Plan, GOLDBECK die „Psychologie des Jugendalters" zu widmen. (Vgl. EDUARD SPRANGER 24. 08. 1923.)

KÄTHE HADLICH AN EDUARD SPRANGER
Heidelberg, 06. 09. 1923 / Br., ca. 1/3

[...] Seit ich von Berlin fort bin, bewegen mich die Gedanken, die Du in Deinem Briefe aussprichst. Ich fühle Dein Streben nach politischem Einfluß, Dein Leiden unter der Sinnlosigkeit unsrer heutigen Zustände. Wärst Du der ästhetischen Weltanschauung zu nahe geblieben? Ich meine nicht. Dein Sinn war auf Tat und nicht auf Genuß gerichtet. Das eigentlich Politische war nicht Dein Weg. Denn wie könntest Du in die Enge einer Partei passen? Es ist nun einmal meine tiefe Überzeugung, daß ein Arbeitsfeld organisatorischer Betätigung für Dich erst da sein kann, wenn das große Unwetter, das uns zweifellos noch bevorsteht, die Luft geklärt hat. Es geht alles so langsam, denn es sind große Maße. Und wir stehen noch in einer Zeit der Vorbereitung. Der weite Einfluß, den Du als Nichtparteimann über die Menschen hast, ist solch Wachsen und Drängen zu neuer Gestaltung. Der Geist echter Staatsgesinnung, der von Dir ausgeht, wirkt unmittelbar. Das ist Dein Königreich, dessen treuer Diener Du stets gewesen bist. Du bist nicht für dies unsichtbare Reich, und auch ich bin überzeugt, daß reale Formen daraus entstehen müssen und werden. Das alte Preußentum in uns wird dazu helfen, aber all unser Sehnen kann den Schritt der Entwicklung nicht überstürzen. -

Das meine ich: Das Alte *ist* überlebt. Es ist einfach nicht einzusehen, wie es erhalten werden könnte. Und immer ist ein Gefühl in mir, daß es eine Möglichkeit geben muß, durch einen neuen Ansatzpunkt das Blödsinnige der krassen Gewaltpolitik zu überwinden. Könnten wir doch auch einmal zunächst im eignen Volke die gehässigen Gegensätze der Parteien überwinden. Wozu der Gemeinschaftsgedanke, wenn er nur die Gleichgesinnten umfaßt? Das ist der Völkerbund, der nur die alten Allianzen erneuert. Wir müssen erst so weit sein, daß alle nur dem einen Zwecke des gesamten Wohles untertan sein wollen. Ist das möglich? Ist es so schwer einzusehen, daß dabei auch der Einzelne allein gedeiht? Der Wirbel, in dem wir treiben, ist schwindelerregend. Aber wo ein Wille ist, da ist ein Weg. Und es ist doch so viel deutscher Wille in Deutschland. [...]

KÄTHE HADLICH AN EDUARD SPRANGER
Heidelberg, 09. 11. 1923 / Br., ca. 1/6

[...] Warst Du auch so erschreckt über den neuen vergeblichen Putsch?[1] Sofort als ich den Namen an der Spitze las[2], war ich besorgt, denn dazu habe ich kein Vertrauen. Der sinnlose Zusammenbruch 18 kam doch mit daher, daß dieser Mann nur mit Truppenmassen, nicht aber mit der Volksstimmung disponieren kann. Wie es jetzt heißt, sei die Sache schon beigelegt. Welch neue Tragik! Wo ist der Mann, der wahrhaft den Willen des Volkes gewinnen kann? Ist es noch immer zu früh? Muß erst die Lebensmöglichkeit noch ganz versiegen?

- Wie soll denn nur dieser Übergang zur Goldwährung möglich sein, wenn niemand Goldwerte bekommt? Die Beamtengehälter in Baden können nicht mehr bezahlt werden. Der „Extrabodd", der Geld von Berlin holen sollte, kam leer zurück. Die Reichsbank hat nichts.

[...] Immer kehren die Gedanken wieder zu dem politischen Konflikt in Bayern. Wie glücklich wäre ich gewesen, wenn da eine starke, einsichtige Regierung entstanden wäre. Stattdessen macht es den Eindruck der Zwiespältigkeit im Beginn. Ob es sich noch klären wird? Und wie würde Frankreich ein politisches Erstarken dulden? [...]

[1] ADOLF HITLERS Putschversuch vom 09. 11. 1923.
[2] LUDENDORFF.

EDUARD SPRANGER AN KÄTHE HADLICH
Wilmersdorf, 11. 11. 1923 / Br., ca. 1/4

[...] Die gute SUSANNE ist an den 10 Tagen, die sie mich nicht gesehen hat, beinahe eingegangen. Es ist ja wieder wie vorher, obwohl ich ihr deutlich gemacht habe, daß unser Bund zu wenig Inhalt hat. Darin haben die Leute wie NIETZSCHE, STRINDBERG, WEININGER und – LACROIX recht, die Frau als Naturwesen zieht den Mann herab; sie ist etwas absolut Ideenfernes, eigentlich ein Rautendelein, eine Melusine, ein Nixenwesen[1]. Jemand, bei dem die ganze Liebe eigentlich die sich selbst unklare Sehnsucht nach dem Kinde ist, wie SUSANNE, wird sich niemals jener anderen Welt erschließen. Seine Größe und seine Maße liegen in einer ganz organischen Welt des Vegetierens, Wachsens, Bildens. Umgekehrt: Der Mann versteht äußerst selten, aus der Naturkraft der Frau herauszuholen, besser: das durch sein Verstehen lebendig zu machen, was die geistige und ethische Größe der Frau ausmacht und was eben – wie Dornröschen – wachgeküßt werden will. Der Boden, auf dem SUSANNE und ich stehen, macht dies von vorneherein unmöglich; und das ist für SUSANNE so tragisch, so sehr „Sackgasse". Unser Bund aber, mein Geliebtes, fällt überhaupt nicht unter die landläufigen Kategorien. Das sind wir beide und als dritter der Gott in uns, der für uns beide ganz persönliche. Und es kommt mir immer vor, wenn wir von „den anderen" sprechen, als stünden wir auf einem Berge und sähen dem Treiben im Tal zu.

[...] Wie traurig ist diese urdumme Explosion in München[2]. Mehr konnte man der Gesundung nicht schaden. Und Du hast recht: Man sieht die Strategie Ls [LUDENDORFFS] nun auch in einem anderen Lichte. Er ist der richtige Condottiere[3], aber ohne WALLENSTEINS Geist. Solche Leute hätte man im Altertum verbannt. Sie sind eine ständige Gefahr. Und trotzdem: Der Ruck nach rechts ist unvermeidlich. Denn nur mit einer wohlgeneigten Landwirtschaft kommen wir überhaupt durch den Winter. Ich kann mir nicht helfen: Die Regierung STRESEMANN kommt mir verächtlich vor in ihrem Urdilettantismus. Als das Maskenfest in München[4] losbrach, geschah doch eines: Man bekam Angst in Paris. [...]

¹ Rautendelein: elfenhaftes Wesen in Gerhart Hauptmanns Drama „Die versunkene Glocke" (1897).
 – Melusine war nach einer altfrz. Geschlechtersage die Ahnfrau des gräfl. Hauses Lusignan, eine Meerfee, die sich mit Graf Raymond von Poitiers vermählte.
² Adolf Hitlers Putschversuch vom 09. 11. 1923.
³ ital.: Söldnerführer.
⁴ Adolf Hitlers Putschversuch vom 09. 11. 1923.

KÄTHE HADLICH AN EDUARD SPRANGER
Heidelberg, 16. 11. 1923 / Br., ca. 1/15

[...] Der Verlag¹ soll jüdisch sein? Das wußte ich gar nicht. – Bleibe nur ja fest in Deiner Abwehr gegen den talmudistischen Juden. Wir haben allen Grund, da einzudämmen, denn sie überwuchern uns völlig. – Seltsam mutet mich allerdings immer die Hetze der Nationalsozialen gegen die fremde Rasse an. Denn sie tun so, als könnten wir sie vertilgen oder verbannen. Ich meine aber, nur nach Möglichkeit von einflußreichen Stellen fernhalten, ist das Höchste, was wir erreichen können. [...]

¹ Der Springer-Verlag, der das Buch von Dr. GANS über die Histologie der Hautkrankheiten (1925-1928) verlegte, für welches KÄTHE HADLICH die Zeichnungen fertigte.

EDUARD SPRANGER AN KÄTHE HADLICH
Wilmersdorf, 01. 01. 1924 / Br., ca. 1/6

[...] Ich habe meine Fähigkeit zu lieben verloren. Vielleicht nicht unverständlich, wenn man *so* Bankrott gemacht hat. Die Folge ist, daß ich die zahllosen Ansprüche der Menschen an mich ohne jede Geduld hinnehme und den ständigen Abwehrkampf verdrossen, ja fast verzweifelt führe. Dazu kommt nun die Situation, die Du kennst. Es ist hier wirklich (außer RIEHL) niemand, der mir in meiner jetzigen Epoche nahesteht, als SUSANNE. Sie ist mir buchstäblich unentbehrlich. Und es hat etwas Großartiges, wie *sie* in diesem einen einfachen Gefühl für mich aufgeht. Trotzdem vergeht kaum ein Zusammensein, bei dem ich ihr nicht absichtlich oder unabsichtlich zum Ausdruck brächte, daß sie mir geistig nicht mehr, sondern immer weniger wird. Sie selbst sieht das ein, müßte aber ein anderer *sein*, um das zu ändern. Und so leiden wir beide unter diesem Aufeinanderangewiesen-Sein bei dem Ausbleiben der höheren geistigen Werte, die doch ein solches häufiges Verkehren miteinander erst rechtfertigen würden. Ich selbst fühle, daß ich ihr Unrecht tue. Ein seltsamer Zwitterzustand. Es wäre schwer zu ertragen, wenn sonst „jemand" da wäre. Der gute NIESCHLING wäre auf die Dauer SUSANNE II.
[...] GOLDBECK hat vieles, was mich anzieht. Aber ich lasse mich hängen, wenn das

nicht die reinste jüdische Mentalität ist. HANS HEYSE hättest Du am 3. Feiertag auf meinem Sofa sitzen sehen müssen. [...] Die jungen Leute, besonders LITTMANN, verstehen doch nicht die unbefangene Art, mich [sic] zu geben. Und außerhalb Berlins: Frau WITTING scheint mir jetzt fast etwas pathologisch.
So also steht es. Ich lebe und arbeite in einer Einsamkeit, wie sie nur bestand, als ich den HUMBOLDT[1] schrieb. Man weiß dann kaum, für wen man schreibt. [...]

[1] SPRANGERS Habilitationsschrift: Wilhelm von Humboldt und die Humanitätsidee. Berlin 1909.

KÄTHE HADLICH AN EDUARD SPRANGER
Heidelberg, 19. 01. 1924 / Br., ca. 3/10

[...] Deine Zeilen vom 14.[1] haben mein ganzes Sein aus den Fugen gerissen, und es scheint mir alles sinnlos, was ich tue.

Laß mich ganz ehrlich und rückhaltlos mit Dir reden, anders wüßte ich ja gar nicht zu sein. Und ich denke, es soll für Dich keine Beschwerde sein – nur Dir meine Stellung erklären. Du vermißtest bei mir ein Eingehen auf Einzelheiten Deines Neujahrsbriefes, und ich war so ganz mit allem, was Du schreibst, erfüllt, daß ich darin nur die Bestätigung fühlte für meine ständig wachsende Sorge. Ich hatte nur den einen Wunsch, Du möchtest die Wochen bis zu den Ferien leidlich durchhalten und dann in Ruhe und Frieden überwinden und das Gleichgewicht wiederfinden. Das Einsamkeitsgefühl – wer könnte es bannen? Warum dringen die Stimmen der Menschen nicht zu Dir, die von Dir ergriffen und erhoben sind?

Warum kann die große Wirkung, die machtvoll von Dir ausgeht, Dich nicht beglücken?

Was mich an Deinem Briefe am tiefsten beschäftigte um Deinet- und ihretwillen: SUSANNE, davon sprachen wir ja schon oft. Warum wird dieser Verkehr, der doch schon Jahre in der gleichen Weise bestand, nun so unhaltbar? Das kommt doch aus Dir, nicht aus ihr. Oder hat die Unsicherheit ihrer Lage durch den Abbau, die vielleicht eine Veränderung für sie bedingt, die Krisis verstärkt? Ich kann es nicht begreifen, daß jemand, der so beständig in Deiner Nähe ist, der sich seit Jahren in Deinen Vorlesungen bildet und im persönlichen Umgang Dir anpassen kann, nicht ganz selbstverständlich in Deine Geistesart hineinwächst.

Hättest Du Zeit für größeren geselligen Verkehr, es würde sich gewiß manche Anregung finden. Aber der Aufwand an Zeit und Kraft würde so selten von einem wirklichen Ertrag aufgewogen. Du hättest die Gabe, in einem geistvollen Kreise den Mittelpunkt zu bilden. Aber wie die Welt ist, muß man so viel Oberflächliches und Wertloses in den [sic] Kauf nehmen, daß Du wohl vor Ungeduld vergingest.

Lebenserinnerungen, wie die von SCHLEICH[2] oder RICHARD VOß[3], die von einem

Schwimmen in anregenden Beziehungen berichten, lösen in mir immer nur das Gefühl aus: Warum kann meinem geliebten Freund das nicht zuteil werden? Und dann muß ich mir sagen, daß wir beide zuviel in jedes Einzelne hineinlegen, daß wir von denen sind, wo es heißt: Alles oder nichts. Man kann manch freundliche Beziehung haben, aber es soll auch fruchtbare Stunden geben, Menschen die unser ganzes Sein durchdringen und bereichern. Ein solches Zusammensein ersehnte ich vom März, da mich der vorige Herbst so ganz betrogen hatte. Du warst noch übler dran, mein armer Kranker, aber glaube mir, es gibt auch für mich Stunden, wo ich meine, an der Qual des Daseins zu verbluten, und wo ich Lena[4] beneide. [...]

---

[1] Auf SPRANGERS vorstehend abgedruckten Brief vom 01. 01. 1924, in dem er wieder einmal seine Isolierung und sein verfahrenes Verhältnis zu SUSANNE CONRAD beklagte, war KÄTHE HADLICH im 8 Seiten umfassenden Antwortbrief vom 04. 01. in der Tat nur mit dem Satz eingegangen: „Es quält mich so, daß es Dir so wenig gut geht. Ich träume beinah jede Nacht von Dir, von Schönhausen, von meinem Vater -- u. am Tage grüble ich darüber nach, was man tun könnte, Dir zu helfen." Daraufhin hatte SPRANGER ihr im Brief vom 14. 01. vorgehalten: „Ich fühle [...] nicht die Spur von Verständnis dafür, daß ich Dir aus einer großen Seelennot und Lebenskrisis geschrieben habe."
[2] CARL-LUDWIG SCHLEICH: Echo meiner Tage (1914) sowie CARL-LUDWIG SCHLEICH: Besonnte Vergangenheit (1921).
[3] RICHARD VOß: Aus meinem phantastischen Leben. Erinnerungen. Stuttgart 1920.
[4] Lena Sordemann, die Frau Walter Sordemanns, eines Verwandten KÄTHE HADLICHS, hatte Suizid begangen. (Vgl. KÄTHE HADLICH 14. 12. 1923.)

KÄTHE HADLICH AN EDUARD SPRANGER
Heidelberg, 27. 01. 1924 / Br., ca. 3/5

[...] Ob es möglich ist, Dir zu schreiben, was mir die Seele bis ins Tiefste erschüttert? Ich bin wie betäubt, und doch mußte ich nach außen scheinen wie immer! – Wie sollte ich irgendjemand zürnen um des Verhängnisses willen, in das wir alle verstrickt sind? Es ist nur das Eine in mir, mit absoluter Klarheit: *Wenn* Dein Gefühl für SUSANNE so ist, daß es fähig wäre, Dein ganzes Leben zu erfüllen, dann laß es keine Hindernisse für Dich geben, ihm zu folgen. *Sonst* wäre es ein Leid ohne Ende, das Du auf Dich nähmest. Für beide!

Ich kann es ja nicht verstehen, wie solche mehr äußere Liebe entstehen kann, denn bei mir ist das alles nur Eines. Das Schicksal hat es nicht gewollt, daß meinem Leben auch die äußere Erfüllung zuteil werden sollte. Ein seltsamer Traum[1] gab mir schon als Kind die Ahnung davon ins Herz. In stillen Kämpfen, die zuweilen fast ans Leben gingen, habe ich wieder und wieder überwunden. Denn ich bin gar nicht so kühl, wie Du meinst, und man ist innerlich nie so alt, wie man andern erscheint.

Aber es war das Schicksal, das ich vom ersten Tage an – seit jenem 31. August 1903[2] – bewußt auf mich nahm, nur Deinem Werden und Wollen, Deinem freien, gottgewollten Sein in Liebe zu dienen. Wie sollte ein Zwang, eine Forderung Deine feinfühlige, vielgequälte Seele drücken. – Und jetzt stehe ich ratlos vor dem Zwiespalt in Dir und fühle wie eine Schuld, daß ich in Dein Leben kam. Es stand doch gar nicht in unsrer Macht, es zu hindern! –

Wenn wir nicht wüßten, was Liebe ist – es wäre wohl leichter. Und doch – alles Leid der Welt nehme ich lieber auf mich, als dieses Wissen nicht zu kennen.

Du solltest ein Intellektualist sein! Immer habe ich in allem, was Du warst und tatest, die leidenschaftlich ringende Seele gefühlt. Und ob ich an Dich glaube? Was wäre eine Liebe, die nicht glaubt? Nein, ich glaube unbedingt an Dich, auch wenn ich Dich nicht verstehen sollte. Ich glaube auch an Dich, wenn Dein Weg Dich von mir trennen sollte. Aber du hast recht: Was soll denn da geschehen? Unser Sein ist in einer Welt verbunden, in der es keine Zeit und kein Vergehen gibt.

Mein Glaube ist so stark und sicher, daß es Deiner ausdrücklichen Versicherung bedurfte, um mir das schreckhafte Gefühl zu wecken, ich verstände Dich nicht mehr. Die Veränderung in Dir habe ich längst gefühlt, aber niemals als eine Gefahr der Entfremdung zwischen uns empfunden.

Ich kenne Dein Wesen so gut. Wie oft schon habe ich das Erbteil des Vaters in Dir gefühlt. Aber veredelt, erhöht. Du wärst von Dir aus auch niemals in diese Lage gekommen, die nicht Deinem innersten Sein gemäß ist, wenn nicht SUSANNE Dich dazu gebracht hätte. –

[...] Damals, als SUSANNE 1921 hierher kam, war ich erstaunt über den Ton ihres Umgangs mit Dir. Es lag eine Vertraulichkeit darin, wie ich sie nicht erwartet hatte nach der Art, wie Du Deine Stellung zu ihr bezeichnet hattest. So ist es auch jetzt. Die äußeren Tatsachen überraschen mich. Dein Wesen ist mir nicht fremd in alledem. Und nun um alles in der Welt – laß mich das Gefühl nicht haben, ich könnte ein Hindernis sein auf dem Wege, den Du gehen mußt. Nur die Forderung Deiner Seele, Dein ganzes liebes, von reinem Wollen erfülltes Ich, darf entscheiden! Nur was Dich fördert, darf für Dich sein. Denn Du lebst nicht nur Dir, Du bist auch in Deinen Kämpfen für alle da, die den Weg zur Höhe suchen.

Der Brief von SUSANNE ist rührend. – Das ist die große Frage: Ist ein Gefühl an sich gut? Ich habe es an mir nicht erfahren. Und in all der Not scheint es mir doch beinah, als ob sie nicht Dich, sondern sich fühlte in ihrer großen Hingebung. Darum scheint sie auch unmöglich einen Weg über sich hinaus finden zu können. Sie will es gar nicht, denn sie hat sich selbst verloren. Ich verstehe jetzt, was ich bisher nicht begreifen konnte, daß du sagst, sie müßte eine andre *sein*. Die eigentümliche Starrheit ihres Auges ist durch irgendetwas in ihrem Wesen begründet.

Es ist längst über Mitternacht, und ich lese und lese immer wieder von all der tiefen Seelennot. Du machst Dir Vorwürfe, daß Du dies alles nicht verhindert hast. Ja – hast Du das denn nicht immer wieder versucht? Sie ließ sich nicht abweisen

und hat sich damit eben doch einen Platz in Deinem Herzen erworben.
– Wie seltsam, wie unverständlich ist das Leben. Ist es so tief, oder suchen wir nur eine Tiefe, die gar nicht ist? Ich habe das bestimmte Gefühl von geheimen Untergründen des Daseins, von dämonischen Mächten, denen ich vertraue. Ich weiß, daß nichts in Dir bleiben kann, was nicht echt ist, und wenn es sein muß, um Deiner inneren Wahrhaftigkeit willen, dann wirst Du auch mit SUSANNE eine Form des Verkehrs finden, die dauern kann.

Ich verstehe so gut, wie Du schroff warst aus Notwehr und weich wirst, wenn Du bei ihr den (vergeblichen) guten Willen zur Zurückhaltung siehst. –

Ich hatte seit Deinem Brief vom 14. Januar immer erwartet, es würde sich zwischen Euch doch noch anders gestalten. Ich kann mich aber jetzt des Eindrucks nicht erwehren, daß eben doch deine anfängliche Stellung zu ihr die entscheidende war. – [...]

[1] Vgl. dazu KÄTHE HADLICH 04. 03. 1920.
[2] Dem „Kennenlerntag" EDUARD SPANGERS und KÄTHE HADLICHS. Vgl. dazu KÄTHE HADLICH 10. 03. 1946 und unten „Erste Interpretationsversuche" der Herausgeber.

EDUARD SPRANGER AN KÄTHE HADLICH
Wilmersdorf, 29. 01. 1924 / Br., ca. 1/4

[...] SUSANNE ist doch von der anderen Art. Sie ist „Natur", sie ist durchaus *ländlichen* Wesens: unkompliziert, unbildsam, immer direkt auf das Ziel gerichtet, auch in den feinsten Seelendingen. Ich bin nun so gemacht, daß ich den Reiz solcher Naturgebilde stark empfinde. Deshalb habe ich ihr nie ernsthaft zürnen können. Auch ist es nicht, wie Du sagst: „Sie wollte es so". *Wollte* die Motte sich am Licht verbrennen?

Heute steht nun die Frage sehr einfach. Das, was Du in Güte und Liebe mir ans Herz legst, noch einmal zu prüfen, ist in ruhigen Stunden längst geprüft und abgelehnt. Willst Du in dieser Hinsicht etwas tun, so bete für mich, daß es nie einen schwachen Augenblick geben möge, in dem ich es vergesse. Genauer gesagt: Löse ich das Problem aus seinen „Umgebungsbestandteilen" ganz heraus, so glaube ich nicht, daß ich mit SUSANNE unglücklich werden würde. Denn eine größere Liebe als sie hat, ist gar nicht möglich; es hat ja nicht ein halbes Körnchen daneben Raum. Aber – um dieses „Glück" zu haben, müßte ich meine geistige Bahn, meine ideelle Mission aufgeben, vielmehr: Mein Schwung würde von selbst dahinsiechen. So schon in *isolierter Beleuchtung*, nun gar – es ist darüber nicht zu diskutieren.

Andererseits: Schicke ich sie ganz fort, so würde ich sie töten. Vielleicht nicht leiblich. Die CONRADS sind stark. Aber seelisch absolut und vollständig.

Also was bleibt: Ich muß sie mitnehmen in meinem Leben und muß dahin wirken, daß es für sie doch noch ein Leben wird. Das ist keine leichte Aufgabe. Es ist aber zugleich für mich eine Sicherung, wenn ich das Problem von seinem gefährlichen Boden auf diesen mir gewohnten Boden übertrage, zu übertragen suche: Veredlung – sie muß am Leiden wachsen lernen. [...]

KÄTHE HADLICH AN EDUARD SPRANGER
Heidelberg, 30. 03. 1924 / Br., ca. 1/11

[...] In den Münchner Neuesten [scil. „Nachrichten"] vom 28. sah ich die Abschlußreden vom Prozeß[1] und kaufte mir das Blatt. Gewiß ist die Sprache gesteigert durch die Erregung des Augenblicks, aber es scheint mir nirgend eine Phrase – alles ist echte Überzeugung. Möchte doch dieser HITLER noch zum Erretter werden können. Er soll die Politik führen und Du die Kultur. Dann gibt es einen neuen starken Staat.

[...] Beim Essen sprach ich von HITLER und bemerkte, daß das Zentrum[2] gegen ihn ist. „Ja, gewiß, er wolle die Einheit Deutschlands. Aber *er* wolle *sie* machen und kein andrer solle es tun!" Also wieder das alte Elend der Gespaltenheit. – [...]

[1] Vom Münchner Prozeß: Nach Adolf Hitlers Putschversuch vom 09. 11. 1923 war am 24. 02. 1924 am Volksgerichtshof München der Hochverratsprozeß gegen ihn eröffnet worden. Die Abschlußrede nutzte Hitler zur Selbstinszenierung.
[2] Hier zitiert KÄTHE HADLICH den zentrumsnahen JOSEPH BAENBACH, ihren und AENNE KNAPSENS Hausgenossen.

KÄTHE HADLICH AN EDUARD SPRANGER
Heidelberg, 30. 03. 1924[1] / Br., ca. 4/9

[...] Nach dem Abendbrot las ich noch einmal die HITLERsche Rede[2]. Wenn Du keine Gelegenheit hattest, diese letzten Verhandlungen ausführlich zu sehen, denn schicke ich Dir meine Zeitung. Es ist ein so starker Eindruck von nationalem Willen und echtem Staatsgefühl, daß man mit Dankbarkeit fühlt: Hier ist ein Wille, den keine Hindernisse schrecken. Möchte er *rein* bleiben von solchem Ehrgeiz, dann wird er Deutschland zu neuem Aufschwung fortreißen. Immer wieder beschäftigt es mich, ob Du recht tust, Dich dem Politischen zuzuwenden, ob ein Mensch von einer so starken Verwundbarkeit in den brutalen Kampf hineingehen soll. Denn ich glaube, daß Deine Aufgabe vor allem ist, erweckend, klärend, organisierend zu wirken. Die Härte und Rücksichtslosigkeit, der schrankenlose Kampf der eigentlichen Politik erfordert, meine ich, eine weniger verletzliche Seele. –

[...] Die Revolution hat nur negative Kräfte besessen, sollte es da nicht möglich sein, sie zu überwinden? Ist es nicht selbstverständlich, daß auf diesen Mißerfolg, der sich täglich fühlbarer macht in seinen Wirkungen, eine starke Gegenbewegung eintreten *muß*? Sie zu klären, bewußt zu machen, zu vertiefen, das scheint mir das Fruchtbarste – das was aus dem Leid der Erniedrigung eine Kraft der Abwehr wachsen läßt. Möchtest Du Zeichen dieses neuen Willens zum Leben dort in dem bedrohten Gebiet finden, und möchte man Verständnis dafür haben, daß nicht die goldenen Verheißungen der Revolution, sondern nur die strenge Zucht eines auf dem Pflichtgefühl jedes Einzelnen erbauten Staates uns vor dem Vergehen retten kann. – Möchte der ästhetische Grundzug der Jugendbewegung, der sich so wenig zu fester Lebensgestaltung eignete, sich wandeln zu dem Ernst der Gemeinschaftsverpflichtung. In einer neuen Wahrhaftigkeit des Volkes sieht HITLER das Heil. Wie ich höre, soll man in der Reichswehr von den Leuten fordern, daß sie sich für 12 Jahre verpflichten, sie aber nach einer Ausbildung von 2 Monaten entlassen, um neue aufzunehmen. Das scheint klug – und doch, kann man in 2 Monaten einen Einfluß gewinnen, auch nur annnähernd, wie ihn früher die Erziehung dreier Dienstjahre übte? Wohl verbindet es die Leute einmal wieder mit einem geordneten Staatsdienst, aber wie recht hat HITLER mit der moralischen Kritik an unsrer Staatsvertretung, die keine Achtung und keine Hingabe erzeugen kann. In dieser Karikatur eines Staates, der aus Interessenpolitik geboren [scil. „ist"], sucht jeder nur sein eignes Interesse. [...]

[1] Als Beilage zu einem Päckchen am selben Tage geschrieben wie der vorstehend auszugsweise abgedruckte Brief.
[2] Die Rede ADOLF HITLERS zum Abschluß des Münchner Prozesses.

EDUARD SPRANGER AN KÄTHE HADLICH
[ohne Ortsangabe] 02. 05. 1924 / Br., ca. 1/2

[...] Es wird mir kaum gelingen, Dir in Sachen der Wahl[1] einen vernünftigen Rat zu geben. Unter den bestehenden Parteien ist keine nach meinem Sinne: Ich gehöre zur Partei der Sachlichen, und die existiert unter den Fraktionen der Parteilichkeit nicht. Der Staat, den ich bejahe, ist der Staat der Ordnung, also auch der Unterordnung, der Pflicht und der national-kulturellen Selbstbehauptung. Diesem Gedanken am nächsten stehen die Deutschnationalen, soweit ihnen alte Beamte und Offiziere angehören, nicht die Agrarier, die „Frommen" und die Reaktionäre. Die Deutsch-Völkischen wissen nur, was sie nicht wollen. Ihr Mann, LUDENDORFF, ist nicht mehr mein Mann. Der Kampf gegen die Juden, im gewissen Sinne notwendig, ist kein politisches Programm. Die kriegerische Haltung im Augenblick noch verfrüht.

Sollte man aus reiner Vernunft, im Hinblick auf das Erreichbare, wählen, so könnte man eine zu starke Rechtsschwenkung jetzt nicht wünschen. Denn wir haben keine *Macht*, um nach dieser Gesinnung zu leben und zu handeln. Aber indem ich wähle, beabsichtige ich zweierlei: 1) im Rahmen einer mir nicht zusagenden Staatsform auf eine künftige bessere Verfassung hinzuwirken 2) mein Ethos, meine Gesinnung, nicht meine Opportunitätsmeinung zur Geltung zu bringen. Ich hoffe und wünsche, daß die, die dann im Ausgleich des einseitigen Rechts und Links wirklich zur Regierung kommen, *dann* das für den Augenblick Rechte pflichtgemäß erkennen und tun werden. Aber ich kann nicht die Mitte *wählen*, weil dann nicht die Mitte, sondern die Linke zur Regierung kommt. [...]

[1] Vermutlich Bezug auf die Reichstagswahl vom 04. 05. 1924.

EDUARD SPRANGER AN KÄTHE HADLICH
Wilmersdorf, 25. 05. 1924[1] / Br., ca. 5/9

[...] Und damit [scil. „komme"] ich auf die Hauptaktion. Die Stimme aus Hinterpommern dürfte die einzige gewesen sein, die Herr BOELITZ gelobt hat. Und dem zugehörigen Frl. Schwester[2] möchte ich in Erinnerung bringen, daß Heidelberg nicht in Preußen liegt.

Um mit dem *objektiven* Tatbestand zu beginnen: Es ist offenes Geheimnis, daß die Denkschrift[3] in 3 Tagen von RICHERT hingeworfen ist, daß selbst im Ministerium keiner von ihr Kenntnis gehabt hat, und daß der Sinn dieser ganzen Heimlichkeit und Eile war, den Abbauforderungen des Finanzministers durch eine Art von *durchgeistigtem* pädagogischen Abbau, d. h. durch innerlich motivierte Stundenzahlbeschränkung, zuvorzukommen. Dies Geheimnis weiß heut so ziemlich jeder. Es sind also nicht gefragt: viele Ministerialräte, die Bischöfe, die Philologen, die Hochschulen. Alle diese sind eingeschnappt. Die Aktion konnte nur dann gelingen, wenn der selbstgebraute Schnaps allen geschmeckt hätte. Er schmeckt aber nach meiner Kenntnis niemandem.

Subjektiver Verlauf: Du weißt, daß ich schon längst verdrossen war. Bei der ganzen Aktion hat mich immer gestört, daß ich die Sache und meine persönliche Verstimmung nicht ganz zu trennen vermochte. Folgende neue Umstände waren hinzugekommen: Der Minister hatte auch einen 2. Brief des Inhalts, wie ich ihn aus Heidelberg geschrieben, unbeantwortet gelassen. Der Ministerialdirektor von U II[4] hatte einen Altphilologen, ein ziemliches Schwein, der von seinen Fachgenossen als ungeeigneter Examinator für klass. [klassische] Philologie galt, *außerdem* zum Examinator für Philosophie und Philosophische Propädeutik bestellt – „auf seine Bitte". Endlich kamen Stimmen hinzu, die behaupteten, ich hätte an der Reform aktiven Anteil gehabt.

Die Mängel der Reform ergeben sich nicht aus den schönen Worten vorn, sondern aus den schlechten Plänen hinten. Ich schrieb heut vor 14 Tagen einen Artikel für den „Tag"[5], den Du bald erhalten wirst. Ich bin mit ihm nicht zufrieden. GOLDBECK hat ihn vorher gelesen, nicht mißbilligt, aber auch nicht gelobt. Erschienen ist er, wie stets, erst post festum.

Dann, um die Laune zu verbessern, lud der Minister etwa 20 Hochschulprofessoren aus Berlin und anderen Orten zu einer Beratung der Reform ein, die übrigens seit Ostern bereits eingeführt *ist*. Wir Berliner (auch die TH) machten eine Vorbesprechung am Tage zuvor, bei der sich völlige Übereinstimmung der Ansichten, aber auch der Ablehnung ergab.

Vor Beginn der Sitzung am 21.V. machte RICHERT sich an mich heran, wurde aber sehr kühl abgefertigt. BECKER sagte ich, daß sich meine scharfe Aktion nur gegen den Chef und RICHERT und teilweise U II, nicht gegen ihn und U I[6] richte. Ich merkte aber schon, daß er die Reform schätzt und – nicht *nur* als Ressortbeamter – deckt. Der Minister kam und wollte mir die Hand geben; ich zögerte einen Moment und fragte ihn sofort, ob er meinen Brief erhalten habe. Verlegenheit. Wir würden darüber noch reden. Ich setzte mich, um die Gesellschaft gut im Auge zu haben, ganz oben an die Tafel, mitten zwischen die Räte. Nach nichtssagender Einleitung des Ministers hielt RICHERT ein Referat, das allgemein als eine Brüskierung unsrer Verständniskräfte aufgefaßt wurde, trotzdem aber 1 Stunde dauerte. Unmittelbar danach erhielt ich als 1. Redner das Wort und führte ruhig, aber mit eisiger Schärfe folgendes aus: Ich spräche nicht als Deputierter der Fakultät, sondern unter rein persönlicher Verantwortung. Wir wüßten sehr wohl, daß der Minister allein zu entscheiden habe und hätten unsrerseits die endlosen Schulkonferenzen auch satt. Aber da der Herr M. [Minister] sich ausdrücklich zur Einheitsschule bekannt habe, sei es befremdend, daß er ohne die mindeste Nachricht an die Hochschulen einen für diese verhängnisvollen Schritt getan habe, dessen Bedeutung kurz der sei: Aufhebung des Begriffes Hochschulreife überhaupt, Herabsetzung der Zielforderungen auf Ober- oder gar nur Primareife. Es fehle überhaupt an der wünschenswerten Verbindung. Ich z. B. ...[7] Vertreter der Päd. [Pädagogik] – hätte *nie* die mindeste Fühlung mit U II gehabt und erführe das wichtigste erst aus den Zeitungen; trotzdem werfe man uns vor, daß wir keine geeigneten Lehrer lieferten. Ja, wer besetze denn die Prüfungskommissionen?! Und wie würden sie besetzt? (Fall [sic] von oben.) Der Ministerialdirektor v. [von] U II ergelbte. BOELITZ sah aus wie ein saurer Kloß. Nun nahm ich den Inhalt der Denkschrift[8] vor, zerpflückte ihn, ähnlich wie in dem Artikel, der 2 Tage später erschien; wies auf die nationalen Gefahren (Sinken des geistigen Niveaus) hin; warnte vor Überschätzung der Jugendbewegung, die ich auch kennte etc. etc. Bei meiner schweren Heiserkeit muß alles bitter wie aus dem Grabe geklungen haben. HARNACK nannte am Abend beim Rektor meine Rede „scharf". Sie war es. Nach mir sprach der Vorsitzende des Deutschen Hochschulverbandes, i. V. [in Vertretung] v. [von] BRANDI, dessen durchaus ablehnendes Exposé nachher verlesen wurde. Als 3. sprach ZIEHEN[9] (Frankfurt), diesmal ganz mit mir einig. Als darauf RICHERT zu einer (übrigens matten) Erwiderung das Wort erhielt, erhob sich unten Revolution: Man wolle sich keine Vorträge halten lassen, sei gekommen, um sich zu äußern. Inzwischen war der Min.[Minister] zu einer politischen Sitzung gegangen. In Geschäftsordnungsform fragte ich den Vors. [Vorsitzenden] BECKER, ob er wiederkomme; wir legten Wert darauf, diese 1. Gelegenheit, mit Herrn B. [BOELITZ] selbst zu reden, auch wirklich zu haben. Beruhigungsversuche. Erklärung meinerseits: Wenn wir über die Denkschrift diskutierten, ändere dies nichts daran, daß wir sie in pleno ablehnten.

Dann noch 2 Stunden Debatte: Nicht einer sprach pro, alle zerpflückten die Sache weiter. Einen Ansatz zur Verteidigung machte HARNACK; indessen hatte s. [seine] Rede genau den Stil: „Der, wo da liegt, ist der Adam Levi. Ich hab' ihn gut gekannt. Sein Bruder war *noch* viel schlechter." Die Rede des Katholiken Mansbach kündigte die Ablehnung seitens des Episkopates an.

Mittagspause. Ich ging *nicht* zu dem gemeinsamen Essen, um Abschwächung der schroffen Wirkung zu verhüten. Vielmehr aß ich allein im Schwarzen Ferkel, wo ich HOETZSCH traf. Als ich zurückkam, war ich einer der ersten. Nur RICHERT war da und versuchte eine Verständigung. Ich sagte ihm, hier sei die Stimmung verdorben und nichts zu hoffen. Der Minister trat hinzu und beide trieften von Friedensbereitschaft. Ich packte weiter aus. Wir hätten die versprochene Denkschrift *nicht* bekommen. Er: Ich lege den allergrößten Wert darauf, mit Ihnen zusammenzuarbeiten. Ich: So war es in Sachsen auch. Erst als ich einen Ruf nach Wien hatte, habe ich erreicht, daß mir die wichtigsten Verfügungen zugingen. Er: Noch heute werde ich dies verfügen. Bewunderung meiner Jugendpsychologie – u.a.: Es muß einmal auch autokratisch durchgegriffen werden. Ich: ganz mein Fall. Er: also gleiche Basis. Ich: Ja, nur mit dem Unterschied: Diesmal waren Sie's, nicht ich (ich meinte eigentlich: *Wenn* man so verfährt, muß man Besseres leisten).

Fortsetzung der Debatte. JAEGER matt, aber ablehnend. Andere Kollegen sprachen sehr gut. Bei dem ganzen Aktus benahm sich BECKER als Vorsitzender wie ein Florettfechter. Man hatte wieder den ungünstigsten Eindruck. Ist er wirklich so urteilslos? Verteidigt er nur als pflichttreuer Beamter? Aber was er auch rühmte: *Das* jedenfalls war in der Denkschrift nicht einmal zum Ausdruck gekommen.

Ich ging vor der Zeit fort und kam am nächsten Tage nicht wieder. Man soll da mit Erfolg gesagt haben, daß der Rp. [Reformplan?][10] *so* Unsinn sei. Der Vertreter der TH sagte: Wenn er Minister gewesen wäre, hätte ihm das Resultat des Ganzen einiges zu denken gegeben. Ich persönlich glaube: Er wird an diesem Kunststück als Minister sterben. [...]

[1] Bericht über die Sitzung des Schulausschusses im preußischen Kultusministerium am 21.05.1924 betr. Schulreform in Preußen. (Vgl. dazu auch EDUARD SPRANGER 22.05.1924.)
[2] Ironische Bezeichnung für KÄTHE HADLICH.
[3] Es handelte sich nach Meyer-Willner (S.289) um die Schulreform-Denkschrift HANS RICHERTS vom Mai 1924 (Denkschrift des Preußischen Ministeriums für Wissenschaft, Kunst und Volksbildung: Die Neuordnung des peußischen höheren Schulwesens. Berlin 1924; Nachdruck 1967 bei Quelle & Meyer, Heidelberg, unter dem Titel: Die Neugestaltung der höheren Schulen in Preußen im Jahre 1925), zu welcher EDUARD SPRANGER öffentlich ablehnend Stellung bezog in: Die „Höhere" Bildung. In: Der Tag, Jg.1924, Nr. 124 vom 23. Mai 1924, Beilage: Der pädagogisch-akademische Tag, S.2 (auch in: Deutsches Philologenblatt, Jg.32, 1924, 189-190)
[4] Die Hochschulabteilung des Kultusministeriums.
[5] SPRANGERS Zeitungsartikel über die höhere Bildung. (Vgl. oben Anm. 3.)
[6] Die Schulabteilung des Kultusministeriums.
[7] Die Punkte stehen im Original und kennzeichnen hier keine Auslassung der Herausgeber.
[8] RICHERTS Denkschrift. (Vgl. oben Anm. 3.)
[9] Die Einigkeit mit ZIEHEN, die SPRANGER hier reklamiert, könnte sich im wesentlichen auf die Informationsvorgänge um die Reformpläne beziehen: ZIEHEN hatte in der Frankfurter Allgemeinen Zeitung vom 03.02.1924 „schärfste Kritik ... gegen das Vorgehen des Unterrichtsministeriums" gerichtet, das ohne Fühlungnahme mit den Stadtverwaltungen alle an dem höheren Schulwesen Beteiligten vor eine vollendete Tatsache gestellt habe (ZIEHEN, 36). Ansonsten vertraten ZIEHEN und SPRANGER gegensätzliche Positionen hinsichtlich der Simultanschule, deren überzeugter Anhänger ZIEHEN war, der Konzeption der Pädagogik als Universitätswissenschaft, welche ZIEHEN aus der bisherigen Abhängigkeit von der Philosophie gelöste sehen wollte, und vor allem hinsichtlich des Universitätsstudiums für Volksschullehrer, welches Ziehen nachdrücklich forderte.
[10] Bedeutung der Abkürzung EDUARD SPRANGERS unsicher.

KÄTHE HADLICH AN EDUARD SPRANGER

Heidelberg, 21. 06. 1924 / Br., ca. 3/10

[...] Von etwas muß ich Dir erzählen, was mich tief beschäftigt. Im Spenglerschen Vortrag[1] ist die Rede von den kleinen Gruppen, die sich in den Dienst einer Idee stellen mit Leib und Leben. Ich konnte mir von dieser *Form zu kämpfen* kein Bild machen. Nun habe ich eine Illustration. Ich möchte keine Namen nennen. Es war mal jemand bei mir – ein junger Mann, der uns wohl leichthin für Gesinnungsgenossen hielt. Er sprach mit fabelhafter Offenheit von Organisationen zur Beseitigung feindlicher Führer, seien es nationale oder Parteifeinde. Er entrollte eine historische Auffassung von fabelhafter Konsequenz mit der Behauptung: *Überall* seien die Juden die Drahtzieher. Er erwartet wohl von der Zukunft ein solches Wettmorden der Parteien, daß einem ganz schleierhaft ist, was dann noch übrigbleiben soll. Die unheimliche Stimmung der Französischen Revolution klang wie Gewittergrollen hindurch. – Müssen wir wirklich durch solche Greuel, um zu einer Ruhe zu kommen, und kann das dann nicht die Ruhe des Friedhofs sein? Wenn doch der Geist der Spenglerschen Schrift[2] sich ausbreiten möchte. Wenn doch Du – über dem Gezänk der Parteien stehend – den Sinn für die Erfordernisse eines einheitlichen Standes wirksam machen könntest. Aber sie hören und verstehen nicht! – Mir war, als ob mir für einen Augenblick der Schleier über einer unheimlichen Tiefe zerriß und ich einen Blick getan hätte in die Werkstatt blinder Gewalten, die leichtsinnige Hände entfesseln wollen. Und überall ist es das Gleiche. Nun dieser Mord in Italien![3] *So* kann der Weg nicht aufwärts führen. – Wie recht hatte GOETHE wieder: „Unsre modernen Kriege machen mich unglücklich, indessen sie dauern, und niemand glücklich, wenn sie vorbei sind."[4] Er sollte ruhig noch sagen „und alles schlechter." Dabei – wieviel kleiner waren die Maße damals!

Von der Tätigkeit des Zentrums macht man sich, glaube ich, doch in Norddeutschland keinen Begriff. Unser Dr.[5], dieser Schwarze, ist in fieberhafter Bewegung. Natürlich keine Wichtigkeit, aber ein Symptom.

Ich meine, es ist wie eine Vorbedeutung, daß Du fürs Kolleg dies Thema möchtest. So kann doch an neutraler Stätte eine höhere Einsicht bei der Jugend zu Worte kommen.

HINDENBURG soll demnächst herkommen. Die Völkischen sind ihm feind. *Er* sei das Hindernis einer „Militärrevolution" gewesen. Wie denkt man sich das? Hat denn nicht gerade das Militär revoltiert? – Also: Sein Ruhm gebührt eigentlich LUDENDORFF. – Nun, *ich* lasse mir die Verehrung für seine herbe, ernste Würde nicht nehmen. Preußische Pflichttreue und Zucht – altmodische Begriffe! – sprechen aus seiner Erscheinung und halten ihn im Sturm aufrecht. [...]

[1] Vermutlich OSWALD SPENGLER: Politische Pflichten der deutschen Jugend. Vortrag am 26. 02. 1924 im Hochschulring deutscher Art in Würzburg. Veröffentlicht u.a. in: Würzburger Universitäts-Almanach 1929/1930, 19-25.
[2] Vgl. vorstehende Anmerkung.
[3] Nach dem Wahlsieg der Faschisten wurde am 10.06.1924 der sozialistische Abgeordnete G. Matteotti ermordet, nachdem er im Parlament eine Rede über die faschistische „Herrschaft der Gewalt" gehalten hatte. Dieser politische Mord leitete den Übergang zum Einparteienstaat ein.
[4] Zitat aus GOETHES „Italienischer Reise" (Eintrag vom 6. Sept. 1787): „Unsre modernen Kriege machen viele unglücklich, indessen sie dauern, und niemand glücklich, wenn sie vorbei sind." (Sophien-Ausgabe, I. Abteilung, 32. Band, 1906, 78)
[5] Dr. JOSEPH BAENBACH. Vgl. oben Anm. 2 zu KÄTHE HADLICH 22.11.1920.

EDUARD SPRANGER AN KÄTHE HADLICH
München, 18. 01. 1925[1] / Br., ca. 4/5

[...] Das 1. Lob verdienen diesmal d. [die] Münchner. So was von Gastfreundschaft, Interesse, Entgegenkommen, Zeitopfer ist noch gar nicht an deutschen Universitäten dagewesen. Wenn ich allein denke, daß der Rektor, AL. [ALOYS] FISCHER, BECHER alle 3 Vorträge und *alle* 3 Gesellschaften mitgemacht haben, dann schwindelt mir

bei dem Gedanken, daß ich einmal in Berlin Vors. [Vorsitzender] der Gastkommission war.
Inhaltlich war die Sache „im ganzen" gelungen. Der Aufbau, an sich glänzend und aus einem gewachsen. Abfallen und Herausfallen des 3. Teiles. Wie es gewirkt hat, läßt sich schwer beurteilen. Über PLANCKS Vortrag sind s.z. die 3 doch ziemlich abweichenden Auffassungen geäußert worden: gemeinverständlich, ungemein unverständlich, gemein unverständlich. Also: Am 1. Tage war das Maximum voll, bis auf die Galerien hinauf (schöner Raum, in dem es sich heiß schrie). Magn. [Magnifizenz] las eine Begrüßung vor. Anwesend waren etwa 10 Kollegen. Am 2. Tage, als ich das Auditorium ängstlich betrat, war es *gesteckt* voll. Dieser Vortrag war wohl auch der inhaltlich reifste. Wenigstens gingen viele Kollegen mit Fragen, Zweifeln, Bestätigungen, Erwägungen darauf ein. Der 3. Tag hatte die ungünstigste Prognose: 1) Fasching 2) Sonnabend 3) dies academicus. Der Saal war wie am ersten Tage besetzt, und etwa 20 Kollegen bildeten meinen Schweif. *Formell* gesprochen habe ich am 1. und letzten Tage am besten. Im ganzen war *ich* nicht voll zufrieden, weil die Sache sich eben nicht in strenge *Wissenschaft* verwandeln läßt, sondern teilweise ethisch bleibt.
Mein Hotel ist sehr schön, vornehm, ruhig, bequem zur Universität. Am 1. Abend war Essen beim Rektor, an dem u.a. KERSCHENSTEINER und BECHER teilnahmen. Daran schloß sich ein Bierabend für etwa 25 Dozenten, unter denen viele *sehr* langweilig waren. Auch kam die Unterhaltung nicht in Gang. Freitag um 10 kam stud. Schwidnagl, mit dem ich dann in die Alte Pinakothek ging. Der Karl V. v. [von] Tizian hat auch mir den stärksten Eindruck gemacht. Sonst hatte ich das meiste in den 17 Jahren[2] vergessen. Nach dem 2. Vortrag bei Prof. SCHERMANN, anscheinend etwas jüd. [jüdisch] und norddeutscher Abkunft, Vors. [Vorsitzender] der Gastkomision. Auch hier nachher Bierabend für 25 Professoren mit glänzend in Gang kommender Unterhaltung (speziell mit dem Mediziner F. V. MÜLLER, mit GALLINGER, REHM etc.) Natürlich nie vor 1 ins Bett. Sonnabend um 11 Gedenkfeier für die Gefallenen der Universität, musikalisch und dramatisch wirksam gestaltet, akustisch verhallende Rede von ED. SCHWARTZ. Man hatte mir neben dem Rektor einen Platz reserviert. Da mich die Beamten nicht kannten, blieb ich unter der Herde sitzen. Mühsam mit dem Nötigen für III. fertig geworden, warf ich mich ins Auto nach Bogenhausen zum Kaffee bei AL. [ALOYS] FISCHER, wo der kath. [katholische] Spezialkollege anwesend war. Zu Fuß zu dreien durch den Engl. [Englischen] Garten zurück, 1 Min. vor Beginn eintreffend, sofort nach Schluß zu Fuß durch den Engl. Garten zu Kersch. [KERSCHENSTEINER]. Dort Zusammensein mit Rektor, BECHER, [ALOYS] FISCHER, PFÄNDER, VOSSLER. Guter Wein, Betrachten v. [von] Kunstwerken, *sehr* mäßige, nur aus Antworten bestehende Unterhaltung.

Wertvoll war mir die Bekanntschaft mit dem Psychologen BUMKE, der 2mal zuhörte, mit dem Juristen ROTHENBÜCHER und dem Historiker JOACHIMSEN. Nach dem 2. Vortrag wurde ich durch Ansprache seitens Frau ANGELICA WELTZ sehr erfreut. Nach dem letzten Vortrag wurde ich durch das Auftreten des T.[3] aufs höchste erschreckt. [...]

[1] Beschreibung der großen Wirkung dreier Vorträge, die SPRANGER vom 15. bis 17. 01. 1925 an der Münchner Universität hielt (EDUARD SPRANGER 16. 11. 1924). Nach einem Brief SPRANGERS vom 24. 01. 1925 sollten diese Vorträge in der Zeitschrift „Die Erziehung" abgedruckt werden. Bei Neu sind jedoch für die Jahre 1924 bis 1927 keine entsprechenden Publikationen nachgewiesen. Möglicherweise wurden die Vorträge an anderer Stelle veröffentlicht, ohne daß sie als solche kenntlich gemacht waren.

[2] Im Juli und August 1908 war SPRANGER schon einmal in München gewesen. (Vgl. EDUARD SPRANGER 14. 07. 1908; EDUARD SPRANGER 20. 07. 1908; EDUARD SPRANGER 11. 08. 1908; EDUARD SPRANGER 02. 07 1908; EDUARD SPRANGER 02. 08. 1908.)

[3] Es könnte sich um Admiral ALFRED VON TIRPITZ handeln, mit dem SPRANGER auch sonst gelegentlich Kontakt hatte, von dem er z. B. zu einem Vortrag vor Vertretern der evangelischen Kirche in München eingeladen wurde (EDUARD SPRANGER 09. 03. 1929). Das Ehepaar TIRPITZ vermittelte SPRANGER 1928 auch einen Empfang bei der Exkaiserin (EDUARD SPRANGER 20. 01. 1928). Bei den TIRPITZens tagte ferner der Dahlemer Samstag, ein Zirkel, den SPRANGER gelegentlich besuchte. (Vgl. unten Anm. 1 zu EDUARD SPRANGER 14.06.1941 u. EDUARD SPRANGER 14. 06. 1941; EDUARD SPRANGER 16. 12. 1941.) Der Schwiegersohn von TIRPITZ besuchte auch die Mittwochsgesellschaft (EDUARD SPRANGER 30. 11. 1940; EDUARD SPRANGER 18. 02. 1940; EDUARD SPRANGER 29. 12. 1941). – Das hier von SPRANGER artikulierte „Erschrecken" wäre dann ein Erschauern aus Ehrfurcht vor dem hochgestellten Mann gewesen.

EDUARD SPRANGER AN KÄTHE HADLICH
[ohne Ortsangabe] 24. 01. 1925 / Br., ca. 4/5

[...] Vor allem bitte ich Dich: Zürne SUSANNE nicht und schätze sie nicht geringer, sondern bewahre ihr Deine Freundschaft. Ist jemandem zu zürnen, so bin ich es. Ich wünsche mich nicht anders darzustellen und nicht anders gesehen zu werden, als ich bin. Die Voraussetzungen, die in meiner Gemütslage enthalten waren, habe ich Dir geschildert.

Eine eigentliche Lösung dieser Probleme gibt es nicht, nur ein Durchstehen und Überwinden. Jene Seite des Lebens ist nicht unedel. Uns sie ist in mir nicht schwach entwickelt. Aber es gibt – ähnlich wie bei GOETHE – Perioden in mir, in denen das alles besonders stark aufwallt. Sie sind zugleich die Zeiten meiner größten Schöpferkraft, allerdings auch Zeiten, in denen ich gesundheitlich ungeheuer leide. Denn Neuralgien, Müdigkeit, Hypochondrie – alles hängt damit zusammen.

Quälend treten hierzu die psychoanalytischen Theorien, mit denen ich nicht so fertig bin, wie es in dem Buch[1] ausgesprochen ist. Jene Lösung[2] ist papieren, für andere und für mich. Ich selbst bin das Kind – wenn ich einmal den besten Fall annehme – einer leidenschaftlichen Aufwallung³. Das lebt nun einmal auch in mir. Wollte ich die bürgerlichen Maßstäbe zu letzten machen, so hätte ich ja wohl überhaupt kein Daseinsrecht. Ich will und kann aber auch nicht die Maßstäbe meines Vaters zu meinen eigenen machen. Ich kann diesen Mann nicht freisprechen und nicht verurteilen. Sein Fehler war im ganzen mehr das Wie als das Was. *Er* ist mit seinem ganzen Leben an diesem Problem gescheitert. *Mich* hat er damit vom ersten Lebenstage an in ein Verhängnis verstrickt, das lange passiv war, aber doch auch aktiv wurde und ist.

Das Antinomische aus unserem Leben herauszubringen, ist noch niemandem gelungen. Irgendwo bleibt die Wunde, die leere Rolle, und tausend Siege über sich selbst und das Leben löschen sie nicht weg. SUSANNE hat in diesem Zusammenhang auch nur eine Symbolfunktion. In demselben Augenblick, in dem ich ihr gegenüber zu weit ging, kam jener andere Brief mit dem Inhalt: Du bist ja gar nicht elementar, usprünglich genug, um überhaupt weit gehen zu können.⁴

Das ist die Situation, und sie bleibt ungelöst, wenn ihr auch, wie es scheint, der Charakter des unmittelbar Gefährlichen genommen ist. Und hat man einmal angefangen, mit diesen Augen in die Menschenwelt zu sehen – da ist keiner, der diesem Dämon nicht irgendwie geopfert hätte, dessen Reichtum nicht mit traurigem Verlust erkauft worden wäre, so daß man fühlt: Auch du wurdest damit nicht fertig. „Jedermann".

Ich schreibe heut wieder unter einer neuen Depression, der Depression vollkommener Leere. Morgen wird der Organismus durch Energie wieder angekurbelt, und dann läuft er wieder, wie er muß. Das ist nicht die innere Lage, in der man Erzieher sein kann. Es ist einfach eine psychische Unmöglichkeit. Natürlich: Die erworbenen Bestände funktionieren weiter, aber wie steht es dabei mit der absoluten Wahrhaftigkeit? Die Lebensprobleme sitzen doch viel tiefer und sind viel schwerer als die Schulphilosophie sie gelten läßt.

Im übrigen: Ich bin noch in keiner Situation richtig unterlegen. Aber die Wunden machen doch nicht nur stärker [?], sondern auch müder. [...]

---

[1] EDUARD SPRANGER: Psychologie des Jugendalters. Leipzig 1924.
[2] Eine Heirat mit SUSANNE CONRAD.
[3] Hier spielt SPRANGER auf seine uneheliche Geburt an.
[4] Offensichtlich ein sinngemäßes Zitat aus einem (nicht erhaltenen) Brief KÄTHE HADLICHS.

KÄTHE HADLICH AN EDUARD SPRANGER
Heidelberg, 06. 03. 1925 / Br., ca. 1/3

[...] Hier war dieser Tage eine fabelhafte Unruhe wegen der Bestattung des Reichspräsidenten¹. Der Zug ging durch die Rohrbacher Str., und es fanden sich zahlreiche Zuschauer an meinem Fenster ein. Die Sache war fabelhaft gut organisiert und verlief ohne den geringsten Zwischenfall. Am Bahnhof war eine sehr eindrucksvolle Dekoration von Arkaden, die den Wandelgang unter der Uhr bis vorn an die Straße rechts und links fortsetzten, unterbrochen von ganz hohen Pfeilern, auf denen Pechschalen brannten, alles mit Samengrün und schwarzem Flor umkleidet. Ebenso würdig und ernst war die ganze Feier. Ganz besonders auffallend war die feierliche Stille und die gute Haltung des Publikums. Natürlich ist dies zu erklären, weil gerade das „Volk" in EBERT einen der ihrigen [sic] betrauert. Es ist Parteidisziplin – aber gibt es nicht doch zu denken, daß hier die Masse so gebändigt war? Man konnte sich dem Eindruck dieser seltsamen Einmütigkeit nicht verschließen und empfand besonders auch die Achtung, die dieser Mann des Volkes sich auch bei seinen Gegnern erworben hat. – Es ist ein seltsames Glück, daß das Schicksal ihn keinen Abstieg kennen lehrte. Wie stark bedrängte ihn bereits der unlautere Wahlkampf[2] mit verleumderischen Angriffen. – Ja – die Wahl! Wird sie nicht unsere Pläne[3] durchkreuzen? [...]

Wird der Tod von EBERT eine neue Epoche einleiten? Wird es zum Guten sich wenden? Hier haben die Kommunisten gleich am Todestage mit großem Krach Umzug in Autos gehalten und Flugblätter ausgestreut. Hoffentlich ohne Erfolg! – Seltsam ist es doch, wie die Verhältnisse stärker sind als alle Theorie, denn fürstlicher konnte kein Kaiser bestattet werden als dieser Sattler. Es ist eben doch das Reich, das seinen Führer ehrt. Auch der Himmel wollte ihm wohl, während es heute wieder ununterbrochen regnet. – Wer mag als Nachfolger in Betracht kommen? Wieder ein so gänzlich neuer Mann? [...]

[1] Der Reichspräsident Friedrich Ebert war am 28. 02. 1925 gestorben.
[2] Vermutlich die Reichstagswahl am 07. 12. 1924.
[3] Vgl. den Brief SPRANGERS vom 18. 02. 1925, wo er KÄTHE HADLICH ein Treffen Anfang April in Regensburg vorschlägt, um dann von dort auf der Donau über Linz und Melk nach Wien zu fahren.

KÄTHE HADLICH AN EDUARD SPRANGER
Heidelberg, 29. 04.1925 / Br., ca. 1/9

[...] Als wir dann um 10 Uhr heimkehrten, hörten wir schon die ersten erfreulichen Wahlresultate[1] von München. Aber Angelika[2] jammerte immer, das sei noch nicht genug: „Denn wir müssen Euch doch rausreißen!" Na, wir sind ja „rausgerissen", Gott sei Dank, und es war großer Jubel bei uns am nächsten Morgen. – Hast Du die Äußerung von HARNACK gelesen? Ich erinnerte mich gleich an die wunderbaren Verheißungen, die 1916 AGNES V. HARNACK bei WEINELS verkündete, und die sich als verkehrt erwiesen. Man sollte doch durch solche Erfahrungen vorsichtiger werden, seine Stimme so maßgebend laut werden zu lassen. Kann denn ein protestantischer

Theologe glauben, daß ein Zentrumsmann je *über* den Parteien stünde? – Natürlich sehen wir alle die Schwere des Amtes, die unserm HINDENBURG aufgebürdet ist, aber wir „Altpreußen", wir sind ihm in Verehrung treu, was auch komme.
Angelika in ihrer lebhaften, klaren Art ist eine echte Patriotin, sie verfolgt die Entwicklung sehr intensiv. Und ihrer Meinung nach hat HITLER – so wenig man im ganzen mit der Partei übereinstimmen kann – doch das eine unschätzbare Verdienst, Bayern wieder national gemacht zu haben. [...]

---

[1] Die Wahl des Reichspräsidenten am 26. 04. 1925, die HINDENBURG als Kandidat der Rechtsparteien gewann.
[2] Vermutlich Angelika Welty (KÄTHE HADLICH 07. 05. 1922; KÄTHE HADLICH 14. 10. 1927), evtl. auch Angelika Mathy (KÄTHE HADLICH 14. 11. 1924) oder Angelika Waltz (KÄTHE HADLICH 08. 01. 1925).

KÄTHE HADLICH AN EDUARD SPRANGER
Heidelberg, 11. 05. 1925 / Br., ca. 3/10

[...] Habe Dank für Deine lieben Zeilen, die mich wieder aufleben lassen. Ich danke Dir für jedes gute Wort und für die liebe Treue, die ich durch alles hindurchfühle. Aber diese Treue soll nicht zur Quälerei für Dich werden – und so schien es mir in Egern[1]! Weil ich fühlte, daß Du mich anders willst, darum war ich befangen und unfrei. Das allein kann Dir als zerstreut erscheinen sein, denn es gibt nichts, was mir in Deiner Nähe wichtig sein könnte. Gerade in dem Wunsch, Dir keinen Anlaß zur Verstimmung zu geben, tat ich immer das Verkehrte. Es war, als verfolge mich ein böser Dämon – und das fing schon in Neckarelz[2] an! –
Beständig fühlte ich das qualvoll Negative Deiner Stimmung, und das legte sich lähmend über mich. Denn das wirst Du doch wissen, daß meine scheinbare Ruhe nicht Ausgeglichenheit ist, sondern daß der Kampf kein Ende nimmt.
Daß ich Dich nicht fand, dem jeder Gedanke, jede Regung in mir entgegenkommt, das war meine Qual. Daß ich nicht redete, das war meine Schuld; aber es liegt in der grenzenlosen Angst, die ich vor jeder Zudringlichkeit habe. „Wenn es ihm wohltäte, mit mir zu sprechen, dann würde er es doch von sich aus tun."
Laß mich wieder teilhaben, mein Einziger, gib mir die Hälfte dessen, was Dich quält, daß ich Dir tragen helfe. Habe *Du* Nachsicht mit meiner Unzulänglichkeit, und denke, daß ein reiner, fester Wille alles vermag. Und lehrt die Liebe nicht alles verstehen? Du hast ja keine Ahnung, wie abhängig mein ganzes Dasein von Dir ist, Du Leben meines Lebens. All der schöne Erholungsfirnis ist schon wieder fort in der Qual dieser Wochen, und jede Nacht um 4 erwache ich, wie von einer Uhr geweckt – und liege in grübelnden Gedanken und Selbstquälerei. Was ist mein Leben, wenn es *Dir* nichts sein kann?

Aber ich will ja nicht von mir reden! Weißt Du wohl noch, ich sagte Dir einmal, daß ich das Schicksal bat: „Laß mich eine Stufe sein auf seinem Wege!"
[...] Ob Du wirklich beim Einzug HINDENBURGS[3] Spalier gestanden hast? Ich hoffte es im Stillen, denn ich hätte es auch getan! Laß uns die Freude an dieser ersten tieferen Wendung zum Besseren in unserm Volksleben nicht stören durch törichte [sic] Unken. Wir wissen selbst, daß es noch längst keine gerade Linie sein wird, die vor uns liegt, aber es ist doch ein Aufatmen nach langer Mutlosigkeit. Und was die politische Einsicht des alten Mannes betrifft, so scheint mir doch, daß er 1918 der Einzige war, der der Situation gewachsen blieb und der realpolitisch rettete, was möglich war. [...]

[1] Im Frühjahr 1925 durchlitt SPRANGER wieder einmal eine tiefe Depression. Ein im April in Egern stattfindendes Treffen mit KÄTHE HADLICH war für ihn enttäuschend verlaufen. KÄTHE HADLICH hatte sich daraufhin Selbstvorwürfe gemacht, die ihr SPRANGER im Brief vom 10. 05. 1925 schließlich ausredete: „Quäle Dich nicht mit unfruchtbaren Gedanken, mein Liebes. Habe Nachsicht mit mir. Es wird auch wieder anders werden. Daß ich Dir im Innersten treu und gut bleibe, das ist eine Wahrheit, die sich nicht ändern kann, solange ich in meinem Wesen derselbe bleibe." (Vgl. auch KÄTHE HADLICH 30. 03. 1925; KÄTHE HADLICH 05. 04. 1925; KÄTHE HADLICH 23. 04. 1925; KÄTHE HADLICH 29. 04. 1925; KÄTHE HADLICH 24. 05. 1925; EDUARD SPRANGER 10. 05. 1925.)
[2] Gemeinde im Neckar-Odenwald-Kreis, ca. 35 km östl. von Heidelberg, jetzt zu Mosbach gehörend.
[3] Am 11. 05. 1925 zog der neu gewählte Reichspräsident HINDENBURG unter großem Jubel der Bevölkerung in Berlin ein.

EDUARD SPRANGER AN KÄTHE HADLICH
Wilmersdorf, 13. 05. 1925 / Br., ca. 1/7

[...] HINDENBURG – das ist noch eine trostreiche Größe: alles so tun, als ob man den Glauben nicht längst verloren hätte – der Mann *muß* ja den Glauben verloren haben – das nenne ich *dienen*, bis man Gott und Teufel zugleich überwindet. Und siehst Du, so was hat der GOETHE nicht dichten können. Das erst wäre der *deutsche* Faust. Warum tut das der Mann?

Ich habe ihn gesehen, einen Moment. Aber ich habe gesehen: Der Mann ist frei von Illusionen. Er ist über das Letzte hinaus.

Und danach war ich aus Zufall bei LEDERER im Atelier. Eine Stunde Anschauungspsychologie. Um eine Novelle zu schreiben. Und wie etwas herauskam aus dem Männchen von Großsein und Ergriffenheit, da war es Preußen, preußische Idee, preußische Kunst.

Wo aber ist Preußen? Es ist da, wo Sparta ist, eine Legende. Die Seiltänzer regieren, und die Juden machen die Meinung des Volkes. [...]

EDUARD SPRANGER AN KÄTHE HADLICH
Wilmersdorf, 04. 06. 1925 / Br., ca. 1/9

[...] Soeben habe ich die „Lebensformen" für die 5. Auflage fertiggemacht und verpackt. Es war eine harte Arbeit, die nebenbei geleistet werden mußte. Ob etwas Gescheites daraus geworden ist, weiß ich nicht. Ganz grundsätzliche Umgestaltungen mußten ja vermieden werden. Zum Schluß hat sich herausgestellt, daß in der Tat ein 7. Typus fehlt: der vitale Mensch. Ich mußte den wohl auch erst in der Form von Kampf und Sehnsucht erleben[1], um ihn „sehen" zu können. Aber einfügen ließ er sich natürlich nicht mehr. Nur ein paar erwägende Bemerkungen konnten eingeschaltet werden. Manches ist wohl richtiger geworden, so der Abschnitt über die Rangordnung der Werte – aber noch nicht voll befriedigend. Der Umfang wächst auf mindestens 450 Seiten.

Eben kommt Dein Brief, den ich erst lesen will.

Was Sie[2] da sagen, ist nicht viel wert. Aber das Bild ist hübsch, und ich habe mir die Brille aufgesetzt, um es zu betrachten. Sie liegt ja da gerade vor mir. Daß der Abschnitt über die Rangordnung der Werte ganz im *protestantischen* Sinne ausgebaut ist, wirst Du bemerken. Heut bekam ich auch eine Anfrage, ob man mich von der Partei der „Freien Volkskirche" als Kandidaten aufstellen dürfe. Ich werde antworten, daß ich nie und nirgends mich von einer Partei aufstellen lassen werde. [...]

---

[1] Hier spielt SPRANGER auf sein intimes Verhältnis mit SUSANNE CONRAD an.
[2] Wegen der seit 1913 zwischen SPRANGER und KÄTHE HADLICH nicht mehr gebräuchlichen Anrede in der dritten Person wohl als Ironisierung aufzufassen.

EDUARD SPRANGER AN KÄTHE HADLICH
Wilmersdorf, 28. 06. 1925 / Br., ca. 1/5

[...] Du weißt, daß auch ich in schweren Nöten bin. Warum soll man sie nicht nennen, wie sie sind? Ich habe in jungen Jahren eine Seite meines Menschen nicht ausgelebt. Ich bin aber wirklich ganzer Mensch, nicht bloß Kopf, Schriftsteller, Erzieher. Schon oft sind die Realitäten jener ungelebten Zone stürmisch in mir geworden. Jetzt rütteln sie an mir, ich weiß es, nicht um mich zu unterwerfen, sondern weil es notwendig ist, daß ich *jede* Realität in mein Weltbild aufnehme.

Du weißt weiter, daß in meiner Nähe ein Mensch ist, der *auch* diese Realität verkörpert[1], und daß ich ihn außerdem seelisch liebhabe, ja, weil ich ihn immer mehr *achte*, so auch immer mehr liebgewinne. An dieser Stelle pflegst Du einen Kurzschluß zu machen, der mich ärgert. Denn alles dies wäre ja nur ein halbes Problem, wenn nicht diese Seele nur halb zu meiner Seele paßte und – diese Vitalität nur *halb* zu meiner paßte. Und erst darin liegt das Schlimme, das Unfruchtbare. Ich bin damit an einem toten Punkt. Die eine Lösung wäre der *bewußte* Irrweg, die andere – ist überhaupt nicht zu sehen ohne Untreue nach tausend Seiten. So aber spricht nur jemand, der sich seine Lösungen sehr leicht macht. Denn da ich altmodisch genug bin zu glauben, daß der Mensch vor *kein* Schicksal gestellt wird, das für ihn nicht fruchtbar werden könnte, so glaube ich, daß es hier sehr wohl eine Lösung gibt: das Starksein und das Überwinden. Und dabei würde ich vielleicht Festigkeit finden, wenn nicht der eine schmerzliche Punkt bliebe, daß das, was für den Mann der Weg aufwärts sein kann, für die Frau die Sinnverfehlung bedeutet. Und da finde ich nicht heraus; aber ich glaube auch: Dafür kann ich nicht.

Du siehst, ich habe Dir alles gesagt, wohl kaum viel Neues. Ich habe Dir damit bewiesen, daß Du für mich hoch oben stehst. [...]

[1] SUSANNE CONRAD.

EDUARD SPRANGER AN KÄTHE HADLICH
[ohne Ortsangabe] 01. 11. 1925 / Br., ca. 1/2

[...] Dann kam ganz ruhig, ohne irgend eine auch nur nervös oder gar affektiert zu nennende Art das Gespräch auf das Thema, das wir im Darmstadt[1] auch besprochen haben. Ich kann daraus nur Hauptpunkte hervorheben, so daß das Ganze psychologisch ein schiefes Bild geben muß: Es wurde alles in Ruhe besprochen. Frau R. [RIEHL] ging von der Veränderung aus, die sie an SUSANNE bemerkt hat und über die sie mit ihr eine Korrespondenz eröffnet hat, ohne sich eigentlich zu ihr deutlich auszusprechen. Sus. [SUSANNE] bewege sich so, als ob sie einen unbedingten Anspruch auf mich habe, als Besitzende, ja als Frau. Dies werde von gemeinsamen Bekannten allmählich mißfällig betrachtet; man nehme Anstoß daran und man schiebe mir natürlich die Schuld zu. Später fiel in diesem Zusammenhang das Zitat: „Warum heiratet er sie nicht; er sieht doch, daß sie darauf wartet; ich begreife ihn nicht; ich hasse ihn." Von diesem Außenanstoß kamen wir auf die auch zwischen uns wiederholt erörterte tiefere Seite: So, wie das Ganze geworden sei, sei es im eigentlichen Sinne unsittlich, es sei, wie ich es selbst nennen muß, nicht klar, nicht gesund, nicht in meiner wahren Linie. Das wurde dann nach allen Seiten erörtert, ohne daß ein Entschluß zu irgendeinem Handeln gefaßt oder gefordert wurde; denn die Schwierigkeiten liegen ja auf der Hand.

Die Wirkung dieses langen Gesprächs auf mich ist sehr vielfältig und jedenfalls zutiefst erschütternd. Es war gar nicht das Gespräch mit einer Kranken, sondern mit einem sehr scharf blickenden Menschen; es war auch gar nicht aus der sonst wohl beobachteten Eifersucht heraus geführt, sondern aus wohlmeinendem Verständnis für mich.

Aber ist zu leugnen, daß ich jetzt mit Frau R. [RIEHL] zusammen SUSANNE kritisiere und mit SUSANNE Frau R. [RIEHL]? Das ist ja ein fürchterlicher Zustand. Habe ich mir nun durch H. H. [HANS HEYSE] etwas suggerieren lassen? Sind wir allesamt zu klein, zu ungeduldig, zu primitiv neben einer eigentlich hohen und sensiblen Natur?

Und dann das andere: Mit SUSANNE und mir ist es ja tatsächlich so. Ich habe Dir ja in Darmstadt alles gesagt. Ein zehn Jahre langes Warten hat mich schließlich dahin getrieben, wohin ich nicht wollte. Die Krisis mit m. [meinem] Vater, dann im Hause R. [RIEHL] hat S. [SUSANNE] eine Vertrauensstellung gegeben, die ja unanfechtbar wäre, wenn S. [SUSANNE] nicht darin etwas erhoffte, was alles in mir als verhängnisvoll ablehnt. Und dieses scheinbar harmlose Bitten um einen Kuß, wie es seit Jahren war, hat in mir Gefühle wachgerufen, die (mindestens) unecht sind. Sie trafen sehr ungünstig mit Spannungen in mir [scil. zusammen], die nun einmal mit der Natur gesetzt sind, gegen die ich um meiner höheren Bestimmung willen arbeite; immerhin ist ja kein Zweifel, daß der größte Teil meiner nervösen Leiden (wie die Angst vor Vorträgen) einfach die Folge solcher ungelösten Spannungen sind, in denen S. [SUSANNE] eine durchaus oder 3/4 zufällige – aber wie Du dir denken kannst – doch eben nicht günstige Rolle spielt. Denn wer sich überwinden will, soll es vermeiden, in Gefahrsituationen zu kommen. Das ist ja alles von mir auch klar erkannt. Ich bin mehr und mehr Herr der Situation geworden; aber die „Situation" ist ungünstig, „unklar", „ungesund". Vor irgend jemand zu erröten, habe ich deshalb keinen Anlaß. Immerhin gibt natürlich der triviale Gesichtspunkt „Was sagt die Welt dazu" auch zu denken. Gegenüber der Legion, die schrankenlos und sittenlos auf mich einstürmt, bedeutete S. [SUSANNE] für mich in den letzten Jahren so etwas wie Schutz. Aber Du weißt ja – auch andere wertvolle Naturen haben nicht die Grenzen innegehalten. Daß das zwischen S. [SUSANNE] und mir im Grund mehr tragisch als unmoralisch ist, das sieht „die Welt" natürlich nicht, zumal sie ihm, wie Frau R. [RIEHL] klar andeutete, auch eine ins Gemeine und Unreine gehende Deutung zu geben geneigt und sehr bereit ist. Ich muß bekennen, daß S. [SUSANNE] in dieser Hinsicht nie auch nur das mindeste Maß an Vorsicht besessen hat. *Alle* Grenzziehungen kamen immer von mir. Du selbst bist Zeuge gewesen 1923, und die Naiven sind zum Krassesten fähig, wovon ich aus letzter Zeit wieder ein Beispiel erzählen könnte. [...]

[1] Im Sommer 1925 hatten SPRANGER und KÄTHE HADLICH einander in Darmstadt getroffen. Vgl. EDUARD SPRANGER 22.10.1925; EDUARD SPRANGER 28.06.1925; EDUARD SPRANGER 01.11.1925.

KÄTHE HADLICH AN EDUARD SPRANGER
Heidelberg, 27. 01. 1926 / Br., ca. 1/4

[...] Das Buch von DIETRICH SCHÄFER[1] habe ich besorgt, da Du Dich nicht dagegen aussprachst. Es wird eine durch und durch politische Sache sein und sicherlich für uns eine sehr zuträgliche Lektüre. Mit großer Anteilnahme verfolgen wir allabendlich seinen Lebensgang und sind erregt beim Gedanken an den Weltkrieg. Ganz heimlich ist in mir immer wieder eine Stimme, die ihm in seiner strengen Einseitigkeit Unrecht geben möchte und die hofft, daß nicht der „reine Machtgedanke, sondern der Rechtsgedanke"[2] in Zukunft regieren wird. – Ich lese Deinen Aufsatz in der Erziehung[3] wieder und wieder. Ich finde ganz besonders fein, wie Du sagst, daß die Idee des Völkerrechts gewissermaßen „zu einer eignen Großmacht" werden müsse, eben die Macht, die alle im Zaume hält! – Werden wir, müssen wir auch nur durch Diktatur von dieser trostlosen Demokratie loskommen? Möchte HINDENBURG uns noch lange erhalten bleiben; mir ist es, als wäre um ihn etwas von der königlichen Würde vergangener Zeit, von dem schlichten Geist des alten Kaisers. [...]

[1] DIETRICH SCHÄFER: Mein Leben. Berlin und Leipzig, Koehler, 1926.
[2] Bezieht sich auf eine Stelle in dem oben (Anm. 1) genannten Buch DIETRICH SCHÄFERS. Dort zieht S. im Kapitel 7. „Die Kriegszeit 1914 bis 1918" gegen alle Politiker zu Felde, die „Völkerversöhnung durch Kultur" (S. 168) für ein erstrebenswertes Ziel hielten, wie er es beispielsweise dem Reichskanzler BETHMANN-HOLLWEG unterstellt. – S. vertritt statt dessen die rigide Auffassung, daß beispielsweise „Freiheit der Meere nur durch Macht, nicht durch irgendwelche Verträge gesichert werden" könne (S. 174).
[3] Es handelt sich offenbar um: EDUARD SPRANGER: Das deutsche Bildungsideal der Gegenwart in geschichtsphilosophischer Beleuchtung. In: Die Erziehung, Jg.1 (1926), 7-27, 177-190, 473-492, fortgesetzt in Jg.2 (1927), 142-164 (auch abgedruckt in GS V, 30-106).

EDUARD SPRANGER AN KÄTHE HADLICH
Berlin-Wilmersdorf, 24. 02. 1926 / Br., ca. 4/10

[...] In besonders angenehmer Erinnerung ist mir der Abend in Cecilienhof.[1] Es waren außer mir nur ROETHE und SCHUMACHER geladen. Am Bahnhof Potsdam traf ich verabredungsgemäß ROETHE, aber auch den Prinzen LOUIS FERDINAND, der uns im Auto holte und den ich mit Mühe abhielt, auf dem Bock Platz zu nehmen. Cecilienhof ist eigentlich nur Sommerwohnung. Alles vollzog sich in *einem* großen Zimmer. Zuerst erschienen die Gouverneure mit den beiden studierenden Prinzen, dann die Kronprinzessin, sehr gut aussehend, in rotem Kostüm. Von Zeremoniell war nicht die Rede, die Unterhaltung kam gleich in Gang, indem ROETHE meine Rede[2] über den grünen Klee lobte, worauf er zu meinem Schrecken noch 3mal später zurückkam. Zuletzt erschienen noch 2 jüngere Prinzen. Wir saßen beim Essen um einen runden Tisch, ich rechts neben Prinz Friedrich Wilhelm, die Kronprinzessin zwischen ROETHE und SCHUMACHER, der erst nach Beginn des Essens eintraf. So blieben wir auch bis zum Schluß sitzen. Die Unterhaltung betraf überwiegend Politisches und Kulturpolitisches, zuletzt sogar reine Fakultätsfragen. An allem nahm die Kronprinzessin mit sichtlichem, nicht bloß gesellschaftlichem Interesse lebhaft teil. Es kam, trotz ROETHES Beredsamkeit, jeder voll zu Worte. Erst um 11, also nach 3 1/2 Stunden wurde das Auto gemeldet. Die Kronprinzessin sprach die Hoffnung aus, meine Rede lesen zu können. Die Prinzen begleiteten uns in die Garderobe und bis an den Wagenschlag. Kurz, es war ungezwungener als manchmal in unseren Kreisen. Im nächsten Semester gehen die Prinzen nach Bonn.

Beim amerikanischen Botschafter war großer Rout[3]. Er ist selbst Professor der Philosophie gewesen und hat leider mit LUDWIG STEIN zusammen studiert, diesem unsauberen, internationalen Juden, mit dem er nun in dauernder Verbindung steht und der auch hier natürlich auftauchte. Man bemühte sich, möglichst an keinen Amerikaner zu geraten und kurz vor 7 konnte ich zu meiner nächsten Verpflichtung, nachdem ich mit MEINECKE endlich wieder ein paar gute Worte gewechselt hatte.

[...] Innerlich hat mich besonders folgende Angelegenheit beschäftigt. WENKE erzählte mir, daß GOLDBECK nach der Akademierede[4] sich sehr empört zu s. [seinen] Freunden LITTMANN und „Adam"[5] über folgenden Satz m. [meiner] Rede geäußert habe: „Wer sich in den Deutungen der FREUDschen Psychoanalyse abgemalt findet, *ist* dekadent." Natürlich richtete sich der wohl abgewogene Satz (im Druck ist er trotzdem verändert) nicht gegen G. [GOLDBECK]. Er muß sich aber getroffen gefühlt haben. Seitdem habe ich von ihm nichts gehört. Zu einer Auseinandersetzung hat er also keinen Mut, und ich kann sie mit Rücksicht auf meinen Herzzustand nicht beginnen. Ein langer dunkel gefühlter Gegensatz (das jüdische Moment in G. [GOLDBECK]) kommt damit zum Ausbruch, und es zeigt sich einmal wieder, daß ich eben keine Freunde haben *soll.* [...]

---

[1] Schloß bei Potsdam im 74 ha großen Neuen Garten, der sich am Westufer des Heiligen Sees bis zum Jungfernsee erstreckt. C. wurde als letztes Schloß für das Herrscherhaus der Hohenzollern 1913 – 1917 nach Plänen des Architekten Paul Schulze-Naumburg (1869 – 1949) im englischen Cottage-Stil als Wohnsitz, besonders als Sommersitz, des Kronprinzen gebaut. Benannt wurde das Schloß nach der Kronprinzessin. Als Tagungsort der Siegermächte des Zweiten Weltkriegs erlangte das Schloß 1945 weltweite Bekanntteit. (Volk, 83; Merian Potsdam. Heft 5. Hamburg XLVI/C 4701 E, 134)
[2] SPRANGERS Rede in der Preuß. Akademie der Wissenschaften (vgl. EDUARD SPRANGER 01. 02. 1926 u. EDUARD SPRANGER 27. 01. 1926) über: Die Kulturzyklentheorie und das Problem des Kulturverfalls. In: Sitzungsberichte der Preuß. Akademie der Wiss., Philos.histor. Klasse, Jg.1926, XXXV-LIX (auch in GS V, 1-29; als Kurzfassung ferner in: Forschung und Fortschritt, Jg.2, 1926, 35). – Möglicherweise (weniger wahrscheinlich) ist auch eine Rundfunkrede gemeint, die SPRANGER Anfang 1926 gehalten hatte (KÄTHE HADLICH 04. 01. 1926).

³ Rout: Abendgesellschaft, Abendempfang.
⁴ Vgl. oben Anm. 2.
⁵ Identität nicht aufzuklären.

EDUARD SPRANGER AN KÄTHE HADLICH
Wilmersdorf, 10. 05. 1926 / Br., ca. 1/6

[...] Ein eigenartiges Semester! Zum Seminar waren die Anmeldungen spärlicher als je. Das Thema „Preuß. [Preußische] Schulpolitik in der Epoche W.v.HUMBOLDTS" (die 1. HUMBOLDTübung meines Lebens) gilt als langweilig. Dabei sind fast nur mehr oder weniger „gebildete Frauenzimmer" und vorurteilsvolle Volksschullehrer. Die „Systematische Pädagogik" gähnte *mich* förmlich mit ihrer Langeweile an (ca. 400 Leute). Es gelang sehr schlecht am 1. Tag. Am 2. Tag gab ich mir viel Mühe. Die „Typen der Weltanschauung" (Dorotheenstr. 6¹, da, wo Deine Schwester Liese auch mal war) begann ich wohl mit 650-700 Leuten, von denen nur 500 sitzen können. Das durchzuführen, so wenig vorbereitet, ist eine schwere Sache. Aber *bisher* habe ich so gesprochen, wie man eben nur vor einer flutenden Masse williger Geister sprechen kann. Studiengemeinschaft² ist vollzählig versammelt.

[...] Es erscheint jetzt eine Schrift nach der anderen gegen mich. Der eine beweist, daß die Psych. [Psychologie] des Verstehens (d. h. MAX WEBER, DILTHEY, JASPERS, FREUD, ADLER und *ich*) ein Irrweg sei; der andere, daß NATORP allein recht hat. Diese Sachen tangieren mich nicht eigentlich, aber sie machen mich auch nicht gerade begierig, dem Publikum weitere Stücke meiner Person zu präsentieren. [...]

¹ In der Dorotheenstr. 6 war das Pädagogische Seminar untergebracht und ein Hörsaal, in dem SPRANGER normalerweise las.
² Die Pädagogische Akademie wurde in Berlin von 1922 bis 1927 unter dem Namen „Studiengemeinschaft für wissenschaftliche Pädagogik" gefördert, welche SPRANGER zusammen mit LUDWIG PALLAT und dem Kultusminister C. H. BECKER in Verbindung mit dem Zentralinstitut 1922 an der Berliner Universität einrichtete. Das Ziel war, in zweijährigen Kursen geeignete Pädagogik-Dozenten für die Pädagogischen Akademien auszubilden. (EDUARD SPRANGER 10. 02. 1922; EDUARD SPRANGER 20. 12. 1922) Die Lehre übernahmen Dozenten der Universität. SPRANGER war maßgeblich beteiligt. Die Zahl der Teilnehmer betrug ca. 20 (16 nach EDUARD SPRANGER 16. 04. 1924; ca. 20 nach EDUARD SPRANGER 02. 05. 1925). Offenbar wurde im Trimesterbetrieb (EDUARD SPRANGER 25. 04. 1922) zwei Jahre lang studiert, wie aus den Berichten SPRANGERS über die Schlußfeiern 1924 (EDUARD SPRANGER 20. 02. 1924) und - nach Beginn einer zweiten Studiengemeinschaft im Jahre 1925 (EDUARD SPRANGER 25. 06. 1925), die bis 1927 bestand (EDUARD SPRANGER 10. 03. 1927), gefolgert werden kann. (Vgl. dazu auch Meyer-Willner 1986, 99, 279f; sowie EDUARD SPRANGER, CARL HEINRICH BECKER, LUDWIG PALLAT: Ankündigung: Begründung einer Studiengemeinschaft für wissenschaftliche Pädagogik. o. O. 1922, und EDUARD SPRANGER: Die Studiengemeinschaft für wissenschaftiche Pädagogik in Berlin. In: Zentralblatt für die gesamte Unterrichtsverwaltung in Preußen, Jg.64, 1922, 433-435.)

KÄTHE HADLICH AN EDUARD SPRANGER
Heidelberg, 31. 05. 1926 / Br., ca. 1/3

Mein liebstes Herz.
[...] Und nun kann ich zu Dir mit dem kommen, was mir tagein, tagaus die Seele bewegt. Dein lieber Brief war die Bestätigung dessen, was ich auch aus der Ferne wußte: das neue Erstarken Deiner Beziehung zu SUSANNE. – Aber nun die immer wiederholte Enttäuschung?

Unendliches hätte ich Dir zu sagen über meinen Teil des Erlebens in diesen Dingen. Ich habe Dich zu lieb, als daß ich Dir nicht jedes echte Glück gönnen sollte, auch wenn es *mir* notwendig den Lebensgehalt erschüttern müßte. Wie oft schon habe ich das durchgekämpft, immer von neuem mit Deinem Schwanken. -

Wiederholt hast Du mir gesagt, ich müsse Dich davor bewahren, diesem Verlangen, das Du nicht als den Weg aufwärts erkennst, zu erliegen. Aber ich zweifelte, ob es Dir wirklich Ernst damit sei, und manche Äußerung unsrer Zeit, die eine CHRISTIANE [VULPIUS] rechtfertigen und eine Frau v. STEIN herabsetzen möchte, machte mich irre. Kenne ich nicht vielleicht zu wenig vom wirklichen Leben? Aber immer wieder kommt über Dich die Ernüchterung, und es ist wohl nicht anzunehmen, daß je irgendetwas in SUSANNE lebendig werden kann, was in all den Jahren des Umgangs mit Dir nicht wach wurde. Ich bin sogar im Zweifel, ob sie das, was *mich* bewog, innere Berührung mit ihr zu suchen, nicht im Grunde falsch verstanden hat. Ich wollte ihr helfen, stolz und frei ihr Schicksal zu tragen, wollte weibliche Würde und Zurückhaltung in ihr stärken, vielleicht aber hat sie meine Annäherung, mit der ich mich mit ihr Dir gegenüber mehr gleichstellen wollte, ganz anders aufgefaßt – ich möchte sagen, als einen diplomatischen Schachzug, der ihre stillen Hoffnungen nur stärkte. – Gerade auch der Wunsch, sie zu sprechen, hatte damals einen Faktor mehr für meinen Reiseentschluß[1] abgegeben. -

Aber was ist nun? Bist Du durch dies erneute Versagen in Dir vorwärtsgekommen? Bist Du willens, ganz tief und fest, mit mir den ernsten Schicksalsweg weiterzugehen?

Ich verstehe sehr wohl, was Du meinst damit, daß auch ich nicht in den Familiensumms gehöre – ich nehme es freundlich hin, aber ich wurzele dort nicht. Die Kräfte meines Lebens wurzeln in Dir. Seit langem fühle ich, wie Du diesen gemeinsamen Grund unsres Seins erschütterst, wie Du reißt an der tiefen Verflochtenheit unsres Lebens – und ich kann Dir nur sagen: Ich halte Dich nicht, wenn innere Notwendigkeit Dich von mir treibt, aber für mich gibt es Leben nur in Dir. Deine Käthe.

---

[1] KÄTHE HADLICH hielt sich am 24. und 25. 03. 1926 in Berlin auf und suchte bei dieser Gelegenheit eine Aussprache mit SUSANNE CONRAD.

EDUARD SPRANGER AN KÄTHE HADLICH
Wilmersdorf, 02. 06. 1926 / Br., vollständig

Mein innig Geliebtes!
Ich danke Dir für das Bild mit dem letzten Blick auf die Reichenau.[1] Aber ich schreibe Dir im Geiste des Bildes mit dem *blühenden* Kirchhof, den ich seit 1913 liebe.

„Seit langem fühle ich, wie Du diesen gemeinsamen Grund unseres Seins erschütterst, wie Du reißt an der tiefen Verflochtenheit unseres Lebens ... ."[2] Der ist *nicht mehr*. Was daran schüttert und reißt, ist das Leben selber, nicht ich; und was ich dabei tue, ist nicht ein Hilferuf an Dich.

Manchmal kommt es mir so vor, als wäre ich gegen mich sehr schwach. Dann wieder glaube ich, daß ich vor Unlösbarem stehe.

Um Dir die Lage im Augenblick zu schildern: Am Abend vor der Abreise[3] hat es mit SUSANNE noch einen schweren, harten Konflikt gegeben, bei dem ich, glaube ich, ungerecht gegen sie war. Am Abend nach meiner Rückkehr habe ich mit Frau RIEHL bis auf das Blut gekämpft. Ich habe so gut wie alles ausgesprochen. Es endete mit einer Versöhnung. Aber ich habe doch den Eindruck nicht verlieren können: Krankheit. Es kann nie wieder hell werden.

So bin ich in der Stimmung, das Letzte zu wagen. Denn eigentlich ist doch alles erschüttert. Aber es wird dazu nicht kommen. Denn die Treue, vielleicht eine schwächliche Treue, liegt zu sehr in meinem Wesen. Ich werde also diese halben Verhältnisse weiterführen.

Das alles bitte ich Dich doch zu sehen, wie es ist. Wenn ich Dir Schmerz bereite, so ist es der Reflex von schweren Kämpfen in mir. Daß uns etwas trennen könnte, ist *mir* undenkbar. Selbst wenn das Unwahrscheinliche geschähe, daß ich einmal eine Ehe schlösse – so würde mir unser Verbundensein höher stehen und heiliger sein als eine Ehe – und eben darum kann ich ja keine Ehe schließen, die diesen Namen verdient.

Aber Du mußt wirklich klar sehen; denn wenn ich aufhörte, offen zu sein, *dann* wäre unser Bund gefährdet. SUSANNE bedeutet für mich zweierlei: Sie ist Erscheinung des Weiblichen als Naturmensch. Und für männliches Empfinden ist *dies* nichts Personales, sondern jederzeit ersetzbar. Es können mir noch viele SUSANNE begegnen, die mir – vielleicht schneller als SUSANNE, bei der es 9 Jahre gedauert hat – gefährlich werden.

Sie ist für mich auch außerdem sie selbst. Ich kann und werde sie nicht allein lassen, weil ich einer bewußten Grausamkeit zwar für eine Stunde, aber nicht für eine Woche fähig bin. Ich habe sie ehrlich und herzlich lieb; freilich in einer Schicht meines Wesens, in der das Allerletzte nicht anklingen kann. Deshalb wird das immer etwas Halbes bleiben. Es liegt nur in unseren Sitten, nicht in der tiefsten Sittlichkeit, daß eine nähere Verbindung auf dieser Basis ausgeschlossen ist. Die Römer kannten neben der feierlichen Form der Ehe eine andere, die auch rechtlich weniger bedeutete. Das Christentum denkt strenger. Es hat damit Forderungen ins Leben gebracht, die an sich sittlich sind, aber in ihren praktischen Auswirkungen eben all diese Verlogenheit und Unsauberkeit, auch all die hoffnungslosen schweren Kämpfe in die Welt getragen haben, von denen sie heut voll ist.

Noch etwas muß ich Dich sehr dringend bitten. Es sind nicht „Werthers Leiden"[4], die ich hier vortrage. Ich bin mir mit meinem Privatschicksal nicht mehr so interessant wie vor 20 Jahren. Sondern auf zweierlei kommt es mir jetzt an: mein Leben so zu gestalten, daß ich vor mir selber rein bleibe, damit ich die Kraft zum Wirken behalte. Und dies alles so ehrlich zu erleben, daß ich als Erzieher der Jugend nicht falsche Worte predige. Das sog. sexuelle Problem (es ist *mehr* als der Name sagt) bedarf einer neuen Lösung. Es soll keine Entfesselung sein, aber eine ehrfürchtige und ehrliche Haltung zur Natur. – Vielleicht ist das der tiefere Sinn dieser Verwicklungen in mir, daß ich da eine neue Wahrheit durchkämpfen soll.

Weimar und Eisenach[5] brachten überwiegend erfreuliche Eindrücke. Aber es war sehr anstrengend, weil es immer bis tief in die Nacht dauerte.

Und nun, mein Herz und meine Seele, Deine Hand. Es ist mir um uns beide gar nicht bange. Dich kann ich nur verlieren, wenn ich mich selbst verliere. Und daß das nicht geschieht, dafür wirst Du sorgen. Jeder scheinbare Vorstoß gegen Dich ist ein Ruf: Paß auf! Denn wir haben noch viele Stufen vor uns, und Du wirst sie mitgehen. Auch ich werde Dir immer sagen, wenn ich zu sehen fürchte, daß Du müde wirst.

Dein
Eduard

[1] Im Nordwesten des Bodensees gelegene Insel, auf der SPRANGER und KÄTHE HADLICH wiederholt Urlaubstage verbrachten. (Vgl. Anm. 2 zu EDUARD SPRANGER 17.05.1913.)
[2] Zitat aus dem vorstehend abgedruckten Brief KÄTHE HADLICHS vom 31. 05. 1926. Die Punkte stehen im Original und markieren hier keine Auslassungen.
[3] SPRANGER war am 28.06.1926 über Leipzig und Naumburg nach Weimar gefahren, um an einer Tagung der GOETHE-Gesellschaft teilzunehmen. Vgl. EDUARD SPRANGER 10.05.1926; EDUARD SPRANGER 13.06.1926.
[4] Anspielung auf GOETHES berühmten Briefroman „Die Leiden des jungen Werthers" (1774, Neufassung 1787), dessen Hauptfigur an einer unglücklichen Liebe zugrundegeht.
[5] Die in Anm. 3 erwähnte Reise.

KÄTHE HADLICH AN EDUARD SPRANGER
Heidelberg, 26. 09. 1926 / Br., ca. 1/7

[...] Warum fiel der KAPP-Putsch[1] so traurig aus? Weil man die Stimmung der Menge nicht kannte. – Deine Erzählung von Doorn[2] hat mich menschlich tief bewegt. Aber ich kann nicht wünschen, daß von hier aus politische Konflikte heraufbeschworen werden. Und ich hoffe, Du wirst Dich von dort in keiner Weise verpflichten lassen. Ich hoffe auf – „die 3. Generation". Denn, sage selbst, wir haben doch das Wesen des Kaisers oft als Schädigung gefühlt, und seine Worte sagen, daß er davon keine Ahnung hat. Mit einer Umgebung wie dieser Graf F.[3] wird er auch nie dahin kommen. – Aber die Macht der Tradition läßt sich nicht übertragen, und ihr würde ich mich beugen, auch wenn der Mensch nicht den ideellen Forderungen genügte. Nur die alten Fehler will man nicht wiederholt haben. – Eine schwere Frage scheint es mir, wie Bayern sich in einem solchen Falle stellen würde, das schon 1870 so schwer zu gewinnen war. Für diesen Fall freilich schiene es ratsam, den alten Repräsentanten der überlegenen Würde zu wählen, dem es sich eher fügen würde. [...]

[1] Vom 13. bis 17. 03. 1920 hatte der ostpreußische Politiker WOLFGANG KAPP, der Gründer der rechtsradikalen Deutschen Vaterlands-Partei, zusammen mit General W. Frhr. von Lüttwitz einen erfolglosen Putschversuch gegen die Reichsregierung unternommen: Unter ihrer Führung konnten Republikgegner und Befürworter eines Militärregimes nach einem Handstreich mit Duldung der Reichswehr in Berlin eine Regierung der „Nationalen Vereinigung" bilden. Der Reichspräsident Ebert rief von Stuttgart aus die Arbeiterklasse zur Verteidigung der Republik auf, deren Generalstreik am 17. März den Putsch beendete.
[2] Niederländische Gemeinde südöstlich von Utrecht, in deren Schloß Wilhelm II. vom 10. 11. 1918 bis zu seinem Tode am 04. 06. 1941 im Exil lebte. SPRANGER hatte dort im September 1926 den Kaiser anläßlich des VIII. Internationalen Psychologenkongresses in Groningen besucht. (Vgl. EDUARD SPRANGER 02.09.1926; EDUARD SPRANGER 10.09.1926.)
[3] Vermutlich Carl Graf Finck von Finckenstein, einer der sechs Hofmarschälle des Exkaisers in der Zeit seines Exils in Doorn. (Gutsche, 105)

KÄTHE HADLICH AN EDUARD SPRANGER
Heidelberg, 01. 10. 1926 / Br., ca. 1/3

[...] Vater SEITZ[1]. Er ist entschieden ein geistig bedeutender Mensch, und seit wir ein wenig bekannter werden, ist unsre Unterhaltung immer sehr lebhaft und angeregt. Mir tut es wohl, in ihm einen politischen Gesinnungsgenossen von ausgeprägtem Charakter zu finden, denn Du weißt ja, wie lau und halb hier alles um mich ist. Freilich mag bei ihm in der Abneigung gegen das „neue Regime" ein gut Teil Zorn des persönlich Geschädigten mitklingen, aber seine Grundeinstellung ist doch charakterisiert durch den Ausspruch: „Man sprach so viel davon, die Gymnasiasten müssen *reden* lernen, ich meine, sie sollten erst einmal *schweigen* lernen!" – Das ist mir für einen Süddeutschen eine angenehm preußische Gesinnung!

An die Sache mit dem katholischen Völkerbund[2] erinnert mich ein Artikel, den unser Schundblättchen aus einem katholischen Hauptorgan entnahm. Hier arbeitet man sehr klug und fein für das *Groß*deutsche, das ja natürlich das katholische Übergewicht bringt! – Mich faßt immer eine richtige Angst, wenn ich diese geschlossene Macht gegen den religiös so viel reineren Geist des Protestantismus Sturm laufen sehe. Nein, mein Liebster, Du darfst dieser Sache nicht untreu werden, mag sie im Augenblick auch noch so bedrängt sein, es ist doch das höhere Prinzip. [...]

[1] Der KÄTHE HADLICH persönlich bekannte Vater von PAULA SEITZ.
[2] Das Attribut „katholisch" soll hier anscheinend eine nach KÄTHE HADLICHS Meinung katholikenfreundliche Politik des Völkerbundes charakterisieren.

KÄTHE HADLICH AN EDUARD SPRANGER
Heidelberg, 05. 01. 1927 / Br., ca. 1/5

[...] Ich bin Deines Hierseins[1] diesmal gar nicht so ungetrübt froh geworden. Es war so viel Unzulängliches. Aber vor allem liegt mir Dein Wort zu DORA THÜMMEL brennend auf der Seele. – Gewiß hat ja „jedes Leben", wie Du sagtest, einen tiefen Mangel, ein unerfülltes Sehnen. Aber es war bisher mein Glaube, daß gerade unsere Gemeinsamkeit ein Ausgleich wäre für manches Entbehren. Ich habe mein ganzes Sein in dessen Sinn hineingelegt, und wenn Dir das nichts mehr sein kann, mein Lieb, dann ist's mein Todesurteil.

Du mußt nicht denken, das sollte eine Forderung sein, es ist nur der heiße Wunsch, Dir zu helfen. Wir haben doch nichts gewollt, nichts erzwungen, es kam alles aus der Tiefe von selbst. Sollte die ewige Liebe, von der Du noch zu Weihnachten schriebst, nicht Licht genug haben für ein kurzes Menschenleben? [...]

[1] SPRANGER hatte KÄTHE HADLICH über die Weihnachtsfeiertage besucht. (Vgl. EDUARD SPRANGER 07. 12. 1926; EDUARD SPRANGER 08. 01. 1927.)

EDUARD SPRANGER AN KÄTHE HADLICH
Berlin, 19. 05. 1927 / Br., ca. 1/8

[...] Sie[1] schrieb mir gestern noch einen langen Brief, worin sie mir alle Ehre antat, aber forderte, ich solle einen Professor neben mich berufen, der die Pädagogik von den „beiden größten Bewegungen der Zeit aus", der proletarischen Bewegung und der Frauenbewegung aus, triebe. Das ist nun danebengehauen. Denn Nr. II trifft für mich zu, für Nr. I ist SIEGMUND-SCHULTZE freiwillig von mir berufen. Um sie aber zu ärgern, werde ich ihr antworten, wenn es zu dieser Parlamentarisierung der Lehrstühle käme, wäre ein Katholik der erste, und ein Kommunist der zweite, wegen der größeren Kräftigkeit der Weltanschauung. [...]

[1] Die Abgeordnete und Oberschulrätin Dr. Wegschneider.

EDUARD SPRANGER AN KÄTHE HADLICH
[ohne Ortsangabe] 22. 10. 1927 / Br., ca. 1/4
[...] Seltsam und zugleich lehrreich war mir der heutige Nachmittag, an dem ich mit GEHEEB, seiner indischen „Pflegetochter" im Nationalkostüm und SUSANNE in Tegel-Hermsdorf[1] war. Wir besichtigten Schloß und Park und wurden vom Baron v. Heinz zum Schluß noch sehr freundlich ins Intimere geführt. GEHEEB war, da er magenleidend zu sein scheint, in der Nähe nicht sehr erfreulich. Fremd war mir auch das Getätschel und Umarmen, mit dem er auf offener Straße das Heimweh der jungen Inderin (24 Jahre), die TAGORE und GANDHI nahesteht, zu bekämpfen suchte. Und dann wieder der Kampf gegen die angeblichen Superioritätsgelüste der Männer! NB. seine Frau ist eine geborene CASSIRER. Das alte Lied: Männer mit starkem Vollbart sind feminin. Hinter der modernen Reformpädagogik liegt eine mir unsympathische Erotik. Wir waren eine Quadriga[2], nach der sich tout Berlin et Hermsdorf umsah. [...]

[1] Stadtteile im Nordwesten von Berlin.
[2] Streit-, Triumph- oder Rennwagen der Antike mit vier Pferden, Viergespann.

EDUARD SPRANGER AN KÄTHE HADLICH
[ohne Ortsangabe] 10. 12. 1927 / Br., ca. 3/4
[...] In den letzten Tagen beschäftigt mich etwas, worüber ich geradezu Deinen Rat erbitten möchte. Ich habe, wie Du weißt, für die – in der Entstehung befindliche (*wie Du weißt*) Berliner Hochschule für Frauen[1], ALICE SALOMON und CHARLOTTE DIETRICH, die beiden Abende in dem Schöneberger Rathaus vor 700 Leuten das Thema „Vom Sinn der Liebe" behandelt, beide Male von 8.15 bis 9.35 gesprochen. Mit diesen beiden honorarfreien Vorträgen verdient die Akademie 1500 – 2000 M. Nach dem 2. Vortrag sagte Frl. Dr. D. [DIETRICH] wörtlich „Schönen Dank" und ging zu der Krankheitsgeschichte von Frl. Dr. SALOMON über, die leider nicht dabei war. Ich finde eine solche Form der Danksagung für ein so großes Geschenk, zumal von einer Dame gesprochen, einfach taktlos. Und ich weiß nun nicht, wie ich dies

zum Ausdruck bringen soll. Soll ich aus der Kommission austreten? Soll ich via/ über LILI DRÖSCHER Beschwerde führen? Man nimmt dann beides als „Empfindlichkeit", aber ich komme darüber nicht hinweg.

Auch sonst hat die Sache mir Kummer gemacht. Der 2. Abend gab eine großartige, mächtig aufgebaute Darstellung der religiösen Liebe. Schon im Reden spürte ich, daß man nicht allgemein mitging. Der 1. Abend, wo von Liebe und Ehe und Erotik und Psychoanalyse die Rede war, ja, der war ein großes Ereignis. Kein Mensch, außer Frau Wiener-Pappenheim[2], hat mir auch nur gedankt. SUSANNE blieb in der gewohnten Starrheit allem Tieferen gegenüber. Und Frl. Pappenheim erzählte, sie habe von verschiedenen Seiten enttäuschte Äußerungen gehört. Man habe erwartet, daß ich „eine neue Ethik" verkünden würde. – Aus dem Ganzen sollte ein Buch werden, an dem mir im voraus so die Freude verdorben worden ist.[3]

Überhaupt: Von der politischen Isolierung und der damit verbundenen Einflußlosigkeit will ich nicht viel reden; denn sie ist gewollt. Aber die menschlich-seelische Isolierung ist so groß, daß es der ganzen Kraft des Mannes bedarf, um nicht daran zu ersticken.

Gestern waren BINSWANGER und Frau zu Mittag hier. Am Dienstagabend hörte ich ihn in der Gesellschaft „Hirnrinde" reden, einer psychologischen Gesellschaft, bei der von 60 Anwesenden doch immerhin 4 Christen waren. Das ist die Berliner Psychiatrie und Psychologie, ein Gegenstück zu GANS[4]. – Heut Abend muß ich zum Bierabend beim Chef der Marine.

Die unanständigen Manieren in der heutigen psychologischen und pädagogischen Auseinandersetzung können auch nicht gerade mit Freude erfüllen. Vor allem der Wiener BÜHLERkreis[5] kann sich in seiner Verärgerung über meinen Erfolg nicht genug tun. Dabei arbeiten sie alle mit den von mir geschaffenen Kategorien, und dies, wie es natürlich ist, ohne sie zu verstehen und zu beherrschen. Manchmal sehne ich mich aus der Wissenschaft von heute heraus. Jedenfalls aber aus *diesen* Gebieten. [...]

---

[1] Zu SPRANGERS Eintreten für die Frauenhochschule in Leipzig vgl. Anm. 2 zu EDUARD SPRANGER 03./05. 05.1915.

[2] Identität nicht zu ermitteln.

[3] Das Buchprojekt wurde offenbar tatsächlich nicht verwirklicht. Jedenfalls weist die Bibliographie von Neu für die folgenden Jahre keinen entsprechenden Titel aus.

[4] SPRANGER will hier darauf anspielen, daß die Berliner Psychiatrie und Psychologie von Juden beherrscht gewesen sei. Der Histologe OSCAR GANS, für dem KÄTHE HADLICH jahrelang Zeichnungen fertigte, war ebenfalls Jude.

[5] Der Kreis um den Wiener Psychologen KARL BÜHLER.

EDUARD SPRANGER AN KÄTHE HADLICH
[ohne Ortsangabe], 09. 01. 1928[1] / Br., ca. 1/2
[...] Vorgestern und gestern waren alles andere als schön.
Ich bin mit 1 Stimme gegen 35 in der Minorität geblieben. Aber indem ich heut zurückblicke, bin ich mit Inhalt und Form des Verhaltens sehr zufrieden. Der DLV [Deutsche Lehrerverein][2] hat die Erziehungswiss. [Erziehungswissenschaftliche] Hauptstelle zu einer polit. [politischen] Kundgebung gegen das R. Sch. G. [Reichsschulgesetz] benutzen wollen. Am 1. Tag sprach SEYFERT, miserabel und ganz flach. Ich schwieg, da sich 3 maßvolle Sätze unter Leitung des vernünftigen PRETZEL und KERSCHENSTEINER herauskristallisieren wollten. Es waren dann aber 6, m. E. außerdem noch sehr dumme Sätze. Darauf habe ich unter bleichem Schrecken eine Rede gehalten, die mindestens keine Unklarheit gelassen hat. Sofort fuhren die Kanonen, der 1. Vors. [Vorsitzende] WOLFF und der alte TEWS, auf, um die Wirkung abzuschwächen. Ich habe dann nichts mehr gesagt. In der Abstimmung waren alle, darunter natürlich KERSCHENSTEINER, MUTH, STERN, DEUCHLER, SCHEIBNER etc. für die 6 Sätze, ich allein dagegen. Nun durften sie nicht namens der Erz. H. [Erziehungswissenschaftlichen Hauptstelle] hinausgehen, sondern nur mit einzelnen Namensunterschriften, also: MÜLLER, Kersch. [KERSCHEINSTEINER], Schulze[3], STERN, LEHMANN[4], MUTHESIUS, KUNZE etc. [...] Ich habe mit einer persönlichen Bemerkung geschlossen, deren Hauptsinn war: Die geschäftsmäß. [geschäftsmäßige] Behandlung sei nicht in Ordnung. Sie sollten mich ausschließen, wenn sie wollten. Auch ich hätte die Möglichkeit auszutreten, aber mir läge an der Aufrechterhaltung der Verbindung, deshalb sollte diese Differenz nichts absolut Trennendes zwischen uns werden. – Auch da hatte man das Gefühl: unser ganzes Schulwesen [scil. „ist"] ein Chaos (nicht einmal stunk- und nicht einmal reklamefähig). [...]

[1] Nur in Abschrift erhalten.
[2] Der Deutsche Lehrerverein wurde 1870/1871 gegründet und war bis 1933 die größte Berufsorganisation von Lehrern in Deutschland.
[3] Identität nicht aufzuklären.
[4] Wahrscheinlich nicht der in EDUARD SPRANGER 30. 07. 1939 erwähnte GERHARD LEHMANN, sondern einer der Sprangerschüler BRUNO LEHMANN oder WALTER LEHMANN, wohl eher der letztere (Mair).

EDUARD SPRANGER AN KÄTHE HADLICH
Berlin-Wilmersdorf, [ca. Januar 1928[1]]; Br., ca. 4/9
[...] Meine Gabe und meine Lust zu lehren, sind im Versiegen. Ich kann zu dem Studenten von heut, nun gar zu der Studentin, kein inneres Verhältnis finden. In den Dienstagsübungen finde ich kein geistiges Leben, nicht einmal den Mut und die Kraft zu einer klar ausgesprochenen Opposition. Diese neue Generation, halb

Psychoanalyse, halb Sport, halb Sozialismus, wird, wenn sie am Ruder bleibt, *meine* Ideale jedenfalls nicht zu den ihrigen machen. Ich sehe die deutsche Universität versinken und finde mich, in den Augen der Jugend, immer nur als den fremdartigen Reaktionär. Aber auch unter meinen Kollegen stehe ich ziemlich allein. Denn da sie die Welt nicht sehen, so wissen sie nicht einmal, wer gegen sie ist. Und gerade weil sie dann jede Aktion, die ich für sie mache, mitmachen, liegt die ganze Verantwortung auf mir. Es ist überhaupt niemand da, mit dem ich über meine innere Not reden kann. SUSANNE, die ich als *sie* so hoch schätze und so gern habe, ist immer ratlos beim Eintritt in meine Welt. Am tiefsten quält mich das Versagen der Frauen, an die ich geglaubt habe. Alle treiben sie Volkserziehung und sehen doch kaum, daß wir in den grundlegenden Dingen des Volkslebens immer tiefer rutschen. Die Eindrücke der Novembervorträge[2] habe ich nicht verwunden. Und so ist gestern meine Austrittserklärung aus dem Vorstand des FRÖBELverbandes, in dem ich mich fremd fühle, abgegangen.

Was man für mich empfindet, ist überall das Gleiche: Angst. Die Studenten haben Angst vor mir. Ein preuß. [preußischer] Ministerialrat, dem ich in der Sitzung Opposition machte, sagte zum Schluß: „Hoffentlich bin ich nicht in Ungnade gefallen."

Das geistige Chaos in Deutschland wird immer größer. Kürzlich führte jemand den Begriff „konservativ" wirklich auf Gott Vater, Sohn und Heiligen Geist zurück. Wir Deutschen sind Stimmungsmenschen geworden, pflegen unsre „Seele" und machen aus jeder Dilettantenaufführung, jeder rhythmischen Gymnastik eine neue Weltanschauung.

Es war wirklich erschütternd, als gestern im Kreise hoher ehemaliger Offiziere ein Dr. WILDGRUBE *sehr gut* über Friedrich den Großen als praktischen Philosophen sprach. Das versteht doch sonst kein Mensch mehr: Pflicht! Man bewundert das Mittelalter, das eine Zeit der Askese war, und man baut selbst die Kultur ab, indem man für das sog. „Verdrängte" wieder alle Freiheit fordert. Wenn selbst das Zentrum jetzt keine einheitliche Richtung mehr hat, dann weiß ich nicht, an welchen Maßen sich unser Volk überhaupt noch orientieren soll. Wir sind ja völlig ohne Ideal. „Volksgemeinschaft" sagt man, aber sie hat nie auf etwas anderem als auf *gemeinsamer hoher Tradition* beruht, und gerade sie tritt man mit Füßen. [...]

---

[1] Zur Datierung: Im Bf. vom 22. 01. 1928 rät KÄTHE HADLICH, SPRANGER solle einen geplanten Vortrag, zu dem ERNST MORO, der Chefarzt der Tübinger Luisenheilanstalt, ihn überredet hatte, auf WILLIAM STERN abschieben. In KÄTHE HADLICH 26. 01. 1928 berichtet sie ihm von ihrem Versuch, MORO das Vortragsprojekt auszureden. Am 02. 02. 1928 teilt SPRANGER KÄTHE HADLICH mit, daß er MORO geschrieben habe, er freue sich sehr über dessen Entschluß, auf ihn als Redner zu verzichten. Danach sollte der Brief vor dem 22. 01. 1928 verfaßt sein. Dafür spricht auch KÄTHE HADLICHS Eingehen auf SPRANGERS Klage, er könne zu den heutigen Studenten keine Beziehung finden, im Bf. vom 29. 01. 1928 und

ihre Bezugnahme auf die Äußerung des Ministerialrates, er fürchte bei SPRANGER in „Ungnade gefallen" zu sein.
² Im November 1927 hatte SPRANGER zwei honorarfreie Vorträge in der im Aufbau befindlichen Berliner Frauenhochschule gehalten und sich darüber geärgert, daß er dafür seiner Meinung nach zu wenig Dank erhielt. (Vgl. dazu oben EDUARD SPRANGER 10. 12. 1927.)

KÄTHE HADLICH AN EDUARD SPRANGER
Heidelberg, 22. 01. 1928 / Br., ca. 1/7
[...]
Hier wird auch beständig über das Reichsschulgesetz debattiert. Der Landtag mißbilligt den Minister LEERS wegen seiner Lauheit in der Simultanschulfrage. Auch über die Eröffnung der zwei konfessionellen Lehrerbildungsanstalten ist man entrüstet, besonders Dein Freund HOFHEINZ, der natürlich für akademische Bildung ist!

Also auch die Kinderärzte stürzen sich auf das Erziehungsproblem! Es ist für sie ja eigentlich nicht so fernliegend. Im allgemeinen aber kam ich mir so vor, als ob das Gründungsfieber, das nach jedem Kriege einsetzt, sich bei uns in Ermangelung anderer Möglichkeiten ausschließlich auf das Schulgebiet konzentriert hätte. Möchtest Du diese Kräfte zu einem echten Aufschwung zusammenfassen können! – Der MORO ist nun die erste Stimme aus Heidelberg, die Dich beruflich bindet, und dabei soll es in Hamburg[1] sein! Ich wäre entschieden mehr dafür, daß Du es auf STERN abschiebst. Wenn auch in der Totalität der Vergleich nicht zu seinen Gunsten ausfallen dürfte, so glaube ich doch, daß gerade dies Gebiet nicht zu Deinem besonderen Interesse gehört und Dir darum verhältnismäßig viel Mühe machen würde, während Du doch Deine Arbeitskraft konzentrieren möchtest. [...]

[1] ERNST MORO, der Chefarzt der Tübinger Luisenheilanstalt, wollte SPRANGER als Redner für einen pädiatrischen Kongreß in Hamburg gewinnen, was diesem inhaltlich und terminlich ungelegen kam. Er bat, sich auf WILLIAM STERN zu beschränken und ihn aus der Planung herauszulassen. (Vgl. den vorstehend abgedruckten Brief SPRANGERS vom Januar 1928.)

KÄTHE HADLICH AN EDUARD SPRANGER
Heidelberg, 26. 01. 1928 / Br., ca. 1/6
[...] Aber, mein Herz, wenn in der Welt so viel Äußerlichkeit, Falschheit und Verworrenheit ist, so ist es doch umso nötiger, fest dagegen anzugehen. Der Satz: „Hoffentlich bin ich nicht in Ungnade gefallen"[1] scheint mir auch auf Deine Stellung zu den Studenten zu passen. Du hast Angst, nicht vor dem einzelnen Menschen, aber vor der „neuen Mentalität". Ich war so glücklich zu Weihnachten, als Du von dem Sinn des Führertums sprachest, davon, daß es einsam vorangehen muß. Ich glaubte,

Dich darin zu hören, Deine Gewißheit, Deinen Willen, Deine Entsagung. Denn wenn Du Dich von den Studenten nicht verstanden fühlst, so ist es doch nicht, weil Deine Ideale reaktionär wären, sondern weil sie an bleibenden Maßstäben orientiert sind. Du kannst Deinen Blick unmöglich begrenzen auf die Tagesziele, denen die Menge nachjagt, Du siehst sie immer im großen Zusammenhang. Auch eine Relativitätslehre! – Sieh nicht immer *nur* das Negative! Verdenke es den sozial Arbeitenden nicht, wenn sie in ihrer Freude am Einzelerfolg und im Bewußtsein des eingesetzten Willens an Besserung glauben. Sie würden vielleicht sonst erlahmen. Du hast den klaren Wirklichkeitssinn und die scharfe Kritik. Aber sie dürfen Dich nicht zur Hoffnungslosigkeit treiben, denn Du hast die Kraft, dem Verfall entgegenzuwirken, und Du hast den klaren Blick, *damit* Du erkennst, *wie* sehr es nottut. [...]

[1] Zitat aus dem vorstehend abgedruckten Brief SPRANGERS vom Januar 1928.

KÄTHE HADLICH AN EDUARD SPRANGER
Heidelberg, 29. 01. 1928 / Br., ca. 2/3

[...] Sind nun die Studenten von heut so viel schwächlicher und unreifer als früher, oder erscheinen sie nur so, weil der Abstand zwischen Dir und Ihnen sich erweitert? Man wird eine neue Hochschule über, d. h. neben der Universität begründen müssen, um einmal wieder die geistige Elite aus dem Massenandrang herauszulösen. Ich verstehe so sehr, wie man in jeder Beziehung die heutigen Zustände verfahren und ziellos findet. Es ist, als ob sich alles ins Hypertrophe entwickeln wolle. Organisation wird überall zum Zweck statt zum Mittel. Ich sehe das im kleinen Kreise, wie Du es so überzeugend in der „Verschulung"[1] darstellst. Ich möchte wünschen, daß es gelänge, das Erziehungswesen zu dem selbständigen Organismus aufzubauen, den Du in der Akademie-Abhandlung[2] skizzierst, weil ich dies Gebiet des Lebens aus dem politischen Kampf herausgerückt wissen möchte. Aber der Kampf um die Simultanschule ist wohl schon nicht mehr ein rein politischer, sondern auf Überzeugung und Tradition gegründet, und es würden dann innerhalb des Schulwesens genau dieselben Gegensätze aufeinanderprallen wie jetzt im Reich der Politik. Denn es lassen sich nicht ganz allgemeingültige Paragraphen darin aufstellen wie beim Recht. Vielmehr scheint es mir gerade dem Wesen der Erziehung entgegen, daß man sie von Reichs wegen unter ein einheitliches Gesetz bringen will. Man will zusammenschließen und wirkt nur neue Spaltung und Zersplitterung. – Wie heißt das oberste Gesetz der Erziehung, das für alle gilt? Ich meine: Bildung – aber sie ist doch nicht identisch mit *Konfession,* und die ist auf einmal durch das Reichsschulgesetz in den Mittelpunkt gerückt worden. – Du schreibst von der geistigen Zusammensetzung der heutigen Studierenden. Aber das sind doch alles nur Ansätze und Versuche in ihnen, denen Du ein wirksames Gegengewicht setzen kannst. Was blüht jetzt alles in diesem Matthies[3] auf, der Dir doch anfangs so wesensfremd schien. Und so wirkst Du in vielen, wo Du es nicht weißt. Darum darfst Du nicht von vornherein an Deinem Einfluß zweifeln. „Selig sind, die nicht sehen und doch glauben."[4] — Ich grüble immerfort darüber, was Du Dir denn Entsprechenderes denken könntest, wenn Du das Lehren aufgeben wolltest? Kannst du Dir das überhaupt vorstellen? Ist denn nicht das, was Du anstrebst, der geistige Wiederaufbau, unsere einzige Rettung? Du darfst nicht müde werden, mein Liebster. Ich glaube doch so fest an Dich! [...]

[1] EDUARD SPRANGER: Die Verschulung Deutschlands. In: Die Erziehung, 3. Jg., 1928, 273-284.
[2] Bis 1928 erschienen nur die folgenden zwei Akademie-Abhandlungen SPRANGERS: Antrittsrede in der Preußischen Akademie der Wissenschaften am 2. Juli 1925. In: Sitzungsberichte der Preußischen Akademie der Wissenschaften, Philosophisch-historische Klasse, Jg.1925, XCIII-XCV, und: Die Frage nach der Einheit der Psychologie. In: Sitzungsberichte der Preuß. Akademie der Wissenschaften, Philos.-histor. Klasse, Jg.1926, 172-199 (auch in GS IV, 1-36).
[3] Angeblich ein russischer Kommunist, dem SPRANGER zunächst erfolglos eine Anstellung zu vermitteln suchte (undatierter Brief EDUARD SPRANGERS ca. 1925).
[4] Joh. 20, 29.

EDUARD SPRANGER AN KÄTHE HADLICH
[ohne Ortsangabe] 27. 05. 1928 / Br., vollständig
Mein innig Geliebtes!
Heut war nun Pfingsten. Der Tag hat mir so Schweres gebracht, daß ich bei Dir Hilfe suchen muß. Aber Du sollst das Folgende von vornherein richtig lesen. Deshalb erinnere ich Dich daran, wie Dein Fortgehen mich *ganz* aus meiner Fassung warf.[1] Einer solchen Stunde wie der nach der Heimkehr vom Bahnhof kann ich mich nicht erinnern seit dem Tode meiner Mutter und vielleicht seit damals, wo mein Vater schied, ohne daß ich ihn gefunden hatte. – Die Wahrheit ist, daß meine Seele in der Deinen ruht. Ich würde aus äußeren Gründen – als Pflichtmensch – nicht einmal wünschen, daß Du immer bei mir wärst. Aber in jedem Tiefsten *bist* Du ja bei mir und ich bei Dir.

Du weißt aber auch, daß dieses Glück nicht kampflos ist, seit langem. Ich bin, wie die meisten, zweiteilig. Ich habe Fleisch und Blut. Und ich kämpfe damit so, daß Du annehmen kannst, die Hälfte meiner nervösen Beschwerden stammt von da oder ist der Ausdruck eines revoltierenden Körpers.

Du weißt ja auch das andere: Früher war das nicht ganz so schlimm. SUSANNE hat es nicht geradegerenkt, aber da ich ihr richtig gut war, wurde sie der einzige Mensch, der mir ernstlich eine Versuchung bedeutete. Und ich bin nicht absolut stark, obwohl ich bisher tapfer durchgehalten habe. Aber eben deshalb sind mir die

Aus einem Brief Eduard Sprangers an Käthe Hadlich vom 27. 05. 1928

Nerven manchmal fast zersprungen.

Nun heut: ein trüber, kühler, stimmungsloser Pfingsttag. So recht ausgezeichnet durch ein Zusammensein, in dem bei gutem Verständnis doch das Letzte schwieg, wie immer. Und jetzt treibt sie das Unglück, wie schon 1924 und 1925, wieder daran zu rühren, wieder diese schuldvoll gelebte unmögliche Halbheit mit Namen zu nennen. Sie habe das Gefühl gehabt, daß zwischen uns in den letzten Monaten etwas anders geworden sei. Ich, noch ganz ahnungslos, meinte, sie fühle sich zurückgesetzt. Und da sagt sie: „Ich glaubte wir würden uns heiraten". So sagte sie zum *ersten* Mal. Und vielleicht – leider – hatte sie von dem aus, was sie sehen kann, darin recht und dazu ein Recht.

Wie es weiterging an diesem traurigen Abend, will ich nicht beschreiben. Ich möchte auch unter keinen Umständen von Dir Ähnliches hören, wie es in dem Telegramm von 1915[2] lag.

Denn das sind feststehende Wahrheiten, die ich heut wieder – leider so schonungslos – wie 1924 und 1925 aussprechen müßte: Mein Tiefstes klingt mit SUSANNE nicht zusammen. Ich habe sie lieb. Aber wenn das letzte *nicht* berührt wird – welchen Sinn hat dann das „lieb"? Und nun könnte man über eine Ehe zur Not denken wie ARISTOTELES gedacht hat. Für den griechischen Menschen scheint sie nichts Persönlich-Zentrales gewesen zu sein. Aber ich fühle: Mein Gehirn ist seit Jahrzehnten so übermäßig in Anspruch genommen, daß *ich* keine Kinder haben darf. Und schließlich das Wichtigste: Ich könnte sie ja nicht glücklich machen.

Wie es bei der unseligen, seit Jahren von mir klar erkannten Halbheit unseres Verhältnisses nicht anders sein kann, kam dies heut nun wieder einmal unheilvoll durch Aussprechen an den Tag. Ich verstehe tiefer als je die Doppelwahrheit der Mythen: „Nie sollst Du mich befragen"[3] und das von Melusine.[4]

So steht es. Und ich muß es Dir sagen, wie Du ja an allem teilhast. Bis in die tiefste Seele schlägt es mich nieder, das arme Wesen so unglücklich gemacht zu haben. Das ist, weiß Gott, meine tiefste Not. Was mich betrifft, so ist vieles in mir erstarrt, seit ich das Schicksal mit Frau Riehl schrittweise begriff – nicht das von heute, sondern das seit 1914. Und dieses große Haus mit *keiner* Seele – es ist auch nicht leicht.

Was nun werden soll, weiß keiner von uns. Sie will und kann nicht lösen, was immer wieder, mit Naturnotwendigkeit, an denselben Punkt heranführt. Ich kann es ja auch nicht. Denn sie ist mir zur linken Hand angetraut, wenn ich das so nennen darf.

Du hast hellseherisch, fast über mein eigenes Wissen hinaus, die Novembervorträge[5] richtig gedeutet. Sie waren für mich so viel, daß ich über dem fehlenden Echo *mich als Person* in Frage gestellt fand.

Der Mensch denkt eben zunächst in Stunden und Tagen weiter. Dienstag geht es

nun nicht nach Freienwalde, worauf ich mich fast kindlich gefreut habe, sondern –
damit Frl. W. [WINGELEIT] nichts merkt – *irgendwohin allein*. Es ist verzeihlich,
wenn ich hinzufüge: Mein Kopf und mein Herz wollen manchmal nicht mehr. Ist
es Schuld, daß ich in dieses glücklich-unselige Netz geraten bin?
    Niemand von uns beiden weiß nun eigentlich weiter. Ich weiß nur, daß alles sich
in mir in *Mitleid* auflöst. Aber ich verwechsele das nicht mit anderem. Auch von
Dir erwarte ich keinen Rat, keinen Hinweis. Nur mußte ich Dir sagen, daß *über*
dem Gas und der Wasserfrage und den ganzen Themen Nr. 13[6] anderes mich getroffen hat, was aus dem Bogen Apolls kam[7]. Ich habe nicht mehr viel Reserven.
Aber auch darin ehre ich den Willen einer höheren Macht, die mir unendlich viel
gegeben hat und täglich nimmt. Ich bitte sie, daß ich den Weg finde. Nicht für
mich als diesen, so schwer es sein mag. Sondern in *ihrem* von mir noch nicht verstandenen Sinn. [nachträgliche Einfügung: „dem göttlichen"] *„Dein* Wille geschehe. Aber wenn Du kannst, mache es ihr leicht."
    Dies alles lege ich liebevoll an Dein treues Herz und bin
Dein Eduard.

28.V.28
Eine schreckliche Nacht! – Ich bin von Donnerstag an in Weimar, Hotel Elefant.
Sei innig gegrüßt und verzeih
Deinem Eduard.

---

[1] KÄTHE HADLICH hatte SPRANGER im Mai 1928 besucht. Der wahrscheinlich vorhandene Plan, die Pfingsttage miteinander zu verbringen, mußte aber wegen einer Verschlimmerung der Krankheit ihres in Hofgeismar lebenden Onkels Hermann aufgegeben werden. (Vgl. EDUARD SPRANGER 19. 05. 1928 u. KÄTHE HADLICH 17. 02. 1928.)

[2] Aus dem Jahre 1915 sind nur Briefe, aber keine Telegramme von KÄTHE HADLICH erhalten. Nach EDUARD SPRANGER 31. 03. 1915 bezog sich dieses Telegramm auf ADELHEID HOFMANN, geb. von Winterfeld, und enthielt wahrscheinlich eine dringende Warnung KÄTHE HADLICHS an SPRANGER, Vorsicht walten zu lassen. (Vgl. Anm. 1 zu EDUARD SPRANGER 08. 03. 1915.)

[3] Zitat aus Richard Wagners Oper „Lohengrin" (Reclams Opern- u. Operettenführer, 211ff).

[4] Melusine war nach einer altfrz. Geschlechtersage die Ahnfrau des gräfl. Hauses Lusignan, eine Meerfee, die sich mit Graf Raymond von Poitiers vermählte.

[5] Im November 1927 hatte SPRANGER zwei honorarfreie Vorträge in der im Aufbau befindlichen Berliner Frauenhochschule über das Thema „Vom Sinn der Liebe" gehalten und sich darüber geärgert, daß er dafür seiner Meinung nach zu wenig Dank erhielt. (Vgl. dazu oben EDUARD SPRANGER 10. 12. 1927 und Anm. 2 zu EDUARD SPRANGER 03./05. 05. 1915.)

[6] Nr. 13: EDUARD SPRANGER wohnte zu dieser Zeit in Berlin-Dahlem, Fabeckstr. 13. Im Brief vom 19. 05. 1928 berichtete er KÄTHE HADLICH, daß sein Gasverbrauch zu hoch sei und anscheinend irgendwo im Haus Gas ausströme, ferner, daß es Wassereinbruch gegeben habe. Dies sind die „Themen", welche das Haus in der Fabeckstr. 13 betreffen.

[7] Der Sage nach lenkte Apollon den Pfeil des Paris, der Achilleus tötete. SPRANGER will hier also sagen, daß er tödlich verletzt bzw. unheilbar verwundet ist.

EDUARD SPRANGER AN KÄTHE HADLICH
Berlin-Dahlem, 23. 02. 1929 / Br., ca. 1/10
[...] Am Montag war ich (todmüde) auf einem Parlamentarischen Bierabend, den HUGENBERG gab. Es war aber ziemlich langweilig. Frl. Oda ROETHE[1] saß an m. [meinem] Tisch. Interessanter verlief gestern ein Abend für den Tiroler Dichter OBERKOFLER. Zufällig war der Reichskanzler MARX da. Ich kam beim „geselligen" Beisammensein" zwischen ihn und s. [seine] Frau zu sitzen. Er machte mir menschlich einen unerwartet sympathischen Eindruck; sprach sehr warm, interessant und voll Bewunderung von HINDENBURG, auch von LÖBE. [...]

[1] Möglicherweise eine Verwandte des Berliner Germanisten ROETHE.

EDUARD SPRANGER AN KÄTHE HADLICH
Berlin-Dahlem, 16. 06. 1929 / Br., ca. 2/9
[...] Eine immer wiederholte Nachricht besagt: Sobald das Konkordat in Preußen abgeschlossen ist, soll BECKER durch den sozialistischen Oberregierungsrat, früher Lehrer, KÖNIG, ersetzt werden. Man fürchte, daß dann von den Sozialdemokraten ganze Arbeit gemacht wird. So stehen die Philologen schon mit unserer Fakultät in Verbindung, um zu verhüten, daß künftig *alle* Lehrer durch die Pädagogische Akademie hindurchgenötigt werden und das Universitätsstudium nur ein sogenanntes Zusatzstudium zur Volksschullehrerausbildung wird. Ebenso deutlich aber hört man, daß dann ein Sozialist ordentlicher Professor für Pädagogik in Berlin werden sollte, wie LÖWENSTEIN und KARSEN es wünschen. Daß früher oder später einmal ein Sozialist Honorarprofessor oder Extraordinarius wird, ist schwerlich zu vermeiden. Setzt man mir aber einen Parteimann zur Seite, wird dadurch die Universität in ihrer Wesenstruktur bedroht, und ich glaube nicht, daß ich unter diesen Umständen bliebe. Ein bestimmter Vorstoß hat diese Perspektive mir so nahe gebracht, daß ich mich doch gleich an RICHTER gewandt habe. Am Freitag werde ich das mit ihm besprechen. [...]

EDUARD SPRANGER AN KÄTHE HADLICH
Berlin-Dahlem, 28. 06. 1929 / Br., ca. 1/2
[...] Du hast von dem unerhörten Skandal gelesen, daß die Regierung die Protestkundgebung der Berliner Hochschulen mit DELBRÜCKS Rede verboten hat. Nun ist der Teufel los. Die Studenten haben heut schwere Zusammenstöße mit der Polizei gehabt. Abends war die große Protestkundgebung im Stadion, zu der mir die Studentenschaft gestern abend eine Karte geschickt hat. Ich war aus meinem *ganzen*

Gedenken dort, konnte aber nicht hin, weil LORE erst nach 6 kam, und ich sie doch nicht allein lassen konnte, nachdem ich viele Jahre meinen Geburtstag in Klösterli[1] gefeiert habe. Daß ich morgen nicht in Berlin bin, daß ich nicht im Senat bin, ist mir beunruhigend. Es spitzt sich jetzt allerhand zu; da gehört man an die Seite der Studenten.

Diese haben mir gestern[2] eine minutenlange Ovation gebracht; es lagen Rosen auf dem Katheder, so daß nichts zu verbergen war. Ich bin – seltsam – in Berlin noch nie mit soviel Wärme begrüßt worden.

Die Feindschaft zwischen Hochschulen und Regierung wird immer schärfer. Das moralische Plus hat die Studentenschaft, leider noch gar keine Aussicht auf politischen Erfolg. Es ist wie in der Zeit der Karlsbader Beschlüsse[3]. Ich freue mich, daß die jungen Leute den Instinkt haben, diesen Staat nicht zu bejahen.

Du erinnerst Dich, daß ich Dir schon vor ca. 1 1/2 Jahren riet, eine Verbindung mit den neuen Universitätsinstituten zu suchen. Die Situation wird niemals besser, wenn man etwas verschiebt. Ich müßte von Dir erfahren, wer in der Organisation der maßgebende Faktor ist. Dann schreibe ich natürlich gern. Aber die Anfrage muß durchaus konkret gehalten sein. Bitte also um solche Unterlagen.

Mein Dasein ist jetzt so gehetzt, daß ich nicht weiß, ob ich Dir vor oder nach dem Besuch bei RICHTER geschrieben habe. Quintessenz des letzteren war: „Ich bin erstaunt, daß Sie die Lage so richtig beurteilen." Seit zwei Jahren bohren die Sozialisten um einen Dozenten für Pädagogik ihres „Schlages". KARSEN, den wir ablehnten[4], ist von Frankfurt geschluckt worden. WILHELM PAULSEN, der gescheiterte Berliner Stadtschulrat, war uns auch zugedacht, ist nach Braunschweig berufen. RICHTER fühlt sich auf die Dauer nicht stark genug, dem Drängen zu widerstehen, und rät zu freundlichem Entgegenkommen. Daß aber diese 2 angeboten wurden, beweist schon das Niveau, das man hat oder wünscht. Ich weiß eben im Grunde keinen vollwertigen, ja kaum einen anständigen Vertreter jener Richtung. Morgen will ich die Sache mit LITT beraten. Aber ich rücke vom freiwilligen Nachgeben ab. Mit KARSEN war es so (wie ich RICHTER sagte), daß ich im ersten Moment dachte: „angenehm, weil er die Sache sicher diskreditiert." Aber ich fand es gegenüber dem Ministerium und der Universität *unmoralisch*. Warum soll ich als Kompromiß herbeiführen, was ich besser der Verantwortung der anderen überlasse? [...]

---

[1] Wohnsitz der RIEHLS in Neubabelsberg. (Vgl. oben Anm. 3 zu EDUARD SPRANGER 06.08.1909.)
[2] Am 27. Juni, dem Geburtstag EDUARD SPRANGERS.
[3] Mit dem Karlsbader Beschlüssen vom 06. bis 31. Aug. 1819 wurden repressive Maßnahmen gegen oppositionelle Studenten und Intellektuelle eingeleitet, u.a. das Verbot der Burschenschaften, die Überwachung der Presse und der Universitäten.
[4] SPRANGER war sich in der Ablehnung KARSENS mit der nationalsozialistisch orientierten Studentenschaft einig. (Henning/Leschinky, 37)

Aus einem Brief KÄTHE HADLICHS an EDUARD SPRANGER vom 03. 06. 1928

EDUARD SPRANGER AN KÄTHE HADLICH
Dahlem, 14. 06. 1930 / Br., ca. 3/10

[...] Erwähnen will ich die katholische Tagung. Stimmungsvoll, geschmackvoll. Alle Behörden vertreten, WIRTH an der Spitze. Auch der Bischof von Berlin, der sich freute, den „berühmten Pädagogen des Abendlandes kennen zu lernen". Als die Liste der anwesenden Behördenvertreter lautlos angehört war, ging bei Erwähnung meines Namens ein aufwallendes „Ah" durch die Menge, und ein lang anhaltender Beifall nötigte mich, mich dankend zu verneigen. Der 1. Fall, daß in Deutschland jemand aus „anderem" Lager anerkannt wird.

[...] Mit HARNACK haben wir einen Großen verloren[1] der – mit Recht – nicht unumstritten war. Mir hat er immer, bis zum letzten Sehen vor seinem Tod, Sympathie und Güte bewiesen. Wann wir uns sprachen, klang es zusammen.

[...] Die kommende Woche wie die übernächste steht als schwere Last vor mir. Ich habe gar keine physischen Reserven mehr. Am Donnerstag um 2 hat mich der Minister[2] zum Essen eingeladen, um wichtige Fragen mit mir zu besprechen. Wie das auch gemeint ist – Herr BECKER hat es *nie* getan.

Ich lese Manuskripte bis zur Erschöpfung. Außerdem studiere ich HEIDEGGER, wie man eine seltene – aber doch aufschlußreiche Krankheit studiert. Es ist meine Hauptarbeit in diesen Ferien. Trotzdem bin ich bis jetzt nur so weit, wie in den Pfingstferien 1929, d. h. bis S.200; und 430 Seiten hat das Buch[3]. *Natürlich* werde ich es wieder nicht schaffen.

Ärgernisse bereitet mir wieder ein Weib, die Studentin Redlich, die zweideutige Gerüchte über mich verbreitet. Die KNAACK, nicht viel weniger hysterisch, hat mich darauf aufmerksam gemacht. Ich werde nun durchgreifen.

Die „Ungarische Pädagogische Gesellschaft" hat mich einstimmig „mit Begeisterung" zum Ehrenmitglied ernannt (mit KERSCHENSTEINER). [...]

[1] KARL GUSTAV ADOLF VON HARNACK war am 10. 06. 1930 gestorben.
[2] Preußischer Kultusminister war von 1930–1933 ADOLF GRIMME.
[3] MARTIN HEIDEGGER: Sein und Zeit (1927).

EDUARD SPRANGER AN KÄTHE HADLICH
Dahlem, 15. 09. 1930 / Br., ca. 1/2

[...] Obwohl [scil. „uns"] der Ausfall der Wahl[1] vor die stärksten realpolitischen Schwierigkeiten stellt, empfinde ich ihn als eine ungeheure Befreiung. Es ist zum 1. Mal seit 1920[2] eine impulsive Volksbewegung – natürlich instinktiv, brutal, ziellos – aber doch fort von der Sozialdemokratie mit ihrem kleinbürgerlichen, ideallosen, bequemen Geist, dem wahren Geist des Durchschnitts und der Ideenlosigkeit.

Auch wir haben nicht eigentlich mit dem Volk empfunden. Unser Mann vertritt eine Bildungspolitik; aber die *Abstimmung* kann nicht zur Bildungspolitik führen. Sie bringt elementare Sehnsüchte heraus. Wohl uns, wenn dann die Führer – Bildung und Verantwortung haben. Dieser Wahlausgang sagt mir, daß das deutsche Volk noch lebt. Und er ist so kraß, so unerwartet, daß man sich davon schon etwas versprechen darf. Diese Nationalsozialisten sind noch völlige Neulinge; umso besser. Mit der Bedächtigkeit der letzten 12 Jahre haben wir nichts erreicht. Versuchen wir es einmal an der Grenze. Wenn Wahlverfahren den Sinn haben, das Volk zu befragen – diesmal hat es dann doch eindeutig gesprochen.

Der Zufall fügte es, daß gerade heut ein Student mich besuchte, der seit kurzem Nazi ist. Er hat sich einfach für den Besuch gemeldet. Anscheinend alter Adel – von Hellborn -; so viel sehe ich bald, daß das alles noch undurchdacht ist. Aber gut, daß Leute von „*Gesinnung*" nun einmal genötigt werden, die großen Fragen zu durchdenken.

HINDENBURG tut mir leid. Er erfährt, daß man mit der „Mäßigung" das Volk nicht bekommt. Ich fürchte fast, er wird nun abtreten. Denn die Zeit des Vermittelns scheint in der Tat vorbei.

[...] Ich finde es widerlich, wenn demokratische Zeitungen über den Wahlausfall schimpfen. Das ist doch nun einmal der Sinn der Volksbefragung, daß es seine Meinung äußert, so klug oder so dumm sie ist. Diese Meinung lautet: Wir haben immer noch mehr Vertrauen zu den nationalsozialistischen Führern, die wir nicht kennen, als zum bisherigen System. Ich fände es auch unerhört, wenn man jetzt wieder bloße Koalitionsarithmethik machte, wenn also z. B. die Wirtschaftspartei, die *gegen* den Sozialismus gegründet ist, mit den Sozialdemokraten in eine Regierung ginge. Nur wenn sie dies täte, käme eine Majorität der Mitte heraus. [...]

---

[1] Die Reichstagswahl vom 14. 09. 1930, bei welcher die Kommunisten und die Nationalsozialisten Stimmengewinne erzielten, was eine zunehmende Radikalisierung der Innenpolitik zur Folge hatte.
[2] Bezug auf die Reichstagswahlen von 1920, bei welchen die SPD-geführte Weimarer Koalition Stimmen verlor, so daß es zur Bildung einer konservativen Regierung kam.

KÄTHE HADLICH AN EDUARD SPRANGER
Heidelberg, 26. 09. 1930 / Br., ca. 1/10

[...] Und was sagst du nun zu HITLER? Eine bessere Gelegenheit[1], wirksam vor die Öffentlichkeit zu treten, konnte ihm der Staat ja gar nicht bieten. Aber was dann sein soll, wenn sie den Staat erobert haben – das sieht man nicht. Und doch, man freut sich der reinen, guten Kräfte, die sich kundtun. Möchten sie den richtigen Weg finden. So wollen wir hoffen! [...]

[1] Am 23. Sept. 1930 wurde vor dem Reichsgericht in Leipzig der Hochverratsprozeß gegen Reichswehroffiziere des Ulmer Artillerieregiments eröffnet, die eine Verbindung der Reichswehr mit der politischen Rechten forderten. HITLER wurde am 25. Februar 1930 als Entlastungszeuge der Angeklagten geladen. Er nutzte diesen Auftritt zur demonstrativen Selbstdarstellung, zur Legitimierung der NSDAP und zur Darstellung von Grundzügen des Programms einer nationalsoziliastitschen Machtergreifung.

EDUARD SPRANGER AN KÄTHE HADLICH
[ohne Ortsangabe] 16. 10. 1930 / Br., ca. 2/9

[...] Aber ich kann Dich nicht mehr in den Zusammenhang der hiesigen Vorgänge und meiner oft sehr trüben Eindrücke versetzen. Du lebst für mich in einer Insel – wenn auch nicht der Seligen – so doch der vom Pulsschlag der Zeit Unbehelligten. Ich freue mich, daß Du spazierengehen kannst. Aber die Welt brennt. Wer weiß, ob nach 1 Jahr noch etwas steht von dem, was in unserer Jugend stand. Man kann das brieflich nicht auseinandersetzen. Und eben deshalb – was darf man sagen, was soll man schreiben? In mir ist alles wie zugeschnürt. Wir sind an einem toten Punkt, wo nur die Explosion hilft – und jeder fürchtet sich vor ihr, weil er den Krieg noch in Erinnerung hat. Aber fast ist mir, als ob noch Schlimmeres folgen müßte. Es kommt nicht, weil jeder es fürchtet. Aber solange es nicht kommt, ist faule Stickluft. Ich kann zu *niemandem* mehr reden. Habe das auch Frau WITTING gesagt. Mir kommt es vor, als ob wir träumend am Abgrund stünden. Man müßte die Hand am Steuer halten. In dieser Kunst bin ich noch nicht geschult. Ob ich es können würde? Aber die Rechenautomantik hat ja dies Inselhaft-Sichere. Nur steht das alles vorm großen Brand. Und darüber kann ich mit *niemandem* reden. [...]

EDUARD SPRANGER AN KÄTHE HADLICH
Dahlem, 01. 11. 1930 / Br., ca. 2/5

[...] Heut habe ich 5 Stunden Begabtenprüfung gehabt.
In diesen Zustand platzte gestern abend, als ich von einer 3 1/2 stündigen Sprechstunde kam, ein unerhörter Angriff von KRIECK gegen mich in Nr. 21 (1. Nov.) der „Freien deutschen Schule"[1]. Ich kann die Unterlage nicht entbehren. Die Sache ist so unerhört, daß sofort geantwortet werden muß. Meine Entgegnung[2] ist gleich gestern abend fertiggeworden. Aber zum Unglück ist das neue Heft der Erziehung auch schon ausgedruckt. Bleibt die Sache bis Anfang Dezember, so macht der Angriff natürlich bis dahin seine Runde durch sämtliche Lehrerblätter. Denn da mich die meisten „offiziellen" Stellen hassen wie die Sünde, so ist der Fall für sie natürlich gefundenes Fressen. Um Dir ein Bild von der Tonart zu geben, zitiere ich nur, was er über einen (völlig falsch verstandenen) Satz von mir sagt: „Dieser Satz ist

eine Unverschämtheit". Der ganze Lärm des offenbar kranken Mannes bezieht sich auf 2 Anmerkungen von mir, die ihn betreffen, im Höchstumfang von zusammen 18 Druckzeilen³. Der Inhalt dieser Anmerkungen aber wird auf meinen Rachedurst wegen eines Artikels von KRIECK aus dem Jahr 1920⁴ zurückgeführt, und die ganze Lehrerbildungspolemik von 1920 wird noch einmal aufgerollt, mit dem Ergebnis: Alle meine Stellungnahmen seien nichts als Rache gegen KRIECK. Re vera⁵ liegt es umgekehrt: Er hat es nicht verschmerzen können, daß er von uns nicht zur Mitarbeit an der „Erziehung"⁶ eingeladen worden ist. Wenn das alles sonst nichts bedeutet, kostet es Zeit.

Morgen früh habe ich eine PESTALOZZIkonferenz, dann einen m.E. überflüssigen Besuch von ERMATINGER – Sohn. Montag sind 4 Stunden Staatsexamen. Dienstag Kolleganfang, alles soll schon seit Mittwoch überfüllt sein, obwohl ich diesmal die Aula nicht zur Verfügung habe, weil ich den sinnlosen Andrang zur „Pädagogik" nicht für möglich hielt. Gleich hinterher ist eine ekelhafte Sitzung wegen „SIEGFRIED BERNFELD", den man uns aufnötigen will. [...]

---

¹ ERNST KRIECK: Auch ein Kapitel zur Wissenschaftslehre. In: Freie Deutsche Schule, hrsg. v. ERNST KRIECK u. Albert Schorer 12, 1930, 238-239.
² EDUARD SPRANGER: ERNST KRIECK als Kritiker. In: Die Erziehung, Jg.6 (1931), 145-148.
³ Die erste dieser „Anmerkungen" findet sich in der 2. Aufl. von SPRANGERS Schrift „Der gegenwärtige Stand der Geisteswissenschaften und die Schule" (1. Aufl. 1922), S.73: „ERNST KRIECK, Die Revolution der Wissenschaft. Ein Kapitel über Volkserziehung. Jena 1920. Ebenso wie die in der nächsten Anmerkung genannte Schrift bringt diese den schärfsten Gegensatz zum Standpunkte MAX WEBERS zum Ausdruck. S.18:»Das Vorgeben völliger Objektivität, Wertfreiheit, Voraussetzungslosigkeit ist nur vornehm aufgemachte Schwächlichkeit, Verbergen der Impotenz, Verzicht auf Wirksamkeit.« Vgl. auch S.32, 42. So entschieden ich den Grundstandpunkt KRIECKS als wissenschaftszerstörend ablehnen muß, so sehr erkenne ich manchen Tiefblick in seiner Schrift an und verstehe ich das Erlebnis, aus dem sie hervorgegangen ist: den tragischen Widerspruch zwischen zwei wertbetonten Grundmotiven, nämlich »des reinen Erkenntnisstrebens mit dem Tatwillen, der erkennenden mit der erziehenden Funktion« S.52"
Die zweite dieser „Anmerkungen" findet sich in SPRANGERS Akademieabhandlung: Der Sinn der Voraussetzungslosigkeit in den Geisteswissenschaften. In: Sitzungsberichte der Preuß. Akademie der Wissenschaften, Philos.-Histor. Klasse, Jg.1929, 2-3 (auch in GS VI, 151-183) in Anmerkung 5: „Besonders durchsichtig ist die Voraussetzungsfülle des Bildungspragmatismus, wie ihn ERNST KRIECK, Die Revolution der Wissenschaft, Jena 1920, mindestens einmal vertreten hat. S.54: »Wissen ist pragmatisch, ist vom Willen bedingt. Und wenn der Wille sich neuen Zielen zuwendet, so steht der stolze Bau unserer Wissenschaft ebenso verlassen und vergessen wie verbrauchte Religionssysteme, wie Alexandrinismus und Scholastik.« S.57: »Die echte Bildekraft ist der Maßstab für den Wert der Wissenschaft.« Also: Sit pro ratione voluntas [Anstelle einer Begründung stehe der Wille]. Es ist mir nicht verständlich, wie KRIECK bei solcher Verwechslung von Wissenschaft und Bildung trotzdem gegen eine katholische Wissenschaft eifern kann, denn ebenso wenig wie Autoritäten und Majoritäten gelten wohl bloße Modernitäten." KRIECK hatte zu dem letzten Satz geäußert: „Um bloße »Modernität« habe ich wohl weit weniger gebuhlt als SPRANGER. - Der Satz ist eine Unverschämtheit! Daß

SPRANGER damit auch den Ultramontanen Wasser auf die Mühle liefern muß, ist bezeichnend für sein weichliches Schwanken."
4 Einer der Beiträge in der Aufsatzsammlung: ERNST KRIECK: Erziehung und Entwicklung. Vorspiele zur autonomen Pädagogik. Freiburg 1921, welche KRIECK an SPRANGER gesandt hatte. (Müller, 373)
5 In Wahrheit, tatsächlich.
6 Die Erziehung. Monatsschrift für den Zusammenhang von Kultur und Erziehung in Wissenschaft und Leben. Hrsg. von EDUARD SPRANGER, HERMAN NOHL, THEODOR LITT, WILHELM FLITNER und ALOYS FISCHER, Leipzig, Quelle & Meyer, 1925 - 1943.

EDUARD SPRANGER AN KÄTHE HADLICH
[ohne Ortsangabe] 22. 11. 1930 / Br., ca. 1/6

[...] Vorgestern war ich bei der Hochschulgruppe des Stahlhelms[1] und hörte SELDTE reden. Schlicht, klar – aber eigentlich nur innenpolitisch orientiert. Und das ist der Fehler der neuesten Bewegung, die immerhin ihre außenpolitischen Wirkungen haben kann; nur darf man nicht vergessen, daß das nicht gekommen wäre, wenn nicht – STRESEMANN die Zwischenaktsmusik gemacht hätte. Ich wundere mich nicht, daß Du konservativ gewählt hast. Ich würde auch nicht nationalsozialistisch wählen. Aber mit Überzeugung wählen kann ich jetzt niemanden.
[...] Was geschieht in Rußland? Was geschieht bei uns? Freitag höre ich AUHAGEN, den besten Kenner der russischen Agrarreform[2]. Man ist immer in großen Fragen. Aber man fühlt doch: Die praktische Entscheidung hat, wer schießen kann. Das ging mir etwas durchs Mark neulich bei den Stahlhelmern mit den verhungerten jungen Idealisten. Kommt das noch einmal hoch – *die Front?* Es hat fast etwas Gespensterhaftes. Aber es pocht an die Schwelle – und mit der Sozialdemokratie jedenfalls geht es bergab. Das ist schon etwas. Der soziale Geist darf nicht sterben. Aber er sieht anders aus als die Sozialdemokratie. Das dringt doch jetzt durch. [...]

[1] Der „Stahlhelm, Bund der Frontsoldaten" war ein 1918 von FRITZ SELDTE gegründeter Zusammenschluß von Soldaten des 1. Weltkrieges, der seit 1924 auch Nichtkriegsteilnehmer aufnahm. Der „Stahlhelm" bekämpfte ab 1929 in der Harzburger Front zusammen mit den antidemokratischen Rechtsparteien offen die Republik. 1935 wurde er aufgelöst.
[2] In Rußland war seit 1928 eine rigorose Kollektivierung der Bauern durchgeführt worden.

KÄTHE HADLICH AN EDUARD SPRANGER
Heidelberg, 06. 03. 1931 / Br., ca. 3/10

[...] Da ist nun diese Woche unsere HITLERlektüre unterbrochen, und ich muß sagen, das letzte Lesen mit seinen außenpolitischen Ideen hat mir sehr wenig eingeleuchtet. Hinterher kann man gut sagen: Wenn man es so und so gemacht hätte, würden sich die Dinge günstig entwickelt haben. Man kann solche Entwicklung ja gar nicht prophezeien, denn die einzelnen Faktoren sind nur im Augenblick der Entwicklung zu übersehen, nicht aus Berechnung nach erdachten Kombinationen. – Ich wüßte gern, was Du von der Taktik der Rechtsparteien hältst. Ich kann mir nicht denken, daß sie damit Vorteile erzielen. Aber wenigstens bleiben uns die Prügelszenen im Reichstag so erspart. Warum aber kann sich das Zentrum nicht mit den Nationalen verständigen? Die Kirchenfeindlichkeit geht doch von den geliebten Sozialdemokraten ebenso gut aus wie von den Kommunisten, die jetzt so kräftig angehaucht werden. [...]

EDUARD SPRANGER AN KÄTHE HADLICH
Berlin-Dahlem, 07. 06. 1931 / Br., ca. 3/10

[...] Von meinem Nazi[1] habe ich bis jetzt ein Ms. [Manuskript] über Politik in Händen. Am 15. Juni wird im Kreise von Politikern eine Aussprache über die Ideologie der Jugend sein. Da hoffe ich zu hören und zu reden. Natürlich ist die Bewegung unreif, aber sie ist Symptom nicht nur der Not, sondern einer tiefliegenden Umbildung, die ich zu verstehen glaube, und da sie in so großem Umfang vorhanden ist, ist sie auch ein politisches Gewicht. Ihr größter Segen liegt darin, daß sie vor dem Bolschewismus schützt. Welch merkwürdige Wandlungen überhaupt: Der Papst in 1000 Ängsten[2], die ganze Welt revisionsbereit außer Frankreich[3]; die evangelische Kirche kurz vor ihrer Wiedergeburt[4] – und dies alles so durcheinandergemischt, daß trotzdem alles noch chaotisch wirkt.

Lange kann ich heut nicht schreiben. Hier nur ein Kalender: 20. Juni MOZARTkonzert für Germanisten im Schloß Rheinsberg. 13. Juli Dessau (Mendelssohn-Kuratorium). 19. Juli soll ich bei der Eröffnung des Institutes für Völkerpädagogik reden. Ich halte es aber für eine faule Gründung und werde es nur tun, wenn von den Geladenen: Kanzler, Reichsaußenminister und den fremden Gesandten (!) wenigstens 1 Mitglied der Reichsregierung kommt. [...]

---

[1] Ein nationalsozialistischer Student SPRANGERS namens von Hellborn. (Vgl. EDUARD SPRANGER 15. 09. 1930; EDUARD SPRANGER 08. 09. 1931.)

[2] Papst Pius XI. hatte zu Frieden und Abrüstung gemahnt.

[3] Die im März 1931 projektierte deutsche Zollunion mit Österreich weckte französischen Argwohn und hatte zur Folge, daß Frankreich den Vorschlag des amerikanischen Präsidenten Hoover, alle Kriegsschuldzahlungen auszusetzen, erst verspätet annahm.

[4] Evtl. Bezug auf den nach 1930 zu beobachtenden nationalistischen Trend (Volkstumsideologie) innerhalb des deutschen Protestantismus.

KÄTHE HADLICH AN EDUARD SPRANGER
Heidelberg, 15. 07. 1931 / Br., ca. 3/10

[...] Aber darum – wenn wir auch noch so tief das Chaotische unserer Zeit fühlen – laß uns nicht den Mut verlieren. Freilich ist es so, als ob auch der Zufall mithelfen wollte, unsern Kulturbesitz zu zerstören. Der Brand im Münchner Glaspalast[1] hat mich tief bekümmert. Aber der lebendige Geist wird sich nicht vernichten lassen. Mag jetzt eine Zeit der Nivellierung sein, in dem umgegrabenen Boden ruhen die Samenkörner, die in diesem Humus von neuem keimen werden. Was vergeht, ist nicht wert zu leben; nur was sich selbst aufgibt, ist verloren. Wir aber wissen doch (mit HEGEL!), daß das Beste „aufgehoben" wird durch das Neue, das werden will. – Mit größter Spannung habe ich den Aufsatz von FREYER[2] gelesen. Es ist so, daß der Einzelne sich nicht mehr die Hauptsache sein darf, daß er eingespannt ist in eine reale Welt, die alle seine Kräfte fordert. Aber die Sehnsucht über diese Realität hinaus wird bleiben – heute heißt diese Sehnsucht: deutsches Volk. Leben ist für den Einzelnen: Teilhaben in diesem Werden.

Was meinst Du damit: „Der bürgerliche Geist räumt die Positionen"[3]? Ich empfinde hauptsächlich bei den bisher besser Situierten eine große Scheu vor energischer Stellungnahme, verständnisloses Vertrauen auf die Entwicklung der „Verhältnisse" (die bekanntlich „stärker sind als der Mensch!"[4]). Dagegen finde ich bei den HITLER-Leuten, daß sie ganz und restlos hingenommen [sic] sind und bereit, sich für die Sache absolut einzusetzen. Es steckt so viel Selbstlosigkeit und Idealismus in der Bewegung, und ich meine, daß der Mensch auch als Persönlichkeit gewinnt durch das Teilhaben an solcher Gesinnung. – Gewiß ist viel Unreifes und Übertriebenes dabei, aber eine Massenbewegung ist wohl nur mit starken Mitteln zu erzeugen.-

Wenn das, was wir bürgerliche Kultur nennen, sich nur – ich möchte sagen: in Auserwählten durch diese aufgeregte Zeit hindurchrettet, so kann es (wie auch FREYER hofft), in glücklicheren Tagen zu neuer Blüte sich entfalten. Heute ist doch nur Hochwasser im Bildungsbetrieb – und eigentliche Kultur ist das nicht. Aber ich glaube noch an einen Sinn der Entwicklung und hoffe auf ein Überwinden der Gärung, in der wir jetzt stehen. Das Fieber ist ein Zeichen der Widerstandsfähigkeit im Organismus; so sehe ich die entflammte politische Leidenschaft als eine Gesundung an. Man sollte sie nur nicht in Kindereien verpuffen wie die Studenten. [...]

---

[1] Der Münchner Glaspalast war 1853/1854 nach einem Entwurf August Voits als Ausstellungsbau errichtet worden und wurde am 05./06. Juni 1931 durch einen Brand zerstört.

[2] HANS FREYER: Ethische Normen und Politik. In: Ansprachen und Vorträge, gehalten auf der Generalversammlung der KANTgesellschaft, KANT-Studien, Bd.XXXV, H.1, 1930. (Nachdruck in: HANS FREYER: Preußentum und Aufklärung und andere Studien zu Ethik und Politik, hrsg. und kommentiert von Elfriede Üner, Weinheim 1986, 111-127)

[3] SPRANGER im Brief vom 07. 07. 1931: „Das alte Wirtschaftssystem ist bankrott. Noch schlimmer: Der

bürgerliche Geist als Ethos ist bankrott, ist tot. Er räumt die Positionen nicht etwa kampflos, sondern bewußtlos."
⁴ Zitat nicht erschlossen.

EDUARD SPRANGER AN KÄTHE HADLICH
[ohne Ortsangabe] 28. 11. 1931 / Br., ca. 1/9

[...] Die politische Spannung ist längst so, daß nur ein so ruhiges Volk wie das deutsche dabei inaktiv bleibt. Ob es so bleiben wird? Die Verbindung zwischen Abrüstungskonferenz und Reparationskonferenz[1] ist höchst nachteilig für uns. Und BRÜNING bessert nicht, sondern bessert notdürftig aus. – Mit der Moral allein kann man es eben auch nicht schaffen. Das nat. soz. [nationalsozialistische] Programm bleibt beschränkt und weltfern. Nun gar Deutschkirche! Der liebe Gott redet wahrscheinlich teutsch. [...]

[1] Bezug auf die bevorstehenden Konferenzen in Lausanne und Genf, welche die Beendigung der Reparationen (Lausanne) und die militärische Gleichberechtigung (Genf) zum Gegenstand haben sollten.

KÄTHE HADLICH AN EDUARD SPRANGER
Heidelberg, 12./15. 01. 1932 / Br., ca. 1/5

[...] Mit Aufregung greift man täglich nach der Zeitung; aber man hat verlernt, an gute Vorzeichen zu glauben. Wie herrlich wäre es, wenn eine erneute Wahl HINDENBURGS[1] das Volk zu einem Gefühl der Einheit bringen könnte – mit Ausnahme natürlich der Kommunisten! Gewiß ist der ehrwürdige, alte Mann keine aktive Vertretung des Reiches, aber in seiner Würde und Pflichttreue, in seiner Repräsentation des Guten in unserer Vergangenheit für In- und Ausland das bedeutungsvollste Symbol.

Ich lege Dir gleichzeitig ein Blatt des „Völkischen"[2] bei, das ich Dich bitte anzusehen. Man sieht daraus, wie selbst die rechtsstehenden Blätter ganz falsch orientiert waren. Muß man nicht zugestehen, daß HITLER sich sehr klug, maßvoll und mit Pietät benommen hat?

Es hat mich sehr betroffen gemacht, daß Du meintest, falls diese Partei zur Herrschaft käme, würde Deine Arbeit umsonst sein. Ich kann das nicht glauben. Gestern erst erzählte PAULA SEITZ von einem Herrn, der HITLER gesprochen hat und der gesagt hat: „H. [HITLER] sei sich völlig klar, daß die Leute, die die Propaganda machten, nicht diejenigen seien, die man zu einem Aufbau brauchen kann." – *Er würde auch an Dir nicht vorübergehen!* [...]

[1] Bei der Wahl am 10. April 1932 siegte dann tatsächlich wiederum HINDENBURG in einer Stichwahl

gegen Thälmann (KPD) und HITLER (NSDAP).
² Völkischer Beobachter. Kampfblatt der nationalsozialistischen Bewegung Großdeutschlands. München, Berlin 1930 - 1945.

EDUARD SPRANGER AN KÄTHE HADLICH
Berlin-Dahlem, 05. 04. 1932 / Br., ca. 1/10

[...] Deine HITLERneigung ist mir ein interessantes Phänomen. Im ganzen sind wir beide doch zu besonnen, um der Bewegung etwas anderes als guten Willen, Begeisterung und die Kraft der Verzweiflung zuzutrauen. Aber auch ich bin der Meinung, daß in dieser Hülle etwas Wertvolles steckt, und je mehr es verfolgt, unterdrückt wird, umso mehr neige ich dazu, am Sonntag¹ meine bisherige Passivität in Aktivität zu verwandeln. Trotzdem hielte ich es für ein Unglück, wenn H. [HITLER] Reichspräsident würde. [...]

¹ Bei der Wahl des Reichspräsidenten am 10. April 1932, die HINDENBURG wieder für sich entschied.

KÄTHE HADLICH AN EDUARD SPRANGER
Heidelberg, 14. 04. 1932 / Br., ca. 2/5

[...] Die Karte von SUSANNE hat mich sehr gefreut. Es war lieb von Dir, mir Nachricht geben zu lassen – und besonders hübsch war die Übereinstimmung der politischen Wünsche. Jetzt nun – das Reichsverbot¹! Ist es denn erhört! Wie seltsam sich die gleichen Dinge wie nach mechanischen Gesetzen immer wiederholen! Aber hemmen kann es die Entwicklung der Dinge nicht. Sehr schön ist der Aufruf HITLERS heute im V. B. [Völkischen Beobachter]² – und ebenso der Dank nach der Wahl. Seine SS und SA hängen an ihm, und keine Polizei kann sie ausrotten! Und sein Wort, „er sei grenzenlos stolz, ihr Führer zu sein", muß ja wie ein Adelsbrief wirken. Es ist wunderbar, wie der Mann stets das rechte, echte Wort findet. Das kann man nicht erkünsteln, das ist in ihm.

Liebes Herz, es ist mein Wunsch, jetzt als Antwort auf das Reichsverbot Parteimitglied zu werden. Bist Du damit einverstanden? Ich möchte es keinesfalls tun, wenn Du es nicht billigtest. Darum frage ich Dich „aufrichtig"!

Von PAULA SEITZ bekam ich eine Schrift des HANS GRIMM (Über bürgerliche Ehre und Notwendigkeit)³, die zwar in Stil und Ausdruck etwas schwerflüssig, aber von Gesinnung sehr sympathisch ist. Es hat mich beim Lesen etwas der Neid gefaßt, wenn mir dabei bewußt wurde, wie dieser Mann in unabhängiger Ruhe seiner Ausweitung und Berührung mit dem Leben nachgehen kann – wenn ich an Dein gesetzlos [sic] zwangsläufiges Arbeiten denke. [...]

[1] Bezug auf das Verbot von SA und SS durch BRÜNING und HINDENBURG wegen des radikalen Vorgehens der NSDAP.
[2] Vgl. oben Anm. 2 zu KÄTHE HADLICH 12./15.01.1932.
[3] Erschienen München 1932.

EDUARD SPRANGER AN KÄTHE HADLICH
Berlin-Dahlem, 23. 04. 1932 / Br., ca. 1/5

[...] Morgen ist also die große Entscheidung. Deine Partei[1] kann ich, trotz mancher Sympathie, nicht wählen. Meine ist mir ebenfalls nicht nach dem Herzen. Die ganze Wählerei verdirbt den letzten Rest der Volksmoral. Gelogen und geschimpft, letzteres auf wüsteste Art, wird leider auch von den Nationalsozialisten. Wenn sie an die Macht kommen, werden sie alle Fehler der Gegenseite auf ihre Art machen. Daß KRIECK, der immer weiterschimpft und nun zuletzt sogar in Disziplinaruntersuchung[2] gekommen ist, der einzige bisher sichtbare Exponent auf meinem Felde ist, scheint mir kein gutes Zeichen. [...]

[1] Die NSDAP, der KÄTHE HADLICH im April 1932 beigetreten war. (Vgl. oben KÄTHE HADLICH 14. 04. 1932.)
[2] KRIECK war 1931 bezichtigt worden, Werbung für nationalsozialistisches Gedankengut betrieben zu haben, was schließlich das preußische Kultusministerium zu seiner Strafversetzung von der Pädagogischen Akademie Frankfurt an die Pädagogische Akademie Dortmund bewog. Trotz seiner Meinungsverschiedenheiten mit KRIECK unterzeichnete EDUARD SPRANGER – wie viele andere Wissenschaftler – ein Protestschreiben gegen diese Strafversetzung. (Müller 1978, 93f)

EDUARD SPRANGER AN KÄTHE HADLICH
Berlin-Dahlem, 28.05. 1932 / Br., ca. 4/9

[...] Mein längeres Schweigen ist nicht nur auf die chronische Überlastung zurückzuführen, sondern auch auf eine dumpfe Stimmung, in die mich die deutsche Entwicklung versetzt. Wir haben die ungünstigste deutsche Spezialisierung, die sich denken läßt: der eine den Verstand (BRÜNING), der andere [offenbar HITLER][1] den élan, leider mit so wenig Wirklichkeitssinn, daß man nicht weiß, in welches neue Unheil diese Kreuzzugsstimmung führen wird. Ich liebe diesen heroischen Willen, wie er mir in Weimar in BERNHARD SCHWARZ entgegentrat. Ich liebe nicht das Geschimpfe junger Leute über HINDENBURG, die von der Verantwortung des Handelns nicht wissen können und diese Verantwortung, unprotestantisch genug, einem einfach geglaubten Führer zuschieben, der ihrem Verständnis gerade noch erreichbar ist. Ehrfurcht sollte auch heut noch eine deutsche Tugend bleiben. Der junge Mann in Marburg[2] hätte vermutlich gar kein deutsches Vaterland vorgefunden, wenn HINDENBURG nicht gewesen wäre.

Ich sprach heut einen Ministerialdirektor aus dem R.d.I. [Reichsministerium des Inneren]. Brüning wackelt in der Tat. Man weiß keinen anderen zu nennen als Gessler, und „es heißt", daß die Nationalsozialisten Brüning gern – als Außenminister bitten möchten. Das ist doch wieder eine Probe von Naivität. Vorläufig fehlen alle Beweise eines politischen Könnens. Ich würde gern mitansehen – was kommen wird – daß die deutschen Universitäten eine Zeitlang auf den Hund kommen, wenn die Nation gerettet wird. Aber mit *diesen* Köpfen wird es schwerlich gelingen. Deshalb bin ich resigniert. Denn der *Glaube* ist gut, aber für den blinden Glauben war ich noch auf keinem Gebiet. [...]

[1] Hitlers NSDAP stellte seit der Wahl im September 1930 die zweitstärkste Fraktion im Reichstag (18,2%) und stand in Opposition zur Minderheitsregierung des Zentrumspolitikers Brüning.
[2] Gemeint ist hier offensichtlich Käthe Hadlichs Cousin Rudi, ein Sohn ihres in Hofgeismar lebenden Onkels Hermann, der ein wenig das Sorgenkind der Familie war, in Marburg Medizin studierte, das Studium wohl etwas auf die leichte Schulter nahm, sich verschuldete, das Physikum nicht ablegte, einer Studentenverbindung angehörte, an Demonstrationen teilnahm und zeitweise in eine Nervenklinik eingewiesen wurde. (Vgl. u.a. Käthe Hadlich 06. 02. 1923; Käthe Hadlich 22.10.1926; Käthe Hadlich 03. 06. 1927; Käthe Hadlich 17. 06. 1927; Käthe Hadlich undatierter Brief vom Juni 1927; Käthe Hadlich 12.07.1927.)

Eduard Spranger an Käthe Hadlich
Dahlem, 10. 10. 1932 / Br., ca. 1/5

[...] Es ist viel ernsthafte, aber auch viel formelle Arbeit geleistet worden.[1] Mein Vortrag[2] fand viel Beifall; er wird gedruckt. Im Schulausschuß bereiteten uns die Heidelberger, Hoops und Regenbogen, durch ein vielleicht nicht erlaubtes Maß von Dummheit viel Hindernisse. Den einzigen Punkt tieferer Differenzen bedeuteten die Studentenfragen. Seltsamerweise waren die beiden „Führer", die sich hier gegenüberstanden, Litt und ich (natürlich in alter Freundschaft). Litt wollte nationalsozialistische Auswüchse, die allenthalben festgestellt wurden, öffentlich kritisch behandeln. Ich verhinderte eine solche Resolution, obwohl die gerügten Mißstände: Verlogenheit, skrupellose Agitation, Rüpelei, Gewalttätigkeit schwerlich zu leugnen sind. Was herausgekommen ist, wirst Du als Resolution in der Zeitung[3] gelesen haben.

[...] Es ist nun höchste Zeit, meine Liebe, daß Du den Nationalsozialisten valet[4] gibst. Sie haben sich nicht nur festgefahren, sondern sind eine staatsgefährliche [sic] Gesellschaft geworden. Schade um dies ursprünglich reine Wollen. Aber ganz ohne Intelligenz geht es nun einmal nicht. Was sie jetzt machen – gegen „Oberschicht", mit Streik etc., ist nichts als neue Auflage des Marxismus. Da gehörst Du nicht hin. Es war ein kurzer Traum. [...]

¹ Die Rede ist von einer Sitzung des Hochschulverbandes.
² SPRANGER trug „Über Sinn und Grenzen einer Hochschulreform" vor. Der Vortrag erschien später unter diesem Titel in den Mitteilungen des Verbandes der deutschen Hochschulen XII, 1932, H.9/10, 151-167. (Auch in GS X, 254-272.)
³ Forderungen des deutschen Hochschultages. Sieben Leitsätze. In: Heidelberger Neueste Nachrichten – Heidelberger Anzeiger, Nr. 237 vom 10. Oktober 1932, 2.
⁴ D. h. dich verabschiedest, austrittst.

EDUARD SPRANGER AN KÄTHE HADLICH
[ohne Ortsangabe] 31. 10. 1932 / Br., ca. 5/6

[...] Es ist nun in Deutschland soweit gekommen, daß selbst Leute wie wir politisch auseinandergetrieben werden. Wenn die Aufgaben, die heut bestehen, mit der Begeisterung gemacht werden könnten, dann würde ich mich gern auf HITLERS Seite schlagen. In Wahrheit ist es doch so, daß die „Bewegung", die er hervorgerufen hat, am Punkte ihrer realpolitischen Verantwortung nicht mehr abgestoppt werden kann. Er hat allen alles versprochen; also muß natürlich, wie seit 14 Jahren in Deutschland immer, auch dies noch durchexperimentiert werden. Der Erfolg wird das Chaos sein. Die Regierung SCHLEICHER-PAPEN sieht diese Gefahr und stemmt sich dagegen.¹ Wenn man alle ihre Maßnahmen sabotiert, kann natürlich nichts daraus werden. Und es wird auch nichts daraus werden, da niemand etwas leisten kann, wenn jeder andere die *ganze* Macht haben möchte.

Für mich ist diese Regierung die letzte Hoffnung. Ich habe auch nicht die Kraft mehr, zu warten, bis der Nationalsozialismus *die* Erfahrungen gemacht hat, die jeder Denkende voraussehen muß. Mir gefallen die Köpfe wenig, die die gelobte neue Zeit machen sollen. Gewiß macht die Weltgeschichte manchmal aus Urschlamm nach 50 Jahren einen neuen Kloß. Für mich ist es dann aber Zeit, von der Bühne abzutreten. Und es ist wohl auch sonst Zeit dazu. Denn wenn die Werte bürgerlicher Kultur auch bei Menschen wie Dir, die Du nur zu viel von ihr in Dir hast, nicht mehr verteidigt werden – ja dann ist es eben Zeit, auf der ganzen Linie die Segel zu streichen und zu warten, was der heilige Arbeiter durch Streiks und durch das Bündnis mit dem Zentrum ausrichten kann. [...]

¹ Von Juni bis Dezember 1932 wehrten sich der Reichskanzler FRANZ VON PAPEN und der Reichswehrminister General KURT VON SCHLEICHER gegen den Alleinregierungsanspruch der NSDAP, die seit dem 31. 07. 1932 die stärkste Fraktion im Reichstag war.

EDUARD SPRANGER AN KÄTHE HADLICH
Berlin, 12. 11. 1932[1] / Br., ca. 19/20

[...] Ist man jung und unerfahren, dann genügt der Glaube; denn man trägt ja wenig Verantwortung. Soll man aber vor Gott und den Menschen sagen: Wo führt der Weg – dann wird man mindestens stiller. Ich glaube durchaus nicht, daß die PAPENS etc. ihn haben. Ich halte die Leute aber für integer: Sie suchen mit Kopf und Herz. So habe ich einmal auch HITLER beurteilt. Er war auch so. Aber er – muß nun anders: diese abscheuliche Demagogie (vgl. die Bilder!), dieses gruppenhaft zur Konstitution gewordene Lügen und Verleumden, diese Blindheit gegen Realitäten! Wäre ich jung, wäre ich Nationalsozialist, d. h. – ich liefe mit, wie die Jugend glaubt, *sich* zu folgen, wenn sie „hingerissen" ist. Aber das wäre von uns ja frevelhaft. Die Regierung hat grobe Fehler gemacht; auch sie tappt herum; ihre *Rechts*grundlage appelliert an guten Willen. Ihr Wahlerfolg ist mäßig. Wenn ich sie gewählt habe, so ist der trübe Grund der, daß auch ich nicht nationalsozialistisch „mehr" denken kann. Der Täter in jeder Form ist mir heut lieber als der Redner. Ich bin durchaus nicht befangen und gefangen. Herr v. GAYL zitiert mich öffentlich; „Einfluß" hat allerdings nur mein Assistent GIESE – offenbar hat man auch Minderwertigkeitskomplexe. Gestern habe ich bei „unserem" Reichskommissar Prof. KÄHLER gesessen – sehr warm zu mir, jovial, *Gottseidank* halb ahnungslos, was zu tun ist. Ich könnte meine *ganze* Zeit dorthin lenken. Es wäre vielleicht *Pflicht*. Aber nun: Ich bin physisch kaputter als am Anfang der Ferien, komme mühsam (vielleicht) durch Medikamente in die Höhe. Im Seminar 250 Leute (die übrigen abgewiesen). Alles: Deutscher Lehrerverein, Wohlfahrtsministerium, Handelsministerium glaubt in seinem Sturz, *ich* hätte den überragenden Einfluß. Dabei laufe ich zu Ministerialräten und Bürgermeistern, um Stürzendes durch Erbettlung von 1000 Mark zu halten[2]. Alles schwankt und schwebt. Ich bin ein kaputtes Corpus. Aber geistig bin ich nicht ratlos. Ich sehe und ich halte. Und ich habe Kritik – mindestens dafür, wohin meine Erfahrung nicht reicht. Ich bin nicht am falschen Ehrgeiz erkrankt. Und ich meine: So muß man stehen und durchhalten, was soll denn sonst werden? Vor Weinachten 5 Dissertationen = mindestens 1000 Seiten minderwertigen Textes. Wer sagt denn bei den Nazis, daß einer das machen muß, daß er *da* Ordnung halten muß, wo er steht, daß er *Dienst* tut, ohne zu fragen: Ist das groß genug und begeisternd genug? *So* denkt eben der Stahlhelm.[3] [...]

---

[1] Passagen aus einer im SPRANGER-Archiv Braunschweig befindlichen Abschrift, zu welcher kein Orginal mehr vorhanden ist.

[2] SPRANGER sammelte Spenden für verschiedene akademische Hilfsorganisationen. Vgl. dazu unten EDUARD SPRANGER 02. 12. 1932.

[3] Zum „Stahlhelm" vgl. Anm. 1 zu EDUARD SPRANGER 22.11.1930.

EDUARD SPRANGER AN KÄTHE HADLICH
[ohne Ortsangabe] 02. 12. 1932 / Br., ca. 1/2

[...] Uns ist heut ein Kanzler beschert worden[1]; fast möchte ich sagen: eine schöne Bescherung. Es kann ja daraus unter diesen Umständen nichts Vernünftiges werden. Ich beneide den „Führer", daß er so ganz allein im Besitz des richtigen Rezeptes ist. Dazu gehört fast mehr, als ein Mann vor Gott verantworten kann. Nicht mit Unrecht sagen jetzt schon manche: Der „Niedergang" seit 1918 sei kaum *so* schlimm gewesen, wie dieses „Gegeneinander" unter der Devise: „nationale Führung".

[...] Vorgestern habe ich für die sozialpädagogische Frauenakademie (ALICE SALOMON) einen Vortrag über das Thema „Was ist Liberalismus" gehalten. Er dauerte statt der angekündigten 1 1/2 Stunden 1 Stunde 40 Minuten, fand aber viel Interesse. In Leipzig werde ich über das gleiche Thema noch einmal sprechen. Dann soll ein kleines Buch[2] daraus werden. Du weißt, wie gefährlich es in Dtschland [Deutschland] ist, über etwas zu schreiben, was von der Mode verworfen wird, auch wenn man sich kritisch dazu stellt.

In diesem Zusammenhang muß ich Dich darauf aufmerksam machen: Kommt in Preußen eine rein nationalsozialistische Regierung, so bedeutet das für mich den Rückzug ins Privatleben. Fraglich ist dabei nur, ob man mich aktiv entfernen oder ob man mich moralisch nötigen wird zu gehen. Diese Bewegung verträgt keine Menschen mit eigenem Kurs, wie es ja selbstverständlich ist. Ganz vertraulich teile ich Dir mit, daß der Vorsitzende des Hochschulverbandes[3] genötigt war, den Reichspräsidenten um Intervention gegen die Gewaltakte zu bitten, die der ns. [nationalsozialistische] Braunschweigische Kultusminister[4] gegen die (gewiß nicht sehr schöne) TH [Technische Hochschule] in Braunschweig unternommen hat. Er soll auf Grund von § 48[5] gegen die Entrechtung der Hochschulbehörden einschreiten. – Da man schon jetzt von nationalsozialistischer Seite mich angreift (*selbstverständlich*) ohne mich zu kennen, hauptsächlich wegen der Affäre mit KRIECK[6]), so ergibt sich die weitere Entwicklung von selbst. Nimmst Du nun hinzu, daß solche Berlin-Baumschulenweger[7] Gesellschaftspiepmätze wie WALZ und Frau dieselbe Couleur zu nationalistisch finden, so hast Du ein Bild, wie es in Deutschland aussieht. Ich bin glücklich, daß ich in der Vorlesung bei SOKRATES-PLATO stehe – da kann man den Empfänglicheren ein Niveau zeigen, das über dem Wechsel der Zeitkurse liegt. Im Seminar KANT schleppe ich 250 Teilnehmer mühselig bergan. Das bedeutet Di. u. Frei. von 10 – 1 stehend dozieren.

Außerdem laufe ich von Pontius (Reichsministerium etc.) zu Pilatus (Oberbürgermeister) im Interesse gefährdeter oder bedürftiger Institutionen, u.a. Akademische Selbsthilfe, Geistige Nothilfe usw. Du hast keine Vorstellung, wie da die Menschen gegeneinander arbeiten, bis vom sachlichen Ziel nichts übrig bleibt. Und die

Figuren! Auch unser jetziger Reichskommissar⁸ ist im besten Falle ein jovialer Herr. Die Herren Ministerialräte richten sich, wenn sie ganz klug sind, schon auf den Nationalsozialismus ein. Ebenso beschämend ist, wie viele sich jetzt an mich heranschmeicheln, weil ich ja natürlich jetzt Einfluß habe, den ich aber so wenig wie früher in den Vorzimmern suche. Meine Zeit im politischen Sinne wird in Deutschland *nie* kommen. Auch in Zukunft werden die Wege meiner Wirksamkeit ganz wo anders liegen als in Ministerien. Und ich beginne einzusehen, daß dies nach einem ewigen Gesetz so sein *muß*. Man sehe sich die BECKER, NERNST, die Gewerkschaftsführer des DLV [Deutschen Lehrervereins] und des Ph. V. [Philologenverbandes] an – deren Zustimmung möchte man im Wichtigsten doch nicht haben. [...]

---

[1] KURT VON SCHLEICHER wurde im Dezember 1932 Reichskanzler, nachdem PAPENS reaktionärer Plan mißlang, einen autoritären „Neuen Staat" unter Ausschaltung des Reichstags und gestützt auf die Reichswehr zu schaffen.
[2] Dieses Buchprojekt wurde offenbar nicht realisiert. In der Bibliographie von Neu findet sich jedenfalls keine entsprechende Monographie.
[3] Der Historiker OTTO SCHEEL.
[4] Seit dem 15. 09. 1931 der Nationalsozialist Dietrich Klagges. (Sandfuchs, 337f)
[5] § 48 der Verfassung des Deutschen Reiches vom 11. Aug. 1919, das Notverordnungsrecht des Reichspräsidenten bei erheblicher Störung oder Gefährdung der öffentlichen Sicherheit und Ordnung betreffend.
[6] Vgl. oben EDUARD SPRANGER 01. 11. 1930.
[7] Dort wohnte offenbar das Ehepaar WALZ.
[8] SIEGFRIED KÄHLER.

EDUARD SPRANGER AN KÄTHE HADLICH
Dahlem, 07. 02. 1933 / Br., ca. 1/3

[...] Wenn die HITLERbewegung im September 1930 an der Regierung beteiligt worden wäre, so wäre es für sie und vermutlich für Deutschland besser gewesen. Sie hat sich inzwischen radikalisiert, sie *muß* Massenwirkungen entfalten und hat es verlernt, jene strenge Parteiauslese zu treiben, die neulich der General v. HAMMERSTEIN (Chef der Reichswehr) in kleinem Kreise so eindrucksvoll als Methode der bolschewistischen *Partei* schilderte. Es war mir bitter, neulich mit dem Herzen den großen Fackelzug vor HINDENBURG und HITLER[1] nicht mitmachen zu können. Aber ich glaube nicht an die Vernunft und an den Sachverstand, ja nicht einmal mehr an die überwiegende Reinheit der Bewegung. Die Sache wird so verlaufen: In 1 – 2 Monaten ist HUGENBERG und der Stahlhelm[2] herausgedrängt. In 6 Monaten ist der Nationalsozialismus am toten Punkt: Er spaltet sich; wohin und mit welchen Aussichten, das kann ich heut noch nicht sagen. Lieber wollte ich glauben, daß er sich selbst innerlich läutere. Aber eben dies scheint mir vorbei.

Wir haben nun den Studienrat RUST als Reichskommissar für das preußische Kultusministerium. Vermutlich ein GRIMME, d. h. ein „Exponent" von rechts. Daß es dahin kam, ist Schuld der beispiellosen Unfähigkeit von KÄHLER. Als Kandidaten für den Posten wurden vorher ausdrücklich genannt: RUST, KRIECK (!), BAEUMLER (kenne ich von Herrmannstadt und Marburg; politisch = 0) BRUNSTÄDT (Studiengenosse von mir, jetzt Theol. [Theologe] in Rostock), ERICH SEEBERG jr., v. Hülsen (Oberpräsident in Kassel), KRÜß (Generaldirektor der Staatsbibliothek). Am Tage vor der Ernennung [RUSTS] fand ich alles im Ministerium desparat. Ich telegrafierte an TILLMANN nach Frankfurt/M., wo ich auch am Sonnabend hätte sein sollen, er möge bei PAPEN telegraphisch für KRÜß eintreten. Er wird es schwerlich getan haben. Jedenfalls ist die Sache entschieden. Das 8 Uhr-Abendblatt soll beklagt haben, daß man nicht mich statt KÄHLER zum Kommissar gemacht habe. Sonntag vor 9 Tagen war MARTIN SPAHN, M. d. R. [Mitglied des Reichstags], DNVP [Deutschnationale Volkspartei], nachm. [nachmittags] in wichtiger politischer Sache bei mir. Was er eigentlich gewollt hat, habe ich bis heut nicht erfahren. Ich war fort. Immerhin halte ich es für möglich, daß in 2 – 3 Jahren die Situation für mich reif ist.

Inzwischen aber kommt Schweres. Es geht mir wie LITT, der erklärt, sich manchmal ernsthaft zu überlegen, wohin er sich vom Lehramt zurückziehen solle, dann aber wieder erklärt, man müsse den (unsauberen) „Geist", von dem auch er einmal Großes erhofft habe, entschieden bloßstellen und bekämpfen. Ich vermute, daß RUST den KRIECK nach Berlin wird bringen wollen oder müssen. Dann ist es Zeit, in Ehren mit Protest zurückzutreten. Heute würde mich ja eine andere Universität noch 2 – 3 Jahre nehmen. Der Konflikt kann aber auch an ganz anderer Stelle ausbrechen. Nur ausbleiben kann er schwerlich. Schon weil ich Landesvertreter des Hochschulverbandes für Preußen bin.

[...] Ich möchte einmal ganz glauben, ganz dienen, ganz mitbauen können. Aber Deutschland wirft alles hinaus, was nicht seine Modefarbe hat. Und es ist noch lange hin, bis das Fieber endet. Möge meine Kraft noch ein wenig aushalten. [...]

[1] Am 30. 01. 1933 hatte der Reichspräsident HINDENBURG ADOLF HITLER zum Reichskanzler ernannt. Aus diesem Anlaß gab es am Abend einen großen Fackelzug in Berlin.
[2] Zum „Stahlhelm" vgl. Anm. 1 zu EDUARD SPRANGER 22.11.1930.

KÄTHE HADLICH AN EDUARD SPRANGER
Heidelberg, 27. 04. 1933 / Br., ca. 4/5
[...] Vorgefühlt habe ich diese Zeit damals, als ich Dir in leidenschaftlicher Sorge schrieb: Es geht nicht gegen diesen Strom. Damals glaubte ich noch, es fehle nur an

den besseren Mitarbeitern, um ihn in gesundere Bahnen zu lenken. Und wer wäre dazu berufener gewesen als Du!

Jetzt wird es sich inzwischen wohl schon anders entschieden haben. – Immer mehr kommt mir zum Bewußtsein, was alles an Konsequenzen sich aus Deinem Schritte[1] ergibt! Ganz und gar bin ich der Meinung FRANKES, daß er in den beteiligten Kreisen großen Eindruck machen wird. Ob er viel Nachfolger findet, zweifle ich. Aber das darf Dich nicht kümmern. Gar mancher ist durch äußere Verhältnisse sehr gebunden. Aber Dein Opfer, Dein Verzicht kennzeichnet *den Wert dessen, wofür Du eintrittst*. Ich denke mir, das wirst Du auch in Deiner Erklärung, selbst für Schwerhörige, genügend zum Ausdruck gebracht haben.

Immer liegt mir HÖLDERLIN im Sinn: „Neide die Leidensfreien nicht, die Götzen von Holz, denen nichts mangelt, weil sie nichts haben, das der Pflege bedürfte!"[2]

Mein heißer Wunsch ist nur, für Dich etwas tun zu dürfen. Das ist doch mein eigentlicher Lebenszweck. -

Vorläufig ist wohl alles in Aufruhr; aber denke immer daran, daß Du mir eine Wohltat erweist, wenn Du meine Hilfe brauchen kannst. In Stenographie und Schreibmaschine fehlt nur die Übung, aber ich kann damit umgehen. Im Hause bin ich auch zu brauchen – kurz, Du hast doch im Sommer[3] keine schlechten Erfahrungen mit mir gemacht.

Vielleicht ist es gut, wenn ich in Zukunft auch unter Deckadresse schreibe? [...]

---

[1] Am 25. 04. 1933 hatte SPRANGER seinen Rücktritt vom Lehrstuhl erklärt, den er dann allerdings Anfang Juni 1933 wieder zurücknahm. Der Wortlaut des Rücktrittsgesuches ist unten in den „Interpretationsversuchen" der Herausgeber wiedergegeben (Anm. 234, S. 428). Zu weiteren Einzelheiten vgl. Walter Eisermann: Zur Wirkungsgeschichte EDUARD SPRANGERS. – Dargestellt an Reaktionen auf sein Rücktrittsgesuch im April 1933. In: Walter Eisermann u.a. (Hrsg.): Maßstäbe, 297-232.
[2] FRIEDRICH HÖLDERLIN: Hyperion, Hyperion an Bellarmin VIII in: „Hyperion" (Stuttgarter Ausgabe, Bd.3, 39). Die Passage lautet vollständig: „Neide die Leidensfreien nicht, die Götzen von Holz, denen nichts mangelt, weil ihre Seele so arm ist, die nichts fragen nach Regen und Sonnenschein, weil sie nichts haben, was der Pflege bedürfte."
[3] KÄTHE HADLICH hatte SPRANGER zu seinem 50. Geburtstag am 27. 06. 1932 in Berlin besucht und war ihm dabei in mancherlei Hinsicht zur Hand gegangen. (EDUARD SPRANGER 08. 05. 1932)

EDUARD SPRANGER AN KÄTHE HADLICH
Dahlem, 01. 05. 1933 / Br., ca. 5/6

[...] Du darfst jetzt keine Briefe von mir erwarten. Meine Kraft reicht gerade aus für die täglich notwendigen neuen Aktionen und für die Verwindung unsagbar schmerzlicher Stunden.

Die Angelegenheit[1] ist längst nicht mehr nur meine Angelegenheit. Die Presse ist voll davon. Stöße von Briefen kommen wie zum 50.; ebenso schöne Blumen.

Eben steht es nun so, daß ich wegen der Gesinnungsschweinerei bei den von mir Angegriffenen bis an die höchste Stelle gehe. Das kann für die Gesamtentwicklung von großer Bedeutung werden. Weist man es ab, so ist es ein übles Zeichen. Du hast keine Vorstellung, was ich durchgemacht habe. Aber ich bleibe dabei: *Es* mußte sein und *ich* mußte es. Behalte mir nur bitte Geduld. Nimm an, ich wäre jetzt im Kriege, und es herrschte Postsperre.
[...] [P.S.:] Ein hakenkreuzgeziertes Blatt schreibt: Wir können 5000 Studenten entbehren, aber nicht einen Professor Sp. [SPRANGER]. [...]

[1] SPRANGERS Niederlegung der Professur am 25. 04. 1933.

EDUARD SPRANGER AN KÄTHE HADLICH
Dahlem, 10. 05. 1933 / Br., ca. 9/10

[...] Du hast keine Vorstellung, welche entsetzlichen, aufreibenden Tage ich jetzt durchlebe. Seit dem 2. Brief von Herrn v. P. [VON PAPEN], 3. V.[1] ist keine offizielle Nachricht mehr zu mir gedrungen; kein Freund, der mich besucht. Ich rechne mit pensionsloser Entlassung auf Grund des neuen Beamtengesetzes. Natürlich beschäftigen mich schon immer die Gedanken, wie und wo ich dann leben, wovon ich leben werde. Aber es läßt sich kein Plan fassen, weil ja alle bestimmten Unterlagen fehlen. Seit 16 Tagen habe ich *nichts* mehr gearbeitet. Ich vertrödele den Tag, z. T. in schlechtesten Nervenzuständen.

Die Universität Berlin ist am Sonnabend gestorben, und ihre Mitglieder haben es nicht einmal gemerkt. Ich wäre vor Scham vergangen, hätte ich *diese* Rede des Ministers mit anhören müssen. Aber – man beginnt, sich gleichzuhalten. Absetzbarkeit, Versetzbarkeit der Professoren, keine „Emeritierung" mehr. Aufhören der Lehrbefugnis mit der Versetzung in den Ruhestand. Von den großen Vorlesungen findet kaum noch die Hälfte statt. In manchen Fächern ist alles beurlaubt (z. B. in Neuerer deutscher Literatur 3 Ordinarien.) Wofür ich gelebt und gekämpft habe, ist nicht mehr da. Da heraus zu *sein*, ist gar nicht so schwer, wenn es sich nur endlich entschiede.

In all diesen Tagen der Not und der Einsamkeit ist der [sic] einzige, der [sic] mir eine Stütze gibt, SUSANNE. Ihr klares Urteil, ihr festes *Ja* zu meiner Entscheidung halten mich aufrecht. Sie kommt trotz der Schule, die jetzt begonnen hat, täglich zu mir. Und sie behält die Nerven. Denn man braucht für *diese* Gesamt- und Privatsituation *sehr feste* Nerven. Ich werde ihr diese Verbundenheit und diese Treue mein ganzes Leben zu danken haben.

Im stillen denke ich an eine Existenz in 2 möblierten Zimmern. Das würde ich schon aushalten, ja ich würde vielleicht aufleben. Aber vorher muß doch der ganze große Betrieb abgebaut werden. Frau ROHDE ist noch hier. Im günstigsten Falle läßt sich das Haus so vermieten, daß es nichts hinzu kostet. Wo bleibe ich mit den Büchern, falls ich sie doch noch einmal brauchen sollte? Und auch das macht mir Sorge, ob ich Dir zu Deiner Existenz künftig auch nur noch einen bescheidenen Anteil beisteuern kann.

Die Hoffnung eines Rückzuges auf die Akademie[2] scheint auch illusorisch. Denn vor ihr wird die Zerstörungswut nicht haltmachen. *Meine* wiss. [wissenschaftliche] Arbeit hat ja auch buchhändlerisch kaum eine Zukunft. Denn wer wird künftig Bücher kaufen, die nicht gleichgeschaltet sind? Vielleicht ist es möglich, durch mehr technische Arbeiten für einen Verlag etwas zu verdienen. Wirtschaftlich stockt ja alles, weil unzählige Existenzen vernichtet sind. Es ist aber kaum möglich, all diese traurigen Gedanken weiter aufzuschreiben. Du hast ja nun auch Bild genug. Niemand hat Kraft und Mut, diesem Terror Widerstand zu leisten.

Die Überweisung auf die Sparkasse hat natürlich *nur* Sinn, wenn es eben *nicht* auf meinen Namen geht. Den Schein habe ich mit Dank erhalten.

Es tut mir leid, daß ADELE HENNING krank ist. Hoffentlich kommt sie noch einmal durch. Walter Hadlich und GÜNTHER haben mir freundlich geschrieben, der letztere rührend warm. Frl. S. [SILBER] und ich tragen unser Leid zusammen. Sie steht oft vor dem Letzten. DORA THÜMMEL habe ich mal kurz besucht. Sonst traue ich mich kaum auf die Straße; man ist ja Deutscher 2. Klasse. [...]

---

[1] Offenbar der Rohrpostbrief, in dem die mit Schreiben vom 2.5. in Aussicht gestellte Audienz bei HITLER wieder abgesagt wurde. Vgl. Henning/Leschinsky, 125.
[2] Die Preußische Akademie der Wissenschaften.

EDUARD SPRANGER AN KÄTHE HADLICH
Dahlem, 30. 06. 1933 / Br., ca. 4/5

Mein innig Geliebtes!
[...] ein tiefer innerer Bruch läßt sich nicht verbergen. In meiner Unterredung mit Rüdesheimer Platz[1] stellte sich heraus, daß er meinetwegen Verbindungen mit Zü. [Zürich][2] angeknüpft hat, die nicht aussichtslos gewesen sein sollen. Aber eben noch lange nicht greifbar. Und wie wird es in 1 Jahr sein? Prüfen wir die Gesamtlage. Es ist nicht so, daß Ideale und Wahrheiten, die man im Herzen trägt, einfach herausgerissen werden können. Es ist auch nicht so, daß kein Punkt da wäre, an dem man mitbauen möchte. Wohl aber ist es so, daß man es nicht darf, und daß alles in Formen gegossen wird, in denen man es nicht kann. Denn man ist nun auch einmal ein Mensch, der eine bestimmte Prägung von der Welt und aus sich erfahren hat. Die jungen Menschen müssen anders sein. Die Stelle des fruchtbaren

Begegnens ist nicht gefunden und wird sich, solange wir leben, nicht finden. Der Raum, in dem eine Auseinandersetzung, ein Kämpfen stattfinden könnte, wie es für die 48er[3] der Fall war, ist nicht da. Denn wenn die Kirche von Kommissaren regiert wird[4] – was ist dann für Hochschulwelt und literarische Formen des Wirkens zu erhoffen? Mit einem Wort: Hic Rußland, hic salta.[5] So hat es der Weltgeist bestimmt. Es ist sinnlos, mit ihm zu rechten; aber es wäre ehrlos, ihm recht zu geben. Bitte spanne einmal Deinen ganzen Wirklichkeitssinn an und begreife die Situation. Es ist *nichts* mehr da von der Welt, in der wir lebten. Solange man aber existiert und nicht den Mut oder nicht den absolut akuten Anlaß zum Selbstmord hat, muß man als nachdenkender Mensch sich die Frage vorlegen: „*Wie* kann ich künftig noch existieren?" Wenn überhaupt – manche schweigenden Freunde negieren dies implizite und nur HEDWIG KOCH hat es implizite *ausgesprochen* -, dann nur mit einer Schwerpunktverlagerung, an die man früher nie gedacht hat. Es ist symbolisch: Als ich den Schritt tat, der zum Eintritt in den Stahlhelm[6] führen sollte, da kam am nächsten Tag die Nachricht, daß es mit seiner selbständigen Existenz vorbei sei. Jeder Boden, auf den ich treten will, wird eben fortgezogen. Das empfinde ich keineswegs so, daß etwa der Gang der Welt sich nach meinem Ich und meinen Vorstellungen richten sollte. Ich empfinde es im Gegenteil so, daß deshalb, weil mir über mein Ich hinauszuwollen und zu -wirken nicht mehr erlaubt wird, de facto nichts mehr übrig bleiben kann als dies bescheidene, obwohl immer [scil. „noch"] genug egoistische Ich. Mein Egoismus bisher war großenteils begründet im Willen zum Werk und zum Dienst, neben dem ich nichts kennen durfte als die Mittel, die dafür Kraft gaben. Der erste Schritt weiter, schwer genug, bestand darin, daß ich mich für unbestimmte Zeit bewußt „aus"schaltete und mir rein gelehrte Arbeiten vornahm, ebenfalls schon ungewiß genug, für wen diese Lektüre eigentlich bestimmt wäre. Allmählich arbeitet sich in mir immer entschiedener die 3. Stufe hindurch: Ich habe auf Gestaltung eines menschlich-privaten Daseins verzichten müssen, weil ich für die Jugend des damaligen Staates und Volkes alle Kraft aufwandte. Das ist vorbei. Ich stehe in einsamen Räumen und kann nicht einmal die 10 Leute, die alle Wochen kommen, von der Kraft meines Innern aus ergreifen. Die 30 gemeinsamen Jahre, die wir bald vollenden, waren Glück und Kampf. Sie waren das eine, gerade weil sie auch das andere waren. Ihr Fundament ist ewig. Das Tragische ist, daß wir im Zeitlichen nicht mehr weiterkönnen. Unsere Seelen, wenn sie still sein dürfen, wenn sie näher bei Gott als bei der Welt sein können, mehr im Letzten als im Heutigen, werden immer zusammenklingen. Das neue, diesseitige Leben meistern wir nicht mehr. Es ist eine zweite Frage, ob das *unsre* Schuld ist oder die der gerade jetzt vorhandenen Realität. Ich habe am 25. April[7] noch einmal den Vorstoß gemacht, irgend etwas von der Linie HUMBOLDT-HIPPEL-HADLICH-MARTINS-SPRANGER mit ihren besten Gehalten zu retten. Das Resultat lautet: TILLMANNkreis[8]! DIBELIUS,

HUGENBERG – sie alle sind zerfallen. Was bleibt für die schleichenden Stunden des Tages, wenn man zufällig 20 weitere Jahre erleben sollte, d. h. zufällig nicht erschossen werden und verhungern sollte? Mir graut vor dem Gedanken, daß ich am 1. August mit der neuen Haushüterin BON anfangen soll, daß – statt STRASENS – weil sie Doppelverdiener (allerdings braune!) sind, da andere Leute sitzen sollen, daß ich, weil ich das Haus nicht halten kann, hier oder dorthin ins Unbekannte ziehen soll, daß ich auch künftig mit meinen Assistenten und nächsten Schülern nie ein politisches Gespräch führen soll, kurz daß ich in allem künftig eine Marionette aus einer vergangenen Zeit sein soll, ähnlich dem Obersthofmeister in GUSTAV FREYTAGS „Verlorener Handschrift"[9]. Ich fasse mich jetzt schon manchmal an den Kopf, ob da nicht eine Perücke, statt der Haare sitzt. Ich kann mein ewiges Leben noch führen, aber nicht mein irdisches: denn ginge ich selbst in ein Kloster, so wäre es ja schon gleichgeschaltet. Aber nun rede ich immer von mir, gerade als ob ich nicht dies alles in Deine Seele hinein genauso empfände. Auch Dir ist, ob Du es weißt oder nicht, der Boden absolut weggezogen. Du lebst noch in Dir, aber nicht mehr mit der Welt und mit den Menschen. Du hast den idealistischen Schritt getan, Dich der Partei anzuschließen, und hast es *nicht* durchgehalten. Das hat Dich auch innerlich auseinandersprengen müssen. Du hast nun weder die Idee, noch die Realität. Du bist heimatlos, wie wir alle, heimatlos mitten in Deutschland, bis zu der gefährlichsten Konsequenz des Wortes. Alles ging wohl noch, bis der „Kommissar" in die Kirche kam[10]. Wir sind beide nicht kirchlich. Aber die Symbolik dieser Aktion verstehen wir beide. Keine Heimat und kein Gotteshaus. Da ist ein Volk in Not, und man hilft ihm, indem man ihm die Seele nimmt. Ist je ein teuflischeres Spiel erfunden worden? Man kann mit *einer* Lunge atmen und mit *einer* Niere, wie DORA THÜMMEL, tapfer leben. Ohne Gewissen, das nicht halbierbar ist, kann man nicht leben. Oder, wenn man es tut, so wird dieses Leben einen täglich und allmählich töten. Um mich herum sind lauter Halbtote. Du bist nicht ausgenommen. Ich habe mich gefragt, ob ich Deinen Schwager[11] bitten sollte, mir über Wege zu Deiner Kräftigung und Belebung zu raten. Aber der Arzt dieser Art weiß ja von Seele und Geist nichts. Ich habe es nicht getan. Und doch: Deine Passivität versetzte mich in Schrecken. Ich fand die Festung restlos übergeben, noch ehe ich sie übergeben *mußte*, und so sind wir beide tiefer unten, als es schon in Oberstdorf[12] der Fall war. Wir sind Geschöpfe unsrer Zeit und ihres Geistes. Wir beide werden mit dem neuen Zeitgeist nicht mehr leben können, denn er ist ein Ellbogengeist. Wir aber glaubten an die Seele. Ich gehe mit schwerwiegenden Entscheidungen um. Soll ich weiterleben, so muß ich mir *vom Leben aus* die Vorbedingungen dafür schaffen. Im Ewigen und rein Seelischen kann uns nichts trennen und keine Zeit zerstückeln. Das Leben*müssen* aber fordert Anbau von Lebensmöglichkeiten. Ich muß mich kontrahieren. Ein altes, nie bezwungenes Problem lebt – wohl zu spät – wieder auf.

Im Zeitlosen der Seele Dir verbunden
In allem anderen entwurzelt
Dein Eduard

1. Juli 33 [Fortsetzung]
Ich habe gestern bis in die späte Nacht geschrieben, ganz wie es mir ums Herz war, und ganz in der tiefen Ratlosigkeit, die auch am Morgen nicht weicht. Jeder kleinste Fall bringt es ja wieder zum Bewußtsein. So z. B. ein Gesuch von der Notgemeinschaft[13]: Eine früher linksradikale Dozentin befürwortet einen Antrag, der eine pure nationalsozialistische Dogmenarbeit zum Inhalt hat. Lehne ich ab, bin ich eingefangen; stimme ich zu, versündige ich mich an der Sache der Wissenschaft; trete ich da aus, so bekunde ich aufs neue, daß ich nicht mehr mitmachen *will* – ?! – SIEGMUND-SCHULTZES Lebenswerk ist nun auch zerstört. Man hat bei ihm Haussuchung gehalten. Er selbst ist erheblich erkrankt und hat das Semester abgebrochen. BROSIUS wird wohl demnächst[14] in den nationalsozialistischen Lehrerbund eintreten. Morgen kommt BERNHARD SCHWARZ aus Leipzig. LITT hat eine schwere Angina gehabt; wir planen, uns am 23. 7. wiederzutreffen. Du hast versäumt, Dich von Frl. SILBER zu verabschieden[15]. Ich bitte Dich, dies gelegentlich brieflich nachzuholen.
[...]

---

[1] In Wilmersdorf (einem Stadtteil im Süden Berlins), Rüdesheimer Platz 10, wohnte EDUARD SPRANGERS Berliner Kollege OTTO FRANKE. (EDUARD SPRANGER 14. 09. 1933)

[2] Wohin EDUARD SPRANGER in dieser Zeit einen Ruf erwartete. (Vgl. Anm. 2 zu EDUARD SPRANGER 26. 06. 1934.)

[3] Die Teilnehmer der Revolution von 1848.

[4] In Preußen wurde am 24. Juni 1933 AUGUST JÄGER als Kirchenkommissar eingesetzt, „der nunmehr durch Auflösung der kirchlichen Vertretungen und Einsetzung von Staatsbevollmächtigten den Deutschen Christen die führenden Positionen der [evangelischen] Kirchenverwaltung zuspielte." (Broszat 1986, 288)

[5] Sprachliche Nachbildung zu der lat. Redensart „Hic Rhodus, hic salta" (Hier ist Rhodus, hier springe!), nach einer Fabel Äsops eine Aufforderung, eine Behauptung sofort zu beweisen. – SPRANGER spielt hier an auf Rußland als Modell für Kommissarregierung und Gleichschaltung.

[6] Zum „Stahlhelm" vgl. Anm. 1 zu EDUARD SPRANGER 22. 11. 1930.

[7] Am 25. 04. 1933 hatte SPRANGER seine Professur niedergelegt. (Vgl. Anm. 1 zu EDUARD SPRANGER 27. 04. 1933.) Zu „Hadlich-Martins": SPRANGER hatte 1910 von KÄTHE HADLICH zum Geburtstag eine mit dem Namen Martins signierte 2. Aufl. der „Monologen" SCHLEIERMACHERS (Erstauflage 1810) geschenkt bekommen, die vermutlich von der Mutter KÄTHE HADLICHS stammte, die eine geborene Martins war. 1933 schenkte KÄTHE HADLICH ihm die Originalausgabe (EDUARD SPRANGER 30. 06. 1933).

[8] Ein Kreis um den Vorsitzenden des Hochschulverbandes FRITZ TILLMANN, der Einfluß auf VON PAPEN hatte.

[9] Gustav Freytag: Verlorene Handschrift. Roman in 5 Büchern. Leipzig 1864 (ein Gelehrtenroman).

[10] Der preußische Kirchenkommissar AUGUST JÄGER.

[11] Medizinalrat PAUL RUGE, der Ehemann von KÄTHE HADLICHS Stiefschwester Lietze.

¹² Im August 1932 hatte SPRANGER mit KÄTHE HADLICH zusammen einige Urlaubstage in Oberstdorf verbracht (EDUARD SPRANGER 08. 08. 1932; EDUARD SPRANGER 09. 08. 1932; EDUARD SPRANGER 03. 09. 1932).
¹³ SPRANGER war Vorsitzender der Abteilung Pädagogik in der 1920 gegründeten „Notgemeinschaft deutscher Wissenschaft", die seit 1937 „Deutsche Forschungsgemeinschaft" heißt. (Ritter 1992, 42; Henning/Leschinsky, 35; zur Geschichte der „Notgemeinschaft" bzw. „Forschungsgemeinschaft" vgl. Zierold 1968.)
¹⁴ Zum folgenden ist nur eine Abschrift erhalten.
¹⁵ Der (hier nicht abgedruckten) einleitenden Passage des Briefes zufolge hatte KÄTHE HADLICH SPRANGER etwa Mitte Juni 1933 in Berlin besucht und dabei offensichtlich KÄTE SILBER kennengelernt, die SPRANGER zu dieser Zeit bei Schreibarbeiten unterstützte.

EDUARD SPRANGER AN KÄTHE HADLICH
Dahlem, 06. 07. 1933 / Br., ca. 3/5

[...] So ist jetzt alles in Dunkel gehüllt.¹ Gewiß keine Zeit, um sich auch gegenseitig das Herz noch künstlich schwer zu machen. Aber Du weißt auch, daß es mir nicht möglich ist, Wirklichkeiten, *die* ich sehe, so zu behandeln, als ob ich sie *nicht* sähe. Damit will ich nicht sagen, daß ich in den letzten Monaten die Wirklichkeiten so gesehen hätte, wie sie waren. Sie waren samt und sonders noch viel schlimmer.

In politicis haben wir uns auch früher oft nicht verständigen können. Du führst Deine Depression hier auf meine Äußerungen bei Deiner Ankunft² zurück. Aber ich mußte doch sagen, wie es war. Und Du hast wohl auch gefühlt, wie ich darunter gelitten habe. Dieser „Dualismus" ist etwas, das sich in vielen Jahren herausbilden mußte. Ich habe ihn nicht verborgen. Eine Lösung gab es da nicht und gibt es da nicht. Das Tragische daran müssen *alle* Beteiligten tragen und ehren, Du, SUSANNE und ich auch.

Es wäre mir lieb gewesen, Dich vor diesen rauhen Kämpfen bewahren zu können und den schönen Frieden unserer Reichenau-Aufenthalte³ wie der anderen unvergeßlichen Ferienzeiten für *uns* zu bewahren. Daß diese Zeit das nicht gestattet, daß sie das Schwert bringt statt des Friedens, das ist nun mal ihre Signatur. Wer da hineingerät, muß mitkämpfen, auch wenn er gar keine Kampfnatur ist. So ist es ja mit mir auch gegangen.

Es überrascht mich nun, wenn Du von Punkten der Entwicklung redest, „wo Deine Natur anders entschieden hätte"⁴. Leider hast Du darüber nichts für mich Hörbares verlauten lassen. Du fährst dann gleich in einer Linie, die ich nicht ganz freundschaftlich finde, fort, Deine ungünstige äußere Situation zu berühren. Den Wortlaut hast Du hoffentlich nicht mehr in Erinnerung; denn er ist feindselig. Glaubst Du, daß ich bei meiner bitteren Entscheidung⁵, deren Doppelseitigkeit niemand besser fühlte als ich, nicht auch daran gedacht habe, daß ich gern in bescheidenem Maße in der Lage sein möchte, unmittelbare Sorgen von Dir fernzuhalten? Deine kinderreichen Verwandten können das nicht. Ich werde es vielleicht in diesem Jahre auch nur sehr knapp können. Wenn dann nicht *alles* aufhört (was ja möglich ist), so werde ich es künftig hoffentlich in dem Umfang können, daß Deine Verwandten nur einen wenig spürbaren Zuschuß aufzubringen hätten. – Wie das alles werden sollte, wenn ich völlig „draußen" bliebe, hat niemand von den stolzen Beratern mir sagen können. Der erste Schritt war aus einer Zeit heraus gedacht, die nicht mehr besteht. In der heutigen heißt es: sterben oder sich den neuen Boden erkämpfen, von dem aus noch einmal Wertvolles gewirkt werden könnte.

Ich wiederhole: Es wäre mir lieber gewesen, wenn ich Dich vor all diesen feindlichen Realitäten hätte behüten können. Ich will versuchen, sie Dir in Zukunft nach Möglichkeit fernzuhalten. Denn zum Kämpfen gehören physische Kräfte. Dies „nach Möglichkeit" läßt sich in seiner Tragweite heut noch nicht übersehen. Es ist, trotz aller Vorsicht meinerseits, natürlich immer noch Sturm. Aber da man darüber weder schreiben kann noch darf, so wird es gut sein, es wenigstens „nach Möglichkeit" auszuschalten und nur von der gemeinsamen geistigen Welt und der Sphäre des Glaubens zu reden – auch dies mit Vorsicht, damit wir nicht vor dem Altar verhaftet werden. Wir wollen es wenigstens versuchen. Denn ich vertrage keine Differenzen mit den Nächsten, wo ringsum nichts als Differenz ist. [...]

---

[1] Im Sommer 1933 durchlebte SPRANGER wieder einmal eine Phase tiefer Depression, in deren Zeichen auch schon der vorstehend abgedruckte Brief vom 30. 06. 1933 steht.
[2] Mitte Juni 1933 hatte KÄTHE HADLICH SPRANGER in Berlin besucht (EDUARD SPRANGER 30. 06. 1933).
[3] Zu den wiederholten gemeinsamen Urlaubsaufenthalten SPRANGERS und KÄTHE HADLICHS auf der Bodenseeinsel Reichenau vgl. oben Anm. 1 zu EDUARD SPRANGER 17.05.1913.
[4] Ein Brief KÄTHE HADLICHS mit dieser Passage ist nicht erhalten.
[5] Beim Rücktritt vom Lehrstuhl am 25. 04. 1933.

EDUARD SPRANGER AN KÄTHE HADLICH
Dahlem, 16. 07. 1933 / Br., ca. 1/4

[...] Du machst Dir um das Schicksal meiner Briefe Sorgen, die ich eigentlich nicht ganz verstehe. Ich hatte mir so gedacht, daß derjenige, der überlebt, seine Briefe an den andern zu sich nimmt und letztwillig darüber verfügt, was mit *beiden* Briefbeständen geschehen soll. Ein Interesse der Nachwelt ist nicht zu befürchten. Denn Individualität gilt heut nichts, und außerdem werden wir beide schon vor unsrem Ableben total veraltet sein. Sollte aber einem von uns ein höheres Alter beschieden sein, so würde er vielleicht in späten Jahren gern einmal Erinnerungen feiern. Es kommt mir etwas merkwürdig vor, daß Du zu diesem Zweck auf die Universitätsbibliothek gehn müßtest[1]. Dieser persönliche Anspruch geht doch jedem anderen voran. Was die Sicherung betrifft, so ist die UB [Universitätsbibliothek] gegen Fliegerbomben nicht besser gesichert als die Rohrbacher Str.[2] Man kann auch zu vorsichtig sein wollen, und dabei fällt man meistens herein. Da die ganze Frage für Dich aber zu einer Beunruhigung geworden ist, bleibt mir wohl nichts übrig, als zu sagen: Gib die Briefe ruhig in die „amtliche Verwahrung". Sollte ich länger zu leben genötigt sein als Du, so muß ich mir die unbeschränkte Verfügung darüber vorbehalten. Was nach meinem Tode damit geschehen soll, darüber hast Du allein zu verfügen. [...]

---

[1] Käthe Hadlich scheint in einem nicht mehr erhaltenen Brief erwogen zu haben, die von ihr aufbewahrten Briefe Sprangers aus Sicherheitsgründen der Universitätsbibliothek zu übergeben. Später deponierte sie diese dann in einem Tresorfach der Dresdner Bank. Vgl. Käthe Hadlich 13.03.1936, Käthe Hadlich 24.10.1943 und Käthe Hadlich 05.02.1944, zum „Bibliotheksplan" insbesondere Käthe Hadlich 13.04.1947.
[2] D.h. die Privatwohnung Käthe Hadlichs in der Rohrbacher Str. 24.

EDUARD SPRANGER AN KÄTHE HADLICH
[ohne Ortsangabe] 13. 08. 1933 / Br., ca. 4/9

[ ] Sonntag Morgen. Die Glocken läuten. Die Sonne hat schon einen herbstlichen Schein. Mein Geliebtes, ich kann nicht aufhören, um DORA [THÜMMEL] zu weinen. Es ist in meinem Herzen etwas zerbrochen. Eine schreckliche Angst quält mich. Die Welt ist mir fremd. Es ist alles so einsam.

Noch heut vor 8 Tagen habe ich sie gesehen und gesprochen. Nun ruht sie unter der Erde. Ihr Herz hat Ruhe. Meines will mir springen.

Die Trauerfeier wirkte auf mich kalt. Ein ferner, fremder Friedhof. Ein Reihengrab geöffnet für die, die der Zufall nacheinander an einem Nachmittag bettet. Die alten Freundinnen fehlten z. T. Es ist ja schon fast 25 Jahre her. WILLY BÖHM [scil. „war"] mir in dieser Stunde fast unerträglich. HELENE und GRETE TUCHEL [scil. „habe ich"] seit 20 Jahren zum 1. Mal wiedergesehen. – Ich hatte furchtbare Zahnschmerzen und mußte mir sofort nach der Bestattung einen Vorderzahn von einem fremden Zahnarzt ziehen lassen.

Am Abend kamen der Bruder, seine Schwägerin und ein Neffe aus Bonn, junger Reichswehrleutnant zu mir. Es war viel die Rede davon, wie und wann man das Furchtbare der armen MARGARETE [THÜMMEL] beibringen solle.

DORA [THÜMMEL] ist in der Nacht nach meinem Besuch um ½ 3 in Gegenwart des Oberarztes und der Schwester sanft entschlafen.

Bisher hat nur ELISABETH LÜPKE ein Wort zu mir gefunden, und ich habe ihr eben das Traurige eingehend geschrieben.

Du mein liebstes Herz! Ich bin fast am Rande meiner seelischen Kräfte. Du hast mir zweimal so lieb geschrieben. Ich bitte Dich im Ernst dieser Todesstunde: Laß alles, alles vergessen sein, was in diesen letzten schweren Monaten sich manchmal zwischen uns drängen wollte. Laß uns wieder ganz ein Herz und eine Seele sein. Und wenn einmal einer von uns hingeht, dann soll er dem andern nur Licht hinterlassen. Der andre muß ja dann weiterleben. Aber er soll fühlen, daß nur Gutes und Liebes um ihn ist und daß der Abgeschiedene ihn mit seinen Sorgen führt. Es ist heut so schwer zu leben. [...]

Die baltische Neue Presse (Riga) hat einen ziemlich üblen Artikel[1]: „Der Fall SPRANGER" gebracht. Ich habe auf Anfrage erfahren, daß es sich um ein wenig gelesenes jüdisches Blatt handelt. Mein Kommen wird in Riga trotzdem begrüßt.[2] Aber so geht es nun: Jetzt werde ich wegen HITLERismus verklagt (Basis: Akademievortrag.[3] Was Du in den Zeitungen liest, ist der offizielle Auszug, der in den Sitzungsberichten erscheinen muß. Eine ganze Anzahl von Druckangeboten habe ich abgelehnt. Zur leidigen Politik weiß ich vieles, was nicht in den Zeitungen steht. (Ich halte jetzt die Voß [Vossische Zeitung][4].) Außenpolitisch steht es schlimm. Kaufe die NZZ [Neue Züricher Zeitung] von Zeit zu Zeit. Habe ich Dir schon gesagt, daß der BARON V. UEXKÜLL einmal bei mir Abendbrot gegessen hat und mir sehr Interessantes von der Umweltforschung erzählt hat? Außerdem habe ich vor einigen Tagen den Generalsuperintendent[5] DIBELIUS besucht und mit ihm ein langes Gespräch gehabt über die Lage der Kirche. Ich kann nicht ganz mit beiden Parteien gehen; so ist es immer. Man denkt eben schon zu lange über solche Fragen. Darauf bezieht sich auch der Brief von DELEKAT, der noch unbeantwortet ist. Hinsichtlich der Behandlung von Personen bleibt überall der gleiche Stil, wie ich aus 100 Privatbriefen erfahre. Warum z. B. der MUCKERMANN hat gehen müssen, werde ich erst bei einem längst geplanten Besuch erfahren. Prof. BORCHARDT war auch einmal hier; sehr munter. [...] Ich bin mit DETTMANN neulich beim Stahlhelmappell[6] gewesen. Ganz nett, aber wie soll ich für Exerzieren und Nachtmärsche Zeit und Kraft aufbringen. Der Fall ist noch ungeklärt; eine schriftliche Darlegung meiner Situation ist noch unbeantwortet. [...]

---

[1] „Der Fall Spranger" von Heinz Raabe. In: Baltische Neue Presse (BNP); 20.07.1933, S. 3. Die BNB wurde herausgegeben von P. Hirschfeld; die letzte Ausgabe erfolgte am 10.08.1933.

[2] Vom 20.9. bis 03.10.1933 unternahm SPRANGER eine Vortragsreise durch das Baltikum, die ihn über Riga und Abo nach Dorpat, Reval und Helsingfors und zurück nach Stockholm führte. Vgl. EDUARD SPRANGER 14.09.1933 (Passage oben nicht abgedruckt!); EDUARD SPRANGER 24.09.1933; EDUARD SPRANGER 02.10.1933; EDUARD SPRANGER 13.08.1933. Solche Vorträge SPRANGERs im Ausland wurden vom nationalsozialistischen Regime zu Propagandazwecken bereitwillig geduldet und sogar gefördert. SPRANGER war sich durchaus bewußt, daß man ihn – wie er selbst formulierte – „fürs Schaufenster" benutzte. (Vgl. unten EDUARD SPRANGER 09. 06. 1934.)

[3] Eduard Spranger: Zur gegenwärtigen geistigen Lage in Deutschland. In: Sitzungsberichte der Preuss. Akademie der Wissenschaften. Jg. 1933: Philos.-hist. Klasse, S. 821.

[4] Vgl. Anm. 1 zu EDUARD SPRANGER 19.10.1918.

⁵ Generalsuperintendent (heute noch in Berlin-Brandenburg gebräuchlich): dem Bischof oder Präses rangmäßig entsprechender leitender Geistlicher einer evangelischen Kirchenprovinz oder Landeskirche.
⁶ Der „Stahlhelm" (vgl. Anm. 1 zu EDUARD SPRANGER 22.11.1930) war entgegen der Erwartung SPRANGERS Ende Juni 1933 (EDUARD SPRANGER 30. 06. 1933) doch nicht aufgelöst worden.

EDUARD SPRANGER AN KÄTHE HADLICH
Berlin-Dahlem, 14. 09. 1933 / Br., ca. 1/4

[...] Die Berufung B. [BAEUMLERS] ist als absoluter Mißgriff erkannt; nach Aussage ist mit Versetzung an [scil. „eine"] andere Hochschule zu rechnen. Die Berufung H. [HEIDEGGERS][1] ist *nicht* perfekt. Auch da hat man Enttäuschungen gehabt. Ich konnte einen neuen Namen hineinwerfen, und ich wurde sogar gebeten, für Anfang November Reformgedanken mitzuteilen.

Dies nun als Fortschritt genommen, kam doch am nächsten Tage gleich das Minus, das Dir aus dem beiliegenden Brief von LITT[2] entgegenleuchtet. Überhaupt: Es sieht in *keinem* Sinne gut aus. 150 000 Versammlungen für die Winterhilfe – als ich das heute las, mußte ich mich vorübergehend an einen Baum stützen. Bald danach kam HEDWIG K. [KOCH] mit ihren praktischen Nöten. Die Selbstmorde der entlassenen Juden häufen sich schrecklich.

Ich habe gelesen: „Mein Kampf"[3] und KRIECK, „Nationalpolitische Erziehung."[4] Über beides bin ich im Positiven wie im Negativen klar. Die Rassenmythologie und die Propaganda – das ist das Unmögliche. [...]

---

[1] Die in Aussicht genommene Berufung HEIDEGGERS nach Berlin, der dort die geplante NS-Dozenten-Akademie leiten sollte. (EDUARD SPRANGER 28. 07. 1933; Henning/Leschinsky, 100)
[2] Dieser Brief ist nicht erhalten. Der Brief, in dem LITT seine vorzeitige Versetzung in den Ruhestand beantragte, kann es nicht gewesen sein, da diese erst 1937 erfolgte. (Vgl. EDUARD SPRANGER 31. 08. / 02. 09. 1937.)
[3] ADOLF HITLER: Mein Kampf. Bd.I: Eine Abrechnung. 1925; Bd.II: Die nationalsozialistische Bewegung. 1926.
[4] ERNST KRIECK: Nationalpolitische Erziehung. Leipzig 1932.

EDUARD SPRANGER AN KÄTHE HADLICH
Abo (Finnland), 02. 10. 1933 / Br., ca. 2/5

[...] Die schönen Eindrücke der letzten Tage wurden sehr beeinträchtigt durch eine Nachricht aus Berlin, die ich nur als eine neue Unglücksbotschaft bezeichnen kann: Die „Erziehung"[1] ist uns aus der Hand gewunden. FLITNER hat die klassische Dummheit begangen, gerade jetzt in der gefährlichsten Situation Herrn Dr. MEYER mitzuteilen, daß er zum 1.1. die Schriftleitung niederlege (ohne zu sagen, daß er

Mitherausgeber bleiben wolle). Er muß dies ausgerechnet tun, während ich 14 Tage im Ausland bin[2]. Dr. M. [MEYER] – verstimmt, weil die Abonnentenzahl von 2200 auf 1800 herabgegangen ist – schreibt zurück: Es sei nun von uns zugegeben, daß die Mitarbeiterschaft mit dem, was sie zu sagen habe, am Ende sei. Er wandte sich an den Ministerialdirektor BUTTMANN im R.d.I. [Reichministerium des Innern] und läßt sich von ihm einen neuen Herausgeber vorschlagen. Alles, ohne mich zu fragen. Das ist natürlich eine offene Kriegserklärung. Die Niederlage vor der Öffentlichkeit aber ist besiegelt, selbst wenn es den Herausgebern gelingen sollte, geschlossen unter anderem Namen in einem anderen Verlag sofort eine neue Zeitschrift zu begründen. Der Dr. MEYER ist nun wieder eine neue Erfahrung! 15 Jahre hat er mit mir die glänzendsten Geschäfte gemacht. Nun bin ich ein toter Mann, und er gibt mir einen Fußtritt. FLITNER hat unverantwortlich gehandelt. Ich habe ihm dies auch geschrieben. Es ist aber, als sollte in wenigen Monaten alles zusammenbrechen, was ich in vielen Jahren aufgebaut habe.

Man ist unter diesen Umständen gern in der Ferne. [...]

[1] Vgl. unten Anm. 4 zu EDUARD SPRANGER 19.10.1933.
[2] Vgl. oben Anm. 2 zu EDUARD SPRANGER 13.08.1933.

EDUARD SPRANGER AN KÄTHE HADLICH
Dahlem, 19. 10. 1933 / Br., ca. 7/10

[...] Ich konnte Dir lange nicht schreiben, weil ich jetzt wieder viel Aktivität entfalten muß. Es scheint ja, daß man eines Tages aus Not auf Leute wie mich zurückgreifen muß. Nach außen hin ist alles total verfahren; vielleicht ist das bißchen Auslandskredit, das ich habe, einmal noch ganz nützlich. Man vergl. [vergleiche] die Bemühungen des Propagandaministeriums, mich für den Stockholmer Vortrag am 2. XI.[1] zu gewinnen.

Am 11. X. bin ich um 18.40 mit dem Entwurf des 3mal zu haltenden Marinevortrages[2] nach Bremen abgefahren. [...] Um 2 fuhr ich nach Wilhelmshaven, traf um 4 ein, wurde im Auto herumgefahren und besichtigte das Panzerschiff Deutschland. Um 5 der Vortrag, der den Admiral und die höheren Offiziere auch nachher noch beschäftigte. Ich aß mit 3 von ihnen im Casino. Um 8 fuhr ich ab und war nach 11 wieder in Bremen. Am 13. X. früh 8 Uhr bin ich nach Altona gefahren. [...] Von 12 – 4 unterwegs im P.zug [Personenzug] nach Flensburg. Dort keine Abholung. Die Marineschule in Mürwik liegt hoch über der Förde, im Stil der Marienburg gehalten. Zuhörer Admiral v. TROTHA, die Fähnriche, Landheeroffiziere, SA- und SS-Vertreter. Wirkung hier mehr ethisch. Gerade die Letzterwähnten schüttelten mir die Hand. Ich hatte gerade noch Zeit, am Bhf. [Bahnhof] eine Wurst zu essen. Um 7.15 ging der Zug. Um 9.45 war ich in Kiel. Dort wohnte ich wieder in dem netten Hotel Holst am Schloß. Am 14. X. früh um 9 Uhr Vortrag im Stationsgebäude, zwei sympathische, sehr gebildete Admiräle. Zuhörerschaft hier besonders intelligent und interessiert. Man wollte mich im Auto mitnehmen zur Ausfahrt der Karlsruhe³. Aber um 11 kam schon FLITNER von Hamburg. Wir besprachen, z. T. am Wasser spazierengehend, die Lage der Zeitschrift⁴, kamen aber zu keinem festen Bild und Entschluß. Deshalb schlug ich vor, mit MEYER unter 4 Augen zu verhandeln. [...] Gestern, Mittwoch um 9 Uhr Fahrt nach Leipzig. LITT an der Bahn. Um 12 bei MEYER, den ich erst scharf anfaßte. Dann zeigte sich aber, daß FLITNER den größeren Teil der Schuld hatte. Ich machte gar keine Konzessionen. Alles bleibt beim Alten, FLITNER ist bereit, weiterzuarbeiten, nur muß alles „aktueller" werden. Zu Mittag bei LITT. Nach Tisch kam noch FLITNER. Wir sprachen fast 3 Stunden über alles. Um 5 ging ich zu BERNHARD SCHWARZ, der eine große Beschwerdedenkschrift an die obersten Stellen geschickt hat und sehr energisch zum Guten arbeitet. Aber seinen Optimismus hinsichtlich der Grundlagen kann ich nicht teilen. Um 9 war ich wieder am Anhalter Bhf. [Bahnhof].

Heut ist erste Akademiesitzung. Morgen gehe ich in Uniform zum Stahlhelm.⁵ Frl. SILBER hat jetzt 17 Stunden an einer jüdischen Volksschule. Die Sorge um sie löst sich damit fürs erste. Nun sind 2 große Sachen zu behandeln: der Vortrag am 2. XI in Stockholm („Die geistige Lage in Deutschland"!?!). Es ist der erste einer Saison, in der v. PAPEN, KRUPP V. BOHLEN, JOHST und BEUMELBURG sprechen werden. Ich werde versuchen, bei dieser Gelegenheit mit prinzipiellen Fragen an Herrn V. NEURATH heranzukommen, der allerdings den Kopf voller Sorgen haben wird. Ferner der Semesteranfang, der nun bis zum 6. XI. für mich hinausgeschoben werden muß. Ich habe deswegen ausdrücklich beim Minister angefragt.

GERULLIS ist gegangen⁶. Der Nachfolger ist kein Zeichen einer Milderung. Aber FRICK soll zu dem ganzen Ministerium in Gegensatz stehen. Angeblich hat er sich über mich ein Gutachten eingeholt.

Der Schulrat Schröder ist pensioniert. Der Schulrat GANS ist Lehrer geworden; für ihn setzt sich seine ganze Lehrerschaft mit Leidenschaft ein. COPEI ist ohne Gehalt entlassen. Ein Gerücht sagt, auch OESTERREICH sei entfernt??⁷ Das muß man doch vorsichtig erkunden.

SCHRÖDINGER u. v. MISES haben freiwillig verzichtet und werden dem Auslande dienen (Oxford, Ankara). Die Universität wird militärische Ausbildungsstätte, auch die jüngeren Dozenten müssen Übungen mitmachen. – Mir ist eine kulturell leitende Funktion im Stahlhelm – zugedacht; aber alles noch unbestimmt. Kannst Du mir sagen, wohin das eigentlich treibt? Es riecht sehr nach Krieg. [...]

---

[1] Vgl. dazu auch EDUARD SPRANGER 19. 10. 1933. – Wie u. a. aus der Fortsetzung dieses Briefes hervorgeht, hielt SPRANGER am 02. 11. 1933 einen Vortrag in Stockholm über „Die geistige Lage in Deutsch-

land", der offensichtlich ein großer Erfolg war. (Vgl. auch EDUARD SPRANGER 10. 10. 1933; EDUARD SPRANGER 03. 11. 1933; EDUARD SPRANGER 12. 11. 1933).

[2] SPRANGER trug vor über „Jungmännererziehung unter psychologischen und nationalen Gesichtspunkten". Diesen Vortrag hielt er am 15. 02. 1934 ein weiteres Mal im Reichswehrministerium. Im Mai desselben Jahres konnte er ihn schließlich veröffentlichen in: Die Deutsche Volkskraft. Beilage zur „Deutschen Wehr", Zeitschrift für Wehrmacht u. Wehrpolitik. Oldenburg, 4. Jg. (1934), 89-91, 102-103, 115-116.

[3] Offenbar der Name eines Schiffes.

[4] Die Zeitschrift „Die Erziehung", die damals bedeutendste deutsche pädagogische Fachzeitschrift, die von EDUARD SPRANGER, WILHELM FLITNER, THEODOR LITT, HERMAN NOHL und ALOYS FISCHER herausgegeben wurde und 1925 bis 1943 bei Quelle & Meyer, Heidelberg, erschien, sollte eingestellt werden. Vgl. EDUARD SPRANGER 02. 10. 1932 und – zur wechselhaften Geschichte der „Erziehung" zwischen 1925 und 1943 – Horn, 215-306.

[5] Nachdem der „Stahlhelm" (vgl. Anm. 1 zu EDUARD SPRANGER 22.11.1930) entgegen den Erwartungen SPRANGERs im Juni 1933 (EDUARD SPRANGER 30. 06. 1933) doch nicht aufgelöst wurde, war dieser Mitglied geworden.

[6] GEORG GERULLIS, 1933 als Ministerialdirektor ins preuß. Kultusministerium berufen, schied noch in demselben Jahre wieder aus.

[7] TRAUGOTT KONSTANTIN OESTERREICH wurde 1933 aus dem Amte entfernt, weil seine aus Rußland stammende Frau Maria, die in Straßburg in Philosophie promoviert hatte, Jüdin war und weil er Schriften mit demokratischen und pazifistischen Tendenzen publiziert hatte. Im Brief vom 31. 10. 1933 riet SPRANGER KÄTHE HADLICH, OESTERREICH zu empfehlen, sich bei der türkischen Botschaft in Istanbul oder Ankara zu bewerben. Er selbst könne diese Empfehlung nicht aussprechen, weil er in der Angelegenheit wahrscheinlich gutachtend tätig sein müsse. Da SPRANGER im Brief vom 05. 12. 1933 im Zusammenhang mit der Emigration deutscher Professoren nach England immer noch von „der Sache OESTERREICH" berichtet, in der er wegen der ablehnenden Haltung der Familie noch nichts getan habe (ähnlich EDUARD SPRANGER 25. 11. 1933), konnte OESTERREICH in der Zwischenzeit offensichtlich noch nicht emigrieren.

EDUARD SPRANGER AN KÄTHE HADLICH
Dahlem, 12. 04. 1934 / Br., ca. 3/4

[...] Gestern früh kam wieder eine höchst fatale Zuschrift von Quelle und MEYER[1] in Sachen der „Erziehung"[2]. Ein Volksschullehrer X in Bauschlott bei Pforzheim hatte sich über die Gründe geäußert, warum er die Zeitschrift abbestellt habe. Angeblich wegen: Zwischenstellung [sic] und weil die Herausgeber selbst nicht mehr zu Worte kämen. Das zweite ist notorisch falsch. Das erste ist unvermeidlich. Wir haben noch 1500 Abonnenten, m. E. sehr viel. Andere Blätter müssen längst um Zuschuß von der Notgemeinschaft[3] bitten. Wie sollen wir aber bei der Haltung des Verlegers – schon bei der Tonart seiner Briefe – die Sache weiter durchhalten. Es wird gehen wie bei der „Voß" [Vossischen Zeitung][4]. Frl. S. [SILBER] meinte leichthin, man hätte bei der unabhängigen Stellung bleiben sollen [...]

Nachmittags kam unerwartet und zum ersten Mal T.[5] Er beurteilt die Lage ebenso, verstand durchaus, bedauerte natürlich. Unmittelbar kam mein ehemaliger Assistent GIESE. Er erklärte, er und meine jüngeren Freunde würden es als „schwere Enttäuschung" hinnehmen, wenn ich ginge[6]. Die Lage, die er nicht zu kennen scheint, beurteilt er anders. „Die Struktur des gegenwärtigen Staates legt dem Einzelnen ein solches Maß persönlicher Verantwortung nicht auf". Da liegt die Differenz. GIESE allerdings braucht mit seinem Namen nichts zu decken. Bei mir ist das anders. Aber das Schlimmste ist: Es besteht tatsächlich ein unheilbarer Bruch zwischen der Denkweise der jüngeren Generation bis in die 30er hinein und mir.

„Diese Fahne", sagte er, auf ein Heft der Erziehung deutend, „wird dann eingezogen werden". Als ob sie es nicht schon würde! Ich hätte nur FLITNER und NOHL preisgeben müssen, dann – angeblich – wäre die Zeitschrift in Blüte geblieben. Die alte Melodie des WALLNER-GIESE-Kreises. Wo stehen die Leute nun eigentlich? Heut haben sie allerhand Bedenken, morgen sind sie dabei! Heut soll die Schule und Erziehung aus evangelischem Geiste gestaltet sein, morgen beziehen sie den offiziellen kirchlichen Kurs ...[7] Ich bin mit einem Druck auf dem Herzen aufgewacht und bin so müde, daß ich von all den Kämpfen am liebsten weltenfern wäre. Was ist zu verteidigen, wenn die Jüngeren angeblich „mein Werk fortsetzen wollen", in Wahrheit aber die Gesinnungmacherei [sic] mitmachen? Wohin steuert das alles? Wenn ich hier bleibe, gehe ich moralisch ein; wenn ich fortgehe, aber auch. Es gibt keinen Platz für mich mehr in der Welt. Der Bruch zwischen den Generationen ist zu stark. [...]

---

[1] Verlagshaus.
[2] Die Zeitschrift „Die Erziehung" war in ihrer Existenz gefährdet. (Vgl. Anm. 4 zu EDUARD SPRANGER 19.10.1933.)
[3] Vgl. Anm. 13 zu EDUARD SPRANGER 30.06.1933.
[4] Vgl. Anm. 1 zu EDUARD SPRANGER 19.10.1918. Auch sie wurde 1934 eingestellt.
[5] Falls es sich bei „T." um einen Schüler oder Berliner Kollegen aus dem engeren Bekanntenkreis SPRANGERS handelt, kommen GUNNAR THIELE oder der Jurist TITZE in Frage. Vielleicht handelt es sich auch um FRITZ TILLMANN, den Vorsitzenden des Hochschulverbandes.
[6] An die Universität Zürich. (Vgl. Anm. 2 zu EDUARD SPRANGER 26. 06. 1934.)
[7] Die Punkte stehen im Original und kennzeichnen hier keine Auslassung der Herausgeber.

EDUARD SPRANGER AN KÄTHE HADLICH
Dahlem, 09. 06. 1934 / Br., ca. 1/3

[...] Ich bin in wenig optimistischer Stimmung. Das Gesamtbild ist ungünstig.

KÖHLER hat vor 3 Wochen um seine Pensionierung gebeten, weil man ihm einen unentbehrlichen Assistenten, ohne ihn zu fragen, gekündigt hat. Damit verquickt ist ein Streit[1] mit dem Rektor und BIEBERBACH, der recht unerfreuliche Seiten im heutigen Universitätsleben aufdeckt. Sonntag Vorm. [Vormittag] waren Studenten bei mir, die K. [KÖHLER] einen Fackelzug bringen wollten – auf alle Gefahren hin. Es

scheint nichts daraus geworden zu sein. Nachmittag war ich bei K. [KÖHLER] selbst
– im Walde bei Neubabelsberg.² Seitdem habe ich nur gehört, daß die Sache
schlecht läuft. „Er könne doch dem Minister keine Bedingungen stellen". Die
Hauptangelegenheit scheint zu versanden. Ich hatte einen kurzen, nur halb verständlichen Brief. Die Ursachen sind politisch. Regelmäßige Lektüre zeigt, daß
man sich dort immer entschiedener vom Nachbarn distanziert. Die Angelegenheit
bleibt in der Schwebe. Es ist die Frage, ob man – minimal – nachhelfen soll. Frl.
BESSER, die neulich hier war, und Frl. LAMPERT (die ich mit ERIKA SCHWÖRER im
Schschen [Schwörerschen?] Hause traf) sprachen leidenschaftlich gegen solche Pläne. Ich habe aber gestern etwas bemerkt, was mich anders stimmte.

FRANKE ist im Riesengebirge. FEILCHENFELD ist aus dem Beruf herausgeworfen.
ERMANN hat als halbarisch, ebenso wie DESSOIR, nicht mehr das Recht, die Fakultät zu
besuchen. Dieser Genuß ist allerdings nicht groß.

Das Ministerium braucht mich mal wieder fürs Schaufenster. Ich soll Anfang
Juli an einem Ferienkurses (für deutsch-polnische Lehrer!) in Danzig mitwirken. Er
soll nicht *rein* in der Wolle gefärbt sein. [...]

---

¹ Bevor WOLFGANG KÖHLER im Mai 1934 um seine Pensionierung bat, hatte er nach Auseinandersetzungen mit der Studentenpolizei und dem Rektor bereits im April 1934 die Leitung des Psychologischen
Instituts niedergelegt (EDUARD SPRANGER 30. 04. 1934). Da KÖHLER – anders als SPRANGER – sein Rücktrittsgesuch nicht öffentlich machte und seine Forderungen auf das Psychologische Institut beschränkte, sprach ihm das Ministerium zunächst das Vertrauen aus und erfüllte seine Forderungen.
Als gegebene Zusagen rückgängig gemacht wurden, trat er dann doch zurück und emigrierte im
Frühjahr 1935. (Vgl. Henning / Leschinsky, 36.)
² Stadtteil im Osten von Potsdam.

EDUARD SPRANGER AN KÄTHE HADLICH
Dahlem, 26. 06. 1934 / Br., ca. 2/5

[...] in meinem Seminar ist ein Stoßtrupp aktiv geworden. Ich habe ihn ernst genommen und mich 1 1/2 Stunden eingehend mit ihm unterhalten. Aber es ist einfach ein schmählich getarnter Störungsversuch, und ich werde von jetzt an die Lage
als Kampfsituation behandeln und durchhalten. Ein griechischer Gymnasialdirektor, der am Seminar teilnimmt, schrieb mir einen fürsichtigen [sic] Brief mit dem
Ausdruck des Bedauerns über das Bild deutscher Jugend, das er erhalten hat. In der
Diskussion selbst ging ein Österreicher zum schärfsten Angriff vor, so daß ich für
seine Sicherheit fürchte. Formell und sachlich behielt ich natürlich die Führung.
Aber so steht es.

Und der jetzige Direktor des Provinzialschulkollegiums hat öffentlich KERSCHENSTEINER und mich als „Bürgerliche Marxisten" bezeichnet. Wenn ich nur wüßte, was
das ist.

[...] Wer soll das überleben?
Schlimmer als die schreckliche Arbeitslast – ich arbeite eben für MAIER und DESSOIR mit[1] – ist die „innere Unmöglichkeit". Nach dem Scheitern von Zürich[2] muß ich, wenn alles so bleibt, doch ernsthaft einen Berufswechsel ins Auge fassen. Denn wider das Gewissen zu handeln ist beschwerlich und gefährlich.
[...] Überall geballte Fäuste in der Tasche. Aber die Taschen sind weit und zahlreich und verborgen. Hat man diese allgemeine Götterdämmerung der Kultur verschuldet – oder trifft sie nur auf uns – jedenfalls ist sie da, und in Jahrzehnten mühsam Aufgebautes zerbricht unter der Parole der Erneuerung. [...]

---

[1] HEINRICH MAIER war Anfang Dezember 1933 verstorben (EDUARD SPRANGER 05. 12. 1933; EDUARD SPRANGER 15. 12. 1933). Ein Nachfolger wurde offenbar nicht berufen. Außerdem war MAX DESSOIR entfernt worden (vgl. EDUARD SPRANGER 09. 06. 1934). So fiel also SPRANGER auch die Betreuung der Studenten dieser Kollegen zu (EDUARD SPRANGER 13. 10. 1934).

[2] 1934 erwartete SPRANGER einen Ruf auf einen seit Oktober 1933 vakanten Lehrstuhl an der Philosophischen Fakultät I der Universität Zürich. Bereits im März 1934 hatte er sich in Zürich nach einem geeigneten Haus umgesehen (EDUARD SPRANGER 06. 03. 1934), und es war ihm versichert worden, daß „die Sache offiziell laufe" (EDUARD SPRANGER 11. 03. 1934). Im Mai mahnte SPRANGER den immer noch ausstehenden Ruf indirekt an (EDUARD SPRANGER 12. 05. 1934). Bis dahin war es nur zu einer schriftlichen Voranfrage gekommen (EDUARD SPRANGER 14. 05. 1934). Im Hinblick auf die Möglichkeit eines bevorstehenden Wechsels an die Universität Zürich, aber wohl auch wegen seiner zunehmenden Isolierung seit 1933 und um SUSANNE CONRAD wirtschaftlich abzusichern (EDUARD SPRANGER 17.08.1934) hatte SPRANGER am 14. August 1934 schließlich die langjährige Lebensgefährtin standesamtlich geheiratet. Die kirchliche Trauung sollte Ende September nachgeholt werden (EDUARD SPRANGER 17. 08. 1934). Allerdings war bereits im Juni klar (vgl. den hier abgedruckten Brief), daß die Berufung gescheitert war. Der Widerstand der Züricher Dozentenschaft und des Regierungsrates des Kantons Zürich gegen die Berufung eines nichtschweizerischen Professors hatte schließlich obsiegt (Bf. Max Zollingers an EDUARD SPRANGER vom 03. 06. 1934, Bundesarchiv Koblenz; Nachlaß EDUARD SPRANGER, NL 182-352; Staatsarchiv des Kantons Zürich, Protokolle der Hochschulkommission, Nr. 133/1934, UU 23a/1934). Auch SPRANGER selbst hatte vermutlich zum Scheitern der Berufungssache beigetragen, als er im März 1934 Verhandlungen zwischen der deutschen und schweizerischen Regierung verlangte, um ihm die Rückkehr nach Deutschland offenzuhalten. Nach dem Scheitern der Züricher Berufungssache mochte SPRANGER dann aber nicht mehr von dem Entschluß der Verehelichung mit SUSANNE CONRAD, zu dem er sich nun einmal durchgerungen hatte, Abstand nehmen (EDUARD SPRANGER 20. 07. 1934). Um die Berufungssache auch offiziell abzuschließen, schob er sie schließlich auf die amtliche Ebene, wohl wissend, daß dies seinen Verbleib in Berlin bedeuten würde: Am 11. 10. 1934 erging ein förmliches Ersuchen des preußischen Staatsministers Matthat an SPRANGER, ihn über seine Absicht zu informieren, einem Ruf der schweizerischen Regierung auf den Lehrstuhl für Logik, Philosophie und Geschichte der Pädagogik an der Universität Zürich zu folgen. SPRANGER antwortete am 18. 10. 1934, er habe „den Herrn Erziehungsdirektor auf den Weg amtlicher Verhandlung von Regierung zu Regierung verwiesen." (21. 10. 1934, anliegende Abschrift eines Schreibens des preußischen Kultusministers vom 11.10.1934)

EDUARD SPRANGER AN KÄTHE HADLICH
z. Z. Freienwalde a. O. [an der Oder], 17. 08. 1934 / Br., ca. 1/3
[...] Ich habe von der Umstellung meines häuslichen Lebens[1] nicht viel geschrieben, um Dein Herz mit den Einzelheiten nicht zu beschweren. Nun hole ich das Wichtigste nach. Zunächst kann und muß ich endlich versichern, daß der Anlaß dazu nicht von SUSANNE ausgegangen ist. Sie hat sich 1928 gelobt, nie wieder einen Gedanken daran[2] zu fassen, und so hat sie es durchgeführt. Der akute Anstoß war Zürich[3], der chronische ist die politisch-geistige Lage, die der Einzelne innerlich und praktisch nicht mehr bewältigen kann. Das hat sich bei der gestrigen Komplikation wieder deutlich gezeigt. Ich habe bei all dem sehr ernste Gedanken, besser Vorgefühle, von denen man lieber nicht spricht. Aber von innen her fürchte ich keine Bedrohung.

SUSANNE, die auf meine Anregung lange geschwiegen hat, wird Dir nun schreiben. Ich bin im Innersten gewiß, daß sie Deine älteren Rechte stets achten wird und daß sie in Pietät und echter Freundschaft mit Dir verbunden zu sein bestrebt ist. Wir drei, die wir alle jeden Augenblick vor dem Letzten stehen, werden in diesen schwersten Zeiten den Ernst und die Höhe wahren, die wir jeder sich selbst, unsrer vergangenen und gegenwärtigen Gemeinsamkeit schulden.

Äußerlich laufen die Dinge etwas ungewöhnlich. Wegen der praktischen Aufgaben mußte SUSANNE schon zum 1. VIII. aus dem Amt scheiden. Sie verlor damit natürlich alle Ansprüche. Um sie diesem Vakuum nicht zu lange auszusetzen – man ist heut weniger als je in einer Lebensversicherung – haben wir in äußerster Stille (selbst vor den Hausgenossen) die standesamtliche Trauung am Dienstag, 14. August 12 Uhr in Lichterfelde vorweggenommen.[x)] Trauzeugen waren der Schwager HONIG und FRANKE. Wir haben dann mit beiden und ihren Frauen in Wannsee gegessen. Nachmittags waren SUSANNE und ich in der Meierei. Am Morgen und am Abend war ich wie gewohnt an meinem Schreibtisch.

Meine Gedanken waren, indem ich den Ernst des späten Schrittes empfand, bei meiner Mutter und bei Dir.

x) [Anmerkung SPRANGERS] Die kirchliche vermutlich Ende September durch KIRMß in Weimar[4]. Erst dann Umzug und Bekanntmachung. [...]

---

[1] Der Verehelichung mit SUSANNE CONRAD am 14. 08. 1934. (Datum der standesamtlichen Trauung)
[2] Den Gedanken an eine Heirat, wie SUSANNE CONRAD ihn zu SPRANGERS Ärger im Mai 1928 ausgesprochen hatte. (EDUARD SPRANGER 27. 05. 1928)
[3] D. h. die Erwartung eines Rufs dorthin und der Übersiedlung in die Schweiz. (Vgl. Anm. 2 zu EDUARD SPRANGER 26.06.1934.)
[4] Zur Trauung in Weimar kam es jedoch nicht: Der Trauschein ist am 24. 09. 1934 vom evangelischen Pfarramt in Dahlem ausgefertigt. Vgl. dazu EDUARD SPRANGER 11.09.1934.

EDUARD SPRANGER AN KÄTHE HADLICH
Mittenwald (Hotel Post), 28. 09. 1934 / Br., ca. 1/5

[...] Es klingt seltsam, wenn ich sage, daß wir beide in diesen 4 Tagen der Ehe uns nicht nur stark zueinander hinentwickelt haben, sondern uns auch in ganz neuem Lichte erscheinen. Deutschland möge mir verzeihen, wenn ich für diese wenigen Tage alle trüben Gedanken fortgescheucht habe. Ich spreche es mit *einem* Worte aus: Ich bin glücklich. Und Du nimmst daran mit einem Gefühl teil wie kein anderer. So gehst Du in jedem Sinne mit uns und wir mit Dir. SUSANNE ist verjüngt und schenkt mir aus einem unerhörten Reichtum. Sie wird Dir auch bald schreiben. [...] Vor uns allen liegt die schwere Realität. Wenige Tage noch – dann kommt ja das unvermeidliche Erwachen. [...]

EDUARD SPRANGER AN KÄTHE HADLICH
Dahlem, 13. 10. 1934 / Br., ca. 2/5

[...] Gestern erschien KUHN und brachte die Nachricht, daß LÖPELMANN von der Partei den Befehl erhalten habe, aus dem Vorstand der KANTgesellschaft auszuscheiden. Ich habe ihm – da ich ja nur auf seinen Wunsch eingetreten war, telegrafiert, daß ich auch zurückträte. Entweder ist damit die Gesellschaft tot, oder es wird sich nun einmal zeigen, ob das A. A. [Auswärtige Amt] und andere kulturwillige Kräfte den Mut haben, einen solchen Fall durchzukämpfen.

Diesem Einzelvorgang gehen *sämtliche* sonstigen Eindrücke parallel. Es ist eine allgemeine Zerstörungslust am Werke. Meine Post würde außer den laufenden Dingen *nichts* Geschäftliches enthalten, überhaupt beinahe aufhören, wenn nicht Glückwünsche kämen. Das Semester hingegen kündigt sich in jeder Hinsicht übel an. Die Universität Berlin ist eine Ruine. JAEGER und KÖHLER sind beurlaubt. Alles, was MAIER und DESSOIR geleistet haben, kommt an mich[1]. Ich muß schon jetzt wie eine Maschine tätig sein und halte mir nur schwer den Kopf frei für die neue Vorlesung über Religionsphilosophie, die doch sehr verantwortungsvoll ist. Vorläufig bin ich immer noch bei HEGEL. Das ist nun doch einmal der größte Bau.

Täglich empfinde ich bei meiner Arbeit, daß wir Deutschen ganz und gar in der gemeineuropäischen Überlieferung wurzeln. Wenn man das jetzt abschneiden will, wenn man sich auf das imaginäre Nordische zurückziehen will, so schneidet man eben die Wurzeln ab.

Am 18. X. habe ich in der „Gesellschaft für Wehrwissenschaften" einen psychologischen Vortrag zu halten, am 22. X. in Magdeburg über „GOETHE und die metaphysischen Offenbarungen" zu sprechen.

[...] Wenn man nur irgendwo einen Hoffnungsschimmer sähe! Aber ich sehe gar nichts. Unter solchen Umständen arbeitet es sich sehr schwer. [...]

[1] Vgl. Anm. 1 zu EDUARD SPRANGER 26.06.1934.

EDUARD SPRANGER AN KÄTHE HADLICH
[ohne Ortsangabe] 12. 11. 1934 / Br., ca. 3/5

[...] Es ist an Wichtigem zunächst ganz vertraulich zu berichten, daß eine Anfrage gekommen ist, ob wir euren berühmten Pädagogen[1] als Ordinarius (wohl doch für Phil. [Philosphie]) übernehmen würden. Dies war das Äußerste, was beruflich noch in Erscheinung treten konnte, und seitdem es droht, bin ich ganz ruhig. „Nicht an die Güter hänge ..."[2] Die Sache an sich, d. h. wenn ich nicht versetzt werde, ist gar nicht einmal schlimm. Denn zum akademischen Mißerfolg des ersten[3] (über den Se. [Seine] Magnif. [Magnifizenz] nur mit lautem Lachen redet) käme dann der des zweiten. Bei uns wenigstens heißt es, er sei als Dozent unbrauchbar. In diesem Zshg. [Zusammenhang] muß ich gleich sagen, daß bis heute früh der Besuch bei mir – sogar in der langweiligen päd. [pädagogischen] Vorlesung – ständig gewachsen ist, so daß sich das Bild von dem vor 2 1/2 Jahren kaum erheblich unterscheidet. Das Gleiche berichtete LITT von sich, ja er erzählte sogar von Beifall stärkster Art bei Stellen, wo er nicht sein dürfte! Die gestern sehr feste und optimistische Haltung von L. [LITT] hat auch mich etwas zuversichtlicher gemacht, zusammen mit außerakademischen Nachrichten, die besagen, daß *im* Hause vieles nicht mehr funktioniert. Meine persönlichen sonstigen Eindrücke bleiben allerdings ungünstig – vor allem ist die Fakultät in Berlin nichts wert; L. [Leipzig] scheint besser zu sein.

In LITTs Vortrag[4] war SUSANNE allein. Er sprach sehr offen mit vielem Beifall und großer Sicherheit auch bei der Diskussion. Ich war ferngeblieben aus Protest gegen die Behandlung der K. G. [KANTgesellschaft], die man wohl auf dem bekannten kalten Wege absterben lassen will.

In der Kirche scheint starke Zuversicht und viel Leben. 118 Theol. Prof. [Theologieprofessoren] haben den Reibi [Reichsbildungsminister] zum Rücktritt aufgefordert[5], die theol. [theologischen] Dekane, an ihrer Spitze Exz. [Exzellenz] SEEBERG, allerdings das Gegenteil getan. Frl. LAMPERT erzählte von gewaltigen Eindrücken in W.[6] Sie ist kritisch und sieht auf ihren Reisen viel; aber sie zieht nie die letzte moralische Konsequenz. Da ich ihr das deutlich und höflich zum Ausdruck brachte, zog die Gute doch mit zerknirschter Seele ab.

[...] Was der Kirchenrat gesagt hat, habe ich auch manchmal so empfunden. Aber ich möchte doch klare Fronten haben. Aus dem Prinzip des K.s [Kirchenrates] folgt nämlich umgekehrt, daß die Kirche zu vielem geschwiegen hat, wozu sie nicht schweigen durfte: als sei das Ganze nur eine jurist. [juristische] Kompetenzfrage.

[...] Zu eigner Arbeit komme ich natürlich nicht. Man hat mir den Vorsitz in der

Berliner Ortsgruppe der GOETHEgesellsch. [GOETHEgesellschaft] angeboten. Ich werde ihn wohl annehmen, da ich wenig Lust habe, in die umgeschaltete K.G. [KANTgesellschaft] zurückzukehren.
[...] FLITNER will zum 1. IV. die *eigentl.* [eigentliche] Schriftleitung [scil. der „Erziehung"[7]] endgültig niederlegen. Es wird wohl unvermeidlich sein, daß ich sie übernehme; denn wenn ich auch WENKE zur Hilfe heranziehen würde, so wäre er doch nicht Autorität genug, um heut selber zu zeichnen. GIESE ist kommissarisch in Elbing[8] und findet alles herrlich. [...]

[1] ERNST KRIECK. Vgl. den unten abgedruckten Brief EDUARD SPRANGERS vom 23. 11. 1934, wo er von einem Gerücht berichtet, nach welchem KRIECK dieselbe Funktion wie BAEUMLER erhalten solle und seine Ernennung schon vollzogen sei.
[2] Zitat aus: FRIEDRICH V. SCHILLER: Die Braut von Messina. 4. Aufzug, 4. Auftritt:
„Nicht an die Güter hänge dein Herz,
Die das Leben vergänglich zieren,
Wer besitzt, der lerne verlieren,
Wer im Glück ist, der lerne den Schmerz."
(SCHILLERS Werke. Vollständige, historisch-kritische Ausgabe in 20 Teilen. Herausgegeben von Otto Günther und Georg Witkowski. Band 7, 348)
[3] Gemeint ist wahrscheinlich ALFRED BAEUMLER.
[4] Es ist unklar, ob SPRANGERS Ehefrau SUSANNE LITTS Kölner Vortrag bei der KANTgesellschaft am 10. 11. 1934 besucht hatte, mit dem eine heftige Pressekampagne gegen ihn ausgelöst wurde, die sogar zu einem Vorlesungsverbot führte, das dann allerdings schon zu Beginn des folgenden Jahres wieder aufgehoben wurde. (Leske, S. 225f) Denkbar ist auch, daß LITT auf der Rückreise von Köln den Vortrag in Berlin noch einmal hielt.
[5] Am 20. 10. 1934 richtete die in Berlin tagende Bekenntnissynode der evangelischen Kirche ein Protestschreiben an HITLER gegen die Reichskirchenregierung des Reichsbischofs Ludwig Müller.
[6] Wahrscheinlich Weimar, wo SPRANGER im Mai eine Tagung der GOETHE-Gesellschaft besucht hatte. (EDUARD SPRANGER 12.05.1934; EDUARD SPRANGER 26.05.1934)
[7] Zur Zeitschrift „Die Erziehung" vgl. oben Anm. 4 zu EDUARD SPRANGER 19.10.1933.
[8] Hafen- und Industriestadt in Ostpreußen; seit 1926 Standort einer Pädagogischen Akademie.

EDUARD SPRANGER AN KÄTHE HADLICH
Dahlem, 23. 11. 1934 / Br., ca. 2/9

[...] Die Frage, *wer* der Bekenntnisbewegung[1] beitreten kann, wird auch hier viel erörtert. Gerade gestern sprach MEINECKE mit mir darüber. Man hat ihn dort trotz seiner freien Haltung willkommen geheißen. Ich bin meinerseits der Meinung, daß diese Bewegung dem Sinne nach mehr als eine innerkirchliche ist, auch wenn sie es selbst noch nicht spüren sollte. Es scheint mir recht, daß Du ihr beigetreten bist. Vielleicht tue ich es auch einmal. Aber Du verstehst ja, daß ich (nicht qua Beamter, sondern qua allgemeiner Bekannter) doch sehr abwägen muß, was ich entschieden bejahe. Und da stehe ich allerdings anders. Denn ich glaube nicht *nur* an die einmalige historische Offenbarung, sondern an die immerwährende Offenbarung, die aber durch das immer neue, umkämpfte und angeeignete Christentum ihre tiefere Deutung erfährt.

[...] Eine fama meldet, KRIECK erhalte dieselbe Funktion wie BAEUMLER, und die Ernennung sei vollzogen.² In Heidelberg soll er im letzten Semester mit 8 Hörern geschlossen haben. Dieser Ringkampf wird für mich nicht sehr schön werden. Aber denke Dir das kollegiale Verhältnis!

[...] Von HANS HEYSE höre ich, daß er das ganze Christentum für einen Fehlweg halten soll, der die Antike entstellt habe. Mag das sein, wie es will: Der Mensch hat doch nie einen eigenen Gedanken und läuft mit jedem mit, der ihm einmal Eindruck macht. RICHTERS meinten, ADELHEID sei mit ihm ganz eins und bewundere ihn. So kommt man – doch eigentlich nicht auseinander, sondern es stellt sich nur immer wieder die Gewißheit her, die im Grunde längst bestand. Zu LORE besteht trotz ihrer Bigotterie ein engeres Band.

[...] FEILCHENFELD ist trotz meiner Petition aus dem Schuldienst entfernt. [...]

¹ Die Bekennende Kirche (vgl. EDUARD SPRANGER 29. 04. 1935), eine kirchliche Oppositionspartei gegen die nationalsozialistisch geprägten Deutschen Christen sowie gegen die Unterdrückung der Kirche durch den nationalsozialistischen Staat, welche 1933 aus dem von dem evangelischen Theologen MARTIN NIEMÖLLER organisierten Pfarrernotbund hervorgegangen war, und dessen illegales Predigerseminar in Finkenwalde DIETRICH BONHOEFFER leitete.
² Das Gerücht kolportierte eine Berufung KRIECKS nach Berlin. (Vgl. EDUARD SPRANGER 12. 11. 1934.)

EDUARD SPRANGER AN KÄTHE HADLICH
Dahlem, 13. 01. 1935 / Br., ca. 1/3

[...] Die neue Habilitationsordnung besiegelt das Ende der deutschen Universität, wie ich von Ausländern bestätigt gehört habe. Ein Gespräch mit unserem geschäftstüchtigen P¹, der Dich grüßen läßt, war bezeichnend. Der sieht anscheinend nicht mehr viel Festes.

Gerüchte über unseren Freund in L. [Leipzig]², z. B. daß er verhaftet sei, halte ich für Zwecklügen. Ich hätte sonst doch irgendetwas gehört.

Man gibt sich natürlich den Gerüchten hin, weil niemand etwas Greifbares hat. Dadurch entstehen ungreifbare Gebilde, die für die Obersten fürchten lassen. Das nimmt jetzt sehr zu.

Wir haben in der hiesigen Ortsgruppe der GOETHEgesellschaft, deren Vorsitzender ich nun bin, am Dienstag den alten WÜLLNER SCHILLER rezitieren hören. Am Mittwoch war Mittwochsgesellschaft³ bei [EUGEN] FISCHER, wo ich vertraulich hörte, daß zum Festredner für die HUMBOLDTfeier 1935⁴ von den 3 Vorgeschlagenen^x⁾ 1) BAEUMLER, nicht S [SPRANGER] und nicht ONCKEN gewählt sei [...]

x) [Anmerkung SPRANGERS] Die Fassung des Vorschlages war noch so.

¹ Vermutlich SPRANGERS Berliner Kollege JULIUS PETERSEN.
² Vermutlich THEODOR LITT.
³ Zur Mittwochsgesellschaft vgl. im einzelnen unten „Erste Interpretationsversuche der Herausgeber".
⁴ Es handelte sich um die Feier am 08. 04. 1935 aus Anlaß der 100. Wiederkehr des Todestages WILHELM VON HUMBOLDTS, des Gründers der Berliner Friedrich-Wilhelms-Universität. Weder EDUARD SPRANGER noch HERMANN ONCKEN wurden als Festredner ausersehen. Die Festansprache hielt stattdessen ALFRED BAEUMLER. Sie ist publiziert unter dem Titel: WILHELM VON HUMBOLDT. Rede gehalten bei der Gedächtnisfeier der Universität Berlin am 8. April 1935. In: Internationale Zeitschrift für Erziehung 4 (1935), 81-93. SPRANGER konnte seine Darstellung nur in der „Vereinigung der Freunde des Humanistischen Gymnasiums für Berlin und die Provinz Brandenburg" vortragen. Sie ist publiziert unter dem Titel: WILHELM VON HUMBOLDT. In: Die Erziehung, Jg.10, 1935, 385-391.

EDUARD SPRANGER AN KÄTHE HADLICH
[ohne Ortsangabe] 02. 02. 1935 / Br., ca. 1/7

[...] Sehr schwere Arbeitstage haben mich so lange am Schreiben gehindert. Man lebt von Tag zu Tage und freut sich, wenn es gerade zu schaffen war. Sonst ist nicht viel Anlaß zur Freude. In unsrem Bereich werden die Verhältnisse immer schlimmer. Trotz allen Mühens gehen die Dinge kaputt, und sie sollen ja auch kaputtgehen.

[...] Die Studenten sind ungeheuer aufmerksam; der Besuch bleibt ganz stabil; in der Religionsphilosophie ist es sogar eigentlich *voll*, wie sonst selten um diese Zeit im Semester. Aber ich fühle, wie allmählich doch die innere Spannkraft in mir nachläßt, weil der Kampf sonst vergeblich ist, und weil einem alles aus der Hand geschlagen wird. Die sog. Fakultätssitzungen verlasse ich sofort nach der Erledigung der Prüfungen. Bs. [BAEUMLERS] Gesicht ist immer das verkörperte schlechte Gewissen. Akademisch bleibt er ohne jeden Erfolg. Aber die „Internationale Zeitschrift für Erziehungswissenschaft"[1] gibt er nun heraus. [...]

¹ Die „Internationale Zeitschrift für Erziehungswissenschaft" war 1931 von Friedrich Schneider, Privatdozent an der Universität Köln und Professor an der Pädagogischen Akademie in Köln, gegründet, dann im Sommer 1934 wieder eingestellt worden. Ein halbes Jahr später erschien jedoch die von ALFRED BAEUMLER herausgegebene „Internationale Zeitschrift für Erziehung" und beanspruchte - von Schneider nach dem Kriege widersprochen - die Nachfolge der eingestellten Zeitschrift. (Horn, 317ff)

EDUARD SPRANGER AN KÄTHE HADLICH
Dahlem, 11. 02. 1935 / Br., ca. 1/5

[...] In unsren Revieren steht es schlechter als je. Der Fall ONCKEN[1] hat alle erschüttert (Vielleicht hast Du den Artikel im VB [Völkischen Beobachter] vom 3. II. gelesen, durch den man ihn moralisch getötet hat). Gegenwehr unmöglich. Er hat seine Vorlesungen einstellen müssen und ist nun also erledigt. Von KÖHLER heißt es, daß er nicht wiederkommt.[2] Die Universität verwaist immer mehr. Selbst die Gänge und Hörsäle sind still. Und daß ich noch immer relativ viele habe, ist natürlich ein Gefahrenmoment. Jedenfalls auch sonst *nichts* von Besserung; ob es *noch* schlimmer wird? vermutlich! Unter diesen Umständen zu arbeiten, ist nicht leicht; es fehlt die Sprungfeder; auch auf diesem psychischen Wege kann man bei langer Dauer die feinnervigen Naturen „erledigen". [...]

[1] ONCKEN, der wie SPRANGER der Mittwochsgesellschaft angehörte (EDUARD SPRANGER 26. 01. 1934; EDUARD SPRANGER 20. 02. 1935; EDUARD SPRANGER 19. 04. 1935; EDUARD SPRANGER 14. 02. 1939), galt den jungen nationalsozialistischen Historikern als Repräsentant einer überholten historischen Schule. Gegen ihn wurde 1935 auf Veranlassung ALFRED ROSENBERGS eine Kampagne im „Völkischen Beobachter" gestartet: In der Ausgabe vom 3. Februar (S. 5-6) verunglimpfte ihn Walter Frank in einem schon auf dem Titelblatt angekündigten Artikel mit dem Titel „L'Incorruptule. Eine Studie über HERMANN ONCKEN". Das Kultusministerium wies daraufhin den Rektor der Universität an, ONCKENs Lehrtätigkeit zu beenden, was dann am 6. Februar 1935 auch geschah. (Vgl. Scholder, 25, u. EDUARD SPRANGER 07. 03. 1935; EDUARD SPRANGER 06. 04. 1935.)

[2] WOLFGANG KÖHLER hatte im Mai 1934 um seine Pensionierung gebeten. Vgl. Anm. 1 zu EDUARD SPRANGER 09. 06. 1934.

EDUARD SPRANGER AN KÄTHE HADLICH
Dahlem, 06. 04. 1935 / Br., ca. 3/10

[...] Ist es nun wirklich so, daß der Weltgeist von Schwärmern genährt wird oder im Dung gedeiht? Es wäre traurig um unsere sittlichen Nöte bestellt. Denn was man immer wieder schwer empfindet, ist doch diese ständige Minderung der Ehre und die Abwesenheit der Ehrlichkeit. Für die Weltgeschichte ist das nur ein Index: Aber Rektor der Universität Berlin, von einer Minorität junger „ewig *strebend* Bemühter"[1] gewählt, ist ein Tierarzt. Und am Montag findet eine HUMBOLDTfeier statt, bei der H. [HUMBOLDT] vermöbelt werden wird vom Hausherrn und vom Gärtner (Baumschule), und bei der ich fehlen werde[2], wie ich bei der Rektoratsübergabe gefehlt habe. Also bin ich der alternde, ewig *wider*strebende Opponent? Anscheinend doch nicht ganz. Denn mein Hörsaal ist in der 4stündigen Vorlesung voll besetzt wie 1930 (ca. 450), und im Seminar sind über 40, darunter Vertreter von ca. 8 Nationen von 3 Erdteilen. Die Neuen[3] aber bleiben ohne Echo.

[...] Dienstag Beginn der Vorlesungen (mit dem *gefährlichen* Erfolg[4]). Um 1/2 7 aßen bei uns (mit „diesbezüglich" zweifelhaftem Erfolge) UEXKÜLL und seine reizende Frau, geb. Gräfin Schwerin, die Freundin und Übersetzerin des bekannten Axel MUNTHE. Wir hörten dann UEXKÜLLS Vorlesung, Vortrag genannt – sachlich *sehr gut* – und saßen ziemlich unglücklich hinterher am Präsidialtisch mit UEXKÜLLS und PLANCKS und LEWALD, der schon dort andeutete, daß seine Absicht, mich für Deutschland beim „Olympia" den geistigen Vortrag halten zu lassen, GOEBBELS in einen Entrüstungskrampf versetzt habe. [...]

Ob ich nun trotz meiner Geschwätzigkeit alles erwähnt habe, weiß ich nicht. Ich weiß nur, daß ich wie alle Tage vorzeitig müde bin und nicht viel Gescheites mehr sagen kann.

Und doch: Um diese Zeit des Jahres waren wir auf der Reichenau[5] und alle teuren Bilder tauchen täglich auf. Solche unzerstörbaren Wahrheiten müssen doch vor Gott auch ihr Recht behalten, trotz Politik und Wehrfragen und Verträgen und Weltlärm. Mein alter HUMBOLDT dachte so (s. [„siehe" oder „sein"] „Humanist. [Humanistisches] Gymnasium"). Der Staat ist eine große Sache, aber die Seele und ihr Gott sind auch eine große Sache. Unsre einsame Gemeinschaft kann ich nicht preisgeben für eine laute Gemeinschaft. Deshalb leuchtet durch unsre Schneelandschaft, die am Tage wieder taut, Heidelberg, Dilsberg[6], Reichenau, Freudenstadt[7] und alles das als das beste meines Innern. Ich bin Dir ganz nahe in diesen Tiefen, und wenn ich hinzufüge, daß ich mit meiner SUSANNE von Herzen eins bin, so spüre ich doch, daß wir alle in einem Letzten beheimatet sind, von dem jeder von uns nur ein Gleichnis ist. „Wir schauen hier in einem dunklen Wort spiegelhaft; dort aber werden wir schauen von Angesicht zu Angesicht."[8] Diese Wahrheit spüre ich in allem täglichen Leid zu Hause; ich weiß um sie aber auch in unsrer unlöslichen Gemeinschaft, in diesem Einssein aus der Wahrheit, die wir gelebt haben und leben. Mit aller gebotenen Erkenntnis menschlicher Begrenztheit sage ich: Du bist bei mir alle Tage.[9] [...]

---

[1] Anspielung auf Goethes Faust II:
„Wer immer strebend sich bemüht,
Den können wir erlösen."
Sophien-Ausgabe, I. Abteilung, 15. Band, 1888, 330.

[2] Am 08. 04. 1935, dem 100. Todestage WILHELM VON HUMBOLDTs, fand in der Universität Berlin eine Feier statt. Die Festrede durfte aber nicht SPRANGER als einer der Humboldtexperten, sondern der systemkonforme ALFRED BAEUMLER (auf den mit „Baumschule" angespielt wird) halten, so daß SPRANGER ihr demonstrativ fernblieb. Vgl. dazu auch den oben abgedruckten Brief SPRANGERs vom 13. 01. 1935 und Anm. 4 zu EDUARD SPRANGER 13.01.1935.

[3] Gemeint: die Neuberufenen, wohl vor allem ALFRED BAEUMLER.

[4] Gefährlich, weil dieser große Zulauf zu SPRANGERs Lehrveranstaltungen das NS-System provozieren konnte.

[5] Zur Reichenau vgl. oben Anm. 1 zu EDUARD SPRANGER 17.05.1913.
[6] Berg ca. 4 km nordöstl. von Heidelberg (bei Neckarsteinach).
[7] Ca. 70 km nord-nordöstlich von Freiburg i. Br. gelegen.
[8] 1. Korinther 13, 12: „Wir sehen jetzt durch einen Spiegel in einem dunkeln Wort; dann aber von Angesicht zu Angesicht."
[9] Anspielung auf Matth. 28, 20: „Und siehe, ich bin bei euch alle Tage bis an der Welt Ende."

EDUARD SPRANGER AN KÄTHE HADLICH
Berlin, 19. 04. 1935[1] / Br., ca. 9/10

[...] Alles wird immer düsterer. Ich empfinde die äußere Seite meines Berufs als Unehre. Ein Rest nach dem anderen, z. T. 700 Jahre alt[2], verschwindet. Bei der HUMBOLDT-Feier – ich habe an keiner von den drei teilgenommen – ist der Rektor von RUST so angeschnauzt worden, daß mir ein schlichter Unterbeamter sagte, der Mann könne unmöglich Rektor bleiben. Er ist es aber noch.

Das große Ereignis dieser Woche war die Mittwochs-Gesellschaft.[3] [...] Mein Thema lautete: „Gibt es eine liberale Wissenschaft?"[4] Anwesend waren DREWS, DIELS, V. FICKER, GROENER, LIETZMANN, ONCKEN, SCHLITTER, PETERSEN, WILCKEN, WIEGAND. Abgesagt hatten [EUGEN] FISCHER, SAUERBRUCH, WEISBACH, PENCK. Einfach fortgeblieben war POPITZ. Der Vortrag fand viel Interesse.

Die Zeitschrift[5] ist im Wiederaufsteigen, und sicher erfordert sie keine Zuschüsse. „Volk im Werden"[6] soll ganz im Niedergang sein. Der Mann[7] sieht übrigens niemals Probleme und ist ganz unfähig zu eigentlich philosophischem Denken.

Ich wundere mich immer, wenn noch jemand da ist, der so ist wie früher. Die meisten sind alt, ängstlich, verbittert geworden. Und die Zukunft? – Ich sehe keinen Lichtschimmer.

Was verstehen wir eigentlich unter Christentum? Darüber würde ich gern einmal mit Dir reden. Man trägt das so irgendwie in sich. Aber man hat es nie formuliert, um es nicht zu dogmatisieren. Nun aber heißt es, sich abgrenzen. Wie fruchtbar könnte eine Erörterung solcher Art sein, wenn sie erlaubt wäre! [...]

[1] Briefabschrift; Original nicht erhalten.
[2] Bezug auf die ersten europäischen Universitätsgründungen im 13. Jahrhundert in Frankreich, England, Italien und Spanien.
[3] Vgl. dazu im einzelnen: „Erste Interpretationsversuche der Herausgeber".
[4] Protokoll des Vortrags in Henning / Leschinsky, 174f.
[5] „Die Erziehung", deren Bestehen immer wieder einmal gefährdet war. (Vgl. Anm. 4 zu EDUARD SPRANGER 19.10.1933.)
[6] Volk im Werden. Zeitschrift für Geistes- und Glaubensgeschichte. Hrsg. von ERNST KRIECK. Leipzig, Armann-Verlag, 1933 - 1943 (Horn, 61).
[7] ERNST KRIECK.

EDUARD SPRANGER AN KÄTHE HADLICH
Dahlem, 29. 04. 1935 / Br., ca. 1/3

[...] Seit heut aber ist mir klar, daß Neues im Gange ist, daß es sich in Deutschland nicht mehr bloß um Machtkämpfe und Stellenjagd handelt, sondern um einen ungeheuren Aufbruch der suchenden deutschen Seele. Die Uniformierung ist auch innerhalb der Partei mißlungen. Sie *beginnt*, geistig nach 3 Richtungen auseinanderzubrechen – die Rache für die brutale Gleichschaltung! Der *Glaube* regt sich, als altchristlicher, als deutschchristlicher und als unchristlicher. Ich frage mich, wo ich stehe. Alle 3 Seiten sind noch zu einseitig politisch, z. T. zu krampfhaft nationalistisch orientiert, als daß jemand sich einer Gruppe zugesellen könnte, der das alles doch schon durchgekämpft und durchdacht hat. Die „deutschen Christen" sind personell zu schlecht repräsentiert, zu sehr von Agitation auf den Plan gestellt, als daß man auch nur für einen Moment zu ihnen gerechnet werden möchte. Und doch: Ein zeitgemäß, aus deutschem Geist reformiertes Christentum liegt am meisten in meiner Linie. Ich meine auch, daß das schon da war: als Religion von FICHTE, HEGEL, SCHLEIERMACHER, von SCHILLER und von GOETHE. Die kennt natürlich niemand heut, und deshalb lebt niemand sie im Sinne unserer Zeit weiter. Aber da liegen eigentlich die Wurzeln unsrer Welt. Die deutsche Glaubensbewegung ist mir zu „blutbedingt", zu geschichtslos, obwohl sie einen gesunden Kern hat. Die Bekenntniskirche[1] ist zu sehr ans „Bekenntnis" gebunden, als daß der Immersuchende des 20. Jahrhunderts mitkönnte. Der „Brand"[2] unsrer Tage, nämlich KARL BARTH, hat da viel verdorben. Ich fühle mich als Christ, weil ich den Glauben meiner Väter in *ihrer* Sprache achte, obwohl ich ihn weiterbilde. Ich finde mich in unmittelbarem Verhältnis zu Gott. Aber ich weiß, daß ich dieses Verhältnis nie deuten und aussprechen könnte, wenn ich nicht christlich zu reden gelernt hätte und diese großen Symbole nicht verstünde. *Diese* Welt, wie sie ist und werden kann, ist für mich nicht das Letzte. Aber *diese* Welt ist für mich Erregungspunkt alles Großen und Guten. Ich verstehe von da aus das Mysterium des Leidens, die Erlösungssehnsucht, den wahren, *innerlichen* Einbruch des Ewigen in das Zeitliche. Ich verstehe auch meine bescheidene Aufgabe als das leidbereite Wirken an einem Stoff, der als solcher es nicht lohnt, der aber die Seele stiller, reicher, reiner und Gott – näher macht. Daher nehme ich die Kraft, auch wenn *hier* alles zusammenbricht, zu glauben und zu wirken – „aus" Glauben. Damit, aber nur damit bleibe ich bei LUTHER. Denn inhaltlich glaube ich anders als er. [...]

Die Gesamtlage in der Un. [Universität] ist so, daß man ihr lieber nicht angehören möchte. Die alten, erprobten Leute sind großenteils emeritiert. Nun wirtschaften die Neuen, unter denen B. [BAEUMLER] der gefährlichste ist. Er hat L. [LITT] durch ein Gutachten schwer gefährdet, von dem Ha.[3] nur erzählt hat. Auch gegen mich arbeitet er unablässig. [...]

[1] Die Bekennende Kirche. Vgl. Anm. 1 zu EDUARD SPRANGER 23. 11. 1934.
[2] Anspielung auf die Hauptfigur in einem gleichnamigen Drama von IBSEN aus dem Jahre 1867, das neben „Peer Gynt" (1866) als eines seiner beiden Ideendramen gilt.
[3] Es ist nicht ganz sicher zu erschließen, wen SPRANGER hier meint. Am ehesten kommt WILHELM HARTNACKE in Frage, der selbst 1935 abgesetzt worden war, woraus SPRANGER ungünstige Folgen für LITT befürchtete (EDUARD SPRANGER 28. 03. 1935).

EDUARD SPRANGER AN KÄTHE HADLICH
Dahlem, 19. 05. 1935 / Br., ca. 1/9

[...] Es ist sehr schwer zu leben. Was ich vor 2 Jahren tat[1], hat sich in seinem Recht aufs bitterste bestätigt. Es ist nun tatsächlich alles in dem Hause HUMBOLDTS[2] zerstört. Das neueste ist, daß HOETZSCH mitten im Semester in den Ruhestand versetzt ist. Seine Doktorkandidaten durfte er nicht einmal mehr prüfen. Gründe [scil. „sind"] mir bisher unbekannt. Es ist nicht gerade ein edelster Teil zerstört – leider nein – aber so geht es nun, ohne Verfahren. Und was man hört und wen man spricht – immer dasselbe Bild, immer dieselbe tiefe Fremdheit, ohne daß je Gelegenheit zu einer Aussprache käme. Ich werde so müde, so hoffnungslos, daß ich kaum noch das Semester schaffen werde. [...]

[1] Am 25. 04. 1933 hatte SPRANGER seinen Rücktritt vom Lehrstuhl erklärt. (Vgl. oben Anm. 1 zu KÄTHE HADLICH 27.04.1933 und unten „Interpretationsversuche der Herausgeber.")
[2] Gemeint ist die von WILHELM VON HUMBOLDT gegründete Friedrich-Wilhelms-Universität in Berlin.

EDUARD SPRANGER AN KÄTHE HADLICH
[ohne Ortsangabe] 15. 09. 1935 / Br., ca. 1/7

[...] Ich arbeite nun am laufenden Band. Aber die Grundstimmung ist deprimiert. Haben wir uns auf die falsche Seite gestellt? Aber wir konnten doch eigentlich nicht anders. So lebt man ständig in zerreibendem Konflikt. Es fehlt mir ein Mann, mit dem ich dauernd Austausch haben könnte. [...]

EDUARD SPRANGER AN KÄTHE HADLICH
Dahlem, 20. 04. 1936 / Br., ca. 3/10

[...] All die Not, die wir durchmachen, empfinde ich am stärksten, wenn ich sehe, wie die Menschen ringsum sind und sein können. Manchmal endet da meine Psychologie. GIESE, RODIEK, LAMPERT, [MARGARETE] THÜMMEL usw. Dann wieder sage ich mir: Herr, vergib ihnen [...] Wer steht nun da, wo er *absolut* stehen soll? *Müssen* die nicht da stehen, wo sie stehen, weil sie so unkompliziert oder widerstandslos *sind*? Ist heut Raum für komplizierte Menschen? Aber müssen nicht auch die Komplizierten durchhalten, damit etwas Höheres in der Welt nicht verlorengehe? Unter anderem auch in der deutschen Welt? Volk ist ja auch ein Hühnervolk. In summa: Ich kann nicht und ich will nicht und ich darf nicht. Und somit also – was niemals gesagt werden darf – der Osten, das freiwillige Exil auf Zeit[1] – auf Zeit – auf welche Zeit? Führen wir erst den König Lear[2] auf? Muß nicht eine gesunde Generation unter Psychopathen wahnsinnig werden? Ist es nicht eine noble Art des letzten Widerstandes, – *auch* wahnsinnig zu werden? Nobel deshalb, weil es noch im letzten Dienst am Irdisch-Allgemeinen ist, während man ja auch versuchen könnte, so zu tun, als ob „man es nicht wäre" und in jene Höhlen zu entfliehen, die gewiß einmal unter ähnlichen Umständen die Stoa[3] oder das Christentum im kaiserlichen Rom suchen mußten? Herr Kollege, was ist der Mensch?

So fragte auch PESTALOZZI, und er gab sich Mühe, ihn zu formen. Ich bin da, leider, noch nicht. Wo kann ich ihn denn packen? [...]

Ich prüfe mich ernstlich: Ist es gekränkter Ehrgeiz? Aber *da* oben sein will ich nicht. Das Haus besteht, das Geld reicht, man läßt mich z. Z. in Ruhe; und es gäbe für mich nur eine Gefahr, wenn Baldur würbe oder die Rose ... Bündnis suchte![4] Das ist es doch nicht. Es ist das innerste Nichtkönnen. Um des deutschen Volkes willen nicht können. Werdet stumm wie die Fische. Andere konnten noch *gegen* W. II. [Wilhelm II.], wir aber – „hängen heraus". Es ist so: Feststehen ist das einzige, mit dem man dienen kann. Auch der Irrende, der feststeht, tut Gutes gegenüber dem, der mitläuft. Es muß in Deutschland noch trigonometrische Punkte geben. [...]

[1] Anspielung auf den Japanaufenthalt vom 09. 11. 1936 bis 18. 10. 1937 (Tagebuch der Japanreise, Stichpunkte, 1936/1937, Kopie im Spranger-Archiv Braunschweig).
[2] Drama von WILLIAM SHAKESPEARE (ca. 1603 bis 1606), dessen Thema die selbstzerstörerische Blindheit menschlichen Handelns ist, welche SPRANGER offenbar auch als Signatur der dreißiger Jahre betrachtet.
[3] Zur Stoa vgl. oben Anm. 1 zu EDUARD SPRANGER 7./8.11.1903.
[4] Die Punkte stehen im Original und kennzeichnen hier keine Auslassung der Herausgeber. Baldur (auch Baldr): in der altnordischen Mythologie Gott des Lichtes und der Freude. SPRANGER bezieht sich hier wohl auf BALDUR VON SCHIRACH, den Reichsjugendführer. „Rose" steht vermutlich für ALFRED ROSENBERG. SPRANGER scheint also befürchtet zu haben, von diesen beiden NS-Größen vereinnahmt zu werden.

EDUARD SPRANGER AN KÄTHE HADLICH
[ohne Ortsangabe] 08. 05. 1936 / Br., ca. 1/5

[...] Das Christentum, wie es HEGEL verstanden hat, trägt dem überindividuellen Gang der Dinge gewiß Rechnung; aber es hat auch die Einsicht, daß wir eben innerhalb der Spanne dieses unseres *bewußten* Lebens mit all dem Kram fertig werden müssen, der gerade nun in unser Erleben fällt, und daß wir damit doch kämpfen, nicht als bloße Verwalter, sondern als „Aushalter", d. h. als die Aushaltenden. Es ist so schwer, immer auszuhalten, am schwersten ist manchmal das ganz Individuelle auszuhalten: das Ich und Du, in seinem Sichanziehen und Sichabstoßen. Darüber habe ich vor 6 Monaten eine Skizze geschrieben, die die Rumänen für eine GUSTIfestschrift[1] haben sollten. Aber sie kommt nicht. Deshalb werde ich Dir die Ketzerei wohl einmal schicken, die den Titel führt: „Die *dritte* Region" (nämlich zwischen Gott und Staat das ganz intim Persönliche, Heimatliche). Ich sage nicht gern lobend „modern". Aber ist es nicht seit dem Pietismus „modernes Christentum", daß einem seine eigene innere Lebensgeschichte wichtig wird, sehr viel wichtiger z. B. als der Zustand Europas im Jahre 2000? Da stecken schwere Antinomien. „Ich" gehe nicht auf in mir, aber ich kann in meinem Lebensverständnis nicht von mir, gerade mir, abstrahieren. Das ist der Sinn des neuesten „Existentialismus", und der hat – in HEIDEGGER – ausdrücklich mit dem Nationalsozialismus paktiert, woran er[2] dann auch sinngenäß zugrunde gegangen zu sein scheint. [...]

[1] MÉLANGES D. GUSTI. XXV Ans d'Enseignement universitaire (1910 - 1935). 1. - (Bucarest:) d. de l'Inst. Social Roumain 1936. (Archives pout la science et la réforme sociales. 13.) - Diese Festschrift enthielt von SPRANGER auf S.448-455 einen Beitrag mit dem Titel: Welt, Überwelt und Heimat.
[2] Hier zeichnete SPRANGER einen auf HEIDEGGER gerichteten Pfeil.

EDUARD SPRANGER AN KÄTHE HADLICH
Hakone-machi Ashigawa bei Ishikawa, 07. / 09. 07. 1937[1] / Br., ca. 1/6
[...] Die deutsche Post war wieder so einheitlich unerfreulich gefärbt, daß man unter *dem* Gesichtspunkt fast Lust hätte, die Einladung der Chines. [Chinesischen] Regierung anzunehmen.[2] Die „Erziehung" wird wohl nun ihr Ende nehmen.[3] NOHLS Ausscheiden gab den ersten Anstoß. NOHL, [ALOYS] FISCHER, FLITNER sind eben „nichtarisch versippt", LITT kann nichts publizieren. Wer bleibt denn dann noch als Mitarbeiter? Aber lassen wir das heut! Noch unerfreulicher war ein angeblich gut gemeinter Geburtstagsbrief von GERHARDT GIESE. Nun – und WENKES Bericht! Mein Vertreter[4] hat in der Vorlesung 5 Hörer. [...] Ich muß vom 15. – 17. 7. nach Karuizawa, um auf der Tagung des NSLB [des Nationalsozialistischen Lehrerbundes], den das Geschenk[5] leitet, einen Vortrag über „Epochen der politischen Erziehung in Dtschld. [Deutschland]"[6] zu halten. Und vom 28. VII. bis 7. VIII. werde ich des Pädagogischen Weltkongresses wegen wohl (allein) in Tokio sein müssen. Das ist nun direkt gesundheitsschädlich! [...]

[1] Vom 09. 11. 1936 bis 18. 10. 1937 (Tagebuch der Japanreise, Stichpunkte, 1936/1937, Kopic im SPRANGER-Archiv Braunschweig) war SPRANGER als erster deutscher Austauschprofessor in Japan und während dieser Zeit auch wissenschaftlicher Leiter des Japanisch-Deutschen Instituts, dessen ge-

schäftlicher Leiter WALTER DONAT war (EDUARD SPRANGER 08. 05. 1936; EDUARD SPRANGER 06. 11. 1936; EDUARD SPRANGER 25. 09. 1937). DONAT – von SPRANGER in vielen Briefen ironisierend „Geschenk" (lat. donatum = Geschenk) genannt, war ihm für seinen Japanaufenthalt als Sekretär und vermutlich auch als Aufpasser zugeteilt. Vgl. EDUARD SPRANGER 29.04.1936: „Gestern hat sich mein Tokioer Sekretär Dr. Donat bei mir vorgestellt; Pg. [Parteigenosse] – angenehmer Eindruck." Nach Löwith, S.112ff, trat SPRANGER in Japan recht bereitwillig und deutlich als Repräsentant des nationalsozialistischen deutschen Reiches auf. Dazu paßt auch das Dankschreiben des Reichsbildungsministers RUST an SPRANGER nach dessen Rückkehr (Horn, 254).

[2] SPRANGER hatte im Juni 1937 eine durch seinen Schüler Dr. WEN-TSIN WANG vermittelte halboffizielle Einladung der Chinesischen Regierung in Nanking bekommen, in China unter den gleichen Bedingungen wie in Japan Vorträge zu halten und zu lehren (EDUARD SPRANGER 21. 06. 1937; vgl. EDUARD SPRANGER 04. 07. 1937). Er nahm diese Einladung jedoch nicht an. Auch ein zunächst auf der Rückreise aus Japan geplanter Abstecher nach China kam letztlich dann doch nicht zustande (18. 07. 1937). Auch im folgenden Jahr bemühte China sich vergeblich um ihn (EDUARD SPRANGER 21. 01. 1938).

[3] Die Zeitschrift „Die Erziehung" war schon seit 1932 in ihrer Existenz gefährdet. (Vgl. EDUARD SPRANGER 02. 10. 1932.)

[4] Während SPRANGERS Japanaufenthalt 1936/1937 (vgl. oben Anm. 1) wurde sein Lehrstuhl von Dr. Nelis aus Tübingen vertreten, der unverkennbare NS-Pädagogik las und damit pikanter Weise sogar SPRANGERS Erzfeind BAEUMLER Konkurrenz machte (EDUARD SPRANGER 28. 12. 1936).

[5] „Geschenk" = lat. donatum: ironische Bezeichnung für Dr. WALTER DONAT.

[6] EDUARD SPRANGER: Die Epochen der politischen Erziehung in Deutschland. In: Die Erziehung, Jg.13, 1937/1938, 37-164.

EDUARD SPRANGER AN KÄTHE HADLICH
Hakone-machi Ashigawa bei Ishikawa, 18. 07. 1937 / Br., ca. 1/4

[...] In K. [Karuizawa] ist jetzt unter Geschenks [DONATS] Leitung die NSLB[Nationalsozialistischer Lehrerbund]-Tagung[1]. Dort hatte ich einen Vortrag zu halten über „Epochen der politischen Erziehung in Deutschland"[2]. Ich wohnte bei Herrn Redecker, Direktor der deutschen Schule Omori, dessen Frau dort eine „deutsche Pension" gegründet hat. Der Vortrag zündete sehr, auch bei den anwesenden Juristen, unter denen der Botschafter und zwei Generalkonsuln waren. Sonst deutsche Lehrer aus ganz Japan. Der Tag dehnte sich mal wieder aus von 8 früh bis abends 11. Zum Frühstück war ich beim Botschafter mit KOLB und Generalkonsul WAGNER eingeladen; abends die ganze Gesellschaft zur Bowle, was mit der üblichen deutschen Bezechtheit endete.

Der Tag war wieder typisch für die Situation, die für mich gegeben ist. Der B. [Botschafter] eröffnete mir in wenigen Worten unter 4 Augen, sie hätten gehört, daß ich in Berlin pensioniert werden solle. Daraufhin hätten sie beim W. A.[3] angefragt und die Auskunft erhalten, davon könne keine Rede sein. Es liege auch ein Schreiben des R. M. für W. [Reichsministers für Wissenschaft?] im gleichen Sinne vor. Also habe es sich um „haltlose Gerüchte" gehandelt. – Der Vorgang gab mir trotzdem zu denken und machte mich natürlich, wie SUSANNE es gleich bei meiner Rückkehr richtig ausdrückte, „flügellahm". Zufällig kam heut ein neues Bild, insofern 1) LOUVARIS mir am 27. 6. aus Göttingen schrieb, er habe wiederholt mit Minister, Staatssekretär und A. A. [Auswärtigem Amt] gesprochen über mich und bestimmt gehört, daß meine Auslandsmission (die ich doch als paradox bezeichnet hatte) im Oktober enden solle. Er bewährt sich als Freund doch immer wieder herrlich. 2) kam ein Brief von WENKE, der vorher immer in Rätseln geschrieben hatte und nun riet, *mit ihm* die „Erziehung", die ich eigentlich preisgegeben habe, durchzuhalten.[4] [...]

[1] Vgl. EDUARD SPRANGER 07. / 09. 07. 1937.
[2] Bibl. Angaben vgl. Anm. 6 zu EDUARD SPRANGER 07. / 09. 07. 1937.
[3] Wahrscheinlich das Amt Wissenschaft im Reichserziehungsministerium.
[4] Die Zeitschrift „Die Erziehung" war schon seit 1932 in ihrer Existenz gefährdet. (Vgl. EDUARD SPRANGER 02. 10. 1932.)

EDUARD SPRANGER AN KÄTHE HADLICH
Hakone, 31. 08. / Br., 02. 09. 1937 / Br., ca. 1/5

[...] Heut ist nun auch die längst erwartete Nachricht von LITT gekommen, daß er emeritiert worden ist. Auf eignen Antrag. Was soll man dagegen sagen? Bei NOHL, AL. [ALOYS] FISCHER, JASPERS, DELEKAT und vielen anderen war es nicht so und bei FLITNER, wo es unvermeidlich kommt, wird es auch nicht so sein. Ich bin noch da – man sagt: gefestigt – aber in welcher Einsamkeit! WENKE – rätselhaft schweigsam – hat sich anheischig gemacht, die „E." [die Zeitschrift „Erziehung"] mit mir allein weiterzuführen. Hoffentlich hat *er* die Idee. Ich habe sie nicht.

Ich arbeite hier noch immer weiter im deutschen Sinne. Aber welche Antwort gebe ich auf die Fragen: HUSSERL, ERNST HOFFMANN, JASPERS, JAEGER (hier nicht brennend), KÖHLER und so viele andere, auf die *wir* nicht einmal Gewicht gelegt haben? Ich bin ärmer bei der Rückkehr als beim Auszug. Als ich ging, hoffte ich, und hier hat sich *alles* erfüllt. Aber in welchen Kreis kehrt ODYSSEUS zurück? Und wie muß er es empfunden haben, daß alle Gefährten im Seesturm umkamen, nur ihm die Heimkehr beschieden war? [...]

EDUARD SPRANGER AN KÄTHE HADLICH
Dahlem, 18. 02. 1938 / Br., ca. 1/7

[...] Ich muß Dir doch nun sagen, was ich vor zwei Stunden gehört habe. Bei einem Militärgerichtsprozeß hat der Vertreter der Anklage (also ein Kriegsgerichtsrat) gesagt: Ich sei eine so schlammige und schlappige Persönlichkeit, daß derjenige, der

sich auf mich berufe, dadurch ausreichend gekennzeichnet sei. Das gibt natürlich einen Beleidigungsprozeß. Man muß sich aber ausmalen, in *welche* Zusammenhänge heutzutage so etwas hineingezerrt werden kann.
Es fehlt eigentlich an jedem Auftrieb, der mit Zuversicht und Freude erfüllen könnte. Die Dinge stehen alle schief. Es fehlt gänzlich der Geraderichter. Und wenn man auch nur so viel hört wie ich, so fragt man sich, wo manches hinläuft. Das alles schlägt auch auf den Organismus. [...]

EDUARD SPRANGER AN KÄTHE HADLICH
[ohne Ortsangabe] 27. 03. 1938 / Br., ca. 2/9

[...] Gestern nachmittag besuchte ich den Rechtsanwalt, durch den der eigentümliche Fall von Beleidigung[1] an mich herangekommen ist. Das wird Dir nun auch Beschäftigung verschaffen. Der betreffende Oberkriegsgerichtsrat ist nämlich ein Herr HOFFMANN, der im Krantz-Prozeß[2] Oberstaatsanwalt war. Dies erklärt gleich vieles. Ich habe Dir damals (wenn ich nicht irre Ende Februar 1928?) sicher briefliche Berichte geschickt, in denen auch der Oberstaatsanwalt berührt worden ist. Damals schrieb man ja noch offen. Wenn es nicht *zu* viel Mühe macht, suche diese Briefe doch heraus und schicke sie mir in 8 – 10 Tagen. [...]

[1] Gemeint ist die beleidigende Äußerung eines Kriegsgerichtsrates über SPRANGER, von welcher dieser im vorstehend abgedruckten Brief vom 18. 02. 1938 berichtet.
[2] SPRANGER war am 09./ 10. 02. 1928 im Mordprozeß gegen den Oberprimaner Krantz als Sachverständiger aufgetreten. (EDUARD SPRANGER 02. 02. 1928)

EDUARD SPRANGER AN KÄTHE HADLICH
Dahlem, 14. 04. 1938 / Br., ca. 1/5

[...] Die Angelegenheit mit dem Oberkriegsgerichtsrat habe ich dem tüchtigen Rechtsanwalt Georg (Sohn!) MAIER übergeben[1]. Die „Gesellschaft für deutsche Erziehungs- und Schulgeschichte"[2] muß ich auflösen, weil die formellen Bestimmungen nicht mehr passen. Viel Mühe ohne produktiven Hintergrund. WALLNER hat auch keine Lust mehr. THIELE wird mehr und mehr das, was ihm zu werden bestimmt war: Umstandskommissarius. WENKE hat wenig Zeit für mich, da seine Angelegenheiten Gottlob aussichtsreich stehen.[3] Eine Begegnung mit B. [BAEUMLER], diese Abkürzung wollen wir festhalten, war eine der vielen Nervenproben. Denn der schlichte Verlauf des Dienstes *konsumiert* eben die frische, freudige Kraft. Ich fühle bei allem: zu alt, um nochmal von vorn anzufangen.
Ich werde nun wieder Vorsitzender der Ortsgruppe der GOETHEgesellschaft. Es beginnt wohl oder übel damit, daß ich die Juden herauskomplimentieren muß.

Denn da kann jetzt kein Zweifel mehr sein.[4]
[...] LITT war fast 3 Stunden da. Bewußte entschiedene Abseitsstellung. Im Gesamteffekt auch nicht erhebend. [...]

[1] Dem Sohn von SPRANGERS Berliner Kollegen HEINRICH MAIER, der am 28. 11. 1933 verstorben war. Zur „Angelegenheit" vgl. oben EDUARD SPRANGER 18. 02. 1938.
[2] Die „Gesellschaft für Deutsche Erziehungs- und Schulgeschichte", deren Vorstand SPRANGER angehörte, war 1890 von Schulmännern in Berlin gegründet worden. Sie gab u. a. von 1890 bis 1938 die „Monumenta Germaniae Paedagogica" und seit 1911 die „Zeitschrift für Geschichte der Erziehung und des Unterrichts" heraus. (Henning u.a., 35; Horn, 135ff)
[3] WENKE habilitierte sich im Sommer 1938 in Frankfurt (vgl. unten EDUARD SPRANGER 04. 07. 1938) und hatte Aussicht auf die Vertretung eines Lehrstuhls in Erlangen.
[4] Zu den Vorgängen in der Berliner GOETHE-Gesellschaft vgl. unten „Interpretationsversuche der Herausgeber".

KÄTHE HADLICH AN EDUARD SPRANGER
Heidelberg, Pfingstsonntag 1938 [05. 06. 1938] / Br., ca. 1/8

[...] Ja, ich begreife es sehr, daß man in Sorge ist, wie man wertvolles Geistesgut in heutige Münze umwechseln soll. Denn die Zeit hat nur Sinn für die Prägung und nicht für den Wert an Karat. Aber ich bin doch der Meinung, daß es immer richtig ist, für das einzutreten, was man als zeitüberlegen erkannt hat, auch wenn es im Augenblick nicht anerkannt wird. Ich glaube an die Macht des Geistes, der nicht der Zeit und der Enge des Irdischen verhaftet ist, sondern darüber hinaus die „Welt des Wesens und der Wahrheit" sucht. Deshalb hören die Studenten bei Dir Psychologie; denn die Jugend hat noch ein feines Gefühl für echtes Leben. Auch unsre Tage stehen unter dem Zeichen: Fürchte Dich nicht, glaube nur![1] Nicht der Erfolg, sondern die Kraft der Gewißheit ist es, um was wir ringen müssen. [...]

[1] Zitat von Markus 5, 36.

EDUARD SPRANGER AN KÄTHE HADLICH
Dahlem, 04. 07. 1938 / Br., ca. 1/3

[...] Öffentliche Angriffe meines Todfeindes[1] – ich kannte diesen Begriff bisher nicht – und tief erschütternde Charakterdokumente aus Kollegenkreisen haben mir den Anfang der Ferien vergällt, wozu noch alles kam, was uns z. Z. vom allgemeinen Kurs entfernt. Bei mir zu Hause[2] fehlt in solchen Zeiten immer die Ausdrucksfähigkeit, wohl kaum das Mitempfinden. Und es waren auch sonst Ärgernisse, die mir mehr als anderen, „Normalen", auf der Leber bleiben.
[...] WENKE hat mit meiner Mithilfe in Frankfurt den Dr. habil. glücklich erworben und hat gute Aussicht, sofort nach Erlangen zu kommen. Dann bleibe ich in

der Umzingelung zurück. Irgendein Trieb zum Schaffen, Erringen, Gestalten besteht nicht. NIETZSCHE sagt: „Was fällt, das soll man noch stoßen."[3] 3 Leute von den höheren Schulen schrieben mir so, daß ich mit meiner Anhängerschaft noch reich erscheinen könnte. Aber alles wünscht: down bis zum Punkt der Umkehr.

Ls [LITTS] Schrift[4] – ich muß sie Dir schicken, wenn Du sie noch nicht hast – hat einen enormen Erfolg. Der Todfeind [BAEUMLER] als erster hat entsprechend reagiert. Das sind Vorfälle, die später niemand beachten wird. Im Augenblick sind sie ein Augenschmerz. [...]

[1] Nach EDUARD SPRANGER 06. 11. 1938 und EDUARD SPRANGER 23. 12. 1938: ALFRED BAEUMLER.
[2] SPRANGER will sagen: bei seiner Ehefrau SUSANNE.
[3] Zitat aus NIETZSCHE: Also sprach Zarathustra (Nietzsches Werke, Bd.2, 455).
[4] Vermutlich THEODOR LITT: Der deutsche Geist und das Christentum. Vom Wesen geschichtlicher Begegnung. Leopold Klotz Verlag, Leipzig 1938.

EDUARD SPRANGER AN KÄTHE HADLICH
Dahlem, 19. 10. 1938 / Br., ca. 1/5

[...] Aus Deinem lieben Brief am 14. X. ersehe ich, daß Du auch Deine Verdrießlichkeiten hattest. Hingegen hat mich der Brief von BOLZA, den ich zurücksende, gefreut. Er hat natürlich recht; aber es ist noch nicht so weit. Er möge doch aber nicht unterschätzen, was schon heute der nunmehr etablierte südöstliche Wirtschaftsraum bedeutet. Denn Ungarn, Tschechei, Jugoslawien, Türkei, Bulgarien sind doch schon Annexe von uns. Griechenland und Polen halb. Ein unklarer Faktor ist immer noch Italien. Aber falls man es hinzurechnen darf, dann haben wir schon mehr als das Mitteleuropa, von dem im Weltkriege [FRIEDRICH] NAUMANN[1] geschrieben hat. Daß der Kern wirklich auf dem N-Prinzip [Nationalitätsprinzip?] aufgebaut ist, vermehrt die Kraft. Im übrigen wird niemand glauben, daß Dinge, die uns in den letzten Wochen aufgeregt haben, diesem Prinzip allein entsprangen. Das ist der sentimental-populäre Mantel, den man sich in der kühlen Jahreszeit umhängt. [...]

[1] FRIEDRICH NAUMANN: Mitteleuropa (1915).

EDUARD SPRANGER AN KÄTHE HADLICH
Dahlem, 06. 11. 1938 / Br., ca. 1/7

[...] Donnerstag begann die Vorlesung mit ca. 120 Leuten. Das gilt heute als viel. Aber es ist eine allzu bunte Gesellschaft (Chines*innen* sogar!) Mittags Habilitationskolloquium mit Protégé von BAEUMLER. Aufregende Situation bei dieser Todfeindschaft. Der Betreffende schnitt bei [NICOLAI] HARTMANN und mir recht schlecht ab und lieferte den Schulfall eines sokratischen Gesprächs, insofern er, aufgefordert, die artgemäße Philosophie zu kennzeichnen, durch den Wahrheitsgeist immer von ihr abgetrieben wurde und allerhand Zeug herumredete, das niemand verstehen und billigen konnte. Allgemeine Negation, die ich ja wohl im V. B. [Völkischen Beobachter] zu büßen haben werde.

[...] In dieser vergangenen Woche hat WENKE in Erlangen mit Erfolg seine öffentliche Lehrprobe gehalten. Übermorgen tritt er seine Tätigkeit dort quasi als Ordinarius an. Ich „hoffe", zur Vertretung den SS-Mann Dr. PLOETZ zu bekommen, der bei mir promoviert hat. „Kein vollwertiger Ersatz". [...]

EDUARD SPRANGER AN KÄTHE HADLICH
[ohne Ortsangabe] 10. 01. 1939 / Br., ca. 1/7

[...] Eigentlich stand die ganze Ferienzeit unter dem Druck, daß die Sache mit dem Assistenten[1] sich nicht entscheiden wollte. Es schien zwar, daß die SS ihren Ehrenstandpunkt durchgefochten hätte; aber für mich schien eine Zeitlang gar nichts dabei herauszukommen. Endlich kam gestern abend folgender Brief: „S. [sehr] g. [geehrter] H. [Herr] Kollege: In Ergänzung meines Briefes vom 2. XII. 38 teile ich mit, daß m. [meine] Beschwerde gegen Herr Dr. P. [PLOETZ] hinfällig geworden ist, da die Angelegenheit anderweitig erledigt wurde. – – Es wurde bei dieser Gelegenheit die Möglichkeit eines Stipendiums!! für Herrn Dr. P. [PLOETZ] erwogen. [...] der Dekan."

Eine Entscheidung ist dies an sich nicht. Aber ich nehme es als solche. Ist es eine vorläufige Niederlage der anderen Seite, so werden die eingeschlagenen Fensterscheiben zuletzt natürlich bei mir sein. [...]

[1] Dr. HANS ACHIM PLOETZ. (Vgl. oben EDUARD SPRANGER 06. 11. 1938 und unten: „Interpretationsversuche der Herausgeber".)

EDUARD SPRANGER AN KÄTHE HADLICH
Berlin, 15. 05. 1939 / Br., ca. 1/4

[...] Es wäre so viel zu sagen. Aber der tragische Riß, der mitten durch uns selbst geht, ist nicht aussprechbar. Und man kann höchstens auf die Telepathie hoffen, an der es zwischen uns ja nie gefehlt hat. Es ist gar keine Möglichkeit, da etwas zurechtzurücken. Der Rückgang in die reinen Glaubensbezirke – ohne direkte Aktivität – ist nicht leicht, zumal für Alternde, die sich implizite selbst pensionieren würden. Dieses Zusammentreffen von Altern und Schweigegebot enthält in sich die Gefahr des freiwilligen Ausscheidens. Im Grunde ist es ja schon vollzogen.

Ich hatte heute ein Gespräch mit Nicolai [Hartmann], dem unentschleierbaren Moltke[1]. Er ist nun wohl auch da zu sehen, wie es liegt, und spricht sogar sein disappointment[2] aus. Es ist, weiß Gott, kein leichtes Ding, da auszuhalten, wo wir hingestellt sind.

Die Stillen im Lande aber grüßen sich im alten Sinn. Ich sehe immer mehr ein, daß die echte Philosophie des Abendlandes genuine Ausstrahlung des – nicht dogmatischen – Christentums war. Dies verloren – alles verloren. Das metaphysische Fundament ist fort. [...]

---

[1] Die Anspielung zielt auf Helmut Graf von Moltke (1800 - 1891), den preußischen Generalfeldmarschall und Militärstrategen. Spranger empfand die Haltung Nicolai Hartmanns offenbar zunächst als „undurchsichtig" (Eduard Spranger 22.05.1931).
[2] Seine Enttäuschung, Mißbilligung.

Eduard Spranger an Käthe Hadlich
Dahlem, 30. 07. 1939 / Br., ca. 1/3

[...] Wenke ist für die ganzen Ferien hier und wohnt sozusagen im Seminar. Das ist sehr angenehm. Wir haben aber wieder Schwierigkeiten mit der „Erziehung"[1]. Der Verleger hofft etwas von einer Erweiterung des Herausgeberstabes. Ich nicht. Die Sache ist wohl nicht zu retten. Nehmen doch nicht einmal E. [Euer] Gnaden[2] von meinen dort erscheinenden Beiträgen Notiz. Wir haben uns aber an das A. A. [Auswärtige Amt], an den Bildungschef der Arbeitsfront Arnhold gewandt und werden vielleicht noch an den General von Cochenhausen[3] herantreten.

Zu den sonstigen Unannehmlichkeiten, deren nicht wenige sind, gehört die Tatsache, daß sich der edle Gerhard Lehmann für eine Dozentur in Berlin gemeldet hat. Hingegen hat die B.-Gruppe [Baeumler-Gruppe] versucht, den H. [Hans] Günther zum Verzicht auf seine Dozentur zu bewegen, wobei sie aber an den Unrechten gekommen sind. B. [Baeumler] ist jetzt in seinen eigenen Kreisen so verhaßt, daß ihm nicht mehr alles gelingt. Der dubiose Dekan aber läßt sich von ihm beeinflussen und macht jetzt auch sehr häßliche Versuche, Petersen aus dem Sattel zu heben. [...]

Das Hübscheste war eigentlich ein von dem Kreise, dem ich jetzt nähergekommen bin, veranlaßter Besuch beim Grafen Hardenberg in Neu-Hardenberg. Der Bankdirektor Dr. Lentze[4] fuhr Kükelhaus und mich an einem leider sehr regnerischen, finstern und kalten Tage mit s. [seinem] Auto hin (2 Std.). Das Schloß ist fürstlich mit bedeutender Galerie und Bibliothek. Vor allem aber waren der Graf und die Gräfin höchst liebenswürdige, lebendige Persönlichkeiten. Das Gefallen war gegenseitig.[5] [...]
[...]

¹ Die Zeitschrift „Die Erziehung" war schon seit 1932 in ihrer Existenz gefährdet. (Vgl. EDUARD SPRANGER 02. 10. 1932.)
² Ironische Anrede KÄTHE HADLICHS.
³ SPRANGER hatte ARNHOLD und VON CHOCHENHAUSEN eingeladen, in die Herausgeberschaft der „Erziehung" einzutreten, was beide dann auch taten.
⁴ Sohn des Finanzministers Wilhelm II.
⁵ Einem Bericht von KÜKELHAUS zufolge wurde SPRANGER bei diesem Besuch von der Widerstandsgruppe um Generaloberst BECK das Amt des gesamtdeutschen Kultusministers nach der Ausschaltung HITLERS angeboten. (Vgl. unten „Erste Interpretationsversuche der Herausgeber".)

EDUARD SPRANGER AN KÄTHE HADLICH
Dahlem, 01. 08. 1939 / Br., ca. 3/4

[...] Heute waren wir beide in Pankow. Dort erfuhren wir zuerst, daß er [BORCHARDT] am 9. Juni den Versuch gemacht hat, sich durch einen Kopfschuß zu töten, aber noch mit der Kugel im Kopf bis zum 19. Juni gelebt hat. Am 25. Juni ist er beerdigt worden. Alle Angelegenheiten, auch auf mich Bezügliches, waren aufs beste geordnet. Ich bin sehr traurig. Aber es wachsen auch andere Gefühle. [...]

KÄTHE HADLICH AN EDUARD SPRANGER
Heidelberg, 07. 02. 1940 / Br., ca. 1/5

[...] Das Wort von der Spiraltendenz des Lebens¹ liegt mir wieder im Sinn, denn Dein Berliner Vortrag hat mich veranlaßt, Deine Abhandlung über Altensteins Denkschrift² vorzuholen – aus dem Jahre 1906! (Auf der Widmung steht: Berlin, den 10. I. – weißt Du noch, da waren wir in Potsdam?!³) – Auch Dein Beitrag in der „Erziehung": „Wie erfaßt man einen Nationalcharakter?"⁴ ist recht verspätet in meine Hände gekommen und beschäftigt mich. Du machst es sehr deutlich, wie willkürlich die Bilder sind, die man sich von fremder Wesensart macht, und schließlich ist das Gesuchte in seiner staatlichen Ausprägung auch ein Wandelbares. Das sehen wir doch recht deutlich an unserm eigenen Volk, wenn wir es vergleichen, wie es vor 100 Jahren war und jetzt ist. Oder ist der Unterschied nicht so groß, wie wir meinen? Ist nicht die Schilderung, die SCHLEIERMACHER von den Zuständen gibt, verblüffend? Sollte, was damals möglich war, sich nicht in anderer Form auch wiederholen können? Ich möchte eben doch immer wieder an eine Erneuerung deutschen Wesens glauben in dem Sinne, den ich als deutschen Volkscharakter liebe und wie er unter der heute so rauhen Oberfläche überall schlummert. [...]

¹ SPRANGERs Theorem von der Spiraltendenz des Lebens (vgl. EDUARD SPRANGER 03. 03. 1905) lehnte sich an GOETHES Morphologie an. (Sophien-Ausgabe, II. Abteilung, 7. Band, 1892, 37-68: Über die

Spiraltendenz der Vegetation, 1831)
² EDUARD SPRANGER: ALTENSTEINS Denkschrift von 1807 und ihre Beziehungen zur Philosophie. In: Forschungen zur brandenburgischen und preußischen Geschichte, Bd.18 (1905), 471-571. – Die Datierung KÄTHE HADLICHS auf das Jahr 1906 ist falsch.
³ Im Januar 1906 (vermutlich am 13. 01.) hatten EDUARD SPRANGER und KÄTHE HADLICH einander „inkognito" (d. h. heimlich) in Potsdam getroffen. (Vgl. EDUARD SPRANGER 15. 11. 1906 u. EDUARD SPRANGER 18. 01. 1906.)
⁴ EDUARD SPRANGER: Wie erfaßt man einen Nationalcharakter? In: Die Erziehung, Jg.15, 1940, 41-62.

KÄTHE HADLICH AN EDUARD SPRANGER
Heidelberg, 30. 03. 1941 / Br., ca. 1/4

[...] Mit SCHILLER habe ich mich viel beschäftigt; das heißt nur mit dem Dichter, insoweit die Weltanschauung zum Ausdruck kommt. Und das hat mich auf die ersten Zeiten unsrer Korrespondenz geführt, auf die drei Typen DILTHEYS[1], von denen SCHILLER den reinen Idealismus der Freiheit vertritt. Es ist in ihm der große enthusiastische Antrieb, aber gestaltet sich zum *Denk*resultat. Das war es, was ich bei ihm so schwer zugänglich finde, im Gegensatz zu GOETHE, der uns den Weg des Lebens führt. Und gestern fand ich bei MEINECKE die Bestätigung dieser Ansicht, als ich mit Frau BUTTINI den „Spaziergang"[2] und anschließend seine Betrachtungen[3] darüber las. Wie gern wüßte ich wohl, was Du aus Deiner Beschäftigung mit SCHILLER für Resultate gewonnen hast. – In SCHILLER ist noch ein unversöhnter Dualismus, und MEINECKE bezeichnet den Ausklang des Gedichts als „Über-sich-Hinauswachsen". Es mutet ja auch etwas unbestimmt und unmotiviert an. Aber SCHILLER starb in der Mitte seines Lebens, und wie alt war GOETHE, als er den Faust schrieb!
– Da fand ich nun kürzlich beim Blättern in dem Buch von LANGBEHN „Rembrandt als Erzieher[4]„ den Ausspruch: Hamlet[5] ist edler als Faust[6], denn er läßt die Tragik bestehen (nicht wörtlich so). Aber löscht GOETHE sie denn aus? Er weiß nur von einer alles überwindenden Liebeskraft. [...]

[1] DILTHEYS drei Typen der Weltanschauung: Naturalismus, Idealismus der Freiheit, objektiver Idealismus. (DILTHEY, GS VIII)
[2] Lehrgedicht von FRIEDRICH SCHILLER (1795/1796) in: SCHILLERS Werke. Vollständige, historisch-kritische Ausgabe in 20 Teilen. Herausgegeben von Otto Günther u. Georg Witkowski. Band 1-3, Leipzig, Hesse & Becker Verlag 1910, 2. Teil. Gedichte. 1.Teil, 41 – 46.
[3] FRIEDRICH MEINECKE: Vom geschichtlichen Sinn und vom Sinn der Geschichte. Koehler & Amelang, Leipzig 1939, Kp. V: SCHILLERS „Spaziergang" (68 – 94).
[4] JULIUS LANGBEHN: Rembrandt als Erzieher (1890).
[5] Hauptfigur eines Dramas von WILLIAM SHAKESPEARE: Hamlet. Prinz von Dänemark (1601).
[6] Hauptfigur des gleichnamigen Dramas von GOETHE (Teil I 1808, Teil II 1832).

EDUARD SPRANGER AN KÄTHE HADLICH
Dahlem, 14. 06. 1941 / Br., ca. 3/10

[...] Am Mittwoch war die MG [Mittwochsgesellschaft[1]] bei BECK. Heute die Dahlemer Greisengesellschaft[2] bei Frau v. TIRPITZ (der Mann abwesend). KLINGLER spielte mit seinem Quartett MOZART und BEETHOVEN – wunderbar. Ich saß neben Frau MEINECKE, die *ihn* doch wieder so weit durchgepflegt hat, daß er ein wenig aufstehen kann. Vorgestern besuchte uns auf kurze Zeit unangemeldet die arme Tante Wally, die einzige, die von ihrer Familie noch hier ist.

Man findet ja nur sehr schwer Worte für das, was einen bewegt. Aber es ist doch so, daß die innere, besonders seelische Situation mehr und mehr unerträglich wird. Man kann sich gar nicht vorstellen, wo das hinsteuert. Gegenwärtig schwirren hier die seltsamsten Gerüchte über einen Besuch von Osten[3], die wohl künstlich gemacht sind. Das Entgegengesetzte ist ebenso wahrscheinlich. *Sehr* Konkretes, das man darüber hört, kann aber ebenso nur Ablenkungsmanöver sein. Einzige Tatsache ist, daß wir *nichts* wissen und nichts so hören, wie es ist. Ebenso ist es Tatsache, daß man sich in diesem Zustande allmählich verbraucht. Ich frage mich oft, was man aus seinem Leben noch machen soll. Die Altersgenossen sterben hinweg oder werden einem ungenießbar. Hätte ich nicht doch das Gefühl, daß zu den jungen Leuten noch ein Kontakt besteht, so wäre es ganz trostlos. Aber dieser ist doch anders als 1914/1918. Sie halten sich zurück, teils aus Vorsicht, teils wohl, weil man nun doch eine halb mythische Standesperson ist, an die sich niemand ganz unbefangen heranwagt. Das alles wird unter Umständen auch noch abgesägt.

Mir kann natürlich nicht daran liegen, die 3 – 4 Schriften und Schriftchen, die ich unter den Händen habe, in einer Zeit zu vollenden, wo Größeres fertig werden müßte. Ob die Kraft schon endgültig fort ist oder nur gehemmt ist, kann ich nicht sagen. Aber man möchte doch aus seinem Leben das Fruchtbarste machen, und das ist seit dem bekannten Zeitpunkt[4] – also eine lange Reihe von Jahren, unmöglich. Beinahe jeder, den man spricht, denkt in der gleichen Richtung. Es folgt aber nichts daraus, und so befindet sich „alles" trotz äußerer Ereignisse an einem toten Punkt. [...]

---

[1] Zur Mittwochsgesellschaft vgl. unten „Interpretationsversuche der Herausgeber".
[2] Identisch mit dem „Dahlemer Samstag", von welchem THEODOR HEUSS berichtet (Scholder, 12): Der 14. 06. 1941 war ein Samstag, auch der 17. 05. 1941, an welchem SPRANGER ebenfalls diesen Zirkel besuchte, und der 13. 12. 1941, an dem er bei den SPRANGERS tagte (EDUARD SPRANGER 17. 05. 1941; EDUARD SPRANGER 29. 11. 1941). In EDUARD SPRANGER 07. 03. 1942 findet sich ausdrücklich die Bezeichnung „sog. Dahlemer Sonnabend".
[3] Vielleicht wird hier auf die Vorgänge angespielt, welche ULRICH VON HASSELL im Tagebucheintrag von 15.06.1941 vermerkt: „[...] Entscheidung Rußland gegenüber nähert sich. Nach Ansicht aller 'knowing men' (soweit es solche gibt) ist der Beginn des Angriffs etwa am 22. Juni 1941 höchst wahrscheinlich. Mit einer erstaunlichen Einheitlichkeit hält sich trotzdem das – nach Ansicht der gleichen

'knowing men' absichtlich (wozu?) verbreitete – Gerücht, Verständigung mit Rußland stände bevor, Stalin komme her, wir seien schon friedlich in der Ukraine." (HASSELL, 211) Bereits am 11. Juni wurden in der „Weisung Nr. 32" Vorbereitungen für die Zeit nach „Barbarossa" festgelegt. Am 14. Juni sprach HITLER vor den Befehlshabern der Heeresgruppen und Armeen über den bevorstehenden Angriff auf die Sowjetunion.
[4] Gemeint ist der 25. 04. 1933, der Tag, an dem SPRANGER seinen Rücktritt vom Lehrstuhl erklärt hatte.

EDUARD SPRANGER AN KÄTHE HADLICH
Dahlem, 01. 09. 1941 / Br., ca. 1/6

[...] Die Behandlung von SCHILLERS Tell[1] in der Schule ist verboten worden. Es ist auch sehr gut, daß man in Westfalen alle Klöster aufgehoben und die Insassen vertrieben hat. Was der Bischof dagegen sagt[2], ist lächerlich, und man glaubt es kaum, was solche Leute noch für Vorstellungen haben.

Gott sei Dank: Die U-Boote wie die Flugzeuge haben England *unbedingt* in der Zange[3]. Ich zweifle nicht, daß nun im September die Insel auch erledigt wird und daß der Krieg ein Ende nimmt. Wenn MUSSOLINI von einer Fortführung spricht, so ist das wohl nur eine unglückliche Ausdrucksweise für die Fortdauer im *September*. [...]

[1] Drama von SCHILLER: Wilhelm Tell (1804).
[2] Clemens August Graf von Galen, der Bischof von Münster, protestierte im Juli / August 1941 gegen die Enteignung kirchlicher Güter sowie gegen die Euthanasie.
[3] In der „Schlacht um England" wurden von September 1940 bis Mai 1941 englische Städte von deutschen Kampfflugzeugen bombardiert, in der „Schlacht im Atlantik" vom Juni 1940 bis Juni 1942 alliierte Transportschiffe von deutschen U-Booten versenkt.

EDUARD SPRANGER AN KÄTHE HADLICH
Dahlem, 18. 09. 1941 / Br., ca. 5/9

[...] Als wir den letzten Tag in Marienbad verlebten[1] – nachmittags mit dem Blick vom Panorama in die regnerische Ferne –, erlebte unser HEINZ den letzten Tag in dieser Welt[2]. Von Ahnungen halte ich nichts. Aber die letzte Begegnung mit ihm war mir sonderbar: Er blieb so warm in meiner Nähe, als ob er fühlte: Es ist das letzte Sehen. Wenn Menschen darüber urteilen dürfen, so schien er mir zu denen zu gehören, die jung sterben sollen. Seine Jugend war schön. Es war in ihm eine Zartheit, von der er in der kommenden Welt keinen Gebrauch hätte machen können. Diese Linien liefen nach meinem Gefühl nicht weiter – aber sie liefen in die Höhe. Ich nehme an, daß HEINZ in *dem* Sinne gläubig gewesen ist, um ohne innere Konflikte das Opfer zu bringen, das ehrenvoll und schön und gewiß vor Gott so edel ist, wie wir Menschen es uns vorstellen, oder es gibt überhaupt nichts Menschliches, das in dieses Licht gestellt werden darf. Du und HERMANN [HADLICH] und ich, wir fühlen uns ärmer. Auch dies ist natürlich und niemand wird unsren Tränen wehren. Mir war immer, als ob in HEINZ ein starkes Stück von KURTS heiterem, aber nicht unbeschwertem Wesen wieder auf die Welt gekommen sei. Er ist nun denselben Weg gegangen³. Wir schütteln den Kopf wie der Ahnherr in Iphigeniens⁴ Lied. Wir werden es nicht ergründen. Wir müssen ihm standhalten; es – fängt ja erst an. [...]

¹ Die SPRANGERS hatten im August 1941 zusammen mit KÄTHE HADLICH Urlaubstage in Marienbad verbracht. (EDUARD SPRANGER 02. 08. 1941)
² HEINZ HADLICH, ein Neffe KÄTHE HADLICHS und Patenkind SPRANGERS, der an der Ostfront eingesetzt war, wurde am 25. 08. 1941 schwer verwundet und starb am folgenden Tage in einem Feldlazarett (EDUARD SPRANGER 27. 09. 1941; KÄTHE HADLICH 17. 09. 1941).
³ KURT HADLICH, der jüngere der beiden Stiefbrüder KÄTHE HADLICHS, war 1915 im Ersten Weltkrieg gefallen. (Vgl. KÄTHE HADLICH 06. 03. 1915.)
⁴ Haupfigur in GOETHES „Iphigenie auf Tauris" (endgültige Fassung 1787). Die Stelle, auf welche SPRANGER anspielt, kommt vor im „Lied der Parzen" (Sophien-Ausgabe, I. Abteilung, 10. Band, 1889, 73-76.)

KÄTHE HADLICH AN EDUARD SPRANGER
Heidelberg, 27. 09. 1941 / Br., ca. 1/5

[...] Die andere Welt – ist sie nicht immer verhüllt auch schon in dieser? Ist sie nicht das Zeitlose, nach dem wir immer strebten? Nicht die Dauer ist es, sondern das Zeitüberlegene – und wir suchen den letzten Sinn. Aber wir kennen ihn nicht und nennen es: Vaterland! Ist das die – andere Welt, die Welt der Freiheit? Unser Glaube macht es dazu, und so meinst Du, wird auch HEINZ gläubig gewesen sein. Denn die blinde Willkür der Götter im Lied der Parzen¹ kann das letzte Wort nicht sein. Ganz besonders nicht im Angesicht dieses großen Sterbens. Sonst müßte man ja am Leben verzweifeln. Aber es ist nicht die sichtbare Welt, auf die wir vertrauen, sondern der göttliche Wille, den sie verhüllt.

Es scheint mir oft, als wäre uns das Leben dazu gegeben, um uns davon frei zu machen, innerlich frei, meine ich. Nicht immer haben wir dies sichere Gefühl des Eingebettetseins in eine sinnvolle Welt. Aber so verstehe ich auch das GOETHEsche: „Bis im Anschau'n ewiger Liebe wir verschweben, wir verschwinden."² [...]

¹ Parzen: in der griechischen Mythologie drei Göttinnen, welche das Leben und Schicksal der Menschen bestimmten. Zum „Lied der Parzen" vgl. Anm. 4 zum vorstehend abgedruckten Brief SPRANGERS vom 18. 09. 1941.
² Zitat aus GOETHES „West-östlicher Divan":
„Ungehemmt mit heißem Triebe
Läßt sich da kein Ende finden,
Bis im Anschaun ew'ger Liebe
Wir verschweben, wir verschwinden."
(Sophien-Ausgabe, I. Abteilung, 6. Band, 1888, 264-266, hier 266, Vs 41f)

KÄTHE HADLICH AN EDUARD SPRANGER
Heidelberg, 28. 11. 1941 / Br., ca. 1/7

[...] Heute nacht war ich wieder eine Stunde wach und fand im Briefe [GOETHES] an HERDER die Stelle über den historischen Sinn, der ihm in Rom aufgeht: „So wird man ein Mitgenosse der großen Ratschlüsse des Schicksals."[1] Das ist es, was man heute auch anstrebt im Anblick der Weltgeschichte, die vor unsern Augen gemacht wird. Können wir mit unserm menschlichen fühlenden und moralischen Sinn überhaupt einen Maßstab gewinnen für das Geschehen, das sich vor uns abspielt? Machen es Menschen oder macht „es" sich? Wir können doch nicht anders, als ein sittliches Urteil zu gewinnen suchen und alles, was diesen letzten Sinn verletzt, scheint uns den Keim der Vernichtung in sich zu tragen. Sehen wir nicht die Zeichen sich mehren? [...]

[1] Sophien-Ausgabe, IV. Abteilung, Goethes Briefe, 8. Band, 1890, 50-53, hier 51.

EDUARD SPRANGER AN KÄTHE HADLICH
Dahlem, 29. 11. 1941 / Br., ca. 1/3

[...] Das Semester spielt nun seit knapp 14 Tagen. Es hat sich bisher als das regste seit Kriegsbeginn erwiesen. Allerdings arbeite ich mit 75% Damen. Aber es kommt da etwas von dem alten Glück der Mädchenschulzeit wieder mit herauf, und trotz „allem" erfüllt mich der alte Furor des „Lehrens". In der Vorlesung habe ich wohl 250 Zuhörer, im Seminar leider zum Anfang 68 gepökelt sitzende Teilnehmer. Es macht mir, wie vor 30 Jahren, Freude, auf dem Instrument dieses Dreiviertel-Damenkreises zu spielen. Nur ein Unterschied ist da: Damals wirkte man durch ethisch-erhebende große Objekte. Heute soll man „Probleme" wissenschaftlicher Art zum Bewußtsein bringen. Das ist nun ein billiger Sieg. Denn von Natur sieht keine Frau ein Problem, und generell gesprochen, soll sie das auch gar nicht. Aber sie nennen sich doch einmal „Studentinnen". Und so mußte ich sie gestern zu dem Bewußtsein bringen, als wir die Vererbungslehre behandelten: „Ich weiß nur, daß ich nichts weiß" (= SOKRATES.) Ein paar Männer, *wenig* Urlauber, dafür einige „alte Herren", sind dabei.

Alle natürlich im wirklichen Denken ungeübt. Es fehlt der Beisatz einer gewissen Rasse, mit der man früher ernsthafte Kämpfe zu führen hatte.

Die Freiheit der Ferienspaziergänge ist natürlich vorbei. Wenn Mittwochsgesellschaft ist, sind Mittwoch bis Freitagnachmittag ohnehin besetzt. Die 3 anderen Nachmittage gehen immer darauf für eingeladene Studenten, Klienten, Ausländer u.s.f. Bis zum 20. XII. ist jeder Tag vorbesetzt. Die genannte Gesellschaft hat bisher zweimal stattgefunden und war beide Male für die Sicht der Dinge aufschlußreich. Das erste Mal führte SAUERBRUCH einen wohltuenden Kampf, das zweite Mal kam ich mit meinem miltärischen Freund[1], den ich sehr zu lieben begonnen habe, mitten ins Zentrum. Am 3. XII. werde ich ihn allein besuchen. Die andre Gesellschaft, ich nenne ihn [sie] den „Dahlemer Senilitätsverein"[2], fand zunächst bei MEINECKE statt, der sehr schön über MÖRIKE und Lyrik überhaupt sprach. Am 13. XII. wird dieser Kreis bei uns sein, was mir ein bißchen wie ein Berg vor Augen liegt. Denn wenn alle kämen, wären es 22! Und worüber soll ich vortragen? [...]

[1] Generaloberst Ludwig Beck.
[2] Vgl. oben Anm. 2 zu EDUARD SPRANGER 14.06.1941.

EDUARD SPRANGER AN KÄTHE HADLICH
[ohne Ortsangabe] 07.03. 1942 / Br., ca. 1/5

[...] Unsre IDA war eine ganze Woche in Breslau. Ihr Schwager ist gestorben. Dieser für Sie traurige Fall hat hoffentlich *nicht* die Folge, daß sie wegen ihrer Schwester dauernd nach Breslau gehen muß. Während dieser Zeit hat SUSANNE unmerklich und schön die ganze Wirtschaft besorgt. Dies hat anscheinend sehr günstig auf ihre Laune gewirkt, so daß ich mich der besten Behandlung zu erfreuen hatte. Daneben tat sie noch viel als meine Sekretärin. Dies letztere allein geschieht nicht immer mit gleich guter Laune, so daß ich schließen muß: Eine maßvolle Hausarbeit ist doch der Frau immer eine wesensgemäße Aufgabe.

Bei der „Erziehung"[1] ist ein Malheur passiert. (Daß Du sie *so* spät erhältst, ist eine Folge der viel beobachteten Heidelberger Schlamperei, die keineswegs überall so ist.) WENKE hat einen Aufsatz[2] angenommen, gegen den ich mich weltanschaulich und persönlich auflehnen muß. Ich habe ihm das in der freundschaftlichen Form geschrieben. Seine Antwort ist immer noch nicht da. Zu ändern ist an dem Faktum wohl nichts. Übrigens brachte SAUERBRUCH schon am 11. II. das Gerücht, daß W. [WENKE] auf dem Wege der Wiederbesetzung des LITTschen Lehrstuhles in Leipzig mein indirekter Nachfolger werden soll, was mich natürlich besonders freuen würde. Es ist kein Verrat an der Freundschaft, wenn ich dabei auch ein bißchen die Distanz L. [LITT] : W. [WENKE] empfinde. [...]

[1] Zeitschrift, deren Bestehen seit 1932 immer wieder einmal gefährdet war. (Vgl. EDUARD SPRANGER 02. 10. 1932 u. Anm. 4 zu EDUARD SPRANGER 19.10.1933.)
[2] Vermutlich: Walter Schulze-Soelde: Volk und Bildung. In: Die Erziehung. Monatsschrift für den Zusammenhang von Kultur und Erziehung in Wissenschaft und Leben. 18. Jg.; H. 1/2, Okt./Nov. 1942, 1 – 17, 18. Jg.; H. 3/4, Dez. 1942/Jan. 1943, 48 – 64.

KÄTHE HADLICH AN EDUARD SPRANGER
Heidelberg, 16. 06. 1942[1] / Gedicht, vollständig

Zeitlos-Immerdar

Die neue Zeit erwächst auf neuem Grunde,
Ihr Leben sucht nach Ordnung und Gestalt.
Sie wartet auf das Wort aus Deinem Munde,
das ihr Erlösung bringt durch Macht von der Gewalt.

Des Lebens Grausamkeit kann nicht das Herz versteinen,
Das in sich reichste Kraft des Daseins spürt.
Kann auch der Blick die Gegensätze nicht vereinen,
Durch sie hindurch der Weg zur Einheit führt.

Nicht aus den Dingen kommt uns, was wir hoffen,
Wir finden nie das Glück, das wir gedacht.
Und doch ist überall der Himmel offen:
Aus Überwindung quillt des Schaffens Macht.

Sie wächst gereinigt aus der Glut der Leiden
Und formt ein neues Bild vom Lebensziel,
Kann sie auch nur in ird'sche Formen kleiden,
Was über diese Erde tragen [sic] will.

Wie immer neu gestaltet höchstes Leben
Aus Winterstarre sich zu Frühlingspracht -
So unaufhaltsam ringt das freie Streben
Aus der Verwirrung sich zu göttlich reiner Macht.

Du kannst zum Lichte führen, was gebunden
In Dumpfheit sehnend auf Erlösung harrt,
Du hast den rechten Weg emporgefunden
Durch Leiden und Gefahr nach echter Führer Art.

[1] Gedicht KÄTHE HADLICHS zu EDUARD SPRANGERS 60. Geburtstag am 20. 06. 1942.

EDUARD SPRANGER AN KÄTHE HADLICH
Dahlem, 29. 06. 1942 / Br., ca. 2/3

[...] Der Tag[1] begann überraschend um 1/4 7 mit einem Gesangsständchen von (wie man sagt) 25 Studentinnen und Studenten, unten in der Diele. 3 alte, religiös betonte Lieder, dirigiert (wie *alles* Studentische) von Frl. JUNG. Als ich herunterkam, waren sie fort. Aber aufgebaut waren seltene Blumen, eine Orchidee in einer Riesen-Sèvres-Vase[2], 2 Bücher über Prag usw. IDA und SUSANNE waren natürlich die ersten, wohl auch die besten Gratulanten; dann die Sendbotinnen vom P. [PESTALOZZI-] Fröbelhause[3] und vom Nachbar HERTZ. Ich fuhr in die Stadt; im kl. [kleinen] Sprechzimmer ein Riesenstrauß (Farbensymphonie von blau und goldbraun) von den Studenten, eine Wunderblume von NIC. [NICOLAI] HARTMANN, andre vom Personal, das auch gratulierend erschien. Die Vorlesung 9 – 11 sollte regulär stattfinden. Als ich um 9.20 den Saal betrat, war er bis auf den letzten Platz gefüllt. Alles stand auf und gab Sympathiekundgebungen für längere Zeit, aber – niemand sprach. Das Katheder war mit einer Girlande geschmückt; von ihr umfaßt ein Buch, in das die „Sonnabendhörer" Beobachtungen an Kindern und Jugenderinnerungen handschriftl. [handschriftlich] eingetragen hatten. Da niemand sprach, hielt *ich* eine Ansprache über das Alter, über m. [meine] Auffassung vom akademischen Lehramt, über Deutschland, die draußen und die drinnen. Dann rollte das Kolleg ab. In der Zwischenpause erschien Prof. DOVIFAT mit Frau (m. [meine] Hörerin aus Leipzig, jetzt hört ihre Tochter bei mir), dann WENKE, der mir die stattliche Festschrift[4] mit wenig Worten in die Hände drückte. Du weißt vielleicht aus der DAZ [Deutschen Allgemeinen Zeitung][5], daß SAUERBRUCH und sogar 2 Generäle[6] mitgearbeitet haben. Nach der 2. Stunde waren unten ELISABETH CHRIST, geb. Borries, mit ihrem zehnjähr. [zehnjährigen] Eberhard, Frl. Stock, das Wurm, der Sonderling Hausmann[7]. Um 12.10 war ich zu Hause. Dort warteten etwa 20 Besucher auf mich. Kernbestand blieben bis zum Schluß LITT und Frau, FLITNER, WENKE. Die anderen stehen auf der beigefügten Liste. Um 3/4 2 ging der letzte, der nicht wie die Genannten, zu Mittag geladen war. LITT freute sich aufs Essen vernehmlich. Da erschienen, schwer bepackt mit Gaben, die beiden Japaner SENZOKU und SUGA. SUSANNE, deren Organisation überhaupt nicht zu übertreffen war, ließ für die beiden noch Gedecke legen. Es gab Erstaunliches (mühsam beschafft von hinten), erlesenen Mosel, eine Rede von LITT, auf die ich nur erwiderte: Ich hoffe in allem noch Fortschritte zu machen, in einem aber unverändert zu bleiben: in der Freundschaft und der Liebe. (Da auch die Festschrift nicht „offiziell" überreicht war, konnte ich auch darauf nicht formell erwidern.)

Die Japaner gingen, ich hatte 20 Minuten frei. Dann begannen Kaffeebesuche: der alte Norwald v. Dorotheenstr. 6[8], KLARA RAUHUT, WALLNERS, ERIKA [BLUMENSTOCK]. Um 18 Uhr erschien PLANCK, mit ihm LOCKEMANN, die Ehepaare LÜDERS, BERTHOLET, wir waren ca 20. PLANCK überbrachte mit freundlichen Worten die Goldene Medaille der GOETHE-Gesellschaft (Rückseite für den Empfänger geprägt). Er sprach erst etwas atemknapp-feierlich, dann sehr herzlich. Ich erwiderte und schloß damit, daß er für uns die repräsentativ geistige Rolle spiele wie einst GOETHE. LOCKEMANN sprach für die Berliner G.G. [Goethe-Gesellschaft], „überreichte" GOETHEbüste von KLAUER mit Säule, zusammen mannshoch. Er gedachte der Frau SPRANGER, was mir die Möglichkeit gab, in der Erwiderung ihr „vor der Front" zu danken. Gegen 7 Uhr ging die Mehrzahl. FLITNER, LITTS, WENKE blieben noch 1/2 Stunde, dann ließen alle uns Zermürbte (aber gründlich!) allein. Wir hatten noch ein Telefongespräch mit KIPPENBERG (Goethemedaille soll nicht in Presse), mit HANS HONIG. Die erkrankte Frau KARRAß war nicht zu erreichen.

In der Nacht hatte ich die üblichen Bein- und Zehenkrämpfe, die auch durch Pulver nicht zu dämpfen waren.

Am Sonntag nur wenig Nachklang: HAGA, der am Abend nach Japan zurückreisen wollte, WACHSMUTH und THIELE mit Sohn Gunnar, m. [meinem] 3 1/2 jährigen Patenkind. Am 27. 6. früh waren 7 1/2 R⁹, am Sonntag noch weniger. Wir fuhren, um nicht erreichbar zu sein, zu den Potsdamern[10], natürlich auch, um zu erzählen. Heute früh war mir miserabel.

Das Haus ist ein Wald von Rosen, Orchideen und anderen Blumen. Der Tisch ist voll von wertvollen Büchern (u.a. GOETHES Handzeichnungen in Originalformat v. KIPPENBERG), Wein und Zigarren. Ich erwähne das Porzellanmedaillon von F. d. G. [Friedrich dem Großen] (Porzellanmanufaktur) mit besonderer Widmung (v. POPITZ, Finanzminister), viele Bilder. – Die Telegramme erreichen 60 und mehr, die Briefe bisher wohl 300. Ich habe heute schon begonnen, den offiziellen Stellen wenigstens zu danken. [...]

---

[1] SPRANGERS 60. Geburtstag am 20. 06. 1942.

[2] Eine Vase aus Sèvres (Frankreich), das berühmt für seine Keramik- und Porzellanmanufakturen war. In Sèvres (Frankreich) wurde am 10. August 1920 der Friedensvertrag zwischen der Türkei und der Entente unterzeichnet.

[3] Von 1911 bis 1946 hielt SPRANGER immer wieder einmal Vorträge im PESTALOZZI-FRÖBELhaus. (Vgl. Anm. 1 zu EDUARD SPRANGER 29./30. 11. 1918 und EDUARD SPRANGER 02. 04. 1911; 09. 03. 1911; EDUARD SPRANGER 29. 11. 1918; EDUARD SPRANGER 23. 02. 1921; EDUARD SPRANGER 21. 01. 1938; EDUARD SPRANGER 14. 06. 1941; EDUARD SPRANGER 17. 07. 1944.)

[4] Geistige Gestalten und Probleme. Festschrift für Eduard Spranger zum 60. Geburtstag. Hrsg. von HANS WENKE, Leipzig 1942.

[5] SPRANGERS Abhandlung: Innere Notstände der Hochschulen. In: Deutsche Zeitung u. Wirtschaftszeitung, Verlag Curt E. Schwab, Stuttgart, Nr. 68 v. 26. 08. 1950, 4.

[6] General Dr. FRIEDRICH VON COCHENHAUSEN und Generalleutnant VON VOSS. (Vgl. Generalleutnant VON VOSS: Friedrich des Großen Gedanken über Erziehung und Berufsbildung. In: WENKE, HANS (Hrsg.): Geistige Gestalten und Probleme. EDUARD SPRANGER zum 60. Geburtstag. Leipzig 1942, 49 - 62, u. das von Generalleutnant VON VOSS u. Ministerialrat Dr. habil. SIMONEIT, Berlin, verfaßte Vorwort zum

Festschriftbeitrag von Dr. Waldemar Oelrich: Die Bedeutung der geisteswissenschaftlichen Psychologie EDUARD SPRANGERS für die Wehrmachtpsychologie, S. 185 – 215.)

[7] Wohl kaum identisch mit dem Hamburger Erziehungswissenschafter Gottfried Hausmann (1906-1994) oder dem Schriftsteller Manfred Hausmann (1898 - 1986), deren Lebenswege sich nicht mit dem EDUARD SPRANGERS kreuzten.

[8] Dort war in SPRANGERS Berliner Zeit das Pädagogische Seminar untergebracht. (EDUARD SPRANGER 03. 08. 1921; EDUARD SPRANGER 09. 11. 1930). Norwald war Portier in diesem Gebäude. (EDUARD SPRANGER 29. 06. 1942)

[9] 7½ Grad Reaumur = 13,25 Grad Celsius.

[10] In Potsdam hatte SPRANGERS Ehefrau SUSANNE Verwandte (EDUARD SPRANGER 02. 04. 1908; EDUARD SPRANGER 18. 02. 1938). Der Brief SPRANGERS vom 07. 04. 1939, in welchem die Rede ist vom „Potsdamer Schwager" in Verbindung mit seinem Brief vom 22. 08. 1945, in dem die „Potsdamer" in Zusammenhang mit der „Conradseite" gebracht werden, läßt vermuten, daß dort eine Schwester SUSANNE CONRADS, der Ehefrau SPRANGERS, mit ihrem Mann lebte. Nach EDUARD SPRANGER 02. 01. 1945 („Potsdamer Schwestern") müssen dort mehrere Schwestern SUSANNE CONRADS gelebt haben.

KÄTHE HADLICH AN EDUARD SPRANGER
Heidelberg, 12. 09. 1942 / Br., ca. 1/7

[...] mit manchem, was mich beschäftigt, bin ich nicht so im Reinen, daß ich davon reden könnte. Da ist z. B. der Aufsatz von LITT[1], der mir bei aller sachlichen Kühle sehr gegenwartsbezogen erscheint. Aber ist wirklich der Vitalismus so geistfeindlich? Mir ist er immer im Gegenteil als der Weg erschienen, vom Mechanischen wieder zur Erkenntnis von den schöpferischen Kräften des Lebens zu gelangen. Man hat nur eine andere Terminologie geschaffen, aber die Sonderstellung des Menschen kommt doch dabei ganz unbedingt zum Ausdruck, und alle Forschung mündet ungewollt wieder in das alte Bild von „der Krone der Schöpfung" ein.

Ist das wirklich das Ziel der Schöpfung, daß ihr vollkommenstes Geschöpf sich auf die raffinierteste Art selbst umbringt?? [...]

[1] THEODOR LITT: Die Sonderstellung des Menschen im Reiche des Lebendigen. In: Geistige Gestalten und Probleme. EDUARD SPRANGER zum 60. Geburtstag. Hrsg. von Hans Wenke, Leipzig 1942, 217-240. (Selbständig erschienen: Wiesbaden 1948)

EDUARD SPRANGER AN KÄTHE HADLICH
Dahlem, 21. 09. 1942 / Br., ca. 1/6

[...] Am 16. IX. früh habe ich den „Philosophen v. Sanssouci"[1] (66 große Schreibmaschinenseiten + 95 Anmerkungen) in den Druck gegeben. Ich habe das Gefühl, daß das eine meiner besten historischen Arbeiten geworden ist. Hoffentlich täuscht es nicht. Die Liebe zum Thema ist bei mir ca. 34 Jahre alt. In einer obskuren amerikanischen Zeitschrift hat schon einmal (ca. 1908) etwas von mir darüber gestanden.[2]

Der Aufsatz von LITT³ ist gegen eine bestimmte, sehr moderne Adresse gerichtet. Der Vitalismus (im Gegensatz zum Mechanismus) allein bringt noch nicht die Rettung. Der Kerngedanke ist, daß der Mensch überhaupt sich als Lebewesen transzendiert, weil er vermöge des Geistes sich inmitten des Reichs des Lebens zu *denken* vermag. Dies kann kein anderes Tier, auch dann nicht, wenn es vitalistisch integriert wird. [...]

[1] EDUARD SPRANGER: Der Philosoph von Sanssouci. Berlin 1942. (Abh. der Preuß. Akademie der Wissenschaften, Phil.-histor. Kl. 1942, 5) - Sanssouci: Sommerschloß, das sich Friedrich der Große von dem Architekten Knobelsdorff in Potsdam erbauen ließ.
[2] Nach Neu nicht ermittelbar.
[3] Vgl. oben Anm. 1 zu EDUARD SPRANGER 12. 09. 1942.

EDUARD SPRANGER AN KÄTHE HADLICH
Dahlem, 13. 12. 1942 / Br., ca. 1/2

[...] Am Sonnabend 5. XII. Blitztelegramm, der Min. [Minister] wünsche die Verlegung meines Vortrages für den 7. bis Sonntag 12 Uhr[1]. Wir schickten Sonntag Vorm. [Vormittag] IDA mit genauesten Instruktionen ins Min. [Ministerium] Am Montag früh kam ein Kreuzfeuer von Telegrammen und Telephongesprächen – der Min. [Minister] bitte um das Ms. [Manuskript]. Man hatte es – typisch – nicht einmal weitergegeben. Um 14 Uhr gab RUST im Hotel Bristol für BOTTAI und RICCOBONO aus Rom ein Frühstück. Ich saß zwischen GRASSI und unsrem neuen Referenten, der mein Hörer gewesen ist und einen ordentlichen Eindruck macht. Mitten drin rief R. [RUST] zu mir herüber: Herr Prof. Sp. [SPRANGER] Prosit[x]. Das war im wesentlichen die Antwort. Um 16 1/2 in der alten Aula (mit Blumen geschmückt) war dann der Aktus, zu dem die Italiener (!) eingeladen hatten. Erst sprach oder pausierte sprechend R. [RUST], dann BOTTAI (reiner Araber), dann RICCOBONO auf Lateinisch zugunsten des röm. [römischen] Rechtes, dann ich (mit fühlbarer Wirkung), obwohl schwach, voll bei Stimme. Dann GRASSI. Herr BOTTAI applaudierte hinterher noch persönlich zu m. [meinem] Sitz herüber. Um 20 endlich hatten die Italiener zu Adlon[2] eingeladen. Essen nicht übel, Wein und Sekt (massenhaft) exzellent. Ich lernte *sogar* unsren Rektor und Prorektor kennen, welch letzterer neben mir saß, sonst Viehseuchen bekämpft und ein harmloser Mensch ist. Mein Kurs war auf einmal gestiegen. Erst nach Mitternacht kam ich nach Hause.

Am nächsten Tage ging es um 14 Uhr mit einem Frühstück des Herrn v. WEIZSÄCKER bei Adlon weiter[xx]. Mit W. [WEIZSÄCKER] verbindet mich gegenseitige Sympathie, noch mehr mit ihr, die am Vortage anwesend war. Ich saß neben den 2 Spitzen der Kulturabteilung des A. A. [Auswärtigen Amtes], was nützlich ist, um an Unerledigtes erfolglos zu erinnern. Die 4. und 5. Einladung (zu RUST) hatte ich dankend

abgelehnt. Eine fiel mit der Mi-Ge. [Mittwochsgesellschaft] zusammen, die aufschlußreich war.
[...]

x) [Anmerkung SPRANGERS] Am Abend sagte er nur: „Sie haben schon verstanden, wie es gemeint war. Das war eine vornehme und würdige Sache." Im übrigen bin ich ihm aus dem Wege gegangen – wohl gegenseitig.
xx) [Anmerkung SPRANGERS] Hier lud mich Herr BOTTAI ein, im nächsten Frühjahr Vorträge in Florenz und Rom zu halten. Der Übersetzer fügte von sich aus hinzu „vielleicht" [...]

---

[1] BERNHARD RUST, der Reichs- und preußische Minister für Wissenschaft, Erziehung und Volksbildung, wünschte die Verlegung von SPRANGERS Vortrag anläßlich der Eröffnung des Instituts „studia humanitatis" in Berlin, einer offensichtlich italienischen Initiative. (Vgl. auch EDUARD SPRANGER 20.11.194.)
[2] Das Berliner Traditions-Hotel „Adlon".

EDUARD SPRANGER AN KÄTHE HADLICH
Dahlem, 03. 03. 1943 / Br., ca. 3/5

[...] Obwohl ich gestern – in der Annahme einer bevorstehenden zweiten Attacke auf Berlin – schon um 9 ins Bett gegangen bin, bin ich doch heute noch ganz zerschlagen und nicht voll arbeitsfähig. Auch jetzt weiß ich ja nur von einigen betroffenen Stadtteilen. Aber allein das genügt, um zu behaupten, daß *kein* früherer Angriff auf Berlin mit diesem zu vergleichen ist.[1] Die Zerstörungen sind fürchterlich. Ich war vorm. [vormittags] gestern in der Stadt (pflichtmäßig als Seminardirektor). Da war der schlimmste Anblick die Hedwigskirche. Die ganz wundervolle Patinakuppel ist einfach verschwunden. Auf der Südseite der Linden brannte es noch an verschiedenen Stellen. (Kranzler demoliert, Passage, Hotel Bristol betroffen etc.) Mehrere Bahnstrecken waren noch gesperrt – so nach Wannsee, Lichterfelde-Ost, nachts auch nach Grunewald, wo die Kirche zerstört sein soll und viele Villen gebrannt haben. Nachm. [nachmittags] fuhren wir zu FRANKES, die großes Glück gehabt haben. Dicht an ihrem Hause sind 2 Trichter von ca. 15 m Durchmesser. Trotzdem waren in ihrer Wohnung nur auf einer Seite die Fenster zertrümmert. Am ganzen Platz waren die Dächer fragmentarisch, wie übrigens ganze Straßenzüge lang; ein Eckhaus war halb zerstört. Wir wollten dann noch Frau ROSEN sehen, die ausgeblieben war. Von dem 2stöckigen Doppelhaus, in dem sie wohnt, standen aber nur noch die Umfassungsmauern. (Wir hörten später, daß niemand zu Schaden gekommen ist.) Weitaus am schlimmsten war es am Breitenbachplatz, wo wohl eine Luftmine heruntergegangen ist. Das große Eckhaus war zusammengestürzt. Der Schutt davor war 1 – 2 Stockwerke hoch. Ich hatte nicht die Kraft, mir das Weitere anzusehen. *Sehr* ernst soll es in Steglitz, Lichterfelde, Tempelhof² gewesen sein. Das wird man ja erst allmählich sehen und erfahren. Viele Telephonanschlüsse sind nicht zu haben.

JENNY HONIG fürchtet nicht mit Unrecht, daß Potsdam für den „Tag von Potsdam" aufgespart sei.

Unter diesen Eindrücken – aber auch denen von den Verhandlungen mit Italien und Finnland³ – hat es mich wenig beunruhigt, daß ein Gewaltakt gegen die „Erziehung" unternommen worden ist. Die Reichspressekammer hat einfach dem Verlage mitgeteilt, daß sie mit den beiden anderen Zeitschriften „NS Bildungswesen"⁴ (= NSLB⁵) und „Weltanschauung und Schule"⁶ (= BAEUMLER) zusammenzulegen und in den Verlag Eher zu überführen sei. Quelle und MEYER haben scharf protestiert, und ich habe, noch ehe ich ein Telephongespräch mit WENKE hatte, das A. A. [Auswärtige Amt] um Hilfe gebeten, werde auch noch andere mobilisieren. Bleibt die Zeitschrift nicht selbständig, so lassen W. [WENKE] und ich sie eingehen. Gleichviel!⁷

Letzter Akt. W. [WENKE] hat mir auf m. [meine] Bitte einen „hebräischen" Brief über seine am 21. II. mit dem früheren Assistentenanwärter von mir gehabt, der dann in Prag persönlicher Adjutant geworden ist.⁸ [...]

---

[1] In der Nacht zum 02. 03. 1943 erfolgte ein großer britischer Luftangriff auf Berlin, durch den es unter der Bevölkerung 711 Tote und Vermißte sowie 35.000 Obdachlose gab.

[2] Stadtteile im Süden Berlins.

[3] Finnland geriet nach dem deutschem Rückschlag in Rußland in Bedrängnis; ein russischer Einmarsch drohte. Ein Vorschlag amerikanischer Vermittlung für einen finnisch-russischen Sonderfrieden wurde von Deutschland zurückgewiesen. Die Waffenbrüderschaft Deutschland-Finnland begann sich zu lockern. – Am 28. Februar kehrte Außenminister Ribbentrop von mehrtägigen Gesprächen mit der italienischen Regierung in Rom nach Deutschland zurück.

[4] Deutsches bzw. (ab Jan. 1937) Nationalsozialistisches Bildungswesen. Einzige erziehungswissenschaftliche Zeitschrift der Bewegung. Hrsg. vom Nationalsozialistischen Deutschen Lehrerbund von 1936 (als Nachfolgerin der von Hans Schemm hrsg. Zeitschrift „Deutsches Bildungswesen") bis 1943. (Horn, 86; 300-302, sowie mündliche Auskunft Horn)

[5] NSLB: Nationalsozialistischer Lehrerbund.

[6] Weltanschauung und Schule. Hrsg. von ALFRED BAEUMLER, 1936 - 1944.

[7] Die Zeitschrift „Die Erziehung" war schon seit 1932 immer wieder einmal in ihrer Existenz gefährdet. (Vgl. EDUARD SPRANGER 02. 10. 1932.) Die nun durch die Reichspressekammer geplante Zusammenlegung mit zwei nationalsozialistischen Organen entsprang vermutlich ausschließlich aus ökonomischen Überlegungen (vor allem infolge des gravierenden Papiermangels in Deutschland). EDUARD SPRANGER, HANS WENKE und der Verlag Quelle & Meyer stellten daraufhin die Zeitschrift ein. Vermutlich hatte auch BAEUMLER, der Herausgeber von „Weltanschauung und Schule", sich gegen die Zusammenlegung gewehrt. (Horn, 301)

[8] Dieser „Assistentenanwärter" war SPRANGERS Schüler Dr. HANS ACHIM PLOETZ (vgl. EDUARD SPRANGER 10. 01. 1939), von dessen Ernennung zum Adjutanten des SS-Obergruppenführers Reinhard Heydrich SPRANGER hier berichtet. - Die Satzkonstruktion steht so im Original.

EDUARD SPRANGER AN KÄTHE HADLICH
Dahlem, 03. 04. 1943 / Br., ca. 1/8
[...] Andere traurige Fälle sind uns nahegerückt. Frau Öppinger[1] schrieb, es sei eines Tages ein Telephonanruf von Wiesbaden gekommen, am nächsten Vormittag werde die Oma nach dem Osten abgeholt werden. Diese machte darauf in der Nacht selbst ein Ende – gleichsam unter Assistenz der Tochter. So löste sich dieses Problem, von dem wir bis zuletzt nichts geahnt hatten.
[...] Die „Erziehung" ist nun suspendiert[2], nachdem noch eine lange, aber fruchtlose Unterredung im A. A. [Auswärtigen Amt] stattgefunden hatte. Heute nachm. [nachmittag] kommt WENKE zu mir. [...]

[1] Eine mit den SPRANGERS und KÄTHE HADLICH bekannte Jüdin.
[2] Gefährdet war die Zeitschrift „Die Erziehung" schon seit 1932 immer wieder einmal gewesen. Vgl. im einzelnen oben Anm. 7 zu EDUARD SPRANGER 19. 10. 1933.

KÄTHE HADLICH AN EDUARD SPRANGER
Heidelberg, 04. 07. 1943 / Br., ca. 1/5
[...] Traurige, verzweifelte Einzelheiten häufen sich Tag für Tag, und es bemächtigt sich der Seele ein gewisser Trotz, mit dem man sie hinnimmt, wie eine grausame Bestätigung dessen, was man nicht anders erwartet hat. Da war mir Dein „Geleitwort"[1] Trost und Mahnung zugleich. Denn wohl ist es so, wie Du sagst, daß wir eine Weltenlast zu tragen haben, aber gerade Dein „Geleitwort" nimmt dieser Last das Hoffnungslose und macht daraus eine Aufgabe. Möge Deutschland noch so arm und elend werden, es kann nicht verloren gehen, wenn es sich wieder auf sich selbst besinnt wie vor 150 Jahren.[2]
Möge die verschüttete, überwucherte „Volkheit" sich wieder finden, wenn auch viele der Besten nicht mehr da sind. Gerade Deine neuesten Veröffentlichungen geben mir Hoffnung, daß die Stimme des Rufers in der Wüste wieder gehört wird. Denn wo sollen wir uns sammeln, wenn nicht um unser geistiges Erbe; da ist der Punkt, der über den klaffenden Zwiespalt außen hinweg helfen kann. Wie glücklich bin ich, daß Du berufen bist, hier neues Leben zu wecken. [...]

[1] Geleitwort EDUARD SPRANGERS zu: JOHANN GOTTLIEB FICHTE: Reden an die Deutsche Nation. Leipzig 1943, III-XIV.
[2] Anspielung auf Zusammenbruch, Reform und Wiederaufstieg Preußens 1789-1815.

EDUARD SPRANGER AN KÄTHE HADLICH
Dahlem, 09. 09. 1943 / Br., ca. 2/3

[...] Neu-Hardenberg[1] ist ein Schloß, das andere märkische Adelssitze an Glanz übertrifft, weil es eine fürstliche Dotation[2] ist, aber ein *bewohntes* Schloß, nicht ein bloßes Museum. Der Graf, im vorigen Kriege schwer am linken Arm verwundet, ist wirklich Landwirt, Forstmann, Jäger; in diesem Kriege ist er als Oberstleutnant Adjutant des (außer Funktion gesetzten) Feldmarschalls von BOCK. Die Gräfin, etwa 50, ist die Güte selbst, religiös, aber nicht befangen, schlicht und natürlich. Die Energie des Vaters und die Wärme der Mutter vereinen sich in dem Komteßchen REINHILD, genannt Wonte (!) – etwa 20. Man kann gar nicht sagen, was das für ein entzückendes Wesen ist, immer heiter, tätig dienstbereit, interessiert; nicht die Spur verwöhnt. Das war neben der sanften Gräfin der eigentliche Stern von Neu-Hardenberg. 3 Schwestern sind außer dem Hause, eine als Gräfin Arnim verheiratet. Der junge Graf ist ein Spätentwickler, lernt auf einem der eigenen Güter die Landwirtschaft und kommt nur sonntags. Er ist kindlich bescheiden und anspruchslos, ein bißchen Sorgenkind.

Als wir ankamen, waren zahlreiche Gäste schon da: der Vetter der Gräfin, Generalleutnant A. D. GRAF V. DER SCHULENBURG, mit dem ich mich angefreundet habe; der Generalleutnant KUNTZEN mit Frau, Rekonvaleszent; die Tochter des Malers V. K. [KARDORFF], URSULA V. KARDORFF, soeben kropfoperiert, Sekretärin bei der DAZ [Deutschen Allgemeinen Zeitung]. Es kamen noch für kurze Zeit Graf und Gräfin Waldersee, beide ernst und angenehm. Schließlich der in Dahlem ausgebombte Feldmarschall[3], ein Orts- und Personenlexikon, liebenswürdig, aber allerseits entbehrlich. Alle diese Herrschaften waren bald auf Jagd, bald in Berlin, so daß der „Bestand" an Anwesenden fluktuierte. Die Damen ließen fühlen, daß es ihnen angenehm war, wenn sie abends mit uns allein waren. Wir haben aber auch an Unternehmungen teilgenommen: an einem reizenden Sonntagsspaziergang im gräflichen Wald, 10 Mann hoch, an einer Heldengedenkfeier in der SCHINKELkirche (cf. FONTANE, Wanderungen), an einer Kutschenfahrt auf das Gut Bärwinkel und einer Gasautofahrt nach der Komturei Lietzen am See[4]. (Das ist nur ein Teil des fürstlichen Güterkomplexes.) Am 2. Tage erhielt ich Besuch von einem Doktorkandidaten, Leutnant aus Finnland. Er wurde im Ahnensaal unter dem Gemälde des Staatskanzlers geprüft, zur Tafel zugezogen und allgemein verhätschelt.

Wir hatten im 1. Stock nach der Parkseite das schöne „Platanenzimmer", das durch den uralten mächtigen Baum leider etwas verdunkelt wurde. Man war zusammen beim Frühstück (8 – 9), zu Mittag 12 1/4, zum Tee 4 Uhr und zum Abendessen 19 1/2, daran anschließend bis zum Schlafengehen bald nach 22 Uhr. An Arbeiten war nicht zu denken. Der gesellschaftliche Verkehr mit einem in Stil und Interessenrichtung so anders gearteten Kreise kostete doch viel Kraft. Du weißt ja: Es dauert lange, bis ich aus dem Formellen heraus bin. Sehr erleichternd wirkte die *völlige* Übereinstimmung mit allen in der Hauptsache. Gemäßigte wie B. und K.[5] wurden bemitleidet. [...]

---

[1] Das Ehepaar SPRANGER verbrachte von 1939 bis 1944 einige Aufenthalte auf dem Schloß der HARDENBERGS in Neuhardenberg (ca. 50km östl. von Berlin, am Kietzer See gelegen).
[2] Dotation: Ausstattung mit Vermögenswerten, Mitgift.
[3] Möglicherweise der in EDUARD SPRANGER 09. 09. 1943 erwähnte Feldmarschall FEDOR VON BOCK, von dem allerdings nichts über Wohnsitz und Bombardierung in Dahlem bekannt ist.
[4] Das erwähnte Werk FONTANES ist: THEODOR FONTANE: Wanderungen durch die Mark Brandenburg, 4 Bände (1862 - 1882), hier Bd. 2 („Das Oderland"), in dem FONTANE im Kapitel „Quilitz oder Neu-Hardenberg" die von EDUARD SPRANGER hier ebenfalls erwähnte SCHINKELkirche und das Vorwerk Bärwinkel beschreibt. (FONTANE: Wanderungen, S.146ff). – Komturei: Verwaltungsbezirk (kleinste Verwaltungseinheit) oder Ordenshaus eines geistlichen Ritterordens. – Lietzen liegt ca. 20km südlich von Neuhardenberg in Richtung Frankfurt/ Oder.
[5] Vielleicht VON BOCK und KUNTZEN, die ebenfalls in dem Kreis auf Neuhardenberg verkehrten. (Vgl. EDUARD SPRANGER 09.09.1943.)

EDUARD SPRANGER AN KÄTHE HADLICH
Berlin-Dahlem, 25. 11. 1943 / Br., ca. 9/10

[...] „Unser" Berlin existiert nicht mehr. [...] Gestern kurz nach 1/2 8 machte ich mich auf in die Stadt, in der Absicht, vor wenigen Hörern doch eine Teilvorlesung zu halten. Ich wollte wieder über Schmargendorf-Tempelhof fahren. Aber Schmargendorf-Wilmersdorf war nun auch unterbrochen.[1] So fuhr ich noch bis Fehrbelliner Platz weiter, um von dort zu Fuß zu gehen. Denn im Inneren der Stadt ist keine Elektrische und kein Omnibus in Betrieb.

Vom F. [Fehrbelliner]-Platz bis Berlin Universität war fast kein Haus, das nicht mindestens im obersten Geschoß zerstört war. Über Trümmer ging ich zunächst den Hohenzollerndamm entlang. Unser Bankgebäude zum 2. Mal getroffen; Büro außer Betrieb; Keller schien intakt. Die große Kirche am Hohenzollernplatz aufgespalten. Der Blick in die Kaiserallee zeigte gleiche Zerstörungen. Am schlimmsten wurde es in der Nürnberger Straße, wo fast nur noch Schutthaufen, z.T. brennend, flankierten. Eine Sprengbombe war dort in den Schacht der U-Bahn gefahren, lag offen. Femina-Palast – der Dreck – äußerlich wohlgehalten. An der Tauentzienstr. sah man durch den dicken Qualm, daß das K. d. W. [Kaufhaus des Westens] ausgebrannt war. Bhf. [Bahnhof] Wittenbergplatz soll über einem Zug zusammengestürzt sein. Das BENARYhaus in der Nürnbergerstr. war vorn von Schuttmassen blockiert.

Der Zool. [Zoologische] Garten stand nach dem Kurfürstendamm zu offen. (Kirche nicht zu sehen – Qualm – *soll* eingestürzt sein.) Das Haus der WALLY GUTT-

MANN stand. An der Drakestr. keines von den schönen Häusern erhalten. In der Tiergartenstr. die *neuen* Botschaften, auch die Japanische, schwer mitgenommen. Ich hoffte im Tiergarten schneller vorwärtszukommen. Aber Wege waren kaum noch erkennbar. Große Bäume und Sprengtrichter blockierten. Ohnehin war ja alles verwildert. Aber jetzt war es ein Chaos geworden.

Das Brandenburger Tor stand. Die Häuser links am Pariser Platz alle kaputt, rechts (Adlon[2]) etwas besser. Ich sah noch in die Wilhelmstr. hinein, wo es mehrfach brannte, auch das Kultusministerium. Nun aber kam ich Unter den Linden nicht weiter, weil der Qualm das Atmen und Sehen hinderte. Ich bog in die Neue Wilhelmstr. ein. Die Heeresbücherei (alte Militärakademie) ausgebrannt. Ein Riesenstück Blechdach hing an dem Draht der Elektrischen und machte, vom Sturm geschaukelt, schreckliche Musik. Das physikal. [physikalische] Institut brannte noch.

Am Schiffbauerdamm sah ich, wie auf der anderen Seite eine Ruine zu Pulver zusammenfiel. Ich ging an der Spree weiter bis zur noch brennenden Frauenklinik, dann in die Universitätsstr. hinein. Das Seminar war völlig unbeschädigt. Frl. JUNG hatte einen Zettel hinterlassen, daß sie aus ihrer Wohnung im Domkandidatenstift herausmüsse: Monbijou und das Zentralpaketpostamt getroffen. Endlich kam ich nach 1 Stunde 20 Min. Weg in das Auditoriengebäude, 20 Minuten zu spät. Mein *kleinerer* Hörsaal war unbeschädigt, aber leer; der große Hörsaal ohne Fenster, Asche auf den Bänken. Gleichzeitig eine mächtige Detonation. Eine besinnliche Studentin und den Heizer sprach ich. Sie sagten vielsagende Worte. Als ich fortgehen wollte, traf ich einen jungen Leutnant an Krücken, entzückendes deutsches Jünglingsgesicht (hieß Natalis). Er war zur Vorlesung gekommen. Es sollen nur 30 dagewesen sein. Wir verstanden uns und schieden bewegt.

Nun ging ich in die Universität. Dort nur *alle* Fensterscheiben entzwei. Dekanat völlig ausgeräumt, kein Dekan, kein Kurator anwesend. Eisiger Zug in den Gängen. Draußen sah ich in dem tiefen Nebel nur die Ruinen des Palais vom alten Kaiser. Neue Aula soll ausgebrannt sein. Man sah nicht weiter als bis zum eingemauerten Denkmal vom alten Fritz. Bibliothek und Akademie geschlossen. Kein Saal benutzbar. Ich meldete mich für heute ab. Durch die Universitätsstr. und Ziegelstr. kam ich in die obere Friedrichstr. Dort nur Fensterschäden, also anscheinend Angriffsgrenze (jedoch sollen Königsstr. und Alexanderplatz demoliert sein.) Im Hospiz kam mir FABER entgegen; er wollte zu Besuch nach Potsdam. Ich beredete ihn, sofort über Potsdam abzureisen. Wir nahmen seine 2 Handtaschen, fuhren mit der U-Bahn erträglich bis Tempelhof, dort unsagbarer Leiberkampf im Zuge nach Schöneberg. Von Schöneberg ging die Wannseebahn in Richtung Potsdam. Ich begleitete ihn bis Lichterfelde und holte dort noch etwas Geld.[3] Denn wie es mit der Bank wird, ist zweifelhaft. Erschöpft kam ich zu Hause an. Nachm. [nachmittags]

345

nun Dahlem. Die eine der beiden Sprengbomben, deren Pfeifen wir gehört hatten, ist in der Königin-Luise-Str. niedergegangen und hat das Arndtgymnasium zerstört. Bei TITZE Fenster entzwei, Türen heraus, Dach zertrümmert. IDA hatte bei MEINECKES den ganzen Tag geholfen.

Der mit Zittern erwartete Alarm kam nicht, wie an beiden Vortagen, um ½ 8, sondern um ¾ 9. Es war Südweststurm mit etwas Regen. Wir hörten Schießen, aber nach 50 Minuten kam die Entwarnung. Im Norden war ein leichter Feuerschein; der kann aber noch von der vorigen Nacht gewesen sein. Denn selbst kleinere Häuser brannten ja noch. Wir haben nun einmal gründlich ausgeschlafen. Das Geschehen zu begreifen, wird noch lange Zeit erfordern. Die Stadtbahn ist schwer beschädigt. Ob sie notdürftig repariert werden kann ?? Jedenfalls habe ich für diese Woche alles abgesagt. Man kann allerdings jetzt wieder mit der Wannseebahn bis Potsdamer Bhf. [Bahnhof] fahren.

Dies ist meine heutige Geschichte. Wird es so weitergehen ??

Ich grüße Dich innig. Mache Dir keine zu großen Sorgen um uns. Man darf annehmen, daß unsere Stadtgegend als „erledigt" gilt und daß nur noch die Flak, die aber ganz bescheiden schießt, Fliegerangriffe aufreizt.

Aber wie wird es in der Kurfürstenstr.[4] stehn? Ich konnte dort nicht langgehen, und unser Telefon ist für *aktive* Benutzung gesperrt. RUGES werden Dir ja auch schreiben.

Wir vertrauen, daß Gottes Wille *so* oder *so* geschieht. Aber die 1-2 Stunden Alarm sind furchtbar, das muß ich sagen. [...]

[P. S.] Friedrichstr. brannte gestern noch. Keine Zeitung mehr, heute noch keine Post.

[1] Schmargendorf, Tempelhof, Wilmersdorf: Stadtteile im südlichen und südwestlichen Berlin.
[2] Ein Berliner Traditions-Hotel.
[3] Schöneberg, Lichterfelde: Stadtteile im Süden und Südwesten von Berlin.
[4] Dort lebte KÄTHE HADLICHS jüngerere Stiefschwester Lietze mit ihrem Ehemann PAUL RUGE. KÄTHE HADLICH pflegte während ihrer Berlin-Besuche bei den RUGES zu wohnen. (Vgl. u. a. KÄTHE HADLICH 24. 10. 1922 u. EDUARD SPRANGER 29. 10. 1920.)

EDUARD SPRANGER AN KÄTHE HADLICH
Schloß Neu-Hardenberg / Müncheberg / Mark, 05. 04. 1944 / Br., ca. 1/4
[...] Das Leben im Hause[1] ist wirklich reizend; man ist ganz frei, nur zu den Mahlzeiten und beim Sonntagsspaziergang zusammen. Außer dem Grafen, der Gräfin und der Komtesse leben dauernd hier der mir gleichaltrige General GRAF V. D. SCHULENBURG, mein ganz besonderer Schwarm, und Herr und Frau BARON SCHILLING,

sie eine Schwester des Grafen, stille und unbeschreiblich liebenswürdige Herrschaften. Vorübergehende Gäste kommen zahlreich, so neulich der schwer kriegsbeschädigte Oberstleutnant GRAF V. STAUFFENBERG, der auf der Schwäbischen Alb zu Hause ist und mit dem ich über Schwackenreuthe – Bodenseeblick[2] reden konnte. Mit ihm kam der Sohn v. HAEFTEN. [...]

[1] D. h. im Schloß Neuhardenberg, wo das Ehepaar SPRANGER sich 1939 bis 1944 wiederholt aufhielt.
[2] Schwackenreuthe: Ort in Baden, Kreis Konstanz, ca. 16km nördl. von Ludwigshafen.

EDUARD SPRANGER AN KÄTHE HADLICH
Dahlem, 15. 11. 1944 / Br., ca. 5/6

[...] So lange ist unser Briefwechsel m. [meines] W. [Wissens] seit 41 Jahren niemals unterbrochen gewesen. Du kannst Dir auch denken, daß der Umstand, aus dem mein Nichtschreibenkönnen folgte[1], die schwerste und bitterste Erfahrung meines Lebens war. *Heute* jedenfalls möchte ich dabei nicht verweilen: Innerhalb einer Stunde aus einer weltbekannten Person in eine verfügbare Sache verwandelt zu werden, ist nicht leicht. Militärischer Gehorsam und elende Dürftigkeit (bis zu Wanzen) sind gar nicht das Schlimme gewesen; sondern die seelischen Qualen (unter denen „Gewissensbisse" absolut fehlten und fehlen durften) und der Druck auf das ganze physische System (besonders das Herz). Hoffnung und Verzweiflung haben mannigfach gewechselt. Fast am schwersten war es zuletzt, daß SUSANNE mich schon am 2. XI. zu holen ankündigte und dann die ganze Sache ins Stocken geriet und erst gestern mit vieler Nachhilfe sich löste.

Ich bin über das Objekt (bei *mir* lag ja keines vor, sonst wäre ich nicht frei) zum Schweigen verpflichtet. Rückblicke sind mir auch besonders in diesem ersten Gruß, der morgens vor 9 eilig geschrieben wird, nicht so wichtig wie der Dank an Dich, daß Du mit Deiner lieben und liebevolle Seele mir immer nahe warst, alles mitgetragen und mir auch einen Brief geschrieben hast, hinter dessen notgedrungen neutralen Worten ich doch alles gefühlt habe, was Dich bewegte. Deine Kakes [sic][2] waren ebenfalls ein lieber Gruß, samt dem Kasten, der Deine immer wieder mit vollem Herzen betrachtete Handschrift trug. Nur eines muß ich heute berühren: Du hast mich oft in meinem Leben eigentlich fürs Leben „gerettet"; so 1903, 1910, 1916/1917, 1933, um nur die wichtigsten Marksteine zu erwähnen, und ich habe auch diesmal – das darf ich wohl sagen – die Kraft Deiner Gebete ganz deutlich gefühlt. So hast Du in keinem, was möglich war, hinter SUSANNE zurückgestanden. Deshalb wirst Du auch gern hören, wenn ich nun sage, daß SUSANNE, die Du auch lieb hast, sich geradezu einzigartig bewährt hat: von einer Energie, Urteilssicherheit im großen, feinfühliger Fürsorge im kleinen und kleinsten, über die ich voll Bewunderung und tiefer Dankbarkeit bin. Es sind sehr viele Register, bis zu hohen und höchsten Stellen von ihr gezogen worden; sonst wäre ich heute noch nicht frei. Dies alles hat sie ganz eigenartig gemacht und mich durch ihre täglichen Besuche an der Pforte samt den kleinen Grußzetteln buchstäblich aufrechterhalten (am Sonntag wurde dies System verboten!!). Ich habe Gott sehr dankbar zu sein, für Dich und für sie, und ich bin sehr zum Religiösen hin vertieft. Das einzige, was ich in meiner (4:6 m großen) Zelle geschrieben habe, waren Gedanken in dieser Richtung.

Trotz der mir täglich gebrachten glänzenden Verpflegung bin ich im Augenblick ein Skelett (von der Seele her, wie auch durch den Fortfall so vieler Gewohnheiten; rauchen durfte ich übrigens). Heute hoffe ich mich von KURZROCK untersuchen lassen zu können. Übrigens hat sich Freund Prof. MUNK vom MARTIN-LUTHER-Kr. [Krankenhaus] auch dafür zur Verfügung gestellt. Wie viel Freundschaft habe ich auch sonst erfahren. [...]

[1] Dieser Brief SPRANGERS ist der erste nach seiner Entlassung aus Moabit, wo er im Zusammenhang mit dem Attentat des 20. 07. 1944 vom 08. 09. bis 14. 11. 1944 inhaftiert war. Daß er wieder frei kam, verdankte er wohl vor allem seiner Frau SUSANNE, die erreichte, daß der japanische Botschafter in seiner Angelegenheit intervenierte (FLITNER, S.388).
[2] Kakes: Kuchen.

EDUARD SPRANGER AN KÄTHE HADLICH
Dahlem, 17. / 18. 11. 1944 / Br., ca. 1/3

[...] In den Wochen[1], in denen ich – mit oder ohne Grund – keine Zukunft mehr sah, haben mir die fettesten Leckerbissen nichts geholfen.

Geholfen hat mir aber auch die eigentliche Philosophie *nichts*, nicht die Stoiker[2], nicht HEGEL, nicht GOETHE. Die direkt religiöse Frage hat mich tief ergriffen. Ich habe verstehen gelernt, daß das Dunkel, in dem wir auf Erden wandeln, etwas Unerträgliches, Unheimliches ist, ebenso aber, daß der Gewinn der christlichen Überzeugungen auch nur eine Gnadengabe Gottes sein kann, wie LUTHER, mir bisher unverständlich, gesagt hat. Damit bin ich aber auch nicht bis zum vollen Besitz gekommen, obwohl ich sehr darum gerungen habe. Fromm gesprochen, hat Gott mich vom ersten Tage fühlbar in seinen gütigen Schutz genommen. Er hat mir in diese Elendswelt sogleich einen Menschen geschickt, ohne den ich die schwere Zeit nicht überstanden hätte.[3] Dem werde ich fortan in tiefster Freundschaft und Verpflichtung verbunden bleiben. Vorerst kann ich nicht mehr an ihn heran.

Von den seelischen Qualen der Haft, wie gerade ich sie empfunden habe, läßt sich schwer ein Bild geben. Denke Dir einen Menschen, der schwindlig ist, auf einer Turmspitze ohne Geländer gefesselt – so ungefähr steht man am Abgrund.

Meine (konstitutionellen) Angstzustände kleideten sich schon früher immer in das Bild, in einer Enge, z. B. einer Höhle, ohnmächtig eingeschlossen zu sein. Das habe ich nun real erlebt. Habe ich schon gestern erwähnt, daß *nur* bei Alarmen (sonst die ganze Nacht nicht) das Licht gelöscht wurde, und daß man dann eingeschlossen, 2 Treppen hoch, das ganze Donnern und Sausen mit anhören mußte?

Eine andere Erfahrung dieser Zeit ist, daß genau aus den 2 Lebensverhältnissen und -kreisen, die noch als schön und belebend übrig geblieben waren[4], das ganze Unglück für mich entstanden ist. Auch da ist alles *noch* enger geworden. [...]

---

[1] Während der Haft in Moabit vom 08. 09. bis 14. 11. 1944.
[2] Zur Stoa vgl. oben Anm. 1 zu EDUARD SPRANGER 7./8.11.1903.
[3] Den Kommunisten THEO BÄRSCH, Kalfaktor in Moabit, der sich während EDUARD SPRANGERS Inhaftierung um ihn kümmerte.
[4] Anspielung auf die Mittwochsgesellschaft und den Kreis, der auf Schloß Neu-Hardenberg verkehrte – wohl kaum auf den „Dahlemer Samstag".

EDUARD SPRANGER AN KÄTHE HADLICH
Dahlem, 11. 02. 1945 / Br., ca. 3/4

[...] Also, auf die Gefahr der Wiederholung: Ich habe am 6. Februar von der 9tägigen Grippe wieder aufstehen können und befinde mich heute wieder normal. Die Erkrankung hat mich davor bewahrt, den schwersten Angriff auf Berlin in der Innenstadt mit zu erleben (3. II.). Wir waren soeben aus wichtigem Grunde in den besonders betroffenen Stadtteilen. Es ist grauenvoll.

Eigentlich wollte ich am 9. II. das Seminar und am 10. II. die Vorlesung wieder aufnehmen. Aber es gibt keinen intakten größeren Hörsaal in der Universität mehr, und die Kohlen hat man ihr weggenommen. Also habe ich (wie die übrigen) alles abbrechen müssen. Das heißt nun diesmal nicht „Ferien"; werde ich je wieder anfangen? Gestern war ich noch einmal in den Räumen; aber es ist vor Zug kaum auszuhalten. Auch kam kaum jemand zum Testieren.

Eine schwerere Arbeit kann man jetzt nicht vornehmen. Ich fülle die Zeit, in der kein Alarm und keine Lichtsperre ist, damit aus, daß ich Erinnerungen „Aus meinen Studienjahren"[1] aufschreibe. Ob sie je in jemandes Hände kommen werden? Zunächst denke ich an SUSANNES Geburtstag. Aber *Du* wirst sie vorläufig nicht zu sehen bekommen können.

Heute kam ein Telegramm aus Zittau im Protektorat, daß Frl. Wingeleit gestorben ist[2]. Ich kann nur in Pietät und Dankbarkeit an sie denken, nicht einmal nachträglich eine Blume schicken.

HEINRICH SCHOLZ, von dessen Auftauchen ich Dir im vorigen Brief berichtet habe, war gestern noch einmal da. Bewegter Abschied. Er versucht heute nach

Georgenthal in Thüringen³ abzufahren. Du erinnerst Dich, daß wir – wohl um Neujahr 1933?⁴ – dort waren!

In der Stadt werden Panzersperren und Barrikaden gebaut. Darüber wird verschieden geurteilt. Vor allem fürchtet man die Nahrungsmittelknappheit.

Die Frau von ADALBERT [KÖRNER] mit den Kindern soll auf einem U-Boot nach Kiel entkommen sein – von Fischhausen bei Pillau⁵ aus. Von ANDERL WITTING fehlt jede Nachricht. Frl. BESSER ist noch in Breslau.

Was Du an HANNA HECHT⁶ beobachtet hast, findet sich jetzt häufig. Die jungen Leute sehen sich vis-a-vis [...] Auch meine Assistentin⁷ verliert allmählich die Facon!ˣ⁾ Ich weiß *nicht* zu raten, besonders bei WALTERS [WALTER HECHTS] pathologischer Veranlagung. Übrigens ist es noch kein Weltuntergang, wenn Geschwister untereinander einmal tätlich werden; schön ist es natürlich nicht.

Jetzt werde ich den SHAKESPEARE nicht lesen können⁸. Noch mehr Tragik in sich aufzunehmen, wäre etwas zu viel. Von dem, was die Realität bietet, schreibt man ja nur wenig. Es genügt, ja es läuft über; ja es ist wie ein zügelloser Wildbach.

Frl. v. KUHLWEIN mit ihren Freunden wird wohl genötigt sein, aus Freienwalde in die zerstörte Wilmersdorfer Wohnung zurückzukehren⁹. So geht es vielen. Berlin füllt sich wieder. Aber mit den Verkehrsmitteln wird es immer schlechter. Die meisten U-Bahnstrecken, auch unsere, sind noch entzwei. Die meisten Autobuslinien sind eingegangen. Wir haben nur noch alle 20 Minuten eine Elektrische nach Steglitz.¹⁰ Ich brauche ja auch kaum noch in die Stadt zu fahren. Man wartet ab und stellt sich auf das Äußerste ein.

[...]

x) [Anmerkung SPRANGERS] ebenso HENNING.

¹ Das im Nachlaß erhaltene Manuskript SPRANGERS: „Meine Studienjahre 1900 bis 1909" vom Februar 1945.
² Zittau: Stadt im mittleren Mähren (tschech.: Svitavy). Frl. Wingeleit war die Haushälterin SPRANGERS in Berlin von 1923 bis 1926. (EDUARD SPRANGER 15. 08. 1923; EDUARD SPRANGER 06. 01. 1926; EDUARD SPRANGER 18. 07. 1928)
³ Ort ca. 20km südlich von Gotha.
⁴ Wohl eher während des Aufenthaltes in Weimar vom 28. 12. 1933 bis 03. 01. 1934.
⁵ Fischhausen: Stadt in Ostpreußen, Regierungsbezirk Königsberg, nahe Pillau: das heutige Baltijsk, ca. 30km west-südwestlich von Königsberg.
⁶ HANNA HECHT und ihr Bruder WALTER, die erwachsenen Kinder RÖSEL HECHTS, waren gegeneinander tätlich geworden. (KÄTHE HADLICH 31. 01. 1945)
⁷ Frl. Dr. JOHANNA JUNG (EDUARD SPRANGER 24. 02. 1945).
⁸ KÄTHE HADLICH las 1944 und 1945 SHAKESPEARE, eine Lektüre, die SPRANGER der Zeit angemessen fand und sich auch selbst vorgenommen hatte. (Vgl. EDUARD SPRANGER 20.01.1945; KÄTHE HADLICH 12.03.1944.)

⁹ Ort ca. 30 km nordöstlich von Berlin im Oderbruch. Wilmersdorf: ein Stadtteil im Süden Berlins.
¹⁰ Stadtteil im Süden Berlins.

EDUARD SPRANGER AN KÄTHE HADLICH
Dahlem, 22. 08. 1945 / Br., ca. 3/5

[...] In den Eroberungstagen¹ lagen wir „mittendrin." Trotzdem überstand das Haus auch dies. Die Plünderungen waren bei uns aufregend, aber maßvoll. Natürlich manches liebe Andenken fort. Sehr schlecht erging es leider SUSANNE, IDA, Frau H.² SUSANNE mußte 8 Tage im Krankenhause liegen und hatte eine lange Rekonvaleszenz. Es folgten Wochen der Furcht und Unsicherheit. Ende Mai ließ ich mich bestimmen, das Rektorat meiner Schule³ zu übernehmen. Seitdem trage ich eine ungeheure Last. Zu den Büchern komme ich nicht mehr. Sprechstunden, Sitzungen, Akten, schwere Fälle. So geht es nun seit 3 Monaten. – Aber es geht nicht vorwärts. Ende Juni, zu m. [meinem] Geburtstag, hatte auch ich die Ruhr. Die Geschäfte litten darunter. Dann wechselte die Besatzung unsres Berliner Sektors. Die erste Begegnung war die mit ERIKA MANN. Die günstigen Zeichen hielten aber nicht stand. Unter liebenswürdigen Formen verhängte man über mich dasselbe, wie am 8. September 1944⁴. Es dauerte nur 8 Tage, war z. T. leichter erträglich. Den Grund kennen auch *die* einflußreichen Amerikaner nicht, die sich für mich sehr tatkräftig bemüht haben. Drei Tage war ich zu Hause. Dann wurde am 5. August unser Haus beschlagnahmt (weil es relativ gut erhalten war). Wir mußten es innerhalb 24 Stunden verlassen. Damit verlor ich auch mein Rektoratsbüro, und den regelmäßigen Zugang zu m. [meinen] Büchern. Wir fanden Aufnahme bei der gütigen Witwe des jur. Kollegen TITZE (2 Töchter sind im Hause). In einem kombinierten Wohn- und Schlafzimmer steht unser Kram. Das Pietätsarbeitszimmer des Verewigten kann ich benutzen. Ich bin aber fast den ganzen Tag gegenüber in meinem Amtslokal. Abends bin ich von hoffnungsloser Arbeit völlig erschöpft. Um die Freigabe des Hauses mühen sich ziemlich hohe amerik. [amerikanische] Stellen. Bisher erfolglos. Ein Hoffnungsschimmer ist, daß man uns erlaubt, im Keller zu wohnen, und mir, in meinen beiden Bücherräumen zu arbeiten. – So kam der Schicksalsschlag, als wir dachten, das Haus wenigstens sei gerettet.

SUSANNE bewährt sich in allen Situationen gleich tapfer. IDA behält auch den Mut. Mager sind wir alle. Vor dem Winter (ohne Kohlen) fürchten wir uns. In unsrem jetzigen Zimmer ist ein Fenster ohne alle Scheiben.

Es steht fest, daß die Situation hier und die bei Euch sehr verschieden sind [sic]. Wir sitzen auf der Minusseite. Von meiner Schule steht fast nichts. Vom Lehrkörper sind sehr viele nicht erreichbar. CARL R. [RUGE⁴] habe ich den Prof.titel [Professorentitel] aberkennen müssen; mit LUDWIG komme ich in Verbindung. [...]

¹ Zwischen dem 26. 04. 1945 und dem 02. 05. 1945 erfolgte die Eroberung Berlins durch sowjetische und amerikanische Truppen.
² Möglicherweise deutet SPRANGER hier eine Vergewaltigung der Frauen durch russische Soldaten an. Die Abkürzung „H." kann im Prinzip auf sehr viele mit den Sprangers bekannte Frauen hindeuten. Am ehesten könnte freilich ADELE HENNING gemeint sein, die seit April 1934 zusammen mit ihrem Ehemann im SPRANGERschen Hause wohnte.
³ Am 23. 05. 1945 war SPRANGER gebeten worden, das Rektorat der Berliner Universität zu übernehmen. Er legte es dann aber schon wieder am 04. 09. 1945 nieder. (EDUARD SPRANGER: Private Darstellung meiner Tätigkeit als kommissarischer Rektor der Universität Berlin vom 07.09.1945. In: The National Archives Washington, Record Group 260, OMGUS, 5/297 - 3. In: Archiv der Humboldt Universität Berlin: 50. Jahrestag der Wiedereröffnung der Berliner Universität 1946 / 1996, 5 – 10)
⁴ Am 08. 09. 1944 war SPRANGER in Moabit in Haft genommen worden. (Vgl. oben Anm. 1 zu EDUARD SPRANGER 15.11.1944 sowie „Erste Interpretationsversuche der Herausgeber".) Offenbar wurde er Ende Juli 1945 von der amerikanischen Besatzungsmacht aus ihm unbekannt gebliebenen Gründen wiederum für 8 Tage in Wannsee inhaftiert. (Vgl. auch EDUARD SPRANGER 27. 09. 1945.) Drei Tage nach der Entlassung wurde sein Haus beschlagnahmt. (Vgl. EDUARD SPRANGER 16. 09. 1945 u. EDUARD SPRANGER 27. 09. 1945.)
⁵ CARL RUGE, Sohn oder anderweitig Verwandter PAUL RUGES, des Ehemannes von KÄTHE HADLICHS Stiefschwester Lietze.

EDUARD SPRANGER AN KÄTHE HADLICH
Berlin, Fabeckstr. 13, 16. 09. 1945 / Br., ca. 1/4

[...] Ende Mai legte der Prorektor seine Ämter nieder und bat mich, sie zu übernehmen. Das war ein schweres Vermächtnis. Anfangs *keine* Stadtpost, *kein* Verkehrsmittel, Einladungen zu Besprechungen trug ich selber aus. Langsam aber bekam die schwer betroffene (äußerlich total zerstörte) Institution wieder Form. Natürlich war viel Aufregung und Ärger zu tragen. Zunächst bestand ein gutes Verhältnis zur einheimischen maßgebenden Behörde, dem Bären¹. Das hat sich inzwischen sehr gewandelt. Am 18. 9. wird es sich wohl entscheiden, ob es einen Sinn hat, daß ich weitermache, oder ob ich zurücktreten muß. Dabei ist zu beachten, daß die Institution in Rußland liegt, meine Wohnung und mein Amtszimmer in Amerika, andere Bestandteile in England.² Im stillen blicke ich hinter die Grenze, die uns trennt; es wäre eine Lösung (Erlösung), wenn von dort ein Ruf käme.³ [...]

¹ Der russischen Besatzungsmacht.
² SPRANGER meint hier mit „Rußland", „Amerika" und „England" die entsprechenden Besatzungszonen.
³ SPRANGER erwartete 1945/1946 Rufe nach Göttingen, Köln, Tübingen, Mainz und Hamburg. Vgl. auch Anm. 1 zu EDUARD SPRANGER 23. 04. 1946.

KÄTHE HADLICH AN EDUARD SPRANGER
Heidelberg, 25. 11. 1945 / Br., ca. 1/5

[...] Doch jetzt ist mir anderes noch wichtiger, nämlich, daß gerade jener Brief, den wir in so sicherer Besorgung wähnten, nicht angekommen ist. Es handelt sich dabei um einen Auftrag der Groß-Hessischen Regierung, die durch ihren Hochschulreferenten bei Dir anfragt, ob Du Direktor eines pädagogischen Instituts werden wolltest, eines der Technischen Hochschule Darmstadt angegliederten Instituts in Heiligenberg-Jugenheim.[x)1] – Nach Deinem Brief, den ich Freitag erhielt, schien mir andere Aussicht diesem Vorschlag zuvorgekommen zu sein. Nun Du ja aber durch meine Andeutungen von einem Plan weißt, wartest Du vielleicht noch mit Deinem Entschluß, und meine Hoffnung steigt wieder. Ich könnte mir ja diese Lösung so schön denken: die Art der Tätigkeit, die größere Ruhe in erreichbarer Nähe zweier Hochschulen, die unzerstörte Umgebung, die schöne Natur, die liebe, heimatliche Gegend! Auch würde aus größerer Distanz Deine Konkurrenz hier nicht stören und etwa eine Möglichkeit zu Vorlesungen bleiben. Aber wird es nun nicht zu spät sein für das Alles??

Daß Du dort die Sisyphus-Arbeit los bist[2], kann mir nur lieb sein. Nach allen kurzen Bemerkungen hatte ich schon bald diesen Eindruck, aber ich hätte es mir auf andre Art gewünscht. [...]

[x)] [Anmerkung SPRANGERS] Frl. Dr. DORER wohnt Darmstadt, Fichtestr. 32. Es handelt sich um eine Anstalt für Lehrerbildung mit akademischem Rang.

---

[1] Das Pädagogische Institut Darmstadt, welches im Schloß Heiligenberg (ehemaliges Schloß der Battenberger) in Jugenheim bei Darmstadt untergebracht war. Im Volksstaat Hessen war 1921 die Akademisierung der Volksschullehrerausbildung beschlossen worden. Die 1925 eröffneten Pädagogischen Institute in Darmstadt und Mainz wurden der Technischen Hochschule Darmstadt (THD) angeschlossen, ihre Studierenden waren in der THD immatrikuliert, Professoren der THD lehrten zugleich in den Pädagogischen Instituten. Diese wurden 1934 aufgelöst. Nach dem Zweiten Weltkrieg gab es Überlegungen, wieder an die hessische Tradition der Weimarer Republik anzuknüpfen, bevor schließlich in den 60iger Jahren die Volksschullehrerausbildung an den Universitäten Frankfurt und Giessen eingerichtet wurde. Im Zuge solcher Überlegungen wurde im Dezember 1945 das Pädagogische Institut Darmstadt in Jugenheim eröffnet. Es wurden zunächst Schulhelferlehrgänge durchgeführt und erst ab April 1947 (unter seinem neuen Direktor Prof. Friedrich Trost) die normale Lehrerausbildung mit sechs Semestern aufgebaut. Das Jugenheimer Institut war keine Einrichtung der THD. Es gab jedoch gewisse Verbindungen und unterstützende Maßnahmen von dort. Der Gesetzentwurf des hessischen Kultusministers Erwin Stein von 1948, der die Integration in die THD vorsah, wurde nie dem Parlament vorgelegt. Das Institut wurde schließlich in den 60iger Jahren in die Universität Frankfurt a. M. eingegliedert. Im Schloß Heiligenberg ist heute eine Außenstelle der Hessischen Instituts für Lehrerfortbildung untergebracht. (Hochschularchiv der TU Darmstadt, Auskunft von Frau Dr. Marianne Viefhaus; Fertig)
[2] EDUARD SPRANGER hatte am 04.09.1945 sein Amt als Rektor der Berliner Universität niedergelegt. Der

Zeitpunkt des Beginns seiner Amtszeit läßt sich wegen damals fehlender Rechtsgrundlagen nur ungenau bestimmen. Herangetragen wurde die Bitte zur Übernahme dieses Amtes an Spranger am 23.05.1945. Vgl. oben Anm. 3 zu EDUARD SPRANGER 22.08.1945.

EDUARD SPRANGER AN KÄTHE HADLICH
Dahlem, 12. 12. 1945 / Br., ca. 1/3

[...] Mir geht allmählich der letzte Rest von frischem Existenzgefühl unter den niederdrückenden Gesamtverhältnissen verloren. Ich arbeite zwar (religionsphilosophisch) und erledige allerhand Tagespflichten. Damit ist sogar sehr viel zu tun. Aber ich sehe, daß ich die große Enttäuschung nicht überwinden kann, und das wirkt auf mein Befinden zurück: Es ist Spätherbst geworden.[1]

Möglicherweise zieht oben[2] die Redaktion einer von den A. [Amerikanern] lizensierten deutschen Ulenspiegelzeitschrift (Ersatz für Simplicissimus!) ein. Das wäre ja ganz sinnvoll; Ulk oben, Philosophie im Keller. Jedenfalls wird das Haus jetzt von der beschlagnehmenden Behörde repariert. Ich fühle mich oben (bei 0°) ebenso fremd und heimatlos wie im Lande.

[...] Die religiösen Reflexionen kommen natürlich aus dem eigensten Bedürfnis. Es gibt vieles, womit man nicht fertig wird. Bei mir ist es vor allem das Erlebnis der Zeitlichkeit. Das Niewiederkehren, das Unwiederbringlich, lastet am schwersten auf mir. Ich kann mir nicht vorstellen, daß wir die Reichenau, den Schwarzwald und all die lieben Orte[3] nicht zusammen wiedersehen sollen. Und ich bin naivfromm genug, zu glauben, dies alles sei nur seliges Symbol für etwas, das sich in einer anderen Existenzform noch reiner und schöner erfüllt. Du empfindest vielleicht etwas anders, mehr mit GOETHE: „Ein Augenblick ist Ewigkeit"[4], und die einmal gespürte Seligkeit könne uns in der Folge nichts rauben. Aber das sind ja nur verschiedene Sinnbilder für den gleichen Gehalt, in dem wir einig sind. Bei mir geht es so weit: Wenn ich an das unermeßliche Heer der Toten, mit denen mich s. Z. das Leben in Berührung gebracht hat, denke, wenn ich mir auch nur von einem ganz gleichgültigen Menschen denke, er sei völlig ausgelöscht, vom Winde verweht, so ertrage ich diesen Gedanken nicht und muß mich sofort nach außen hin ablenken. Natürlich war es in Moabit und in Wannsee[5] ganz besonders so. Aber auch wenn ich beim Mittagsschlaf auf solche Gedanken stoße, muß ich aufspringen, weil ich die Gefahr der Verzweiflung vor mir sehe. Ich erinnere mich, daß es mir 1934 im Hotel Schertz in Freienwalde[6] – ach Freienwalde, jetzt nur noch Ort leidender Menschen! – einmal so ging. Draußen spielte ein Blinder auf einem Glockenspiel das kitschige Lied: „Alle Tage ist kein Sonntag". Ich mußte daran denken, daß ein Jahr vorher DORA THÜMMEL elend gestorben war. Da fühlte ich meine eigene Vernichtung nahe und lief fort in den Wald.

Über all das kann man religiös reflektieren. Du siehst aber auch daraus, daß Du die Verpflichtung hast, so lange wie Gott es möglich macht, bei mir zu bleiben. Denn es ist nun einmal so; mein Leben ist so sehr in Deines verflochten, daß die Feder springen würde, wenn ich einmal allein funktionieren müßte. [...]

[1] „Spätherbst" ist hier wohl als Metapher für die letzte Wirkungsphase SPRANGERS zu verstehen.
[2] „Oben": im oberen Stochwerk des Hauses der SPRANGERS.
[3] Alle die Orte, an denen SPRANGER und KÄTHE HADLICH gemeinsame Urlaubstage verbracht hatten. (Zur Reichenau vgl. oben Anm. 1 zu EDUARD SPRANGER 17. 05. 1913.)
[4] Zitat aus GOETHES „Vermächtnis": „Der Augenblick ist Ewigkeit." (Sophien-Ausgabe, I. Abteilung, 3. Band, 1890, 82-83, hier 83, Vs 30)
[5] Bezug auf die Inhaftierung in Moabit vom 08. 09. bis 14. 11. 1944 im Zusammenhang mit dem Attentat des 20. 07. 1944 (vgl. unten „Interpretationsversuche der Herausgeber") sowie die Inhaftierung in Wannsee durch die amerikanische Besatzungsmacht Ende Juli 1945 (EDUARD SPRANGER 27. 09. 1945).
[6] Zu Freienwalde vgl. oben Anm. 9 zu EDUARD SPRANGER 11. 02. 1945. SPRANGER bezieht sich wohl auf den Aufenthalt in Freienwalde, von welchem er in EDUARD SPRANGER 17. 08. 1934 berichtet. SPRANGER zog sich im Spätsommer häufiger nach F. zurück und lagerte während der Luftangriffe dort auch Unterlagen aus. (EDUARD SPRANGER 14. 08. 1943; EDUARD SPRANGER 22. 08. 1943; EDUARD SPRANGER 29. 08. 1943; EDUARD SPRANGER 26. 10. 1943).

KÄTHE HADLICH AN EDUARD SPRANGER
Heidelberg, 31. 12. 1945 / Br., ca. 3/4

[...] Wie immer staune ich wieder über die selbstverständliche Gleichzeitigkeit in dem, was uns beschäftigt. Gerade jetzt hatte ich auch das zwingende Gefühl der Einmaligkeit alles Geschehens, aber bei allem bleibt mir doch immer bewußt, daß alles eine Wiederholung des Gleichen ist, denn *in* uns ist etwas Bewahrendes für den ewigen Kern, der Leben heißt. Dies Teilhaben am Ewigen ist *mein* Teil, wie Du es sehr richtig herausfühlst, es wird zu einem *Teil von mir* und geht darum nicht vorüber. „Kein Wesen kann zu nichts zerfallen"[1] – nur die Form der Erscheinung wechselt. Freilich ist es nicht möglich, die Vorstellung einer weisen Weltregierung festzuhalten im Anblick all des grauenvollen Elends, das um uns geschieht. Es kann jeder nur im eignen Kreise die Gewißheit einer sinnvollen Führung finden. Und die ist nun einmal in mir sehr stark. Du weißt ja: „Was auch geschieht – immerdar."[2] Das hat angefangen mit dem Traum um die Zeit Deiner Geburt, von dem ich Dir einmal auf dem Wege von Reinbach nach Neckarhausen erzählte[3]. Immer wieder habe ich seitdem Erlebnisse gehabt, die nicht aus dem äußeren Zusammenhang meines Daseins kamen, sondern mich gewissermaßen von mir selbst lösten und mich in ein Gefühl flutenden Strömens fortrissen. So zuerst an dem Waldesrand oberhalb von Wilhelmsfeld[4], wo wir die Häherfeder fanden und wo sich für einen

Augenblick unsre Augen entscheidend begegneten. So war es auf dem Wege zur Waldburg in dem Wiesental im Anblick der Burg, wo ich auf einmal völlig der Zeit und Gegenwart entrückt war, ein zeitloser Pilger nach heiligem Ziel. So war es ganz stark bei einem Deiner sommerlichen Besuche in Heidelberg auf einem Wege abends nach Haus am Stadtgarten-Konzert vorüber. Du sagtest: „Atmest Du nicht mit mir die linden Lüfte" – ich aber fühlte mich wie getragen in einem Fluten, das mich in ein Allbeben fortriß. – Und so gibt es noch vieles. Mit dem Reflektieren kommt man an diese Dinge nicht heran, aber sie sind „Wirklichkeit" für das Bewußtsein. Immer ist mir unser gemeinsamer Weg wie eine Höhenwanderung an gefährlichem Abgrund erschienen. Möchte ich doch schwindelfrei bleiben und Dir Halt und Sicherheit geben können! Das alles kann nicht nur so Zufall und persönliche Deutung sein, ich empfinde es deutlich als das Hineingreifen eines Überpersönlichen in meine begrenzte Existenz. Da ist ein Sinn und ein Zweck, der erfüllt sein will bis ans Ende. Darum sorge nicht, daß ich der Verpflichtung untreu werden könnte, die ein Gott mir auferlegte, denn sie ist ja mein Lebensinhalt und mein Glück. [...]

[1] Zitat aus GOETHES „Vermächtnis": „Kein Wesen kann zu Nichts zerfallen!" (Sophien-Ausgabe, I. Abteilung, 3. Band, 1890, 82-83, hier 82, Vs 1)
[2] Eine Art Treueschwur zwischen EDUARD SPRANGER und KÄTHE HADLICH. Vgl. z. B. 30. 12. 1922: „Aber vereint im Geiste sind wir heut und dann und immerdar" oder KÄTHE HADLICH 15. 04. 1920: „In mir bist Du immerdar" und wörtlich so in KÄTHE HADLICH 17. 09. 1944 und KÄTHE HADLICH 29. 12. 1947. Letztlich bedeutete auch schon das ab 1908 verwendete „aei" (griech. = immer) denselben Treueschwur. (Vgl. EDUARD SPRANGER 20. 06. 1908 und KÄTHE HADLICH 25. 06. 1908.)
[3] Neckarhausen: Ort in Baden, heute ein Ortsteil von Neckarsteinach, ca. 15 km neckaraufwärts von Heidelberg. Mit „Reinbach" ist hier wohl Rainbach, heute ein Ortsteil von Neckargemünd, ca. 10 km neckaraufwärts von Heidelberg, gemeint. Zu KÄTHE HADLICHS Traum vgl. auch KÄTHE HADLICH 04. 03. 1920.
[4] Ort ca. 10 km nordöstlich von Heidelberg im südlichen Odenwald.

EDUARD SPRANGER AN KÄTHE HADLICH
[ohne Ortsangabe] 19. 01. 1946 / Br., ca. 2/5
[...] Jetzt einige Nachträge. Meine Verhaftung im Sept. 1944 verdanke ich hauptsächlich der Mittwochsgesellschaft. Mit dem Generaloberst *BECK* hatte ich, wie Du weißt, ein gutes Verhältnis. In seiner Korrespondenz muß sich eine Bemerkung gefunden haben, ich dächte ebenso wie er. Das war das einzige Gefährliche, das beim ersten Verhör (5 Wochen nach Einlieferung) zur Sprache kam. 3 andere Mitglieder der Mittwochsgesellschaft sind hingerichtet worden: der Pr. [Preußische] Minister POPITZ, der sehr begabte Botschafter v. HASSELL, der Nationalökonom Prof.

JESSEN. An SAUERBRUCH ging die Sache hart vorbei. Der 5., der gefangen gesetzt wurde, war ich.

Die Beziehungen zum Grafen HARDENBERG kamen hinzu. In Neuhardenberg standen wir im Gästebuch. Dort habe ich, wie angedeutet, auch den Grafen STAUFFENBERG kennengelernt. Sein (ebenfalls) hingerichteter Adjutant v. HAEFTEN war mein Hörer gewesen, Sohn eines Akademiekollegen, angeblich stiller Verlobter der entzückenden REINHILD HARDENBERG. An jenem Abend im (nunmehr ausgebrannten) Schloß las STAUFFENBERG den Monolog: To be or not to be[1], englisch. Ich sprach mit ihm über die Reichenaugegend[2]. [...]

Meine 3. Verbindung war die mit dem General v. RABENAU. Er hat im ganzen Winter 1943/1944 bei mir Kolleg gehört. Ende Juli 44 besuchte er mich zum 1. Mal. Am Tage danach wurde er verhaftet. Anscheinend nie verhört, ist er aus dem Gefängnis Moabit, wo mir THEO von ihm Kunde brachte, woanders hin deportiert und dann ermordet worden. Graf HARDENBERG schoß sich bei seiner Verhaftung 2 Kugeln in die Brust. Die lange Krankheit wurde zu seiner Rettung. Auch REINHILD HARDENBERG kam ins Gefängnis, besuchte uns aber schon Weihnachten 1944. Der liebenswürdige Generalleutn. [Generalleutnant] v. SCHULENBURG, HARDENBERGS Vetter, kam ebenfalls aus dem Kasten heraus, hat sich aber dann das Leben genommen. Weiter saßen in Moabit: Der Sohn v. PLANCK (hingerichtet), der älteste Sohn v. HARNACK (dgl.), der Minister HARTNACKE (anscheinend davongekommen), der Sohn des Generals HAUSHOFER (mit ihm waren wir v. Japan zurückgekommen[3]; meuchlings erschossen), der Sohn v. BONHOEFFER (Psychiater) – hingerichtet. Prof. REICHWEIN, mit dem ich zum 2. Verhör fuhr (hingerichtet).

Eine vierte Linie soll von mir zu den Württemberger Theologen[4] gegangen sein. Meinerseits weiß ich da niemanden als DELEKAT (jetzt Leopoldstr. 45). Du siehst, es war nicht ungefährlich, was ich da durchgemacht habe. Ich habe noch viele andere gekannt. Es war eben „mein Kreis". Aber von dem Attentatsplan habe ich nichts gewußt – höchstens von dem Bestehen einer Fronde[5] deutlich etwas geahnt, besonders in Neuhardenberg. Man hat mich übrigens anständig behandelt. *Damals* half Auslandsgeltung noch etwas; heute nicht mehr. Konzessionen hat man von mir niemals erzwungen, obwohl ich so viele Feinde hatte. [...]

---

[1] Aus: WILLIAM SHAKESPEARE: Hamlet (um 1601).
[2] Zur Reichenau vgl. oben Anm. 1 zu EDUARD SPRANGER 17. 05. 1913.
[3] Vgl. EDUARD SPRANGER 16. 10. 1937 u. EDUARD SPRANGER 26. 10. 1937.
[4] Zu dem Württemberger Theologen vgl. unten „Erste Interpretationsversuche der Herausgeber".
[5] Fronde: oppositionelle Gruppe.

EDUARD SPRANGER AN KÄTHE HADLICH
Dahlem, 07. 02. 1946 / Br., ca. 1/5

[...] Am 25. I. politische Gesinnungserforschung. Durch eine russische Kommission (nicht befriedigend); am 29. I. hochfeierliche Eröffnung der Universität; am 4. II. endgültige (?) Entscheidung, daß in unserer Fakultät außer klassischer, deutscher, englischer, romanischer und slawischer Philologie *nichts* gelesen wird. Beunruhigend ist es, daß ich im ganzen Zeitraum seit dem 12. I. kein Wort aus H.[1] gehört habe.

Unser Anglist hat Knall und [sic] Fall einen Ruf nach Bonn angenommen und ist dorthin abgeflogen. Für die Fächer Philosophie, Psychologie, Pädagogik ist hier nur noch 1 Dozent: ich.

[...] Alles in allem ist das Leben immer noch eine elende Kräßelei [sic]. Ob es noch einmal anders wird? SCHOPENHAUER sagt mit Recht: Wenn man denkt, das Beste käme noch, dann ist es eigentlich schon vorbei. Und alt genug bin ich ja nun, um abzurüsten. Vieles interessiert mich z. B. *gar nicht* mehr: Schulreform, Parteien und alles, was Diskussionskram ist. [...]

[1] Offenbar Hamburg, von wo SPRANGER sich einen Ruf erhoffte. (Vgl. Anm. 3 zu EDUARD SPRANGER 16.09.1945.)

EDUARD SPRANGER AN KÄTHE HADLICH
Dahlem, 04. 03. 1946 / Br., ca. 1/9

[...] Mit den Fragen der Religion und somit der Kirche beschäftige ich mich ziemlich viel. – Leider muß ich sagen, daß man auch heute noch selten eine reine Freude empfindet, wenn man in Personalverhältnisse der evangelischen Kirche hineinblickt. Sie wollen bald diese, bald jene Ansprache von mir haben. Aber es wirkt wohl immer als „inszeniert." Auch NIEMÖLLER ist ja in der Form anscheinend nicht ganz glücklich. Und jeder ist mit seinem „Bruder" überkreuz. [...]

KÄTHE HADLICH AN EDUARD SPRANGER
Heidelberg, 10. 03. 1946 / Br., ca. 2/3

[...] Gestern ist zum 7. mal der Versuch gemacht worden, mich aus der Wohnung zu vertreiben, und zwar wieder von Amerikanern (3. Mal). Ich vermute auch, daß ich den Beweggrund kenne. Ich war so töricht, s. Z. bei der ersten Nachfrage anzugeben, daß ich 1932 nach 4-monatiger Mitgliedschaft aus der Partei austrat. Der stupide deutsche Eifer registierte dies als Zugehörigkeit, und zwar traf das gerade im vorigen Jahr mit meiner Erkrankung zusammen, die mich diese Tatsache völlig übersehen ließ. Später habe ich dann beim Military Government eine Woche lang gekämpft, bis ich diesen Schandfleck wieder los war, aber ohne die zufällige Bekanntschaft mit einem einflußreichen jüdischen Dolmetscher hätte ich es kaum erreicht. Ganz bald nach der Registrierung damals kamen 2 Amerikaner, und abgesehen davon, daß meine Wohnung nichts Gewinnendes hat, stellte der Deutschsprechende, als er hörte, ich sei anno 32 nicht *ein*- sondern *aus*getreten, fest, „das könne nur zu meinem Vorteil sein." Seitdem kamen nur Deutsche vom Heidelberger Wohnungsamt, bis jetzt 2 x wieder die Amerikaner, die mit dem 1. April hier umquartiert werden. Da wird nun eine Liste von damals sein, auf der die Nazis angemerkt sind. Das wurde mir gestern offenbar bestätigt, und ich bewies das Gegenteil. Ob es aber bis zur Quelle vordringt, ist fraglich. Ich werde daher versuchen, auch irgendwie durchzudringen, um endlich Ruhe zu haben. Der amerikanische Soldat, ein Sohn Enaks[1], wie die meisten, der beinah' nicht durch die Tür ging, wendete sich auch aus der Enge mit sichtlichem Abscheu ab.

[...] Sehr viel stehen liebe Bilder aus unsrer gemeinsamen Vergangenheit vor mir, mitveranlaßt durch Deine Erinnerungsblätter[2]. Also damals kam eine Karte von HERMANN [HADLICH], die Dich ankündigte, als „etwas formell, aber sehr klug und kenntnisreich". Dann kamst Du am Sonntag, d. [dem] 23. VIII., standest vor der Tür, als ich aus der Stadt kam vom Bäcker, wohin ich für den Vorstand[3] ging, die inzwischen einen Brief an ihre Schwester schrieb, *heimlich* vor der Mutter! Ich war verlegen, denn ich hatte recht laut aufgetrampelt, um AENNE einen fremden Besuch vorzutäuschen, und da war nun schon ein Besuch! Wir unterhielten uns dann in der von Dir geschilderten Zimmerecke, und beim Abschied bot ich meine gelegentliche Führung zu schönen Wanderungen an. Es erfolgte nichts, und ich war erstaunt, als Du acht Tage später noch einmal kamst, wieder zu einer höflichen Visite, und wieder kam ich bei Deinem Fortgehen auf mein Angebot, mit der Bemerkung, die Du auch behalten hast, daß es für junge Leute kein Pläsier ist, mit alten Tanten[4] auszugehen. Da wurdest Du lebhaft und griffest den Vorschlag auf, so daß für „morgen, den 31. VIII.[5]", ein Unternehmen verabredet wurde. Vermutlich holtest Du mich ab, und wir gingen über die neue Brücke, vom Philosophenweg links ab einen Weinbergsweg unter der Ruine eines Klosters vorbei zum Zollstock. Nach dem sehr heißen Aufstieg gab es auf der Höhe mitgebrachte Aprikosen und am Zollstock Wasser aus dem Papierbecher. Dann fingst Du an, zu erzählen von Deinen pädagogischen Interessen; weiter auf dem Wege bei den einsamen Kiefern sprachst Du von Deinen Differenzen mit DILTHEY und der Arbeit über F. H. JACOBI, die Dich zu PAULSEN getrieben hatte. Dann kam die Rede auf Weltanschauung im allgemeinen, und Du charakterisiertest mit zwei knappen Sätzen: GOETHE würde sagen ... und JACOBI würde sagen ...[6] Ich bekannte mich zur Naturphilosophie, obgleich ich damals gar nicht wußte, was das eigentlich ist, und nur eine eigne Philosophie, auf dem Boden naturwissenschaftlicher Kenntnisse erwachsen, besaß. Besonders eiferte ich gegen

KANT und die These von dem Weltbild als unsrer „Vorstellung". Oben, kurz vor dem Abstieg nach Wilhelmsfeld[7], saßen wir mal am Waldesrand, wo wir auch die Häherfeder fanden, und als Du mir von dem Abhang herunterhalfest, begegneten sich unsere Augen wie in einer plötzlichen Offenbarung. Das war nur ein Moment, und rasch ging es weiter, das viel gewundene Tal hinunter nach Schriesheim[8]. Einzukehren waren wir hier nie gewohnt, es war auch inzwischen Abend geworden, und der Mond kam herauf. Du zitiertest: „Füllest wieder Busch und Tal"[9], und es war eine feine, abendliche Stille. Umso störender empfand ich in Schriesheim den Jahrmarktstrubel, während Du dafür den Osterspaziergang im Faust[10] als Vergleich anwendetest. Von der Rückfahrt in der Bahn und wo wir uns trennten, weiß ich nichts mehr, aber ich bekam dann eine Karte aus Schwetzingen-Ketsch[11] und einen Abschiedsbesuch. Als Du fortgingst, warst Du auffallend bewegt, und auch mich ergriff es seltsam. -

Der Vorstand[12] sagte mir später einmal, ich hätte gegen sie geäußert: Ich weiß wohl, daß dieser Mensch mein Schicksal ist. – Innerlich bewegt durch diese Eindrücke, malte ich am Schloß die kleine Abendskizze vom Tal und Fluß und Brücke, die ich Dir dann schickte, wohl zusammen mit dem Fahrgeld, das ich schuldig geblieben war. Und dann kam Dein erster Brief, dessen Einstellung mir viel zu denken gab und mit dem sich mir eine neue Seite des Lebens auftat. [...]

[1] In 5. Mose 9, 2 ist die Rede von einem „großen und hochgewachsenen Volk", den „Söhnen der Enakiter" bzw. den „Söhnen Enaks". Ähnlich spricht 5. Mose 2, 10f von den Enakitern als einem Volk von Riesen. KÄTHE HADLICH will hier also ausdrücken, daß der amerikanische Soldat sehr hochgewachsen war.

[2] Wahrscheinlich das im Nachlaß erhaltene Manuskript „Kapitel X": Jedenfalls übersandte SPRANGER KÄTHE HADLICH Ende Dezember als verspätete Weihnachtsgabe ein Manuskript, das – wie die ebenfalls erwähnten „Studienjahre", die er um diese Zeit für KÄTHE HADLICH abschreiben ließ – autobiographischen Inhaltes war. (EDUARD SPRANGER 25. 12. 1945; EDUARD SPRANGER 10. 01. 1946; EDUARD SPRANGER 19. 01. 1946)

[3] Scherzhafte Bezeichnung für AENNE KNAPS, die langjährige Hausgenossin und Freundin KÄTHE HADLICHS, seit sie von EDUARD SPRANGER und KÄTHE HADLICH gelegentlich eines gemeinsamen Ausfluges zu dem im Pfälzer Wald gelegenen Hermersberger Hof zur „Führerin" gewählt wurde.

[4] KÄTHE HADLICH war 10 Jahre älter als EDUARD SPRANGER.

[5] Seither von EDUARD SPRANGER und KÄTHE HADLICH als Kennenlern-Tag gefeiert.

[6] Die Punkte stehen im Original und kennzeichnen hier keine Auslassung der Herausgeber.

[7] Ort ca. 10 km nördöstlich von Heidelberg.

[8] Ort ca. 9 km nördlich von Heidelberg.

[9] Anfangsverse von GOETHES „An den Mond". (Sophien-Ausgabe, I. Abteilung, 1. Band, 1888, 100-101, hier 100, Vs. 1)

[10] Drama von GOETHE (Teil I 1808, Teil II 1832). Der „Osterspaziergang" findet sich in Faust I. (Sophien-Ausgabe, I. Abteilung, 14. Band, 1888, 45ff)

[11] Zwei Orte ca. 7 km westlich von Heidelberg.

[12] AENNE KNAPS.

EDUARD SPRANGER AN KÄTHE HADLICH
Berlin-Dahlem, 16. 03. 1946 / Br., ca. 2/9

[...] In der Hauptsache[1] *kein* Fortschritt. FLITNER kann wohl in der Wohnungssache etc. nicht viel tun und ist gewiß überlastet. Nun ist ja auch eine allgemeine Situation, die es ratsam macht, *ein wenig* abzuwarten. (Tübingen bewirbt sich ganz offiziell auch – ich habe hier den Minister HEUSS gesprochen, der bald auch für Euch zuständig zu werden behauptet. Die gute DORER hat ferner Mainz mobilisiert. Gö. [Göttingen] und Kö. [Köln] wiederholten ihre Anfragen.) Aber wer zuerst kommt, mahlt zuerst. Sonst wäre auch der obere Neckar[2] verlockend. Das alles hört sich gut an, ist aber nicht viel wert. Denn es ist nun einmal so, daß *ich* allein lahm liege, daß mir immer neue Steine in den Weg geworfen werden, daß mir die kleinen literarischen Engagements geschäftlich mißglücken, nachdem ich viel Mühe darauf verwandt habe, daß meine Vergangenheit durchgewühlt wird etc.[3] Von alledem werde ich täglich mutloser, und meine Spannkraft hängt doch immer vom Seelischen ab. [...]

[1] Gemeint sind offenbar die Bemühungen SPRANGER um einen Ruf an eine andere Universität, hier vor allem nach Hamburg.
[2] Tübingen.
[3] Vermutlich Anspielung auf das Entnazifizierungsverfahren.

KÄTHE HADLICH AN EDUARD SPRANGER
Heidelberg, 07. 04. 1946 / Br., ca. 1/4

[...] Kennst Du die Rede von WIECHERT an die Deutschen Studenten 1945? Ich habe sie soeben von Frl. Herancourt[1] geliehen und habe allerlei daran auszusetzen. Vor allem mag wohl die starke rhetorische Übertreibung beim Vortrag natürlicher gewirkt haben als beim Lesen. Es will mir scheinen, als wäre es nicht notwendig, den gestürzten Unterdrücker noch so gehässig zu beschimpfen. Er findet in seiner Leidenschaft gar nicht Worte genug für den Ausdruck seines Grimmes über die Schuldigen und die Mitläufer. Aber das letzte Drittel der Rede kehrte zu maßvoller Tonart zurück und sprach mich sehr an.

[...] Ich grüble auch über die Schuldfrage, die ich nicht in dem jetzt üblichen Maße empfinden kann. Man vergißt doch meist, in welchem Zustand damals Deutschland nach dem verlorenen Krieg war, und wie auch, ganz abgesehen von dem Versailler Vertrag! – die innere Lage war: das Straßenbild der Volksmassen, die von „Stempelgeld" lebten und abends Krawalle machten, die Kämpfe von Rotfront und Stahlhelm etc., die Sieverszeit![2] Da war Verlangen nach einem, der Ordnung schaffte. Und mit der Macht dieser angeblichen Ordnung war uns ganz unversehens ein Netz über den Kopf gezogen, aus dem es keine Befreiung mehr gab. Jede nur denkbare Quelle eines Widerstandes war im voraus abgegraben und alles so leise und heimlich wie eine still fressende Krankheit. Es gab nur eine schweigende Opposition oder – die Vernichtung. Das Opfer der Einzelnen war zwecklos, und es wurde vor keinem Kulturwert haltgemacht. Es war ein Segen, wenn solche Werte behutsam geschützt und weitergetragen werden konnten. – Ist Deutschland überhaupt nicht mehr fähig, sich zu sammeln? Ist es durch die Enttäuschungen, durch falsche Ideale irre geworden an der Möglichkeit einer Besserung? – Die Kameradschaft, die WIECHERTS großes Erlebnis im K.Z. wurde, lernen unsere Gefangenen jetzt in den feindlichen Lagern kennen. Man hört mehr als einmal sogar von Heimgekehrten, sie möchten diese wertvolle Zeit nicht missen in ihrem Leben. – Ich mußte dabei auch an THEO denken. Es gibt in *allen* Lebenskrisen „barmherzige Samariter" und – andere! Es ist nicht notwendig, daraus eine Umwertung der sozialen Schichten zu machen. [...]

[1] Hanna Herancourt war eine Bekannte und Freundin KÄTHE HADLICHS in den Jahren nach 1945. (Vgl. KÄTHE HADLICH 18. 07. 1948.)
[2] Die Amtszeit des braunschweigischen Volksbildungsministers Hans Sievers (1893 - 1965), in der am 10. November 1918 ausgerufenen Sozialistischen Republik Braunschweig, der u. a. durchgesetzt hatte, daß auschließlich sozialdemokratische Parteigenossen an die Abteilung Kulturwissenschaften (die Abt. VIII) der TH Braunschweig berufen wurden. [Biegel, 143] KÄTHE HADLICH schreibt allerdings (fälschlich) „Sieferszeit".

KÄTHE HADLICH AN EDUARD SPRANGER
Heidelberg, 16. 04. 1946 / Br., ca. 1/4

[...] Es ist viel, was neu und anders werden muß, aber nicht das, was uns der Feind jetzt vorwirft. Und ganz besonders sprichst Du mir aus der Seele mit dem Verweisen des Neuwerdens an jeden Einzelnen, der in seinem Kreise wirken soll. Wir Gegner der verflossenen Epoche haben die Höllenfahrt der Erkenntnis durch zwölf Jahre erlebt, haben die Schwächen des eignen Volkscharakters bitter erfahren und erleben sie noch in dem gemeinen Denunziantentum und Strebergeist und noch so manchem verächtlichen Geschehen – aber wir können ja garnicht anders als daran glauben, daß unter all dem Wust doch ein guter Kern in unserem Volke steckt, und daß auch wir bestimmt und verpflichtet sind, ihm zu neuem Leben zu helfen. Das walte Gott! Und dazu ist Dir eine große Aufgabe beschieden, daran wirkst Du, auch wenn Du im Augenblick keinen speziellen Berufsauftrag hast. Die Stärke Deiner persönlichen Wirkung ist mir so recht bewußt an dem ersten Eindruck, den ich 1903 von Dir hatte. Es waren ja in den Jahren damals viel Gleichaltrige aus der Familie hier durchgekommen, aber bei Dir fühlte ich eine ganz ungewöhnliche Weite und Reife in Geist und Urteil, die mich erstaunte, und zu alledem kam dann bei längerer Bekanntschaft der Blick in die Reinheit und Tiefe Deiner Gesinnung. Das alles wirkt, ob Du es weißt und bewußt willst oder nicht. Und in solchem Glauben wollen wir leben und standhalten. [...]

Eduard Spranger an Käthe Hadlich
Dahlem, 23. 04. 1946 / Br., ca. 1/2

[...] Aus „Vorsicht" verschweige ich nichts. Es ereignet sich einfach nichts. Von England schiebt man die Sache nach Amerika[1]; dort liegt sie trotz guter Versprechungen zunächst auch einmal fest. Käme jetzt Tübingen mit mehr Tatwillen – ich nähme auch dies. Denn die Untätigkeit in H.[2] und das Schweigen von Flitner werden allmählich mystisch.

Ich hatte mich innerlich auch auf eine ganz stille Existenz mit der Feder eingestellt. Nur *hier* hervortreten zu müssen, wäre mir schrecklich. Wäre ich noch ein „Mann allein", so legte ich nieder. Weil man so gar nicht handeln kann, lebe ich in meinen Gedanken und im Produzieren. Augenblicklich forme ich (für den Druck – aber wann?) einen alten Mittwochsgesellschaftsvortrag um. Er soll heißen: Schicksale des Christentums in der modernen Welt[3]; der mittlere und Schlußteil enthält eine quasi „neue" Deutung unter dem Titel „Die Magie der Seele".[4] Fast jeden Vormittag schreibe ich 10-12 solche Seiten wie diese; dann bin ich aber so erschöpft, daß ich selbst nach dem Mittagsschlaf nur halb aufwache. Die Idee ist sehr eigenartig; man kann sie aber nicht in wenigen Sätzen sagen. Die Entwicklung des Gedankens gehört dazu, und ich bin sehr gespannt, was Du z. Z. dazu sagen wirst. Bei der Entstehung meiner Manuskripte habe ich niemanden, der mir kritisch oder aufmunternd eine Anregung gäbe, während ich doch den Leuten aller Welt helfen soll. Diese Art von geistiger Einsamkeit erzeugt allmählich auch ein würgendes Gefühl. – Und dann: Alle florieren, selbst ehemalige Nazis stehn auf dem Katheder; nur ich liege lahm und verstumpfe die wichtige Zeit im Keller. Wären die Verhältnisse schon gesund, so müßte das anders sein.

Ausgerechnet der Brief mit Deiner einzigen politischen Äußerung ist geöffnet worden. Der Zensor hat hoffentlich Deinen begründeten Ausführungen ebenso zugestimmt wie ich. Und ich setze sie historisch fort: Ist es schon vergessen, daß wir zwischen 1928-1933 nie zu einer aktionsfähigen Regierung kommen konnten? Daß nichts als Parteiengezänk zu hören war? Und was ist jetzt zu hören? Hier wenigstens nichts als wieder Gezänk. Die Leute stehen Schlange vor den Läden, vor den Registrier- und Kartenstellen, vor den Finanzämtern. So kommen wir doch nicht vorwärts. Es müßte doch endlich ein Mann oder ein Kreis sichtbar werden, der wieder Zuversicht weckt und Ziele zeigt und Wege. Hier *nichts* davon; weniger als nichts.

Der 1. Ostertag im blühenden, zerstörten, parklosen Potsdam war in der Familie recht bedrückend. Gestern waren wir bei dem Bruder von LOTTE GEPPERT (Sohn von: „Es freut mich, daß ich Ihnen mit so geringen Mitteln so viel Vergnügen bereiten kann.") Die LOTTE [GEPPERT] hat nun auch den Münchner Rektor für mich interessiert[5]. Aber da möchte ich jetzt nicht hin, obwohl schon ein netter Graf Rechberg in ähnlichem Sinne von dort Botschaft brachte. [...]

[1] Gemeint ist: Die Verhandlungen über einen möglichen Ruf SPRANGERS werden von der englischen zur amerikanischen Besatzungsbehörde geschoben. 1946 waren verschiedene Rufe SPRANGERS im Gespräch oder vielleicht von ihm auch nur erhofft: nach Göttingen, Köln, Tübingen, Mainz und Hamburg (EDUARD SPRANGER 10. 01. 1946; EDUARD SPRANGER 19. 01. 1946; EDUARD SPRANGER 07. 02. 1946; EDUARD SPRANGER 04. 03. 1936; EDUARD SPRANGER 16. 03. 1946; EDUARD SPRANGER 01. 04. 1946; EDUARD SPRANGER 13. 04. 1946; EDUARD SPRANGER 23. 04,. 1946; EDUARD SPRANGER 04. 05. 1946). Schon im Mai zeichnete sich dann SPRANGERS Wechsel nach Tübingen ab (EDUARD SPRANGER 26. 05. 1946). Im Juli 1946 nahm er schließlich den Ruf dorthin an (EDUARD SPRANGER 16. 07. 1946; EDUARD SPRANGER 27. 07. 1946). Noch am 30. 08. 1946 hatte SPRANGER einen Ruf auf ein Extraordinariat in München erhalten, den ihm vor allem der bayerische Staatsrat Meinzolt vermittelt hatte (EDUARD SPRANGER 01. 09. 1946; EDUARD SPRANGER 23. 02. 1946).
[2] Hamburg.
[3] Protokoll des Vortrags in Henning u. a., 194ff.
[4] Später gesondert publiziert: EDUARD SPRANGER: Die Magie der Seele. Religionsphilosophische Vorspiele. Berlin 1947.
[5] Am 30. 08. 1946 hatte SPRANGER einen Ruf auf ein Extraordinariat in München erhalten. (EDUARD SPRANGER 01. 09. 1946; EDUARD SPRANGER 23. 02. 1946).

EDUARD SPRANGER AN KÄTHE HADLICH
Tübingen, 02. 11. 1946 / Br., ca. 1/10

[...] Die neuen Zeitschriften werden für die Autoren geradezu eine Plage. – Dem Direktor WEITSCH in München hatte ich auch einen ganz hübschen Artikel geliefert. Jetzt schrieb er mir, ein anderer, Gewichtiger, wolle an seinem Blatt nicht mitarbeiten, weil ich – belastet sei. HITLER (!) hätte mich nach Japan geschickt[1], und ich hätte in einer nationalsozialistisch angekränkelten Gesellschaft für Philosophie[2] eine führende Rolle gespielt, was beides nicht wahr ist. Aber so wird man in Deutschland Leute von Format los. Ich habe natürlich den Artikel zurückgefordert. [...]

[1] Bezug auf den Japanaufenthalt SPRANGERS 1936 /1937. (Vgl. im einzelnen Anm. 1 zu EDUARD SPRANGER 07. / 09.07.1937.)
[2] Vermutlich: die KANTgesellschaft.

KÄTHE HADLICH AN EDUARD SPRANGER
Heidelberg, 09. 02. 1947 / Br., ca. 1/10

[...] Was Du in dem Tagesspiegel über das Hereinbrechen der Katastrophe und vorher über die Vorzeichen derselben in der Kunst sagst, hat meine Gedanken viel beschäftigt; kann man da überhaupt von einem Versäumnis oder einem Vorwurf reden? Ist es nicht vielmehr eine Naturentwicklung, wie ein Erschöpfungszustand nach einem Höhepunkt? Es wurde Herbst, und nach einer Zeit der Ruhe wird aus neuer Besinnung auf echte Werte auch eine neue Gestaltung, keine Wiederholung des Früheren kommen. Wir werden aber viel zu tun haben, im Kampf mit dem Amerikanertum, um den nüchternen Erfordernissen der nackten Existenz das eigentliche „Leben" zu fördern. Davon haben, glaube ich, die Russen doch von Hause aus mehr latente Kräfte. [...]

KÄTHE HADLICH AN EDUARD SPRANGER
Heidelberg, 11. 05. 1947 / Br., ca. 1/10

[...] Auf Veranlassung von RUDOLF NITSCHE las ich kürzlich von HEINRICH MANN: Der Untertan.[1] Da muß ich sagen, sowohl die Art der Darstellung, als auch das geschilderte Objekt hat mich höchst unsympathisch und verstimmend berührt. Die Jugend von heute nimmt solche Schilderung nun unbesehen als getreues Abbild der Kaiserzeit. Ich möchte das aber keinesfalls als den normalen Durchschnittsdeutschen von damals gelten lassen. Es ist eine Geißelung der Auswüchse. – Aber auch abgesehen von diesem Buch, das ja schon älter ist, kann ich mich häufig mit dem Geist der Gegenwart nicht befreunden. Dieses Zusammenhangslose „Alles ändern wollen", dieses Aburteilen der geformten Vergangenheit ist mir sehr zuwider. Ich bin zu sehr eingestellt auf den Wert organischen Wachstums, und glaube nicht an ein absolut neues Anfangen. Nur in der Besinnung auf die unvergänglichen Werte können wir gesunden. [...]

[1] Der von HEINRICH MANN 1914 veröffentlichte Roman „Der Untertan" war Teil einer Trilogie, zu welcher auch die Romane „Die Armen" (1917) und „Der Kopf" (1925) gehörten. SPRANGER kannte den „Untertan" schon lange: Er hatte das Buch bereits zu Weihnachten 1918 von seinem Leipziger Freund und Kollegen EDUARD BIERMANN geschenkt bekommen (EDUARD SPRANGER 29. 12. 1918; EDUARD SPRANGER 17. 05. 1947).

EDUARD SPRANGER AN KÄTHE HADLICH
Tübingen, 17. 05. 1947 / Br., ca. 1/5

[...] Über den HEINRICH MANN stimme ich ganz mit Dir überein. Ich habe es EDDI BIERMANN fast übelgenommen, als er ihn mir bald nach dem Erscheinen schenkte.

Jetzt ist der Schmarren noch auf dem Seminar: Er gehört zu den wenigen Büchern, die ich nicht wieder in mein Haus bringen wollte. Diesen „MANN" haben soeben die Berliner zum Ehrendoktor[1] gemacht. Da sieht man gleich, aus welcher Kiste die sind. Der Stundenplan liegt bei.[2] Das sieht nach viel freier Zeit aus. Aber da alle 3 Gegenstände eine völlig neue Form erfordern, reichen die Stunden, über die ich verfügen kann, nicht zur Vorbereitung aus. Im Augenblick geht wirklich der Betrieb über meine Kräfte. Es kommt nämlich fast jede Woche noch etwas extra hinzu. In der vorigen Woche war es etwas sehr Erfreuliches. Am Freitag, 11.V., nach m.[meiner] Vorlesung war plötzlich der THEO (Moabit) da. Seine Anmeldung kam erst, als er abreiste. Er blieb 3 Tage, die für mich leider mit anderem sehr besetzt waren. Aber wir konnten doch auf dem Schloßbergrücken, dann durch den Wald, bis zum Fuß der berühmten Kapelle gehn; die 3 anderen stiegen dann noch hinauf. Für mich waren die 1 1/2 Stunden hin und 1 1/2 zurück eigentlich schon zu viel (Herz!). THEO schlief und aß bei uns (letzteres auf Grund von Paketen). Am Montag 11.23 fuhr er nach Freiburg weiter. Ich liebe diesen gütigen Menschen ganz unbeschreiblich. [...]

[1] HEINRICH MANN erhielt am 27. 03. 1947 die Ehrendoktorwürde der Universität Berlin.
[2] Nicht erhalten.

KÄTHE HADLICH AN EDUARD SPRANGER
Heidelberg, 11. 01. 1948 / Br., ca. 1/3

[...] Wie fieberhaft erregend ist es, mit den Aufzeichnungen von ULRICH VON HASSELL[1] jene Zeit der rapiden Zerstörung noch einmal in allen Einzelheiten mitzuerleben. Und man fragt sich immer wieder: Wie konnte das nur kommen, und wie konnte doch trotz vieler einsichtiger Menschen dieser vernichtende Absturz nicht gehemmt werden?!

12. I. [Fortsetzung]
Ich lese sehr langsam, um die Zusammenhänge möglichst zu verstehen. Schon jetzt (April 40) taucht bei der Verhandlung in Arosa[2] der Zweifel bei der Gegenseite auf, ob auch bei einem Systemwechsel mit Deutschland zu einem Frieden zu kommen wäre. – Es sind gar zu [scil. „viele Dinge" oder so ähnl.], deren man sich im voraus versichern will. Wahrscheinlich soll dadurch das Ganze möglichst geordneten, legalen Charakter haben. Und woran alles scheitern mußte, ist doch die Entschlußlosigkeit und mangelnde Einsicht des hohen Militärs. – Erschütternd ist der Moment, wo GOERDELER und BECK den englischen General[3] im Sender sprechen hören. Ja, das ist ein Nachklang jenes Staates, den wir kannten und liebten und den preußische Könige geschaffen haben. Das ist Deutschland, auf dessen Auferstehen wir

sehnlichst hoffen und dessen Reste Du bemüht bist, lebendig zu erhalten. – Und von den Männern, die damals im Geheimen gegen die verbrecherische Regierung arbeiteten, stehen heute welche unter Anklage wegen Planung eines Angriffskrieges etc.! [...]

[1] ULRICH VON HASSELL u. a.: Die HASSELL-Tagebücher 1938-1944. Berlin: Siedler 1988.
[2] ULRICH VON HASSELL traf am 22./23. 02. 1940 in Arosa mit dem englischen Geschäftsmann Lonsdale Bryans zusammen, einem Amateurdiplomaten mit Zugang zum britischen Außenminister Halifax. Im Einvernehmen mit GOERDELER und BECK wollte VON HASSELL auf diesem Wege Kontakt zum britischen Foreign Office aufnehmen. Die Verhandlungen wurden am 14./15. 04. 1940 fortgesetzt. (HASSELL-Tagebücher, 168ff, 188ff, 503)
[3] Laut ULRICH VON HASSELL berichtete GOERDELER anläßlich seines Besuchs bei U. v. H. in München am 10. 10. 1939, „er habe mit seinem militärischen Freund (General BECK) das englische Radio gehört, in dem ein englischer General erzählt habe, daß er vor dem Weltkriege zu einem deutschen Garderegiment kommandiert und begeistert von dessen Geist, von der Vornehmheit und Ritterlichkeit der Offiziere gewesen sei. Auch im Weltkriege sei das noch der Fall gewesen. Wo nur jetzt diese deutschen Offiziere und Soldaten seien, nachdem in Polen diese grauenvolle Kriegsführung stattgefunden habe? Dann sei der englische General auf Fritsch gekommen, habe ihn hoch anerkannt und ausgedrückt, daß er (was stimmt) den Tod gesucht habe. Nun wolle er ihn nach deutscher Sitte ehren, woraufhin die Musik drei Verse von 'Ich hat einen Kameraden' gespielt habe....(BECK) habe dabei die Fassung verloren". (VON HASSELL, Tagebücher, 88/89)

EDUARD SPRANGER AN KÄTHE HADLICH
Tübingen, 07. 12. 1948 / Br., ca. 1/4

[...] Das vorletzte Wochenende ist durch den Besuch v. HANS GÜNTHER und das, was mit ihm zusammenhängt, auch völlig draufgegangen. Sein Konflikt[1] mit WENKE hat seinen Gipfel erreicht. An der Erlanger Universität sind große Untersuchungen im Gange[2]: Ministerium, Militärregierung und zur äußersten Verschlimmerung der Oberstaatsanwalt – sind dabei auf dem Plan. Ich habe mich schriftlich äußern müssen. W. [WENKE] ist natürlich nur „verwickelt". Ich nahm an, daß W. [WENKE] von all diesen Dingen wußte. Aber gestern kam ein Brief von ihm, wonach er keine Ahnung hat. Sehr schlimm ist, daß nun die Berufung hierher[3], die eben an ihn abgehen sollte, auf m. [meinen] eigenen Rat zunächst unterbleiben mußte. G [GÜNTHER] hat sich hier ganz freundschaftlich gezeigt, und es kam zu keinem Mißton. [...]

[1] HANS GÜNTHER war – ebenso wie HANS WENKE – ein Schüler SPRANGERS. Er streute nun offenbar Gerüchte über WENKES Verbindungen mit dem HITLERregime aus. (EDUARD SPRANGER 23. 12. 1946)
[2] 1946 wurden an vielen Orten deutsche Sonderinstanzen (sog. Spruchkammern) gebildet, welche die Entnazifizierung durchführen sollten. An der Universität Erlangen kam es im Zusammenhang mit der Entnazifizierung wiederholt zu Unstimmigkeiten, da nach Meinung der Militärregierung nicht gründlich genug geprüft wurde. (Wendehorst 1993, 224ff)
[3] WENKE sollte nach Tübingen berufen werden.

KÄTHE HADLICH AN EDUARD SPRANGER
Heidelberg, 19. 01. 1949 / Br., ca. 1/7

[...] Bei alten Papieren fand ich dieser Tage einige Zettel von Deiner Hand und darunter dies: „Zwei Dinge sind es doch wohl, die den denkenden Menschen der Gegenwart beunruhigen und auf die er eine Antwort fordert: Ist in unserer Kultur der Krieg überhaupt ein sittliches Mittel? und: Welchem Ziel steuern wir zu, wenn wir heut dem Krieg die letzte Entscheidung über unser niederes und höchstes Leben anvertrauen?" Die Entwicklung hat uns die Antwort gegeben. Und die Wut, die den unterlegenen Gegner zum Verbrecher stempelt, deckt wohl eine geheime Strömung in der allgemeinen Geistesverfassung auf, so wenig wir im Einzelfall dieses Austoben der Rache als ein Heilmittel ansehen können. Denn geht nicht die Heraufbeschwörung neuer Kriegsstimmung beständig weiter? – Und da lag noch ein weiterer Zettel: „Die Fülle der Liebe, die jetzt entbunden ist, und ein ehrenvolles Anrecht auf die geistigen Güter, für die das Blut ihrer Väter geflossen ist." – Das waren Gedanken unmittelbar nach dem Weltkrieg, denn sie liegen auf den losen Zetteln schon so lange in meinem Schreibtisch. Das ist unsere Ernte aus all den schweren Jahren: die Welt der Jugend und Zukunft, für die Du unermüdlich Deine Kraft einsetzt. Da ist der Weg gezeigt zu einem echten Frieden, der über dem nackten Kampf ums Dasein immer wieder vergessen wird. [...]

EDUARD SPRANGER AN KÄTHE HADLICH
2.2. Scheidegg, Hotel Post 16 [undatiert], August 1949[1] / Br., ca. 1/9

[...] CDU ist in Süddtschld [Süddeutschland] Centrum. SPD hat kein Programm, nachdem sie sich ihren Marx hat nehmen lassen müssen; ist also nur noch gegen den Kapitalismus, und ohne den kommen wir vorläufig nicht in die Höhe, weil wir in amerikanischem Schlepptau krägeln. Bleibt also nur LPD [Liberaldemokratische Partei] oder wie die Sache nun heißt – die Partei der Gebildeten. Aussicht hat sie infolgedessen gar nicht; aber das ist ja gleich. Ich nehme an, daß die Wahlbeteiligung, außer bei den Kommunisten, ganz gering sein wird. [...]

[1] Nach EDUARD SPRANGER 27. 07. 1949 u. EDUARD SPRANGER 29. 08. 1949 zwischen dem 05. 08. und 26. 08. 1949 zu datieren.

KÄTHE HADLICH AN EDUARD SPRANGER
Heidelberg, 17. 09. 1950 / Br., ca. 3/10

[...] Dein Aufsatz in der Deutschen Zeitung[1] bewegte mich, ohne daß ich meine Eindrücke klären konnte. Denn es ist darin eine Spannung, die über die Gegenwart hinausweist. Allerlei zusammenhangslose Gedanken gehen mir dabei durch den

Kopf, und ich wäre froh, wenn ich sie an Deiner Kritik klären könnte. Als konservative Natur hänge ich am „guten Alten" und war lange der Meinung, daß die Katastrophe der Gegenwart etwas sei, was ausgehalten werden müsse, um dann wieder anknüpfen zu können, wo die Entwicklung abriß. Aber immer mehr wurde mir bewußt, daß es grundlegende Umwälzungen sind, mit denen wir uns abfinden und einrichten müssen, und ich verstehe Deinen Pessimismus. Aber wir haben ja doch den stillen Glauben an die gute deutsche Art, die nicht in Spezialistentum und Verflachung stecken bleiben wird. Es ist ein Weckruf, was Du in Deinem Aufsatz forderst. Wird es an dieser Stelle auch von den entsprechenden Menschen gelesen werden? – Daß die „Einheit des Wissens" nicht mehr bestehe, ist etwas, womit ich mich nicht abfinden kann! Und es ist doch ganz fühlbar, daß die Forderung nach Wert allenthalben lebendig wird und den ertötenden Verstand zurückdrängt. – Aber die Universität ist überflutet und hat aufgehört, Eliteschule zu sein – und doch hast Du selbst wiederholt gesagt, daß Du die besten Eindrücke vom Geist der Studenten hättest. Und das zeigt doch, daß auch für den vertieften Sinn der Lehre, wie Du sie vermittelst, noch verständnisvolle Aufnahmebereitschaft da ist – nicht nur pflichtmäßiges Tatsachenstudium. Die große Frage scheint mir nicht in einer Umwandlung der Hochschule zu bestehen, sondern im lebendigen Ethos, das sie beseelt. Nicht „wissensmäßig", sondern *religiös* soll die Einheit sein, das ist nicht begrenzt christlich, aber allgemein menschlich. – Veranlaßt durch das Wiedersehen mit K.S. [KÄTE SILBER] hatte ich ihr schönes Buch über Frau PESTALOZZI[2] wieder gelesen und anschließend „Lienhard und Gertrud"[3]. Ich kann Dir nicht sagen, welch tiefe Wirkung das jetzt auf mich machte. Denn ich war ja so völlig weltfern, als ich den Roman kennenlernte, und hatte noch gar kein Verständnis für die Echtheit der Menschen. Jetzt hat es mich tief ergriffen im Hinblick auf die Verworrenheit der Gegenwart, für die man so heiß ein Mittel der Gesundung sucht. Du wirkst dafür in Deinem Reich und gibst die zündende Flamme weiter; so wird es noch manchen Erwecker geben, der dem kommenden Deutschland dient. [...]

[1] EDUARD SPRANGER: Innere Notstände der deutschen Hochschulen. In: Deutsche Zeitung und Wirtschaftszeitung, Jg. 5, 1950, Nr. 68 v. 26. August, S.4.
[2] KÄTE SILBER: Anna Pestalozzi-Schultheß und der Frauenkreis um PESTALOZZI. Diss. Berlin 1932.
[3] JOHANN HEINRICH PESTALOZZI: Lienhard und Gertrud (4 Bde., 1781-1787).

EDUARD SPRANGER AN KÄTHE HADLICH
Tübingen, 19. 01. 1951 / Br., ca. 1/9

[...] Von der Universität löse ich mich vorbereitend. Ich habe nicht mehr das *subjektive* Gefühl des Kontaktes mit den Studenten in der Vorlesung. Wie es objektiv steht, empfinde ich eben nicht mehr. Und mein Interesse am Lehren läßt nach, weil ich all mein Wissen als stark persönlich gefärbt bezeichnen muß: Das Wesentliche und Beste davon läßt sich nicht übertragen. Nun kommen die jungen Leute und wollen die allein richtige Philosophie hören. Die habe ich nicht. Hat sie HEIDEGGER, JASPERS, NICOLAI HARTMANN? Warum dann 3 so verschiedene? [...]

EDUARD SPRANGER AN KÄTHE HADLICH
Tübingen, Geburtstag des Vorstands [07. 02.] 1951[1] / Br., ca. 1/15
[...] Was wählt Ihr denn? Gemeinderat? Ich dachte, die FDP sei die Intelligenzpartei und habe sie auch gewählt. Aber in Stuttgart hat sie freiwillig auf das Kultusministerium verzichtet, um das Wirtschaftsministerium zu bekommen. Wir wählen also anscheinend die „Unternehmer". [...]

[1] „Vorstand": AENNE KNAPS (vgl. oben Anm. 2 zu EDUARD SPRANGER 10. 03. 1946). Somit ist der Brief zu datieren am 07. 02. (Vgl. EDUARD SPRANGER 02.07.1912; EDUARD SPRANGER 04. 02. 1938 und EDUARD SPRANGER 09. 02. 1941.)

EDUARD SPRANGER AN KÄTHE HADLICH
Tübingen, 13. 05. 1952 / Br., ca. 3/10
[...] Das Semester lief wiederum nur sehr allmählich an. Ich habe das Maximum unten noch einmal voll besetzt; nicht die Empore. 1946/1947 war das noch anders. Für die HEGELübungen interessiert sich in der Stadt des Stiftes[1] nur ein ganz kleiner Kreis – nicht *ein* Stiftsrepetent[2]! Mehr als die vorhandenen 16 wollte ich ja nicht aufnehmen. Aber davon ist die Hälfte alter bewährter Namen, kaum 2 oder 3 Theologen. In Berlin kamen bei solcher Gelegenheit Juristen, Mediziner, Theologen. Es ist hier wieder ein *enger* Geist eingekehrt. Mein Name wirkt abschreckend eher als anspornend, also wirkt er eben doch nicht. Die Generation der Studenten, die wir jetzt haben, scheint mir geringerwertiger als die von 1946/1947 – oder wandert sie auf anderen Bahnen, die mir verborgen bleiben? – Jedenfalls will ich ein Absinken meiner Leistung als Dozent nicht erleben – und so ist es wirklich Zeit!

[1] Das Tübinger Stift war eine 1536 von Herzog Ulrich als „Hochfürstliches Stipendium" zur Heranbildung des theologischen Nachwuchses gegründete Bildungsanstalt, an welcher u. a. HEGEL, HÖLDERLIN und F. W. J. SCHELLING studiert hatten.
[2] Repetent: veraltet für „Repetitor" = Privatlehrer, der mit Studierenden den Examensstoff einübt.

KÄTHE HADLICH AN EDUARD SPRANGER
Heidelberg, 09. 11. 1952 / Br., ca. 1/4
[...] Sehr gern würde ich auch mal über die Zeilen zu der Kunsterziehertagung[1] mit Dir reden, die mich seither immer wieder beschäftigt haben. Ob es mit der Pflege

der Phantasie getan ist? Sie kann auch entarten, und die Kunstlehrer werden meinen, sie zu pflegen. Ist nicht die Mehrzahl der heutigen Bilder z. B. heute ein ungewolltes Bild der chaotischen Geistesverfassung? Man will nicht ein Objekt, sondern einen Zustand darstellen und findet kein gültiges Symbol, denn es fehlt dafür die allgemeine Form. Ist nicht in der Kunsterziehung am wichtigsten das Sehenlernen eines Geistigen *durch* die jeweils gegebene *Form*? – Aber das ist alles so widerspruchsvoll. Du forderst mit Recht „durchseelte Symbole", aber dann muß doch wohl erst das eigene Erleben am Objekt vorausgehen. Und darin besteht die „Kunst des Erziehers", den Schüler diesen Weg zum *Verständnis* zu führen. Produziert wird schon viel zu viel! – Es ist alles in Deinen Worten angedeutet, aber es war vielleicht zu knapp, um Eindruck zu machen. [...]

[1] Gewichtige Stimmen zur Kunsterziehung. In: Kunst u. Jugend, 25. Jahr (1952), S.161ff (darin auch ein kurzes Statement von EDUARD SPRANGER auf S.161). – Anlaß dazu war – wie in der Zeitschrift berichtet wird – eine vom Bund Deutscher Kunsterzieher 1952 veranstaltete Kunsterziehertagung in München.

EDUARD SPRANGER AN KÄTHE HADLICH
Tübingen, 20. 10. 1952 / Br., ca. 1/6

[...] Man regt sich wieder auf, daß der Züricher HANS BARTH einen Ruf als mein Nachfolger erhalten hat. *Da*gegen ist nicht viel zu sagen. Denn er stand auf der Liste, allerdings als Dritter! Ein pflichttreuer Minister prüft zunächst den ersten Kandidaten. Der war BOLLNOW; er ist nun gekränkt, steht anderswo auf Listen, und man muß ihn als verloren ansehn. Das Schlimmste ist, daß der Schweizer kaum annehmen wird – dann haben wir gar nichts. So kann ein unfähiger Minister eine blühende Universität in 6 Monaten durch seine Dummheit ruinieren. – Mein Konflikt mit ihm betraf aber einen anderen Fall. Niemand sollte verbreiten, daß die Berufung von [HANS] BARTH ungerechtfertigt war. Sie war nur ein Mißgriff eines absolut Unfähigen. Das alles wird die Öffentlichkeit noch mehr beschäftigen, als mir lieb ist. [...]

EDUARD SPRANGER AN KÄTHE HADLICH
Tübingen, 03. 09. 1953 / Br., ca. 1/3

[...] Ich möchte auch nur *eine* Frage von Dir beantworten. Nichts liegt mir ferner, als irgendeine Form der Wahlbeeinflussung. Aber *meine* Erwägungen darf ich Dir wohl in dieser Form mitteilen: „Ich wähle *nicht* die FDP, um der Person von REINHOLD MAIER zu entgehen. Und ich wähle CDU *nur* um der Person von ADENAUER willen." Alias: Es scheint mir richtig, die Politik von ADENAUER so stark wie irgend möglich zu machen. [...] ..

EDUARD SPRANGER AN KÄTHE HADLICH
Tübingen, 08. 07. 1954 / Br., ca. 1/6
[...] In den letzten Tagen wurde mir sehr dringend die Präsidentenstelle[1], die ich für die Zentrale Bonn ausgeschlagen hatte, für die provinzielle Organisation Stuttgart angesonnen. Ich bin in diesem Fall natürlich erst recht festgeblieben. Übrigens hat eine Oststelle[2] schon in einer Zeitung öffentlich die Frage aufgeworfen, wie ich meine Stelle als Vizepräsident der G. G. [GOETHE-Gesellschaft] mit der Zugehörigkeit zu der militaristischen Organisation „Unteilbares Deutschland"[3] vereinigen will. Auch LITT hat das Präsidium nach ernsten Erwägungen aus Altersgründen abgelehnt. Gestern war WENKE nach vielen Wochen wieder einmal für 3/4 Stunden bei mir. Daß er einen Vortrag in Heidelberg halten sollte[4], war ihm nicht bekannt. [...]

[1] SPRANGER war von 1952 bis 1954 Vizepräsident der Deutschen Forschungsgemeinschaft. (EDUARD SPRANGER 28. 08. 1953). Präsident während der Vizepräsidentenschaft SPRANGERS war Ludwig Raiser, Nachfolger wurde Gerhard Heß. (EDUARD SPRANGER 26. 03. 1954; EDUARD SPRANGER 13. 04. 1956; EDUARD SPRANGER 27. 04. 1956). SPRANGERS Amtszeit endete im Oktober 1954 (EDUARD SPRANGER 23. 02. 1954; EDUARD SPRANGER 17. 03. 1954). Die Äußerung in diesem Brief deutet an, daß er eine erneute Kandidatur ablehnte, wie er KÄTHE HADLICH gegenüber schon im Februar angekündigt hatte. (EDUARD SPRANGER 23. 02. 1954. Vgl. auch die Briefe SPRANGERS vom 03. 11. 1952, 14. 11. 1953, 20. 11. 1953, 23. 01. 1954, 02.05.1954, 12. 05. 1954, 21. 06. 1954, 08. 07. 1954, 07. 09. 1954, 26. 09. 1954, 02. 12. 1954, 18. 03. 1955, 09. 09. 1955, 26. 09. 1955.)
[2] Gemeint ist hier wohl eine DDR-Organisation.
[3] Eine in den 50er Jahren weit verbreitete Organisation, die sich gegen die Teilung Deutschlands wendete.
[4] Im Zusammenhang mit einer Lehrstuhlbesetzung an der Universität Heidelberg.

KÄTHE HADLICH AN EDUARD SPRANGER
Heidelberg, 17./18. 08. 1954 / Br., ca. 1/3
[...] Gelesen habe ich mehr, als meinen Augen dienlich war. Aber ein gutes Buch lesen kann ich immer noch mehr, als selbst irgendwie aktiv sein. Hauptsächlich habe ich mich an dem liebevollen Vortrag für MEINECKE erbaut, ich habe mir „Die deutsche Katastrophe"[1] wieder dazu vorgenommen und eingesehen, daß ich mit meinem angeborenen Preußentum nicht ganz gerecht gegen diese Arbeit war. Jetzt verstehe ich sie mit ihrem gründlichen Nachweis aller nur denkbaren Ansätze für den „Nazismus" besser. – Seitdem las ich „Die Familie" von W. H. RIEHL[2]. RADOWITZ unterscheidet einmal die Perioden der Pädagogik nach geprügelten und geschmeichelten Generationen" – – und fährt im Buch fort: „Im 18. Jahrhundert entwickelte sich auch bei uns der Geist der Familienlosigkeit. Der Polizeistaat und die sozialistische Standeslosigkeit folgten im 19. Nun wird die Umkehr folgen müssen oder der Ruin."[3] – – Das läßt mich nachdenken, ob nicht vielleicht die lebhafte

Familien"forschung", die in *unserer* jüngsten Generation grassiert, eine gesunde (wenn auch vorläufig recht äußerliche) Reaktion ist? Ich werde aber auch weiterhin suchen, die *geistigen* Traditionen zu betonen. [...]

[1] Friedrich Meinecke: Die deutsche Katastrophe. Wiesbaden 1946.
[2] W. H. RIEHL: Die Naturgeschichte des Volkes als Grundlage einer deutschen Sozial-Politik. 3. Band: Die Familie. 2. unveränd. Aufl., Stuttgart u. Augsburg 1852.
[3] Zitat von Ausführungen einer Figur in dem vorstehend genannten Werk W. H. Riehls, S.130.

KÄTHE HADLICH AN EDUARD SPRANGER
Heidelberg, 30. 03. 1955 / Br., ca. 4/9

[...] Deine lieben Zeilen aus Stuttgart danke ich Dir besonders, denn sie waren eine gewisse Vorbereitung auf die Drucksache[1], die am Dienstag kam. Dieses Aufleben einer Zeit ausweglose Nöte erschreckte mich tief. Was kann Dich nur zu dieser Veröffentlichung veranlaßt haben? – Noch vor Deinem letzten Besuch am 13. III. begegnete mir zufällig im Geheimfach des kleinen Schreibtisches aus gleichen Tagen ein Dokument, das mir ganz fremd geworden war. Ich hätte gern bei Deinem Hiersein davon gesprochen, aber es kam nicht dazu. – Gestern abend habe ich nun Deine Aufzeichnungen der Vorgänge[2] gelesen, und es waren mir natürlich manche Einzelheiten nicht so genau bekannt, aber es stieß dafür manche Erinnerung auf an persönliche Begegnungen, in denen Du mir von den Ereignissen erzähltest. Als Gesamtresultat bleibt mir der betrübende Eindruck, wie reif die geistige Verfassung der Wissenschaftler war, nicht nur intellektuell, sondern auch moralisch, dem raffinierten Angriff des Nationalsozialismus zu verfallen. [...]

[1] Aus dem Kontext der Korrespondenz läßt sich erschließen, daß es sich handelt um: EDUARD SPRANGER: Mein Konflikt mit der HITLERregierung 1933. Als Manuskript gedruckt, Tübingen im März 1955. Die Abhandlung wurde unter dem etwas veränderten Titel „Mein Konflikt mit der national-sozialistischen Regierung 1933" auch abgedruckt in: Universitas. Zeitschrift für Wissenschaft, Kunst und Literatur. Hrsg. von Dr. H. Walter Bähr, Tübingen, 10. Jg.(1955), H.5, 457-473.
[2] Die in Anm. 1 erwähnte Broschüre.

EDUARD SPRANGER AN KÄTHE HADLICH
Tübingen, 03. 04. 1955 / Br., ca. 1/7

[...] Du wirst Dir gedacht haben, daß mein teurer Privatdruck[1] (mit Versand 300 M) auf einen öffentlichen Angriff, ich sei Nazi gewesen[2], zusammenhängt [sic]. Da ich nun schon ca. 200 Exemplare in alle Welt versandt habe, ist diese gemeine Aktion wenigstens schnell pariert worden. Es sind auch schon Antworten da, die von Verständnis zeugen. [...]

[1] EDUARD SPRANGER: Mein Konflikt mit der Hitlerregierung 1933. Tübingen 1955.
[2] Es handelt sich um den anonymen Artikel „Vom Widersinn der politischen Verfolgung" in der von Herbert Grabert herausgegebenen Hochschullehrer-Zeitung. Mitteilungen des Verbandes der nichtamtierenden (amtsverdrängten) Hochschullehrer und der Forschungshilfe e.V., 3.Jg., Januar/März, Nr. 1/3, 3-5. In diesem Artikel wurde, gestützt auf Zitate aus SPRANGERS Schriften, die These vertreten, daß er „dasselbe getan hat wie die vielen, die mit dem Nationalsozialismus zu einer auch innerlich wahrhaftigen Symbiose gekommen waren, weil sie nicht im Negativismus verharren und sich der Entwicklung entziehen wollten. Der Unterschied besteht freilich darin, daß SPRANGER diese [zitierten] Sätze wie den meisten Kollegen nicht zum Verhängnis wurden, obwohl es viele heute noch Verdammte gibt, die sich nicht so deutlich und so positiv geäußert haben wie er." (S. 3/4)

KÄTHE HADLICH AN EDUARD SPRANGER
Heidelberg, 08. 04. 1955 / Br., ca. 1/5

[...] Natürlich hat mich in der Stille immer noch die überraschende Drucksache[1] beschäftigt, die ich wiederholt gelesen habe, denn Du wirst Dir denken, daß ich von den Vorgängen der Zeit vor allem nur die Erinnerung an das persönliche Miterleben bewahrt habe und daß die Einzeltatsachen in ihrem Zusammenhang mir gar nicht so genau bekannt wurden. Daß jetzt diese Verdrehung gegen Dich in Umlauf gesetzt wurde, kann ja nur seine Ursache in ganz gemeinem Neid haben. Mir kam dafür sogleich der Verdacht gegen eine ganz bestimmte Quelle, die ich nicht nennen will. – Die vornehme, ruhig, sachliche Art, wie Du den Angriff parierst, hat sicher ihre Wirkung getan. [...]

[1] EDUARD SPRANGER: Mein Konflikt mit der Hitlerregierung 1933. Tübingen 1955.

KÄTHE HADLICH AN EDUARD SPRANGER
Heidelberg, 01. 05. 1955 / Br., ca. 1/3

[...] Aber in der Zeitung war heute von LITT ein kleiner Artikel: „Das Zeitalter der Organisation"[1], der einen stark pessimistischen Grundton hat. Aber der Schluß ist doch, daß es „an uns ist zu bewirken, daß unter den möglichen Motiven (die »Sache« zu erforschen und zu beherrschen) diejenigen gepflegt und entwickelt werden, bei denen das *Menschentum* des Betreffenden am besten gedeiht." Ist das nun wohl möglich, ohne eine radikale Umkehr, eine völlige Verlegung des Schwerpunktes? – Im gleichen Blatt stand ein Bericht über die Automatisierung der Arbeit durch Maschinen, die innerhalb eines Jahres 731 000 Arbeitsplätze überflüssig machte. Das gleicht sich in Amerika bei einem Mangel an Arbeitskräften vorläufig aus. Aber wie stände das bei uns im Verhältnis zum Gesamtvolk? Und kann es wünschenswert sein, alles zu maschinisieren, d.h. zu entseelen; der Arbeiter könnte auf diese Methode in 24 Stunden höheren Lohn verdienen, als jetzt in 44 Stunden. – Und was macht er mit der übrigen Zeit? Und ist er mit dem höheren Lohn befriedigt oder wachsen dementsprechend die Ansprüche? Überall fühlt man doch solch rigides Tempo der Entwicklung, dessen Folgen verhängnisvoll scheinen. Möchte doch Dir jetzt eine Zeit relativer Ruhe beschieden sein nach dem ärgerlichen Wiederaufleben längst überstandener Widerwärtigkeiten. Möchtest du viel neue Freude an der Art erleben, wie man an Dein Dr.-Jubiläum[2] feierlich gedenkt. Ich werde rückblickend die Tiefe und den Reichtum des gemeinsam Erlebten fühlen, das mir in seiner gottgewollten Bestimmung schon damals bewußt war. [...]

[1] Weder bei Derbolav/ Nicolin 1960 noch bei Klafki 1982 aufgeführt. Vermutlich eine frühere Fassung von: THEODOR LITT: Die Erziehung im Zeitalter der Organisation. In: Erziehung wozu? Eine Vortragsreihe. Stuttgart 1956, 7-17.

[2] KÄTHE HADLICH schrieb diesen Brief offenbar aus Anlaß der 50. Wiederkehr des Promotionstages (6. Mai 1905), d.h. des Tages, an welchem SPRANGER und anderen Kandidaten durch den Dekan ERMANN in einer Feierstunde die Promotionsurkunde ausgehändigt worden war. Die damals übliche Disputation der Hauptthesen der Arbeiten war von der Philosophischen Fakultät kurz zuvor abgeschafft worden. SPRANGERS Rigorosum hatte am 2. Februar 1905 stattgefunden.

KÄTHE HADLICH AN EDUARD SPRANGER
Heidelberg, 15. 05. 1955 / Br., ca. 3/10

[...] Mit tiefer und inniger Freude aber habe ich Deine Schrift[1] über den grundlegenden Wert gelesen, den die Volksschule für das gesamte Leben haben sollte. Ich weiß doch noch so gut, wie Du schon in Leipzig gegen den falschen Standesehrgeiz der Volksschullehrer zu kämpfen hattest, die eifersüchtig auf die Akademiker waren. Und wie klar und einleuchtend kannst Du die geistige Situation darstellen, die für mich bei PESTALOZZI gar nicht erkennbar wird. Gerade in Fortsetzung der „Denkformen"[2] fühle ich die unmittelbare Wirkung Deiner lebensvollen Darstellung. Ich werde mich jetzt noch eingehender mit der Schrift beschäftigen, denn es fehlen mir natürlich so manche Kenntnisse aus der Praxis des Lehrers. Da wird SUSANNE viel besser drauf eingehen können. Bei mir bezieht sich immer alles nur auf das eigene Leben zurück. Und da tritt für mich eigentlich die Schule mehr gegen die häuslichen Einflüsse zurück. [...]

[1] EDUARD SPRANGER: Der Eigengeist der Volksschule. 1. Aufl. 1955. (SPRANGERS Ehefrau Susanne gewidmet; abgedruckt auch in GS III, 261-319.)

[2] EDUARD SPRANGER: Pestalozzis Denkformen. Stuttgart: Hirzel 1947.

EDUARD SPRANGER AN KÄTHE HADLICH
Tübingen, 26. 09. 1955 / Br., ca. 1/6
[...] An sich könnte es hier Zeit zur Besinnung geben. Jedoch, was in mein Zimmer will – Besuch von andern als SUSANNE und FETSCHER fast gar nicht, weil niemand weiß, daß ich hier bin – was also kommt, kommt immer zusammen, und dann wartet man wieder 3/4 Stunden vergebens. Trotzdem glückt manchmal ein Meditieren, und ich bin nun wohl bei meinem letzten philosophischen Thema angelangt, bei der Frage, was das strenggenommen heißt: „Alles Vergängliche ist nur ein Gleichnis"[1]. Meistens nimmt man es nur als einen wirkungsvollen rhetorischen Schluß. Ich bin aber der Meinung, daß es bei GOETHE keine Knalleffekte gibt. Manchen tiefen Bezügen bin ich schon auf der Spur. Ob ich durch sehr reale Notwendigkeiten aus diesen Betrachtungen herausgerissen werde – wer weiß es? [...]

[1] Zitat aus dem Schluß von GOETHES Faust II. (Sophien-Ausgabe, I. Abteilung, 15. Band, 1888, 337, Vs 12104f)

EDUARD SPRANGER AN KÄTHE HADLICH
Tübingen, 04. 01. 1957 / Br., ca. 2/5
[...] Gestern erhielt ich durch LITT die Nachricht, daß in einem abscheulichen, wenig gelesenen Kampforgan der abgesetzten NS Hochschullehrer ein abscheulicher Artikel[1] gegen mich erschienen sei, Fortsetzung und Steigerung desjenigen, der mich zur Veröffentlichung der Blätter „Mein Konflikt"[2] veranlaßt hat. Ich habe den Wortlaut bis jetzt noch nicht gesehen, bin aber im voraus sicher, daß da nichts zu widerlegen ist. Denn die n. s. [nationalsozialistische] Methode ist im Verdrehen und Lügen so geschickt, daß man nicht herankann. Meinerseits will ich, gemäß dem Rat von LITT, schweigen. Aber schon gestern hatten sich 2 Kollegen, der kath. [katholische] Theologe ARNOLD und der Jurist ERBE (früher Berlin) der Sache angenommen. Es soll erwogen werden, ob etwa der Rektor oder der Minister Verleumdungsklage erheben könnten. Das Schlimmste dabei ist, daß ich mit meinem Herzen und Gesamtbefinden einer Kette von Aufregungen nicht mehr gewachsen bin. Auch muß vermieden werden, daß die Absicht der mir natürlich bekannten anonymen Schreiber erreicht wird, einen öffentlichen Skandal um meine Person zu erregen. Daher bitte völliges Schweigen! Trotzdem habe ich die Absicht, übermorgen nach Bonn zu fahren, nicht aufgegeben. Aber ich fühle mich schwach. LITT werde ich dort *nicht* treffen. [...]

[1] Ein anonymer Artikel „EDUARD SPRANGER und die Hochschulgeschichte von 1933-45" in der von Herbert Grabert herausgegebenen Hochschullehrer-Zeitung. Zeitschrift für Hochschule, Wissenschaft und Forschung, die ein Jahr zuvor im Untertitel noch „Mitteilungen des Verbandes der nicht-amtie-

EDUARD SPRANGER
75-jährig
Entnommen aus:
Eduard Spranger – Bildnis eines geistigen
Menschen in unserer Zeit, hrsg. von Hans Wenke,
Heidelberg 1957

KÄTHE HADLICH
in ihren letzten Lebensjahren

EDUARD SPRANGER 75-jährig
Entnommen aus: Eduard Spranger – Bildnis eines geistigen Menschen in unserer Zeit, hrsg. von
Hans Wenke, Heidelberg 1957

renden (amtsverdrängten) Hochschullehrer und der Forschungshilfe e. V." hieß, 4. Jg., 1956, Nr.4, 7-14, in dem der Verfasser sich kritisch auseinandersetzt mit SPRANGERS Rechtfertigungsversuch: Mein Konflikt mit der Hitlerregierung 1933. Tübingen 1955. Dieser Artikel war die Fortsetzung des 1955 in der Hochschullehrer-Zeitung, 3. Jg., Nr. 1/3, 3-5, erschienenen anonymen Artikels: Vom Widersinn der politischen Verfolgung.
[2] EDUARD SPRANGER: Mein Konflikt mit der Hitlerregierung 1933. Tübingen 1955.

KÄTHE HADLICH AN EDUARD SPRANGER
Heidelberg, 6. 01. 1957 / Br., ca. 2/5

[...] Aber Dein lieber Brief hat mich nur von außen freudig gestimmt, als er an der Tür steckte – und ich bin von der widerwärtigen Angelegenheit, die er berichtet, sehr erschreckt, denn ich kenne ja das Heimtückische dieser unsauberen Kräfte, die da dahinterstecken. Ich kenne sogar eine bestimmte Quelle von Neid und Mißgunst, die da am Werke ist. Ich wollte nur, ich könnte Dir die Einzelheiten dieser abscheulichen Sache ersparen und bitte Dich innig, die Klarstellung denen zu überlassen, die bereits eingegriffen haben. Es ist nicht nur unmöglich, solche Gemeinheit abzuwehren, sondern unter Deiner Würde. Und laß uns wieder im Matthäus-Evangelium nachlesen, vom Feind, der Unkraut zwischen den Weizen säte[1]. Bei der Ernte wird das Unkraut vernichtet, und die goldenen Weizenkörner bleiben bewahrt. – In anderen Dimensionen erscheint mir Dein Erlebnis dasselbe, wie ich es mit Frau WÜST erlebte, als sie mir auf dem Vorplatz entgegentrat, um handgreiflich auf mich loszugehen. Man kommt sich entwürdigt vor, aber kann nur durch schweigende Ruhe Abwehr üben. Es [sic] kann uns ja nichts zuleide tun. Daß Du den Konflikt mit der HITLERregierung[2] drucken ließest, suchte ich mir verständlich zu machen als eine Überwindung des Tragischen dieser Epoche, die sich endlich durch eine Aussprache kundtat. Ich ahnte nicht, daß es gegenwärtige Anstöße zu diesem Dokument gäbe. In mir war es eine schmerzhafte Berührung noch empfindlicher Narben, und ich trug es in meiner Tasche immer bei mir, ohne damit fertig zu werden. – Die deutsche Sprache hat so viele treffende Redensarten, so z. B: „Die schlechten Früchte sind es nicht, woran die Wespen nagen!" [...]

[1] Anspielung auf Mt. 13, 25.
[2] EDUARD SPRANGER: Mein Konflikt mit der HITLERregierung 1933. Tübingen 1955.

EDUARD SPRANGER AN KÄTHE HADLICH
Tübingen, 09. 09. 1957 / Br., ca. 1/4

[...] Das kleine Heft, in das Du meine Äußerung von 1904/1905 eingetragen hast, war ein sinnreiches, mich beglückendes Gedenktagsgeschenk[1]. In etwas jugendlichstürmischer Form steht darin das Gleiche, was sich später in der „Weltfrömmigkeit"² und in der „Lebenserfahrung"³ abgeklärt hat. Seitdem hat sich noch etwas geändert. Mein Aufenthalt im Bereich der schwäbischen Landeskirche hat mich von der offiziell theologischen Frömmigkeit noch weiter entfernt. Trotzdem fühle ich mich, wie ich neulich auch an ALBERT SCHWEITZER geschrieben habe (den ich vielleicht bald sehe), als Christ. Es gibt eine innere Christuserfahrung, auf die es eigentlich ankommt. Vielleicht ist es ein geeigneter Name für das Göttliche, der mir kürzlich durch den Kopf fuhr: „der Mitwisser" (conscire, conscientia Gewissen). Aber es ist nur ein Teilname. Er ist auch der Heilende (der Heiland). Jene Worte von 1904/1905⁴ enthalten auch eine Prophezeiung für unseren gemeinsamen Lebensweg, die sich als absolut zutreffend bewährt hat. In allem. Aber auch darin: Es war mehr und ist mehr als das gemeinsame Philosophieren, das uns verbindet. Zum Philosophieren muß man einen Stoff haben. Den liefert allein das intime Leben – und das größere Geistesleben, in das ich erst später hinausgetreten bin. [...]

[1] Der „Gedenktag", d. h. der Tag ihres näheren Kennenlernens am 31. 08. 1903, den SPRANGER und KÄTHE HADLICH stets feierlich begingen. (KÄTHE HADLICH 10. 03. 1946)

[2] EDUARD SPRANGER: Weltfrömmigkeit. Ein Vortrag. Leipzig: Klotz 1941 (gehalten am 20. Oktober 1940 in der Neuen Kirche in Berlin; im einzelnen vgl. EDUARD SPRANGER: GS IX, S.397ff).

[3] EDUARD SPRANGER: Lebenserfahrung. Tübingen, Wunderlich, 1947. (SPRANGER schreibt auf dem Vorsatzblatt: „verfaßt 17. - 21. April 1945 in Berlin" und „Ferdinand Sauerbruch zum siebzigsten Geburtstag am 3. Juli 1945 in Verehrung und Freundschaft".)

[4] Vielleicht der Aphorismus aus dem oben abgedruckten „Notizbuch" vom 21. Juni 1905: „Es gibt keine unbedingte Reinheit des Willens. Das ist der Sinn des Christentums, daß das Bewußtsein der Sündhaftigkeit den Glauben an das Höhere in unsrer Natur nicht zu ersticken vermag."

Zur Vorgeschichte und zum Konzept der Edition

Von 1903 bis 1960 korrespondierte der bekannte Philosoph, Psychologe und Pädagoge EDUARD SPRANGER regelmäßig und in meist recht engen Zeitabständen (gewöhnlich 1 bis 2 mal pro Monat) mit der Kunstmalerin KÄTHE HADLICH. Dieser Briefwechsel gestaltete sich nach SPRANGERS eigener Einschätzung bald „mehr und mehr zu einer Gemeinschaft des geistigen Lebens"[1] und darf als eine späte Parallele zu bekannten Korrespondenzen im 18. und 19. Jahrhundert (z. B. A. W. Schlegels mit CAROLINE MICHAELIS, GOETHES mit CHARLOTTE VON STEIN und SÖREN KIERKEGAARDS mit Regine Olsen) angesehen werden. SPRANGER berichtet in den Briefen an KÄTHE HADLICH nicht nur über persönliche und alltägliche Belange, sondern auch über seine Auseinandersetzung mit der zeitgenössischen Philosophie, Psychologie und Pädagogik und äußert sich offen und ungeschützt über alle wissenschaftlichen und politischen Fragen der Zeit.

So gibt diese Korrespondenz neue Einblicke in SPRANGERS Biographie, in die Genese seines Werkes, in seine Haltung zur Weimarer Demokratie, zum Dritten Reich, zum Widerstand und zur frühen Bundesrepublik sowie in die innere Verfassung der deutschen Pädagogik von der Jahrhundertwende bis in die sechziger Jahre. Sie spiegelt letztendlich ein Stück deutscher Zeitgeschichte im Focus eines hervorragenden Repräsentanten ihres geistigen Lebens.

Die Bedeutung dieser Korrespondenz ist in der SPRANGERforschung bekannt. So wurde z. B. wiederholt darauf hingewiesen, daß ihr unter der großen Menge nachgelassener Briefe SPRANGERS für eine noch zu schreibende SPRANGERbiographie eine zentrale Rolle zukomme.[2] Sie ist jedoch nicht nur von hoher biographischer Relevanz. Sie ist auch ein wichtiges Dokument der Zeit vom Ende des Kaiserreiches bis zu den ersten Jahrzehnten der Bundesrepublik, und sie bietet wegen des Gehaltes an philosophischen, psychologischen und pädagogischen Reflexionen wichtiges Quellenmaterial für die Entwicklung und für das Verständnis des SPRANGERschen Œuvres.

---

[1] Brief EDUARD SPRANGERS vom 18. 01. 1905 an KÄTHE HADLICH; auch zitiert in GS VII, S.407.
[2] So von Ludwig Englert: Das Sprangerarchiv in München. In: H. W. Bähr u. H. Wenke (Hrsg.): EDUARD SPRANGER – sein Werk und sein Leben, Heidelberg 1964, 215 u. 218), von SPRANGERS Nachlaßverwalter u. dem Herausgeber seiner Gesammelten Schriften Hans Walter Bähr in: GS VII, 406f., von Hermann Röhrs in: EDUARD SPRANGER, der Mensch und Gelehrte, im Spiegel seines Briefwechsels. In: Walter Eisermann/ Hermann Röhrs (Hrsg.): Maßstäbe. Perspektiven des Denkens von EDUARD SPRANGER. Düsseldorf 1983, 279f.

Auch SPRANGER selbst war sich der Bedeutung dieser Korrespondenz durchaus bewußt und faßte schon früh eine Veröffentlichung ins Auge, so im Brief vom 23. 01. 1923 an KÄTHE HADLICH: „Nach meinem Tode wirst Du, geeignete Verhältnisse vorausgesetzt, der Öffentlichkeit davon zugänglich machen, was Dir recht scheint." Im Brief vom 24. 12. 1910 nannte er die Korrespondenz mit KÄTHE HADLICH seinen „besten Daseinsinhalt"; in mündlichen Äußerungen gegenüber ihm nahestehenden Personen bezeichnete er sie als sein Tagebuch und seine nicht geschriebene Autobiographie.

Daß die SPRANGER-HADLICH-Korrespondenz gleichwohl nicht schon längst wissenschaftlich erschlossen ist, hat vor allem zwei Gründe:

– Im SPRANGER-Nachlaß in der Universitätsbibliothek Tübingen waren bisher nur die Briefe SPRANGERs an KÄTHE HADLICH zugänglich. Die Gegenstücke waren unauffindbar. Hier erzielte schließlich Luzia Scherr einen Durchbruch, die 1990 zumindest einen großen Teil der Briefe und Postkarten KÄTHE HADLICHs im Nachlaß entdeckte.

– Entmutigend wirkte wohl auch der außerordentliche Umfang der Korrespondenz[3], zumal sie in heute nicht mehr leicht lesbarer deutscher Schreibschrift vorliegt. Diese Schwierigkeit konnte mit großzügiger Unterstützung der Deutschen Forschungsgemeinschaft bewältigt werden, die nach ersten vorbereitenden Sichtungsarbeiten Werner Sachers seit 1989 in den Jahren 1992 bis 1997 Projektmittel für die Transkription und Erschließung der Korrespondenz zur Verfügung stellte.

Die Transkriptionsarbeiten begannen Werner Sachers Bamberger Studentinnen und Studenten. Luzia Scherr setzte sie in erweitertem Umfang fort. Den weitaus größten Teil bewältigten von 1992 bis 1994 die Hilfskräfte in dem von Dr. Sylvia Martinsen organisierten DFG-Projekt Werner Sachers: Berthold Füger, Peter Georgii, Christian Gerlinger, Sandra Kraemer, Dr. Detlev Langenegger, Daniel Müller, Caroline Hollenberger-Rusch, Michael Saum, Ulrike Schuh, Silke Wassermann, Sibel Özben, Siegrid Schwindt und Andreas Wick. Auch Ulla Mayer und Dagmar Sacher trugen dazu bei.

Die hier vorgelegte Auswahledition will die Biographien der Korrespondenzpartner aufhellen, insbesondere wichtige Aspekte zu einer Biographie SPRANGERs als eines typi-

---

[3] Fast 14.000 Seiten, davon ca. 7.500 Seiten (etwa 2.900 Briefe und Postkarten) von EDUARD SPRANGER und knapp ca. 6.300 Seiten (etwa 1.700 Briefe und Postkarten) von KÄTHE HADLICH.

schen Repräsentanten der deutschen Gelehrtenschaft beitragen, Bezüge zu seinem Werk aufzeigen, die neue Zugänge zu dessen Verständnis eröffnen, und politischen Hintergrund in den Aussagen von Zeitzeugen spiegeln. Es war jedoch nicht möglich, diese Aspekte für den gesamten Zeitraum der Korrespondenz gleichgewichtig zu berücksichtigen, da der Band sonst viel zu umfangreich geworden wäre. Die Finanzierung seiner Drucklegung in der nun vorliegenden Form war immer noch schwierig genug. Um den Umfang zu beschränken, wurde darauf verzichtet, alle biographisch bedeutsamen Briefe in die Edition aufzunehmen und SPRANGERS alltägliche Lebens- und Arbeitsverhältnisse repräsentativ abzubilden. Gleichwohl enthält sie diesbezüglich eine Vielzahl wichtiger und bisher kaum bekannter Korrespondenzteile. Auch der anfängliche Anspruch, den gesamten Korrespondenzzeitraum gleichmäßig abzudecken, wurde revidiert: Da der gedankliche und politische Gehalt des Briefwechsels nach 1945 sehr stark abnimmt, sind für die Nachkriegszeit und die ersten Jahre der Bundesrepublik nur wenige Exempla aufgenommen. Den größten Anteil haben die Briefe aus dem Kaiserreich und aus der Weimarer Zeit. Auch für die Zeit des Hitlerregimes kann eine größere Zahl weitgehend unbekannter Briefe vorgelegt werden, die politisch und biographisch bedeutsame Aussagen enthalten, z. T. auch Aspekte des philosophischen, psychologischen und pädagogischen Werkes beleuchten. Allerdings ist hier der Bestand an erhaltener Korrespodenz nicht so umfangreich wie in den früheren Jahren, nicht zuletzt wohl auch aufgrund allgemeiner Schreibvorsichten in der NS-Zeit.

Briefe, Postkarten, Tagebucheinträge und Gedichte EDUARD SPRANGERS sind in der schließlich getroffenen Auswahl gegenüber solchen KÄTHE HADLICHS im Verhältnis 269 zu 82 stark überrepräsentiert. Das ergab sich zum einen daraus, daß ganze Jahrgänge der Korrespondenzteile KÄTHE HADLICHS fehlen.[4] Zum anderen enthalten viele ihrer Briefe und Postkarten nur Berichte alltäglicher und trivialer Begebenheiten, die kaum von wissenschaftlichem Interesse sind.

Ein anfänglicher Gedanke, nach Möglichkeit jeweils Brief und Gegenbrief abzudrucken, scheiterte an den dafür doch zu großen Lücken im erhaltenen Material. Im übrigen hätte diese Konzeption wahrscheinlich eine recht umfangreiche Edition bedingt, da dann auch Korrespondenzteile aufzunehmen gewesen wären, die den Editionskriterien nur wenig entsprechen.

---

[4] Es fehlen komplett die Jahrgänge 1903, 1906, 1913 und 1916 bis 1919. Aus den Jahren 1904, 1905, 1912, 1929, 1930, 1932 und 1933 sind jeweils nur ein oder zwei Briefe erhalten.

Der Band VII der von Hans Walter Bähr herausgegebenen Gesammelten Schriften enthält bereits 104 Briefe EDUARD SPRANGERs an KÄTHE HADLICH. Soweit diese hinsichtlich unserer Editionskriterien von Bedeutung sind, wurden sie auch hier aufgenommen. Das geschah in 61 Fällen[5], wobei wir allerdings häufig etwas andere Passagen auswählten. In 43 Fällen[6] verzichteten wir auf einen Abdruck, weil diese Briefe entweder unseren Editionskriterien nicht genügten oder durch gleich bedeutende unveröffentlichte aus demselben Zeitraum ersetzt werden konnten.

Wir haben uns in mühevoller Kleinarbeit bemüht, die biographischen und historischen Hintergründe und die Werkbezüge in einem umfänglichen Anmerkungsapparat aufzuhellen. Bei den dafür erforderlichen Recherchen unterstützten uns unsere Hilfskräfte Silke Hausmann, Martina Friedrich, Aline Liebenberg und M. A. Andreas Grün. Als ausgebildeter Fachhistoriker trug M. A. Andreas Grün auch inhaltlich viel zur Edition bei. Die Erlanger und Nürnberger Geschichtsprofessoren Altrichter, Blessing, Metz und Erdmann waren uns bei der Klärung einiger historischer Spezialfragen behilflich. Prof. Dr. Walter Eisermann und Prof. Dr. Wolfgang Hinrichs gaben wertvolle Hinweise. Eine Fülle von Informationen, Anregungen und konzeptionellen Vorschlägen verdanken wir Dr. Klaus Himmelstein. Dr. Norbert Autenrieth und Dr. Oskar SEITZ, Mitarbeiter an Werner Sachers

---

[5] Im einzelnen sind dies: der Brief SPRANGERs vom 07./ 08. 11. 1903; der undatierte Brief „in den Stunden der Fledermäuse" vom November 1903; die Briefe vom 15. 12. 1903; 29. 02. 1904; 16. 05. 1904; 01. 07. 1904; 29. 07. 1904; der Brief „am letzten Sommertage 1904" (also am 22. 09. 1904); die Briefe vom 07. 10. 1904; 15. 04. 1905; 15. 11. 1905; 15. 02. 1906; 16. 04. 1906; 15. 05. 1906; 20. 09. 1906; 26. 09. 1906; 21. 01. 1907; 21./ 24. 01. 1907 (dessen zweiter, am 24. verfaßter Teil wurde von Bähr fälschlich als selbständiger Brief aufgeführt wurde); 31. 05. 1907; 19. 07. 1907; 26. 08. 1907; 04. 11. 1907; 29. 10. 1908; 20. 12. 1908; 10. 02. 1909; 27. 04. 1909; 16. 06. 1909; 20. 07. 1909; 16. 10. 1911; 01. 10. 1912; 25. 04. 1913; 10. 10. 1913; Oktober 1914 (= 04./ 07. 10. 1914); 01. 11. 1914; 26. 04. 1915; vom Bußtag 1915 (also vom 26. 04. 1915); 05. 12. 1915; 16. 11. 1916; 12. 01. 1918; 29. 10. 1918; 22. 03. 1919; 23. 01. 1923; 24. 08. 1923; 10. 05. 1926; 16. 10. 1930; 02. 12. 1932; 07. 02. 1933; 02. 10. 1933; 19. 10. 1933; 26. 06. 1934; 13. 10. 1934; 20. 04. 1936; 29. 06. 1942; 03. 03. 1943; 18. 12. 1943; 17./ 18. 11. 1944 (wovon Bähr den zweiten, am 18. verfaßten Teil als selbständigen Brief ausgibt); 11. 02. 1945; 22. 08. 1945; 12. 12. 1945; 19. 01. 1946 und 09. 09. 1957.

[6] Es sind dies: ein undatierter Brief EDUARD SPRANGERs vom Februar 1905; die Briefe vom 24. 06. 1905; 07. 09. 1905; 03. 01. 1907; 14. 07. 1907; 18. 11. 1908; 18. 01. 1909; 23. 02. 1909; 28. 06. 1909; 25. 07. 1914; 21. 05. 1920; 24. 04. 1921; 15. 03. 1927; vom 2. Pfingstfeiertag 1927 (also vom 06. 06. 1927); 02. 02. 1928; 18. 11. 1929; 25. 10. 1932; 19. 02. 1933; 12. 04. 1933; 25. 04. 1933; 10. 05. 1933; 11. 03. 1934; 17. 04. 1934; 20. 07. 1934; 28. 03. 1935; 04. 12. 1936; 02. 02. 1937; 21. 04. 1937; 09. 05. 1937; 16. 10. 1937; 25. 06. 1938; 16. 12. 1938; 28. 09. 1939; 17. 05. 1941; 08. 09. 1941; 23. 12. 1941; 15. 02. 1942; 25. 11. 1943; 03. 06. 1944; 29. 06. 1944; 20. 01. 1945; 05. 02. 1945 und vom 04. 06. 1957.

Nürnberger Lehrstuhl, wirkten in der Endphase des Projektes bei der Auswahl von Briefen aus dem Zeitraum von 1945 bis 1960 mit. Wolfram Martinsen führte im In- und Ausland Recherchen für die Edition durch. Erika Sacher half bei der mühevollen Arbeit des abschließenden Korrekturlesens. Ungenannt bleiben müssen zahlreiche Mitarbeiter in Landes- und Universitätsarchiven, die uns bei Recherchen unterstützten.

Besonders verpflichtet fühlen sich die Herausgeber Prof. Dr. Hans Walter Bähr †, dem Verwalter des SPRANGERnachlasses, der ihnen uneingeschränkten Zugang zu den Briefen EDUARD SPRANGERs und KÄTHE HADLICHs und anderen wichtigen Materialien gewährte und das Projekt mit seinem fachkundigen Rat auf vielfältige Weise unterstützte.

Eine unverzichtbare Hilfe bei der Verwaltung der umfangreichen Korrespondenz war uns die Volltextdatenbank dtSearch der DT Software, Inc., in 2101 Crystal Plaza Arcade, Suite 231, Arlington, Virginia, 22202.

Die Deutsche Forschungsgemeinschaft hat durch eine großzügige Förderung des Projektes von 1992 bis 1997 diese Edition überhaupt erst ermöglicht. Sie leistete neben der Universität Erlangen-Nürnberg auch den Hauptanteil zur Finanzierung ihrer Drucklegung.

Der Klinkhardt Verlag hat die Edition nicht nur bereitwillig in sein Programm aufgenommen, sondern auch die Planung und Gestaltung der Drucklegung wohlwollend und fachkundig unterstützt.

Eduard Spranger und Käthe Hadlich: Erste Interpretationsversuche

Eine Aufarbeitung des biographischen und werk- und zeitgeschichtlichen Ertrags der SPRANGER-HADLICH-Korrespondenz muß einer Spezialarbeit vorbehalten bleiben. Im Vorgriff auf diese werden hier einige über den Anmerkungsapparat hinausgehende Informationen und Hilfen gegeben, die insbesondere dem mit der Zeitgeschichte und dem Œuvre SPRANGERs weniger Vertrauten die Einordnung und das Verständnis der Brieftexte erleichtern, aber möglichst doch erst nach der zusammenhängenden Lektüre der Briefauswahl gelesen werden sollten, um dem selbständigen Urteil nicht allzu sehr vorzugreifen.

Es liegt uns fern, uns die Position einer moralischen Instanz anzumaßen und uns zu Richtern über das Leben und Werk eines großen Gelehrten aufzuwerfen. Gleichwohl glauben wir, in seinem eigenen Sinne zu handeln, wenn wir der Öffentlichkeit eine ungeschönte Auswahl der Briefe zugänglich machen, die allein dem Ethos der wissenschaftlichen Wahrhaftigkeit verpflichtet ist. Möglicherweise wird es zu dem einen oder anderen Aspekt (so über seine politische Haltung, seine Einstellung zu Juden, zu Frauen ganz allgemein und zu den beiden ihm – abgesehen von seiner Mutter – am nächsten stehenden Frauen im besonderen) eine neue Diskussion über SPRANGER geben. Man sollte dabei berücksichtigen, daß ein Briefwechsel mit einer vertrauten Freundin argumentativ nicht beliebig verwendbar ist und immer nur begrenzte Belegfunktion haben kann: Auch intime Aufzeichnungen wie Tagebücher und Briefe offenbaren nicht die Wahrheit schlechthin, sondern – wie alle anderen historischen Quellen auch – nur Teilaspekte. Äußerungen in einer Korrespondenz stellen naturgemäß Momentaufnahmen in einer längeren Entwicklung dar und werden oftmals durch frühere und spätere Stellen relativiert. Sie sind oft auch nur erste, tastende Versuche einer Selbstvergewisserung und Selbstklärung und als solche nicht von gleichem Rang wie sorgsam reflektierte Aussagen im Œuvre oder bei öffentlichen Auftritten. Daß auch der Adressatenbezug und die jeweilige biographische und zeitgeschichtliche Situation bedacht werden müssen, versteht sich von selbst. Äußerungen des kaum 20-jährigen SPRANGER haben anderes Gewicht als solche des 50-jährigen. Insgesamt wäre es zu billig und unhistorisch, Erfahrungen vorauszusetzen, welche die Menschheit z. T. sehr schmerzlich im zurückliegenden Jahrhundert erst machen mußte. Das Schwergewicht der Interpretation sollte darauf liegen, uns in SPRANGER ein Stück unserer eigenen Geschichte verständlicher zu machen. Auch dabei stößt die Interpretationsfähigkeit von uns modernen Menschen immer wieder an Grenzen, wo wir uns nur unzureichend in Gesinnungen und Geisteshaltungen der Vergangenheit einfühlen und sie dementsprechend auch nur z. T. verstehen können.

1. Biographische Daten Käthe Hadlichs

KÄTHE HADLICH kam am 25. Februar 1872 in Pankow als Tochter des Arztes Heinrich Hadlich und seiner Ehefrau Charlotte, geb. Martins, zur Welt. Bereits 1875 verstarb ihre Mutter. 1880 heiratete der Vater wieder. Aus dieser zweiten Ehe gingen vier Kinder hervor: HERMANN (* 1881), Lietze (*1883; später verheiratet mit dem Geheimen Medizinalrat PAUL RUGE), KURT (*1884) und Anna (*1888; später verheiratet mit dem Gynäkologen Prof. Dr. CARL RUGE).

Entweder bereits nach dem Tod ihrer Mutter oder nachdem der Vater 1889 in den Schweizer Alpen tödlich verunglückte, nahmen dessen Mutter und unverheiratete einzige Schwester[1] KÄTHE zu sich nach Kassel und ließen sie in der Malerei ausbilden.[2]

1899 siedelte KÄTHE HADLICH nach Heidelberg über, wo sie fortan zusammen mit ihrer Freundin AENNE KNAPS ein Haus in der Rohrbachstraße 24 bewohnte. Dort besuchte sie SPRANGER während einer Ferienreise im Sommer 1903 auf Anregung HERMANN HADLICHS, ihres älteren Stiefbruders, der sein Schulkamerad am Dorotheenstädtischen Realgymnasium gewesen war. In der Folge entspann sich zwischen beiden eine lebenslange Freundschaft, die sich in der hier edierten Korrespondenz niederschlug.

KÄTHE HADLICH scheint ihren Lebensunterhalt zunächst hauptsächlich mit Hilfe des väterlichen Erbes bestritten zu haben. Diese Mittel ermöglichten ihr sogar, SPRANGER von der Endphase seiner Habilitation bis zur Berufung nach Leipzig zu unterstützen. Durch die Inflation verlor sie dieses Vermögen und war fortan gezwungen, einer Erwerbstätigkeit nachzugehen. Sie zeichnete Augenhintergründe nach dem lebenden Auge[3] – eine Tätigkeit, der sie bis ins hohe Alter nachging. Außerdem erhielt sie regelmäßige Zuwendungen von EDUARD SPRANGER, nachdem dieser arriviert war.[4]

KÄTHE HADLICH starb am 7. Juni 1960 im Altersheim Philippus in Heidelberg und wurde in Kassel begraben.

2. Biographische Daten Eduard Sprangers

EDUARD SPRANGER wurde am 27. Juni 1882 in Berlin-Großlichterfelde als außerehelicher Sohn des Spielwarenhändlers Franz SPRANGER und der Verkäuferin Henriette Schönenbeck[5] geboren. Erst nach dem Tode seiner Ehefrau konnte der Vater die Mutter Eduards am 03. 01. 1884 heiraten und das Kind als das seinige anerkennen.[6]

SPRANGER besuchte zunächst von 1888 bis 1894 das Dorotheenstädtische Realgymnasium – dieselbe Schule, in die auch HERMANN HADLICH, der ältere der beiden Stiefbrüder KÄTHE HADLICHs, ging. Auf Anraten SIEGFRIED BORCHARDTS, des Klassen- und Lateinlehrers, wechselte er anschließend an das Gymnasium zum Grauen Kloster, eines der angesehensten humanistischen Gymasien Berlins, an dem er 1900 die Reifeprüfung ablegte.

Nach dem Abitur schwankte SPRANGER, der ein begabter Pianist war, zwischen einer Musikerkarriere und der Gelehrtenlaufbahn[7], entschied sich dann aber für letztere und begann im Sommersemester 1900 an der Berliner Universität Philosophie im Hauptfach zu studieren.

Im Sommersemester 1901, seinem dritten Studiensemester gelang es ihm, WILHELM DILTHEY, den großen Philosophen und Psychologen, der ihn trotz seiner chaotischen Lehrveranstaltungen faszinierte, mit einer Seminararbeit über „Grundlagen der Religionsphilosophie" zu beeindrucken und eine Promotion mit ihm zu vereinbaren. Das Thema „Die Entwicklungsgeschichte FRIEDRICH HEINRICH JACOBIS" war für den Zwanzigjährigen, der noch über keinerlei methodische Vorbildung verfügte und noch an keinem historischen oder philosophischen Seminar teilgenommen hatte, aber offensichtlich zu schwierig. Trotz intensiver Bemühungen in den folgenden drei Semestern kam er damit nicht zurande. Auch Versuche, JACOBIS Nachlaß aufzufinden, scheiterten. Ein erster Bericht über die vorläufigen Resultate fiel nicht zu DILTHEYS Zufriedenheit aus und fand auch nicht den Beifall HERMAN NOHLS, „des hochbegabten älteren Studiengefährten"[8], der damals schon enger mit DILTHEY zusammenarbeitete. Schließlich – wohl auch, weil er kaum betreut worden war und sich menschlich von DILTHEY enttäuscht fühlte – gab SPRANGER im Frühjahr oder Frühsommer 1903 das Thema zurück, nachdem DILTHEY 1902 einen weiteren Zwischenbericht recht unkonzentriert und unter ziemlich unwürdigen äußeren Umständen entgegengenommen hatte.[9]

SPRANGER wechselte zu FRIEDRICH PAULSEN und promovierte 1905 bei diesem mit einer Arbeit über „Die erkenntnistheoretischen und psychologischen Grundlagen der Geschichtswissenschaft", die noch im gleichen Jahr in einer erweiterten Fassung unter dem Titel „Die Grundlagen der Geschichtswissenschaft" publiziert wurde. Nebenfächer in dem am 2. Februar 1905 abgelegten Rigorosum waren deutsche Literaturgeschichte und Neue Geschichte. Die Promotionsfeier mit Aushändigung der Urkunde durch den Dekan ERMANN fand am 6. Mai 1905 statt.

SPRANGER hörte Philosophie und Psychologie bei WILHELM DILTHEY und FRIEDRICH PAULSEN sowie bei ADOLF LASSON und CARL STUMPF. Er besuchte Veranstaltungen bei dem Pädagogen WILHELM MÜNCH, bei den Historikern OTTO HINTZE, EDUARD MEYER und HANS GOTTLIEB LEOPOLD DELBRÜCK, bei dem Gräzisten ULRICH VON WILAMOWITZ-MOELLENDORFF, bei den Nationalökonomen GUSTAV VON SCHMOLLER und ADOLPH WAGNER, bei dem Juristen FRANZ VON LISZT, bei dem Kirchenhistoriker ADOLF VON HARNACK, bei dem Germanisten GUSTAV ROETHE, bei dem Literaturhistoriker ERICH SCHMIDT und bei dem Soziologen GEORG SIMMEL. Außerdem hörte er im 1. Semester Musiktheorie (war also immer noch schwankend in seiner Entscheidung, ob er

Musiker oder Philosoph werden sollte!), später Gehirnanatomie und Darwinsche Deszendenztheorie, und er besuchte bis zum 6. Semester Veranstaltungen zur Mathematik.[10]

Die wirtschaftlichen Verhältnisse seiner Eltern hatten sich schon bis zur Aufnahme des Studiums im Jahre 1900 ungünstig entwickelt. Der Vater – so gütig und feinfühlig er zu seinem Sohn sein konnte – verspielte hohe Summen in der Lotterie, sprach gern dem Alkohol zu, nahm es nicht allzu genau mit der ehelichen Treue und führte schließlich das Spielwarengeschäft in den Ruin. 1923 meldete sich gar eine außereheliche Tochter[11], zu welcher EDUARD SPRANGER jedoch jegliche Verbindung ablehnte.

Um seinen Lebensunterhalt zu verdienen, übernahm SPRANGER mancherlei schriftstellerische Tätigkeiten und wissenschaftliche Gelegenheitsarbeiten[12] und unterrichtete nach seiner Promotion stundenweise mit einem immer nur befristet erteilten „polizeilichen Unterrichtserlaubnisschein" an der Höheren Mädchenschule RUDOLF KNAUERS[13] und an WILLY BÖHMs Höherer Töchterschule und Lehrerinnenseminar[14]. Das Staatsexamen nachzuholen und damit die Einstellungsbedingung für das Lehramt zu erfüllen, wie ihm verschiedentlich geraten wurde, wäre zu aufwendig gewesen, weil das Hauptfach Philosophie dafür nicht paßte und somit ein anderes erst hätte studiert werden müssen.

Im Sommer 1909 habilitierte SPRANGER sich an der Berliner Universität mit einer Arbeit über „Wilhelm von Humboldt und die Humanitätsidee" für Philosophie und Pädagogik. Im Vorfeld war es zur Aussöhnung mit DILTHEY gekommen, nachdem SPRANGER fünf Jahre lang dessen Haus nicht mehr betreten hatte. – DILTHEY leistete dann auch entscheidende Unterstützung bei der Habilitation.

In dieser Zeit schloß SPRANGER sich auch enger an ALOIS RIEHL an, der 1905 als Ersatzprofessor für ihn berufen worden war, und an dessen Ehefrau SOFIE. – Beide wurden in der Folge Vater- und Mutter-Figuren für ihn. Exemplarisch sei eine autobiographische Äußerung SPRANGERs angeführt: „Meine Habilitation verschaffte mir auch die Aufnahme in das Haus von DILTHEYS Nachfolger ALOIS RIEHL. Hier genoß ich – wie ein Sohn betrachtet – die höhere Schule des Lebens. Frau SOFIE RIEHL war eine von den hochgeistigen und leiderfahrenen Frauen, die es verstehen, einen jungen Mann in seinen Tiefen aufzuschließen und ihn in seiner eigenen Natur weiterzuführen. ALOIS RIEHL war der edelste Mensch, den ich kennengelernt habe."[15]

Vom Sommersemester 1909 bis zum Sommersemester 1911 wirkte SPRANGER als Privatdozent an der Universität Berlin. Zum Wintersemester 1911 folgte er einem ehrenvollen Ruf an die Universität Leipzig als planmäßiger außerordentlicher Professor für Philosophie und Pädagogik auf den Lehrstuhl ERNST MEUMANNS, der nach Hamburg gegangen war. Am 21. August 1912 wurde er dort zum Ordinarius ernannt.

Im August 1919 erhielt er einen Ruf als Nachfolger ALOIS RIEHLs auf dessen Lehrstuhl an die Universität Berlin, dem er 1920 Folge leistete.

Nun begann SPRANGERS glanzvollste Zeit. Seine beiden rasch hintereinander erschienenen Hauptwerke „Lebensformen" (1921)[16] und „Psychologie des Jugendalters" (1924) erlebten bald zahlreiche Auflagen und wurden in mehrere große Kultursprachen übersetzt. 1925 wurde er ordentliches Mitglied der Preußischen Akademie der Wissenschaften. Er hatte erheblichen Einfluß auf die preußische und deutsche Schulpolitik, z. B. auf die Neugestaltung der Lehrerbildung. 1925 gründete er zusammen mit HERMAN NOHL, THEODOR LITT, WILHELM FLITNER und ALOYS FISCHER die Zeitschrift „Die Erziehung. Monatsschrift für den Zusammenhang von Kultur und Erziehung in Wissenschaft und Leben", die in den Jahren 1925 – 1943 maßgeblich die pädagogische Diskussion in Deutschland bestimmte. SPRANGER war ein begehrter und geachteter Redner. So übertrug ihm z. B. die Universität Zürich im PESTALOZZI-Gedenkjahr 1927 die Festrede zum 100. Todestag Pestalozzis (dessen kritische Werkausgabe er zusammen mit ARTUR BUCHENAU und Hans Stettbacher besorgte), am 18. 01. 1930 hielt er bei der Reichsgründungsfeier der Friedrich-Wilhelms-Universität in Berlin die Festrede über „Wohlfahrtsethik und Opferethik in den Weltanschauungen der Gegenwart"[17], am 25. 01. 1932 sprach er auf Wunsch des Reichskanzlers BRÜNING im Rundfunk (Deutsche Welle) über „Deutsche Not, deutsche Hoffnung"[18], 1951 hielt er auf Einladung des Bundeskanzlers ADENAUER zur 2. Jahresfeier der Gründung der Bundesrepublik Deutschland eine Rede vor dem Bundestag („Deutschland und Europa").[19] SPRANGER nutzte seinerseits diese Vortragstätigkeit gerne und gezielt, um öffentlichen Einfluß zu nehmen.

Die Politisierung der Hochschulen durch den Nationalsozialismus lehnte SPRANGER von Anfang an ab. Als 1933 der Nationalsozialistische Deutsche Studentenbund eine Hetzkampagne gegen jüdische Dozenten veranstaltete und SPRANGER bei der Berufung ALFRED BAEUMLERs auf ein neu geschaffenes Ordinariat für Politische Pädagogik an der Universität Berlin übergangen wurde, erklärte er am 25. 04. 1933 seinen Rücktritt, nahm ihn dann allerdings auf Drängen einer breiten Öffentlichkeit und – wie er selbst in seinen Lebenserinnerungen gesteht[20] – weil „die erhoffte Unterstützung der Kollegen ausblieb und die Möglichkeit der Auswanderung [die er ernstlich wohl auch nicht wollte] nicht gegeben war", Anfang Juni 1933 wieder zurück.[21] SPRANGERS Haltung zum Nationalsozialismus wird unten genauer zu beleuchten sein. Jedenfalls aber hatte er sich das Mißtrauen der neuen Herren zugezogen. Aber man ließ seine akademische Wirksamkeit in einem eingeschränkten Maße weiterhin zu, bediente sich sogar recht gerne seiner internationalen Reputation – „fürs Schaufenster", wie er selbst erkannte[22] – um ihn auf Vortragsreisen ins Ausland und schließlich von Ende November/ Anfang Dezember 1936 bis Ende September 1937 als ersten deutschen Austauschprofessor nach Japan zu schicken.

Nach dem Kriegsende übte SPRANGER vier Monate lang das Amt des kommissarischen Rektors der Universität Berlin aus. Im Juli 1946 folgte er einem Ruf an die Universität Tübingen, wo er bis 1952 als Ordinarius wirkte und auch über seine Emeritierung hinaus noch lehrte. Am 17. September 1963 starb er im Alter von etwas über 81 Jahren.

3. Die Freundschaft Eduard Sprangers mit Käthe Hadlich[23]

Nachdem SPRANGER im Frühjahr 1903 das Dissertationsthema an DILTHEY zurückgegeben hatte, geriet er – hauptsächlich wohl durch die Überarbeitung während der zurückliegenden drei Semester – in eine tiefe physische und psychische Krise. Zur Erholung plante er – wie schon in den Jahren zuvor – eine große „Sommerreise", die diesmal u. a. über Heidelberg führen sollte.[24] Kurz vor deren Antritt hatte HERMANN HADLICH, sein Mitschüler am Dorotheenstädtischen Realgymnasium und nun sein Mitstudent, ihm vorgeschlagen, in Heidelberg bei seiner Stiefschwester KÄTHE vorzusprechen, die er als eine Kennerin der Gegend empfahl.[25]

Am 23. August 1903, einem Sonntag, stattete SPRANGER ihr einen Höflichkeitsbesuch ab. Er fand in KÄTHE HADLICH „eine sehr kleine Dame in der Ecke des großen Zimmers [vor], das tausend Dinge aus altem Familienbesitz mit den Erzeugnissen eigner Malkunst verband", und „sah in zwei braune Augen von einer Schönheit und Beseelung" wie er sie noch nie gesehen hatte.[26] Am Ende des Besuches wurde ein gemeinsamer Tagesausflug für den übernächsten Montag, den 31. August, vereinbart.

Bei der Wanderung auf den Zollstock sprach SPRANGER von seinen Differenzen mit DILTHEY und von der JACOBI-Arbeit, die er abgebrochen hatte. Man diskutierte über Weltanschauung im allgemeinen. KÄTHE HADLICH bekannte sich zur Naturphilosophie, obgleich sie – wie sie später gestand – „damals gar nicht wußte, was das eigentlich ist, und nur eine eigne Philosophie, auf dem Boden naturwissenschaftlicher Kenntnisse erwachsen, besaß". Besonders eiferte sie gegen KANT und seinen Phänomenalismus. Kurz vor dem Abstieg bei einer Rast am Waldesrand begegneten sich für einen Moment beider Augen „wie in einer plötzlichen Offenbarung".[27]

SPRANGER bezeichnete rückblickend diesen Tag als den wichtigsten Tag seines Lebens,[28] und er gedachte seiner, ebenso wie KÄTHE HADLICH, fortan alljährlich als des Kennenlerntages. Der Ertrag der Begegnung in Heidelberg war „das tiefe Ineinandertauchen zweier unerlöster Seelen, die beide noch gar nicht darauf vorbereitet waren, daß so etwas überhaupt geschehen könnte."[29] Heidelberg wurde für SPRANGER „die Quelle eines Glücks", das sein „ganzes Leben überstrahlt hat."[30] Er hatte dort, wie er rückblickend sagt, seine „Diotima", seine „Seelenführerin" gefunden.[31]

Wieder in Berlin angekommen, schrieb SPRANGER zunächst an KÄTHE HADLICH, „um jene leicht fließenden Unterhaltungen fortzusetzen, in denen ich mich verstanden fühlte, schon während und indem ich noch sprach".[32]

Es entspann sich in der folgenden Zeit ein reger Briefwechsel, in dem die beiden um ihre philosophisch-weltanschaulichen Standpunkte rangen. Ihre geistigen Gemeinsamkeiten waren – genau besehen – nicht eben groß: SPRANGER war ganz erfüllt von einer Humanitätsidee, die er damals noch mehr gefühlsmäßig und intuitiv als begrifflich und in genauerer Kenntnis der Geistesgeschichte faßte. Für KÄTHE HADLICH als Malerin war genaue Naturbeobachtung selbstverständlich, und als Tochter eines Arztes, zu dessen engstem Bekanntenkreis RUDOLF VIRCHOW gehört hatte, war sie stark naturwissenschaftlich orientiert und in der entsprechenden Literatur viel besser bewandert als SPRANGER, der an der Universität zwar auch mathematische und naturwissenschaftliche Lehrveranstaltungen besucht hatte[33], den aber – wie er rückblickend selbst schreibt – mehr die Fülle der geistigen Welt als die Naturforschung interessierte.[34] Aber KÄTHE HADLICH hatte in ihrem Leben bereits „viel gelitten und viel einsam gedacht. Das Leben war ihr zum Problem geworden."[35] Sie waren eben, wie SPRANGER im Tagebuch der Sommerreise 1904 schreibt, das als Teil des Briefwechsels erhalten ist, „beide Naturen, die zu selbständiger Reflexion gegenüber dem Leben gelangt" waren[36].

In den folgenden Jahren – insbesondere nach dem Tode der Mutter SPRANGERS am 19. 03. 1909 – glitt KÄTHE HADLICH von der Rolle der geistigen Partnerin mehr und mehr in die Rolle einer älteren Schwester, wie die Anreden „Liebe Schwester" und „Mein Bruder" belegen, die vor allem in den Briefen der Jahre 1909 bis 1911, vereinzelt auch schon 1908 und noch 1911 zu finden sind. KÄTHE HADLICH hatte ein offenes Ohr für alle Sorgen und Probleme SPRANGERS, beriet ihn und stand ihm bei in allen Lebensfragen. Sie vermittelte in SPRANGERS Konflikt mit dem Vater[37], der nach dem Tod der Mutter immer wieder aufbrach.

Als seine Habilitationspläne an finanziellen Engpässen zu scheitern drohten, half sie mit Geldzuwendungen aus ihrem väterlichen Erbteil[38]. Im Brief vom 12. 04. 1909 z. B. schrieb SPRANGER: „Ich habe lange gekämpft, ob es bei dieser gefährdeten Situation einen Sinn hat, im Sommer die Habilitation zu betreiben. Sie würde mir wieder auf Monate die Erwerbsquellen verschließen." Im Brief vom 07. 05. 1909 erbat er sich von KÄTHE HADLICH 100 Mark zur Linderung einiger Probleme. Am 16. 06. 1909 nahm er ihr finanzielles Hilfsangebot in Anspruch, um sich einen Frack für die Probe- und Antrittsvorlesung anfertigen zu lassen.

KÄTHE HADLICH eilte 1910 nach Berlin, als SPRANGER wegen eines Bronchialkatarrhs, der in Wahrheit wohl eine TBC-Infektion war, die er sich von der tuberkulösen Mutter zugezogen hatte[39], ihrer Pflege bedurfte[40]. Sie begleitete ihn in demselben Jahre bei einem notwendig gewordenen Kuraufenthalt in Ilmenau / Thüringen[41], und sie übernahm 1916, als die TBC-Erkrankung offen ausbrach, zunächst wiederum seine Pflege, bevor er sich in Partenkirchen einer Behandlung unterzog, die bis 1917 andauerte[42]. Sie beriet ihn uneigennützig, als er von 1915 an in ein zunehmend näheres Verhältnis zu SUSANNE CONRAD, seiner späteren Ehefrau, trat und schließlich ab ca. 1924 eine intime Beziehung mit ihr unterhielt.[43]

Zweifellos war auch die Beziehung zwischen EDUARD SPRANGER und KÄTHE HADLICH eine erotische, wenn auch im platonischen Sinne. Besonders ihr Beginn im Jahre 1903 ist eindeutig der einer Liebesbeziehung. Daß es bis zum Jahre 1914 dauerte, bis man das förmliche „Sie" regelmäßig durch das vertrautere „Du" ersetzte[44], war nach der Jahrhundertwende nicht ungewöhnlich und stellt keinen Gegenbeleg dar.

Immerhin wechselte in dieser Zeit auch die Anrede von „Hochgeehrtes gnädiges Fräulein"[45] über „Liebes Fräulein Hadlich" (ab 1904)[46] zu „Liebe Freundin" (ab 1907)[47]. Ab 1908 gebrauchte SPRANGER zwischendurch auch die Anreden „Liebe Schwester"[48] und „Liebes Kind"[49]. Von 1915 an wurde „Liebste Freundin"[50], einige Male sogar „Innig geliebte Freundin"[51] und „Mein Liebstes"[52] gebräuchlich. Die geläufige Anrede von den zwanziger Jahren an war dann „Mein innig Geliebtes"[53] oder kürzer „Mein Geliebtes"[54], daneben von 1914 bis 1944 sporadisch „Liebes Herz" oder „Geliebtes Herz" (die Anrede, welche KÄTHE HADLICH hauptsächlich verwendete). Nach 1945 wurde „Meine einzige Freundin"[55] die übliche Anrede, abgelöst – nachdem zwischendurch einige Male das gelegentlich schon in den dreißiger Jahren gebrauchte „Meine Liebe"[56] verwendet wurde –, durch die in den fünfziger Jahren dominierende Anrede „Meine geliebte Freundin"[57].

Die größte Vielfalt zeigt sich in den Anreden der Jahre 1910 bis 1913, in denen SPRANGER „Liebe Freundin", „Liebe Schwester", „Liebes Kind" und „Mein Geliebtes" nebeneinander gebrauchte. Auch die Anreden der folgenden Jahre bis 1920 („Liebe Freundin", „Liebste Freundin", „Liebes Kind", „Mein Liebstes", „Mein Geliebtes") lassen noch ein Wechseln zwischen freundschaftlichen und erotischen Gefühlen erkennen. Ab 1921 fällt die innigste dieser Anreden („Liebes Kind") fort, und die freundschaftlichen Gefühle scheinen von nun an vorzuherrschen.

Für den Zeitraum von 1903 bis 1906 sind nur einige Postkarten KÄTHE HADLICHs an EDUARD SPRANGER erhalten, die keine Anrede aufweisen. Sie wird sicherlich ähnlich förmlich gewesen sein wie diejenige SPRANGERS in diesen Jahren. Die Briefe von 1907 benutzen bereits die Anrede „Lieber Herr SPRANGER"[58]. Noch im gleichen Jahre wird auch schon die Anrede „Lieber Freund"[59] verwendet. Ab 1910/ 1911 wird daraus „Geliebter Freund"[60], „Mein einziger Freund"[61] oder einfach „Mein Einziger" bzw. „Mein geliebter Einziger"[62]. Beide Anreden gebrauchte KÄTHE HADLICH bis zum Schluß. Nur während des Jahres 1911 findet sich gelegentlich die Formel „Mein Bruder"[63] oder „Mein einziger Bruder"[64]. 1920 bis 1924 kommen „Liebes

Herz"⁶⁵ bzw. „Geliebtes Herz"⁶⁶ oder „Liebstes Herz"⁶⁷, „Mein Liebstes"⁶⁸ und „Mein einziger, geliebter Freund"⁶⁹ hinzu – Anreden, welche KÄTHE HADLICH alle sehr lange, meist bis zum Ende der Korrespondenz gebrauchte.

Die Anreden KÄTHE HADLICHs nehmen nach dem Ilmenau-Aufenhalt 1910 rasch einen freundschaftlich-warmen Ton an und behalten diesen praktisch bis zum Ende der Korrespondenz. Die ausgesprochen zärtlichen Grußformeln „Liebes Herz" bzw. „Geliebtes Herz" oder „Liebstes Herz" und „Mein Liebstes" kommen im Grunde erst in den zwanziger Jahren hinzu, werden dann aber ebenfalls die ganze Zeit über beibehalten.

KÄTHE HADLICHs Anreden lassen auf eine weitaus größere Gefühlssicherheit schließen als die EDUARD SPRANGERs. Sie hegte in den zwanziger Jahren auch dann noch sehr liebevolle Gefühe für ihn, als er sich mehr und mehr auf eine freundschaftlich temperierte Beziehung zurückzog.

Ihre sich in den zwanziger Jahren neben die innigeren Formen schiebende Anrede „Mein einziger, geliebter Freund", welche die freundschaftliche und die erotische Komponente synthetisiert, bringt ihr Wissen zum Ausdruck, daß mehr als eine sehr tiefe Freundschaft mit EDUARD SPRANGER nicht mehr möglich sein würde.

Vor allem während des Kuraufenthaltes in Ilmenau/ Thüringen im Jahre 1910 kamen beide einander näher. Im Anschluß daran schlossen die „Hölderlin-Naturen", die zu zart besaitet waren, „um nicht alles tief und heftig zu fühlen", ihren „Bund", der darin bestand, „daß wir uns auch das imaginärste Leid nicht verbergen wollen, daß wir aber dann auch fröhlich darüber fortkommen wollen, so sehr uns die Kräfte gestatten"⁷⁰. Der „Bund" war also zunächst ein Bund gegen depressive Verstimmungen, von denen beide immer wieder heimgesucht wurden. Daß er in Wahrheit aber eine weitaus tiefere Gemeinschaft darstellte, belegen SPRANGERs am 07. 08. 1910, dem letzten Abend des Ilmenau-Aufenthaltes, verfaßtes Gedicht und KÄTHE HADLICHs bald danach geschriebene Postkarte vom 11. 08. 1910, in welchen beide unübersehbar ihre Liebe zum Ausdruck bringen, ebenso wie die von nun an gebräuchliche Anrede „Geliebter Freund".⁷¹

Beide sahen ihre Beziehung als eine schicksalhaft vorbestimmte an: Bei SPRANGER mischten sich mit liebevollen Gefühlen gegenüber KÄTHE HADLICH Erinnerungen an die am 19. 03. 1909 verstorbene Mutter, die noch im Todeskampf immer wieder den Namen KÄTHE HADLICHs gerufen hatte.⁷² Er sah sich von der Sterbenden ausdrücklich ihrer Obhut anvertraut. Und auch KÄTHE HADLICH betrachtete die Beziehung als eine schicksalhafte „Fügung", die sich ihr schon früh durch Träume und Ahnungen geoffenbart hatte⁷³, am deutlichsten und geheimnisvollsten in jenem Kindheitstraum vom 31. 08. 1882 (dem Geburtsjahr SPRANGERs!), auf den sie in der Postkarte vom 11. 08. 1910 anspielte, den sie ihm aber erst im Brief vom 04. 03. 1920 mitteilte. Merkwürdig genug, daß der 31. 08. zugleich der Geburtstag ihres

Vaters und der spätere „Gedenktag" ihrer ersten Begegnung mit SPRANGER war![74]

Nachdem bereits 1904 ein Umzugsplan nach Berlin gescheitert war[75], scheint KÄTHE HADLICH in der Zeit nach dem Ilmenau-Aufenthalt aufs neue den Wunsch gehegt zu haben, in der Stadt des geliebten Freundes zu leben und in seiner Nähe zu arbeiten. So dachte sie daran, eine Anstellung als Zeichenlehrerin an der BÖHM-schen Mädchenschule zu erhalten, an welcher SPRANGER von 1909 bis 1913 stundenweise unterrichtete.[76] Und auch 1923 warf sie im Brief vom 08. 01. noch einmal die Frage auf, ob sie nicht doch nach Berlin ziehen sollte – Erwägungen, denen SPRANGER im oben abgedruckten Brief vom 23. 01. behutsam, aber bestimmt entgegentrat.

Daß SPRANGER sich in den folgenden Jahren gleichwohl mehr und mehr auf ein freundschaftliches Verhältnis zurückzog, muß im Zusammenhang damit gesehen werden, daß 1913 die damals 23-jährige SUSANNE CONRAD, die somit 8 Jahre jünger als SPRANGER und 18 Jahre jünger als KÄTHE HADLICH war, in sein Leben trat und eine immer bedeutendere Rolle darin zu spielen begann, bis sie schließlich 1934 SPRANGERS Ehefrau wurde.

SUSANNE CONRAD hörte von 1913 bis 1915 in Leipzig Vorlesungen bei SPRANGER, wobei nicht ganz klar ist, ob dies an der Universität oder in der Frauenhochschule geschah, die man dort nach dem Modell der seit 1908 unter ALICE SALOMONS Leitung betriebenen Schule für Sozialarbeit in Berlin-Schöneberg aufzubauen bemüht war[77].

Wie erhaltene Briefe SPRANGERS an SUSANNE CONRAD belegen, ging man schon 1913 gemeinsam zum Essen, traf man sich an der „bekannten Ecke" und verabredete man sich zu Spaziergängen. Am 2. März 1915 scheinen beide einander ihre Zuneigung gestanden zu haben, die SUSANNE CONRAD aus SPRANGERS Sicht irrtümlich als Liebe interpretierte[78]. Er rät ihr schließlich, auf das väterliche Gut in Ostpreußen abzureisen. Sie verließ dann auch wirklich Leipzig, ging aber nach Breslau, um dort ihr Studium fortzusetzen.[79] Ab 1916 scheint sie in Berlin studiert zu haben.[80]

SPRANGER vermißte in SUSANNE CONRAD offenbar vor allem die geistige Partnerin, die er in KÄTHE HADLICH gefunden hatte. Schon sehr früh sah er in einer Beziehung zu SUSANNE „die Gefahr von etwas Morganatischem"[81]. Gleichwohl war er in dieser Beziehung stärker engagiert und aktiver, als er KÄTHE HADLICH gegenüber zugeben mochte. Wenn er ihr im Brief vom 05. 03. 1915 von einer „tragischen Verwicklung" bzw. einem „Anflug von Untreue" am 2. März 1915 berichtete, der sich am 4. März schon wieder erledigt habe[82], dann ist zum einen festzuhalten, daß die Bekanntschaft mit SUSANNE CONRAD schon zwei Jahre vorher begonnen hatte, zum andern, daß sie keineswegs am 5. März 1915 endete, vor allem aber, daß sie auch auf SPRANGERS Seite tiefer ging, als er KÄTHE HADLICH und SUSANNE CONRAD eingestand: Im Nachlaß finden sich zwei Liebesgedichte SPRANGERS an SUSANNE CONRAD vom 12.

397

03. 1915 und vom 27. 01. 1924, wobei mindestens das erste kaum in ihre Hände gelangt sein dürfte. Außerdem ist der Rest einer getrockneten Blume erhalten, die SPRANGER offensichtlich als Erinnerung an eine Begegnung mit SUSANNE aufbewahrte. SUSANNE spürte vermutlich, daß SPRANGER sich stärker zu ihr hingezogen fühlte, als er zugab. Sie nahm deshalb seine Absagen nicht ernst[83] und träumte weiterhin von „einem Mehr als Freundschaft"[84]

Als SPRANGER 1920 von Leipzig an die Universität Berlin wechselte, traf er wieder auf SUSANNE CONRAD, die dort seit 1916 studiert hatte und inzwischen als Lehrerin arbeitete[85], und pflegte auch wieder Umgang mit ihr. SUSANNE war ihm bei mancherlei Problemen des Haushalts behilflich und gehörte bald zu seinem engsten Kreise. Dem neuerlichen engeren Kontakt war eine weiterhin aufrechterhaltene Korrespondenz zwischen beiden vorausgegangen.[86]

1920 lernten auch die beiden Frauen einander kennen, nachdem SUSANNE diesen Wunsch geäußert hatte.[87] KÄTHE HADLICH empfand Sympathie für die 18 Jahre jüngere Frau. Sie schrieb nach dem Besuch an SPRANGER: „[...] das Klare und Gerade in ihrem Wesen gefiel mir sehr gut."[88] Die beiden Frauen unterhielten fortan einen losen Briefwechsel und besuchten einander hin und wieder in den folgenden Jahren.[89]

KÄTHE HADLICH erklärte ihre Bereitschaft, SPRANGER für eine Verbindung mit SUSANNE freizugeben, falls er glaubte, sein Lebensglück mit ihr zu finden: „Wenn Dein Gefühl für Susanne so ist, daß es fähig wäre, Dein ganzes Leben zu erfüllen, dann laß es keine Hindernisse für Dich geben, ihm zu folgen."[90] Sie verknüpfte damit allerdings die Erwartung, die junge Frau würde noch in eine tiefere geistige Beziehung in ihrem und EDUARD SPRANGERs Verständnis hineinwachsen[91] – eine Erwartung, die sich nicht erfüllte.

Die Situation dürfte auch einigermaßen schwierig für SUSANNE gewesen sein: Sie empfand sicherlich die geistige Überlegenheit der älteren Frau, die zudem den Vorsprung einer um mehr als ein Jahrzehnt längeren Bekanntschaft mit SPRANGERS geistiger Welt hatte. Und was sollte sie dem arrivierten Gelehrten entgegenbringen außer Bewunderung? Was SPRANGER als fehlende „Tiefendimension"[92] SUSANNES, als „Starrheit allem Tieferen gegenüber"[93], ja als „Unbildsamkeit"[94] empfand, kann gut zu erheblichen Teilen einfach Vorsicht und Zurückhaltung der jungen Frau in der Konversation über philosophische und fachliche Themen gewesen sein.

Als KÄTHE HADLICH deutlich wurde, daß SUSANNE CONRAD ihren und SPRANGERS Erwartungen nicht zu genügen vermochte, versuchte sie im Herbst 1925 – erfolglos –, sie in einem Gespräch unter Frauen zum Verzicht zu überreden, wenn SPRANGER der Beziehung wirklich keine Perspektive geben wollte.[95] Dieser freilich war letztlich wohl doch, wie KÄTHE HADLICH richtig fühlte, halbherzig in all seinen Bemühungen, SUSANNE von der Unmöglichkeit einer näheren Beziehung zu überzeugen.[96]

1923 hatte SPRANGER möglicherweise doch noch einmal versucht, eine engere Beziehung zu KÄTHE HADLICH einzugehen. In dem oben abgedruckten undatierten Brief vom Januar 1923 berichtet sie davon, daß er ihr einen Ring (vielleicht einen Verlobungsring?) übergestreift habe, woraufhin sie aber verschreckt und abweisend reagiert habe, offensichtlich aufgrund traumatischer Vorkommnisse in ihrer Kindheit.

Von 1925/ 1926 an wurde die Beziehung SPRANGERS zu SUSANNE CONRAD intensiver und offenbar auch intim.[97] Weitere Versuche, sich von ihr zu lösen, schlugen fehl. SPRANGERS Briefe an KÄTHE HADLICH bezeugen, daß dies mit schweren inneren Konflikten für ihn verbunden war, da er eine Ehe mit SUSANNE wegen des fehlenden Gleichklangs der geistigen Interessen ausschloß. Z. B. schrieb er am 27. 05. 1926, „daß das Zusammenleben mit SUSANNE außerhalb einer erotischen Färbung inhaltlos wird; sie verliert allen Schwung, allen Reiz, alles eigentliche und tiefere Leben." Zudem gab es deshalb auch zeitweise Entfremdungen zwischen ihm und KÄTHE HADLICH, die er in bürgerlichen Moralvorstellungen befangen glaubte, welche ihr unmöglich machten, seine Nöte zu verstehen.[98]

Nachdem SPRANGER am 25. 04. 1933 seinen Rücktritt vom Lehrstuhl erklärt hatte, den er freilich Anfang Juni 1933 wieder zurücknahm[99], spielte er vorübergehend mit dem Gedanken, an die Universität Zürich zu wechseln[100]. Im Frühjahr 1934 besichtigte er bereits ein Haus, das er zu mieten gedachte.[101] SUSANNE CONRAD quittierte zum 1. August den Schuldienst. Daß sie nun wirtschaftlich ungesichert war und dies erst recht nach einem Wechsel nach Zürich sein würde, gab anscheinend den Ausschlag für den Entschluß SPRANGERS, sie nun endlich zu heiraten. Der tiefere Grund mochte in seiner zunehmenden Isolierung seit 1933 liegen.[102] Als dann Ende Juni deutlich war, daß der Ruf nach Zürich nicht erfolgen würde[103], führte SPRANGER den einmal beschlossenen Heiratsplan gleichwohl aus. Die standesamtliche Trauung fand am 14. August 1934 statt, die kirchliche Trauung wurde am 24. September 1934 in Berlin Dahlem vollzogen.[104]

Der Bund mit SUSANNE war aber schließlich doch mehr als nur eine Vernunftehe. Schon wenige Tage nach der Vermählung schienen alle früheren Bedenken SPRANGERS verflogen. Am 28. 09. 1934 schrieb er an KÄTHE HADLICH: „Es klingt seltsam, wenn ich sage, daß wir beide in diesen 4 Tagen der Ehe uns nicht nur stark zueinander hinentwickelt haben, sondern uns auch in ganz neuem Lichte erscheinen. [...] Ich spreche es mit einem Worte aus: Ich bin glücklich."[105]

Den Rang von SUSANNES Persönlichkeit begriff SPRANGER wohl erst so richtig, als er im Zusammenhang mit dem Attentatsversuch des 20. Juli 1944 vom 08. 09. bis 14. 11. 1944 in Moabit inhaftiert war[106]. Wahrscheinlich nur durch SUSANNES umsichtige Intervention beim japanischen Botschafter kam er schließlich wieder frei.[107] Vermutlich vor allem deshalb widmete er SUSANNE sein im Februar 1945 bald nach der Haftentlassung niedergeschriebenes Manuskript „Meine Studienjahre". Nach ihrem Tod am 05. 04. 1963 setzte er ihr in der Abhandlung „Vom metaphysischen Leid"[108] ein ergreifendes literarisches Denkmal.

Auch nachdem Eduard Spranger die Ehe mit Susanne eingegangen war, hielt Käthe Hadlich ihm die Treue, und sie war überdies seiner Ehefrau herzlich verbunden. Der Glaube an Sprangers Sendung und das Bewußtsein, ihm manche Wege erleichtert zu haben, war ihr Lebensinhalt – mystisch genug vorweggenommen in dem bereits oben erwähnten visonären Kindheitstraum der 10-Jährigen im Sommer 1882.[109] In einem unmittelbar nach Käthe Hadlichs Tod verfaßten Brief vom 11. 06. 1960 an Hans Walter Bähr[110] bezeichnet Spranger sie als seine „Lebensfreundin", in der bis zuletzt „der metaphysische Funke ihrer stets gleichen Sorge und Liebe" für ihn geglüht habe. Der Freundin im Geiste widmete er 1960 den Neudruck seines Buches „Wilhelm von Humboldt und die Reform des Bildungswesens" mit der Zueignung: „Käthe Hadlich, geb. 1872, gest. 1960, zum Gedächtnis in Dankbarkeit für den Gehalt der Jahre 1903 – 1960."[111]

4. Zum gedanklichen Gehalt der Briefe

Insbesondere die Briefe, welche Eduard Spranger und Käthe Hadlich bis ca. 1914 wechselten, weisen einen erstaunlichen gedanklichen Reichtum auf und eröffnen manche neue Sicht auf Sprangers Philosophie und Pädagogik. Später herrschen politische und zeitgeschichtliche Themen sowie Fragen des alltäglichen Lebens vor.

Im zeitlichen Umfeld der Dissertation von 1905, der Habilitationsschrift von 1909 und der großen Schriften der Leipziger Zeit und der zwanziger Jahre (der „Lebensformen" der 1. Auflage von 1914 und der 2. von 1921, der Psychologie des Verstehens von 1918 und der Psychologie des Jugendalters von 1924) findet sich eine Vielzahl von Gedanken und Skizzen, die einmal genau mit den Texten der Publikationen abgeglichen werden sollten. Diese Briefstellen repräsentieren die Themen des Sprangerschen Werkes gewissermaßen in statu nascendi und enthalten teilweise Details, die bei der abschließenden systematischen Darstellung in den Publikationen fehlen.

Das Thema der *Erziehung* ist ein gedankliches und biographisches zugleich: Ethik und Pädagogik gehören schon für den jungen Spranger von Anfang an zusammen.[112] Erziehung wird früh seine große Leidenschaft: „Wenn Erziehung nicht möglich ist, wozu sollte ich leben?"[113] Es steht außer Frage, daß Spranger sich selbst schon früh als Pädagoge verstand, wobei sein besonderes Interesse von Anfang an dem Jugendalter galt: „Ich brauche lebendige Menschen, auf die ich wirke, und zwar – wie Sie mir vielleicht nicht sogleich nachfühlen werden – Kinder. Aber es liegt in meiner Natur, daß sich alles Ästhetische, Religiöse und Pädagogische für mich unlösbar verbindet mit der Liebe zu demjenigen Lebensalter, in dem der

Mensch sich entscheidet, also 14 – 20."[114]

Erziehung im Verständnis des jungen SPRANGER ist sokratische Hebammenkunst, Hilfe zur Selbstfindung und Selbstverwirklichung.[115] Sie ist „ein Etwas, das in allen Lebensverhältnissen atmet und wirkt", ein „absolut selbständiges Lebensverhältnis"[116]. Für den SPRANGERkenner sind fast wörtliche Übereinstimmungen mit Passagen in dem im gleichen Jahre niedergeschriebenen Fragment „Reden über Erziehung"[117] zu erkennen, das SCHLEIERMACHERS „Reden über die Religion" nachempfunden ist.

Neben dieser Erziehungsauffassung, die dann auch im Werk breit entfaltet wird, scheinen in den Briefen vereinzelt und meistens zeitlich sehr begrenzt andere, konkurrierende Sichtweisen auf. So in einem undatierten Brief (der wahrscheinlich in der Zeit zwischen November 1903 und März 1904 verfaßt wurde) die Ansicht, Erziehung sei „eine Kunst der Verstellung", insofern, als der Erzieher nie das Ganze seiner Persönlichkeit offenbaren dürfe, oder die 1904 an anderer Stelle zu findende Aussage, der Erzieher müsse „sich aufdringen, sich in mannigfacher Verkleidung einschleichen"[118], oder die Vorstellung, der Erzieher „lauere" gewissermaßen „auf das Material, das er [der Zögling] beibringt", und zeige ihm dann „so und so kannst Du das kombinieren und zusammenbauen" – wobei SPRANGER sich durchaus der Gefahr idealisierender Projektionen durch den Erzieher bewußt war.[119]

Eine bisher kaum erschlossene Fundgrube für die pädagogischen Ansichten des jungen SPRANGER und für die Wurzeln seiner pädagogischen Theorie sind seine Berichte über die Erziehungsversuche an dem ihm anvertrauten jüdischen Jugendlichen Ernst Löwenthal und über seine schulpraktischen Erfahrungen in den Höheren Töchterschulen KNAUERS und BÖHMS in den Jahren von 1906 bis 1913[120]. Seine z. T. ausführlichen Schulberichte, die Schilderungen von Klassenfahrten, Klassentreffen und Schulfeiern, seine Charakterisierungen der Schülerinnen, seine Vorstellungen vom Lehrer-Schüler-Verhältnis und seine Auffassungen von der Unterrichtsmethode verdienten es, einmal im einzelnen mit den pädagogischen Schriften des jungen SPRANGER verglichen zu werden.

KÄTHE HADLICHs Erziehungsverständnis, das über ihren Stiefbruder HERMANN vielleicht von HEGEL beeinflußt war, scheint eher ein traditionelles gewesen zu sein: Ihm zufolge besteht Erziehung im „Hinweis auf das Objektive und die Gesetzmäßigkeit", in der Einbindung des Individuellen in eine umgreifende Ordnung, in der Befreiung von „selbstischen Zwecken und Zielen" – allerdings mit dem liberalen Zusatz, daß die Form der Einfügung umso wertvoller sei, „je weniger der persönliche Wille dabei gebrochen wird."[121]

Nahm KÄTHE HADLICH schon zu SPRANGERS Vorstellungen über Erziehung nur wenig elaboriert Stellung, so beschränkte sie sich erst recht bei den meisten anderen Themen darauf, seine Ansichten zur Kenntnis zu nehmen, zu kommentieren und

allenfalls einige Rückfragen zu stellen. Aber es gibt zwei große Ausnahmen, auf die im folgenden etwas näher eingegangen werden soll:
– die Auseinandersetzung über die Bedeutung der Naturwissenschaft und des naturwissenschaftlich orientierten Weltbildes und
– den Gedankenaustausch über Metaphysik, Religion und Religionsphilosophie.

Die *Auseinandersetzung über die Naturwissenschaft* wurde hauptsächlich in der frühen Korrespondenz der Jahre 1903 bis 1905 geführt. Leider sind Käthe Hadlichs Briefe aus dieser Zeit nicht mehr erhalten, so daß man ihre Anschauungen aus Sprangers Antworten und Entgegnungen rekonstruieren muß. Sie vertrat offenbar einen eher realistischen bis positivistischen Standort, während Spranger eine stärker transzendentalphilosophische Position bezog, die Käthe Hadlich als „idealistische", z. T. sogar als spekulative mißdeutete.[122] Spranger versuchte lange, sie von der Naivität eines Realismus zu überzeugen, der die objektive Gegebenheit und Erkennbarkeit der Welt annimmt, und er bemühte sich, ihr – hier über Kant hinausgehend – nicht nur die Bewußtseinskonstituiertheit, sondern umfassender die Lebenskonstituiertheit aller Gegenständlichkeit zu demonstrieren.[123] Ferner war er bestrebt, Käthe Hadlich vor Augen zu führen, daß ihre Sicht der Natur gar keine streng materialistische war[124], sondern eine Alleinheitslehre der Natur und somit eine Naturphilosophie implizierte, womit sie allerdings „Natur" äquivok sowohl als Begriff für die objektive Realität als auch als für das ihr zugrundliegende Totum verwendete.[125]

Der junge Spranger wollte – hierin ganz in der Tradition Diltheys stehend – die Berechtigung der Naturwissenschaft auf die Erklärung der äußeren Erscheinungen beschränkt sehen[126], und das „innere" Leben bzw. das Wertleben ihrer Zuständigkeit entziehen. Ihm war nicht die Natur das Erste, sondern das „Denken", welches die Gesetzmäßigkeit der Natur überhaupt erst konstituiert. Folgte Spranger insoweit Kant, wich er doch darin gravierend von ihm ab, daß er in diesem Denken nicht nur das logische Vermögen, sondern die „ganze Innerlichkeit" incl. der Willensimpulse sah – eben das „Leben"[127] – ein Position, die ihn bereits 1904 zu dem zukunftsweisenden Programm einer „Biologie des Erkennens"[128] führte.

Seiner Meinung nach ist also ein Fundierungsverhältnis zwischen dem Wertleben und der Naturerkenntnis gegeben, und dementsprechend müssen die Naturwissenschaften auf entscheidende Sinnfragen und Wertprobleme die Antwort schuldig bleiben.[129] Die volle Wirklichkeit erfassen wir nach Sprangers Meinung nicht im Wissen, sondern in den Werten.[130] Werte aber offenbaren sich in der Geschichte und im geschichtlichen Leben, nicht in der Natur.[131] Das Leben enthält also ein Mehr gegenüber der Natur, so daß die Position des Supranaturalismus angemessener scheint als die des Naturalismus.[132]

Diese wertphilosophischen Gedanken mündeten früh auch in *metaphysische und religiöse Reflexionen*. Metaphysik und Religionsphilosophie scheinen für den jungen SPRANGER die zentralen Themen überhaupt gewesen zu sein, die ihn zugleich quälten und beglückten.[133] DILTHEY war also mit der Vergabe des religionsphilosophischen Dissertationsthemas über F. H. JACOBI so falsch gar nicht gelegen. Bezeichnend ist auch, daß SPRANGER als junger Privatdozent der Berliner Universität im Wintersemester 1910/ 1911 u.a. Religionsphilosophie las, dann wiederum in Leipzig in den Wintersemestern 1912/ 1913 und 1915/ 1916 und noch einmal in Berlin im Wintersemester 1934/ 1935, dort außerdem im vorangehenden Sommersemester „Grundfragen der Metaphysik".[134]

Daß SPRANGER überzeugt war, daß Metaphysik als „Gesamterkenntnis der Welt" entweder überhaupt nicht oder erst am Ende eines wissenschaftlichen Lebens und nach Vollendung aller Einzelwissenschaften möglich ist[135], muß nicht im Widerspruch zu seiner intensiven und frühen Auseinandersetzung mit solchen Themen stehen. Im Grunde ging es ihm dabei weniger um ein wissenschaftliches oder philosophisches Unternehmen als um ein intensives Lebensgefühl, eine innere Gewißheit, die ihm im Leben und Erleben unmittelbar gegeben war.[136] Quellpunkt dieses metaphysischen Lebensgefühls war ihm das Erleben des völligen Ungügens dieser Welt, die „Negativität des Lebens", die „Sinnlosigkeit des Zeitlichen", die ihm „das Anspeien nicht wert" zu sein schien.[137] Aus diesem Gefühl heraus postulierte er eine „Heimat anderwärts", eine der zeitlichen Hinfälligkeit entzogene jenseitige Welt der Werte.[138] Noch 1914 münden SPRANGERS Bemühungen um die „Lebensformen" wieder in das metaphysische Motiv: Die unterschiedlichen „Leitmotive" des Lebens scheinen ihm aus einer gemeinsamen Quelle zu entspringen, die es aufzuzeigen gilt: „...es geht nicht weiter ohne Metaphysik".[139] Und auch noch der späte SPRANGER konstatiert resigniert, daß er mit dem Erlebnis der Zeitlichkeit nicht zurandekomme, ja daß dieses ihn beinahe zur Verzweiflung treibe.[140]

KÄTHE HADLICH war mit SPRANGER insoweit einig, als auch sie gestand, nicht ohne den Glauben an jene „jenseitige Welt" auszukommen, die sie „freilich nicht in einem räumlich und zeitlos fernen Jenseits" suchte, „sondern tief im Herzen", in der „Kraft der Weltüberwindung".[141] Sie vertrat – diametral entgegengesetzt zu SPRANGERS Transzendenzglauben – einen Immanenzstandpunkt, indem sie „an das Leben des Ewigen in dieser sich wandelnden Wirklichkeit, nicht in einer vollkommenen Jenseitigkeit" glaubte.[142] Ewiges Leben verstand sie als Kraft und Macht der Gesinnung, nicht als unbegrenzte zeitliche Fortdauer. Ewigkeit lag ihr nicht hinter der Zeit, sondern in ihr.[143] Die „Kraft ewigen Lebens" lag für sie in der „Gesinnung", nicht in „einer unbegrenzt zeitlichen Fortdauer, sondern im Bewußtwerden und der Betätigung einer Macht, die als Wille über allen Willen empfunden wird.[144] Sie konnte „die Ewigkeit nicht hinter der Zeit, nur in ihr sehen und Gott nicht hinter der Welt, sondern in ihr lebendig fühlen".[145] Für SPRANGER war das Leben nur ein Hinweis auf eine jenseitige Herrlichkeit, für KÄTHE HADLICH trug es – ein für SPRANGER unannehmbarer Standpunkt – die Erfüllung schon in sich.[146] Noch am 18. 11. 1908 schreibt er an KÄTHE HADLICH: „Ihre Philosophie kann ich nicht zu der meinen machen. Diese Unendlichkeit ist nichts Unendliches und Ihre Ewigkeit ist nichts Ewiges. Man kann damit nicht leben. Nur wer ernsthaft über dieses Leben hinausgeht, steht mit voller Sicherheit in ihm. Sie geben dieser nichtsnutzigen Schattenwelt zu viel Realität; sie ist nichts als Gleichnis, nur Mittel und Sprache zum Ausdruck höherer, lichtgeborener Wahrheiten [...]" Gleichwohl vollzog er später im Zusammenhang seiner gründlicheren Auseinandersetzung mit HEGEL, mit dem er sich schon im Brief vom 18. 11. 1908 einiger wußte als mit KÄTHE HADLICH, eine Annäherung an ihre Auffassung. Im Brief vom 29. 04. 1935 schrieb er an sie: „Gott ist nicht das lange Leben, sondern das tiefe Leben, das in sich Ewigkeit hat."[147]

Gott sah SPRANGER als Projektion der höchsten Werte, Religion war ihm Auffassung und Gestaltung der Welt sub specie höchster Werte[148] bzw. – im Anschluß an HÖFFDING – das Verhältnis von Wert und Wirklichkeit.[149] Die „innere Christuserfahrung" war ihm das Entscheidende, weniger die kirchliche Frömmigkeit.[150]

Darin stimmte KÄTHE HADLICH durchaus mit ihm überein. Auch für sie waren „innere Religiosität", religiöse Erfahrung und religiöses Empfinden die Hauptsache, symbolische Darstellung und dogmatische Fassung derselben hingegen nur von nachgeordneter Bedeutung, da sie vom Individuum aus einer solchen inneren Religiosität heraus erst erschaffen wird.[151] Mehr noch als SPRANGER aber hatte sie Vorbehalte gegenüber der theistischen Gottesvorstellung.[152] Sie sah Gott nicht als ein „für sich Bestehendes" an, sondern als „das rein Geistige, das in allem Sichtbaren verborgen wirkt, das Zeit und Raum erfüllt und doch nicht darin aufgeht", sozusagen als eine vierte Dimension der einen Welt und des einen Lebens.[153]

Wie SPRANGER später gesteht, dachte er 1903 noch, „eine Frau habe nur fragmentarische Kenntnisse und könne leicht eines besseren belehrt werden."[154] Seine Überzeugunsarbeit machte aber kaum dauerhafte Fortschritte. Es kam aus seiner Sicht im Gegenteil nach vorübergehenden Annäherungen immer wieder zu angeblichen Rückfällen KÄTHE HADLICHs, die sogar die Beziehung beider gefährdeten. So stellte SPRANGER 1905 mit Bitterkeit fest: „Ich habe das Gefühl, daß wir nicht einen Schritt weitergekommen sind. »Ein großer Aufwand schmählich ist vertan.« Nicht einmal das stolze Bewußtsein, da zu stehen, wo wir vor zwei Jahren anfingen, vermag ich zu fassen. Wir sind weiter zurück als je."[155] 1907 resümierte KÄTHE HADLICH: „Sie weisen jede immanente Denkweise ab, und ich kann an ein »Jenseits« nicht glauben!"[156] Und noch 1913 hielt SPRANGER KÄTHE HADLICH vor: „Mit meinem Leben haben Sie immer Schritt gehalten, mit meiner Gedankenbildung nicht."[157]

Käthe Hadlichs Naturalismus und Eduard Sprangers Supranaturalismus waren auch nach Jahren nicht vermittelbar. Sprangers Versuch, Käthe Hadlich von ihrem naturwissenschaftlich orientierten immanenten Weltbild abzubringen und für seine transzendentalphilosophische Weltsicht zu gewinnen, schlug letztendlich fehl. 1923 schrieb sie an Spranger: „Naturphilosophie nannte ich, was ich [...] mitbrachte. Es hat sich unendlich erweitert, vertieft – ich möchte sagen »vermenschlicht« durch Dich, in der Wurzel ist es dasselbe geblieben."[158] Schließlich sparte man die philosophisch-weltanschaulichen Themen aus – nicht, ohne daß Käthe Hadlich dies schmerzlich empfand, wie sie es z. B. in einem Brief aus dem Jahre 1925 ausdrückt: „Laß mich wieder teilhaben, mein Einziger, gib mir die Hälfte dessen, was Dich quält, daß ich Dir tragen helfe. Habe Du Nachsicht mit meiner Unzulänglichkeit, und denke, daß ein reiner, fester Wille alles vermag. Und lehrt die Liebe nicht alles verstehen?"[159]

Die Verständigung über philosophisch-weltanschauliche Fragen wurde auch dadurch erschwert, daß Hermann Hadlich, der Stiefbruder und Schulkamerad Sprangers, sich – beeinflußt durch Hermann Brunstädt, seinen und Sprangers Studienfreund – sehr stark hegelianischen Positionen annäherte, für welche der junge Spranger nur Verachtung hatte, die er Käthe Hadlich gegenüber auch unverhohlen ausdrückte (vielleicht am schärfsten in dem Brief vom 05. 10. 1904), was diese wiederum als Versuch interpretierte, sich zwischen sie und ihren Bruder zu stellen.[160]

Später tat Spranger Käthe Hadlich indirekt und in aller Stille Abbitte, indem er darauf hinwies, daß er durch die Begegnung mit Jacob von Uexküll für die naturwissenschaftliche Biologie gewonnen worden sei, die er ganz in Einklang mit seinem geisteswissenschaftlichen Ansatz habe bringen können – zu spät allerdigs, „um in dieser Welt noch durch Beobachtung und Lernen heimisch werden zu können". Er verneint freilich auch die Frage, ob es besser gewesen wäre, schon früher von Käthe Hadlich naturwissenschaftliche Sichtweisen zu übernehmen, da diese dann ja nicht von ihm selber erarbeitet gewesen wären.[161] Auch die philosophische Position Hermann Hadlichs wurde später mindestens z. T. dadurch gerechtfertigt, daß Spranger mit den „Lebensformen" von 1921 eine starke Annäherung an Hegel vollzog.[162] Und Käthe Hadlich vollzog im Laufe der Jahre zumindest insoweit eine Positionsänderung, als sie ihren freigeistigen Standpunkt aufgab und zur christlichen Religiosität zurückfand.[163]

5. Politische Einstellungen und Einschätzungen

Politische Einstellungen und Einschätzungen Sprangers werden erst mit dem Beginn des Ersten Weltkrieges ausführlicher in den Briefen thematisiert. In den Jahren zuvor sind am ehesten einige Stellen bemerkenswert, die seine monarchistische Gesinnung ausdrücken, so die Passage in einem Brief vom 27. 10. 1905, wo er beglückt von einer Begegnung mit dem Kaiser im Vorgarten der Universität berichtet, den er „für einen großen ehrlichen Kämpfer hielt" – einer Begegnung, die offensichtlich nur in einem Blickkontakt und einem Gruß bestand. Ähnlich tief beeindruckte ihn eine ebenso flüchtige Begegnung mit dem Großherzog von Baden, die er im Tagebuch der Sommerreise des Jahres 1904 unter der Eintragung vom 30. August schildert. Dort findet sich auch sein Bekenntnis zur Monarchie: „Ich bin monarchisch gesinnt; nicht aus Gefühl, sondern gegen mein natürliches Gefühl, aus Gründen, die ich allein meinem Nachdenken verdanke." Auch noch nachdem die Revolution des Jahres 1918 die Monarchie hinweggefegt hatte, unterhielt SPRANGER Verbindungen zum Kaiserhaus[164] und genoß es sichtlich, im Jahre 1926 vom Prinzen LOUIS FERNDINAND und der Kronprinzessin empfangen zu werden.[165] Im September desselben Jahres besuchte er gelegentlich des Internationalen Psychologen-Kongresses in Groningen sogar den Kaiser im Exil.[166]

KÄTHE HADLICH teilte SPRANGERS lebenslange tiefe Verehrung für den Hochadel und insbesondere für das Kaiserhaus nicht. Sie wünschte keine Einmischung des Kaiserhauses in die politischen Angelegenheiten des Jahres 1926 und riet SPRANGER eher zur Vorsicht: „Und ich hoffe, Du wirst Dich von dort [von Doorn, wo der Kaiser im niederländischen Exil lebte] in keiner Weise verpflichten lassen. Ich hoffe auf – »die 3. Generation«. Denn, sage selbst, wir haben doch das Wesen des Kaisers oft als Schädigung gefühlt, und seine Worte sagen, daß er davon keine Ahnung hat."[167]

Noch unmittelbar vor dem Beginn des Ersten Weltkriegs beurteilte SPRANGER einen möglichen Krieg sehr nüchtern: „Aber ein großes Ideal trägt dieser Krieg nicht in sich, wenn es ihm nicht noch durch die Wendung der Dinge gegeben wird."[168] Als der Krieg dann ausbrach, stimmte er zwar nicht in die teilweise aggressiven Tendenzen der verbreiteten Kriegsbegeisterung ein. Jedoch schrieb er im Juli an KÄTHE HADLICH, er habe vor Leipziger Studenten „eine flammende Rede gehalten über das sittliche Recht des Krieges".[169] Zusammen mit anderen Leipziger Professoren und dem designierten Rektor der Universität verpflegte er am Bahnhof durchfahrende Truppen.[170] Er war tief ergriffen „vom den Großen und Schönen", das er erlebte, sah es „mit der Andacht, wie man ein ganz großes Weltwunder sieht" und erwog sogar die freiwillige Meldung zum Kriegsdienst.[171] Er kam sich minderwertig gegenüber KÄTHE HADLICHS Halbbrüdern HERMANN und KURT vor, die im Felde standen.[172] Er trat öffentlich gegen Kritiker und Skeptiker auf, gegen „Miesmacher und Leisetreter", wie er sich ausdrückte.[173]

Bereits Ende 1914/ Anfang 1915 jedoch weckten die Zeppelinangriffe auf englische Schiffe moralische Bedenken sowohl bei SPRANGER als auch bei KÄTHE HADLICH.[174] Als 1915 der Stellungskrieg mit großen Opfern auf beiden Seiten begann und sich auch große Verluste unter den eingerückten Leipziger Studenten zeigten, kühlte SPRANGERs Enthusiasmus rasch ab; er hielt es nun für vordringliche Pflicht, den Krieg zu beenden[175]. Gegen Ende des Jahres sah er ihn nur noch als „tragisch" an[176]. Sein Glaube an einen deutschen Sieg, wenn auch vielleicht keinen vollen mehr, blieb allerdings noch ungebrochen[177]. Schon im nächsten Jahre jedoch hielt SPRANGER „die Sache für verfahren"[178]. Im Juli 1917 rechnete er mit einer Militärdiktatur[179]. Er sah Aussichten nur noch in einem sich läuternden Sozialismus oder im U-Boot-Krieg, der noch einmal eine militärische Wende bringen könnte – wobei er die erste Alternative vorgezogen hätte[180] – und ersehnte einen ehrenvollen Frieden.[181] Für den Mai 1918 erhoffte er einen „Waffenstillstand auf allen Fronten"[182] Im Oktober 1918 dann wurde ihm klar: „Es ist alles verloren, und wir sind auf Gnade und Ungnade der Entente ausgeliefert."[183]

Von KÄTHE HADLICH liegen für die Jahre 1916 bis 1918 keine Briefe mehr vor. 1915 fehlen Briefe, nachdem ihr Halbbruder KURT im Spätsommer dieses Jahres gefallen war.[184] So ist die Entwicklung ihrer Ansichten über den Krieg schwer einzuschätzen.

Nach dem Kriege sah SPRANGER seine Aufgabe darin, an einer moralischen Erneuerung des deutschen Volkes mitzuwirken, auf welche sich auch KÄTHE HADLICHs gesamte Hoffnung richtete.[185] Schon die Arbeit an einer Ausgestaltung der „Lebensformen" von 1914 verstand sich ausdrücklich als das Bemühen um die nach dem Frieden benötigte „neue Ethik".[186] KÄTHE HADLICH bestärkte SPRANGER darin, sich als „verantwortlicher Hüter deutschen Geistes und deutscher Kultur" zu verstehen, der die moralische Erneuerung zu besorgen hatte.[187]

In der Weimarer Republik allerdings erkannten SPRANGER und KÄTHE HADLICH nicht das Heraufziehen des ersehnten Neuen. SCHEIDEMANNS Rede im Juli 1917 bei einer Parteiversammlung der Berliner Sozialdemokraten betrachtete SPRANGER als eine „recht demagogische Rede, die wirklich nicht den Eindruck macht, daß hier eine neue Idee oder ein neues Ethos herauswill. Nicht einmal sozialer Gedanke! Klassen- und Parteiegoismus, mit etwas Landesverrat in der U-Boot-Sache. Weiter nichts!"[188] Immerhin sah er in der Wendung zum Parlamentarismus „vielleicht noch keine Verbesserung, aber [...] eine Notwendigkeit."[189]

In der Revolution von 1918 freilich erkannte SPRANGER „keine politische Bewegung" und nicht den „Ausbruch der längst zu erwartenden und begrüßenswerten Epoche des demokratischen Sozialismus, sondern eine Volkskrankheit", eine „Köpenikade ins Große übersetzt", einen „Witz der Weltgeschichte".[190] Die räterepublikanischen „Volksbeauftragten" waren ihm „eine Räuberhorde, nicht mehr".[191] Damit paart sich allerdings auch die Kritik an der alten politischen Führung, der „unfähigen Geheimdiplomatie" und der „politisch unwissenden Militärkaste", wie er sie in einem Brief vom 15. 10. 1918 an ALOIS RIEHL äußerte. (GS VII, S.91f)

Wenn SPRANGER am 12. 11. 1915 schrieb, seine politischen Anschauungen, die früher „preußisch und rechts" gewesen seien, verschöben sich „immer erheblicher nach links", und wenn er 1918 den Eindruck hatte, „daß wir in eine sozialistische Epoche eintreten"[192], so darf dies wohl kaum als eine parteipolitische Annäherung an die Sozialdemokratie, wohl aber als Ausdruck einer positiven Einschätzung der Ideen des Sozialismus verstanden werden. Im Brief vom 29. 12. 1918 schrieb er: „Ich für meinen Teil sehe in keiner Wendung etwas Beglückendes. Meine Neigungen waren immer antidemokratisch. Eher noch sozialistisch. Deshalb arbeite ich jetzt dafür, aus der ethisierten Idee des Sozialismus eine neue staatsbildende Kraft herauszuholen, die die alten deutschen Elemente bewahrt und doch der Zeit voranläuft, insofern sie sozialisiert und eine neue feste Organisation schafft."[193] Den sozialen Gedanken hielt er für wichtig und zukunftsweisend. Einen „Sozialismus, bereichert durch die ethische Führeridee"[194] hatte er schon in der Schrift „Vom inneren Frieden des deutschen Volkes"[195] für erstrebenswert erklärt.

Das bedeutet aber nicht, daß er deshalb die real existierende Sozialdemokratie mit ihren Richtungskämpfen zwischen USPD und SPD schätzte. Zwar räumte er ein, daß in der sozialistischen Idee der „Gedanke der Zukunft" liege, aber er lehnte „die Straßenherrschaft, [...] die katastrophale Entwicklung" ab.[196] Auch der Umstand, daß nun die Macht überwiegend in der Hand von Repräsentanten weniger gebildeter Schichten lag, scheint ihn irritiert zu haben: „Mein Widerstreben gegen die neue Ordnung beruht auch darauf, daß schließlich doch nur eine Regierung der Intelligenz, eine Aristokratie des Geistes für den Regierten nichts Entwürdigendes hat."[197] Im Brief vom 22. 11. 1930 schreibt er: „Der soziale Geist darf nicht sterben. Aber er sieht anders aus als die Sozialdemokratie." Und er begrüßt in demselben Brief den Abstieg der Sozialdemokratie mit der lakonischen Bemerkung: „Das ist schon etwas." Wenige Wochen zuvor hatte er den „kleinbürgerlichen, ideallosen, bequemen Geist" des Sozialdemokratie getadelt.[198]

Den Liberalismus bezeichnete SPRANGER als „jammervoll".[199] Obwohl er von der Politik STRESEMANNS, dessen Regierung er des „Urdilettantismus" bezichtigte, eine geringe Meinung[200] hatte, kamen seinen politischen Anschauungen in den zwanziger Jahren die Deutsche Volkspartei und die Deutschnationalen noch am nächsten.[201] Vor allem das Gedankengut des deutschnationalen Abgeordneten MARTIN SPAHN beeindruckte ihn.[202] In den dreißiger Jahren fand SPRANGER Gefallen am Gedankengut des „Stahlhelm", wenn ihm dabei auch die außenpolitische Perspektive fehlte.[203]

Noch am Ende der zwanziger Jahre machte SPRANGER aus seiner Ablehnung der wertindifferenten und in sich zerrissenen Weimarer Republik kein Hehl.[204] So schrieb er am 28. 06. 1929: „Ich freue mich, daß die jungen Leute den Instinkt haben, diesen Staat nicht zu bejahen." Auch KÄTHE HADLICH lehnte „diese trostlose

Demokratie" ab,²⁰⁵ die den „niederen Volksklassen" zu viel Macht gab.²⁰⁶ Einen Erfolg des KAPP-Putsches hätte sie offenbar begrüßt.²⁰⁷

Wenn KÄTHE HADLICH der Weg in und durch eine Diktatur durchaus akzeptabel erschien²⁰⁸, so hielt SPRANGER immerhin den Führergedanken als solchen für wertvoll²⁰⁹. HINDENBURG erschien beiden als großer Führer der Nation. Ihre Verehrung für ihn war geradezu überschwänglich.²¹⁰ Als SPRANGER ihn 1925 von Ferne sah, äußerte er sich ähnlich bewegt wie über Begegnungen mit Vertretern des Hochadels.²¹¹ Auch KÄTHE HADLICH ergriff der Anblick HINDENBURGS tief: „Warum wird HINDENBURG nicht müde zu dienen? – weil er wohl die Illusionen, aber nicht den Glauben verloren hat, den Glauben an das, was sein soll. Auch ich habe ihn gesehen, für Sekunden stand ich ihm Aug in Auge gegenüber, und es war wie ein seltsames Verstehen, das mich in Ehrfurcht vor ihm beugte. Er steht aufrecht in jener »Welt«, in der man sich auf nichts verlassen kann, und er ist der Geist, an dem wir neu erstarken sollen. Laß uns mit ihm gehen in Vertrauen, denn aus dem Vertrauen wächst das Leben."²¹² Sie zog sogar ausdrücklich den Vergleich zum „alten Kaiser".²¹³

Weniger einig waren EDUARD SPRANGER und KÄTHE HADLICH in der Beurteilung des Nationalsozialismus: SPRANGER sah im Münchner Putschversuch eine „urdumme Explosion", ein „Maskenfest", in LUDENDORFF eine „ständige Gefahr"²¹⁴. KÄTHE HADLICH indes bedauerte, daß beim Putsch keine neue, starke Regierung entstanden war²¹⁵. HITLERS Rede beim Hochverratsprozeß hinterließ in ihr den „starken Eindruck von nationalem Willen und echtem Staatsgefühl"²¹⁶. Auch SPRANGER erschien die „kriegerische Haltung" der Nationalsozialisten 1924 lediglich „noch verfrüht", und ihren Antisemitismus hielt er zwar nicht für ein taugliches politisches Programm, gleichwohl aber für „in gewissem Sinne notwendig".²¹⁷

Noch 1930 freute KÄTHE HADLICH sich „der reinen, guten Kräfte, die sich [im Nationalsozialismus] kundtun"²¹⁸. Und noch 1931 begeisterte sie sich für das Engagement der Nationalsozialisten und sah „viel Selbstlosigkeit und Idealismus in der Bewegung"²¹⁹. Die Reichstagswahl vom 14. 09. 1930, bei welcher die Kommunisten und die Nationalsozialisten Stimmengewinne erzielten, empfand SPRANGER als „ungeheure Befreiung". Ihr Ausgang sagte ihm, „daß das deutsche Volk noch lebt", und er meinte: „Diese Nationalsozialisten sind noch völlige Neulinge; umso besser. Mit der Bedächtigkeit der letzten 12 Jahre haben wir nichts erreicht. Versuchen wir es einmal an der Grenze."²²⁰ Gleichwohl hat er wohl kaum selbst nationalsozialistisch gewählt²²¹.

SPRANGER schätzte die politische Entwicklung schon 1930 als mehr oder weniger ausweglos ein: „Aber die Welt brennt. Wer weiß, ob nach 1 Jahr noch etwas steht von dem, was in unserer Jugend stand. [...] Aber fast ist mir, als ob noch Schlimmeres folgen müßte."²²² Ähnlich depressiv bekundet er im Brief vom 28. 05. 1932 eine

„dumpfe Stimmung, in die mich die deutsche Entwicklung versetzt". KÄTHE HADLICH hingegen hielt weiterhin an ihrer positiven Einschätzung des Nationalsozialismus fest: „Muß man nicht zugestehen, daß HITLER sich sehr klug, maßvoll und mit Pietät benommen hat? Es hat mich sehr betroffen gemacht, daß Du meintest, falls diese Partei zur Herrschaft käme, würde Deine Arbeit umsonst sein."[223] Und sie wurde schließlich selbst Parteigenossin[224], obwohl SPRANGER Besonnenheit anmahnte und bei allem der „Bewegung" zugestandenen guten Willen eine Übernahme des Amtes des Reichspräsidenten durch HITLER als Unglück einschätzte.[225] Bereits im Oktober riet er KÄTHE HADLICH dringend wieder zum Austritt aus der Partei[226], den sie dann auch vollzog. Die Begeisterung für den Nationalsozialismus stehe allenfalls der Jugend, nicht aber älteren und besonnenen Zeitgenossen an: „Wäre ich jung, wäre ich Nationalsozialist, d. h. – ich liefe mit, wie die Jugend glaubt, sich zu folgen, wenn sie »hingerissen« ist. Aber das wäre von uns ja frevelhaft."[227]

Gleichwohl war SPRANGERS Ablehnung des Nationalsozialismus am Beginn der dreißiger Jahre keine radikale, und es ist auch nicht immer klar, was ihn an der politischen Entwicklung verzweifeln ließ – die heillose Zerstrittenheit der demokratischen Kräfte, die zunehmende Radikalisierung der politischen Auseinandersetzung oder das Heraufkommen des Nationalsozialismus. Viele negative Erscheinungen führte er auf die „Unreife" des Nationalsozialismus zurück.[228] Als „Segen" sah er immerhin an, daß er „vor dem Bolschewismus schützt."[229] Noch 1932 gestand SPRANGER dem Nationalsozialismus „guten Willen, Begeisterung und die Kraft der Verzweiflung" zu und war „der Meinung, daß in dieser Hülle etwas Wertvolles steckt".[230] Er vermißte allerdings zunehmend Wirklichkeitssinn und Intelligenz in der „Bewegung".[231] Bis 1932 stellte er noch nicht einmal die persönliche Integrität Hitlers infrage und sah in ihm eher nur ein Opfer der Verhältnisse: „Aber – er muß nun anders [...]"[232] Die Radikalisierung der NSDAP führte er noch 1933 teilweise darauf zurück, daß man sie nicht schon 1930 an der Regierungsbildung beteiligt habe. Zugleich bemerkte er aber, daß sie als Massenbewegung ihre Mitglieder nicht mehr sorgfältig genug auslesen könne und er glaubte schon nicht mehr „an die Vernunft und an den Sachverstand, ja nicht einmal mehr an die überwiegende Reinheit der Bewegung."[233] Im Brief vom 30. 06. 1933 konstatierte er die Zerstörung aller herkömmlichen Werte („Es ist nichts mehr da von der Welt, in der wir lebten") und deutete sogar Suizidgedanken an.

Inzwischen hatte er am 25. 04. 1933 um vorzeitige Emeritierung nachgesucht.[234] Die Gründe dafür lagen zum einen in einem Konflikt mit dem Nationalsozialistischen Studentenbund, der schon im Februar 1933 begonnen hatte: Der Nationalsozialistische Studentenbund hatte bereits vor der Machergreifung eine Hetzkampagne gegen jüdische Gelehrte gestartet und dazu aufgefordert, Informationen über jüdische, kommunistische, sozialistische und liberale Hochschullehrer zu sammeln, die zu deren Amtsenthebung nach dem „Gesetz zur Wiederherstellung des Berufsbeamtentums" vom 07. 04. 1933 führen konnten. SPRANGER sah darin „Gesinnungsschweinerei"[235] und eine gravierende Einschränkung der Lehr- und Forschungsfreiheit der Hochschulen. Gleichwohl hatte er noch 1932 im Hochschulverband, dessen Vorstand er angehörte, eine Resolution seines Freundes LITT gegen Auswüchse der nationalsozialistischen Studentenschaft verhindert, obwohl er zugab, daß „die gerügten Mißstände: Verlogenheit, skrupellose Agitation, Rüpelei, Gewalttätigkeit schwerlich zu leugnen sind."[236] Später schrieb er, er habe die Bewegung der nationalen Studenten damals noch „im Kern für echt, nur in der Form für undiszipliniert" gehalten und überdies schädliche Wirkungen für die Hochschule befürchtet, „wenn sie sich zu der nationalen Welle, die damals noch viel Gesundes mit sich führte und mit heißen Erwartungen begrüßt wurde, nur schulmeisterlich geäußert hätte."[237]

Zum andern war SPRANGERS Amtsniederlegung z. T. auch aus Empörung darüber erfolgt, daß er als fachlich zuständiger Ordinarius bei der Berufung ALFRED BAEUMLERS zum Direktor des neu gegründeten Berliner Universitäts-Instituts für Politische Pädagogik in keiner Weise in die Entscheidungsprozesse einbezogen worden war.[238] Zumindest moralisch mochte diese Empörung gerechtfertigt sein. In juristischer Hinsicht konnte das Ministerium für eine Erstberufung auf einen neu geschaffenen Lehrstuhl durchaus Sonderrechte in Anspruch nehmen. In jedem Falle aber geschah BAEUMLERS Berufung in unüblicher Eile und abweichend vom gewohnten Verfahren – ähnlich wie die Berufung KRIECKS nach Frankfurt, den man auch gleich noch zum Rektor der Universität machte (Henning u. a. 1991, 100).

SPANGERS Rücktritt entsprang letztlich dem einheitlichen Motiv, die traditionellen Freiheitsrechte der Universität zu verteidigen – sowohl gegen die Agitation der Studenten als auch gegen den Zugriff des Staates.

Sein Schritt erfolgte aber nicht so spontan, wie es den Anschein hat. Schon lange zuvor hatte SPRANGER immer wieder einmal Rücktrittsgedanken gehegt, so vor allem in den Umbruchsjahren 1918 und 1919: So erwog er 1918 seinen Rücktritt für den Fall, daß die Lehrfreiheit bedroht werde. (EDUARD SPRANGER 15. 11. 1918) Im Brief vom 15. 02. 1919 schrieb er: „Ich bin entschlossen, wenn die Freiheit der Universität aufhört, die Professur niederzulegen und mich mit der bescheidensten Stellung zu begnügen, wenn sie mir nur meine philosophische Unabhängigkeit läßt."[239] Auch die sich 1920 abzeichnende Möglichkeit der Ausbildung aller Lehrer an der Universität löste Rücktrittsgedanken bei SPRANGER aus. In einem Brief an CARL HEINRICH BECKER, den damaligen Staatssekretär im preußischen Kultusministerium, deutete er an, daß er „im Fall der Einrichtung einer Pädagogischen Fakultät" sein „akademisches Amt niederlegen würde."[240] 1929 kündigte er seinen Rücktritt für den Fall an, daß ein parteipolitisch engagierter Sozialist ein zweites Ordinariat für Pädagogik in Berlin erhalten würde. „Daß früher oder später einmal ein Sozialist Honorarprofessor oder Extraordinarius wird, ist schwerlich zu vermeiden. Setzt man mir aber einen Parteimann zur Seite, wird dadurch die Universität in ihrer Wesensstruktur bedroht, und ich glaube nicht, daß ich unter diesen Umständen bliebe."[241] 1932 trug er sich mit Rücktrittsgedanken für den Fall, daß in Preußen eine rein nationalsozialistische Regierung käme,[242] ein Jahr später, falls der neuernannte Reichsbildungsminister RUST den NS-Pädagogen ERNST KRIECK nach Berlin berufen sollte.[243] Auch nach 1933 wurde der Gedanke an „freiwilliges Ausscheiden" noch einmal aktuell.[244]

Anfang Juni 1933 nahm SPRANGER in einem Gespräch mit dem Reichserziehungsminister RUST das Rücktrittsgesuch wieder zurück und erklärte öffentlich, die „Besorgnisse", die seine Rücktrittserklärung veranlaßt hätten, seien nicht mehr begründet.[245] In Wahrheit war diese Kehrtwendung wohl eher darin begründet, daß er „von der völligen Bedeutungslosigkeit seines Schrittes für die Machthaber Kenntnis nehmen mußte, gänzlich isoliert und aus allen nutzbringenden »Geschäften« für Universität und Wissenschaft herausgelöst blieb, kaum noch Post erhielt und das Vergebliche seines Protestes zu spüren bekam."[246] Möglicherweise spielten auch Befürchtungen mit, künftig mittellos dazustehen oder doch jedenfalls eine sehr eingeschränkte Existenz führen zu müssen.[247] Jedenfalls hatte das Ministerium zunächst anstelle der beantragten Emeritierung SPRANGERS Entlassung vorbereitet, die zwar nicht pensionslos erfolgt wäre, wie er vermutete, aber doch mit deutlich reduzierten Bezügen. Infolge einer Intervention des Vizekanzlers VON PAPEN wurde die Entlassung dann aber doch nicht ausgesprochen.[248]

„Er nahm dann seine Vorlesungen, sein Amt wieder auf und war nun der Ansicht, daß man in der Art, die man für recht und gut ansehen kann, weiterarbeiten muß. Keine Position aufgeben, wenn man nicht mit Gewalt oder durch Gericht aus ihr vertrieben wird."[249]

Auch wenn er den Rücktritt zurücknahm, so hatte SPRANGER sich damit doch das Mißtrauen des Regimes zugezogen und an Einfluß verloren. Nur als gewollte Demütigung konnte verstanden werden, daß die Festrede bei der großen Feier aus Anlaß der 100. Wiederkehr des Todestages WILHELM VON HUMBOLDTS am 8. April 1935 nicht SPRANGER als bekannter Humboldtforscher halten durfte, sondern der regimetreue ALFRED BAEUMLER.[250]

Gleichwohl benutzte der nationalsozialistische Staat ihn weiterhin gern für Propagandazwecke bei Vorträgen und öffentlichen Anlässen. Zu erwähnen ist hier z. B. seine Vortragsreise durch das Baltikum mit Vorträgen in Riga und Abo[251] im Jahre 1933, sein Aufenthalt als Gastprofessor in Japan von Ende November/Anfang Dezember 1936 bis Ende September 1937 und sein Vortrag bei der Eröffnung des Instituts „studia humanitatis" in Berlin vor hochrangigen italienischen Gästen[252]. SPRANGER war sich durchaus darüber im klaren, daß man ihn „fürs Schaufenster"[253] verwendete und spielte mit.

In seinen Lehrveranstaltungen ging er gleichwohl entschlossen gegen nationalsozialistische Agitation vor.[254] Anderseits versuchte er, nachdem sein bisheriger Assistent WENKE sich 1938 habilitiert hatte und an der Universität Erlangen ein Ordinariat vertrat (und dann 1943 auch erhielt), in seinem Schüler HANS ACHIM PLOETZ einen SS-Mann auf die Assistentenstelle zu holen – vielleicht ein taktischer Zug gegen BAEUMLER, der die Ernennung von PLOETZ pikanterweise zu verhindern suchte.[255] Daß PLOETZ die Stelle wirklich antrat, ist jedoch unwahrscheinlich; die Quellen deuten eher darauf hin, daß WENKE sie bis zum Herbst 1939 mitversah.[256] PLOETZ wurde später Adjutant von HEYDRICH[257] und scheint seinen Einfluß auch zugunsten seines akademischen Lehrers genutzt zu haben.

Im einzelnen wahrscheinlich ungeklärt bleiben werden die Umstände, welche im Zusammenhang mit dem Attentat vom 20. 07. 1944 zur Inhaftierung SPRANGERS in Moabit vom 08. 09. bis 14. 11. 1944 führten. SPRANGER selbst vermutete im Brief vom 19. 01. 1946 an KÄTHE HADLICH vier Gründe (die beiden erstgenannten deutet er auch im Brief vom 18. 11. 1944 an):
– Von 1934[258] an war er Mitglied der Mittwochsgesellschaft. Diese war am 19. 01. 1863 als „Freie Gesellschaft für wissenschaftliche Unterhaltung" gegründet worden und bestand bis zum 26. 07. 1944. Vom freien Austausch wissenschaftlicher Gedanken war nach den Statuten allerdings die Tagespolitik ausdrücklich ausgenommen. Die Zahl der Mitglieder durfte 16 nicht überschreiten. 1932 bis 1944 gehörten der Mittwochsgesellschaft folgende Gelehrte und Männer des öffentlichen Lebens an: der Mediaevist FRIEDRICH BAETHGEN, der Generalstabschef LUDWIG BECK, der Botaniker LUDWIG DIELS, der Jurist WILHELM (BILL) DREWS, der Schriftsteller und Theaterkritiker PAUL FECHTER, der Meteorologe HEINRICH VON FICKER, der Anatom und zeitweilige Rektor der Berliner Universität EUGEN FISCHER, der General WILHELM GROENER (der von 1930 bis 1932 Reichswehr- und Innenminister war), der Nationalökonom BERNHARD HARMS, der Botschafter ULRICH VON HASSELL, der Physiker WERNER HEISENBERG, der Nationalökonom JENS JESSEN, der Kirchenhistoriker HANS LIETZMANN, der Philosoph HEINRICH MAIER, der Neuzeithistoriker HERMANN ONCKEN, der Geograph ALBRECHT PENCK (seit 1924 gewählter Kanzler der Mittwochsgesellschaft), der Germanist und Präsident der GOETHEgesellschaft JULIUS PETERSEN, der Kunsthistoriker WILHELM PINDER, der preußische Finanzminister JOHANNES POPITZ, der Chirurg FERDINAND SAUERBRUCH, der Gräzist WOLFGANG SCHADEWALDT, der Orientalist HANS HEINRICH SCHAEDER, der Direktor der Deutschen Bank in Berlin OSCAR SCHLITTER, der Latinist und zeitweilige Rektor der Berliner Universität JOHANNES STROUX, der Kunsthistoriker WERNER WEISBACH (das einzige jüdische Mitglied), der Archäologe THEODOR WIEGAND und der Althistoriker ULRICH WILCKEN.[259]

Die Mitglieder versammelten sich im 14-Tage-Turnus zu einem Vortrag, den jeweils eines aus seinem Fachgebiet hielt. Jedes Mitglied war verpflichtet, einmal pro Jahr Vortragender und Gastgeber zu sein. Die Themen wurden aus der Philosophie, Geschichte, Geographie, Botanik, Physik sowie aus den Verwaltungs-, Kriegs- und Kunstwissenschaften gewählt.

SPRANGER hielt folgende Vorträge in der Mittwochsgesellschaft[260]:
17. 04. 1935: „Gibt es eine 'liberale' Wissenschaft?"
08. 04. 1936: „Gibt es Fortschritte der metaphysischen Erkenntnis?"
14. 04. 1937: Schriftlicher Bericht von SPRANGER über seinen Aufenthalt in Japan
19. 01. 1938: „Über den japanischen Nationalcharakter"
01. 03. 1939: „Die Weltgeschichte ist das Weltgerichte"
31. 01. 1940: „Über Volksmoral und ihre Sicherung"
15. 01. 1941: „Über das Wesen der Lebensalter"
11. 02. 1942: „Über den Philosophen von Sanssouci"
06. 01. 1943: „Über die Schicksale des Christentums in der modernen Welt"
26. 01. 1944: „Über Wesen und Typen der Persönlichkeit"

In diesen Vorträgen vor einem kleinen, in sich geschlossenen Kreis übte SPRANGER auch explizite Kritik am nationalsozialistischen Regime.[261]

Ab 1939/1940 formierte sich innerhalb der Mittwochsgesellschaft eine aus POPITZ, BECK, VON HASSELL und JESSEN bestehende Gruppe Oppositioneller, welche die Erneuerung der deutschen Politik und die Wiederherstellung von Recht und Gerechtigkeit nach dem – von ihr nicht betriebenen, aber vorausgesetzten – Sturz HITLERS plante.[262] SPRANGER gehörte diesem oppositionellen Kern der Mittwochsgesellschaft nicht an, wenn er auch neben SAUERBRUCH, POPITZ und JESSEN zu ihren führenden Köpfen in den dreißiger und vierziger Jahren zählte.[263]

Eine andere Frage ist freilich, inwieweit er von den dort angestellten Überlegungen und gefaßten Plänen wußte. Zumindest zu BECK unterhielt er enge freundschaftliche Kontakte, die auch in dessen Korrespondenz erwähnt waren.[264] Und als dem Mitglied WERNER WEISBACH, einem jüdischen Kunsthistoriker, die Aufnahme in die Reichsschrifttumskammer verweigert wurde, war SPRANGER unter denen, die sich solidarisch mit ihm erklärten. Darüber hinaus gab er seine Kritik am politischen System und seinen Normen auch ausdrücklich zu Protokoll[265].

BECK wurde noch am Tage des Attentats am 20. 07. 1944 erschossen, nachdem zuvor ein Selbstmordversuch mißlungen war. POPITZ, VON HASSELL und JESSEN wurden zum Tode verurteilt und hingerichtet. SAUERBRUCH wurde nur vernommen. SPRANGER kam nach siebenwöchiger Haft in Moabit am 16. 11. 1944 wieder frei, vor allem wohl dank der Initiative seiner Frau SUSANNE, die schließlich erreichte, daß der japanische Botschafter in seiner Angelegenheit intervenierte.[266]

– Belastend war für SPRANGER ferner die Beziehung zum GRAFEN HARDENBERG, auf dessen Schloß und in dessen Kreis die SPRANGERs verkehrten.[267] Zum HARDENBERG-Kreis gehörte auch der GRAF STAUFFENBERG, den sie persönlich kennenlernten. Darüberhinaus war STAUFFENBERGS Adjutant VON HAEFTEN SPRANGERS Hörer gewesen, so daß auch hier der Gesprächskontakt durchaus enger gewesen sein dürfte und fraglich ist, ob man wirklich nur über die Reichenaugegend Konversation pflegte, wie SPRANGER später berichtete.[268] Einer Auskunft von KÜKELHAUS auf eine Anfrage Eisermanns am 14. 03. 1983 zufolge war ein Besuch SPRANGERS im Juli 1939 beim GRAFEN HARDENBERG in Neuhardenberg[269] von der Widerstandsgruppe um Generaloberst BECK arrangiert worden, um SPRANGER die Frage vorzulegen, ob er nach HITLERS Kaltstellung bzw. Ausschaltung in einer neuen Regierung das Amt des gesamtdeutschen Kultusministers übernehmen würde. SPRANGER stimmte angeblich zu.[270]
– Ein dritter Grund mochte in SPRANGERS Freundschaft mit dem General RABENAU gelegen haben, der als Lizentiat[271] der Theologie im Wintersemester 1943/1944 noch Vorlesungen bei SPRANGER gehört hatte und nach dem Attentat ebenfalls hingerichtet wurde.[272]
– Viertens stellte man eine Verbindung SPRANGERS zu den „Württemberger Theologen" her, wahrscheinlich über die Person seines Schülers DELEKAT: In der württembergischen evangelischen Landeskirche hatte sich um den Landesbischof Theophil Wurm (1869-1953) Widerstand gegen das NS-Regime formiert, vor allem der „Freiburger Kreis", der allerdings kleiner und weniger einflußreich war als der Kreisauer Kreis oder die Gruppen um GOERDELER und BONHOEFFER, zu denen er Verbindungen unterhielt. Als einzige Widerstandsgruppe von Universitätsprofessoren verdient er aber gleichwohl Beachtung. An der „Freiburger Denkschrift" des Jahres 1942, die sich um eine neue politische und wirtschaftliche Gemeinschaftsordnung auf christlich-ethischer Grundlage bemühte, hatten u.a. auch F. DELEKAT, O. DIBELIUS, C. GOERDELER und H. THIELICKE mitgearbeitet. DELEKAT hatte dazu einen Anhang zur Erziehung beigetragen.[273]

Darüber hinaus mochte eine Rolle gespielt haben, daß SPRANGER seit seiner Leipziger Zeit relativ enge Kontakte zu dem ehemaligen Leipziger Oberbürgermeister GOERDELER hatte[274], der nach dem Umsturz Hitlers Nachfolger im Amt des Reichskanzlers werden sollte.

Ebenso wie SPRANGERS politische Haltung in der Zeit des Nationalsozialismus ist auch seine Einstellung gegenüber den Juden und dem von den Nationalsozialisten propagierten Antisemitismus nicht mit einfachen Kategorien zu beschreiben. Z. T. finden sich schon in seinen frühen Jahren antisemitische Äußerungen:
– Von 1900 bis 1904 hatte SPRANGER Umgang mit dem 5 Jahre jüngeren ERNST LÖWENTHAL[275], einem Sprößling eines offenbar vermögenden Bürgerhauses, und war

anscheinend auch mit seiner Privaterziehung betraut. Im Brief vom 08. 02. 1904 kritisierte er am Charakter des damals siebzehnjährigen Jungen, dessen einer Elternteil Halbjude war[276]: „Die eigentümliche Frühfertigkeit, Unbildsamkeit des jüdischen Wesens, dabei eine leichte, etwas oberflächliche Auffassungsgabe, Interesse für alles, aber mit souveräner Nonchalance und Selbstverständlichkeit" – Eigenschaften, die wohl eher typisch für das urbane Besitzbürgertum der Zeit als Ausdruck jüdischen Volkscharakters waren. SPRANGER nahm – bei aller dem Jugendlichen konzedierten Begabung – Anstoß an dessen „jüdischer Ethik", die ihm „theoretisch ganz jammervoll schlecht und zurückgeblieben" erschien.[277] Andererseits schloß SPRANGER mit ERNST LÖWENTHAL, als dieser zum Manne heranreifte, eine enge Freundschaft, die bis zu dessen Tod im Jahr 1956 hielt[278]. Als ERNST LÖWENTHAL, der ab 1904 schließlich eine Lehre in einem kaufmännischen Betrieb durchlief[279] und anschließend in einer Registratur arbeitete, so daß ihn SPRANGER ab 1908 kurz „Registrator" nannte[280], 1915 zum Miltiärdienst eingezogen wurde, schrieb er in einem Brief vom 23. 02. 1915: „Ich wünsche dieser lieben jungen Seele noch eine reiche Entfaltung (die durch den Krieg allein kommen kann); aber wenn sie mir genommen würde, so verlöre ich damit – dessen bin ich sicher – den einzigen ganz nahen Freund, den ich noch habe. So seltsam ist auch diese Entwicklung aus dem Jahre 1903: Meine tiefe, fast krankhafte Liebe zu dem damals so hübschen Knaben hat ihre reichen Früchte getragen: Wir sind Freunde, das fühle ich in dieser Stunde, er ist mir das, was ich an der ganzen großen Un. [Universität] Leipzig mit ihren klugen Köpfen vergeblich gesucht habe." SPRANGER übernahm 1922 sogar die Patenschaft für einen Sohn Löwenthals.[281]

– Als SPRANGER sich in einem Brief vom 18. 01. 1905 mißbilligend über die Habilitation EMIL LASKS äußerte, klassifizierte er ihn ausdrücklich nicht nur als „RICKERTianer und gänzlich unfähigen Historiker" sondern auch als „Juden".
– In einem undatierten Brieffragment des Jahres 1906 charakterisierte SPRANGER seine Schülerinnen an der Höheren Mädchenschule KNAUERS als überwiegend „recht häßlich, z. T. unliebenswürdig, oder gar echt jüdisch". Auffällig ist auch, daß SPRANGER bei Charakterisierungen einzelner Schülerinnen häufig auf die jüdische Herkunft Bezug nahm: „Tochter Israels", „jüdisches Feuer und jüdische Liederlichkeit", „gutmütige Judenkokotte".[282] Es gibt jedoch keine Hinweise darauf, daß er die jüdischen Mädchen anders behandelte als die nichtjüdischen. Und im Kollegium der KNAUERschen Schule fand er die Lehrerin „Treitel, Jüdin; sehr sympathisch."[283]
– Während seiner Tätigkeit an der BÖHMschen Höheren Töchterschule führt SPRANGER eine erbitterte Auseinandersetzung mit seinen Schülerinnen wegen deren Verehrung HEINRICH HEINES, den er als einen „morschen Charakter" ansah.[284]

- Wie viele seiner Zeitgenossen hielt SPRANGER das politische System der Weimarer Republik für ein System, das weitgehend in den Händen der Juden war: „Zur Hälfte haben wir eine Judenherrschaft."[285] In den Liberalen sah er „Kapitalisten und überwiegend Juden".[286]
- Daß er ERNST AUGUST WILHELM GOLDBECK, dem er viele Anregungen verdankte und dem er seine „Psychologie des Jugendalters" widmete, „reinste jüdische Mentalität" bescheinigte, muß im Briefkontext wohl als Vorbehalt interpretiert werden.[287]
- Im Brief vom 14. 09. 1933 registrierte SPRANGER die „schreckliche" Häufung von Selbstmorden aus dem Dienst entfernter Juden. Nach der Lektüre von HITLERS „Mein Kampf" und KRIECKS „Nationalpolitischer Erziehung" stellte er klar: „Die Rassenmythologie und die Propaganda – das ist das Unmögliche."[288] Den „Kampf gegen die Juden" als „politisches Programm" hatte er schon in einem Brief vom 02. 05. 1924 abgelehnt, ihn aber zugleich als „im gewissen Sinne notwendig" bezeichnet.
- Als er 1934 einen Vortrag in Marienbad zu halten hatte, waren ihm „allzuviel Juden" im Hotel.[289]
- SPRANGER sorgte sich rührend um seine jüdische Privatsekretärin und Assistentin KÄTE SILBER. Im Brief vom 10. 05. 1933 schrieb er: „Frl. S. [SILBER] und ich tragen unser Leid zusammen. Sie steht oft vor dem Letzten." Schließlich fand sich doch noch eine Beschäftigungsmöglichkeit für sie: „Frl. SILBER hat jetzt 17 Stunden an einer jüdischen Volksschule. Die Sorge um sie löst sich damit fürs erste."[290] Sie mußte dann freilich doch noch emigrieren.
- Ebenso setzte er sich für seinen Studienfreund TRAUGOTT KONSTANTIN OESTERREICH[291] und für seinen Schüler WALTER FEILCHENFELD[292] ein:
 OESTERREICH versuchte er über KÄTHE HADLICH auf Beschäftigungsmöglichkeiten in der Türkei aufmerksam zu machen: „Gib Du ihm doch mal den Tip, er solle sich bei der Türk. [Türkischen] Botschaft in Berlin für Stambul oder Ankara zur Verfügung stellen. Aber fingiere irgendeine andere Stelle als mich als die Quelle. Ich muß nämlich ev. später als Auskunftgeber fungieren. Beides geht nicht zugleich."[293]
 Bezüglich FEILCHENFELDS erklärte er im Entwurf einer Eingabe an das Preußische Kultusministerium (von der allerdings unklar ist, ob sie abgeschickt wurde) dessen Amtsenthebung für unnötig[294], und er versuchte über MAX ZOLLINGER in der Schweiz eine Beschäftigung für ihn zu finden.[295]
- Als SPRANGER 1938 wieder zum Vorsitzenden der Berliner Ortsgruppe der GOETHEgesellschaft gewählt wurde, schrieb er am 14. 04. 1938 an KÄTHE HADLICH: „Es beginnt wohl oder übel damit, daß ich die Juden herauskomplimentieren muß.

Denn da kann jetzt kein Zweifel mehr sein."

Der Hintergrund dieser Vorgänge wurde durch Eisermann weitgehend aufgeklärt, der sich dabei auf die im Berlin Document Center erhaltene Akte über die Berliner Ortsgruppe der GOETHE-Gesellschaft bezieht: „Mit Schreiben vom 16.05.1936 teilte der Vorsitzende der »Arbeitgemeinschaft der literarischen Gesellschaften und Vortragsveranstalter in der Reichsschrifttumskammer« dem vor seinem Japanaufenthalt stehenden SPRANGER lapidar mit, daß »gemäß den Bestimmungen des Reichskulturkammergesetzes von 1933« seine Gesellschaft »unserer Arbeitsgemeinschaft anzugehören« habe. Eine solche Zugehörigkeit hätte automatisch zum Ausschluß sämtlicher Nicht-Arier aus der GOETHE-Gesellschaft führen müssen. In seiner Antwort vom 10. 06. 36 schrieb SPRANGER, er habe die Angelegenheit bis zum Eintritt der Weimarer Gesamtgesellschaft in die Reichsschrifttumskammer und damit auch die Ausfüllung der ihm übersandten Fragebogen zurückgestellt. Am 14. 07. 36 verlangte die Arbeitsgemeinschaft nochmals dringend die Ausfüllung der Fragebogen und Zusendung eines Lichtbildes für den Ausweis des verantwortlichen Leiters der Ortsgruppe, da die GOETHEgesellschaft Weimar inzwischen der RSK [Reichsschrifttumskammer] beigetreten sei. Dann ist der Briefwechsel mit SPRANGER wegen der Japanreise unterbrochen. Die Fragebogen hat er nicht mehr ausgefüllt; erst im Juli 1938, also mit zweijähriger Verzögerung, übersandte er diese der Arbeitsgemeinschaft. Der von der Schatzmeisterin Elsa Karraß, geb. Freiin von Biedermann, am 20. 07. 38 ausgefüllte und unterzeichnete Vereinsfragebogen enthält sehr wichtige Angaben über die Mitgliedschaft von 1932 bis 1938. Im April 32 waren von 279 Mitgliedern 65 »nichtarisch«, 1937 von 176 Mitgliedern 20 »nichtarisch«, und in dem entscheidenden Jahr 1938 von 220 Mitgliedern »nichtarisch 18, sämtlich Anfang April 38 ausgetreten«."[296] Die Niederlegung des Vorsitzes scheint SPRANGER zu keinem Zeitpunkt erwogen zu haben.

– Als SPRANGER 1939 vom Selbstmord seines Lehrers SIEGFRIED BORCHARDT erfuhr, war er zutiefst betroffen und empört.[297] 1943 berichtete er KÄTHE HADLICH vom erschütternden Freitod der Mutter GERTRUD ÖPPINGERs, einer gemeinsamen jüdischen Bekannten, die damit der Deportation zuvorkam.[298] SPRANGER schrieb in diesen Tagen an die Tochter: „Wie sehr ich an den tragischen Ereignissen teilnehme, können Worte nicht sagen. [...] Der Mann ruft nach dem Recht; ja ich bin fast am Schreien. Ich trage eine ähnliche Wunde in mir. Auf genau die gleiche Art wurde mir 1939 der liebste Lehrer mit wohl 83 Jahren genommen. Das ist für mich nicht erledigt. Es muß ein Nachspiel haben."[299]

– Anderseits wiederum geben auch manche Äußerungen über Juden zu denken, die SPRANGER nach 1945 tat:

1949 berichtete er: „Ich habe auch noch einmal einen bescheidenen Ausflug (14 – 19½) gemacht: von Eyach, diesmal rechte Neckarseite, bis Horb.[300] Dort, wie ich glaube, in demselben Café, wo ich 1904 an einem Schabbes unter die Juden fiel."[301] Das war sicher als humorvolle Bemerkung gedacht, zeugt aber nicht von dem sonst bei SPRANGER immer zu beobachtenden sprachlichen Feingefühl und von dem Takt, der spätestens nach dem Holocoust gegenüber der pejorativen Tendenz der Redensart angebracht gewesen wäre.

Über Prof. Dr. Arthur Stein schrieb er 1955: „Er ist Sohn v. LUDWIG STEIN, der auch an der Berner Universität war, einem weltberühmt unerfreulichen Juden."[302] Das ist fast wörtlich dieselbe abfällige Charakterisierung, die sich schon in einem Brief vom 24. 02. 1926 findet.[303]

War SPRANGER Antisemit? Die Antwort auf diese Frage ist abhängig vom Begriff des Antisemitismus, den man zugrundelegt. Wenn man zum Phänomenbereich des Antisemitismus auch das Tolerieren und Übernehmen judenfeindlicher Äußerungen und das öffentliche Schweigen zu judenfeindlichen Handlungen rechnet, dann war SPRANGER sicher nicht frei davon.

KÄTHE HADLICH plädierte zwar für ein Zurückdrängen des jüdischen Einflusses, den sie – wie viele ihrer Zeitgenossen – überschätzte, lehnte aber die nationalsozialistische Rasseideologie ab: Am 16. 11. 1923 schrieb sie über die Juden: „Wir haben allen Grund, da einzudämmen, denn sie überwuchern uns völlig. – Seltsam mutet mich allerdings immer die Hetze der Nationalsozialen gegen die fremde Rasse an. Denn sie tun so, als könnten wir sie vertilgen oder verbannen. Ich meine aber, nur nach Möglichkeit von einflußreichen Stellen fernhalten, ist das Höchste, was wir erreichen können." Als ihr 1924 ein junger Mann aus dem Bekanntenkreis die nationsozialistische Judenpolitik explizierte, überkam sie bereits eine deutliche Vorahnung, wohin diese schließlich führen würde: „Müssen wir wirklich durch solche Greuel, um zu einer Ruhe zu kommen, und kann das dann nicht die Ruhe des Friedhofs sein?"[304]

Nach dem Zusammenbruch wurde SPRANGER Ende Juli 1945 von der amerikanischen Besatzungsmacht für 8 Tage in Haft genommen. Die Gründe sind nicht mehr aufzuklären und wurden auch ihm selbst nicht genannt. Drei Tage nach der Entlassung wurde das Haus der SPRANGERs beschlagnahmt.[305] Die Entnazifizierung scheint jedoch problemlos verlaufen zu sein. Allerdings wurden 1955 und 1956 in der von Herbert Grabert herausgegebenen Hochschullehrer-Zeitung, einem Organ entlassener nationalsozialistischer Hochschullehrer, schwere Anschuldigungen gegen SPRANGER wegen seiner politischen Haltung während der NS-Zeit erhoben.[306] Auf den ersten Artikel reagierte er mit der Schrift „Mein Konflikt mit der Hitlerregierung 1933"[307]. Beim zweiten überließ er anderen seine Verteidigung.[308]

In welchem Ausmaße SPRANGER sich nach 1945 wirklich mit dem politischen System der Bundesrepublik identifizierte, harrt noch einer subtilen Klärung, die natürlich die gesamte erhaltene Korrespondenz und das Œuvre der späten Jahre einbeziehen müßte. In den hier edierten Briefen fällt immerhin auf, daß er eine Parallele zwischen dem „Parteiengezänk" der Weimarer Republik zwischen 1928 und 1933 und neuerlichem „Gezänk" in Württemberg zog[309] und zwar die Politik ADENAUERS unterstützte, aber auf Distanz zu allen Parteien blieb, auch zur CDU und FDP – trotz der Bekanntschaft mit KIESINGER und HEUSS.[310]

KÄTHE HADLICH beruhigte sich nach 1945, wie viele andere deutsche Bürger, rasch bei Vorstellungen, welche das einfache Volk vom Vorwurf der Mitschuld an den Greueln des Hilterregimes entlasteten: Aus dem „Netz", welches das Hitlerregime dem deutschen Volk „über den Kopf gezogen" habe, sei „keine Befreiung" möglich gewesen.[311] Sie meinte, man dürfe eigentlich gar nicht von einem „Versäumnis" oder von einem „Vorwurf" sprechen, die Katastrophe des Zweiten Weltkriegs sei „vielmehr eine Naturentwicklung, wie ein Erschöpfungszustand nach einem Höhepunkt" und somit unaufhaltsam gewesen. Und noch im Kontext der zuletzt angeführten Äußerung propagierte sie den „Kampf mit dem Amerikanertum"[312]. Immerhin gelangte sie beim wiederholten Lesen von SPRANGERS Manuskript „Mein Konflikt mit der Hitlerregierung 1933"[313] zu der Einsicht, „wie reif die geistige Verfassung der Wissenschaftler war, nicht nur intellektuell, sondern auch moralisch, dem raffinierten Angriff des Nationalsozialismus zu verfallen."[314]

[1] Tante Theresia, von KÄTHE HADLICH meist zärtlich „Tante Thes" oder einfach das „Tanting" genannt (vgl. z. B. KÄTHE HADLICH 14. 12. 1910; KÄTHE HADLICH 17. 12. 1910; KÄTHE HADLICH 26. 06. 1914 u. KÄTHE HADLICH 01. 09. 1911).

[2] Ihre Zeichnungen und Aquarelle gingen beim Umzug ins Altersheim Philippus in Heidelberg leider größtenteils verloren.

[3] Der erste Hinweis in der Korrespondenz findet sich in Briefen des Jahres 1921 (KÄTHE HADLICH 14. 01. 1921; KÄTHE HADLICH 10. 11. 1921; KÄTHE HADLICH 11. 12. 1921).

[4] Der letzte Hinweis findet sich in einem Brief KÄTHE HADLICHs vom 21. 05. 1950.

[5] Der Name der Mutter ist auf der Geburtsurkunde zunächst fälschlich „Schönebeck" geschrieben und dann durch eine Randnotiz des Standesbeamten vom 28. 01. 1884 ausdrücklich in „Schönenbeck" korrigiert – so wie der Name auch auf dem Taufschein EDUARD SPRANGERs lautet.

[6] Vgl. den entsprechenden Zusatz des Standesbeamten vom 14. 07. 1884 auf der Geburtsurkunde.

[7] Vgl. oben EDUARD SPRANGER 03. 04. 1904.

[8] Vgl. EDUARD SPRANGERs Anfang 1845 niedergeschriebenes und im Nachlaß in der Universitätsbibliothek Tübingen erhaltenes Manuskript: Meine Studienjahre (1900 - 1909), S.25, sowie EDUARD SPRANGER 08. 02. 1904 u. EDUARD SPRANGER 30. 11. 1904.

[9] Den Abbruch der Jacobi-Arbeit datiert EDUARD SPRANGER selbst in den „Studienjahren" (S.24 u. S.45) auf das Jahr 1903, wobei er vermutet, den Brief an DILTHEY, in welchem er das Thema zurückgab, noch vor der Sommerreise dieses Jahres geschrieben zu haben. Dazu stimmt eine Passage in EDUARD SPRANGER 10. 02. 1909 („Fast ist es, als wäre die Episode PAULSEN nun vorbei und die alte Verbindung mit DILTHEY setzte sich nach 6 Jahren fort."), welche ebenfalls den Abbruch der Beziehung zu DILTHEY für das Jahr 1903 belegt. Auch sein Hinweis im nachgelassenen Manuskript „Kapitel X", S.7, er sei 1903 noch mit der JACOBI-Arbeit belastet gewesen, die nicht vorwärtsgehen wollte, stützt diese Datierung. Eine Äußerung in EDUARD SPRANGER 20. 12. 1908, es sei ein eigenartiges Gefühl gewesen, DILTHEY nach 6 Jahren wieder persönlich gegenüberzustehen, legt allerdings den Schluß nahe, daß der persönliche Kontakt schon 1902 abgebrochen wurde. Wahrscheinlich war dies gelegentlich einer von SPRANGER als höchst unwürdig empfundenen Besprechung mit DILTHEY, während der dieser sich im Nebenzimmer für einen Ausgang zum Diner umkleidete und zwischendurch dem Dienstmädchen Anweisungen gab. Möglicherweise war diese Situation aber nur deshalb entstanden, weil der Student SPRANGER sich verspätet hatte. (Studienjahre, S.25f) Auffällig ist auch, daß EDUARD SPRANGER – den Eintragungen im Studienbuch zufolge – nach dem Wintersemester 1901/ 1902, das vom Oktober 1901 bis zum März 1902 dauerte, keine Veranstaltungen bei DILTHEY mehr besuchte. Offensichtlich fand also 1902 der letzte persönliche Kontakt statt, während erst 1903 das Dissertationsthema in aller Form zurückgegeben wurde. Die Angaben EDUARD SPRANGERs über den „Bruch" mit DILTHEY sind insofern etwas verwirrend, als sie sich z. T. auf den Abbruch des persönlichen Kontaktes 1902, z. T. aber auch auf die formelle Rückgabe des Dissertationsthemas 1903 (z. B. EDUARD SPRANGER 10.02.1909) beziehen.

[10] Nach dem Studienbuch EDUARD SPRANGERs. (Dort sind allerdings nur testierte Veranstaltungen berücksichtigt!)

[11] DR. FRANZISKA SELLE. Vgl. EDUARD SPRANGER 08. 09. 1923.

[12] Hier sind vor allem die von SPRANGER besorgte Edition: JEAN JACQUES ROUSSEAU: Kulturideale. Eine Zusammenstellung aus seinen Werken mit einer Einführung von EDUARD SPRANGER. Übersetzt von Hedwig Jahn. Jena, Diederichs, 1908, die Beiträge für die Jahresberichte für neuere deutsche Literaturgeschichte, die Neuausgabe der Schrift von GUSTAV THEODOR FECHNER: Über die Seelenfrage. Ein Gang durch die sichtbare Welt, um die unsichtbare zu finden. 2. Aufl., hrsg. von EDUARD SPRANGER, Hamburg u. Leipzig, Voß, 1907, und die Auftragsarbeiten für die Preußische Akademie der Wissenschaften zur Humboldt-Ausgabe anzuführen. (Vgl. Studienjahre, S.60ff; EDUARD SPRANGER

03. 12. 1907; Eduard Spranger 27. 01. 1908; Eduard Spranger 07. 02. 1908; Eduard Spranger 21. 08. 1908; Eduard Spranger 20. 12. 1908; Eduard Spranger 18. 01. 1909; Eduard Spranger 02. 03. 1909.)

[13] Vom 25. 04. 1906 bis zum 28. 09. 1908. (In den Studienjahren, S.65, datiert Spranger den Beginn der Unterrichtstätigkeit auf Ostern 1906, das auf den 15./ 16. April fiel.)

[14] Vom 03. 09. 1909 bis zum Herbst 1913.

[15] Eduard Spranger: Ein Professorenleben im 20. Jahrhundert. GS X, S.345. Vgl. dazu auch: Eduard Spranger: Kurze Selbstdarstellungen (1961). In: Eduard Spranger. Sein Werk und sein Leben. Hrsg. v. Hans Walter Bähr und Hans Wenke, Heidelberg 1964, S.14f, sowie die im Bundesarchiv noch vorhandene Korrespondenz zwischen Spranger und den Riehls mit den bezeichnenden Anreden „Mein Sohn Eduard" und „Vater/ Mutter Riehl". Vgl. auch Studienjahre, S.80: „Als ich [im Januar 1909] die Wohnung [Riehls] in der Uhlandstraße betrat, ahnte ich nicht, daß ich einmal in diesem Hause wie ein Sohn gehegt werden würde. Im Rückblick ist mir dieser Tag wie das heilige Morgenrot einer ganzen glücklichen Epoche. Ich habe keinen älteren Mann tiefer geliebt als Alois Riehl."

[16] Eigentlich die 2. Auflage, aber zugleich die erste monographische Fassung eines Beitrags für die Riehl-Festschrift von 1914 (Eduard Spranger: Lebensformen. In: Festschrift für Alois Riehl. Von Freunden und Schülern zu seinem siebzigsten Geburtstage dargebracht, Halle 1914, S.413-522).

[17] Eduard Spranger 20. 01. 1930; Eduard Spranger: Volk, Staat, Erziehung, S.107.

[18] GS X, S.456.

[19] GS VIII, S.445.

[20] Eduard Spranger: Ein Professorenleben, S.351.

[21] Das Schreiben des preußischen Kultusministeriums, mit welchem Eduard Spranger wieder in sein Amt eingesetzt wurde, datiert vom 10. 06. 1933 (Spranger-Archiv, Braunschweig).

[22] Eduard Spranger 09. 06. 1934.

[23] Vgl. dazu u.a. die nachgelassenen Aufzeichnungen Eduard Sprangers: Kapitel X. Aus einer Bemerkung auf S.13, wo Eduard Spranger vom „Zurückdenken über 42 [Jahre]" spricht, ist zu schließen, daß dieses Manuskript 1945 niedergeschrieben wurde.

[24] Eduard Spranger: Kapitel X, S.1.

[25] Eduard Spranger: Kapitel X, S.11.

[26] Eduard Spranger: Kapitel X, S.12.

[27] Vgl. dazu im einzelnen Käthe Hadlich 10. 03. 1946.

[28] Kapitel X, S.14.

[29] Kapitel X, S.13.

[30] Kapitel X, S.2.

[31] Kapitel X, S.22.

[32] Eduard Spranger Ende 1904/ Anfang 1905.

[33] Vgl. oben Abschnitt 2.

[34] Kapitel X, S.15f.

[35] Kapitel X, S.15.

[36] Eintragung vom 5. September 1904.

[37] Einzelheiten vgl. Anm. 1 zu Eduard Spranger 24. 05. 1909.

[38] Vgl. Anm. 4 zu Eduard Spranger vom 02. 03. 1909.

[39] Die Vermutung, daß er sich an der tuberkulösen Mutter angesteckt habe, äußert Spranger später selbst (Studienjahre, S.80).

[40] Eduard Spranger 16. 06. 1910.

[41] EDUARD SPRANGER 09. 09. 1910.
[42] EDUARD SPRANGER 11. 05. 1916.
[43] Vgl. u.a. EDUARD SPRANGER 06. 03. 1915; EDUARD SPRANGER 08. 03. 1915; EDUARD SPRANGER 11. 11. 1923; EDUARD SPRANGER 01. 01. 1924; EDUARD SPRANGER 28. 06. 1925; EDUARD SPRANGER 02. 06. 1926; EDUARD SPRANGER 27. 05. 1928; KÄTHE HADLICH 19. 01. 1924; KÄTHE HADLICH 27. 01. 1924; KÄTHE HADLICH 10. 07. 1925; KÄTHE HADLICH 17. 05. 1926; KÄTHE HADLICH 31. 05. 1926.
[44] Dies geschah anscheinend erst nach einem gemeinsamen Urlaub auf der im Nordwesten des Bodensees gelegenen Insel Reichenau im Frühjahr 1914. Vgl. dazu vor allem EDUARD SPRANGER 19. 12. 1917: „Ich habe gestern in älteren Briefen von Dir aus dem Sommer 1914 gelesen, als wir uns noch »Sie« nannten."
[45] In den erhaltenen Briefen letztmals in EDUARD SPRANGER 06. 09. 1904.
[46] In den erhaltenen Briefen erstmals in EDUARD SPRANGER 09. 09. 1904 und noch in EDUARD SPRANGER 18. 04. 1908.
[47] In den erhaltenen Briefen erstmals in EDUARD SPRANGER 26. 12. 1907 und letztmals in EDUARD SPRANGER 29. 03. 1918, vielleicht sogar noch in EDUARD SPRANGER 15. 04. 1918. (In diesem Falle ist die Datierung auf das Jahr 1918 zwar sehr wahrscheinlich, aber nicht gesichert.)
[48] In den erhaltenen Briefen erstmals in EDUARD SPRANGER 20. 07. 1908 (dort allerdings im Brieftext), bis 1913 (EDUARD SPRANGER 28. 02. 1913).
[49] In den erhaltenen Briefen erstmals in EDUARD SPRANGER 03. 02. 1910 (dort allerdings im Brieftext), bereits am 08. 02 1912 auch als Briefanrede, letztmals in EDUARD SPRANGER 14. 10. 1920 (im Brieftext).
[50] In den erhaltenen Briefen erstmals in EDUARD SPRANGER 25. 07. 1915 und letztmals in EDUARD SPRANGER 04. 07. 1946; anscheinend nur ein einziges Mal „Liebstes Kind" (in EDUARD SPRANGER 25. 04. 1920, dort allerdings im Brieftext).
[51] EDUARD SPRANGER 02. 04. 1915, EDUARD SPRANGER 03. 04. 1915 u. EDUARD SPRANGER 20. 05. 1916.
[52] In den erhaltenen Briefen erstmals 10. 07. 1915 und letztmals am 19. 09. 1927, dort allerdings im Brieftext.
[53] Erstmal EDUARD SPRANGER 25. 12. 1920, leztmals EDUARD SPRANGER 22. 08. 1945.
[54] Erstmals schon im Brieftext EDUARD SPRANGER 14. 08. 1910 (in EDUARD SPRANGER 19. 08. 1910 ausführlicher „mein geliebtes Wesen") und auch zwischendurch immer wieder einmal in den Jahren bis 1920, letztmals in EDUARD SPRANGER 10. 08. 1943.
[55] Erstmals EDUARD SPRANGER 10. 10. 1932, letztmals EDUARD SPRANGER 13. 02. 1955.
[56] Erstmals EDUARD SPRANGER 24. 02. 1944, letztmals EDUARD SPRANGER 25. 12. 1945 (im Brieftext).
[57] Erstmals EDUARD SPRANGER 18. 08. 1953 und offenbar bis zum Ende der Korrespondenz.
[58] Frühestes erhaltenes Beispiel ist KÄTHE HADLICH 05. 01. 1907. Letztmals benutzt wurde diese Anrede offenbar in KÄTHE HADLICH 02. 03. 1908.
[59] Erstmals in KÄTHE HADLICH 03. 09. 1907, letztmals 05. 04. 1954.
[60] Erstmals KÄTHE HADLICH 11. 08. 1910 (im Brieftext), letztmals in KÄTHE HADLICH 09. 01. 1958.
[61] Erstmals KÄTHE HADLICH 19. 02. 1911 (im Brieftext), letztmals KÄTHE HADLICH 11. 01. 1958.
[62] Erstmals KÄTHE HADLICH 07. 03. 1911 (im Brieftext), letztmals KÄTHE HADLICH 28. 08. 1952 (im Brieftext).
[63] Erstmals KÄTHE HADLICH 03. 09. 1910 (im Brieftext), letztmals KÄTHE HADLICH 20. 04. 1911.
[64] KÄTHE HADLICH 24. 12. 1910; KÄTHE HADLICH 20. 04. 1911.
[65] Erstmals KÄTHE HADLICH 30. 04. 1920 (im Brieftext), letztmals KÄTHE HADLICH 07. 08. 1953.
[66] KÄTHE HADLICH 28. 10. 1920; KÄTHE HADLICH 01. 01. 1952 (im Brieftext).
[67] Erstmals KÄTHE HADLICH 28. 01. 1921 (im Brieftext), letztmals in KÄTHE HADLICH 14. 11. 1948.
[68] KÄTHE HADLICH 16. 01. 1924; KÄTHE HADLICH 08. 12. 1941.

[69] Käthe Hadlich 28. 08. 1923; Käthe Hadlich 30. 09. 1956.
[70] Eduard Spranger 19. 08. 1910.
[71] Beide oben abgedruckt. Vgl. oben Anm. 60 u. 61.
[72] Eduard Spranger 21. 03. 1909.
[73] Käthe Hadlich 11. 08. 1910; Käthe Hadlich 28. 04. 1911.
[74] Käthe Hadlich 29. 08. 1957.
[75] Vgl. Eduard Spranger 02. 11. 1904 u. Eduard Spranger 30. 11. 1904.
[76] Vgl. z. B. Eduard Spranger 25. 11. 1910 u. Käthe Hadlich 26./ 28. 11. 1910.
[77] Salomon 1983, S. 96ff. Vgl. im einzelnen das Personenregister.
[78] Vgl. die Briefe Eduard Sprangers an Susanne Conrad vom 02. 06. 1913 und vom 13. 12. 1914, sowie den in Anm. 2 zu Eduard Spranger 23. 02. 1915 teilweise abgedruckten Brief an Susanne Conrad vom 04. 03. 1915.
[79] Eduard Spranger 26. 04. 1915; Eduard Spranger 26. 05. 1915; Eduard Spranger 05. 07. 1915.
[80] Eduard Spranger 16. 11. 1916; Eduard Spranger 28. 06. 1917.
[81] Eduard Spranger 03./ 04. 04. 1915. – Vgl. auch Eduard Spranger 11. 11. 1923; Eduard Spranger 25. 01. 1928; Eduard Spranger 27. 05. 1928. Morganatisch [mlat.]: nicht standesgemäß (in bezug auf die Ehe). Vgl. dazu auch Sprangers Bemerkung über eine rechtlich mindere Form der Ehe bei dem Römern in Eduard Spranger 02. 06. 1926.
[82] Dabei ist völlig eindeutig, daß hier Susanne Conrad gemeint ist und nicht etwa Adelheid Hofmann, die Spranger Anfang 1915 ebenfalls sehr nahe gekommen war: Der Abschiedsbrief an Susanne Conrad datiert vom 4. 03. 1915, die Liebeserklärung wird wohl am 2. 3. 1915 gewesen sein. Die Begegnung mit Adelheid Hofmann war aber nach Eduard Spranger 30. 01. 1915 bereits Ende Januar 1915.
[83] Eduard Spranger 05. 07. 1915.
[84] Eduard Spranger 30. 08. 1915.
[85] GS VII, S.417.
[86] GS VII, S.417.
[87] Eduard Spranger 18. 08. 1920; Käthe Hadlich 31. 08. 1920.
[88] Käthe Hadlich 31. 08. 1920.
[89] Käthe Hadlich 28. 07. 1927.
[90] Käthe Hadlich 27. 01. 1924.
[91] Käthe Hadlich 20. 02. 1921; Käthe Hadlich 29. 11. 1925; Käthe Hadlich 31. 05. 1926; Käthe Hadlich 03. 06. 1928.
[92] Eduard Spranger 27. 05. 1926.
[93] Eduard Spranger 10. 12. 1927.
[94] Eduard Spranger 29. 01. 1924.
[95] Vgl. z. B. den Hinweis in Eduard Spranger 27. 05. 1926.
[96] Vgl. Käthe Hadlich 19. 07. 1925; Käthe Hadlich 10. 07. 1925.
[97] Käthe Hadlich 31. 05. 1926.
[98] Käthe Hadlich 19. 07. 1925; Eduard Spranger 02. 06. 1926.
[99] Vgl. im einzelnen unten Abschnitt 5 u. Anm. 1 zu Eduard Spranger 27. 04. 1933.
[100] Vgl. oben Anm. 2 zu Eduard Spranger 26.06.1934.
[101] Vgl. Eduard Spranger 06. 03. 1934.
[102] Eduard Spranger 17. 08. 1934.
[103] Vgl. Eduard Spranger 26. 06. 1934.
[104] Eduard Spranger 17. 08. 1934; Eduard Spranger 28. 09. 1934; GS VII, S.434.
[105] Ähnlich in Eduard Spranger 06. 04. 1935: „[...] wenn ich hinzufüge, daß ich mit meiner Susanne

von Herzen eins bin [...]"
[106] Vgl. unten Abschnitt 5.
[107] Vgl. EDUARD SPRANGER 15. 11. 1944.
[108] GS IX, S.337-349.
[109] Vgl. die Schilderung des Traumes in KÄTHE HADLICH 04. 03. 1920.
[110] Freundlicherweise zugänglich gemacht von der Witwe H. W. BÄHRs.
[111] GS VII, 407.
[112] EDUARD SPRANGER 18. 03. 1904.
[113] EDUARD SPRANGER 01. 07. 1904. Vgl. auch die Stellen in EDUARD SPRANGER 09. 05. 1906: „Sehen Sie, das war von jeher die eigentümliche Seite meines Wesens, daß mich nichts so tief ergriff, wie die pädagogische Sehnsucht" und in EDUARD SPRANGER 21. 01. 1907: „Ist dieses Leben so viel wert, daß es so viel Erziehung lohnt? Es muß wohl."
[114] EDUARD SPRANGER 21. 01. 1907. Vgl. auch EDUARD SPRANGER 15. 05. 1906: „Ich weiß nicht, woher ich diese brennende Liebe zur Jugend habe. Früher war dies bis zum Pathologischen stark in mir entwickelt" und EDUARD SPRANGER 04. 11. 1907: „Die Bildungsarbeit beginnt erst in den Jahren des Reifens."
[115] EDUARD SPRANGER Nov. 1903, „In den Stunden der Fledermäuse"; EDUARD SPRANGER 08. 02. 1904; EDUARD SPRANGER 18. 03. 1904.
[116] EDUARD SPRANGER 15. 05. 1906.
[117] Vgl. GS I, S.420-429. Wahrscheinlich trug SPRANGER dieses Projekt schon bei dem Heidelberg-Aufenthalt 1903 in sich. Vgl. dazu EDUARD SPRANGER 7./ 8. 11. 1903.
[118] EDUARD SPRANGER 09. 06. 1904.
[119] EDUARD SPRANGER 03. 04. 1904.
[120] Zu ERNST LÖWENTHAL vgl. besonders die Briefe vom 08. 02. 1904; 03. 04. 1904; 23./ 24. 04. 1904; 22. 09. 1904; Tagebuch der Sommerreise 1904 (Eintrag vom 3. September 1904), zu SPRANGERS Schulerfahrungen vgl. u.a. seine Briefe vom 01. 05. 1906, 16. 06. 1906, 21. 01. 1907, 04. 11. 1907, 01. 10. 1908, 04. 10. 1908; 22. 12. 1909; 20. 03. 1913.
[121] KÄTHE HADLICH 14. 06. 1911.
[122] EDUARD SPRANGER 06. 08. 1905.
[123] Vgl. z. B. EDUARD SPRANGER 18. 10. 1903; EDUARD SPRANGER 14. 07. 1905.
[124] EDUARD SPRANGER 7./ 8. 01. 1903.
[125] EDUARD SPRANGER 09. 01. 1904; EDUARD SPRANGER 18. 03. 1904.
[126] EDUARD SPRANGER 15. 12. 1903; EDUARD SPRANGER 15. 12. 1903.
[127] EDUARD SPRANGER 15. 12. 1903.
[128] EDUARD SPRANGER 29. 02. 1904; EDUARD SPRANGER 18. 03. 1904.
[129] EDUARD SPRANGER 15. 12. 1903.
[130] EDUARD SPRANGER: In den Stunden der Fledermäuse (November 1903).
[131] EDUARD SPRANGER 15. 12. 1903; EDUARD SPRANGER 03. 04. 1904.
[132] EDUARD SPRANGER 15. 12. 1903.
[133] EDUARD SPRANGER 09. 06. 1904.
[134] Mair S.14f.
[135] EDUARD SPRANGER 12. 10. 1905.
[136] EDUARD SPRANGER 13. 03. 1906.
[137] EDUARD SPRANGER 26. 08. 1907; EDUARD SPRANGER 29. 10. 1908.
[138] EDUARD SPRANGER 26. 08. 1907.
[139] EDUARD SPRANGER 04./ 07. 10. 1914.
[140] EDUARD SPRANGER 12. 12. 1945.

[141] KÄTHE HADLICH 23. 07. 1908.
[142] KÄTHE HADLICH 09. 11. 1908.
[143] KÄTHE HADLICH 09. 11. 1908.
[144] KÄTHE HADLICH 09. 11. 1908.
[145] KÄTHE HADLICH 09. 11. 1908.
[146] EDUARD SPRANGER 27. 03. 1916.
[147] Vgl. auch in demselben Brief: „Wer nicht die Ewigkeit in sich trägt, wird sie in der Zukunft vergeblich suchen."
[148] EDUARD SPRANGER 17. 10. 1910.
[149] EDUARD SPRANGER 01. 10. 1912.
[150] EDUARD SPRANGER 09. 09. 1957.
[151] KÄTHE HADLICH 30. 07. 1907; KÄTHE HADLICH 25./ 26. 10. 1910. Vgl. auch KÄTHE HADLICH 30. 07. 1907; KÄTHE HADLICH 02. 12. 1910.
[152] KÄTHE HADLICH 01. 10. 1907.
[153] KÄTHE HADLICH 02. 12. 1910; ähnlich auch EDUARD SPRANGER 09. 11. 1908.
[154] Kapitel X, S.17.
[155] EDUARD SPRANGER 06. 08. 1905.
[156] EDUARD SPRANGER 01. 10. 1907.
[157] EDUARD SPRANGER 19. 09. 1913.
[158] Vgl. oben KÄTHE HADLICH 28. 08. 1923.
[159] KÄTHE HADLICH 11. 05. 1925.
[160] Vgl. vor allem EDUARD SPRANGER 26. 09. 1904, wo EDUARD SPRANGER sich auf entsprechende Vorhaltungen KÄTHE HADLICHs hin entschuldigt.
[161] Kapitel X, S.17.
[162] Vgl. EDUARD SPRANGER: Lebensformen 1921, 390; Werner Sacher: EDUARD SPRANGER 1903 bis 1933, 475, 477, 531, 533.
[163] Kapitel X, S.15 u. 17.
[164] Vgl. einen undatierten Brief des Jahres 1920 und die Briefe EDUARD SPRANGERs vom 27. 10. 1921, 02. 09. 1926, 10. 09. 1926, 04. 11. 1926 u. 23. 02. 1936.
[165] EDUARD SPRANGER 24. 02. 1926.
[166] Von entsprechenden Planungen berichtet EDUARD SPRANGER 02. 09. 1926. Nach EDUARD SPRANGER 10. 09. 1926 müßte der Besuch am 13. od. 14. 09. 1926 stattgefunden haben.
[167] KÄTHE HADLICH 26. 09. 1926.
[168] EDUARD SPRANGER 25. 07. 1914.
[169] EDUARD SPRANGER 30. 07. 1914. – Vgl. auch EDUARD SPRANGER 11. 08. 1914.
[170] EDUARD SPRANGER 08. 08. 1914.
[171] EDUARD SPRANGER 11. 08. 1914.
[172] EDUARD SPRANGER 05. 09. 1914.
[173] EDUARD SPRANGER 22. 11. 1914.
[174] EDUARD SPRANGER 01. 11. 1914, EDUARD SPRANGER 04. 11. 1914 u. KÄTHE HADLICH 26. 01. 1915.
[175] EDUARD SPRANGER 18. 05. 1915; EDUARD SPRANGER 05. 12. 1915; EDUARD SPRANGER 30. 09. 1915.
[176] EDUARD SPRANGER 12. 11. 1915.
[177] EDUARD SPRANGER 19. 09. 1915; EDUARD SPRANGER 17. 11. 1915.
[178] EDUARD SPRANGER 16. 11. 1916.
[179] EDUARD SPRANGER 28. 07. 1917.
[180] EDUARD SPRANGER 29. 08. 1917.
[181] EDUARD SPRANGER 22. 11. 1917.

[182] EDUARD SPRANGER 26. 01. 1918.
[183] EDUARD SPRANGER 29. 10. 1918. Vgl. auch EDUARD SPRANGER 08. 10. 1918.
[184] Indirekt erschließbar aus EDUARD SPRANGER 22. 09. 1915.
[185] EDUARD SPRANGER 29. 10. 1918 u. KÄTHE HADLICH 04. 03. 1920.
[186] EDUARD SPRANGER 30. 08. 1914.
[187] KÄTHE HADLICH 20. 04. 1920.
[188] EDUARD SPRANGER 18. 08. 1917.
[189] EDUARD SPRANGER 19. 10. 1918.
[190] EDUARD SPRANGER 15. 11. 1918. Ähnlich – wenn auch moderater – EDUARD SPRANGER 29./ 30. 11. 1918.
[191] EDUARD SPRANGER 15. 11. 1918.
[192] EDUARD SPRANGER 26. 01. 1918.
[193] EDUARD SPRANGER 29./ 30. 12. 1918. – Ähnlich im Brief vom 15. 10. 1918 an ALOIS RIEHL: „[...] die Frage kann nur sein: Welche Kräfte holen wir aus dem gegenwärtigen Zusammenbruch – denn der ist Tatsache – heraus? Diese Kräfte liegen, wie Mutter SOFIE RIEHL lange gesagt hat, in der Sozialdemokratie." (GS VII, S.91)
[194] EDUARD SPRANGER 29. 08. 1917.
[195] EDUARD SPRANGER: Vom inneren Frieden des deutschen Volkes. In: Internationale Monatsschrift für Wissenschaft. Bd.11, 1916/ 1917, Sp.129-156.
[196] EDUARD SPRANGER 15. 11. 1918.
[197] EDUARD SPRANGER 15. 12. 1919.
[198] EDUARD SPRANGER 15. 09. 1930.
[199] EDUARD SPRANGER 18. 03. 1904.
[200] EDUARD SPRANGER 11. 11. 1923 u. EDUARD SPRANGER 15. 08. 1923.
[201] EDUARD SPRANGER 12. 01. 1919; EDUARD SPRANGER 02. 05. 1924.
[202] EDUARD SPRANGER 30. 08. 1923.
[203] EDUARD SPRANGER 22. 11. 1930.
[204] Vgl. dazu seinen Brief vom 14. 3. 1928 an WILHELM FLITNER (GS VII, S.132f) und EDUARD SPRANGERs Schrift: Die wissenschaftlichen Grundlagen der Schulverfassungslehre und Schulpolitik (1927). In: GS I, S.90-161, auf die er in diesem Brief verweist.
[205] KÄTHE HADLICH 27. 01. 1926.
[206] KÄTHE HADLICH 20. 02. 1921.
[207] KÄTHE HADLICH 26. 09. 1926.
[208] KÄTHE HADLICH 27. 01. 1926.
[209] KÄTHE HADLICH 26. 01. 1928. (Dort bezieht sich KÄTHE HADLICH auf eine entsprechende mündliche Äußerung SPRANGERS.)
[210] EDUARD SPRANGER 03./ 05. 05. 1915; EDUARD SPRANGER 15. 02. 1919; EDUARD SPRANGER 13. 05. 1925; KÄTHE HADLICH 02. 10. 1927.
[211] EDUARD SPRANGER 13. 05. 1925.
[212] KÄTHE HADLICH 15. 05. 1925.
[213] KÄTHE HADLICH 27. 01. 1926.
[214] EDUARD SPRANGER 11. 11. 1923; EDUARD SPRANGER 02. 05. 1924. Vgl. auch schon EDUARD SPRANGER 29. 10. 1918.
[215] KÄTHE HADLICH 09. 11. 1923.
[216] KÄTHE HADLICH 30. 03. 1924.
[217] EDUARD SPRANGER 02. 05. 1924.
[218] KÄTHE HADLICH 26. 09. 1930.

[219] KÄTHE HADLICH 15. 07. 1931.
[220] EDUARD SPRANGER 15. 09. 1930.
[221] EDUARD SPRANGER 22. 11. 1930.
[222] Vgl. oben EDUARD SPRANGER 16. 10. 1930.
[223] KÄTHE HADLICH 12./ 15. 01. 1932.
[224] KÄTHE HADLICH 14. 04. 1932.
[225] EDUARD SPRANGER 05. 04. 1932.
[226] EDUARD SPRANGER 10. 10. 1932.
[227] EDUARD SPRANGER 12. 11. 1932.
[228] EDUARD SPRANGER 07. 06. 1931.
[229] EDUARD SPRANGER 07. 06. 1931.
[230] EDUARD SPRANGER 05. 04. 1932; EDUARD SPRANGER 10. 10. 1932; EDUARD SPRANGER 31. 10. 1932.
[231] EDUARD SPRANGER 28. 05. 1932.
[232] EDUARD SPRANGER 12. 11. 1932.
[233] EDUARD SPRANGER 07. 02. 1933.
[234] Der Wortlaut des Rücktrittsschreibens war: „Den Herrn Minister für Wissenschaft, Kunst und Volksbildung bitte ich um meine Entbindung von den Pflichten eines ordentlichen Professors der Philosophie und Pädagogik an der Universität Berlin unter den hierfür geltenden gesetzlichen Formen. Die Entwicklung der Verhältnisse an den preußischen Universitäten gestattet mir für die Zukunft keine Wirksamkeit, die ich mit meinem Gewissen vereinbaren könnte. Den unmittelbaren Anlaß zu diesem Schritt gibt mir die wohl als authentisch anzusehende Mitteilung des Herrn Professor Baeumler – Dresden vom 24. April 1933: »Die beabsichtigte Gründung eines Lehrstuhl für politische Pädagogik an der Universität Berlin ist inzwischen erfolgt; ich bin von Herrn Rust mit der Verwaltung dieses Lehrstuhls und der Aufgabe, ein Institut für politische Pädagogik aufzubauen, betraut worden.«" (zitiert nach Henning/Leschinsky, 113f)
[235] EDUARD SPRANGER 01. 05. 1933.
[236] EDUARD SPRANGER 10. 10. 1932.
[237] EDUARD SPRANGER: Mein Konflikt mit der Hitlerregierung, 2.
[238] Zu den Einzelheiten vgl. EDUARD SPRANGER: Mein Konflikt mit der Hitlerregierung 1933. Tübingen 1955; EDUARD SPRANGER: Ein Professorenleben, S.349-352; Henning/ Leschinsky; Walter Eisermann: Zur Wirkungsgeschichte EDUARD SPRANGERs – dargestellt an Reaktionen auf sein Rücktrittsgesuch im April 1933. In: Maßstäbe, S.297-323.
[239] Ähnlich auch schon EDUARD SPRANGER 15. 11. 1918.
[240] EDUARD SPRANGER 06. 01. 1920.
[241] EDUARD SPRANGER 16. 6. 1929.
[242] EDUARD SPRANGER 02. 12. 1932.
[243] EDUARD SPRANGER 07. 02. 1933.
[244] EDUARD SPRANGER 15. 05. 1939.
[245] Der Wortlaut der Erklärung, die auch durch die Presse verbreitet wurde, lautet: "Bei der Einreichung meines Rücktrittsgesuches vom 25. April d. J. kannte ich die Maßnahmen des Herrn Ministers zur Wiederherstellung des Vertrauensverhältnisses zwischen Studentenschaft und Professorenschaft nicht in vollem Umfange. Die Besorgnisse, die mich damals erfüllt haben, darf ich als nicht mehr begründet ansehen. In dem lebhaften Wunsch, meine Arbeit wie bisher in naher Verbundenheit mit der akademischen Jugend dem deutschen Volk und Staat widmen zu können, habe ich im Einverständnis mit Herrn Minister RUST mein Gesuch um Versetzung in den Ruhestand zurückgezogen." (EDUARD SPRANGER: Mein Konflikt mit der Hitlerregierung, 15).

²⁴⁶ So WILHELM FLITNER, der SPRANGER in den Tagen nach seinem Rücktritt besucht hatte, in einem Brief an Eisermann. (Vgl. Eisermann 1994, 7.)
²⁴⁷ Vgl. dazu den oben abgedruckten Brief SPRANGERS vom 10. 05. 1933.
²⁴⁸ Vgl. Henning/Leschinsky, 96ff.
²⁴⁹ Vgl. oben Anm. 246.
²⁵⁰ EDUARD SPRANGER 13. 01. 1935 u. EDUARD SPRANGER 06. 04. 1935.
²⁵¹ EDUARD SPRANGER 06. 07. 1933; EDUARD SPRANGER 14. 09. 1933; EDUARD SPRANGER 24. 09. 1933; EDUARD SPRANGER 28. 09. 1933.
²⁵² EDUARD SPRANGER 13. 12. 1942.
²⁵³ EDUARD SPRANGER 09. 06. 1934.
²⁵⁴ EDUARD SPRANGER 26. 06. 1934.
²⁵⁵ EDUARD SPRANGER 06. 01. 1938 und EDUARD SPRANGER 10. 01. 1939.
²⁵⁶ Für diese Vermutung sprechen Briefstellen in EDUARD SPRANGER 23. 12. 1938 („Ich kann zu keinem Assistenten kommen."), EDUARD SPRANGER 29. 12. 1938 („Das Assistentenproblem bleibt immer noch ungelöst u. infolge eines Fehlers, den P. [PLOETZ] gemacht zu haben scheint, nicht allzu aussichtsreich."). Auch nach dem oben abgedruckten Brief EDUARD SPRANGERS vom 10. 01. 1939, der den Durchbruch zu verkünden schien, schleppte sich die Angelegenheit hin: EDUARD SPRANGER 29. 01. 1939 („In der Assistentengeschichte kann ich keine Entscheidung erzwingen [...]"), EDUARD SPRANGER 23. 02. 1939 („ohne Hilfe eines Assistenten"), EDUARD SPRANGER 07. 04. 1939 („die 'Suche' nach einem Assistenten"), EDUARD SPRANGER 27. 06. 1939 (Überlegungen, die freie Assistentenstelle Heint anzbieten), EDUARD SPRANGER 14. 10. 1939 („zumal kein Assistent und keine Schreibhilfe da waren"). Für die Vertretung der Stelle durch WENKE spricht EDUARD SPRANGER 14. 07. 1939 („der treue WENKE (noch immer als Assistent)"). Erst in EDUARD SPRANGER 02. 11. 1939 wird die Anstellung des neuen Assistenten Hobohm verkündet, der die Stelle schon vorher vertreten hatte (EDUARD SPRANGER 14. 10. 1939).
²⁵⁷ EDUARD SPRANGER 03. 03. 1943.
²⁵⁸ EDUARD SPRANGER 26. 01. 1934.
²⁵⁹ Scholder, S.9-47.
²⁶⁰ Scholder, S.359ff.
²⁶¹ Zu den Texten vgl.: EDUARD SPRANGER: Texte für die Mittwochsgesellschaft 1935-1944. Hrsg. von Uwe Henning u.a., 2. Aufl., München 1988.
²⁶² Scholder, S.33ff.
²⁶³ Schlabrendorff, S.22.
²⁶⁴ Vgl. vor allem EDUARD SPRANGER 22. 01. 1941: „Mit BECK verstehe ich mich sehr gut" und EDUARD SPRANGER 14. 11. 1941: „Mit BECK besteht schon ein Band stiller Sympathie" und EDUARD SPRANGER 19. 01. 1946: „Mit dem Generaloberst BECK hatte ich, wie Du weißt, ein gutes Verhältnis." – Aufschlußreich für das Verhältnis SPRANGERS zu BECK ist ferner: EDUARD SPRANGERS Rezension: Generaloberst BECK in der Mittwochsgesellschaft. Zu dem Buch: LUDWIG BECK „Studien". In: Universitas, Jg.11, 1956, S.183-193. Die dort einfließenden Erinnerungen SPRANGERS an BECK waren schon 1947 niedergeschrieben worden (EDUARD SPRANGER 26. 10. 1955).
²⁶⁵ Scholder, S.26f.
²⁶⁶ Flitner, S.388; Scholder, 42f.
²⁶⁷ Vgl. dazu vor allem EDUARD SPRANGER 09. 09. 1943.
²⁶⁸ EDUARD SPRANGER 19. 01. 1946.
²⁶⁹ EDUARD SPRANGER 30. 07. 1939.
²⁷⁰ Materialien des SPRANGER-Archivs Braunschweig.
²⁷¹ Theologischer Universitätsgrad mit Lehrbefugnis.

[272] EDUARD SPRANGER 03. 06. 1940; Es 14. 11. 1941; EDUARD SPRANGER 16. 11. 1943; EDUARD SPRANGER 18. 12. 1943; EDUARD SPRANGER 19. 01. 1946; EDUARD SPRANGER 17. 04. 1947.
[273] Rübsam/ Schadeck, S.17 u. S.81ff.
[274] Klafki 1996, S.22.
[275] Das Alter ERNST LÖWENTHALs resultiert aus einer Stelle im Brief vom 28. 06. 1905, wo er ihn als 18-jährigen Jüngling bezeichnet.
[276] EDUARD SPRANGER 07. 01. 1936.
[277] EDUARD SPRANGER 03. 04. 1904.
[278] EDUARD SPRANGER 11. 06. 1956.
[279] EDUARD SPRANGER 07. 10. 1904.
[280] Zur Identität des „Registrators" und ERNST LÖWENTHALs vgl. vor allem EDUARD SPRANGER 20. 12. 1908: „Der Registrator alias Ernst Löwenthal".
[281] EDUARD SPRANGER 20. 12. 1922.
[282] Eisermann 1994.
[283] Eisermann 1994.
[284] EDUARD SPRANGER 22. 12. 1909.
[285] EDUARD SPRANGER 15. 11. 1918; ähnlich in EDUARD SPRANGER 29./ 30. 11. 1918: „Überall herrschen die Juden."
[286] EDUARD SPRANGER 12. 01. 1919.
[287] EDUARD SPRANGER 01. 01. 1924; ähnlich EDUARD SPRANGER 24. 02. 1926.
[288] EDUARD SPRANGER 14. 09. 1933.
[289] EDUARD SPRANGER 17. 09. 1934.
[290] EDUARD SPRANGER 19. 10. 1933. Im einzelnen vgl. dazu Himmelstein 2000.
[291] EDUARD SPRANGER 25. 11. 1933; EDUARD SPRANGER 15. 12. 1933.
[292] EDUARD SPRANGER 23. 11. 1934.
[293] EDUARD SPRANGER 31. 10. 1933.
[294] GS VII, S.166f.
[295] Brief SPRANGERs am MAX ZOLLINGER vom 17. 11. 34, zitiert bei Eisermann 1994, 8.
[296] Eisermann 1994, 5f.
[297] EDUARD SPRANGER 01. 08. 1939.
[298] EDUARD SPRANGER 03. 04. 1943.
[299] GS VII, 214.
[300] Horb: ein Ort ca. 50 km südwestlich von Stuttgart;
Eyach: ein unweit von Horb in den Neckar mündendes Flüßchen.
[301] EDUARD SPRANGER 17. 10. 1949.
[302] EDUARD SPRANGER 1. Pfingstfeiertag = 29. 05. 1955.
[303] Dort bezeichnet SPRANGER LUDWIG REIN als einen „unsauberen, internationalen Juden".
[304] KÄTHE HADLICH 21. 06. 1924.
[305] EDUARD SPRANGER 22. 08. 1945; EDUARD SPRANGER 22. 08. 1945; EDUARD SPRANGER 16. 09. 1945; EDUARD SPRANGER 27. 09. 1945.
[306] Vom Widersinn der politischen Verfolgung. In: Hochschullehrer-Zeitung. Mitteilungen des Verbandes der nicht-amtierenden (amtsverdrängten) Hochschullehrer und der Forschungshilfe e. V., hrsg. von Herbert Grabert. 3. Jg., 1955, Januar/ März, Nr. 1/ 3, 3-5.
EDUARD SPRANGER und die Hochschulgeschichte von 1933-45. In: Hochschullehrer-Zeitung (mit dem neuen Untertitel: Zeitschrift für Hochschule, Wissenschaft und Forschung), 4. Jg., 1956, Nr.4, 7-14. – Beide Artikel waren anonym.

[307] Als Manuskript gedruckt in Tübingen 1955, ferner in: Universitas. Zeitschrift für Wissenschaft, Kunst und Literatur. Hrsg. von Dr. H. Walter Bähr, Tübingen, 10.Jg.(1955), H.5, 457-473.
[308] EDUARD SPRANGER 04. 01. 1957.
[309] EDUARD SPRANGER 23. 04. 1946.
[310] EDUARD SPRANGER 07. 02. 1951; EDUARD SPRANGER 03. 09. 1953.
[311] KÄTHE HADLICH 07. 04. 1946.
[312] KÄTHE HADLICH 09. 02. 1947.
[313] Vgl. oben Anm. 307.
[314] KÄTHE HADLICH 30. 03. 1955.

Personenregister

Die Zahlenangaben in Normalschrift beziehen sich auf den Inhalt der „ausgewählten Korrespondenz der Jahre 1903–1960". Die Zahlenangaben in Kursivschrift beziehen sich auf die „Interpretationsversuche" und den Anmerkungsapparat.

Adelheid → Reger, Adelheid

Adenauer, Konrad:
1876–1967; Politiker
371, *392, 420*

Adler, Alfred:
1870–1937; österr. Psychiater und Psychologe; Schüler Sigmund Freuds; Begründer der Individualpsychologie
254

Aenne → Knaps, Aenne

Altenstein, Karl Sigmund Franz Frhr. vom Stein zum A.:
1770–1840; preuß. Staatsmann; 1817–1838 preuß. Kultusminister
68, *69, 113,* 328, *329*

Althoff, Friedrich Theodor:
1839–1908; Ministerialdirektor (Hochschulreferent) im preußischen Kultusministerium
112

Andreas-Salomé, Lou:
1861–1937; Schriftstellerin
151–153, *153*

Anschütz, Gerhard:
1867–1948; Jurist, 1922/1923 Rektor der Universität Heidelberg
226

Aristoteles:
384–322 v. Chr.; griech. Philosoph
269

Arnold, Franz Xaver:
geb. 1898; Theologe; 1932–1936 Studentenpfarrer an der Universität Tübingen, 1946 o. Professor in Tübingen
376

Arnhold, Robert Carl:
1884–1970; Prof. Dr. ing.; zeitweise stellv. Generalstabsoffizier; seit 1925 Leiter des in demselben Jahr gegründeten Deutschen Instituts für technische Arbeitsschulung (DINTA), das als Organ der Deutschen Arbeitsfront eingegliedert wurde, seit 1939 Mitherausgeber der „Erziehung"
327, *328*

Auhagen, Otto Georg Gustav:
1869–1945; seit 1897 Professor der Staatswissenschaften, ab 1933 an der Universität Berlin
279

Baco = Francis Bacon (Baron Verulam und Viscount Saint Albans):
1561–1626; englischer Philosoph, Schriftsteller und Politiker
17, *20*

Baege, Max Hermann:
geb. 1875; Politiker und Philosoph; 1918 Unterstaatssekretär im preußischen Kultusministerium und Vorgänger von → Carl Heinrich Becker
203, 210, 212

Baenbach (Vorname wahrscheinlich Joseph):
Dr. theol.; vermutlich der von KÄTHE HADLICH öfter angeführte Dr. B.; Theologe und Mitarbeiter bei Bruno Wille an der Universität Heidelberg; zeitweiliger Hausgenosse von KÄTHE HADLICH und → Aenne Knaps in der Rohrbacher Straße 24
217, 236, 242

Bär, A.:
1915 Seminardirektor in Delitsch; 1922 Oberschulrat; neben → Kerschensteiner und → Muthesius einer der Mitstreiter EDUARD SPRANGERS bei der Reichsschulkonferenz
172, 203

Bärsch, Theo:
[nach Hans Walter Bähr (EDUARD SPRANGER: Gesammelte Schriften, Bd. VII, S. 440) „Theo Baensch"]; Kalfaktor und kommunistischer Mit-

häftling EDUARD SPRANGERS in Moabit
349

Bain, Alexander:
1818–1903; schott. Philosoph; Vertreter der Assoziationspsychologie, die er auch in der Ethik, Logik und Pädagogik durchführte
155

Barth, Ernst Emil Paul:
1858–1922; Philosoph, Soziologe und Pädagoge; Prof. in Leipzig. B. war einer von EDUARD SPRANGERS Mitbewerbern um die Professur in Leipzig gewesen, wurde von ihm aber gleichwohl sehr geschätzt
107, *108*, 136, *213*

Barth, Hans:
1904–1965; schweizerischer Philosoph und Publizist; 1929–1946 leitender Redakteur der Neuen Zürcher Zeitung; ab 1946 o. Professor an der Universität Zürich; Pestalozziforscher; erhielt – als Drittplazierter hinter Andreas Flitner (Sohn von Wilhelm Flitner) und Otto Friedrich Bollnow – zunächst den Ruf auf EDUARD SPRANGERS Nachfolge in Tübingen, lehnte jedoch ab
Werke u.a.: Wahrheit und Ideologie (1945); Pestalozzis Philosophie der Politik (1954); Die Idee der Ordnung (1958)
371

Barth, Karl:
1886–1968; schweizer. reformierter Theologe; wirkte mit am Widerstand der Bekennenden Kirche gegen den Nationalsozialismus
317

Bäumer, Dr. Gertrud:
1873–1954; Politikerin; Studium an der Univ. Berlin, wie → Herman Nohl berichtet, u.a. bei Friedrich Paulsen; 1905 Promotion zum Dr. phil.; 1910–1920 Vorsitzende des Bundes Deutscher Frauenvereine; 1917–1920 zusammen mit Marie Baum Leiterin der gerade gegründeten Sozialen Frauenschule und des Sozialpädagogischen Instituts Hamburg; 1919 Mitglied der Nationalversammlung; 1919–1932 Mitglied des Dt. Reichstags (Demokratische Partei); 1920–1933 Ministerialrätin für Jugendwohlfahrt im Reichsministerium des Inneren; 1933 aus politischen Gründen entlassen; zusammen mit → Alice Salomon, → Johanna Wezel, → Charlotte Dietrich und → Lili Dröscher Vertreterin der (akademischen) Frauenbewegung; an der Organisation der Frauenhochschule in Leipzig maßgeblich beteiligt und für deren Leitung in Erwägung gezogen; lehnte diese aber ab und wollte nur beratend tätig sein. EDUARD SPRANGER scheint – trotz mancher Meinungsverschiedenheiten – insgesamt einen positiven Eindruck von G. B. gehabt zu haben
Werke u.a.: Handbuch der Frauenbewegung (1902); Von der Kindesseele (1908); Helene Lange (1918); Die Frauengestalt der deutschen Frühe (1928)
125, *126*, *170f*, 175

Baeumler, Alfred:
1887–1968; Philosoph u. Pädagoge; 1914 Promotion in München, 1924 Habilitation (Philosophie) an der TH Dresden; 1928 a.o. Prof., 1929 Ordinarius für Philosophie und Pädagogik daselbst; 1933–1945 Ordinarius für politische Pädagogik an der Universität Berlin; gehörte zum Umfeld des NS-Ideologen Alfred Rosenberg und war Mitarbeiter in dessen Amt; neben Ernst Krieck führender NS-Pädagoge; Gegner u. persönlicher Feind von EDUARD SPRANGER
290, 301, *311*, 312f, *313*, *315*, 317, *321*, 323, *325*, *325*, 327, 341, *341*, *392*, *411–413*, 428

Becher, Erich:
1882–1929; Philosoph u. Psychologe; seit 1909 als Nachfolger Ernst Meumanns o. Prof. in Münster; 1916–1925 in München
242f

Beck, Ludwig:
1880–1944; Generaloberst, 1935 bis 1938 Chef des Generalstabs; nach Widerstand gegen Hitlers Kriegspolitik 1938 verabschiedet; Mitglied der Mittwochsgesellschaft; zentrale Figur der Widerstandsbewegung; an den Vorbereitungen des Attentats vom 20. 7. 1944 maßgeblich beteiligt; 1944 nach gescheitertem Selbstmordversuch erschossen
328, 330, *324*, 356, 366, *367*, *413–415*, 429

Beck, Heinrich Gustav:
1857–1933; Politiker; Dr. theol. h.c. Dr. jur. Dr. ing., Leiter der königlichen Kunstsammlung in Sachsen und sächsischer Kultusminister 1908–1918
197

Becker, Carl Heinrich:
1876–1933; Orientalist, Prof. in Heidelberg, Hamburg Bonn und Berlin; 1916 bis zur Novemberrevolution Personalreferent in der Hochschulabt. des Preußischen Kultusministeriums; 1919–1921 Staatssekretär unter dem Kultusminister Haenisch; 1921 und 1925 Staatssekretär unter → Otto Boelitz; 1925–1930 preuß. Kultusminister, förderte besonders die Hochschulreform und gründete die Pädagogischen Akademien
187, 203, *203*, 209–211, *212*, 239f, *254*, 271, 275, 293, *411*

Benary (Vorname unbekannt):
Benary war lange Jahre der Berliner Hausarzt des Ehepaars Spranger
344

Beethoven, Ludwig van
154, 330

Bergmann, Konrad Arnold:
geb. 1983; Dr. phil.; Literaturhistoriker u. Pädagoge
Werke u.a.: Die Bedeutung des Nibelungenliedes für die deutsche Nation (1924); Das ethische Bildungsziel der höheren Schule (1925)
147

Bernfeld, Siegfried:
1892–1953; Führer der österr. Jugendbewegung; verband marxistische Grundgedanken mit der Freudschen Psychoanalyse zu einer klassenkämpferischen „neuen Erziehungswissenschaft"; seit 1925 am Berliner Psychoanalytischen Institut; 1937 Emigration in die USA
Werke u.a.: Sisyphos oder die Grenzen der Erziehung (1925); Antiautoritäre Erziehung und Psychoanalyse, 3 Bde. (hrsg. 1974)
278

Bernstorff, Johann Heinrich Graf von:
1862–1939; Sproß eines bedeutenden deutsch-dänischen Adelsgeschlechtes; war als deutscher Botschafter in Washington bemüht gewesen, die USA vom Eintritt in den 1. Weltkrieg abzuhalten
200

Bertholet, Alfred Robert Felix:
1868–1951; ev. Theologe (Alttestamentler und Religionshistoriker) an der Universität Berlin
336

Besser, Luise:
Bekannte und Freundin EDUARD SPRANGERS, mit der er seit den zwanziger Jahren bis zu seinem Tode in Verbindung stand; in den fünfziger Jahren Vorsitzende des Pestalozzi-Fröbel-Verbandes
306, 350

Bethmann-Hollweg, Theobald von:
1856–1921; Politiker; Enkel von Moritz August von Bethmann Hollweg; 1909–1917 Reichskanzler und preußischer Ministerpräsident
150, 183, *183f, 186, 252*

Beumelburg, Werner:
1899–1963; Schriftsteller; schrieb (z.T. im Auftrag des Reichsarchivs) historische Romane; zentrales Thema: Schilderungen aus dem 1. Weltkrieg
303

Bieberbach, Ludwig:
1886–1982; Mathematiker; Prof. in Basel, Frankfurt a. M. u. (1921–1945) in Berlin
305

Biermann, Wilhelm Eduard:
1878 (nach EDUARD SPRANGER 09. 02. 1957 würde sich als Geburtsjahr 1876 errechnen) – 1957; Nationalökonom; Habilitation in Leipzig 1904; a.o. Prof. dortselbst 1910; Ordinarius in Greifswald 1919; ein Kollege EDUARD SPRANGERS an der Universität Leipzig, zu dem und zu dessen gesamter Familie er enge freundschaftliche Kontakte pflegte. B. und EDUARD SPRANGER standen im Konflikt über die Frauenhochschule (vgl. Anm. 2 zu Eduard Spranger 03./05. 05. 1915, S.

170) auf derselben Seite. Obwohl EDUARD SPRANGER 1918 Bs. Begeisterung für die neue Regierung übelnahm, wurde die Freundschaft zur Familie B. lebenslang aufrechterhalten
148, 169, *171*, 175, *176*, *180*, *188*, 197, 200, 365, *365*

Binswanger, Ludwig:
1881–1966; Schweizer Psychiater
261

Bismarck, Otto von:
Politiker
29, *182*, 226, 228

Blumenstock, Erika:
geb. Gomies, Freundin u. Bekannte (Studentin?) SPRANGERS
336

Bock, Fedor von:
1880–1945; Offizier; Kommandant der Heeresgruppen in Polen (1939), Belgien und den Niederlanden (1940) sowie in Rußland (1941–1942)
343, *344*

Boelitz, Otto:
1876–1951; 05. 11. 1921 bis 06. 01. 1925 preuß. Minister für Wissenschaft, Kunst und Volksbildung (DVP)
238–240

Böhm, Willy:
1877–1957; Direktor einer Töchterschule mit Lehrerinnenseminar, an welcher SPRANGER nach der Habilitation vom September 1909 bis zum Herbst 1913 nebenberuflich einige Stunden unterrichtete
127, 133, 139, *139*, *171*, *176*, 299, *391*, *401*

Böttger, Carl Wilhelm:
1871–1949; Chemiker
169

Bollnow, Otto Friedrich:
1903–1991; Pädagoge u. Philosoph; ab 1953 Professor in Tübingen
Werke u.a.: Die Lebensphilosophie F. H. Jacobis (1933); Dilthey (1936); Existenzphilosophie (1943); Begegnung und Bildung (1956); Sprache und Erziehung (1966)
371

Bolza, Albrecht:
1862–1941; Ingenieur; Enkel des Firmengründers der Schnellpressenfabrik Koenig und Bauer AG Friedrich Koenig
325

Bon, Margret:
Haushälterin SPRANGERS von 1933 bis 1935
295

Bonhoeffer, Dietrich:
1906–1945; ev. Theologe; Leiter des illegalen Predigerseminars der Bekennenden Kirche in Finkenwalde
312, 357, *415*

Bonnet, Charles:
1720–1793; schweizerischer Naturforscher und Philosoph
10

Borchardt, Siegfried:
1851–1939; (Gymnasial-)Professor; SPRANGERS Lehrer am Dorotheenstädtischen Gymnasium und sein väterlicher Freund; Jude od. Halbjude; lebte in Pankow; beging 1939 Suizid, um der Verfolgung durch die Nationalsozialisten zu entgehen
65, 74, 109, 300, 328, *389*, *418*

Bottai, Giuseppe:
1895–1959; italienischer Politiker; Minister für Korporationswesen; 1935–1936 Unterrichtsminister
339f

Brandenburg, Arnold Otto Erich:
1868–1946; Historiker (Neuere Geschichte) an der Universität Leipzig
195

Brandi, Karl Maria Prosper Laurenz:
1968–1946; deutsch-nationaler Historiker; 1897 Professor in Marburg; später Rektor der Universität Göttingen; Vorsitzender des deutschen Hochschulverbandes
210, 240

Braun, Otto:
1872–1955; Druckereibesitzer und Politiker (SPD); 1918–1920 preuß. Landwirtschaftsminister; 1920/1921 und 1921–1925 preuß. Ministerpräsident
203, *203*

Breysig, Kurt:
1866–1940; Historiker; Schüler → Gustav von Schmollers
65

Brockdorff-Rantzau, Ulrich Graf von:
1869–1928; Diplomat und Politiker, ab Dez. 1918 Leiter des Auswärtigen Amtes, Febr. bis Juni 1919 Außenminister
207

Brosius, Otto Rudolf:
Schüler EDUARD SPRANGERs, der in Berlin bei ihm promovierte mit einer Arbeit über: Wilhelm von Humboldts Religion. Berlin 1929 (Korreferent → H. Maier)
296

Brüning, Heinrich:
1885–1970; Politiker (Zentrum); 1930–1932 Reichskanzler
282, 284f, *284f*, *392*

Bruno, Giordano (Taufname Filippo):
1548–1600; italienischer Naturphilosoph und Universalgelehrter
15

Brunstädt, Hermann Friedrich Theodor:
1883–1944; ev. Theologe u. Philosoph; Habilitation in Erlangen 1912; a.o. Prof. dortselbst 1917; seit 1925 Ordinarius für systematische Theologie an der Universität Rostock. – B. war Hegelianer und Studienkollege EDUARD SPRANGERs, der zusammen mit ihm bei → Friedrich Paulsen Seminare besuchte, sowie ein Freund → Hermann Hadlichs. EDUARD SPRANGER führte die Wendung Hermann Hadlichs zum Hegelianismus auf Einflüsse Bs. zurück.
49, *49*, 290, *405*

Buchenau, Artur:
1879–1946; Dr. phil.; Oberstudiendirektor, Leiter des Berliner Sophien-Gymnaisums, welches KÄTHE HADLICH besucht hatte, Stadtschulrat, Berater des Verlags De Gruyter, von EDUARD SPRANGER 1917 für ein Ordinariat in Basel vorgeschlagen; Mitherausgeber der Kritischen Pestalozziausgabe
Werke u.a.: Kurzer Abriß der Psychologie (1914); Pestalozzis Sozialphilosophie (1919); Sozialpädagogik (1925)
211, *392*

Bücher, Karl Wilhelm:
1847–1930; Zeitungswissenschaftler; 1892–1917 an der Universität Leipzig
190

Buck, Johann Wilhelm:
geb. 1869; Politiker; 1918–1920 sächs. Kultusminister; 1920–1923 sächsischer Ministerpräsident
208

Bühler, Karl:
1879–1963, Kinder- und Tierpsychologe; 1922–1928 Prof. in Wien; während des Dritten Reiches Emigration in die USA
261, *261*

Bülow, Karl Wilhelm Paul:
1846–1921; preuß. Generalfeldmarschall; im 1. Weltkrieg Oberbefehlshaber über die 1. und 2. Armee
200, *201f*, 203

Bumke, Oswald:
1877–1950; Psychiater in München, Vorstandsmitglied des Hochschulverbandes
244

Buttini (Vornamen unbekannt):
Das Ehepaar Buttini gehörte zum Bekanntenkreis KÄTHE HADLICHs. Beide Eheleute waren wohl Lehrer, Herr B. vermutlich Musiklehrer. Frau B. war auch nach 1945 als Lehrerin tätig. Herr B. hatte als ehemaliges Mitglied der NSDAP Berufsverbot.
329

Buttmann, Rudolf:
geb. 1883; 1930 bis 1933 Fraktionsführer der

NSDAP im Bayerischen Landtag; Leiter der Hauptabteilung Volksbildung der NSDAP; seit 1933 Ministerialdirektor im Reichsministerium des Innern und Leiter der kulturpolitischen Abteilung; 1935 Rücktritt aus Protest gegen die nationalsozialistische Kirchenpolitik, bis 1945 Direktor der Bayer. Staatsbibliothek
302

Caesar (Gajus Julius Caesar)
100–44 v. Chr.
190, *191*

Carlyle, Thomas:
1795–1881; schottischer Essayist, Geschichtsschreiber und Philosoph
217, *217*

Cassirer, Ernst:
1874–1945; Philosoph; 1919 Professor in Hamburg; 1933 entlassen; Emigration nach Großbritannien, Schweden und USA (ab 1941)
260

Christ, Elisabeth:
eine der Schülerinnen EDUARD SPRANGERs in der Böhmschen Schule
336

Chudenitz, Ottokar Graf Czernin von und zu:
1872–1932; österreichisch-ungarischer Politiker; bemühte sich als Außenminister (1916) um Beendigung des Krieges
183, *183*

Cochenhausen, Friedrich von:
geb. 1879; Generalleutnant der Luftwaffe; seit 1939 Mitherausgeber der „Erziehung"
327, 337

Conrad, Susanne:
19. 02. 1890 – 05. 04. 1963; Ehefrau EDUARD SPRANGERs seit 1934; biographische Einzelheiten vgl. S. 397ff.
161, *161–163*, 163f, *171*, *173*, 230–235, *233*, 244f, *245*, *249*, *250*, 250f, *255f*, 255, 260f, 263, 266, 283, 292, 297, *307f*, 308–310, *311*, 315, 322, *325*, 334, 336, *338*, 347, *348*, 349, 351, 375f, *375*, *395*, *397–400*, *415*, 424

Cooper, Anthony Ashley (seit 1699 Earl of) Shaftesbury:
1671–1713; engl. Philosoph
41

Copei, Friedrich Otto:
1902–1945; nach Meinung EDUARD SPRANGERs einer seiner besten Schüler; 1929 Promotion mit der Arbeit: Der fruchtbare Moment im Bildungsprozeß. Leipzig 1930 (Korreferent → H. Maier); Dozentur an der Pädagogischen Akademie in Kiel; 1933 wegen SPD-Mitgliedschaft entlassen; erhielt zunächst eine Anstellung in einer Dorfschule, dann von 1930 an in der Heerespsychologie tätig; fiel gegen Ende des Krieges
303

Cuno, Wilhelm:
1876–1933; Politiker; 1922–1923 Reichskanzler
225

Czernin → Chudenitz, Ottokar

Delbrück, Hans Gottlieb Leopold:
1848–1929; Historiker und Politiker, 1896 Nachfolger von → Treitschke auf dem Ordinariat an der Universität Berlin
271, *390*

Delekat, Friedrich:
1892–1970; ev. Theologe; Schüler EDUARD SPRANGERs, der bei ihm in Berlin mit einer Arbeit über: Johann Heinrich Pestalozzi, der Mensch und der Philosoph. Leipzig 1926 (Korreferent → H. Maier) promovierte; Zwangspensionierung wegen Zugehörigkeit zur Bekennenden Kirche
300, 322, 357, *415*

Dessoir, Max:
1867–1947; Philosoph und Psychologe; 1934 vom Dienst suspendiert
306f, *307*, 309

Dettmann (Vorname unbekannt):
Lehrer KÄTHE HADLICHs
300

Deuchler, Gustav:
geb. 1883; seit 1923 o. Prof. für Erziehungswissenschaft u. Direktor des Erziehungswiss. Semi-

nars, seit 1933 außerdem stellv. Direktor des Psychologischen Instituts der Universität Hamburg
262

Deussen, Paul Jakob:
1845–1919; Indologe und Philosophiehistoriker
38, *58*

Dibelius, Otto:
1880–1967; ev. Theologe; einer der Führer der Bekennenden Kirche; 1933 wegen Zugehörigkeit zur Bekennenden Kirche suspendiert; 1945–1966 Bischof der Ev. Kirche von Berlin-Brandenburg, 1949-1961 Vorsitzender des Rates der EKD
294, 300, *415*

Diels, Ludwig:
1875–1945; Botaniker; seit 1921 Ordinarius an der Universität Berlin; Mitglied der Mittwochsgesellschaft
186, 316, *413*

Dietrich, Charlotte:
Schülerin – nicht jedoch Promovendin – EDUARD SPRANGERS; zusammen mit → Gertrud Bäumer, → Alice Salomon, → Johanna Wezel und → Lili Dröscher engagiert in der Frauenbewegung; ab 1824 Alice Salomons Nachfolgerin als Leiterin der Sozialen Frauenschule in Berlin
260

Dilthey, Wilhelm:
1833–1911; Philosoph; seit 1882 Ordinarius für Philosophie an der Universität Berlin
15f, 18, *19f, 24*, 25f, *26*, 37, 39f, 49, 51, 53, *54*, 57f, 64, 66, 79, *79*, 81, 97, 109, 111, *112f,* 113f, *115*, 117–120, *119*, 123–125, *124*, *127*, 137, *137*, 152, *153*, 159, *160*, 180, *193*, 221, 254, 329, *329*, 359, *390f, 393, 402f,* 421

Donat, Walter:
1898–1970; Japanologe; Dr. phil.; seit Mitte der 20iger Jahre als Deutschlektor an den japan. Hochschulen Hiroshima u. Kotogakko; 1933 Mitglied in der NSDAP, Kulturwart der Landesgruppe Japan der NSDAP und Landesgruppenwalter des Nationalsozialistischen Deutschen Lehrerbundes; 1935 Generalsekretär, 1937 Deutscher Leiter des Japanisch-Deutschen Kulturinstituts in Tokio und Schulungsleiter der Ortsgruppe Tokio-Yokohama der Landesgruppe Japan der NSDAP; 1936 während eines Deutschlandaufenthaltes Habilitation in Hamburg in Japanologie („Heldenbegriff im japanischen Schrifttum"); begleitete teilweise EDUARD SPRANGER auf den Vortragsreisen 1936/1937 in Japan.
321

Dorer, Maria:
1898–1974; Psychologin u. Pädagogin; Studium in Freiburg i. Br., München, Berlin; Promotion in Freiburg i. Br. 1923; 1924 Staatsexamen f. d. höh. Schuldienst; 1927 Assistentin am zur TH Darmstadt gehörenden Päd. Institut in Mainz; Habilitation an der TH Darmstadt 1932 über „Historische Grundlagen der Psychoanalyse"; Privatdozentin für Psychologie und Bildungslehre, 1933 wegen krit. Haltung zum Nationalsozialismus fristlose Entlassung von der Mainzer Stelle; Medizinstudium. in Marburg; Promotion zum Dr. med. 1946; 1954 Diätendozentin, 1959 apl. Prof.; 1962 o. Prof. am Päd. Institut der Univ. Marburg
Werke u.a.: Historische Grundlagen der Psychoanalyse (1932); Charakter und Krankheit (1939)
353, 361

Dovifat, Emil:
1890–1969; Publizistikwissenschaftler
336

Drews, Wilhelm (Bill):
1870–1938; Verwaltungsjurist; 1914 Unterstaatssekretär; 1917/1918 preußischer Innenminister; 1922 Honorarprofessor der Universität Berlin; Mitglied der Mittwochsgesellschaft
316, *413*

Driesch, Hans Adolf Eduard:
1867–1941; Biologe und Philosoph
217, *218*

Dröscher, Lili:
1871–1944; Sozialpädagogin; ab 1893 im Pestalozzi-Fröbel-Haus in Berlin tätig, wo sie 1913 die

Leitung des Seminars für Kindergärtnerinnen und Werklehrerinnen übernahm; 1923–1938 Vorsitzende des „Deutschen Fröbelverbandes"; engagiert in der Leipziger Frauenhochschule; zusammen mit → Gertrud Bäumer, → Alice Salomon, → Johanna Wezel und → Charlotte Dietrich Protagonistin der akademischen Frauenbewegung; mit Gertrud Bäumer Herausgeberin einer Sammlung von Autobiographien und Entwicklungsromanen
Werke u.a.: Das Kind im Hause (1913); Die Erziehungsaufgaben der Volkskindergärten im Kriege (1917)
261

Droysen, Johann Gustav:
1808–1884, Historiker; ab 1859 Prof. an der Universität Berlin
39, *39*

Dubois-Reymond, Emil:
1818–1896; Prof. für Physiologie an der Universität Berlin; Vertreter einer dezidiert physikalisch-mechanistischen Richtung
21

Düringer, Adelbert:
Vetter von → Aenne Knaps, der Freundin KÄTHE HADLICHS; möglicherweise ein Verwandter des Juristen und Politikers Adelbert Düringer (1855–1924)
216, *216*

Eisner, Kurt:
1867–1919 (ermordet); Publizist und Politiker (USPD)
203

Elster, Ludwig Herrmann Alexander:
1856–1935; Geh. Oberregierungsrat und Personalreferent für die Universitäten im preußischen Kultusministerium bis ca. 1916; Vorgänger von → Carl Heinrich Becker
112f, 173

Emerson, Ralph Waldo:
1803–1882; amerikanischer Philosoph und Schriftsteller
48

Erbe, Walter:
geb. 1909; Jurist; seit 1940 Universitätsdozent in Berlin; seit 1942 in Tübingen
376

Ermann, Jean Pierre Adolphe:
1854–1937; Ägyptologe; ab 1892 Ordinarius an der Universität Berlin; akademischer Lehrer EDUARD SPRANGERS; 1905 Dekan der Philosophischen Fakultät
306, *375*, 390

Ermatinger, Emil:
1873–1953; Schweizer Literaturhistoriker
278

Ernst → **Löwenthal, Ernst**

Erzberger, Matthias:
1875–1921; Politiker (Zentrum)
213, 216, 228

Eucken, Rudolf Christoph:
1846–1926, Philosoph
35, 69, 74, 81, 89, 108, 180, *180*

Faber (Vorname unbekannt):
geb. vor 1863; Forstmeister; Freund der Familie → Scholz, der um 1936 herum in EDUARD SPRANGERs Vorlesung auftauchte und mit dem sich die Sprangers rasch anfreundeten
345

Fechner, Gustav Theodor:
1801–1887; Physiker, Psychologe und Philosoph
100f, *101*, 421

Fechter, Paul:
1880–1958; Schriftsteller, Journalist und Theaterkritiker
413

Feilchenfeld, Walter:
1894–1953; Schüler von EDUARD SPRANGERS Berliner Kollegen → Petersen, bei dem F. über den „Einfluß Jakob Böhmes auf Novalis" promovierte (EDUARD SPRANGER war Korreferent); Redakteur der von EDUARD SPRANGER mitherausgegebenen Kritischen Pestalozzi-Ausgabe; wegen seiner jüdischen Herkunft – trotz einer Petition EDUARD SPRANGERS – 1934 entlassen u. schließlich in die

USA emigriert
306, 312, *417*

Fetscher, Iring:
geb. 1922; Schüler und Mitarbeiter Eduard Sprangers; vom Mai 1949 an bis zum Ende von Eduard Sprangers Tätigkeit im Jahre 1952 sein Assistent in Tübingen; promovierte 1950 mit einer Arbeit über: Hegels Lehre vom Menschen (Korreferent → Wenke); ab 1963 Professor in Frankfurt
376

Fichte, Johann Gottlieb:
1762–1814; Philosoph
11, 15, 17, 26–29, 66, 70, 75, 89f, 148f, 151, 221, 317, *342*

Ficker, Heinrich von:
1881–1957; Meteorologe; 1923–1937 Ordinarius an der Universität Berlin; Mitglied der Mittwochsgesellschaft
316, *413*

Fischer, Aloys:
1880–1937; Pädagoge; Schüler Th. Lipps; 1918 Professor für Pädagogik an der Universität München; 1937 wegen seiner halbjüdischen Frau vorzeitig emeritiert; Wegbereiter des deskriptiven Ansatzes in der Erziehungswissenschaft; zusammen mit Spranger, → Nohl, → Litt u. → Flitner Herausgeber der Zeitschrift „Erziehung"
Werke u.a.: Über symbolische Relationen (1904); Die Bedeutung des Experiments in der pädagogischen Forschung (1913); Historische Bildung (1915); Vom Sinn der Erziehung (1931)
213, 242f, *304*, 320, 322, *392*

Fischer, Eugen:
1874–1964; Mediziner und Anthropologe; seit 1927 Ordinarius an der Universität Berlin; Mitglied der Mittwochsgesellschaft
312, 316, *413*

Flitner, Wilhelm August:
1889–1990; Pädagoge; 1926 Professor an der Universität Kiel; 1929 in Hamburg; zusammen mit Spranger, → Nohl, → Litt u. → A. Fischer Herausgeber der Zeitschrift „Erziehung"
Werke u.a.: Laienbildung (1921); Das Problem der Erwachsenenbildung (1923); Goethe im Spätwerk (1947); Die vier Quellen des Volksschulgedankens (1941); Allgemeine Pädagogik (1950)
279, 301–303, *304*, 305, 311, 320, 322, 336f, 348, 361, 363, *392*, *427*, *429*

Foerster, Wilhelm:
1832–1921; Astronom; seit 1875 Ordinarius in Berlin
123

Franke, Otto:
1863–1946; Sinologe; seit 1923 Ordinarius in Berlin
291, *296*, 306, 308, 340

Freud, Sigmund:
1856–1939, österreichischer Arzt und Psychologe; 1938 nach London emigriert
253f

Freyer, Hans:
1887–1969; Soziologe und Kulturphilosoph
281, *281*

Freytag, Gustav:
1816–1895; Schriftsteller
295, *296*

Frick, Wilhelm:
1877–1946; nationalsozialistischer Politiker
303

Frischeisen-Köhler, Max:
1878–1923; Philosoph, Psychologe und Pädagoge, ab 1921 Ordinarius in Halle
Werke u.a.: Wissenschaft und Wirklichkeit (1912); Bildung und Weltanschauung (1921)
210

Fröbel, Friedrich:
1782–1852; Pädagoge
171, 202, *203*, 263, 336, *337*

Gallinger, August:
geb. 1871; Philosoph; Dr. phil, Dr. med.; Prof. an der Universität München
243

Gandhi, Mohandas Karamchand, gen. **Mahatma** (Sankrit: dessen Seele groß ist):
1869–1948; indischer Freiheitskämpfer
260

Gans, August:
Dr.; Schulrat in Halberstadt; 1933 wieder zum einfachen Lehrer degradiert; Privatlehrer des jungen Grafen → Hardenberg
303

Gans, Oscar:
1888–1983; Dr. med.; Histologe und Dermatologe; 1919 Habilitation in Heidelberg; ab 1921 Oberarzt an der Universitäts-Hautklinik dortselbst; 1924 Extraordinarius in Heidelberg u. Lehrauftrag an der medizinischen Akademie Düsseldorf; 1930 Ordinarius u. Direktor der Universitäts-Hautklinik in Frankfurt; 1934 als Jude suspendiert, Emigration nach Indien; 1949–1959 Ordinarius u. Direktor der Dermatologischen Klinik in München. – KÄTHE HADLICH fertigte von 1922 bis 1930 im Auftrag von G. Zeichnungen für ein Fachbuch über die Histopathologie der Haut, um ihren Lebensunterhalt zu finanzieren.
231, 261, *261*

Gayl, Wilhelm Moritz Egon Freiherr von:
1879–1945; 1932 unter von → Papen Reichsminister des Inneren
287

Geheeb, Paul:
1870–1961; Pädagoge und Gründer von Privatschulen
Werke u.a.: Die Odenwaldschule, Ihre geistigen Grundlagen und ihr Aufbau (1924)
260

Gentz, Friedrich:
1764–1832; politischer Philosoph
125

Geppert, Lotte:
Bekannte (Studentin? Schülerin?) EDUARD SPRANGERs seit den dreißiger Jahren; nach 1945 Frauenschullehrerin in München
364

Gerullis, Georg:
geb. 1888; Philologe (baltische Philologie); bis 1933 a.o. Professor in Leipzig; 1933 als Ministerialdirektor ins preuß. Kultusministerium berufen; schied noch in demselben Jahre wieder aus
303, *304*

Geßler, Otto:
1875–1955; Politiker (DDP); 1919 Reichsminister für den Wiederaufbau; 1920–1928 Reichswehrminister; 1944 verhaftet und im KZ interniert
285

Giese, Gerhardt:
1901–1969; Pädagoge; Schüler EDUARD SPRANGERS; promovierte 1924 in Berlin bei EDUARD SPRANGER mit einer Arbeit über: Hegels Staatsauffassung und die Idee der Staatserziehung (Korreferent → Meinecke) und war bis ca. 1932 sein Assistent. Seit 1936 als Dozent an der Pädagogischen Akademie in Elbing; 1942 von der Gestapo inhaftiert; nach 1945 Prof. an der Kirchlichen Hochschule in Berlin. – G. gehörte neben → Nico Wallner und → Käte Silber zu den jungen Leuten seines Umkreises, die ihm seine Resignationstendenzen in den frühen dreißiger Jahren auszureden versuchten. Später rechnete ihn EDUARD SPRANGER zu den „Abtrünnigen".
287, 305, 311, 318, 320

Goebbels, Joseph:
1897–1945; nationalsozialistischer Politiker; ab 1929 Reichspropagandaleiter; 1933 Reichsminister für Volksaufklärung und Propaganda und Präsident der Reichskulturkammer
315

Goerdeler, Carl Friedrich:
1884–1945; Politiker (DNVP); führender Kopf der nationalkonservativen Widerstandsbewegung; nach dem Attentat am 20. 7. 1944 verhaftet, 1945 hingerichtet
366, *367, 415*

Goethe, Johann Wolfgang von:
1749–1832; Dichter
11, *11,* 13, *14,* 15, 17, 19, *19f,* 23, 26, 30, *32,* 35, 40, *42,* 56f, 62, 64, *67, 73f,* 88–90, 95, *95,* 102,

441

105, *105*, *107*, *117*, 151f, *170*, 181, *215*, 226, 242, *242*, 244, 248, *257*, 309, 311f, *311*, 315, 317, 323, 324, *328f,* 329, 332f, *332f,* 337, 348, 354, 355f, 359, 360, 372, 376, *376*, *413*, *418*

Götz, Walter Wilhelm:
1867–1958; Historiker; 1905 Ordinarius in Tübingen, 1913 in Straßburg, 1915–1933 in Leipzig; dort Leiter des Instituts für Kultur- und Universalgeschichte; Anhänger der demokratischen Volkspartei; 1946–1951 Präsident der Historischen Kommission; 1947 Mitglied der Akademie der Wissenschaften; Mitglied und zeitweise (Anfang der dreißiger Jahre) Vorsitzender des 1926 von → Friedrich Meinecke gegründeten „Weimarer Kreises", der alle verfassungstreuen Hochschullehrer zu vereinigen suchte. Mit G. hatte EDUARD SPRANGER vielfach Meinungsverschiedenheiten. Er war auch einer der Gegner EDUARD SPRANGERs in den Auseinandersetzungen um die Leipziger Frauenhochschule (vgl. S. 170/171, Anm. 2), deren Kuratorium er ab Mai 1916 vorstand.
171, 201, 203, 205, 210

Götze, Marianne:
Vermieterin EDUARD SPRANGERs in der Leipziger Zeit ab 1917, von EDUARD SPRANGER meist scherzhaft als „Frau Direktor" bezeichnet
201

Goldbeck, Ernst August Wilhelm:
1861–1940; 1917–1925 Direktor des Friedrich-Werderschen Gymnasiums in Berlin; ab 1925 Professor und Berater im preuß. Kultusministerium; Freund EDUARD SPRANGERs, dem er die „Psychologie des Jugendalters" (1924) widmete
Werke u.a.: Die Welt des Knaben. Berlin 1926
210, 219, 226, 228, *228*, 231, 239, 253, *417*

Grassi, Ernesto:
geb. 1902; italien. Philosoph
339

Grimm, Hans Emil:
1875–1959; an der NS-Ideologie orientierter Schriftsteller
283, 290

Grimme, Adolf Berthold:
1889–1963; Pädagoge und Politiker; 1930–1933 preuß. Minister für Wissenschaft, Kunst und Volksbildung
275

Groener, Wilhelm:
1867–1939; General und Politiker; 1920 bis 1923 Reichsverkehrsminister; 1928 Reichswehrminister; seit 1931 zugleich Reichsinnenminister; 1932 Rücktritt; Mitglied der Mittwochsgesellschaft
316, *413*

Günther, Felix Julius Max
1877–1955; Dr. phil., Prof. (Studienrat), Oberlehrer am Königlichen Lehrerseminar
212

Günther, Hans:
1898–1981; Philosoph; Schüler EDUARD SPRANGERs, der 1924 oder 1925 bei EDUARD SPRANGER promovierte mit einer Arbeit über: Psychologie der Religiosität Jung-Stillings. Ein Beitrag zur Psychologie des deutschen Pietismus (Korreferent → Dessoir; die Arbeit liegt nur maschinenschriftlich vor). 1932 mit einigen Schwierigkeiten in Berlin habilitiert; 1933 bis 1936 Oberassistent bei EDUARD SPRANGER am Philos. Seminar und Assistent bei → Wilhelm Flitner in Hamburg (EDUARD SPRANGER 17. 10. 1935); seit 1933 geschäftsführendes Vorstandsmitglied der Dt. Philos. Gesellschaft u. Mitherausgeber der Blätter für Deutsche Philosophie; von der Gruppe um → Baeumler verfolgt, „gefährdet", 1939 erfolglos zum Verzicht auf seine Berliner Privatdozentur gedrängt (EDUARD SPRANGER 30. 07. 1939), 1940 abl. Prof.; war offenbar 1941 nach Prag abgeschoben, dort zunächst Lehstuhlvertreter, ab 1943 Ordinarius für Philosophie; ab 1936 als Wehrmachtspsychologe in verschiedenen Dienststellen; 1946 Lehrbeauftragter in Erlangen; 1958 em. o. Prof. in Freiburg. Als EDUARD SPRANGER 1950 wegen der Verleumdungen, die G. in Erlangen gegen Wenke ausgestreut hatte, in einem Prozeß aussagen mußte, kam es zum Zerwürfnis mit G.
Werke u.a.: Das Problem des Sichselbstver-

stehens (1934); Begabung und Leistung in deutschen Soldatengeschlechtern (1940)
293, 327, 367, *367*

Guicciardini, Francesco:
1483–1540; italien. Politiker und Historiker
123

Gusti, Dimitrie:
1880–1955; 1898 Studium der Philosophie, Psychologie, Soziologie, Wirtschaftspolitik und Jura an der Universität Iasi / Rumänien; 1899 Berlin, 1900 bis 1901 Leipzig; dort 1901 Promotion mit einer Arbeit über „Egoismus und Altruismus. Zur soziologischen Motivation des praktischen Wollens"; anschließend bis 1908 in Berlin, wo er Lieblingsschüler → Liszts war, in dem Kreis um → Friedrich Paulsen verkehrte, 1902 EDUARD SPRANGER kennenlernte und sich mit ihm anfreundete; 1908 Studium in Paris, dort zusammen mit dem frz. Soziologen Emil Durkheim; 1910 Ernennung zum Professor „agregat definitiv" an der Universität Iasi; 1916 Dekan der Fakultät de litere; 1919 Mitglied der rumänischen Akademie; 1920 Professor für Alte Philosophie, Ethik und Soziologie an der Universität Iasi, dann Bukarest (01.11.1920); 1921 Gründung des Rumänischen Soziologischen Instituts; Übernahme diverser öffentlicher und politischer Ämter; Anhänger der Bauernpartei und der National-Bauern-Partei; 1932 Minister für Erziehung, Kultur und Künste; 1934 Direktor der „Principele Carol Royal Cultural Foundation"; 1938 Präsident des Koordinationskommitees für soziale Angelegenheiten; 1940 Präsident des Instituts für Sozialforschung; nach dem Krieg als Präsident der Rumänischen Akademie (1944–1946) Initiator des Nationalen Rates für Wissenschaftsforschung; 1947 Ruhestand
Werke u.a.: Egoismus und Altruismus (1904, Diss.); Rumänische Enzyklopädie in 5 Bänden (1938ff)
320, *320*

Guttmann, Wally:
in dern zwanziger Jahren Eduard Sprangers Vermieterin in Berlin
344/345

Hadlich, Heinz:
1911–1941; Sohn → Hermann Hadlichs und Patenkind EDUARD SPRANGERs, fiel im Sommer 1941
331f, *332*

Hadlich, Hermann:
geb. 1881; der ältere der beiden Stiefbrüder KÄTHE HADLICHs
20, 48f, 52, 54, *55*, 56, 72, *73*, *79*, 87, 179, 331, 359, *389*, *393*, *401*, *405f*

Hadlich, Kurt:
der jüngere der beiden Stiefbrüder KÄTHE HADLICHs; fiel 1915 im Ersten Weltkrieg
161, 179, *180*, 332, *332*, *389*, *406f*

Haeckel, Ernst:
1834–1919; Zoologe und Philosoph
13, 17, 23

Haeften, Hans von:
1870–1937; preuß. General; 1918 Verbindungsoffizier der Obersten Heeresleitung beim Reichskanzler. Eduard Spranger lernte v. H. während des Japanaufenthaltes 1936/1937 kennen und schätzen; von Haeftens Sohn Werner war Hörer EDUARD SPRANGERs, Adjutant des Grafen von Stauffenberg und wurde 1944 ebenso wie dieser hingerichtet.
347, 357, *415*

Häusser, Ludwig:
1818–1867; Historiker und Politiker; seit 1849 Professor in Heidelberg
218, *219*

Haga, Mayumi:
1941–1943; Dr.; Japaner; Schüler von Bertram; in den vierziger Jahren Professor u. Lektor für Japanisch an der Universität Berlin
337

Hall, Granville Stanley:
1846–1924; Psychologe
226, *227*

Hamann, Johann Georg:
1730–1788; Kultur- u. Sprachphilosoph
92

Hammerstein-Equord, Kurt Freiherr von:
1878–1943; bekam 1939 nach Kriegsausbruch den Oberbefehl über die Rheinarmee
289

Hardenberg, Karl August Fürst von:
1750–1822; preuß. Staatsmann, der u.a. die durch von Stein in Gang gebrachten preuß. Reformen fortsetzte und eine abwägende Koalitionspolitik in den Befreiungskriegen betrieb
51, 124, *126*

Hardenberg, Carl-Hans Graf von
1891–1958; Nachfahre des preußischen Ministers und Staatskanzlers Karl August Fürst von H., 1750–1822; Oberstleutnant; einer der beiden Adjutanten des Generalfeldmarschalls → Fedor von Bock; seit 1914 verheiratet mit Gräfin Renate von der Schulenburg-Lieberose (1888–1959), hatte mit dieser eine Tochter Komteß Reinhild von Hardenberg
327, 343, *344*, 357, *415*

Hardenberg, Reinhild Gräfin von:
geb. 1923; Tochter des Grafen Carl-Hans von Hardenberg und der Gräfin Renate von der Schulenburg-Lieberose
357

Harms, Christoph Bernhard Cornelius:
1876–1939; Nationalökonom; seit 1908 Professor an der Universität Kiel und Direktor des Instituts für Weltwirtschaft; seit 1933 Honorarprofessor; Mitglied der Mittwochsgesellschaft
184, *413*

Harnack, Agnes von:
1884–1950; Tochter Adolf von Harnacks; Oberlehrerin, bis 1919 Leiterin von Berliner Oberschulen; 1916 Leiterin eines Frauenreferates beim Kriegsamt; aktiv im Bund Deutscher Frauenvereine, dessen letzte Präsidentin bis zur Auflösung 1933
Werke u.a.: Die Frauenbewegung (1928)
246

Harnack, Karl, Gustav, Adolf von:
1851–1930; evangelischer Theologe; 1881–1921 an der Universität in Berlin
186, 239f, 246, 275, *275*, 357, *390*

Hartmann, Karl Robert Eduard von:
1842–1906; Philosoph
90

Hartmann, Nicolai:
1882–1950; Philosoph; 1931–1946 an der Universität Berlin
326f, *327*, 336, 370

Hartnacke, Wilhelm:
1878–1952; Pädagoge; 1933 Stadtschulrat in Dresden und Volksbildungsminister von Sachsen
318, 357

Hassell, Ulrich von:
1881–1944; Diplomat; Schwiegersohn des Großadmirals → von Tirpitz; Mitglied der Mittwochsgesellschaft; seit 1938 in der Widerstandsbewegung u. in der Regierung → Goerdeler vorgesehen; im Zusammenhang mit dem Attentat am 20. 07. 1944 hingerichtet
330f, 356, 366, *367*, *413f*

Hauptmann, Gerhart Johann Robert:
1862–1946; Schriftsteller; Verfasser sozialkritischer Dramen; bedeutendster Vertreter des deutschen Naturalismus; Literatur-Nobelpreis 1912
Werke u.a.: Die Weber (1892); Rose Bernd (1903)
200, *231*

Haushofer, Albrecht Georg:
1903–1945; Geograph, Politiker u. Schriftsteller; ab 1940 Professor in Berlin; Angehöriger der Widerstandsbewegung; im Zusammenhang mit dem Attentat vom 20. Juli 1944 hingerichtet
357

Havenstein, Martin:
geb. 1871; Studienrat am Grunwald-Gymnasium in Berlin; Studienfreund EDUARD SPRANGERs in den Jahren der Habilitation 1909 u. 1910; Verwandter des Reichsbankpräsidenten Havenstein (1857–1923)
124f

Haym, Rudolf:
1821–1901; Literaturhistoriker u. Publizist
74, *74*

Hecht, Rösel:
geb. 1889; Zahnärztin; Freundin KÄTHE HADLICHs
350

Hegel, Georg Wilhelm Friedrich:
1770–1831; Philosoph
23, 35, 44, 46, 49, 52, 57, 63, 69f, 78f, 88, 115f, 141, 151, 158, 281, 309, 317, 319, 348, *370*, *401*, *404f*

Heidegger, Martin:
1889–1976, Philosoph
275, *275*, 301, *301*, 320, *320*, 370

Heine, Heinrich (bis 1825 Harry H.):
1797–1856, Dichter und Publizist
126f, *417*

Heinz → Hadlich, Heinz

Helmholtz, Hermann Ludwig Ferdinand von:
1821–1894; Physiker und Physiologe
10

Hemsterhuis, Franciscus:
1721–1790; niederländ. Philosoph
10, 90

Henning, Adele
Freundin KÄTHE HADLICHs seit den zwanziger Jahren; verwandtschaftliche Beziehung zu dem Nachstehenden nicht belegt
293, *352*

Henning (Vorname unbekannt):
ein mit seiner Familie seit April 1934 im Sprangerschen Hause wohnender Tischler, der im gegenüberliegenden Museum beschäftigt war
350

Herbig (Vorname unbekannt):
Dr.; eine der Jugendbewegung nahestehende Bekannte KÄTHE HADLICHs
225

Herder, Johann Gottfried von:
1744–1803; Philosoph, ev. Theologe
11, 24–26, 58, *62*, 333

Hermann → Hadlich, Hermann

Herre, Paul:
1876–1962; Historiker; 1912 Professor in Leipzig; 1921–1923 Direktor im Reichsarchiv und Privatgelehrter
195, 208

Hertz, Gustav:
1887–1975; Experimentalphysiker; 1925 Nobelpreis
336

Heuss, Theodor:
1884–1963; Politiker und Publizist
330, 361, *420*

Heyse, Adelheid:
geb. Reger; Enkelin von Sophie und Alois → Riehl und Ehefrau Hans Heyses
312

Heyse, Hans:
1891–1976; Ehemann der Riehl-Enkelin Adelheid Reger; 1919 promoviert, 1925 unter großen Schwierigkeiten in Berlin habilitiert; 1931 Professor; Mitglied der NSDAP; 1932 als Ordinarius der Philosophie nach Königsberg berufen, 1933–1935 Rektor der Universität Königsberg; 1936 nach Göttingen berufen (dort Vorgänger von → Nicolai Hartmann); 1935–1937 Vorsitzender der Kant-Gesellschaft und und Herausgeber der Kant-Studien. H. war einer der Philosophen, welche sich der NS-Ideologie anschlossen. Er wurde 1945 aus dem Amt entfernt, 1953 jedoch wieder zum Ordinarius ernannt u. gleichzeitig emeritiert.
232, 251, 312

Hindenburg, Paul von Beneckendorff und von H.:
1847–1934; Generalfeldmarschall; 1925–1934 Reichspräsident
170, *171*, 184, 200, 206, 242, 247f, *247f*, 252, 271, 276, 282, *282–284*, 284, 289, *290*, *409*

Hintze, Otto:
1861–1940; Sozialhistoriker; seit 1902 a.o. Prof. und 1905 o. Professor in Berlin; Nebenfachprüfer EDUARD SPRANGERs im Rigorosum
65, 68, 78, *78*, 186, *390*

445

Hippel, Theodor Gottlieb von:
1741–1796; Schriftsteller; Bürgermeister von Königsberg (seit 1780); Freund Kants
294

Hitler, Adolf:
1889–1945
230f, 236f, *236f,* 247, 276, *277,* 279, 281–284, *283, 285,* 286f, 289, *290, 293,* 300, *301, 311, 328, 331,* 364, *367, 373f,* 381, *381, 409f, 414f, 417, 419f, 428*

Hobbes, Thomas:
1588–1679; englischer Philosoph und Staatstheoretiker
178, 201

Höffding, Harald:
1843–1931; dänischer Philosoph
138, *404*

Hoetzsch, Otto:
1876–1946; Historiker und Politiker; ab 1920 Professor in Berlin
240, 318

Hofheinz (Vorname unbekannt):
Dr.; Lehrer; Teilnehmer an der Reichsschulkonferenz; 1927/1928 Konkurrent des württembergischen Kultusministers Leers um das Ressort
264

Hofmann, Adelheid, geb. von Winterfeld:
Ehefrau Dr. Walter Hofmanns; möglicherweise eine Verwandte des Mittellateiners Paul von Winterfeld
157f, 163, *163f, 167, 270, 424*

Hofmann, Dr. Walther:
möglicherweise identisch mit dem bei Keim 1995, S.42 erwähnten Erwachsenenbildner und Direktor des Leipziger Büchereiwesens Walter Hofmann (1879–1952); angeblich Lieblingsschüler EDUARD SPRANGERS; bei Mair jedoch nicht unter den Doktoranden EDUARD SPRANGERS aufgeführt. Nachdem er schon 1910 als Promovierter erwähnt wird, konnte er auch kaum im engeren Sinne ein Schüler EDUARD SPRANGERS sein. Erstmals als „Hörer" SPRANGERS erwähnt in EDUARD SPRANGER 10. 04. 1910. Es ist unklar, ober er ihm dann nach Leipzig folgte, oder ob seine Frau EDUARD SPRANGER in Leipzig besuchte. 1914 als Vizefeldwebel im Krieg
147, 163f, *163f*

Hoffmann, Adolf:
1858–1930; Politiker (USPD); 1918 und 1919 preuß. Kultusminister; EDUARD SPRANGERS Anspielung „10-Gebote-Hoffmann" läßt vermuten, daß er diesen offensichtlich mit dem Kirchenhistoriker H. Hoffmann, 1874–1951, der seit 1912 Ordinarius in Bern war, verwechselte.
200, *201*

Hoffmann, Ernst F.:
1880–1952, Philosoph u. Pädagoge; ab 1922 Ordinarius für Philosophie u. Pädagogik an der Universität Heidelberg; Mitbewerber EDUARD SPRANGERS um das Ordinariat in Leipzig; 1935 Entzug der Lehrerlaubnis durch die nationalsozialistische Regierung
Werke u.a.: Die griechische Philosophie von Thales bis Platon (1921); Platonismus u. Mittelalter (1926)
322

Honig, Hans:
Ehemann von Jenny Honig, geb. Conrad (der mittleren → Conrad-Schwester), also EDUARD SPRANGERS Schwager
308, 337

Honig, Jenny:
geb. Conrad, die mittlere → Conrad-Schwester
341

Hugenberg, Alfred:
1865–1951, Wirtschaftsführer und Politiker
271, 289, 295

Humboldt, Wilhelm, Freiherr von:
1767–1835; Philosoph, Sprachforscher und preußischer Staatsmann, Reformator des preußischen Bildungswesens und Gründer der Berliner Universität
57, 74, *74,* 76, 93, 97, 108, *109,* 110, *111–113,* 112, 114, *115,* 118f, *118f,* 157, *157,* 200, 232, *232,* 254, 294, 312, *313,* 314–316, *315,* 318, *318, 391, 400, 412, 421*

Hume, David:
1711–1776; schott. Philosoph und Historiker
123

Husserl, Edmund:
1859–1938; Philosoph; Begründer der Phänomenologie
188–190, 322

Hutten, Ulrich von:
1488–1523; Reichsritter u. Humanist
28, 58, *58*, 72, *73*

Ibsen, Henrik:
1828–1906; norwegischer Dramatiker
185, *318*

Ida → **Melzer, Ida**

Jacobi, Friedrich Heinrich Ritter von:
1743–1819; Philosoph
10, *19*, 151, 359, *390*, *393*, *403*, *421*

Jäger, August:
am 24. Juni 1933 als Kirchenkommissar in Preußen eingesetzt
296

Jaeger, Werner:
1888–1961; klassischer Philologe; ab 1921 Professor in Berlin (Nachfolger von → WILAMOWITZ-MOELLENDORFF)
223, 240, 309, 322

Jarres, Karl:
1874–1951; 1923 Reichsinnenminister
226

Jaspers, Karl:
1883–1969; Psychiater und Philosoph; Professor für Psychologie u. Philosophie, 1933 wegen seiner jüdischen Frau suspendiert
254, 322, 370

Jean Paul (eigtl. Johann Paul Friedrich Richter):
1763–1825; Dichter (vor allem Romancier) und pädagogischer Schriftsteller
26

Jellinek, Georg:
1851–1911; Staatsrechtslehrer; Professor in Wien (1883), Basel (1889) und Heidelberg (1891)
52

Jerusalem, Wilhelm:
1854–1923; österr. Philosoph und Pädagoge; ab 1920 Professor in Wien
Werke u.a.: Lehrbuch der empirischen Psychologie (1881); Zur Reform des Unterrichts in der phil. Propädeutik (1885); Die Urteilsfunktion (1895); Gedanken und Denker (1905)
178

Jessen, Jens:
1895–1944; Volkswirtschaftler u. Finanzwissenschaftler; seit 1935 Ordinarius in Berlin; Mitglied der Mittwochsgesellschaft; maßgeblich am Attentatsplan vom 20. Juli 1944 beteiligt, hingerichtet
357, *413f*

Joachimsen, Paul:
1867–1930; Historiker; seit 1916 Professor in München
244

Johst, Hanns:
1890–1978; nationalistisch orientierter Schriftsteller; 1933–1945 Präsident der Reichsschrifttumskammer u. der Dt. Akademie der Dichtung
303

Jung, Johanna:
Schülerin EDUARD SPRANGERS; Dissertation über: Die Spätausgabe von Pestalozzis „Lienhard und Gertrud" in ihren Beziehungen zur Erstausgabe. o.O. 1942 (nur maschinenschriftlich erhalten); EDUARD SPRANGERS Assistentin vom Mai 1942 bis Frühjahr 1945. Js. Nachfolger auf der Assistentenstelle wurde Hans-Joachim Lieber, der bei EDUARD SPRANGER promovierte über: Die psychische Struktur. Untersuchungen zum Begriff einer Struktur des Seelenlebens bei Dilthey. o. o. 1945 (nur maschinenschriftlich erhalten)
336, 345, *350*

Kähler, Siegfried:
1885–1963; Historiker; seit 1927 Professor an verschiedenen Universitäten; 1932–1933 Reichs-

kommissar des preußischen Kultusministeriums
287, *289*, 290

Kant, Immanuel:
1724–1804; Philosoph
10–12, 15, *24*, 30, *30*, 44, 50, 57, *62f*, 64, *65*, 69f, 90, 151f, 202, 221, *281*, 288, 309–311, *311*, 360, *364*, *393*, *402*

Kapp, Wolfgang:
1858–1922; Politiker
258, *258*, 409

Kardorff, Ursula von:
1911–1988; Journalistin u. Schriftstellerin; Tochter des Malers Konrad von Kardorff (1877–1945)
343

Karraß, (vermutlich) Elsa:
Schatzmeisterin der GOETHE-GESELLSCHAFT; Bekannte der Sprangers in den vierziger Jahren
337, *418*

Karsen, Fritz:
1885–1951; Pädagoge; Mitglied der „Arbeitsgemeinschaft sozialdemokratischer Lehrer" und Mitbegründer des „Bundes Entschiedener Schulreformer"; 1912–1930 Lehrbeauftragter für praktische Pädagogik in Frankfurt und 1931–1933 beauftragter Dozent für das ausländische Schulwesen an der Universität Berlin; im Februar 1933 Entlassung und Emigration in die Schweiz; 1934–1936 an der Ecole nouvelle de Bologne in Paris tätig; bis 1938 Berater der kolumbianischen Regierung in Bildungs- und Erziehungsfragen; Einwanderung in die USA; Lehrtätigkeit an verschiedenen Colleges; 1946–1948 leitender Beamter der US-Militärregierung in Berlin im Bereich Hochschule und Lehrerbildung
Werke u.a.: Die Schule der werdenden Gesellschaft (1921); Die Schule der Gemeinschaft (1925)
271f, *272*

Karstädt, Otto:
geb. 1876; Pädagoge; Rektor einer Volksschule in Nordhausen; Geheimrat u. Lehrervertreter im preuß. Kultusministerium; Professor an der Pädagogischen Akademie in Hannover; als Sozialdemokrat Verfechter eines Universitätsstudiums für die Volksschullehrer und insofern Gegner EDUARD SPRANGERs
Werke u.a.: Rousseaus Pädagogik (1908); Mundart und Schule (1909); Methodische Strömungen der Gegenwart (1918)
209, 211

Kerschensteiner, Georg:
1854–1932; Pädagoge und Schulreformer; seit 1921 Professor für Pädagogik in München
Werke u.a.: Die staatsbürgerliche Erziehung der deutschen Jugend (1901); Begriff der Arbeitsschule (1912); Die Seele des Erziehers und das Problem der Lehrerbildung (1921)
195, 212, *213*, 243, 262, 275, 306

Keyserling, Eduard Graf von:
1855–1918; Schriftsteller
226

Keyserling; Hermann Alexander Graf von:
1880–1946; Sozialphilosoph
226

Kippenberg, Anton:
1874–1950; seit 1905 Leiter des Inselverlags; Besitzer der größten privaten Goethe-Sammlung; seit 1938 Präsident der Goethegesellschaft. Nach Ks. Erkrankung wurde EDUARD SPRANGER 1950 sein Nachfolger in dieser Funktion.
337

Kirmß, Paul:
1850–1950; EDUARD SPRANGERs Religionslehrer und Konfirmationspfarrer, der ihn 1897 eingesegnet und mit Schleiermachers liberaler Theologie bekanntgemacht hatte
308

Klauer, Martin Gottlieb:
1742–1801; Bildhauer
337

Klingler, Karl:
1879–1971; Violinist, Komponist, Musikpädagoge; gründete 1905 das Klingler-Quartett
330

Knaack, Martha:
eine Studentin, die gegen Ende der zwanziger Jahre nach dem Tode → Alois Riehls als Gesellschafterin und Vertraute von Sophie Riehl im Hause der Riehls lebte
275

Knaps, Aenne:
Bekannte und langjährige Hausgenossin KÄTHE HADLICHs bis zum Jahre 1937, die EDUARD SPRANGER am 06. 08. 1904 während seiner Sommerreise kennenlernte. Im einzelnen gibt es zahllose Briefe EDUARD SPRANGERs und KÄTHE HADLICHs, in denen Aenne K. erwähnt wird. Nachdem sie von EDUARD SPRANGER und KÄTHE HADLICH gelegentlich eines gemeinsamen Ausfluges zum Hermersberger Hof (20 Min. von dem Ort Hermersberg entfernt, ca. 12 km südlich von Kaislerslautern im Pfälzer Wald gelegen; vgl. KÄTHE HADLICH 26. 05. 1911) zur „Führerin" gewählt wurde, nannte EDUARD SPRANGER sie ab 1911, KÄTHE HADLICH erst ab 1920 meist scherzhaft den „Vorstand" – wohl auch wegen ihres dominierenden Wesens (Bf. EDUARD SPRANGERs an Aenne Knaps vom 03. 09. 1937).
216, *217*, 225, *236*, 359, *360*, *370*, *389*

Knauer, Rudolf:
gest. 1945; Dr. phil; Leiter einer höheren Mädchenschule in der neuen Königstraße, in welcher EDUARD SPRANGER vom 25. 04. 1906 bis zum 28. 09. 1908 unterrichtete
83, (*93* Knauerschule), (*105* Knauerschule), *107*, (111 Knauerschule), 115, (125 Knauerkollegium), *127*, *171*, *176*, *391*, *401*, *416*

Koch, Hedwig:
Dr.; Studentin EDUARD SPRANGERs in der Berliner Zeit, jedoch nicht Schülerin i.e.S. (von Mair nicht unter den Doktoranden aufgeführt); Nachfolgerin von → Lili Dröscher als Leiterin des Pestalozzi-Fröbel-Hauses in Berlin
294, 301

Köhler, Wolfgang:
1887–1967; Psychologe und Physiologe; 1922–1935 Ordinarius an der Universität Berlin; nahm 1933 öffentlich Stellung gegen die Entlassung jüdischer Gelehrter und emigrierte 1935 in die USA
305f, *306*, 309, 314, *314*, 322

Körner, Adalbert:
Sohn des von EDUARD SPRANGER so genannten „Vetters" Carl Körner, eines Neffen der ersten Ehefrau des Vaters EDUARD SPRANGERs, Jurist, geschätzter Freund EDUARD SPRANGERs, für dessen Tochter Heide er die Patenschaft übernommen hatte
350

Köster, Albert:
1862–1924; Theater- und Literaturhistoriker; 1914 Rektor der Universität Leipzig
147

Kolb (Vorname unbekannt):
Legations- bzw. Gesandtschaftsrat in der deutschen Botschaft in Japan
321

Krieck, Ernst:
1882–1947; dem Nationalsozialismus nahestehender Philosoph und Pädagoge; 1928 Professor an der Pädagogischen Akademie Frankfurt/Main; ab 1933 Ordinarius in Frankfurt und Heidelberg
Werke u.a.: Die deutsche Staatsidee, ihre Geburt aus dem Erziehungs- und Entwicklungsgedanken (1917); Philosophie der Erziehung (1922); Völkischer Gesamtstaat und nationale Erziehung (1931); Völkisch-Politische Anthropologie (1936–38)
277f, *278f*, 284, *284*, 288, 290, 301, *301*, *311f*, 312, *316*, *411f*, 417

Krueger, Felix:
1874–1948; Psychologe; 1909 und 1917–1938 Professor für Philosophie und Psychologie in Leipzig
196, 208

Krüß, Hugo Andreas:
1897–1945; Bibliothekar; 1921 Kommissarischer Staatssekretär, 1922 Ministerialdirektor im preußischen Kultusministerium; 1925 Generaldirektor der Preußischen Staatsbibliothek; 1936

Vorsitzender des Reichsbeirats für Bibliotheksangelegenheiten; 1937 NSDAP-Mitglied
290

Krupp von Bohlen und Halbach, Gustav:
1870-1950; Dr. jur.; Industrieller; zunächst im diplomatischen Dienst; seit 1909 Leitung des Krupp-Konzerns (bis 1943)
303

Kügelgen, Constantin von:
Theologe, vielleicht Ritschl-Schüler, jedenfalls aber mit dessen Sohn Otto befreundet, mit malerischen und lyrischen Ambitionen; 10 Jahre älterer Freund EDUARD SPRANGERs, den er bereits im August 1901 in Bacharach kennenlernte; schon im Sommertagebuch 1904 erwähnt; Hus-Forscher; beinahe auf eine Professur in Basel berufen; 1906 Prediger in Zwickau. – Ein Verwandter, Ernst von Kügelgen, leitete die Irrenanstalt in Riga, ein anderer Verwandter (Vater?), W. v. Kügelgen, verfaßte: „Jugenderinnerungen eines alten Mannes."
65, *73*, 80, *113*, 133

Kühnel, Johannes:
geb. 1869; (Gynmasial-)Professor, Oberstudienrat u. Seminaroberlehrer; Methodiker des Rechenunterrichts; in der Lehrerbildungsfrage einer der Gegner EDUARD SPRANGERs, Verfasser einer Gegenschrift gegen EDUARD SPRANGERS „Gedanken über Lehrerbildung. Leipzig 1920": Johannes Kühnel, Gedanken über Lehrerbildung, eine Gegenschrift, Leipzig, Julius Klinkhardt (1920) Werke u.a.: Neubau des Rechenunterrichts (1916)
206, 212f, *213*

Kükelhaus, Hugo:
1900–1984; nach Handwerkslehre Studium der Soziologie u. Philosophie; freiberuflicher Journalist, Schriftsteller u. Maler, Grafiker u. Bildhauer; Mitglied der Widerstandsbewegung; seit 1934 in persönlicher u. brieflicher Verbindung mit EDUARD SPRANGER
327, *328*, *415*

Kuhlwein, von (Vorname unbekannt):
eine Bekannte EDUARD SPRANGERs in den vierziger Jahren
350

Kuhn, Helmut:
geb. 1899; Philosoph; Sekretär der Kantgesellschaft
309

Kurt → Hadlich, Kurt

Kurzrock (Vorname unbekannt):
seit 1925 bis zum Wechsel nach Tübingen EDUARD SPRANGERs Hausarzt
348

Lacroix, Claudius:
1652–1714; Jesuit; einer der bedeutendsten Moraltheologen des 17. u. 18. Jhs.
230

Lampert, Luise:
Schülerin EDUARD SPRANGER (im Pestalozzi-Fröbel-Haus) und Gründerin einer Mütterschule in Stuttgart
306, 310, 318

Lamprecht, Karl:
1856–1915; Historiker; Rektor der Universität Leipzig bei EDUARD SPRANGERs Berufung 1911
39, 136, 147

Landahl, Heinrich Peter Wilhelm:
geb. 1895; Senator der Hansestadt Hamburg; Studium ab 1913 an der Universität München; 1914 Kriegsfreiwilliger; 1916 nach Rückkehr von der Front Wiederaufnahme des Studiums in Leipzig; dort Vorsitzender der Studentenschaft; 1919 Eintritt in den Höheren Schuldienst in Hamburg; 1924 Mitglied der Hamburger Bürgerschaft; 1927 Leiter der Lichtwarkschule; 1933 aus dem Staatsdienst entlassen; ab 1945 Senator und Präses der Hamburger Kultur- und Schulbehörde
202

Langbehn, August Julius:
1851–1907; Kulturphilosoph und Inspirator der Kunsterziehungsbewegung
Werke u.a.: Rembrandt als Erzieher (1890); Dürer als Führer (1928); Der Geist des Ganzen (1930)
329, *329*

Lask, Emil:
1875–1915; Philosoph; seit 1911 Professor in Heidelberg
63, *416*

Lasson, Adolf:
1832–1917; Philosoph; seit 1897 Professor an der Universität Berlin
79, *390*

Lederer, Hugo:
1871–1940; Berliner Bildhauer und Kunstprofessor
248

Leers, Otto:
1875–1942; Dr. jur.; Jurist u. Politiker; 1919 Ministerialrat, 1921 Ministerialdirektor im württembergischen Kultusministerium; 1926–1929 Kultusminister; 1929 Rücktritt, 1932 Versetzung in den einstweiligen Ruhestand
264

Leibniz, Gottfried Wilhelm Frhr. von:
1646–1716; Philosoph und Mathematiker, Universalgelehrter
77, 90

Lehmann, Bruno:
Schüler EDUARD SPRANGERS; promovierte bei ihm mit einer Arbeit über: Die Wandlungen der Gedanken Pestalozzis über Volkserziehung und ihrer Abhängigkeit von seinen sozialen Anschauungen. Langensalza 1920 (Korreferent → Volkelt)
262, *262*

Lehmann, Gerhard:
geb. 1900; 1940 Universitätsdozent in Berlin; Mitarbeiter der NS-Akademie der Wissenschaften Göttingen und der Deutschen Akademie der Wissenschaften
262, *262*, 327

Lehmann, Walter:
Schüler EDUARD SPRANGERS; promovierte bei ihm mit einer Arbeit über: Goethes Verhältnis zur Geschichte in der Zeit bis zur italienischen Reise. Langensalza 1929 (Korreferent → Petersen)
262, *262*

Lentze (Vorname unbekannt):
Dr.; Bankdirektor; Sohn des Finanzministers Wilhelm II
327

Lenz, Max:
1850–1932; Historiker; seit 1890 Prof. in Berlin (Nachfolger von → Treitschke), 1911/12 Rektor der Universität Berlin
110, 119, 124, *126*, *172*

Lessing, Gotthold Ephraim:
1729–1781; Schriftsteller (vor allem Dramatiker), Literaturtheoretiker und Kritiker
11, 36, 90, *196*

Lewald, Theodor:
1880–1947; Politiker; 1917 Unterstaatssekretär, 1919 Staatssekretär im Reichministerium des Innern; 1933 Präsident des Organisationskomitees für die Olympischen Spiele in Berlin
315

Liebknecht, Karl:
1871–1919; Jurist und Politiker in der SPD von 1900–1916; einer der Gründer und Führer des Spartakusbundes; beteiligte sich an der Gründung der KPD; führte 1919 den linkssozialistischen Aufstand gegen den Rat der Volksbeauftragten in Berlin; von Freikorpsoffizieren erschossen
205

Lietzmann, Hans:
1875–1942; ev. Theologe (Kirchengeschichte, Neues Testament und Christliche Archäologie); ab 1924 Ordinarius in Berlin; Mitglied der Mittwochsgesellschaft
316, *413*

Liszt, Ritter Franz von:
1851–1919; Jurist (Strafrecht); 1899 bis 1916 Ordinarius in Berlin; akademischer Lehrer EDUARD SPRANGERS
48, 65, 390

Litt, Theodor:
1880–1962; Pädagoge u. Philosoph; 1920 Nachfolger EDUARD SPRANGERS in Leipzig; zusammen mit SPRANGER, → Nohl, → A. Fischer u. → Flitner

Herausgeber der Zeitschrift „Erziehung"
Werke u.a.: Führen oder Wachsenlassen (1927);
Die Stellung der Geisteswissenschaften im nationalsozialistischen Staate (1933); Die Selbsterkenntnis des Menschen (1938)
213, 221, *221*, 272, *279*, 285, 290, 296, *301*, 301, 303, *304*, 310, *311*, *313*, 317, *318*, 320, 322, 324f, *325*, 334, 336–339, *338*, 372, 374, *375*, 376, *392*, *411*

Littmann, Arnold:
Schüler und Assistent EDUARD SPRANGERS; promovierte in Berlin bei ihm mit einer Arbeit über: Schillers Geschichtsphilosophie. Langensalza 1926 (Korreferent → H. Maier)
232, 253

Lockemann, Georg:
1871–1959; Chemiker und Chemiehistoriker; 1921–1945 Prof. an der Universität Berlin; stellv. Vorsitzender der Berliner Goethe-Gesellschaft
336f

Löbe, Paul:
1875–1967; Politiker (SPD); 1919 Vizepräsident der Weimarer Nationalversammlung; 1920–1924 und 1925–1932 Reichstagspräsident; 1933 und 1944 inhaftiert; 1948 / 1949 Mitglied des Parlamentarischen Rates, bis 1953 MdB
271

Löher, Franz:
1818–1892; Historiker und Archivar; 1859 Professor für allgemeine Literaturgeschichte; Leiter des bayerischen Allgemeinen Reichsarchivs
123

Löpelmann, Martin Franz Wilhelm:
geb. 1891; Dr. phil.; Politiker (seit 1928 NSDAP); 1930–1935 Mitglied des Reichstages; 1934–1935 Ministerialdirigent im Preußischen Kultusministerium; Vorstandsmitglied der Kantgesellschaft
309

Löwenstein, Kurt:
1885–1939; Politiker; bildungs- u. erziehungspolitischer Sprecher der USPD; 1924–1933 Vorsitzender der „Arbeitsgemeinschaft sozialdemokratischer Lehrer u. Lehrerinnen Deutschlands"; 1933 Emigration nach Frankreich
Werke u.a.: Sozialistische Schul- und Erziehungsfragen (1919); Das Kind als Träger der werdenden Gesellschaft (1924)
271

Löwenthal, Ernst:
ein jüdischer Junge, dessen Erziehung EDUARD SPRANGER in den Jahren von ca. 1902 bis 1904 teilweise übernahm; identisch mit dem nach 1905 häufig erwähnten „Registrator". Es ist unklar, ob der in KÄTHE HADLICH 03. 02. 1907 erwähnte Graf Löwenthal und der in EDUARD SPRANGER 13. 03. 1936 genannte Baron Löwenthal Verwandte von E. L. waren
26f, *31f*, *34*, 36, 40, 48, 53, *161*, *401*, *416*, *425*, *430*

Lore → Reger, Lore

Louis Ferdinand, Prinz von Preußen:
geb. 1907, seit 1951 Chef des Hauses Hohenzollern
252, *406*

Louvaris, Nikolaus:
1887–1961; 1903–1907 Theologiestudium an der Univ. Athen; 1910–1914 Auslandsstudium an der Univ. Leipzig, 1912 auch Besuch von Vorlesungen EDUARD SPRANGERS; 1914–1923 Lehrer / Direktor an Lehrer/Lehrerinnen-Seminaren in Saloniki; 1925–1955 Prof. für Neues Testament an der Univ. Athen, 1926–1928 Staatssekretär im Unterrichtsministerium; Nov. 1935–April 1936 u. 1943–1944 Unterrichtsminister; nach der Befreiung wegen Kollaboration verurteilt u. von 1944 bis 1949 in Haft; 1959 Aufnahme in die Griechische Akademie; Übersetzer der „Lebensformen" EDUARD SPRANGERS und seiner „Psychologie des Jugendalters"
322

Ludendorff, Erich:
1865–1937; deutscher Heerführer, berühmt durch den Sieg bei Tannenberg (1914); nach 1919 im völkischen Flügel der deutschen Rechten engagiert
198, *230*, 230, 237, 242, *409*

Ludwig, Friedrich:
1881–1940; Kommilitone und Freund EDUARD SPRANGERS, von ihm genannt „das Sumpfhuhn". Im Bf. vom 20. 04. 1940 schreibt EDUARD SPRANGER aus Anlaß des Todes von L.: „Ludwig und ich waren immer in ungewollter Innigkeit uns nah. Als ich nach Japan ging, vertraute ich ihm mein Haus an." EDUARD SPRANGER war auch Pate von Ls. jüngerer Tochter Leonore.
110, *111*, 124–126, 351

Lüders, Heinrich:
1869–1943; Indologe; seit 1903 Prof., ab 1909 an der Universität Berlin; 1931 deren Rektor; 1935 Emeritierung; Mitglied des „Dahlemer Samstag"
336

Lüpke, Elisabeth:
Schülerin EDUARD SPRANGERS in der Böhmschen Mädchenschule, Tochter seines Lehrers Lüpke
299

Luther, Martin:
1483–1546; Kirchenreformer
28, *58*, *73*, 125, 317, 348

Maaß (Vorname unbekannt):
Pfarrer; der Jugendbewegung nahestehend; Schwager des Jenenser Philosophen Bruno Bauch (1877–1942), evtl. auch Verwandter von Ilse Maaß, einer Schülerin EDUARD SPRANGERS an der Böhmschen Schule
225

Machiavelli, Niccolò:
1469–1527; italien. Staatsmann und Schriftsteller
123

Maier, Heinrich:
1867–1933; Philosoph u. Philosophiehistoriker; 1915 zusammen mit H. Rickert und EDUARD SPRANGER pari passu für eine Professur vorgeschlagen, 1919 pari passu mit EDUARD SPRANGER auf der Liste für das Ordinariat in Berlin; 1922 Wechsel von Heidelberg als Nachfolger Benno Erdmanns (des Nachfolgers von → F. Paulsen) an die Universität Berlin; Mitglied der Mittwochsgesellschaft
307, *307*, 309, 323, *324*, *413*

Maier, Reinhold:
1889–1971; Politiker; 1930–1932 württembergischer Wirtschaftsminister (DDP); 1957–1960 Vors. der FDP
371

Mann, Erika:
1905–1969; Schriftstellerin; Tochter von Thomas Mann
351

Mann, Heinrich:
1871–1950; Schriftsteller; Bruder von Thomas M.; ging 1933, als seine Werke verboten wurden, ins Exil nach Frankreich und in die USA
365, *365f*

Marx, Wilhelm:
1863–1946; Zentrumspolitiker; 18. 02. 1925 – 20. 02. 1925 preuß. Ministerpräsident; 1926 – 1928 Reichskanzler
271

Max, Prinz von Baden (eigtl. Maximilian Alexander Friedrich Wilhelm):
1867–1929; letzter deutscher Reichskanzler der Kaiserzeit vom 03. 10. bis 09. 11. 1918
193, *194*, 198

Meinecke, Friedrich:
1862–1954; Historiker; 1914–1928 Prof. an der Universität Berlin; 1948 erster Rektor der von ihm mitbegründeten Freien Universität Berlin
200, 226, 253, 311, 329f, *329*, 334, 346, 372, *373*

Melanchthon, Philipp, eigtl. P. Schwartzerd[t]:
1497–1560, Humanist und Kirchenreformer
58

Melzer, Ida, geb. Budenbender:
vom Mai 1939 bis zum Ende der Tübinger Zeit Haushälterin bei den SPRANGERS
334, 336, 339, 346, 351

Mendelssohn, Dorothea:
1763–1839; Schriftstellerin; verh. Veit; ab 1804 Ehefrau Friedrich Schlegels
157

Meumann, Ernst:
1862–1915; Psychologe u. Pädagoge; seit 1894 Prof.; EDUARD SPRANGERs Vorgänger in Leipzig
107, *108*, 136, *137*, *171*, *391*

Meyer, Eduard:
1855–1930; Althistoriker; 1902–1923 Prof. an der Universität Berlin, 1920 deren Rektor
66, 186, 213, *390*

Meyer, Alfred Richard:
1882–1956; Schriftsteller u. Verleger (Verlagshaus Quelle & Meyer, Leipzig u. Heidelberg)
301–303

Michaelis, Karoline:
1763–1809; Schriftstellerin; in 2. Ehe verh. mit A. W. Schlegel, in 3. Ehe verh. mit F. W. Schelling; Mittelpunkt des gesellschaftlichen Lebens des frühromant. Jenaer Kreises
157

Mill, John Stuart:
1806–1873; brit. Philosoph und Nationalökonom
39

Misch, Georg:
1878–1965; Philosoph; Schüler u. Schwiegersohn W. Diltheys; seit 1911 Prof. in Göttingen; 1933 wegen seiner jüdischen Herkunft in den Ruhestand versetzt; 1939 Emigration nach England
125, *137*

Mises, Richard Edler von:
1883–1953; Physiker u. Mathematiker; 1920 persönlicher Ordinarius u. Direktor des Instituts für Angewandte Mathematik in Berlin; 1931 Dekan der Philosophischen Fakultät; nahm wegen der politischen Lage in Deutschland 1933 einen Ruf der Universität Istanbul an u. emigrierte 1939 in die USA
303

Mörike, Eduard:
1804–1875; Lyriker und Erzähler
334

Moltke, Helmuth Graf von:
1800–1891; preußischer Generalfeldmarschall
327, *327*

Morgner (Vorname unbekannt):
Dr.; offenbar im Schuldienst tätig; enger Freund Eduard Sprangers seit der Leipziger Zeit, mit dem er bis zu dessen Tod im Jahre 1954 in Verbindung stand
200

Moro, Ernst:
Kinderpsychiater; 1911 a.o. Prof. u. Direktor der Universitätskinderklinik Heidelberg; seit 1919 o. Prof.; Chefarzt der Tübinger Luisenheilanstalt; 1938 emeritiert
263f, 264

Mozart, Wolfgang Amadeus:
1756–1791; österr. Komponist
330

Muckermann, Hermann:
1877–1962; Mathematiker u. Naturwissenschaftler, ab 1927 Leiter der Abteilung Eugenik am Kaiser-Wilhelm-Institut für Anthropologie in Berlin
300

Müller, Friedrich von:
1858–1941; Internist; Professor in Berlin (1889), Breslau (1890), Marburg (1892) u. Basel, seit 1902 in München
243, 262

Münch, Wilhelm:
1843–1912; Neuphilologe und Theologe; Provinzialschulrat; 1897 a.o. Prof. für Pädagogik in Berlin; akademischer Lehrer EDUARD SPRANGERs; versuchte EDUARD SPRANGER 1911/1912 als seinen Nachfolger ins Spiel zu bringen Werke u.a.: Jean Paul – der Verfasser der Levana (1907); Gedanken über Fürstenerziehung aus alter und neuer Zeit (1909)
65, 125f, 151, *390*

Münsterberg, Hugo:
1863–1916; Philosoph und Psychologe; Professor in Freiburg i. Breisgau u. Cambridge, Mass.
35

Munk, Fritz:
1879–1950; Mediziner; ab 1921 o. Professor; Direktor des Martin-Luther-Krankenhauses in Berlin
348

Munthe, Axel Martin Fredrik:
1857–1949; schwedischer Arzt und Schriftsteller; arbeitete mit → Uexküll zusammen
315

Mussolini, Benito:
1883–1945; italien. Politiker
180, 331

Muth, Carl:
1867–1944; Vorkämpfer der Wiederbegegnung von kathol. Kirche und Kultur in Deutschland; Hrsg. der Zeitschrift „Hochland"
262

Muthesius, Karl:
1859–1929; Dr. phil.; Schulrat u. Direktor des Lehrerseminars in Weimar; widmete EDUARD SPRANGER 1917 eine Schrift über die Einheit des deutschen Lehrerstandes
Werke u.a.: Schillers Briefe über die ästhetische Erziehung (1897); Universität u. Volksschullehrerbildung (1904); Goethe u. Pestalozzi (1908)
197, *209*f, *210*, 262

Napoleon I. (Napoléon Bonaparte, eigtl. Napoleone Buonaparte):
1769–1821; Kaiser der Franzosen (1804–1814/ 1815)
41, *145*, *198*

Natorp, Paul:
1854–1924; Philosoph u. Pädagoge; seit 1885 Professor in Marburg
Werke u.a.: Sozialpädagogik (1899); Philosophie und Pädagogik (1909); Sozialidealismus (1920)
254

Naumann (Vorname unbekannt):
Ministerialdirektor; Nachfolger von → Althoff
111, 112f, 200

Naumann, Friedrich:
1860–1919; Pfarrer und Sozialpolitiker; 1907–1912 und 1913 –1918 Mitglied des Reichstags (Freiheitliche Volkspartei); 1919 Mitglied der Weimarer Nationalversammlung; Mitbegründer der Deutschen Demokratischen Partei (1918)
198, *198*, 200, 325, *325*

Nelson, Leonhard:
1882–1927; Rechtsphilosoph und Sozialtheoretiker; Prof. in Göttingen
206, *209*

Nernst, Walther:
1864–1941; Physiker; 1920 Nobelpreis für Chemie
289

Neurath, Konstantin Frhr. von:
1873–1956; Diplomat u. Politiker; 1932–1938 Reichsaußenminister; 1939 Reichsprotektor von Böhmen und Mähren
303

Nieschling, Alexander:
geb. 1880; Freund EDUARD SPRANGERS, von ihm scherzhaft „Alibaba" genannt; Offizier, 1906 kurzzeitig an der Kadettenanstalt in Naumburg tätig, scheinbar ohne Erfolg bzw. ohne Befriedigung, weil er bald nach Erfurt zurückkehrte, ca. 1907 Leutnant, 1910 (als Dozent?) an die Kriegsakademie versetzt; Hauptmann ca. 1911, 1916 abermalige Beförderung (Oberstleutnant?) und Eisernes Kreuz 1. Klasse; nach dem Krieg in einem Vermessungsamt tätig
41, *41*, 54, 130f, *130*, *132*, 200, 231

Niemöller, Martin:
1892–1984; ev. Theologe; ab 1931 Pfarrer in Berlin-Dahlem; Pazifist und Gegner der nationalsozialistischen Kirchenpolitik; gründete 1933 den Pfarrernotbund, aus dem die Bekennende Kirche hervorging; 1934 von den Machthabern in den Ruhestand versetzt, was er jedoch ignorierte; 1937 bis 1945 in den KZs Sachsenhausen und Dachau; 1947–1964 Präsident der Ev. Kirche in Hessen und Nassau
312, 358

Nietzsche, Friedrich:
1844–1900; Philosoph und klassischer Philologe
11, 13, 16, 18f, *19*f, 25, *27*, 31, *32*, 46, 57, 75, 95, *95*, 116, 230, 325, *325*

Nitsche, Rudolf:
Student der Chemie; Promotion 1950; Hausgenosse Käthe Hadlichs in den Jahren nach 1945
365

Nohl, Herman:
1879–1960; Philosoph u. Pädagoge; Studienkollege Eduard Sprangers und Schüler → Diltheys; 1919 Professor in Jena, 1920 in Göttingen; 1937 aus letztlich ungeklärten Gründen vorzeitig emeritiert. N. behandelte ästhetische und ethische Probleme auf der Grundlage der Lebensphilosophie u. gilt als einer der Begründer der geisteswissenschaftlichen Pädagogik. Er war zusammen mit Spranger, → A. Fischer, → Litt u. → W. Flitner Herausgeber der Zeitschrift „Die Erziehung".
Werke u.a.: Sokrates und die Ethik (1904); Die Weltanschauungen der Malerei (1909); Zur deutschen Bildung (1926); Die ästhetische Wirklichkeit (1935); Pädagogik aus 30 Jahren (1949)
19, 26, 52f, *54*, 58, 69, 72, 118, *279*, *304*, 305, 320, 322, *390*, *392*

Noske, Gustav:
1868–1946; Politiker; Reichstagsabgeordneter 1906–1918 (SPD); unterdrückte als Reichswehr-Min. im Dez. 1918 den Matrosenaufstand in Kiel und revolutionäre Erhebungen im Frühjahr 1919; Rücktritt nach dem Kapp-Putsch 1920; Inhaftierung 1933 und 1944
207f

Nostiz-Wallwitz, Alfred von:
1870–1953; Politiker; Deutscher Gesandter in Österreich; 26. 10. 1918 bis 13. 11. 1918 sächsischer Kultusminister
197

Oberkofler Anton, Ps. Alexius Wohlgemuth:
1828–1912; Schriftsteller u. Journalist
271

Odysseus (lat. Ulixes):
Held der griech. Mythologie
322

Oesterreich, Traugott Konstantin:
1880–1949; Studienkollege Eduard Sprangers (der öfter genannte „Fachgenosse"); Promotion bei → F. Paulsen (Korreferent → Stumpf) mit einer Arbeit über „Kant und die Metaphysik", Berlin, Reuther & Reichard 1906; beim Habilitationsvorhaben und beim Bemühen um eine Privatdozentur von Eduard Spranger vorübergehend als Konkurrent empfunden; 1910 Habilitation in Tübingen; 1916 apl. Professor der Philosophie; 1918 von Eduard Spranger für eine Professur an der TH in Dresden ins Gespräch gebracht; 1922 Extraordinarius für Philosophie und Psychologie in Tübingen; 1933 Entzug der Lehrbefugnis, weil er Schriften mit demokratischen u. pazifistischen Tendenzen publiziert hatte u. mit einer jüdischen Frau verheiratet war; 1945 pers. Ordinarius in Tübingen; 1947 emeritiert. Oes. Tochter Caecilie (meist liebevoll „Cilli" genannt) war Eduard Sprangers 5. Patenkind. Das Verhältnis Eduard Sprangers zu Oe. scheint nach dessen Amtsenthebung sehr gespannt gewesen zu sein. Die Gründe lagen vermutlich z.T. in Eduard Sprangers politischer Zurückhaltung gegenüber dem NS-Regime, z.T. sicher auch in Oes. schwierigem Charakter. Auch drei Besuche Eduard Sprangers bei Oe. in den Jahren 1946 und 1947 führten nicht zu einer Aussöhnung. Vielmehr kam es nach Oes. Emeritierung endgültig zum Bruch.
52, 63, 110, 124, 303, *304*, *417*

Oncken, Hermann:
1869–1945; Historiker; seit 1905 Professor; von 1928–1935 in Berlin; aus politischen Gründen vorzeitig eremitiert; Mitglied der Mittwochsgesellschaft
312, *313f*, 314, 316, *413*

Pallat, Ludwig:
1867–1946; Archäologe und Pädagoge; 1899–1935 Geheimer Oberregierungsrat im preuß. Kultusministerium; ab 1915 Leiter des Berliner Zentralinstituts für Erziehung und Unterricht (vgl. S. 254, Anm. 2) und 1928–1932 Kurator an der Universität Halle; gestaltete den Zeichen- und Werkunterricht gemäß der Kunsterziehungsbewegung
Werke u.a.: Künstler, Körperschulung (1923); Werkarbeit für Schule und Leben (1926)
210, *254*

Papen, Franz von:
1879–1969; Poltiker der Zentrumspartei; vom 1. 6.– 17. 11. 1932 Reichskanzler
286f, *286*, *289*, 290, 292, *296*, 303, *412*

Partsch, Joseph:
1851–1925; Geograph; 1905–1922 Professor an der Universität Leipzig
201

Paulsen, Friedrich:
1846–1908; Philosoph u. Pädagoge; ab 1878 Ordinarius an der Universität Berlin; akademischer Lehrer EDUARD SPRANGERS
Werke u.a.: Geschichte des gelehrten Unterrichts auf den deutschen Schulen und Universitäten (1885); Das System der Ethik (1889); Einleitung in die Philosophie, 2 Bde. (1892)
13, 16, 25, 27, 29, 37, 39f, 51, *52*, 53, 58, 65, 69, 74, 78, 81, *101*, 111, *111*, 125, *126*, 137, 359, *390*, *421*

Paulsen, Wilhelm:
1875–1943; Stadtschulrat in Berlin; verantwortlicher Redakteur der Zeitschrift „Pädagogische Reform"; aktives Mitglied einer als „sozialwissenschaftliche Vereinigung" getarnten lokalen Lehrergewerkschaft, die 1909 von sozialdemokratisch orientierten Lehrern in Hamburg gegründet worden war; Honorarprofessor für Pädagogik an der 1927 aus dem philosophisch-pädagogischen Seminar der TH Braunschweig hervorgegangenen u. ihr eingegliederten Kulturwissenschaftlichen Abteilung; schied im September 1930 im Rahmen einer von den Nationalsozialisten ausgelösten Entlassungswelle wieder aus
172, 272

Pelargus, Nelly:
Studentin EDUARD SPRANGERS in der Leipziger Zeit; später in der Ausbildung von Kindergärtnerinnen am Pestalozzi-Fröbel-Haus im Harz tätig. – Eine Passage in einem Bf. EDUARD SPRANGERS vom 08. 10. 1919 deutet darauf hin, daß N. P. zu jenen 7 Studentinnen der Leipziger Frauenhochschule (S. 170, Anm. 2 zu EDUARD SPRANGER 03./05. 05. 1915) gehören könnte, die sich 1915 auf dem Höhepunkt des Konfliktes in deren Leitungsgremium aus Solidarität mit EDUARD SPRANGER und → Biermann hatten exmatrikulieren lassen und von da an von ihm gesondert mit Lehre versorgt wurden.
202

Penck, Albrecht:
1858–1945; Geograph; 1906–1926 Ordinarius an der Universität Berlin; Mitglied der Mittwochsgesellschaft, ab 1924 deren Kanzler
316, *413*

Pestalozzi, Johann Heinrich:
1746–1827; schweizerischer Pädagoge und Sozialreformer
Werke u.a.: Die Abendstunde eines Einsiedlers (1782); Lienhard und Gertrud (4 Bde., 1781–1787); Über Volksbildung und Industrie (1806), Über die Elementarbildung (1809)
85, 319, *369*, 375, *375*, *392*

Petersen, Julius:
1878–1941; Germanist und Literarhistoriker; ab 1920 Ordinarius an der Universität Berlin; Freund EDUARD SPRANGERS und Korreferent vieler bei ihm gefertigter Dissertationen; Präsident der Goethegesellschaft; Mitglied der Mittwochsgesellschaft
313, 316, 327, *413*

Pfänder, Alexander:
1870–1941; Philosoph u. Psychologe; ab 1908 Professor an der Universität München
243

Planck, Max:
1858–1947; Physiker; ab 1898 Professor an der Universität Berlin; 1918 Nobelpreis
243, 315, 336f, 357

Platon / Plato (eigtl. Aristokles):
428/427 bis 348/347 v. Chr.; griech. Philosoph
26, 38, 66, 85, 89, 116, 143, 288

Ploetz, Hans Achim:
Schüler EDUARD SPRANGERS, der in Berlin bei ihm promovierte mit einer Arbeit über: Die Theorie der Dichtung. Kritische Beiträge zur gegenwärtigen Poetik. Berlin 1936 (Korreferent → Petersen). EDUARD SPRANGER holte P., das Mitglied der SS war, nach dem Japanaufenthalt 1936/1937

und dem Weggang seines Assistenten Wenke nach Erlangen gegen den Widerstand → Baeumlers als Vertreter auf die vakante Assistentenstelle (Eduard Spranger 06. 01. 1938 und Eduard Spranger 10. 01. 1939). P. arrivierte später zum Adjutanten von Reinhard Heydrich (der seit 1939 Leiter des Reichssicherheitshauptamtes und für die Gesamtplanung der „Endlösung der Judenfrage" zuständig war u. 1941 Stellvertreter Konstantin von Neuraths, des Reichsprotektors in Böhmen und Mähren, wurde – Vgl. Eduard Spranger 03. 03. 1943) und unternahm 1942 sogar einen Versuch, Eduard Spranger Heydrich vorzustellen (Eduard Spranger 29. 04. 1942). P., der sich offensichtlich auch sonst für seinen akademischen Lehrer einsetzte, fiel 1944 an der Ostfront.
326, *326, 341, 413, 429*

Pohle, Ludwig:
1869–1926; Nationalökonom; ab 1918 Prof. an der Univ. Leipzig
190, 205

Popitz, Johannes:
1884–1945; Jurist; 1915–1929 Staatssekretär im Reichsfinanzministerium; seit 1922 zugleich Professor für Steuerrecht an der Universität Berlin; 1932 u. 1933–1944 Staatsminister und preuß. Finanzminister; Reichsminister ohne Geschäftsbereich u. komissarischer Leiter des preußischen Finanzministeriums; Mitglied der Mittwochsgesellschaft; nach dem Attentat auf Hitler hingerichtet
316, 337, 356, *413f*

Pretzel, Carl Louis Albert:
geb. 1864; Rektor, Schulrat; 1895–1900 Vorstandsmitglied des Bayer. Lehrerverbandes; 1898 Mitglied im Geschäftsführenden Ausschuß des Deutschen Lehrerverbandes, 1907–1913 Schriftleiter der Pressekommission des DLV; 1913–1923 Leiter der Erziehungswissenschaftlichen Hauptstelle; 1919 Berufung als Hilfsarbeiter für Schulreform in das Preuß. Kultusministerium, Erarbeitung des Entwurfs der Richtlinien für Lehrpläne der Volksschule; ab 1922 Leiter der Volksschulabteilung des Provinzialschulkollegiums, Regierungsdirektor; Redakteur der „Deutschen Schule. Zeitschrift für Erziehungswissenschaft u. Gestaltung der Schulwirklichkeit. Leipzig und Berlin 1915ff; neben Eduard Spranger Berichterstatter über Fragen der Lehrerbildung bei der Reichsschulkonferenz und als solcher dessen Gegner; 1929 Ruhestand
Werke u.a.: Geschichte des Deutschen Lehrervereins in den ersten fünfzig Jahren seines Bestehens (1921)
210, 262

Rabenau, Friedrich von:
1884–1944; General; hörte noch als Licentiat der Theologie im Wintersemester 1943/1944 Vorlesungen bei Eduard Spranger; wurde im Zusammenhang mit dem Attentat am 20. 07. 1944 hingerichtet
357, *415*

Radowitz, Joseph Maria von:
1797–1853; preuß. General und Politiker. Betrieb 1850 eine kleindeutsche Union unter preuß. Führung
372

Ranke, Leopold von:
1795–1886; Historiker; seit 1834 Ordinarius an der Universität Berlin
56f

Rauhut, Klara:
Bekannte oder Verwandte Eduard Sprangers, vielleicht die Haushälterin seines Onkels, wohnhaft in Berlin-Lichterfelde, war ihm vor allem bei der Instandhaltung der Kleidung behilflich, führte in den dreißiger Jahren gelegentlich auch seinen Haushalt und stand mit Eduard Spranger bis zu ihrem Tode 1946 in Verbindung
336

Reger, Adelheid:
verh. mit Hans → Heyse, eine Enkelin von Alois und Sophie → Riehl
312

Reger, Lore:
eine Enkelin von Alois und Sophie → Riehl
272, 312

Rehm, Albert:
1871–1949; Klassischer Philologe; Ordinarius an der Univ. München
243

Reichwein, Adolf:
1898–1944; Pädagoge und Kulturpolitiker (SPD); 1930–1933 Prof. in Halle; Entlassung u. Rückkehr in den Volksschuldienst; ab 1939 Leitung der Schulabteilung des Volkskundemuseums in Berlin; als Mitglied des Kreisauer Kreises nach dem Attentat vom 20. 07. 1944 verhaftet u. hingerichtet
Werke u.a.: Schaffendes Schulvolk (1937); Film in der Landschule (1938)
357

Reinhild → Hardenberg, Reinhild von

Riccobono, Salvatore
zusammen mit → Giuseppe Bottai u. → Ernesto Grassi Verfasser von: Studia Humanitatis. Festschrift zur Einweihung des Instituts Studia Humanitatis in Berlin (07.12.1942)
339

Richert, Hans:
1869–1940; Pädagoge u. Schulpolitiker; 1923–1934 Ministerialrat im preuß. Kultusministerium; maßgeblich an der Schulreform 1924/1925 beteiligt („Richertsche Schulreform"), die eine einheitliche nationale Bildung mit deutschkundlichen Fächern für alle Typen des Gymnasiums anstrebte, bes. für die neu eingerichtete Deutsche Oberschule; häufiger Gegner EDUARD SPRANGERS in schulpolitischen Fragen
Werke u.a.: Denkschrift des Preußischen Ministeriums für Wissenschaft, Kunst und Volksbildung: Die Neuordnung des peußischen höheren Schulwesens (1924); Richtlinien für die Lehrpläne der höheren Schule Preußens (1927)
238–240, *241*

Richter, Johanna → Wezel, Johanna

Richter, Lothar:
ehemaliger Student und Famulus EDUARD SPRANGERS; verh. mit Johanna Wezel
312

Richter, Werner:
1887–1960; Germanist u. Kulturpolitiker; 1916 Prof.; ab 1921 in Berlin; 1925–1932 Ministerialdirektor in der Hochschulabteilung des preuß. Kultusministeriums; emigrierte 1933 in die USA; nach 1945 Ordinarius und Rektor der Universität Bonn
271f

Rickert, Heinrich:
1863–1936; Philosoph; Neukantianer der badisch-südwestdeutschen Schule; Schüler → Windelbands; seit 1894 Professor (Freiburg i. Breisgau und Heidelberg)
63, *63*, *172*, *210*

Riehl, Alois:
1844–1924; Philosoph; seit 1873 Prof.; 1905–1922 als Nachfolger → Wilhelm Dilheys an der Universität Berlin
75, 81, 110, 112f, 119f, 123–125, *126*, 129, *137*, 146, *153*, 156, *163*, *174*, 188, *190*, 191, *192*, 201, 203, 206, *209*, *217*, 231, 251, *272*, *391f*, *407*, *422*, *427*

Riehl, Wilhelm Heinrich von:
1825–1897; Kulturhistoriker und Schriftsteller; 1854–1859 Professor; ab 1885 Direktor des Bayerischen Nationalmuseums
372, *373*

Ritschl, Albrecht:
1822–1889; ev. Theologe; seit 1852 Prof.; Begründer des Kulturprotestantismus
11

Rodiek, Dietrich:
Schüler EDUARD SPRANGERS, der bei ihm promovierte mit einer Arbeit über das Thema „Der bäuerliche Lebenskreis und seine Schule" (Korreferent Sering, Deutsche Landbuchhandlung, Berlin, 1932)
318

Roethe, Gustav:
1859–1926; Germanist; 1902 Prof. an der Universität Berlin; um 1910 herum Dekan der Philosophischen Fakultät, ab 1923 Rektor der Universität Berlin
125, 252f, *271*, *390*

Rohde
Frau Rohde war von Oktober 1928 bis April 1933 Sprangers Haushälterin
293

Rohn, Anna:
Mit Anna Rohn, deren Ehemann und ihrem Sohn verband EDUARD SPRANGER in der Leipziger Zeit eine herzliche Freundschaft. Nach der schweren Verwundung des Sohnes kam es 1914/1915 zu einer vorübergehenden Abkühlung des Verhältnisses. EDUARD SPRANGER sah sich dem Vorwurf ausgesetzt, daß die Frontsoldaten den Kopf für die Nichtkriegsteilnehmer hinhielten. Die Verbindung mit den Rohns, vor allem mit Frau Rohn, hatte aber gleichwohl bis in die vierziger Jahre Bestand.
148

Rosen, Friedrich:
1856–1935; Orientalist u. Diplomat (1905–1920); deutscher Botschafter in China; 1921 Reichsaußenminister. Die Schwiegertochter Rs. lernte das Ehepaar Spranger 1938 auf der Rückreise vom Japanaufenthalt kennen. Frau Rosen arbeitete gelegentlich als Schreibkraft für EDUARD SPRANGER.
340

Rosenberg, Alfred:
1893–1946; nationalsozialistischer Politiker und Publizist
314, 319

Rothenbücher, Karl:
1880–1932; Jurist (Staats- und Kirchenrecht) u. Soziologe; seit 1910 Prof. in München
244

Rousseau, Jean-Jacques:
1712–1778; frz. Philosoph und Schriftsteller schweizerischer Herkunft
45, 74, 118, *118, 421*

Ruge, Arnold:
vermutlich ein mit in die Ehe gebrachter Sohn Paul Ruges, des Ehemannes von KÄTHE HADLICHS jüngerer Stiefschwester Lietze, oder dessen Neffe. A. R. war um 1910 herum Privatdozent an der Philosophischen Fakultät der Universität Heidelberg (KÄTHE HADLICH 22. 11. 1910). Ihm wurde wegen deutschnationaler Umtriebe und „wegen grober Ungehörigkeiten gegen Kollegen und Vorgesetzte" im Nov. 1920 die Venia entzogen und schließlich 1923 der Hochverratsprozeß gemacht.
75, 116

Ruge, Carl:
Gynäkologe u. Geburtshelfer; Privatdozent u. Prof. an der Universität Berlin; dirig. Arzt am Schöneberger Krankenhaus in Berlin; verheiratet mit KÄTHE HADLICHS jüngerer Stiefschwester Aenne (nicht zu verwechseln mit KÄTHE HADLICHS Freundin → Aenne Knaps)
351, *352, 389*

Ruge, Paul:
gest. 1924; Gynäkologe u. Geheimer Medizinalrat, verheiratet mit KÄTHE HADLICHS Stiefschwester Lietze († 1919); beide hinterließen drei Kinder.
296, 346, *346, 352, 389*

Runge, Clara (verh. Müller):
Schülerin EDUARD SPRANGERs in der Knauerschen Schule; 1917 kriegsgetraut. Der Vater C. Rs (gemäß EDUARD SPRANGER 24. 02. 1906 vermutlich Wissenschaftler bzw. Philosoph) verstarb im November 1910. Die Mutter erkrankte zwei Wochen später an einer schweren Nierenentzündung u. vertraute EDUARD SPRANGER im Angesicht ihres baldigen Todes die Kinder an (EDUARD SPRANGER 27. 11. 1910). C. R. als der Ältesten fiel in der Folge die Sorge für die jüngeren Geschwister Bernhard (den nachmaligen „SS-Arzt") und Ännchen zu, wobei EDUARD SPRANGER sie unterstützte. Z.B. ermöglichte er Bernhard Runge durch Zuwendungen, das Abitur zu machen.
125

Rust, Bernhard:
1883–1945; nationalsozialistischer Politiker; Studienrat; 1933 preuß. Kultusminister; seit 1934 auch Reichsminister für Wissenschaft, Erziehung und Volksbildung
290, 316, *321, 339, 340, 412, 428*

Salomé → **Andreas-Salomé, Lou:**

Salomon, Alice:
1872–1948; deutsche Sozialpolitikerin und Frauenrechtlerin; zusammen mit → Gertrud Bäumer, → Johanna Wezel, → Charlotte Dietrich und → Lili Dröscher Protagonistin der akademischen Frauenbewegung; gründete 1908 die Schule für Sozialarbeit in Berlin und leitete diese bis 1924; 1925 Gründung der Deutschen Akademie für soziale und pädagogische Frauenarbeit; 1933 Verlust aller öffentlichen Ämter; 1937 Ausweisung aus Deutschland und Emigration in die USA; engagiert in der Mädchenschulpädagogik
Werke u.a.: Die Ausbildung zum sozialen Beruf (1927); Heroische Frauen (1936); Charakter ist Schicksal (1983)
170, *203*, 260, *397*, *424*

Sauerbruch, Ernst Ferdinand:
1875–1951; Mediziner, bekannter Chirurg; seit 1908 Prof.; seit 1928 in Berlin; Mitglied der Mittwochsgesellschaft
316, 334, 336, 357, *382*, *413f*

Schaeder, Hans Heinrich:
1896–1957; Orientalist; Prof. in Königsberg, Berlin, Göttingen
413

Schäfer, Dietrich:
1845–1929; Historiker; seit 1877 Professor, 1903–1921 in Berlin
252, *252*

Scheel, Otto:
1876–1954; evang. Theologe, Kirchenhistoriker, 1932 Vorsitzender des Hochschulverbandes
289

Scheibner, Otto:
1877–1961; Reformpädagoge aus dem Kreis um Hugo Gaudig
Werke u.a.: Arbeitsschule in Idee und Gestaltung (1928)
262

Scheidemann, Philipp:
1865–1939; Politiker (SPD); erster Ministerpräsident der Weimarer Republik; 1933 Emigration
185, *185*, 187, *407*

Scheler, Max:
1874–1928; Philosoph
188f, 221

Schelling, Friedrich Wilhelm Joseph von:
1775–1854; Philosoph
46, 57, 119, *370*

Schermann, Lucian:
1864–1946; Völkerkundler; seit 1901 Professor an der Universität München
243

Schiller, [Johann Christoph] Friedrich von:
1759–1805; Dichter
11, 15, 28, 30, 40, 64, *65*, 66, 74, 88, 92f, *117*, *311*, 312, 317, *329*, *329*, 331, *331*

Schinkel, Karl Friedrich:
1781–1841; Maler und Baumeister
226

Schirach, Baldur von:
1907–1974; Politiker, Führer der Hitler-Jugend (HJ)
319

Schleich, Carl-Ludwig:
1859–1922; Chirurg u. Schriftsteller; ab 1899 Prof., ab 1900 Leiter der chirurg. Abt. im Krankenhaus Groß-Lichterfelde
232, *233*

Schleicher, Kurt von:
1882–1934; General und Politiker; vom Juni bis Nov. 1932 Reichswehr-Minister, dann ab 3. 12.1932 Reichskanzler
286, *286*, 289

Schleiermacher, Friedrich Daniel Ernst:
1768–1834; ev. Theologe, Philosoph und Pädagoge
Werke u.a.: Über die Religion. Reden an die Gebildeten unter ihren Verächtern (1799); Versuch einer Theorie des geselligen Betragens (1799); Monologen (1800); Pädagogische Vorlesungen (1813/14, 1820/21, 1826)
23, 85, *86*, 112, *112*, 116, 151, *296*, 317, 328, *401*

Schlitter, Oscar:
1868–1939; Direktor der Deutschen Bank in Berlin; Mitglied der Mittwochsgesellschaft
316, *413*

Schmidt, Erich:
1853–1913; Literaturhistoriker, seit 1887 Prof. an der Universität Berlin; Nebenfachprüfer EDUARD SPRANGERs im Rigorosum; um 1900 Dekan der Philosophischen Fakultät; Rektor der Universität Berlin 1909–1910
110, 123f, *390*

Schmidt, Richard Karl Bernhard:
1862–1944; Jurist (Prozeßrecht, Strafrecht u. Staatsrecht); ab 1913 Prof. an der Universität Leipzig; 1916 nach → Volkelt zweiter Direktor der Leipziger Frauenhochschule
171, 193

Schmidt-Ott, Friedrich:
1860–1956; Politiker; Ministerialdirektor im preuß. Kultusministerium; preuß. Kultusminister vom 05. 08. 1917 bis 09. 11. 1918; nannte sich vor der Übernahme des Ressorts schlicht „Schmidt"
111, *187*, *198*, 200, 209f

Schmoller, Gustav von:
1838–1917; Nationalökonom, 1882–1913 an der Universität Berlin; akadem. Lehrer SPRANGERs
65, 77f, 124, *390*

Scholz, Heinrich:
1884–1956; Philosoph (Logiker) u. ev. Theologe; ab 1917 Professor in Breslau, Kiel und Münster. Mit dem etwa gleichaltrigen H. S. verband EDUARD SPRANGER eine langjährige und herzliche Freundschaft
80, 111, *187*, 223, 349

Scholz, Hermann:
Vater von Heinrich Scholz (von EDUARD SPRANGER im Unterschied zum Sohn Heinrich, den er gewöhnlich den „kleinen" Scholz nannte, meist als der „große" Scholz oder als „Prediger" Scholz bezeichnet); Gymnasialprofessor u. Theologe; KÄTHE HADLICHs Religionslehrer und Konfirmationspfarrer; stand sowohl dem Kulturprotestantismus Ritschls als auch diesem persönlich nahe (war nach EDUARD SPRANGER 15. 11. 1905 vielleicht sogar Ritschl-Schüler)
80, 111

Schopenhauer, Arthur:
1788–1860; Philosoph
13, 115f, 358

Schrödinger, Erwin:
1887–1961; österr. Physiker; 1927 Nachfolger von Max Planck an der Universität Berlin; 1933 Emigration nach Oxford u. Nobelpreis für Physik
303

Schulenburg, Winfried Wilhelm Bernhard, von der:
1882–1945; Vetter von Graf Hans von Hardenberg; Generalmajor, 1939–1942 Inspekteur des Kriegsgefangenenwesens im Oberkommando der Wehrmacht; 1944 Übersiedlung von Berlin nach Neuhardenberg; vom August 1944 bis April 1945 trotz Nichtbeteiligung am Hitlerputsch in Moabit inhaftiert; beging, nachdem er wegen schlechter Gesundheit aus der Haft entlassen worden war, am 29. 04. 1945 Suizid
343, 346, 357

Schulz, Heinrich:
1872–1932; Volksschullehrer; 1919–1927 Unterstaatssekretär und Leiter der kulturpolitischen Abteilung im Reichsministerium des Innern sowie Sekretär für Reichsbildung („Reichskultusminister quasi")
212

Schulze, Helene:
eine Schülerin EDUARD SPRANGERs in der Knauerschen Schule, zu der EDUARD SPRANGER auch später Verbindung hielt
106f, *108*, 125

Schulze–Gävernitz, Gerhart von:
1864–1943; Volkswirtschaftler; seit 1893 Prof.; 1912–1922 Reichstagsabgeordneter
195, *196*

Schumacher, Hermann:
geb. 1868; Nationalökonom; seit 1899 Prof.; in Berlin seit 1917
252f

Schwarz, Bernhard:
Schüler oder Bekannter EDUARD SPRANGERS aus den zwanziger u. dreißiger Jahren; Oberstudiendirektor in Leipzig, nach 1945 in Augsburg
284, 296, 303

Schwartz, Eduard:
1858–1940; klassischer Philologe; seit 1919 Prof. an der Universität München
243

Schweitzer, Albert:
1875–1965; elsässischer ev. Theologe, Kulturphilosoph, Arzt und Organist
382

Schwendener, Simon:
1829–1919; schweizerischer Botaniker; lehrte in Basel, Tübingen u. Berlin
123

Schwörer, Erika:
Bekannte (ehemalige Studentin?) EDUARD SPRANGERS seit 1916; 1950 Leiterin eines Kinderheims
306

Seeberg, Erich:
1888–1945; ev. Theologe; seit 1927 Professor in Berlin
290, 310

Seitz, Paula:
verst. 1952; Bekannte KÄTHE HADLICHs; Lehrerin an der Höheren Mädchenschule in Heidelberg
225, 259, 282f

Seldte, Franz:
1882–1947; Politiker; gründete 1918 den „Stahlhelm" (Bund der deutschen Frontsoldaten); 1933–1945 Reichsarbeitsminister u. Reichskommissar für den Arbeitsdienst
279, *279*

Senzoku, Tokayasu:
ein Japaner, der bei EDUARD SPRANGER in Berlin studierte, aber trotz hoffnungsvoller Anfänge nicht zum Abschluß kam; hatte 1942 einen Lehrauftrag für Japanisch an der Universität Berlin
336

Seyfert, Richard (Hermann):
1862–1940; Pädagoge u. Politiker (SPD); 1919/20 sächs. Minister für Kultus und Unterricht; 1923–1931 Prof. und Direktor des Päd. Instituts der TH Dresden; 1920 Mitglied der Reichsschulkonferenz
Werke u.a.: Volkserziehung (1904); Allgemeine praktische Bildungslehre (1930); Vom schaffenden Lernen (1933)
197, *213*, 262

Shaftesbury → **Cooper, Anthony Ashley**

Shakespeare, William:
1564–1616; engl. Dichter und Dramatiker
30, *107*, 319, *329*, 350, *350*, *357*

Sigwart, Christoph:
1830–1904; Philosoph; seit 1865 Prof. in Tübingen
25, 46

Siegmund-Schultze, Friedrich:
1885–1969; 1909 Pfarrer; 1911 Gründung der Sozialen Arbeitsgemeinschaft Berlin-Ost; Leiter des Akademisch-Sozialen Vereins an der Universität Berlin; 1917 Leiter des Berliner Jugendamtes; 1924/1925 Leitung der Abendvolkshochschule Berlin-Ost, 1927 auch des Volkshochschulheims; 1926 Prof. für Jugendwohlfahrt an der Univ. Berlin; 1933 aller Ämter enthoben; Emigration in die Schweiz
260, 296

Silber, Käte:
1902–1979; aus Posen stammende Jüdin; 1925–1926 Besuch der Seminarklasse der Staatl. Augusta-Schule in Berlin, Lehrbefähigung für Volksschulen sowie für mittlere u. höhere Mädchenschulen; 1926–1932 Studium der Pädagogik, Philosophie, Germanistik u. Geschichte an der Univ. Berlin; Promotion bei EDUARD SPRANGER mit einer Arbeit über: Anna Pestalozzi-Schultheß und der Frauenkreis um Pestalozzi. Berlin u. Leipzig 1932 (Korreferent → Petersen)
Von EDUARD SPRANGER vom Wintersemester 1926/1927 bis 1934 stundenweise als Privatsekretärin beschäftigt; 1929/1930 Unterricht im Kindergärtnerinnen-Seminar des Pestalozzi-Fröbel-

Hauses in Berlin; Okt. 1933 bis Okt. 1938 Unterricht an der 4. Volksschule der Jüdischen Gemeinde Berlin, daneben 1934/1935 auch am jüdischen Kindergärtnerinnen-Seminar in Berlin; 1938/1939 Unterricht an anderen Schulen der Jüdischen Gemeinde Berlin; 1939 Emigration nach Schottland; 1944 part time assistant, 1946 whole time assistant, 1949 lecturer am Department of German der University of Edinburgh
Werke u.a.: Anna Pestalozzi-Schultheß und der Frauenkreis um Pestalozzi (1932; Diss.); Pestalozzi. Der Mensch und sein Werk (1957)
293, 296, *297*, 303f, 369, *369*, *417*

Simmel, Georg:
1858–1918; Soziologe und Philosoph; seit 1914 Professor
25, 69, 75f, *76f*, 221, *390*

Sokrates
470–399 v. Chr.; griech. Philosoph
24, 38, 53, *54*, 143,288, 333

Spahn, Martin:
1875–1945; Historiker u. Politiker (Zentrum, DNN, NSDAP); seit 1901 Professor
228, 290, *408*

Spencer, Herbert:
1820–1903; engl. Philosoph
56, 155

Spinoza, Baruch (Benedict[us] de S.):
1632–1677; niederländischer Philosoph
13, 15, 49, 116, 151, 221

Stammler, Rudolf:
1865–1938; Rechtsphilosoph und Sozialökonom; seit 1885 Professor in Halle, von 1916 an in Berlin
52

Stauffenberg, Claus Graf Schenk von:
1907–1944; Oberst und Widerstandskämpfer; führte das Attentat auf Hitler am 20. 7. 1944 durch und wurde nach dessen Mißlingen und dem Scheitern des Staatsstreichs standrechtlich erschossen
347, 357, *415*

Stein, Charlotte von:
1742–1827; seit 1764 verheiratet mit Friedrich Freiherr von Stein; von 1775 bis 1786 Goethe in tiefer Freundschaft verbunden
255

Stein, Ludwig (früher Elieser):
1859–1930; Studium der Theologie u. Philosophie; seit 1887 Mitherausgeber des „Archivs für Geschichte und Philosophie", ab 1914 ständiger Mitarbeiter der Vossischen Zeitung; 1889 Prof. am Polytechnikum in Zürich, 1891 o. Prof. in Bern
253, *419*

Stern, William:
1871–1938; Psychologe und Philosoph
262, *263*, 264

Strasen (Vornamen unbekannt):
Das Ehepaar Strasen wohnte Ende der zwanziger / Anfang der dreißiger Jahre im Hause der SPRANGERS. Frau Str. besorgte den Haushalt, Herr Str. erledigte handwerkliche Arbeiten und besorgte den Garten.
295

Stresemann, Gustav:
1878–1929, Politiker; gründete 1918 die Deutsche Volkspartei; Reichskanzler von August bis Nov. 1923; Außenminister vom August 1923 Okt. 1929
226, 230, 279, *408*

Strindberg, August:
1849–1912, schwedischer Dichter und Maler
230

Strümpell, Adolf von:
1853–1925; Neurologe; seit 1883 Prof.; 1915–1916 Rektor der Universität Leipzig; leitete die Behandlung EDUARD SPRANGERS während seiner TBC-Erkrankung 1916/1917
184

Stumpf, Carl:
1848–1936; Philosoph u. Psychologe, seit 1873 Prof.; seit 1894–1921 Prof. an der Universität Berlin; einer der Lehrer EDUARD SPRANGERS u. Kor-

referent seiner Dissertation
31, *32*, *52*, 58, 65, 68f, 118, 123f, *390*

Suga (Vorname unbekannt):
ein Japaner, der in Berlin bei EDUARD SPRANGER studierte, aber offensichtlich ebenso wie der meist zugleich genannte Senzoku nicht zum Abschluß kam
336

Susanne → Conrad, Susanne

Tagore, Rabindranath:
1861–1941; indischer Dichter und Philosoph
260

Tews, Johannes:
1860–1937; Lehrer; Mitglied des geschäftsführenden Ausschusses des Deutschen Lehrervereins; ab 1889 gemeinsam mit Heinrich Rickert Arbeit für die Gesellschaft für Volksbildung; 1896 deren Geschäftsführer; maßgebliche Beteiligung am Kampf um die Anerkennung der Simultanschule in Preußen; vielfältige schriftstellerische Arbeiten; Herausgeber der Zeitschrift „Volksbildung"
Werke u.a.: Handbuch für volkstümliche Lehranstalten (1904); Konfessionelle Schule – Simultanschule (1904); Die deutsche Volksschule (1910); Großstadterziehung (1911); Ein Volk – eine Schule (1919); Der Reichsschulgesetzentwurf (1921); Zum deutschen Schulkampf (1926)
262

Theo → Bärsch, Theo

Thiele, Gunnar:
1882–1958; Schüler EDUARD SPRANGERS; promovierte 1912 in Leipzig bei ihm als erster Doktorand mit einer Arbeit über: Die Entstehung der inneren Verfassung der preußischen Elementarschule. Leipzig 1912 (Korreferent → Brandenburg). T. war Schriftleiter der „Zeitschrift für Geschichte und Erziehung des Unterrichts" (1911–1938), die von der Gesellschaft für deutsche Erziehungs- und Schulgeschichte herausgegeben wurde, deren Schriftführer Thiele zugleich war.
305, *323*, 337

Thielicke, Helmut:
1908–1986; ev. Theologe; Prof. in Erlangen, Tübingen, Hamburg
415

Titze, Heinrich:
1872–1945; Jurist, Nachbar der SPRANGERS in Berlin; seit 1902 Prof., ab 1923 an der Universität Berlin
305, 346, 351

Thönes, Ada (verh. Weinel):
Dr.; Schülerin und Assistentin von Ernst Troeltsch, Gegnerin der Theologie Albrecht Ritschls; seit Herbst 1908 verh. mit dem Theologieprofessor Heinrich Weinel; wohnte offenbar in Heidelberg und gehörte zum Bekanntenkreis KÄTHE HADLICHS u. EDUARD SPRANGERS
77, 80, *180*

Thümmel, Dora:
gest. 1933; Lehrerin an der Böhmschen Schule, an welcher auch EDUARD SPRANGER zeitweise (vgl. S. 127, Anm. 1) unterrichtete; enge Freundin EDUARD SPRANGERS, die am 06. 08. 1933 an einem langwierigen Nierenleiden verstarb
108, 126f, 259, 293, 295, 299, 354

Thümmel, Margarete:
Schwester Dora Thümmels
299, 318

Tillmann, Fritz:
1874–1974; Theologe an der Universität Bonn; Vorsitzender des Hochschulverbandes
290, 294, *296*, 305

Tirpitz, Alfred von:
1849–1930; ab 1892 Stabschef der Marine; 1911 Großadmiral; 1897–1916 Staatssekretär im Reichsmarineamt; ab 1898 preuß. Marineminister
244, 330

Tobler, Adolf:
1835–1910; Romanist; seit 1867 Prof. in Berlin
123

Tolstoi, Lew (Leo) Nikolajewitsch Graf:
1828–1910; russ. Dichter
11, 35, 57

Traub, Gottfried:
1869–1956; ev. Theologe und Politiker (Fortschrittl. Volkspartei; 1917 Vaterlandspartei; DNVP)
179

Treitschke, Heinrich von:
1834–1896; Historiker u. polit. Publizist; seit 1863 Prof.; ab 1874 in Berlin
18

Troeltsch, Ernst:
1865–1923; ev. Theologe, Philosoph u. Historiker; Prof. seit 1894, von 1915 an in Berlin; Gründer der Deutschen Demokratischen Partei (1918); 1919–1921 Unterstaatssekretär im preuß. Kultusministerium
35, 66, 68, 80f, *81*, 94, 186, 200, 212, 218, 221, 224, *225*

Trotha, Wolf von:
1884–1946; 1932–1936 Kommandeur der Marineschule Mürwik, 1934 Konteradmiral; 1936 Vizeadmiral
302

Tuchel, Helene u. Grete:
Schwestern; eine war Lehrerin, die andere Seminaristin a. d. Böhmschen Schule
299

Uexküll, Jakob Baron von:
1864–1944, baltischer Biologe
300, 315, *405*

Uhland, Ludwig:
1787–1862; Dichter
83, *84*

Virchow, Rudolf:
1821–1902; Pathologe, Archäologe und Anthropologe; seit 1843 an der Berliner Charité, seit 1847 auch Dozent an der Berliner Universität
394

Volkelt, Johannes, Immanuel:
1848–1930; Philosoph u. Psychologe; seit 1879 Prof., seit 1894 in Leipzig
136f, 156, 169, *171*, 189, *189*, 194

Voß, Richard:
1851–1918; Schriftsteller
232, *233*

Voßler, Karl:
1872–1949; Romanist
243

Vulpius, Christiane:
1765–1816; Lebensgefährtin und ab 1806 Ehefrau Goethes
255

Wach, Joachim:
1898–1955; Religionswissenschaftler; seit 1929 Prof. in Leipzig; Kollege, „Fachgenosse" und Freund EDUARD SPRANGERs an der Universität Leipzig
195, 202, 205

Wachsmuth, Andreas B.:
geb. 1890; Dr. phil.; Berliner Oberstudiendirektor; in den 50iger Jahren Präsident der Goethegesellschaft
337

Wagner (Vorname unbekannt):
Dr.; Generalkonsul an der deutschen Botschaft in Japan, später deutscher Gesandter in Mandschukuo
321

Wagner, Adolph:
1835–1917; Volkswirtschaftler; ab 1870 Prof. in Berlin
390

Wallenstein (Waldstein), Albrecht Wenzel Eusebius von, Hzg. von Friedland (seit 1625), Fürst von Sagan (seit 1627/28), Hzg. von Mecklenburg (seit 1627/29), gen. der Friedländer:
1583–1634; Feldherr und Staatsmann
230

Wallner, Nikolaus:
genannt „Nico"; Neffe Kerschensteiners und Schüler EDUARD SPRANGERs; promovierte 1923 oder 1924 in Berlin bei EDUARD SPRANGER mit einer Arbeit über „Liberale, sozialistische und demokratische Gedankengänge in Fichtes Staatsphilosophie" (Korreferent → H. Maier). Die Arbeit liegt nur maschinenschriftlich vor. W. war Schriftleiter der „Zeitschrift für Geschichte und Erziehung des Unterrichts" (1911–1938), die

von der Gesellschaft für deutsche Erziehungs- und Schulgeschichte herausgegeben wurde.
305, 323, 336

Walz, Heinrich:
Dr.; ein Bekannter, vielleicht Schüler i.w.S., aber nicht Promovend EDUARD SPRANGERs
288, *289*

Wang, Wen-Tsin:
Schüler EDUARD SPRANGERs, der bei ihm promovierte mit einer Arbeit über: Das ländliche Berufsschulwesen in Deutschland bis zum Jahre 1933. Berlin-Charlottenburg 1937 (Korreferent → Baeumler!). W. trat als Übersetzer von Schriften EDUARD SPRANGERs ins Chinesische hervor.
321

Weber, Max:
1864–1920; Sozialökonom, Wirtschaftshistoriker und Soziologe; 1893 Prof.
182, *182*, 254, *278*

Weinel, Ada → Thönes, Ada

Weininger, Otto:
1880–1903; österr. Philosoph und Psychologe
230

Weisbach, Werner:
1873–1953; Kunsthistoriker; 1921–1933 Professor in Berlin; 1933 aus sog. rassischen Gründen (Jude!) entlassen, emigrierte 1935 in die Schweiz; Mitglied der Mittwochsgesellschaft
316, *413f*

Weise, Georg:
1888–1978; Kunsthistoriker; seit 1913 Prof.
218

Weitsch, Eduard:
1883–1955; Volksschullehrer; zusammen mit Fritz Laack Herausgeber der Zeitschrift „Freie Volksbildung"; 1920–33 Gründer u. Leiter der Heim-Volkshochschule
Werke u.a.: Dreißigacker – Die Schule ohne Katheder (1952)
364

Weizsäcker, Ernst Freiher von:
1882–1951; Diplomat; 1938–1943 Staatssekretär im Auswärtigen Amt in Berlin; 1943–1945 dt. Botschafter im Vatikan
339

Weltz, Angelica:
Dr.; eine Bekannte KÄTHE HADLICHs
244

Wende, Erich:
geb. 1884; Jurist; dort seit 1932 Leiter der Abteilung für Schul- und Lehrerbildungswesen im Preuß. Kultusministerium; 1947 Staatssekretär im Niedersächs. Kultusministerium
209

Wenke, Hans
1903–1971; Pädagoge u. Psychologe; Schüler EDUARD SPRANGERs; promovierte in Berlin bei ihm mit einer Arbeit über: Die methodischen Grundlagen der Theorie des objektiven Geistes in Hegels Philosophie, Halle 1926 (Korreferent → H. Maier); 1928 bis 1938 Dozent am Institut für Ausländer an der Universität Berlin, zugleich 1929 bis 1934 Leiter des Pädagogischen Rundfunks und ab 1936 Assistent EDUARD SPRANGERs; führte 1937 die „Erziehung" nach dem Ausscheiden Flitners und Litts mit EDUARD SPRANGER zusammen alleine weiter; habilitierte sich 1938 mit EDUARD SPRANGERs Hilfe in Frankfurt; 1939 Dozent in Erlangen, 1940 a.o. Prof., 1943 o. Professor dortselbst; nach 1945 in Erlangen entlassen, nachdem es wegen Ws. Rolle in der NS-Zeit zum Konflikt zwischen ihm u. → Günther und zu entsprechenden Untersuchungen gegen W. gekommen war; dann Ordinarius in Hamburg, Bochum u. seit 1948 in Tübingen; 1951 Dekan dortselbst; 1953 Ruf nach Bonn (→ Litt-Nachfolge) u. Rektor in Tübingen; 1954 Kultursenator in Hamburg; seit der Veröffentlichung von Seeligers Dokumentation „Braune Universität" (1964–1967) Objekt einer erbitterten Kontroverse über seine Rolle im Dritten Reich; schließlich Ausscheiden aus dem Amt und Wechsel an das Bredow-Institut in Hamburg
Werke u.a.: Hegels Theorie des objektiven Geistes (1929); Entwicklung und Wandlung der deutschen Schule in Idee und Gestalt seit der Jahrhundertwende (1939)

253,311, 320, 322–324, *324*, 326f, 334, 336f, *337f*, 341f, *341*, 367, *367*, 372, *413*, *422*, *429*

Wezel, Johanna, verh. Richter:
von EDUARD SPRANGER „Wezelchen" genannt; eine jener 7 Studentinnen der Leipziger Frauenhochschule (vgl. Anm. 2 zu EDUARD SPRANGER 03./ 05.05.1915, S. 170), die sich 1915 auf dem Höhepunkt des Konfliktes in deren Leitungsgremium aus Solidarität mit EDUARD SPRANGER und → Wilhelm Biermann hatten exmatrikulieren lassen und die von da an von EDUARD SPRANGER gesondert mit Lehre versorgt wurden; zusammen mit → Gertrud Bäumer, → Alice Salomon, → Charlotte Dietrich und → Lili Dröscher Vertreterin der (akademischen) Frauenbewegung; seit 1919 tätig am Frauenseminar für soziale Berufsarbeit in Frankfurt / Main; nach Kanada emigriert; Ws. Ehemann Lothar Richter – möglicherweise ein Verwandter oder Sohn von → Werner Richter – hatte ebenfalls bei EDUARD SPRANGER studiert und für ihn als Famulus gearbeitet.
202

Wiechert, Ernst (Pseud. Barany Bjell):
1887–1950; Schriftsteller; bis 1933 Studienrat; 1938 wegen seiner Regimekritik im KZ, dann unter Gestapoaufsicht; lebte ab 1948 in der Schweiz
361f

Wiegand, Theodor:
1864–1936; Archäologe; Mitbegründer des Berliner Pergamonmuseums; 1911–1931 Direktor der Antikenabteilung der Berliner Museen; Mitglied der Mittwochsgesellschaft
316, *413*

Wilamowitz-Moellendorff, Ulrich von:
1848–1931; klassischer Philologe, seit 1876 Prof., ab 1897 in Berlin
110, 123f, 186, *390*

Wilcken, Ulrich:
1862–1944; Althistoriker; seit 1917 Professor in Berlin; Mitglied der Mittwochsgesellschaft
316, *414*

Wilde, Oscar:
1854–1900; irischer Schriftsteller
44

Wildenbruch, Ernst von:
1845–1909; Schriftsteller u. Diplomat
23, *24*, 26, 28

Wilson, Thomas Woodrow:
1856–1924; Prof. der Rechts- u. Staatswissenschaften; 1913–1921 28. Präsident der USA (Demokrat)
184, 193, *194*, 207

Windelband, Wilhelm:
1848–1915; Philosoph; seit 1876 Prof.
24f, 63f, *65*, 69, 142

Winterfeld, Adelheid von → Hofmann, Adelheid

Wirth, Wilhelm:
1876–1952; Psychophysiker (experimenteller Psychologe); seit 1908 Prof. in Leipzig
275

Witting, (Vorname unbekannt)
Inhaberin der Pension in Partenkirchen, in welcher EDUARD SPRANGER 1916/1917 während seiner TBC-Erkrankung wohnte und sich auskurierte. Auch in späteren Jahren verbrachte EDUARD SPRANGER häufig seinen Urlaub bei den Wittings, manchmal mit KÄTHE HADLICH zusammen. EDUARD SPRANGER unterhielt auch eine herzliche Verbindung zu Anderl W. und Felizitas W., den Kindern der Wittings, weniger zu Frau Ws. Ehemann Hans, von dem diese 1928 geschieden wurde.
232, 277, 350

Wolff (Vorname unbekannt):
Regierungsdirektor im preuß. Kultusministerium, offenbar nicht identisch mit Martin Wolff
262

Wolff, Martin:
geb. 1872; Jurist (Bürgerliches Recht, Handelsrecht); seit 1903 Prof.
123

Wolzogen, Karoline Freifrau von, geb. von Lengefeld:
1763–1847; Schriftstellerin; Schwägerin, Freundin und Biographin Schillers; auch mit W. v. Humboldt befreundet
157

Wundt, Wilhelm:
1832–1920; Psychologe und Philosoph; seit 1874 Prof.; ab 1875 in Leipzig
18, 57, 68, 74, 136f, 146, 156, 188, 197f

Wüllner, Ludwig:
Dr.; Schauspieler und Rezitator in Berlin
312

Wüst (Vorname unbekannt):
Hausgenossin KÄTHE HADLICHs seit 1953, die z.T. ihre Versorgung und Pflege übernahm
381

Ziehen, Julius:
1964–1925; Altphilologe; 1889 Gynmnasiallehrer u. -direktor; 1914 Vorsitzender des gesamten Frankfurter Schulwesens; 1916 Vorstandsmitglied des Gesamtvorstandes des Verwaltungsausschusses des 1915 gegründeten Zentralinstituts für Erziehung und Unterricht; 1916 o. Prof.; 1920 Teilnahme an Reichsschulkonferenz; 1921 Vorsitz im Amt für Wissenschaft, Kunst und Volksbildung
240, *241*

Ziertmann (Vorname unbekannt):
Regierungsrat; Studienkollege EDUARD SPRANGERs, der zusammen mit ihm, → Oesterreich u. → Nohl Seminare bei → F. Paulsen besucht u. dort referiert hatte
209

Zollinger, Max:
307, 417, 430

Häufiger zitierte und verwendete Literatur

Altpreußische Biographie. Hrsg. von Christian Krollmann, 5 Bde. Marburg/Lahn. 1941–1995
Amlung, Ullrich: Adolf Reichwein. 1898–1944; eine Personalbibliographie. Schriften der Universitätsbibliothek Marburg; 54. Marburg 1991
Asen, Johannes : Gesamtverzeichnis des Lehrkörpers der Universität Berlin. Leipzig 1955
Bacon, Francis: The Works of Francis Bacon. Faksimile-Neudruck der Ausgabe von Spedding, Ellis u. Heath, London 1857–1874. Bd. IV, Stuttgart Bad Cannstadt 1962
Baethge, Martin; Nevermann, Knut: Organisation, Recht und Ökonomie des Bildungswesens. Stuttgart 1984 (Enzyklopädie Erziehungswissenschaft, Band 5)
Biegel, Gerd: Collegium Carolinum & Technische Universität. 250 Jahre braunschweigische Universitätsgeschichte. Braunschweig 1995
Biographisches Handwörterbuch der Erwachsenenbildung. Erwachsenenbildner des 19. u. 20. Jahrhunderts. Hrsg. von Günther Wolgast u. Joachim H. Knoll. Stuttgart, Bonn 1986
Blochmann, Elisabeth: Hermann Nohl in der pädagogischen Bewegung seiner Zeit. 1879–1960. Göttingen 1969
Bracher, Karl Dietrich: Die Auflösung der Weimarer Republik. Eine Studie zum Problem des Machtzerfalls in der Demokratie. Villingen/ Schwarz 1971[5]
Bradley, Dermot (Hrsg.): Deutschlands Generale und Admirale 1849–1945. Die militärischen Werdegänge der See. Bd. 3: P – Z. Osnabrück 1990
Bretz, Manfred/ Bremser, Vroni (Hrsg.): Ortsbuch der Bundesrepublik Deutschland. Verzeichnis bestehender und ehemaliger Gemeinden mit Gerichten, Standes- und Jugendämtern. Frankfurt a. M. und Berlin 1998
Brockhaus Enzyklopädie. 16., 17. u. 19. Aufl., Mannheim 1953–1994
Broszat, Martin: Der Staat Hitlers. Grundlegung und Entwicklung seiner inneren Verfassung München 1986
Büchmann, Georg/ Haupt, Günther/ Hofmann, Winfried (Hrsg.): Geflügelte Worte. Der Zitatenschatz des deutschen Volkes. Berlin 1972[32]
Bülck, Rudolf: Bibliographie Otto Scheel. In: Schriften des Vereins für Schleswig-Holsteinische Kirchengeschichte. 2. Reihe (Beiträge und Mitteilungen). 10. Band, 2. Heft: Festgabe Professor D. Dr. Otto Scheel zum 75. Geburtstag am 7. März 1951 dargebracht. Preetz/ Holstein 1952, S. 156–179
Carsten, Francis L.: Revolution in Mitteleuropa. 1918–1919. Köln 1973
Clemens, Gabriele: Martin Spahn und der Rechtskatholizismus in der Weimarer Republik. Mainz 1983
Conway, John S.: Die nationalsozialistische Kirchenpolitik 1933–1945; ihre Ziele, Widersprüche und Fehlschläge. München 1969
Craig, Gordon A.: Deutsche Geschichte 1866–1945. Vom Norddeutschen Bund bis zum Ende des Dritten Reiches. München 1993
Dahms, Hellmuth Günther: Geschichte des Zweiten Weltkriegs. Tübingen 1965
Degener, Herrmann (Hrsg.) : Wer ist wer? Unsere Zeitgenossen. 12. Ausgabe. Leipzig 1955
Demandt, Alexander: Der Fall Spengler. Eine kritische Bilanz. Köln 1994
Derbolav, Josef/ Nicolin, Friedhelm (Hrsg.): Erkenntnis und Verantwortung. Festschrift für Theodor Litt. Düsseldorf 1960
Deutsche Bibliographische Enzyklopädie. Lizenzausgabe für die Wiss. Buchgesellschaft. Darmstadt 1995ff
Deutsches Institut für Internationale Pädagogische Forschung (Hrsg.): Der Berliner Lehrerverein. 1880–1933. Auswahlbestandsverzeichnis und Aspekte seiner Entwicklung. Berlin 1992
Dilthey, Wilhelm: Die geistige Welt. Einleitung in die Philosophie des Lebens. Gesammelte Schriften in 19 Bänden, Bd. V. Hrsg. von Georg Misch. Stuttgart u.a., 1961[3] (1. Aufl. 1924)
Dilthey, Wilhelm: Der Aufbau der geschichtlichen Welt in den Geisteswissenschaften. Ge-

sammelte Schriften in 19 Bänden, Bd.VII. Hrsg. von Berhard Groethuysen. Stuttgart u.a., 1958² (1. Aufl. 1927)

Dilthey, Wilhelm: Weltanschauungslehre. Abhandlungen zur Philosophie der Philosophie. Gesammelte Schriften in 19 Bänden, Bd. VIII. Hrsg. von Bernhard Groethuysen. Stuttgart, 1960² (1. Aufl. 1931)

Dilthey, Wilhelm: Leben Schleiermachers, Bd.1 1768–1802. Gesammelte Schriften in 19 Bänden, Bd. XIII. Hrsg. v. Martin Redeker. Göttingen 1970³ (1. Aufl. 1870)

Dilthey, Wilhelm: Leben Schleiermachers, Bd.2: Schleiermachers System als Philosophie und Theologie. Gesammelte Schriften in 19 Bänden, Bd.XIV. Hrsg. von Martin Redeker. Göttingen 1966

Dilthey, Wilhelm: Grundlegung der Wissenschaften vom Menschen, der Gesellschaft und der Geschichte. Gesammelte Schriften in 19 Bänden, Bd.XIX. Hrsg. von Helmut Johach u. Frithjof Rodi. Göttingen 1982

dtv-Atlas zur Weltgeschichte. Band 2: Von der Französischen Revolution bis zur Gegenwart. München 1996

Eisermann, Walter/ Meyer, Hermann J./ Röhrs, Hermann: (Hrsg.): Maßstäbe. Perspektiven des Denkens von Eduard Spranger. Düsseldorf 1983

Eisermann, Walter: Ein vorläufiger Versuch, sich dem Rätsel eklatanter Widersprüche in den Hadlich-Briefen Eduard Sprangers verstehend zu nähern. Ein Entwurf. Spranger-Archiv, TU Braunschweig, Herbst 1994

Engelmann, Bernt: Preußen. Land der unbegrenzten Möglichkeiten, München 1979

Enzyklopädie Erziehungswissenschaft. Handbuch und Lexikon der Erziehung in 11 Bänden u. einem Registerband. Hrsg. v. Dieter Lenzen. Stuttgart 1986

Euler, Heinrich: Die Außenpolitik der Weimarer Republik 1918/1923. (Vom Waffenstillstand bis zum Ruhrkonflikt). Aschaffenburg 1957

Fertig, Ludwig: Von der Schule zur Lehrerbildungsstätte. In: Jahrbuch 1976/1977. 100 Jahre Technische Hochschule Darmstadt. Darmstadt 1977, S.157ff

Fest, Joachim C.: Hitler. Eine Biographie. Frankfurt/M. u.a. 1973

Flitner, Wilhelm: Erinnerungen 1889–1945. Bd. 11 der Gesammelten Schriften, hrsg. von Karl Erlinghagen/ Andreas Flitner/ Ulrich Herrmann. Paderborn 1986

Fontane, Theodor: Wanderungen durch die Mark Brandenburg. Zweiter Teil: Das Oderland, Barnim – Lebus. Hrsg. von Gotthard Erler und Rudolf Mingau. Berlin 1994²

Fragen an die deutsche Geschichte. Ideen, Kräfte, Entscheidungen von 1800 bis zur Gegenwart. Katalog zur historischen Ausstellung im Reichstagsgebäude in Berlin, hrsg. v. Deutschen Bundestag, Presse- und Informationszentrum Referat Öffentlichkeitsarbeit. 9., neubearb. Aufl. 1983

Das Große Fremdwörterbuch. Mannheim u.a. 1994

Freyer, Hans/ Uener, Elfriede: Preußentum und Aufklärung und andere Studien zu Ethik und Politik. Acta Humaniora, VCH. Weinheim 1986

Das Deutsche Führerlexikon 1934/35. Berlin 1934

Galling, Kurt/ Werbeck, Wilfrid (Hrsg.): Die Religion in Geschichte und Gegenwart. Handwörterbuch für Theologie und Religionswissenschaften. Tübingen 1957–1965³

Genossenschaft der deutschen Bühnenangehörigen (Hrsg.): Deutsches Bühnenjahrbuch. Theatergeschichtliches Jahr- und Adressenbuch. 46. Jahrgang. Hamburg 1935

Gesamtverzeichnis des Lehrkörpers der Universität Berlin. Bd. I. 1810–1945. Bearbeitet von Johannes Asen. Leipzig 1955

Glöckel, Hans/ Matthes, Eva/ Goldmann, Ulrike/ Schüler, Ulrich: Bedeutende Schulpädagogen. Bad Heilbrunn/Obb. 1993

Goethe, Johann Wolfgang. Compact disc, Direct Media, (Digitale Bibliothek 1.5). Berlin 1998

Goethe, Johann Wolfgang. Gedenkausgabe der Werke, Briefe und Gespräche. 28. August 1949. Hrsg. v. Ernst Beutler, Bd. 1–24 und Erg.-Bd. 1–3. Zürich 1948ff

Goethe. Berliner Ausgabe. Hrsg. von Siegfried Seidel: Poetische Werke (Bd. 1–16); Kunst-

theoretische Schriften und Übersetzungen (Bd. 17–22). Berlin 1960ff
Goethes Werke. Hrsg. im Auftrag der Großherzogin Sophie von Sachsen. Weimar 1890ff
Goethes Werke. Hamburger Ausgabe in 14 Bänden. Textkritisch durchgesehen und mit Anmerkungen versehen von Erich Trunz. Hamburg 1948ff
Gutsche, Willibald: Ein Kaiser im Exil. Der letzte deutsche Kaiser Wilhelm II. in Holland. Eine kritische Biographie. Marburg 1991
Handbuch der Verfassungsgebenden deutschen Nationalversammlung Weimar 1919. Biographische Notizen und Bilder. Berlin 1919
Hansard, Thomas C.: The Parliamentary Debates. Great Britain/ House of Commons.
Hardenberg, Carl-Hans Graf von: Ein deutsches Schicksal im Widerstand. Dokumente und Auskünfte. Ausgewählt u. hrsg. von Günter Agde. Berlin 1994
Hassell, Ulrich von: Vom anderen Deutschland. Aus den nachgelassenen Tagebüchern 1938–1944. Zürich 1946
Aufzeichnungen vom Andern Deutschland. Die Hassell-Tagebücher 1938–1944, Hrsg. Friedrich Freiherr Hiller von Gaertringen (Deutscher Widerstand 1933–1945). Berlin 1988
Heidelberger Gelehrtenlexikon 1803–1932. Hrsg. v. Dagmar Drüll. Berlin u. a. 1986
Henning, Uwe/ Leschinsky, Achim (Hrsg.): Enttäuschung und Widerspruch. Die konservative Position Eduard Sprangers im Nationalsozialismus. Analysen – Texte – Dokumente. Weinheim 1991
Himmelstein, Klaus: Käte Silber – Leben im Plural. In: Martin Dust, Christoph Sturm und Edgar Weiß (Hrsg.): Pädagogik wider das Vergessen. Festschrift für Wolfgang Keim. Kiel/ Köln 2000, S. 123–137
Historische Kommission bei der Bayerischen Akademie der Wissenschaft (Hrsg.): Neue Deutsche Biographie. Berlin 1953–1997
Hölderlin, Friedrich: Sämtliche Werke. Große Stuttgarter Ausgabe. Hrsg. von F. Beißner, Adolf Beck u. U. Stuttgart 1943–1985
Horn, Klaus-Peter: Pädagogische Zeitschriften im Nationalsozialismus. Weinheim 1996

Humboldt, Wilhelm von/ Humboldt, Caroline von/ Nette, Herbert: Ein Leben in Briefen. Düsseldorf u.a. 1956
Humboldt, Wilhelm von/ Humboldt, Caroline von/ Leitzmann, Albert: Die Brautbriefe. 6.–9. Tsd., Leipzig 1921
Humboldt, Wilhelm von/ Humboldt, Caroline von/ Sydow, Anna von: Wilhelm und Caroline von Humboldt in ihren Briefen. Berlin 1920
Jarck, Horst-Rüdiger/ Scheel, Günter (Hrsg.): Braunschweigisches Biographisches Lexikon des 19. und 20. Jahrhunderts. Hannover 1996
Kabisch, Ernst: Die Führer des Reichsheeres 1921 und 1931. Zur Erinnerung an die 10jährige Wiederkehr der Reichsheergründung. Stuttgart 1931
Käsler, Dirk (Hrsg.): Klassiker des soziologischen Denkens. Zweiter Band. Von Weber bis Mannheim. München 1978
Käsler, Dirk (Hrsg.): Max Weber. Sein Werk und seine Wirkung. München 1972
Keim, Wolfgang (Hrsg.): Pädagogen und Pädagogik im Nationalsozialismus – Ein unerledigtes Problem der Erziehungswissenschaft. Frankfurt a. M. u.a. 1988
Keim, Wolfgang: Erziehung unter der Nazi-Diktatur. Bd. I: Antidemokratische Potentiale, Machtantritt und Machtdurchsetzung. Darmstadt 1995
Kielmannsegg, Peter Graf: Deutschland und der Erste Weltkrieg. Frankfurt 1968
Kittel, Helmuth: Die Pädagogischen Hochschulen. Dokumente ihrer Entwicklung 1920–1932. Weinheim 1965
Klafki, Wolfgang: Die Pädagogik Theodor Litts. Eine kritische Vergegenwärtigung. Königstein/ Ts. 1982
Klafki, Wolfgang: Die gegenwärtigen Kontroversen in der deutschen Erziehungswissenschaft über das Verhältnis der geisteswissenschaftlichen Pädagogik zum Nationalsozialismus. (Pedagogiska Rapporter 9. Pedagogiska institutionen vid Åbo Akademi) Vasa 1996
Koktanek, Anton M.: Oswald Spengler in seiner Zeit. München 1968
Kreiner, Josef/ Mathias, Regine (Hrsg.): Deutschland-Japan in der Zwischenkriegszeit. Bonn 1990

Kürschners Deutscher Gelehrten-Kalender (in verschiedenen Jahrgängen). Berlin u.a.

Leaman, George: Heidegger im Kontext. Gesamtüberblick zum NS-Engagement der Universitätsphilosophen. Aus dem Amerikanischen von Rainer Alisch und Thomas Laugstien. Hamburg 1993

Leske, Monika: Philosophen im „Dritten Reich". Berlin 1990

Lieb, Norbert: München. Die Geschichte seiner Kunst. München 1988[4]

Lippischer Heimatbund (Hrsg.): Friedrich Copei 1902–1945. Zusammengestellt und bearbeit von V. Wehrmann. Detmold 1982

Löwith, Karl: Mein Leben in Deutschland vor und nach 1933. Ein Bericht. Frankfurt a. M. 1989 (zuerst 1940)

Mair, Otto: Eduard Spranger als akademischer Lehrer. Schriftliche Hausarbeit zur Zulassung für die erste Lehramtsprüfung. (Betreuer: Ludwig Englert) Augsburg 1963

Mayeur, Jean-Marie (Hrsg.): Die Geschichte des Christentums, Band 12: Erster und Zweiter Weltkrieg. Demokratie und totalitäre Systeme. Freiburg 1992

Meyer-Willner, Gerhard: Eduard Spranger und die Lehrerbildung. Die notwendige Revision eines Mythos. Bad Heilbrunn/Obb. 1986

Milatz, Alfred: Wähler und Wahlen in der Weimarer Republik. (Schriftenreihe der Bundeszentrale für politische Bildung Bonn, Heft 66) Bonn 1965

Miller, Susanne: Burgfrieden und Klassenkampf. Die deutsche Sozialdemokratie im Ersten Weltkrieg. Düsseldorf 1974

Mommsen, Hans: Die verspielte Freiheit. Der Weg der Republik von Weimar in den Untergang 1918–1933. (Geschichte Deutschlands, Achter Band) Berlin 1989

Müller, Gerhard: Ernst Krieck und die nationalsozialistische Wissenschaftsreform. Weinheim 1978

The National Union Catalog Pre-1956 Imprints. London und Chicago

Neu, Theodor: Bibliographie Eduard Spranger. Tübingen 1958

Nietzsche, Friedrich: Werke in drei Bänden. Herausgeben von Karl Schlechta. München 1954

Nietzsche, Friedrich: Also sprach Zarathustra. Kritische Studienausgabe in 15 Bänden. Hrsg. v. Giorgio Colli u. Mazzino Montinari. München u. a. 1999

Nipperdey, Thomas: Deutsche Geschichte 1800 –1866. Bürgerwelt und starker Staat. Bd. 1. München 1983

Nohl, Herman: Traugott Konstantin Oesterreich. In: Die Sammlung, 9. Jg. Göttingen 1954, S.526f

Novalis Schriften. Erster Band. Das dichterische Werk. Herausgegeben von Paul Kluckhohn u. Richard Samuel. Stuttgart 1960

Odenbach, Karl: Lexikon der Schulpädagogik. Braunschweig 1970

Österreichisches Biographisches Lexikon 1815–1950. Hrsg. von der Österreichischen Akademie der Wissenschaften. Bd. VII. Wien 1978

Das Ortsbuch für das Deutsche Reich. Herausgegeben in Verbindung mit der DRB und der DRP. Berlin 1938

Overesch, M./ Saal, Friedrich W.: Die Weimarer Republik. (Droste Geschichtskalendarium. Chronik deutscher Zeitgeschichte, Band 1) Düsseldorf 1982

Overesch, M./ Saal, Friedrich W.: Das Dritte Reich 1933–1939. (Droste Geschichtskalendarium. Chronik deutscher Zeitgeschichte, Band2/I) Düsseldorf 1982

Overesch, M.: Das besetzte Deutschland 1945–1947. (Droste Geschichtskalendarium. Chronik deutscher Zeitgeschichte, Band 3/I) Düsseldorf 1986

Overesch, M.: Das Dritte Reich 1939–1945. (Droste Geschichtskalendarium. Chronik deutscher Zeitgeschichte, Band 2/II) Düsseldorf 1983

Pavel, Mihai-Alin/ Badina, Ovidiu/ Neamtu, Octavian: Dimitrie Gusti. Viata si personalitate. Bukarest 1967

PC-Bibliothek. Duden. Das Fremdwörter-Buch. Bibliographisches Institut u. F. A. Brockhaus. Mannheim 1993

PC-Bibliothek. Meyers Lexikon. Das Wissen A – Z. Version 1.0. Bibliographisches Institut u. F. A. Brockhaus, Mannheim 1993

Philosophie von Platon bis Nietzsche. Ausgewählt u. eingeleitet von Frank Hansen. Compact Disc, Direct Media. (Digitale Bibliothek 1.7) Berlin 1998

Poggendorff, Johann: Biographisch-literarisches Handwörterbuch, Band VI, Teil 2: 1923–1931. Leipzig u.a. 1937

Procacci, Giuliano: Geschichte Italiens und der Italiener. München 1983

Pump-Uhlmann, Holger: Der Gebäudekomplex für die ehemalige „Bernhard-Rust-Hochschule" 1935–37. In: Kertz, Walter (Hrsg.): Technische Universität Braunschweig. Vom Collegium Carolinum zur Technischen Universität 1745–1995. Hildesheim, Zürich, New York 1995, S. 567–581

Puntsch, Eberhard: Zitatenhandbuch. Landsberg am Lech 1985[2]

Reble, Albert: Geschichte der Pädagogik. Stuttgart 1971[11]

Reclams Opern- und Operettenführer. Hrsg. v. Wilhelm Zentner u. Anton Würz. Stuttgart 1960

Regenten und Regierungen der Welt, Teil II. Band 3: Neuere Zeit 1492–1918. Würzburg 1953/1962

Reichshandbuch der deutschen Gesellschaft. Das Handbuch der Persönlichkeiten in Wort und Bild. Band 1, Berlin 1930

Ribbe, Wolfgang, Schmädeke, Jürgen: Kleine Berlin-Geschichte. Hrsg. v. d. Landeszentrale f. polit. Bildungsarbeit Berlin i. Zusammenarbeit m. d. Histor. Kommission Berlin. Berlin 1988

Richert, Hans: Die Neugestaltung der hoeheren Schulen in Preussen im Jahre 1925. Heidelberg 1967

Ringer, Fritz K.: The Decline of the German Mandarins. The German Academic Community, 1890–1933. Cambridge, Massachusetts, 1969

Ritter, Gerhard A.: Großforschung und Staat in Deutschland: ein historischer Überblick. München 1992

Röhrs, Hermann: Die Reformpädagogik. Ursprung und Verlauf unter internationalem Aspekt. Weinheim 1994[4]

Rombach, Heinrich (Hrsg.): Lexikon der Pädagogik. Freiburg u.a. 1970

Rübsam, Dagmar/ Schadeck, Hans (Hrsg.): Der „Freiburger Kreis". Widerstand und Nachkriegsplanung 1933–1945. Katalog einer Ausstellung. Mit einer Einführung von Ernst Schulin. Schriftenreihe: Veröffentlichungen a. d. Archiv d. Stadt Freiburg i. Breisgau; 25. Freiburg i. Br. 1990

Sacher, Werner: Dilthey-Tradition und Neukantianismus bei Eduard Spranger. In: Hein Retter/ Gerhard Meyer-Willner (Hrsg.): Zur Kritik und Neuorientierung der Pädagogik im 20. Jahrhundert. Hildesheim 1987, S.205–219

Sacher, Werner: Eduard Spranger 1902–1933. Ein Erziehungsphilosoph zwischen Dilthey und den Neukantianern. Frankfurt 1988

Sacher, Werner: Freundschaft und Liebe in ihrem Verhältnis zu Bildung und Erziehung im Werk Eduard Sprangers In: Academia di studi italo-tedesci – Merano: Il concetto di amicizia nella storia della cultura europea. Der Begriff Freundschaft in der Geschichte der europäischen Kultur. Atti del XXII convegno internazionale di studi italo-tedesci, Merano, 9–11 maggio 1994. Merano 1995, S.695–701

Sacher, Werner: Sprangers Philosophie und Pädagogik im Verhältnis zur geisteswissenschaftlichen Tradition. In: Joachim S. Hohmann (Hrsg.): Beiträge zur Philosophie und Pädagogik Eduard Sprangers. Berlin 1996, 77–126

Sacher, Werner: Eduard Spranger und Käthe Hadlich. Eine biographische Skizze. In: Jahrbuch für Historische Bildungsforschung, Bd. 5. Bad Heilbrunn/Obb. 1999, S.247–266

Salomon, Alice: Charakter ist Schicksal. Lebenserinnerungen. Weinheim 1983

Sandfuchs, Uwe: Universitäre Lehrerausbildung in der Weimarer Republik und im Dritten Reich. Eine historisch-systematische Untersuchung am Beispiel der Lehrerausbildung an der Technischen Hochschule Braunschweig (1918–1940). Bad Heilbrunn/Obb. 1978

Scheibe, Wolfgang: Die reformpädagogische Bewegung. Weinheim und Basel 1994[10]

Scheja, Georg: Georg Weise zum Gedächtnis. In: Attempto. Nachrichten f. d. Freunde d. Tübin-